SERVICES MARKETING
INTEGRATING CUSTOMER FOCUS ACROSS THE FIRM

7th Edition

服务营销

（原书第7版）

[美] 瓦拉瑞尔 A. 泽丝曼尔（Valarie A. Zeithaml）
玛丽·乔·比特纳（Mary Jo Bitner） ◎著
德韦恩 D. 格兰姆勒（Dwayne D. Gremler）

张金成 白长虹 杜建刚 杨坤 ◎译

机械工业出版社
CHINA MACHINE PRESS

图书在版编目(CIP)数据

服务营销(原书第7版)/(美)瓦拉瑞尔 A. 泽丝曼尔(Valarie A. Zeithaml),(美)玛丽·乔·比特纳(Mary Jo Bitner),(美)德韦恩 D. 格兰姆勒(Dwayne D. Gremler)著;张金成等译.—北京:机械工业出版社,2018.11(2024.2重印)

(华章教材经典译丛)

书名原文: Services Marketing: Integrating Customer Focus Across the Firm

ISBN 978-7-111-61187-5

I. 服… II. ①瓦… ②玛… ③德… ④张… III. 服务营销-教材 IV. F713.50

中国版本图书馆 CIP 数据核字(2018)第 235701 号

北京市版权局著作权合同登记　图字:01-2018-3816 号。

Valarie A. Zeithaml, Mary Jo Bitner, Dwayne D. Gremler. Services Marketing: Integrating Customer Focus Across the Firm, 7th Edition.

ISBN 978-0-07-811210-2

Copyright © 2017 by McGraw-Hill Education.

All Rights reserved. No part of this publication may be reproduced or transmitted in any form or by any means, electronic or mechanical, including without limitation photocopying, recording, taping, or any database, information or retrieval system, without the prior written permission of the publisher.

This authorized Chinese translation edition is jointly published by McGraw-Hill Education and China Machine Press. This edition is authorized for sale in the Chinese mainland (excluding Hong Kong SAR, Macao SAR and Taiwan).

Copyright © 2018 by McGraw-Hill Education and China Machine Press.

版权所有。未经出版人事先书面许可,对本出版物的任何部分不得以任何方式或途径复制或传播,包括但不限于复印、录制、录音,或通过任何数据库、信息或可检索的系统。

本授权中文简体字翻译版由麦格劳-希尔教育出版公司和机械工业出版社合作出版。此版本仅限在中国大陆地区(不包括香港、澳门特别行政区及台湾地区)销售。

版权 © 2018 由麦格劳-希尔教育出版公司与机械工业出版社所有。

本书封面贴有 McGraw-Hill Education 公司防伪标签,无标签者不得销售。

本书的结构与营销入门教科书的标准 4P(营销组合)结构完全不同,全书以"服务质量"作为服务营销的核心主题,并以世界知名的 ZPB 研究团队早年开发的"服务质量差距模型"为框架谋篇布局,将服务营销系统和过程中的顾客行为、期望、感知、角色与企业的战略、运营、人力资源等管理要素以严密的逻辑和清晰的分析巧妙地融为一体。

本书适用于高等院校本科生、研究生,以及从事服务管理工作的企业管理人员和服务管理研究人员。

出版发行:机械工业出版社(北京市西城区百万庄大街 22 号　邮政编码:100037)
责任编辑:冯小妹　　　　　　　　　　　　　责任校对:殷 虹
印　　刷:北京捷迅佳彩印刷有限公司　　　版　　次:2024 年 2 月第 1 版第 9 次印刷
开　　本:185mm×260mm　1/16　　　　　　印　　张:26.75
书　　号:ISBN 978-7-111-61187-5　　　　　定　　价:99.00 元

客服电话:(010)88361066　68326294

版权所有·侵权必究
封底无防伪标均为盗版

The Translator's Words | 译者序

自 2001 年 9 月以来，机械工业出版社连续出版了我们翻译的经典教材《服务营销》的第 2、3、4、5、6 版。近 20 年以来，该译著不仅对我国高等院校本科生、硕士研究生乃至博士生的教学培养产生了积极的影响，而且帮助了大量从事服务管理工作的企业管理人员、服务管理研究人员和管理咨询公司的从业人员，从而产生了广泛的社会效应。可喜可赞的是，泽丝曼尔、比特纳和格兰姆勒在前些版的基础上，针对全球经济向服务转变的大趋势和服务全球化市场不断发生的巨大变化，不断吸纳新知识来对自己的研究成果进行完善和更新，通过对过去的思想和理论框架的重新审理、增添全新概念、提出敏锐新见解和引入更鲜活实例等途径，在 2017 年又推出了这本教材的第 7 版，我们与华章分社合作，再次把它翻译成中文奉献给读者。

作者在前言中列出了本书的一些特色，以及结构与内容特点。读者，尤其是新读者对这些特色和特点恐怕一时难以把握，需要在通读本书之后，细细地考量、消化和领悟。其中，以下几点值得特别关注。

第一，本书的独特结构。用作者的话来说，这是唯一一本以服务质量差距模型为基础框架的服务营销教科书。读者细读本书第 2 章并参阅相关文献，可以比较全面深入地理解顾客全面感知服务质量的概念、服务质量五差距模型、顾客差距和供应商差距的区别、五种差距的相互关联性，这对把握和领悟全书后续章节的内容十分重要。

第二，以顾客为中心的公司整合，这一点贯穿全书。以顾客为中心比较突出地体现在本书的第二篇和第三篇对顾客期望、顾客感知、顾客倾听、顾客关系、服务补救的分析中和后几篇对顾客角色扮演的分析中；而公司整合则体现在对服务设计、运作、营销等纵向一体化和营销管理、运营管理和人力资源管理职能的横向一体化的分析中。

第三，案例及其寓意。本书新版本与时俱进，增加了一些新的案例，对一些老案例进行了适当的删除和修改，而且对案例的安插布局也做了精心的安排，特别是每一章的开篇案例和战略洞察。前者对该章内容的吻合映射和开启可以说是独出匠心，而后者重点展现实践中所涌现和存在的一些行业、企业和个人与服务相关的战略首创精神和主动行为。这些案例和洞察耐人寻味，诱人深思和遐想。

第四，技术，特别是信息技术的影响。作者通过技术亮点等内容，揭示了新技术如何完全地改变公司的服务业务，以及新技术所产生的新思维、新管理模式和一系列具体的服务营销的方法和工具。

第五，制造业的服务营销和全球化服务营销战略。新版本通过案例和论证，从战略和运作两个方面揭示了在以商品为主要产品的制造企业中的服务注入趋势；而全球营销的战略观点则渗透在全书的几乎每一章中，特别体现在设于各章的"全球特写""战略洞察"和许多全球服务营销的例子中。

第六，三位作者的致谢。亲译致谢，对这本教材的底蕴和持久不衰的原因颇有感悟。它吸纳继承了服务营销领域几代学者的思想和研究成果；它是不在同一院校从事教学和科研工作的三位教授长期合作的结晶；它因为有大量企业、相关事业部门和研究机构对不同类学生教学经验等实践的支持和自身内容的不断更新而保持着相关理论的生命力；它在不断拓宽国际化和全球化的视野……三位学者的执着、继承、合作和在教学科研中的工匠精神十分值得称赞和学习。

1978年，我国第三产业占GDP的比重和劳动力就业的比重仅为23%和12.2%，2010年这两个数字虽然增加到43.2%和34.6%，但仍未达到经济学家贝蒂·克拉克早在20世纪30年代所指出的发达国家的底线50%。值得关注的是，中国十三届全国人大一次会议政府工作报告正式公布我国第三产业占GDP的比例已达51.6%。可以期待，我国有关现代服务业及其管理的研究，必将从宏观到微观，从学术界到实业界普遍快速增长，再一次出现服务管理研究的新高潮。在此新形式下，愿本书能对进一步普及服务管理教育，促进服务的学术研究和指导激发服务管理实践与创新起到推动作用。

本书的翻译工作由南开大学商学院张金成教授主持和统筹，并与白长虹教授、杜建刚教授、杨坤副教授合作完成。其中前言和第一篇（含第1章和第2章）的全部翻译、修改和定稿工作以及第3～5章翻译初稿的修改工作由张金成完成；杨坤负责第3章至第9章的协调、多次修改和最后定稿工作；杜建刚负责第10章至第16章的协调、多次修改和最后定稿工作。李杨（第3、4章）、许汉楠（第5、6章）、王宁（第7章）、李诗玉（第8章）、王博（第9、10章）、江权涛（第11章）、孟凡宁（第12章）、李敏（第13、14章）、赵伟（第15、16章）参加了本书的初稿翻译工作，其中李杨、王博也参与了第13、14章的部分工作。在翻译过程中，机械工业出版社给予了我们很多支持和帮助，在此特别表示感谢。

本书翻译不妥之处，敬请广大读者批评指正。

张金成　白长虹
杜建刚　杨　坤
2018年7月10日

Preface | 前言

本书写给那些已认识到服务在当今和未来发展中所起重要作用的学生和商业人士。目前,服务已经成为世界发达国家经济的主导,实际上所有企业都已把服务视为当前与未来维护顾客的关键所在,甚至过去一贯依靠其有形产品生存的制造业也认识到服务为它们提供了一种为数极少的、持久的竞争优势。

我们撰写此书,正是因为认识到了服务不断增强的重要作用以及服务管理者所面临的特殊挑战。

一本服务营销教科书是为什么

自从涉足市场营销学术领域以来,我们就一直致力于服务营销课题的研究及教学。我们深信服务营销在很多方面都与商品营销不同,它需要传统市场营销教科书中所没有提到的战略和策略,本书无论是在内容还是结构上都独具特色。我们在至今20多年写作和修改本书的过程中,学到很多新知识,希望广大读者也能够在阅读本书的过程中颇有所学。20多年来我们已陆续将服务营销领域的重大变化和发展纳入本书,确保本书在新知识、管理实践的变革以及全球经济向服务转变的趋势等方面与时俱进。

内容概览

本书建立在这样一个认识的基础之上:服务所展示的特殊挑战必须被明确和强调。在服务营销中经常遇到的问题——不可储存,需求与供应难以同步,在人员接触中绩效质量控制的挑战以及顾客参与的价值共创,这些问题需要由管理人员清楚地说明并予以解决,包括信息和方法在内的许多战略对于不同行业的管理者来说都是新鲜事物,我们写作本书就是为了帮助学生和管理人员理解并重视服务营销的这些特殊挑战。

本书内容的核心是通过品质服务(和各种专业服务)发展强有力的顾客关系。书中所涉猎的主题同样适用于核心产品是服务的组织(如银行、运输公司、旅馆、医院、教育机构、专业服务机构和电信),以及依赖于卓越的服务取得竞争优势的组织(如高科技制造商、汽车以及工业品制造商等)。我们很少重复搬用市场营销原理或市场营销战略教科书中的材料,而是在必要的时候对诸如分销、定价和促销等方面的基本内容进行一些调整，使之符合服务特性。本书所覆盖的课题也同样适用于那些大型的、享有盛誉的公司和一些小的创业公司。

本书的内容聚焦于为各行业提供执行服务战略、获得竞争优势所需的知识。本书包括以顾客为中心的管理框架和如何通过服务增加顾客满意度和保留的战略。除基本的营销课题（如定价）之外，本书向学生们介绍了许多全新的课题，包括服务质量的管理和评价、服务补救、顾客评估与绩效评估之间的关系、服务蓝图、与使用价值相关的新思想以及由顾客创造的价值，这些课题中的每一个都代表着明日（或未来）企业商务管理的中心内容。这些课题的结构围绕过程而不是任务，致力于一对一营销、大规模定制产品、与顾客价值共创，并且试图与顾客建立强有力的关系。通过营销与诸如运营信息系统和人力资源等学科的一体化而对事务进行跨职能部门的处理是一个常存的基本主题。

新特色

本书第 7 版具有以下新特色：

（1）更新了所有开篇案例。

（2）更新了每一章的参考资料和例子，这些资料和例子广泛地涵盖了诸如爱彼迎（Airbnb）、优步（Uber）、Open Table（订餐服务公司）、Mint/Intuit 公司以及其他一些新的商业模式范例。

（3）更多地强调技术及其如何改变公司的服务业务。

（4）包括关于顾客满意、忠诚和钱包分享法等现代最新理论和卓越实践。

（5）增加了现行的两项管理逻辑——服务主导逻辑和服务逻辑。这两项逻辑都聚焦于把顾客视为价值和使用价值的创造者。

（6）本书不仅在第 14 章中探讨了数字和社会营销，而且在全书中都增强了关于此课题的探讨和举例。

（7）增加了作为顾客信息来源的大数据和作为服务的数据分析的内容。

（8）对战略服务的主动性和企业对企业（B2B）的服务管理模式给出了更多的讨论和例子，其中包括那些以商品为主要产品的公司中的服务注入趋势。

（9）几乎在每一章都介绍了一些新的或改进的全球、技术和服务决策特点，并对书中的一些图表和案例更新了资料。

独特结构与内容特点

本书的结构与大多数营销教科书的标准 4P（营销组合）结构完全不同。本书围绕服务质量的差距模型组织谋篇，这将在第 2 章中详述。从第 3 章开始，本书围绕差距模型把内容组织成几篇。例如，第 3 章和第 4 章，每章对应论述顾客差距的一个方面——分别是顾客的期望和顾客的感知，从而形成服务营销战略的重点。其余各章内容则运用各篇开篇时所勾画的差距模型的分支来对其他差距逐个地开展分析和讨论。书中每篇包括多章，篇章划分的战略指导思想是使读者能理解和缩小这些关键的差距。

本书在内容方面的显著特色包括：

（1）这是唯一一本以服务质量差距模型为基础框架的服务营销教科书。它明显有别于其他的营销和服务营销教材。

（2）本书比现有的营销和服务营销教材更多地强调服务质量这个主题。

（3）在传统的营销组合中引入了三个服务的P，而且更多地聚焦于顾客关系以及关系营销战略。

（4）明显地聚焦于顾客期望和顾客感知以及它们对营销者的寓意。

（5）每章有一个被称为"战略洞察"的特写，此特写专注于正在涌现的和现存的一些与服务相关的战略首创精神和主动行为。

（6）增加了一些企业对企业（B2B）服务应用的内容。

（7）涵盖了服务中正在增长的技术影响，包括每章中的技术亮点。

（8）专设服务补救一章，包括理解此课题的一个概念型框架。

（9）专设一章，探讨服务质量的金融和经济影响。

（10）专设一章，探讨顾客定义的服务标准。

（11）通过营销与其他诸如运营和人力资源管理等学科的一体化，进行跨职能部门的问题论述。

（12）以顾客为基础的定价策略和价值定价策略。

（13）描述了在处理服务而非商品问题时必须追加到基本营销技术之中的一组工具。

（14）用一整章论述在提供以顾客为中心的服务中人力资源的挑战和人力资源战略。

（15）用一整章论述服务创新和设计。其中，详细完整地介绍了服务蓝图——一种勾画、设计和定位服务的技术。

（16）专设一章探讨服务中的顾客角色，从而认识顾客在创造和共创价值中所发挥的核心作用。

（17）专设一章讨论有形展示的作用，尤其是有形的环境和服务场景。

（18）在每一章设计了"全球特写"专栏，用以扩充全球服务营销的例子。

概念及研究基础

在写作本书时，我们综合了众多天才学者和实践者的研究成果和概念性材料，也借助了不同学科如营销、人力资源、运营和管理的研究人员及商业人士的工作。由于服务营销领域以国际化为根本，我们也从全球各地收集了原始资料。在第7版中我们通过在每章整合新的研究成果而延续了这个强大的概念基础。在结构上，本书更注重于管理，每一章节都为说明该章内容而设计了企业实例和战略。

适用于哪些课程和学生

在多年的服务营销教学实践中，我们发现，许多领域的学生都被吸引到服务营销的学科中来。有志从事服务业以及具有较高服务成分的产品制造业（如工业产品、高科技产品和耐用品）的学生都想也都需要理解服务营销。对软件、高技术企业、在线应用和数据服务感兴趣或有此背景的学生也都被此课程所吸引，因为上述这些新的商业模式中的每一个都是一种服务形式。想要成为咨询顾问和企业家的学生需要学习营销的战略观点，这些战略观点不仅涉及有形的实体商品，而且涉及围绕这些商品，能为其追加价值的众多服务。实际上，所有的学生，甚至那些将为包装商品企业工作的学生，都将面对要求雇员了解服务营销和管理基础的雇主。

虽然服务营销课程通常是营销选修课，但我们班级所接收的学生中有大量来自金融服务业，他们要求扩大知识面，增加金融服务的职业发展机会。也有人力资源、会计和生产运营专业的商学类学生参与本课程的学习，还有来自各个不同领域，如医疗管理、体育管理及图书馆学的非商学类学生。

学习服务营销课程及本教材的学生只需具备基本的营销课程知识。教材的主要目标读者是本科生（三、四年级选修课）、研究生（硕士和博士课程）和高级主管层次的学员。本书一部分章节的简要内容，可以选为季度班或小学期班课程。而精简某些章节后，本书又可以供本科生及研究生的基础营销课程使用，以加强其对服务的理解。

本书的篇章数及其所覆盖的内容

本教材一共包括 16 章，分为七篇。第一篇包括第 1 章和第 2 章。第二篇通过剖析顾客期望与顾客感知考虑顾客差距。第三篇的主要内容是倾听顾客需求，包括关于服务营销研究、建立顾客关系和服务补救的内容。第四篇涉及服务战略与设计标准的结合，包括服务创新与设计、顾客定义的服务标准、有形展示与服务场景等内容。第五篇阐述服务的提供与服务绩效，包括在服务提供中员工与顾客的角色以及需求与能力管理等内容。第六篇重点讨论服务承诺的管理，包括整合营销沟通和服务的定价两章内容。第七篇是关于服务质量的财务和经济影响的分析。

致谢

我们首先对服务营销领域的先驱服务研究者和学者们表示非常深情的感谢。这些学者包括：约翰·贝特森（John Bateson）、莱昂纳德·贝瑞（Leonard Berry）、已故的博纳德·布姆斯（Bernard Booms）、大卫·鲍文（David Bowen）、斯蒂芬 W. 鲍文（Stephen W. Bowen）、拉里·克罗斯比（Larry Crosby）、约翰·切皮耶尔（John Czepiel）、雷·菲斯克（Ray Fisk）、威廉·乔治（William George）、克里斯琴·格罗鲁斯（Christian Gronroos）、史蒂夫·格罗夫（Steve Grove）、伊弗特·古默桑（Evert Gummesson）、查克·兰姆（Chuck Lamb）、已故的克里斯托弗·洛夫洛克（Christopher Louelock）、帕尔苏·帕拉休拉曼（Parsu Parasuraman）、本·施奈德（Ben Schneider）、林恩·肖斯塔克（Lynn Shostack）和卡罗尔·瑟普南德（Carol

Surprenant）。我们也对开拓和丰富了服务营销领域的第二代服务研究者表示感谢。然而当我们试图列出第二代学者的名单时，我们才意识到该感谢的学者太多而难以全部表列于此。第二代学者如此广泛地证明了先驱学者们的影响，也证明了服务营销不管是在学术上还是在实践中所显示出的重要性。

我们还向自1982年以来一直是泽丝曼尔博士研究伙伴的帕尔苏·帕拉休拉曼和莱恩·贝瑞（Len Berry）表示感谢。本书架构和谋篇所围绕的五差距模型以及第3章所用的顾客期望模型都是和作者他们一起合作开发的。本书许多研究和测度的内容都是这个团队在一个关于服务质量15年研究项目中形成的。

泽丝曼尔博士要特别对她在学术生涯中连续合作30多年的长期同事A.帕尔苏·帕拉休拉曼（A."Parsu" Parasuraman）表示感谢。帕尔苏既有激情又有创新才干，他总是愿意以一个指导者和合作者的身份与泽丝曼尔以及其他同事合作，而且他还是泽丝曼尔亲密的朋友。泽丝曼尔还感谢亚利桑那州立大学的W.P.凯里商学院及其服务领导中心，在那里她从与同事们的交往互动中受益。她还要感谢她在北卡罗来纳大学的同事、博士生和MBA学生，学生们对服务营销课题的兴趣、他们在论文和作业中的创造性是令人感激和欣赏的。与此同时，泽丝曼尔还要对营销科学学会（MSI）表示赞扬，她曾在那儿做过研究人员和学术理事，她从该学会的许多理事、许多会议和许多待审稿件中得到了许多支持和与时共进的激励及灵感。泽丝曼尔最后还要对大卫·雷伯斯泰恩（David Reibstein）和李·麦克利斯特（Leigh Mcllister）表示感谢，他们以学术指导的身份服务于MSI，他们以领导力和才干在学术与实践之间搭设了桥梁。

比特纳博士向亚利桑那州立大学的W.P.凯里商学院，特别是向荣誉退休的史蒂芬W.布朗（Stephen W. Brown）教授和服务领导中心的员工表示谢意。本书在多次出版过程中一直得到他们很有价值的支持和鼓励。比特纳博士也十分认同服务领导中心大约50个成员公司提供的许多见解和案例。这些见解和案例丰富了服务的精彩性，也使她得到继续学习的机会。她也认同和感谢服务领导中心来自全世界的大约80名网络工作人员，这些人的思想见解、能力和积极行为以不同的方式和途径保持了相关理论的生命力。对于本书的此版本，比特纳博士想要对IBM公司特别是詹姆士·施波尔（James Spohrer）博士再次表示感谢，IBM公司通过其研究部门及团队激励并鼓舞全世界学术界、政府雇员和企业员工把眼光聚焦于服务科学。她还对W.P.凯里商学院副院长巴克·培（Buck Pei）为她提供给亚利桑那州立大学的中国EMBA讲授杰出服务这一课程的机会表示感谢。这个机会和经验既丰富了本书的内容，又为本书提供了更广泛的学习范围。比特纳还对她的同事艾米·奥斯特罗姆（Amy Ostrom）在共享案例、新研究成果和教学创新等方面所给予的支持表示感谢。比特纳博士最后还要感谢：罗伊斯·摩尔（Lois Mohr）、比尔·法兰达（Bill Faranda）、艾米·罗迪（Amy Rodie）、凯文·格温纳（Kevin Gwinner）、马特·姆伊特（Matt Meuter）、史蒂夫·泰克斯（Steve Tax）、德韦恩·格兰姆勒（Dwayne Gremler）、兰斯·贝当古（Lance Bettencourt）、苏珊·卡德瓦拉德（Susan Cadwallader）、费莉西亚·摩根（Felicia Morgan）、托马斯·霍尔曼（Thomas Hollmann）、安德鲁·加利安（Andrew Gallan）、马丁·门德（Martin Mende）、李梅（Mei Li）、施卢蒂·萨克塞纳（Shruti Saxena）、南茜·史利亚尼（Nancy Sirianni）和凯瑟琳·伊顿（Kathryn Eaton）。

格兰姆勒博士也要对一些人表示感谢。首先是对史蒂芬·布朗（Stephen Brown）的建议和鼓励表示谢意，其次他感谢亚利桑那州立大学其他一些起到模范和鼓励者作用的人，这些人包括：约翰·斯拉克特（John Schlacter）、迈克尔·莫夸（Michael Mokwa）和戴维·阿什德（David Altheide）。格兰姆勒还对来自亚利桑那州立大学的一些博士生同学、同事们的支持致谢，这些人已经取得了成功阅历并继续发挥模范和鼓励者的作用，他们是：凯文·格温纳（Kevin Gwinner）、马克·休斯顿（Mark Houston）、约翰·伊顿（John Eaton）和兰斯·贝当古。格兰姆勒还要对任职于许多大学的同事们表示感谢，这些人曾在近些年邀请他到他们的国家讲学，而且为他在国际服务营销问题上提供了新见解，他们是：乔·莱明克（Joe Lemmink）、科·德·吕泰尔（Ko de Ruyter）、汉斯·卡斯帕尔（Hans Kasper）、基娅拉·奥辛格（Chiara Orsingher）、斯特凡·米歇尔（Stefan Michel）、索斯腾·亨尼希-图劳（Thorsten Hennig-Thurau）、西尔克·米哈尔斯基（Silke Michalski）、布丽奇特·奥瑞亚康姆（Brigitte Auriacombe）、戴维德·马丁·鲁伊斯（David Martin Ruiz）、卡洛琳·维尔茨（Caroline Wiertz）、文斯·米切尔（Vince Mitchell）、辛纳·费希特（Sina Fichtel）、妮娜·施佩希特（Nina Specht）、凯茜·泰勒（Kathy Tyler）、博·爱德沃森（Bo Edvardsson）、帕特里克·拉尔森（Patrik Larsson）、托尔·安德烈亚森（Tor Andreassen）、詹斯·豪格瑞夫（Jens Hogreve）、安德烈亚斯·埃格特（Andreas Eggert）、安德烈亚斯·鲍施（Andreas Bausch）、哈维尔·雷诺索（Javier Reynoso）、索斯腾·格鲁伯（Thorsten Gruber）、利亚·帕特里西欧（Lia Patrício）、丽莎·布罗根（Lisa Brüggen）、杰伦·卜雷哲韦德（Jeroen Bleijerveld）、马赛尔·范·柏哲伦（Marcel van Birgelen）、乔思·布勒默尔（Josée Bloemer）、塞西尔·德科特（Cécile Delcourt）、克里斯托夫·巴克豪斯（Christof Backhaus）、萨宾（米勒）·伯努瓦（Sabine (Mueller) Benoit）、嘉图拉·拉纳维拉（Chatura Ranaweera）、蒂尔曼·瓦格纳（Tillmann Wagner）、巴特·拉里维埃（Bart Larivière）、瓦法·韩麦迪（Wafa Hammedi）、艾娜·加纳法德（Ina Garnefeld）、米蕾拉·克雷奈恩（Mirella Kleijnen）、迈克尔·保罗（Michael Paul）、加比·奥德克肯-索德（Gaby Odekerken-Schöder）、吉尔·斯威尼（Jill Sweeney）和多米尼克·格里尔（Dominique Greer）。最后，格兰姆勒特别对作为他的打字员、编辑、鼓励者、妻子和朋友而长期没完没了地为他心甘情愿服务的坎迪·格兰姆勒（Candy Gremler）表示感谢。

我们三位作者共同对凯瑟琳 K. 伊顿（Kathryn K. Eaton）博士对本书这一新版本出色的编辑和咨询帮助表示感谢。伊顿博士在亚利桑那州立大学的 W.P. 凯里商学院讲授服务管理，她的知识和教学经验为本书许多内容的修改提供了帮助，她不仅对本书的一些部分和特点进行了出色的更新、编辑和重写，而且在全书安排了许多适时的案例。

许多学院和学术单位帮助我们完成了对本书前一版评价的调查，包括：珍妮特·特纳（Janet Turner），得克萨斯州 A&M 大学；约瑟夫·菲尔丁（Joseph Fielding），特洛伊大学多森校区；特洛伊·艾伦·范思特万德（Troy Allen Festervand），中田纳西州立大学；以及戴维·马克·安德勒斯（David Mark Andrus），堪萨斯州立大学。

最后，我们特向为本书付出专业努力的麦格劳–希尔高等教育的下列人士表示感谢：苏珊·古尹斯杜克（Susan Gouijnstook）、劳拉·赫斯特·斯佩尔（Laura Hurst Spell）、伊丽莎白·施耐根（Elizabeth Schonagen）、凯利·哈特（Kelly Hart）、梅莉莎·西葛密勒（Melisa Seegmiller）以及梅莉莎·霍莫（Melissa Homer）。

瓦拉瑞尔 A. 泽丝曼尔
玛丽·乔·比特纳
德韦恩 D. 格兰姆勒

作者简介 | About the Authors

瓦拉瑞尔 A. 泽丝曼尔　　北卡罗来纳大学教堂山分校

泽丝曼尔是 David S. Van Pelt 家族基金会冠名的杰出市场营销学教授,她任职于北卡罗来纳大学凯南–弗拉格勒(Kenan-Flagler)商学院。自从获得马里兰大学罗伯特 H. 史密斯(Robert H. Smith)商学院的 MBA 和博士学位后,泽丝曼尔博士一直致力于研究和教授服务质量、服务管理等相关课题。她是《传递优质服务:平衡顾客感知与期望》(Free Press,1990,现已推出第 20 版)和《驾驭顾客资产:顾客终身价值如何重塑企业战略》(Free Press,2000)的合著者。2002 年,《驾驭顾客资产》一书赢得了第一届贝瑞(Berry)美国营销协会图书奖,该书被评为过去三年最佳营销类书籍。2014 年,她与玛丽·乔·比特纳、斯蒂芬·布朗(Stephen Brown)和吉姆·萨拉斯(Jim Salas)合作出版了《从服务和解决方案中获利:产品生产企业必须知道的事》。

2008 年,泽丝曼尔获得了美国市场营销协会授予的保罗 D. 匡威(Paul D. Converse)奖。匡威奖每四年评选一次,用以表彰那些以发表论文、著作书籍或研究成果为市场营销持久做出贡献的人。这项研究的成果——服务质量差距模型——是本书写作的基础。2009 年,她被美国市场营销协会、欧文(Irwin)及麦格劳–希尔(McGraw-Hill)共同授予杰出营销教育家奖,以表彰她在市场营销教育方面始终保持领先地位并在营销领域做出了广泛的贡献。由于对该领域及相关行业和社会研究的广泛影响,她赢得了 2012 年布拉德研究影响奖,并于 2015 年被任命为美国营销协会终身研究员。2014 年她被列入汤森路透(Thomson Reuters)"2014 年全球最有影响力的科学头脑"名单,这说明基于过去 11 年的引文数据,她的成果被用于许多学者发表的具有最高影响力的研究中。

泽丝曼尔博士荣获五项教育奖,包括北卡罗来纳大学的杰拉尔德·巴雷特教师奖(Gerald Barrett Faculty Award)、杜克大学福库商学院(Fuqua school)的杰出 MBA 教育奖。她还荣获多项研究奖,包括《消费者研究》杂志的罗伯特·费伯(Robert Ferber)消费者研究奖、《市场营销》杂志的哈罗德 H. 梅纳德奖（Harold H. Maynard Award）和 MSI 保罗·鲁特奖（MSI Paul Root Award）、《营销科学学会》杂志的杰格迪什·西斯奖（Jagdish Sheth Award）以及《市场营销研究》杂志的威廉姆 F. 奥德尔奖（William F. O'Dell Award）。她曾为 60 多家服务类及产品生产类公司做过咨询工作。泽丝曼尔博士曾于 2000～2003 年担任美国营销协会董事会成员，并曾于 2000～2006 年担任市场营销科学学院的学术委托人。目前，她担任美国营销协会董事会主席。

玛丽·乔·比特纳　亚利桑那州立大学

比特纳是亚利桑那州立大学服务领导中心的联合执行董事、爱德华 M. 卡森（Edward M. Carson）服务营销主席，以及 W. P. 凯里商学院的营销教授。在其作为一名教授和研究者的职业生涯中，比特纳博士被公认为全球服务营销和管理领域的创始人和先驱之一。亚利桑那州立大学服务领导中心是最早在大学里成立的以服务营销和管理研究为主的中心，而她是该中心的创始人之一，并从创立以来一直都是该中心的领导者。她于 2011～2014 年任职于美国营销协会董事会，并于 2013～2017 年担任《服务研究》杂志主编，这些经历都充分代表了她在该专业领域的领导能力。

比特纳博士领导了 W. P. 凯里商学院 MBA 项目在营销和服务领导方面专业化的发展，W. P. 凯里商学院的这个独特的一年期专业化 MBA 项目在全国名列前茅。如今学位专业化已经有近 20 年的历史，遍布全球的校友们引领着服务行业的发展并不断坚持以客户为中心制定战略。

比特纳博士因其对本学科的贡献获得了多项教学和研究奖项。比特纳博士被美国营销协会授予"服务学科职业贡献奖"。她还被任命为 IBM 教职研究员，并于 2013 年获得首届国际服务业专业人士协会（ISSP）终身成就奖，于 2014 年获得营销管理协会颁发的营销创新者奖。在亚利桑那州立大学，比特纳博士获得了 W. P. 凯里商学院博士学位教学优秀奖以及杰出教授奖。她曾作为一名杰出的教职人员在上海复旦大学教学，并在亚利桑那州立大学中国的 EMBA 项目中任教多年。

比特纳博士为众多力求通过服务取得优异表现和竞争优势的服务和制造类企业进行过指导和咨询。她目前的研究涉及产品占支配地位类公司的服务注入策略，以及技术和一线服务员工在决定顾客服务满意度方面的策略角色。2014 年，比特纳博士与瓦拉瑞尔·泽丝曼尔、斯蒂芬·布朗和吉姆·萨拉斯合作出版了一本贸易导向的书——《从服务和解决方案中获利：产品生产企业必须知道的事》。她也曾在《市场营销》《服务研究》《市场研究》《零售》《服务管理》《市场科学研究院学报》《斯隆管理评论》《管理执行学报》等杂志上发表过许多与服务营销和管理相关的文章。

德韦恩 D. 格兰姆勒　博林格林州立大学（BGSU）

格兰姆勒是博林格林州立大学营销系教授。他曾就读于亚利桑那州立大学 W. P. 凯里商学院并获得了 MBA 及博士学位。在他的学术生涯中，格兰姆勒博士一直是服务营销研究和教育问题的热情倡导者。他是美国市场营销协会服务特别兴趣小组的主席，在澳大利亚、荷兰、法国、葡萄牙、芬兰和美国协助组织了多次服务营销会议。格兰姆勒博士曾应邀参加了许多国家关于服务营销主题的研讨会和研究。格兰姆勒博士的研究涉及服务行业的顾客忠诚度、服务过程中雇员与顾客的交互、服务保证和服务口碑沟通等。

格兰姆勒博士曾应邀参加了十多个国家关于服务营销主题的研讨会和研究。他发表了40多篇同行评议的期刊文章和书籍章节。他的文章曾刊登于《市场营销》《市场科学研究院学报》《服务研究》《零售业》《商业研究》《服务管理》和《市场营销教育》。格兰姆勒博士有7篇文章获得了奖项，其中包括2011年发表于《市场营销》的一篇文章，获得了"最佳服务研究论文奖"（由美国市场营销协会的SERVSIG授予），还包括他于2002年在《服务研究》上发表的最佳文章获得了"杰出研究论文奖"。2014年，他获得了美国市场营销协会SERVSIG的克里斯托弗·洛夫洛克（Christopher Lovelock）职业贡献奖。格兰姆勒博士是前富布赖特学者，2006年春获得美国政府赠款，在荷兰马斯特里赫特大学教授服务营销课程。格兰姆勒博士最近的研究涉及服务过程中雇员与顾客的交互、服务保证、服务口碑沟通和顾客忠诚度。

格兰姆勒博士教授服务营销课程已有20年，并在美国被公认为在这段时间内教授服务营销本科课程最多的教授。他曾获得多项教学奖项，其中包括美国营销科学会颁发的"杰出营销教师奖"（2009），博林格林州立大学商学院颁发的"校友本科教学奖"（2010），市场营销管理学会颁发的"霍梅尔（Hormel）教学优秀奖"（2011）以及博林格林州立大学颁发的"商学院卓越教学奖"（2015）。2015年，格兰姆勒博士被博林格林州立大学董事会任命为杰出教授。

Contents 目录

译者序
前言
作者简介

第一篇 服务营销的基础

第1章 服务导论 / 2
开篇案例 所有企业都是服务企业 / 2
1.1 什么是服务 / 3
1.2 为什么要研究服务营销 / 7
1.3 服务和技术 / 12
1.4 服务的特性 / 17
1.5 服务营销组合 / 21
1.6 始终关注顾客 / 25
小结 / 25
讨论题 / 25
练习题 / 26
参考文献 / 26

第2章 本书的概念框架：服务质量差距模型 / 29
开篇案例 乔氏超市（Trader Joe's）的服务质量：具有企业精神的专卖店 / 29
2.1 顾客差距 / 30
2.2 供应商差距 / 31

2.3 综合所有因素：弥合所有差距 / 40
小结 / 42
讨论题 / 42
练习题 / 42
参考文献 / 43

第二篇 聚焦顾客

第3章 顾客对服务的期望 / 46
开篇案例 / 46
3.1 服务期望 / 47
3.2 影响顾客服务期望的因素 / 53
3.3 涉及顾客服务期望的一些问题 / 59
小结 / 64
讨论题 / 64
练习题 / 65
参考文献 / 65

第4章 顾客对服务的感知 / 68
开篇案例 赞恩自行车：把服务作为一个战略差异化因子 / 68
4.1 顾客感知 / 70

4.2 消费者满意 / 71
4.3 服务质量 / 76
4.4 顾客的精力 / 81
4.5 服务接触：顾客感知的基础 / 83
小结 / 90
讨论题 / 91
练习题 / 91
参考文献 / 92

第三篇 了解顾客需求

第 5 章 通过调研倾听顾客 / 98

开篇案例 通过顾客旅程研究提升顾客体验 / 98

5.1 应用顾客调查了解顾客期望 / 99
5.2 有效的服务市场调查计划要素 / 103
5.3 分析和研究市场调查结果 / 115
5.4 使用市场调查信息 / 117
5.5 向上沟通 / 117
小结 / 120
讨论题 / 120
练习题 / 121
参考文献 / 121

第 6 章 建立顾客关系 / 123

开篇案例 汽车联合服务协会（USAA）聚焦长期关系 / 123

6.1 关系营销 / 124
6.2 顾客关系价值 / 131

6.3 顾客获利能力细分 / 133
6.4 发展关系策略 / 135
6.5 关系挑战 / 140
小结 / 144
讨论题 / 145
练习题 / 145
参考文献 / 146

第 7 章 服务补救 / 151

开篇案例 捷蓝航空应对2007年情人节肯尼迪机场的暴风雪 / 151

7.1 服务失误及补救的影响 / 152
7.2 顾客对服务失误的反应 / 155
7.3 服务补救策略：安抚顾客 / 159
7.4 服务补救措施：解决问题 / 168
7.5 服务承诺 / 171
7.6 更换还是接受服务补救 / 175
小结 / 176
讨论题 / 176
练习题 / 176
参考文献 / 177

第四篇 服务设计与服务标准的统一

第 8 章 服务创新与设计 / 184

开篇案例 服务创新是宠物市场公司（PetSmart）增长的引擎吗 / 184

8.1 服务创新与设计的
挑战 / 185
8.2 服务创新的重要注意
事项 / 187
8.3 服务创新的类型 / 190
8.4 服务创新和开发步骤 / 193
8.5 服务蓝图：一种有效描述
服务创新和设计的重要
技术 / 200
小结 / 209
讨论题 / 209
练习题 / 209
参考文献 / 210

第9章　顾客定义的服务标准 / 214

开篇案例　联邦快递使用服务质
量指数设置标准 / 214
9.1 建立适当服务标准的
必备因素 / 215
9.2 顾客定义的服务标准的
类型 / 219
9.3 顾客定义服务标准的
开发 / 224
小结 / 234
讨论题 / 235
练习题 / 235
参考文献 / 235

第10章　有形展示与服务场景 / 237

开篇案例　万豪采用特色的服务
场景打造独特的品牌
体验 / 237
10.1 有形展示 / 238
10.2 服务场景的类型 / 240

10.3 服务场景的战略
作用 / 242
10.4 服务场景对顾客与员工
行为影响的理论框架 / 245
10.5 有形展示策略的
原则 / 254
小结 / 256
讨论题 / 256
练习题 / 257
参考文献 / 257

第五篇　传递与执行服务

第11章　服务传递中的员工角色 / 262

开篇案例　员工就是服务与
品牌 / 262
11.1 服务文化 / 263
11.2 一线服务人员的关键
作用 / 266
11.3 跨边界作用 / 269
11.4 通过人员传递服务质量的
策略 / 273
11.5 顾客导向的服务传递 / 282
小结 / 283
讨论题 / 284
练习题 / 284
参考文献 / 284

第12章　顾客在服务传递中的
角色 / 290

开篇案例　客户作为服务价值的
创造者 / 290
12.1 服务传递中顾客的
重要性 / 291

12.2 顾客的角色 / 296
12.3 自助服务技术：重在客户参与 / 301
12.4 增加顾客参与的战略 / 303
小结 / 311
讨论题 / 311
练习题 / 312
参考文献 / 312

第 13 章 管理需求与能力 / 317

开篇案例 怎样在一年 365 天让 600 间房都住满 / 317
13.1 根本问题：服务缺乏库存能力 / 318
13.2 能力限制 / 320
13.3 需求波动规律 / 321
13.4 能力与需求的匹配策略 / 324
13.5 收益率管理：平衡能力利用率、价格、细分市场和财务回报 / 328
13.6 排队等待策略：当需求与能力无法一致时 / 330
小结 / 336
讨论题 / 336
练习题 / 336
参考文献 / 337

第六篇 管理服务承诺

第 14 章 整合营销沟通 / 342

开篇案例 整合营销传播的跨渠道案例 / 342

14.1 营销传播需要协调一致 / 343
14.2 服务传播的关键挑战 / 345
14.3 匹配服务承诺与服务传递的五种战略 / 347
小结 / 363
讨论题 / 363
练习题 / 364
参考文献 / 364

第 15 章 服务的定价 / 366

开篇案例 航空公司获利颇丰，但是费用繁多令旅客困惑 / 366
15.1 顾客服务价格区别于产品价格的三个主要方面 / 367
15.2 服务定价的方法 / 372
15.3 与四种价值定义相关的定价策略 / 379
小结 / 385
讨论题 / 385
练习题 / 385
参考文献 / 386

第七篇 服务和回报

第 16 章 服务的财务及经济意义 / 388

开篇案例 / 388
16.1 服务和盈利性：直接关系 / 390
16.2 服务的进取性营销作用：吸引更多更好的顾客 / 393

16.3 服务的防御性营销作用：
保留顾客 / 393
16.4 顾客服务质量感知与
购买意愿 / 398
16.5 服务质量、顾客保留及
利润的关键驱动因素 / 399

16.6 有效而非财务的绩效
评估 / 402
小结 / 404
讨论题 / 405
练习题 / 405
参考文献 / 405

PART 1

第一篇

服务营销的基础

第 1 章

服务导论

本章目标

1. 解释服务的内涵，明确服务的重要发展趋势。
2. 说明社会对特殊的服务营销概念及实践知识的需要，以及为什么这种需要得以迅猛发展及加速扩张。
3. 探讨技术对服务的深刻影响。
4. 概括服务与商品的基本区别以及它对服务业的相应挑战。

开篇案例　　　　　所有企业都是服务企业[1]

人们常说"每种东西都是服务"，而且"每个企业都是服务企业"。不会有人争论像迪士尼（Disney）、万豪（Marriott）和星巴克（Starbucks）这样的品牌偶像是不是服务公司，服务是这些公司业务的核心，杰出的服务是它们成功的一把钥匙。西门子（Siemens）、IBM、卡迪那保健（Cardinal Health）以及通用电气（General Electric）也都是服务提供者，它们依靠提供捆绑在产品上的培训、修理和配送等必要的服务，在它们的行业中进行有效的竞争。此外，它们还提供诸如咨询、数据和技术服务，在各自具有专长的领域开展管理流程外包等更为复杂的服务，从而取得竞争优势。即使像苹果（Apple）和三星（Samsung）这样的消费产品公司也是服务提供者。对这些公司而言，服务是埋置或嵌入在产品自身中的，用智能手机和平板电脑可以提供许许多多必要的服务和解决方案，其中有许多是我们日常生活所急需的——尽管智能手机出现的时间很短，而且在过去的管理中并不使用它们。更值得关注的是，大多数突然出现的新管理模式都是服务模式，其中许多是技术支撑的。像优步（Uber）和爱彼迎（Airbnb）等公司，正在使其行业发生颠覆性变化。

这些例子说明了本教材将描写的服务公司多样性的特点，以及你将要学习到的企业种类。

万豪

万豪在美国"优秀服务公司"名单中总是处于领导地位，它也在《财富》（*Fortune*）"最受称赞公司"名单中名列前茅。取得这些高排名的一个原因就是万豪总是承诺以员工和顾客为中心。在万豪,人是第一位的,他们的价值观是:"关爱你的员工,他们将关爱顾客,而顾客将再次光顾。"这种价值观已经转化成全世界著称的品牌名字——19个不同酒店品牌的母体。"做顾客和员工最优秀的服务者"是多个世纪以来万豪成功的关键。

通用电气

许多传统的制造企业和高科技公司,几个世纪以来已逐渐发展成为服务供应商,现在它们中有不少公司逐渐进入数据驱动服务行业。通用电气就是一个很好的例子,它把核心成长战略转移至以数字服务为中心的服务和围绕从产品提取的数据所设计的服务上来。通用电气前总裁杰克·韦尔奇(Jack Welch)把该公司转变为一个服务巨人,而现任总裁杰夫·伊梅尔特(Jeff Immelt)正在以数字变革为中心,力图到2020年使该公司位列软件和数字服务公司前10名。在通用电气的一个大众广告中描述了一个名字叫Owen的年轻人,该广告表达了公司工业数字变革的诺言和想要雇用像Owen这样的人来推动数字变革的欲望。

苹果

在许多行业,产品正在成为服务提供的媒介,这在电子消费中表现得最为明显。你的智能手机中的每一个应用程序都能为你提供日常生活所需要的信息、娱乐、采购机会和独特的解决方案。手机实际上就是一个它所提供的信息的容纳器。当苹果被《华尔街日报》(24/7)宣布在所有公司服务中排名为第三时,它作为一个服务企业的地位已得到社会认可。苹果虽然在技术和产品设计上仍处于前沿,但它总是力图为顾客提供他们对该公司所期望和依赖的创新性服务和解决方案。

优步

当前,技术、合作和共享经济正在促发新的服务,其中有些是短暂的,而有些则似乎是确有生存力的。优步在客运行业飞速崛起,广为人知。技术使优步的商业模式成为可能,而消费者的合作愿望是其成功的一个重要的潜在因素。通过技术优步能够把全体司机联系起来,使他们能够驾驶着自己的车去把寻求乘车的顾客送往顾客想去的地方。技术能跟踪位置、车辆的充足程度、付款额,并能对司机和乘客进行评价,从而使得这种服务形式非常有效又高度顾客定制化。尽管这种服务面临税务管理和其他挑战,但优步的全球迅速扩张验证了这个服务模式的强大生命力。

正如案例的提示,服务是跨行业广泛分布的,服务战略可能是非常盈利的,而技术和企业与行业的数字化改革正在驱动服务的成长与创新。然而,密歇根大学美国顾客满意度指数一直以来却表明,当与其他产品比较时,服务的得分较低。[2]

本教材将为你提供一个用以看待服务营销和管理的透镜。你所学到的东西既可以用于像通用电气这样的传统制造业企业,也可以用于一些纯粹的服务企业。你将学到可能为公司提供竞争优势的工具、战略和开发与提供盈利服务的手段。在服务营销和管理的基础上,你将发现延展到公司各职能部门的强势的以顾客为中心的理念。

1.1 什么是服务

用最简单的话说,服务是行动、过程和表现,是由一个实体或个人为另一个实体所提供或联合生产或创造的绩效。本章开篇案例和4个公司的例子说明了这个概念的含义以及当今能提供服务的公司的种类。尽管我们以这个简单、宽泛的服务定义为依据,但是大家应该注意,随着时间的推移,服务与经济服务部门定义存在细微区别。服务定义的多样性通常可以解释人们讨论服务和描述组成经济服务部门的产业时所产生的困惑和异议。与我们这个简单定义一致的另一个较广义的服务定义是:"服务是一种经济活动,它并不产出有形的产品或构造,在生产的同时便进行了消费,提供便利、娱乐、省时、舒适或健康等各种形式的附加值。这些形式基本上是购买者无形中会关注的。"[3] 美国经济中服务业的分布情况如图1-1所示。

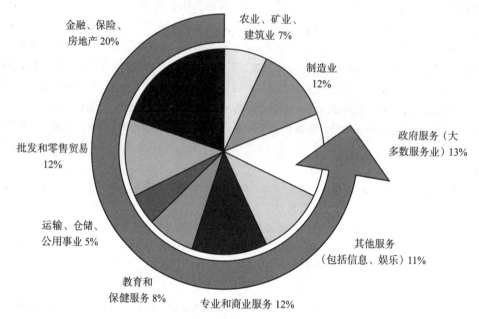

图1-1　2016年美国国内生产总值(GDP)服务业分布情况

资料来源:*Survey of Current Business*, Online, April 2016.

1.1.1　服务业、服务产品、顾客服务以及衍生服务

在我们开始讨论服务营销与管理时,区分服务业与服务企业、服务产品、顾客服务以及衍生服务是很重要的。你在本书所学到的工具与战略适用于所有这四类服务。

服务业与服务企业　包括服务部门中典型的以服务为核心产品的产业或企业。下面这些公司均可视为纯服务企业:万豪国际酒店集团(Marriott International,住宿)、美国航空公司(American Airline,运输)、嘉信理财(Charles Schwab,金融)、梅奥诊所(Mayo Clinic,保健)。整个服务部门包括大量的服务产业,如图1-1所示。这些产业中的公司以提供服务为核心。

服务产品　代表着市场上顾客估价和购买的无形产品。提供服务产品的可能是服务企业,也可能是非服务企业,如制造型或科技型企业。例如,IBM和惠普向市场提供信息技术咨询服务,从而与埃森哲(Accenture)这个传统的纯服务企业竞争。其他产业的例子包括百货公司,如梅西百货提供礼物包装与运输的服务;宠物商店,如宠物大卖场(PetSmart)提供宠物美容与训练的服务;以及VWR向其研究实验室客户提供仪器测定、设备维护和库存管理。

顾客服务　同样是我们"服务"的一个重要的方面。顾客服务是为支持企业的核心产品而提供的服务。一般来说,顾客服务并不收费。顾客服务可以在现场进行(如一位员工帮助顾客找到一件想要的物品或回答一个问题),也可以通过电话或互联网进行(如戴尔提供实时

聊天室帮助客户诊断硬件问题)。许多企业的顾客服务电话中心24小时有人值班。此外,有些顾客服务是通过机器对机器而非任何人员互动而远程提供的。不管用什么方法,优质的顾客服务都是建立顾客关系的必要因素,但是不能把它与企业为销售提供的服务相混淆。

衍生服务 衍生服务是我们服务的另一个重要方面。《市场营销》杂志有一篇史蒂夫·瓦戈(Steve Vargo)和鲍勃·卢施(Bob Lusch)的获奖文章,他们认为营销研究中一个新的主导逻辑就是所有的产品和实物商品都是它们所提供服务的价值载体。[4] 通过引用有关经济学家、营销人员以及哲学家的观点,两位作者指出,由实物商品衍生出的价值实质上是由商品所提供的服务,而非商品本身。例如,制药厂的药品提供医疗服务,剃须刀提供刮脸服务,计算机提供信息与处理服务等。尽管这种观点过于抽象,但是它给予服务更广阔、更深入的视野。

1.1.2 有形性图谱

服务的广义定义说明"无形性"是确定一个提供品是否为服务的决定因素。尽管这是正确的,但可以肯定,很少有产品是纯粹无形的或者完全有形的。相比较而言,服务要比制造品更无形,而制造品则比服务更有形。例如,快餐业尽管被划为服务业,但它仍有许多有形部分,像实物、包装等。汽车制造业尽管被划入制造业,但也提供许多无形物,如交通运输服务。图1-2所示的有形性图谱表明了这个观点。在本书中,当提及服务时,我们将假定服务这个广义定义并承认很少有"纯服务"或"纯产品"。我们所讨论的课题和方法将指向图1-2右边无形部分的那些提供品。

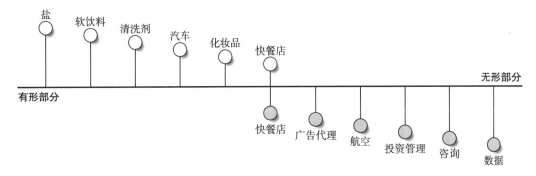

图1-2 有形性图谱

资料来源:L. G. Shostack, "Breaking Free from Product Marketing," *Journal of Marketing* 41 (April, 1977), pp. 73–80, American Marketing Association.

1.1.3 服务业发展趋势

尽管我们经常听到和看到有关资料说现代经济已由服务业主导,但美国和其他国家并未在一夜之间成为服务型经济国家。早在1929年,美国就有55%的劳动人口就业于服务业;在1948年,美国约54%的国民生产总值(GNP)由服务业创造。图1-3和图1-4中的数据说明服务业的增长趋势仍在继续,到2016年,服务业产值占美国国内生产总值(GDP)的81%,服务业中的就业人数占总就业人数的80%。这些数据并不包括制造企业提供的服务,它们的就业人数和所提供服务的价值将划入制造业。

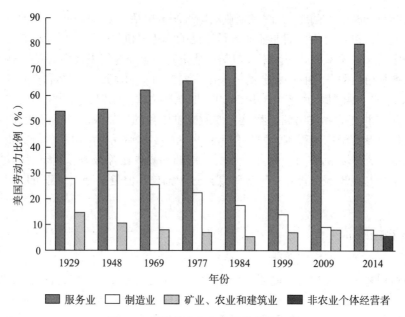

图 1-3　美国劳动力在各行业中的比例

资料来源：Bureau of Labor Statistics, Online, December 2015; *Survey of Current Business*, Online, March 2011; *Survey of Current Business*, February 2001, Table B.8, July 1988, Table 6.6B, and July 1992, Table 6.4C; E. Ginzberg and G. J. Vojta, " The Service Sector of the U.S. Economy," *Scientific American* 244 (1981), pp. 31–39.

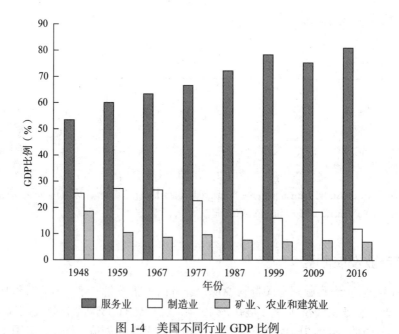

图 1-4　美国不同行业 GDP 比例

资料来源：Survey of Current Business, Online, April 2016; *Survey of Current Business*, Online, March 2011; *Survey of Current Business*, February 2001, Table B.3, and August 1996, Table 11; E. Ginzberg and G. J. Vojta, " The Service Sector of the U.S. Economy," *Scientific American* 244 (1981), pp. 31–39.

1.2 为什么要研究服务营销

为什么学习服务营销、服务质量和服务管理很重要？服务营销与制造品营销的区别是什么？这些区别导致了人们对有关服务书籍和课程的需求。有许多动因引起了服务营销的迅速发展，许多行业、企业和个人已定义了其概念的范围、框架，并界定了服务领域的战略。服务营销和管理的领域是所有这些力量整合的结果。

1.2.1 服务经济

随着服务业的迅猛增长，营销概念和战略有了很大的发展，这些理论对美国及世界经济变得日益重要。正如前面提到的，2014年美国服务业的就业人数在全部就业人数中的比重达80%多，而2016年所创造的价值在国内生产总值中的比重则超过了81%。几乎所有工作数量的绝对增量和工作组织的快速增长都在服务业，特别是医疗保健和信息技术专业服务。

服务经济重要性的另一个标志是全球范围的服务贸易不断增长。实际上，尽管美国的商品贸易仍为赤字，但自2000年以来，服务出口跃至84%，2015年服务贸易顺差已达2 270亿美元。事实上，美国国外服务销售额在全世界排名第一。[5,6]

不仅在美国，世界范围内的服务市场也在不断增大，服务在经济中的主导性日益增强（见表1-1）。这种成长不仅出现在经济发达国家，也出现在经济发展中国家，比如中国，政府已把服务业成长放至优先地位。服务业的增长已引起全球范围对服务的关注。

表1-1 2015年服务业在各国或地区GDP中所占的比重

国家或地区	2015年服务行业占GDP比重（%）
中国香港	93
英国	80
荷兰	80
法国	79
美国	78
新加坡	76
日本	72
巴西	72
加拿大	71
德国	69
新西兰	69
澳大利亚	67
瑞士	65
墨西哥	62
印度	54
中国内地	48

资料来源：*The CIA World Fact Book*, 2015.

1.2.2 服务在以商品为中心的企业业务中的必要性

服务营销与管理领域的最早发展主要来自于人们对诸如银行、运输、医疗和保健等服务业的研究动力。随着这些传统服务业的不断发展并越来越有竞争力，对有效服务管理与营销的需要一直在持续。然而，当今跨行业公司也已经发现了服务创新和服务成长战略的价值。[7]制造企业［如通用电气和卡特彼勒（Caterpillar）］、技术公司［如安富利（Avnet）、施乐（Xerox）、IBM］、零售商（如宠物大卖场）以及包装商品公司［如宝洁公司（Procter & Gamble）］等都已经注重以服务为导引的成长潜力。所有这些企业都已经意识到，优质产品已不是企业取得长期成功的唯一保证。

以施乐公司为例，它现在主要提供文件管理服务，所凭借的是它能够接管一个组织内所有文件（包括数字文件和纸质文件）的管理。这种服务的广度和深度远远超出其传统的打印机修理与维护服务业务。大型宠物零售店宠物大卖场最近几年来几乎其所有的成长都归因于它的服务——包括宠物旅店、修饰打扮和训练。宝洁公司也已经开始推出服务并把它们维系于一些更新的品牌上,包括"洗车场先生"(Mr. Clean Car Wash)。它是汰渍干洗(Tide Dry Cleaners)的一种连锁模式,还有一种称之为"汰渍旋冲"(Tide Spin)的新型洗衣服务。在认识这些品牌的巨大价值的同时,宝洁公司小心翼翼且精心地把这些品牌扩展到服务中去。为了扩展它们的服务业务专长,许多技术公司已经与一些服务企业合伙或者对其进行收购。IBM 已收购了普华永道(PricewaterhouseCoopers),惠普(Hewlett-Packard)收购了 EDS,戴尔(Dell)并购了佩罗系统(Perot Systems),以上所提到的仅是少数几个例子。

为什么所有这些公司都选择聚焦于服务?这有许多原因。第一,很多产业的产品去溢价导致很多有形产品的价格和利润压力。服务可以帮公司提供定制化产品从而为顾客提供附加价值。第二,顾客,特别是在 B2B 市场,很需要服务和解决方案。在许多情况下,顾客需要与多样产品和服务相关的问题和挑战的解决方案。他们期待供应商来创造和提供这些产品服务解决方案。第三,服务通常比产品有较高的边际利润,因而可以为公司提供服务利润平台。第四,正如你将在后面各章所学到的,顾客忠诚与顾客满意很大程度上是公司所提供的服务质量和服务方案所驱动的。第五,当前许多行业面临高度竞争,服务是拥挤的市场中的一个差异因素。

当企业向服务转变时,它们经常会遇到一些诸如文化变革、销售渠道问题以及对服务设计和所提供服务的专业知识的需求等严重挑战。这些公司是典型的工程、技术、科学或者运营驱动的,它们把专门知识固定在它们的产出上。当这些公司转型或通过服务寻求成长时,它们会发现需要新的服务逻辑和关于服务管理和营销的特别的概念和方式,这已成为显而易见的事实。[8]

1.2.3　取消管制行业与专业服务的需求

随着取消管制行业与专业服务业经营方式上的急剧变化,这些行业都产生了对服务营销概念的特定需求。在过去几十年里,美国政府对众多大型服务业,包括航空、银行、电信和货运,都放松了管制。类似的管制放松也已发生在其他一些国家。结果,过去有政府牢牢掌控的营销决策现在可以部分(在有些情况下是全部)由单个企业控制。[9]例如,历史上所有航空收费、路线以及向旅行机构支付的佣金都是由政府确定并监管,放松管制后这些都发生了改变。现在各个航空公司可以自由地设定它们自己的价格结构并确定飞行路线。取消管制在航空业中引起了波动,加速了对更复杂、基于顾客和竞争敏感的市场营销的需求。

专业服务的提供商(如牙医、律师、会计师、工程师和建筑师),随着行业竞争日趋激烈,以及允许进行少量的广告而导致专业标准变更,他们的业务也需要新的概念和方法。尽管这些行业历来避免使用"营销"这个词,但他们正在寻求更好的方法理解和划分他们的顾客,以便能提供优质的服务并在不断增加的竞争者中增强其竞争实力。

1.2.4　服务营销具有特殊性

当上面所描述的各种原因同时起作用时,那些涉身其中的企业人士意识到服务营销与管理存在一些他们在制造业和有形商品公司中所没有遇到过的问题和挑战。管理咨询顾问加里·尼斯利(Gary Knisely)就在一系列调查访谈中捕捉到这些不同点和挑战(见专栏 1-1)。例如,当一家企业的核心提供物是一个行为(如工程咨询)时,这家企业如何向市场保证稳定的产品质量?随着服务业开始注重市场营销并决定雇用营销人员,其自然要从世界上最优秀的营销企业(如宝洁)中招聘。从制造品行业的营销转向保健、银行及其他服务性行业营销工作的人们发现，他们的技能和经验是不能从制造业向服务业直接转换的。他们在制成品和制造业中的经验并不能应对他们在服务营销中所面临的问题和困难。这些人认识到服务业的营销与管理需要新的观念和方法。

服务营销人员对这些压力和挑战做出了反应，开始跨学科与世界各地的学者和实业者一起为服务业开发和整理营销实践资料。

◎ 专栏 1-1

服务营销是不同的事物吗

1979 年，约翰逊·史密斯 & 尼斯利（Johnson Smith & Knisely）咨询顾问公司的一位主要负责人加里·尼斯利向从事服务营销实际工作的人员询问了服务营销有什么差异这个问题。尼斯利还特别调查了几个高级营销管理人员，他们是在商品行业取得丰富的产品营销经验后（因其出色的营销才能而知名）才转入服务行业的。

这些高级营销管理人员确实发现了区别。当他们试图直接将消费品营销实践应用于服务业时（后来证明部分是成功的），他们发现了区别。假日酒店（Holiday Inn Inc.）的詹姆斯 L. 肖尔（James L. Schorr）曾在宝洁公司工作，他发现无法把消费品企业的营销系统搬用于服务企业。他与其他被调查的管理人员一起，描述了某些重复发生的问题。首先，服务营销组合的变量要比消费品的多。肖尔认为服务业的营销与运营的联结比制造业更为紧密，因此，服务生产过程是营销过程的一部分。其次，顾客介入是商品营销与服务营销的一个主要区别，来自于有形产品企业的管理人员从未想过与顾客直接对话，对于肖尔来说，推销宾馆房间可归结成一种"人对人"的销售。罗伯特 L. 卡特林（Robert L. Catlin）在谈到他在航空业中的经历时说："在顾客看来，与服务的其他任何特性一样，你的人员是产品的重要组成部分。"人们购买产品是因为他们相信产品有效用，但对于服务来说，人们会与他们喜欢的人打交道，而且因为他们认为自己会喜爱这项服务才购买，这使得顾客与员工的接触成为营销工作中的一个关键部分。

这些高级管理人员也探讨了商品和服务营销中通用的营销组合变量在这两种行业背景下的营销战略应用上的巨大差别。在服务的分销和销售中，企业不能再依靠那种顾客推着手推车在精心摆放的货架间进行商品挑选的方式。我们可以说服产品经理正在为公司销售人员的"头脑货架空间"而竞争。美国信托公司（United States Trust Co.）营销小组负责人罗德尼·伍兹（Rodney Woods）认为与有形产品相比，服务营销中最关键的因素是定价。他认为确定服务相关的生产与交付成本的改善程度是非常困难的，比他以前曾工作过的大型制造品企业如皮尔斯伯里（Pillsbury）、宝洁和勃列斯多–迈耶（Bristol-Myers）所遇到的困难大得多。另外，利用价格作为促销手段的效果也不明显，促销性降价会损害企业苦心经营起来的定位和形象。

当学者们早先开始争论商品与服务在营销管理上是否存在差别这一课题时，在这两个行业中均有经验的高层管理人员在 1979 年宣布这种差别是存在的，而这种差别今天依然存在。这些早期的服务营销人员注意到的区别是今天应用的许多观点、概念和战略发展的推动力。

1.2.5 服务等于利润

20 世纪后几十年，许多企业都跳上了服务乐队的彩车，主动投资于服务创新，并把提升服务质量作为差别化和形成竞争优势的方式。这些投资中的大部分都是基于那些相信优良顾客服务的经理人员的信念和直觉进行的，这些经理人员重视优良的顾客服务，并且发自内心地相信高品质的服务能够带来好的业绩。确实，致力于高品质服务为许多分属不同产业企业的成功奠定了基础。莱昂纳德·贝瑞（Leonard Berry）在《探索服务灵魂》（*Discovering the Soul of Service*）一书中详细介绍了14个这样的企业，这本书写成之时，书中企业的平均经营时间已达31年。[10] 这些公司都是盈利的，其中的5个加起来已经存在了超过407年。贝瑞博士通过研究发现，这些成功的企业致力于9个服务主题，其中主要有价值驱动型领导、对员工成功的投资承诺、在组织基础上与顾客和其他伙伴建立基于信任的关系等。

从20世纪90年代中期开始，企业就已经需要强有力的证据来证明战略在公司最基层的效益。学者们也开发了一个有说服力的案例，案例说明适当实施的服务战略可以带来大量利润。由营销科学学会赞助的研究指出，关注顾客满意度、收入生成和服务质量的战略比关注成本节约或者希望同时实现这两个方面的战略能够实现更多利润。[11] 哈佛商学院的研究构建了"服务利润链"，将内部服务与员工满意度和顾客价值以及最终利润相联系。[12] 相当数量的研究指出顾客满意度（经常是由服务结果推动的）和顾客忠诚以及利润之间的关系。[13] 从密歇根大学的美国顾客满意度指数（ACSI），我们可以看出顾客满意度与股东价值相关。在ACSI中排名前25%的企业的股东价值明显高于后25%的企业。基于ACSI的数据还表明，排名前20%的企业显著超过标准普尔、纳斯达克和道琼斯行业水平。[14]

这种成功的一个关键要素就是选择正确的战略，并且确保很好地实施这些战略。三位服务研究的先驱者詹姆斯 L. 赫斯克特（James L. Heskett）、W. 厄尔·塞瑟（W. Earl Sasser Jr.）和莱昂纳德 A. 施莱辛格（Leonard A. Schlesinger）最近把关于服务成功与失败的研究成果发表在他们的新书《杰出服务领导者的知识与行为》[15]（*What Great Service Leaders Know and Do*）中。从本书学到的许多东西可以指导你做出正确的服务战略决策并且出色地实施战略。在本章"战略洞察"中列出了企业在竞争中通过服务获得成功与利润的四种战略。在第16章中，我们将通过完整地说明服务的财务和利润影响再回到这个课题。

⊙ 战略洞察

基于服务的战略竞争

利用服务，企业可以通过多种方式在竞争中追求利润。通过与行业内一些企业合作并把它们与其他一些企业标杆比较分析，我们发现了四个战略主题，这四个主题是企业通过服务进行竞争的基本模式。尽管在特定时间内企业也会强调这些战略中的一项或者两项，但实际上完全能够做到更多项的兼顾。

典型的非传统顾客服务

有一些企业的竞争优势以非传统的顾客服务而著称。西南航空（Southwest Airlines）、梅奥诊所、美捷步（Zappos，一家线上鞋子和服装零售商）、赞恩自行车（Zanes Cycles，康涅狄格一家小型自行车商店）是其中几例。这些企业跳出传统顾客服务的观念，以独特的方式提供顾客服务。

西南航空：在飞行过程中，员工通过做游戏、讲笑话为顾客带来与众不同的乐趣。

梅奥诊所：休息室陈列着巨大的钢琴，医生与病人坐得很近，并注视着病人的眼睛，坚信"病人的利益是唯一利益"。

Zappos.com：提供每双在售鞋子9张不同角度的图像及视频。

赞恩自行车：为顾客组织了一个"漏气车胎俱乐部"。

创新、前沿服务

有一些企业通过提供创新的、前沿的服务提高竞争力——力争成为行业翘楚或新发明、新技术、新科学的倡导者。例如亚马逊网站，它是首家实现高效在线销售的企业。梅奥诊所也可以归为此类，它一直居于美国医药领域的前沿，特别是对于难以诊断或病情复杂患者的照看，诊所的研究基础、团队向导、咨询模式使之成为医药领域的领头羊。

技术有助于企业扩展服务和创造顾客总体生活中不可缺少的东西。例如亚马逊的回声（Amazon Echo），它是一个与互联网连接的装置，它能演奏音乐、预报天气、邮购到家的产品，并且能够控制一系列其他与互联网连接的产品，诸如恒温器、强光灯泡等。所有的这一切都是根据用户的声音而执行。

增值、增收服务

这些年来，制造、信息技术以及其他非服务行业一个主要的趋势就是引入增值、增收服务。这些行业的企业认识到，不能仅靠制造的产品的销售额和利润来竞争。很多企业（如IBM、惠普、西门子以及通用电气）都将服务整合到它们的提供物组合之中。

对增值服务的关注已经扩展到零售业。例如，宠物大卖场是美国最大的宠物零售商，为了在利润相对低下的行业中开展竞争，它近些年引进了许多新的服务。它在广告中定位于"宠物家长"，提供的特殊服务包括宠物训练、美容以及通宵照看。

差异化的服务文化

最后，企业可以通过培育一种服务文化来吸引行业内最好的员工，进而展开竞争。吸引到最好的员工，企业就在竞争中具备了提供最好服务的优势，也因此成为行业内"员工的首选"，又成为"顾客的首选"。例如，西南航空、梅奥诊所、迪士尼和万豪酒店就采取了这种方式。在万豪酒店，潜在的企业理念就是"照顾好你的员工，他们就会照顾好你的顾客"。这种理念渗透在所有的万豪品牌之中，从公平旅馆（Fairfield Inns）到丽思·卡尔顿（Ritz Carlton），这使得万豪在该行业保持着全球竞争优势。

资料来源：Center for Services Leadership, W. P. Carey School of Business, Arizona State University (www.wpcarey.asu.edu/csl).

1.2.6 是不是"糟糕的服务"

尽管服务非常重要，而且服务业具有潜在的保底利润，但消费者感知认为许多公司和行业的总体服务质量并不优秀。[16]我们可以看到《商业周刊》在其封面故事专栏公开谴责服务业"为什么服务如此糟糕"，此外，《华尔街日报》的一位记者以"我们花钱买粗鲁"为题来责问服务质量与价值。[17]还有，虽然在每一个行业都有例外，但美国顾客满意度指数显示服务的得分普遍低于耐用和非耐用工业产品的得分。[18]

谴责服务业会引起混乱，因为从某种程度上说，服务业从未像现在这么好。我们只要想想一个行业——医疗，预防和治疗疾病的能力从来就没有像现在这么强，这导致了美国和其他发达国家对于寿命期望值的持续上升。或者看看通信行业——快捷、高效、便宜地进行全球通信，这比过去要容易得多。大量的信息、娱乐和音乐，与10年前人们所享受的相比是令人难以置信的。非常明显，在某些情况和某些领域中，服务是比过去好的。

尽管有诸多明显的进步，但也有切实证据显示，消费者现在对在许多公司和行业所享受到的服务是不满意的。有许多对这种状况似乎有理的解释，包括：

- 由于有更多的公司根据各不同细分市场的预计利润率而提供定向服务，许多顾客实际上获得的服务要比过去少。
- 由于公司大量使用自我服务或者基于技术的服务，这样就缺乏人际交互或者个人定制，使感知到的服务减少了。
- 由于从一些公司获得出色的服务，导致所有行业顾客的期望变高，他们期望从所有企业那里获得同样的服务，因而经常会感到失望。
- 组织削减成本导致人手不足而无法提供高质量的服务。
- 竞争激烈的人才市场导致一些缺乏技术的员工来从事一线服务工作，而有技术的一线员工很快获得提升或者离开公司获得更好的工作机会。
- 许多公司只是口头上讲以顾客为中心和服务质量，但是它们不能提供真正高质量服务所必需的培训、补偿和对员工交付高质量服务所需要的具体需求给予支持。

这些解释并非定论，可以争论。但是对于服务营销和管理的经理人员、学生和教师来说，这些解释所提供的信息非常明确，即还有许多工作要做。在本书中，我们将提供许多最佳实践的案例——了解如何正确完成并实现成功服务的公司。我们也会介绍一些帮助扭转"糟糕的服务"这一看法的工具、概念和战略。

1.3 服务和技术

在前面的一节中，我们考察了服务营销的根源以及这个领域和管理部门存在的原因。另外一个主要趋势——技术，尤其是信息技术，目前正在塑造着这一领域并且深刻地影响着服务营销实践。根据研究人士罗兰 T. 拉斯特（Roland T. Rust）和黄明辉（Ming-Hui Huang）的诊断，信息技术正在引起一次"服务革命"，其结果是服务部门的大扩展和各类经济中服务重要性的增强。[19] 在这一节中，我们将讨论技术的发展趋势（积极的和消极的），为我们贯穿整本书的内容奠定基础。在每一章中，我们会看到一个"技术亮点"的专题，突出介绍技术对于相关章节内容所产生的影响。我们也会在本书的一般讨论中适当贯穿技术和服务问题。

1.3.1 基于技术的服务提供物

回顾过去，技术是服务创新背后的基础力量已被公认为是理所当然的。自动语音邮件、交互语音答复系统、手机、自动取款机和其他普遍的服务都是由于新技术的产生而成为可能的，我们可以想象一下，如果没有这些基本的技术服务，这个世界会有什么戏剧性的不同。最近，我们已经注意到了互联网的迅速扩张，从而产生了许多新服务。像亚马逊和Google/Alphabet这种基于互联网的公司所提供的服务在以前是闻所未闻的。现在灵巧的电话可以提供无数的难以想象的服务应用。早已建立的公司也开始利用互联网作为提供新服务的一种方式。[20] 例如，《华尔街日报》就开始提供一种交互的版面编辑方式，允许顾客提供个人的偏好和需求来组织报纸的内容。许多大学提供全学位在线课程，从而为那些否则就不能享受这些课程教育的人服务。

就在我们编写此教科书之时，许多新的技术服务正在出现和形成，而且它们将以快速比率增长的趋势继续爆发。[21] 例如，"汽车联运"（Connected Car）可以使人们接受到所有种类已有的和新的在途服务。汽车内的系统可提供购物介绍，当驾车人与他们所喜欢的零售店还有一定距离时，系统就会提供各种相关信息。在旅途中系统可能提供天气预报和预警；当需要停车夜宿时，系统能够在一个附近的旅馆预订房间、介绍餐厅或者预订晚餐。

其他先进技术还可能实现远程医疗，医疗专业人员可以远程监视患者的病况，甚至还可以通过技术媒介提供医疗诊断、治疗和外科手术指导等。类似地，诸如约翰迪尔（John Deere）、卡特彼勒和通用电气等大型制造企业现在能对其设备提供监控和服务，还可以通过因特网向其用户提供复杂的信息和数据。这种基于由机器传送的数据的复杂服务是大家所知道的物联网（IoT）的一部分。除了能产生大数据之外，IoT还能够产生大量的服务机会。[22]

■ 技术亮点　　　　顾客服务的变化

出色的顾客服务——一个公司提供的日常的、正在进行的支持——对于形成品牌的识别以及获得最终成功是至关重要的。它包括回答问题、接受订单、处理账单问题、处理抱怨、日程安排以及类似的活动。这些重要的功能能够形成或者破坏一个组织与其顾客的关系。顾客关系的质量对于服务业、制造业和消费品业的品牌识别有显著影响。由于其在形成印象进而维持顾客关系中的重要性，顾客服务有时也被称为一个组织的"前门"或者"脸面"。

那么，顾客服务如何通过引入技术来改善呢？在过去，所有的顾客服务都是通过顾客和员工之间直接的人际交互面对面完成的。要想获得服务，你就需要亲自前往店铺或者服务提供商所在地。电话改变了这一切，有了电话就允许顾客在每周一到周五，早上8点到下午5点，致电公司并直接和员工交谈。使用电话使得顾客服务的人际化程度更低，但是毫无疑问更有效率了。

随着计算机技术的不断发展，顾客服务代表（CSR）变得更加高效。通过计算机信息系统和顾客数据文件，CSR能够在他们的工作站实时调出顾客的记录以回答问题。随着时间的推移，由于通信和计算机技术的发展，大型组织开始将其顾客服务职能集中，建立一些大型的电话中心，它们可以坐落在国内或者世界的任何一个角落，而且电话是全天24小时开通的。但是，在这种形式的电话中心中，顾客服务大部分都是员工与顾客之间的人际交互，是一种一对一的交谈。

高效但是也有很多弊病的自动化语音系统的出现和快速发展已经将许多组织的个人顾客服务变成了菜单驱动的自动化交互。在几乎所有的行业和许多企业内，消费者都会接触到这种类型的系统，而其中一些会令人感到很沮丧。例如，系统菜单选项很长而且容易混淆，或者没有菜单选项符合致电的目的。与此类似，消费者如果不能简单地使用自动化系统或者无法和员工通话，他们也会感到很恼火。

除了自动电话系统之外，互联网的扩张使许多企业戏剧性地改变了其顾客服务。现在顾客能够在互联网上通过电子邮件、网站机器人、FAQ（常见问题解答）和在线聊天等方式与企业进行交流。在这种情况下，没有直接的人际交互活动，实际上是顾客在进行自我服务。在另外一些情况下，顾客服务还可以做到完全没有人际互动，例如，许多B2B的制造企业可以提供远程设备监控和自动的机器对机器的服务，这些服务根本没有顾客或员工的参与。

随着技术解决方案的飞速增长，企业发现对于顾客服务的预期已经发生了变化。对于如何获得服务，顾客希望有多种选择，不管是通过电话、自动语音系统、传真或电子邮件，还是通过互联网的自我服务或者远程的机器对机器的服务。尽管顾客通常会比较赏识基于技术的服务，甚至在很多情况下要求提供这种服务，但是由于这些系统有时不可能运行（这是一个很常见的问题），或者它与人工服务相比没有任何优势可言，或者在遭遇失败时没有适当的恢复系统，顾客就会不喜欢技术服务。有趣的是，如果互联网站点或者自动应答系统不能按照预期的那样运作，顾客会迅速寻求传统的人机交互（个人或者电话），转了一圈又回到我们开始的地方！

资料来源：J. A. Nickell, "To Voice Mail Hell and Back," *Business* 2.0, July 10, 2001, pp. 49–53; M. L. Meuter, A. L. Ostrom, R. I. Roundtree, and M. J. Bitner, "Self-Service Technologies: Understanding Customer Satisfaction with Technology-Based Service Encounters," *Journal of Marketing* 64 (July 2000), pp. 50–64; S. Ali, "If you want to Scream, Press . . . ," *The Wall Street Journal*, October 30, 2006, p. R4; J. Light, "With Customer Service, Real Person Trumps Text," *The Wall Street Journal*, April 25, 2011, p. B7.

1.3.2 提供服务的新方式

技术除了为新服务提供机会外，还为现存的服务更易于获得、便利和更具效率提供了支持。技术加速了基本的顾客服务职能（支付、问询、核对账目记录和跟踪订货）、交易（不仅包括零售，还包括 B2B 业务），以及学习或者信息搜集。本章的"技术亮点"探讨了借助历史记录，技术是如何永久改变客户服务的。我们从面对面的服务变为基于电话的服务，进而变为广泛应用交互语音应答系统乃至基于互联网的顾客服务，以及目前的无线服务。有趣的是，许多企业在绕了一整圈之后，在顾客服务有那么多形式的今天又把人际接触作为了顾客服务的一种基本方式！

技术也通过提供直接媒介促进购买业务。在金融服务领域，嘉信理财公司（Charles Schwab）将自己从传统的经纪人变为一个在线金融服务公司，目前有超过 70% 的顾客业务是在线完成的。技术公司财捷集团（Intuit）可以提供为方便顾客金融生活而设计的以技术为基础的服务，其中包括太保税（Turbo Tax）和快捷账本（Quick Books）。他们的免费应用程序薄荷应用（Mint App）允许顾客把他们所有的账、卡和投资划入一个地方，来跟踪花费、建立预算和接受清单通知。技术也已经改变了许多 B2B 公司的服务生产与交易。例如，技术巨头思科公司的系统利用技术为其企业客户提供了所有的顾客服务和订货功能。

最后，技术（特别是互联网技术）为顾客学习、研究和合作提供了一种非常简单的方式。存取信息非常简单。例如，有超过 2 万个网站目前可以提供与健康相关的信息。许多网站为某些特定的疾病、药物和治疗问题提供答案。关于在线医疗信息使用的调查中，皮尤公司（Pew）发现在上网的美国人中，有 80% 在互联网上寻找健康或者药物方面的信息。[23] 技术还有利于公司和个人服务商与客户进行简单直接的沟通，其结果是产生了如爱彼迎、优步和五美元网站（Fiverr）这些新的共享服务。这些服务类型共同构成了日益增长的"共享经济"，有时也称为激励经济（gig economy）。[24]

1.3.3 顾客和员工的双效应

技术使得顾客和员工在获得和提供服务方面都更加有效率。[25] 通过使用自我服务技术，顾客能够更有效地为自己服务。通过在线银行，顾客可以了解其账户信息、查询余额、申请贷款、在账户之间转移资金，并且进行任何可能的银行业务——所有这些都不需要银行职员的参与。经由互联网和智能化电话的在线购物以及成千的服务应用还在不断地改变消费者的生活。通过社交媒介，个人和公司相互之间可以很好地沟通与合作。

对于员工来说，技术能够为他们更高效地提供服务给予巨大的支持。顾客关系管理和销售支持软件都是能够帮助一线员工提供更好服务的重要技术种类。由于可以直接访问关于产品及其所提供的服务以及特定的顾客信息，员工就能够更好地为顾客服务。这种类型的信息使得员工能够根据顾客的需求提供定制化的服务。这种方式比过去使用纸质文件记录顾客和产品信息或者依靠销售和顾客服务代表本身的记忆更有效、更及时。

1.3.4 服务的全球扩张

技术的渗透使得服务可以以过去不可能的方式送至全球各个角落的顾客。互联网本身就以无边界和无障碍著称，因此，信息、顾客服务和交易能够跨越国家、跨越洲而到达每一个访问互联网的顾客。技术也使跨国公司的员工可以较容易地进行接触——分享信息、咨询问题、作为虚拟团队的成员一起工作。所有这些技术都能够加速服务企业的全球化扩张并且提高效率。"全球特写"阐述了服务工作岗位的全球转移以及随处可提供服务的能力。

全球特写　　　　　　　　服务岗位转移

随着信息技术复杂程度的迅猛发展，组织的触角已经戏剧性地遍布世界各地。一些过去需要人际接触才能完成的活动，现在已可以通过网络、视频以及通信技术来实现。这一优势意味着实现或支持这些活动可以在世界任何一个角落来完成，结果导致所谓的跨国间的"服务岗位转移"。例如，由美国、英国转移到印度、巴基斯坦、菲律宾或者东欧一些国家，近期还包括中国、哥伦比亚和巴西。

服务的全球化看似不可避免，但很多争论也随之而来。最明显的一个争议就是高薪的服务岗位向低薪国家过渡而逐渐消失，这对失业的人而言是非常现实的问题。但这一数字可能不如想象的那么大。根据马萨诸塞州剑桥弗雷斯特研究公司（Forrester Research）的研究报告，预计到2015年，330万高科技和服务岗位将会移出美国，其他一些预测远高出此数目。另一个争议就是离岸岗位将会在其他领域创造和扩大工作机会，生产力的提高会使全球市场下的消费者获益，企业更具竞争力。事实上，美国劳工统计局预计2000～2010年，美国市场将会产生2 200万个岗位（大多数是业务服务、健康护理、社会服务、运输以及通信等）。尽管服务岗位转移的连带效应还不为人所深知，但可以断言的是服务全球化将会持续发展，未来将导致人们以及国家之间界限的弱化。

服务岗位的转移不仅仅包括呼叫中心和信息帮助热线，还扩展到跨行业服务，而且与技术水平相关。如印度一些跨国企业正在从事软件开发、信息技术咨询、芯片设计、财务分析、工程设计、分析学、药物研究等服务工作。甚至连医疗诊断以及病史档案查询也可以通过远程的视频、互联网以及扫描技术来实现。

除了把离岸服务工作交给一些公司之外，其他一些做起来更琐碎的服务工作则通过签订合同的形式交给个体工作者。这种模式有时被称为"人云"（Human Cloud）或激励经济。其特征是个体工作者在公开的线上市场或通过跨地域和无语言边界的特别线上平台出卖自己的技术和时间。通过这种在线经济，一些白领工作（有些是高技能的而其他则只需要少量技能）的操作和报酬是通过买卖双方个体协商来完成的。诸如后续工作（Upwork）、自由撰稿人（Freelancer）和人工每小时（People Per Hour）等线上平台，它们把打字、IT、设计工作以及法律和行政等一系列待完成的任务描述出来，有不同技能的个体对这些任务"投标"，并在工作完成之后得到相应的报酬。

为什么服务岗位的转移发生在现阶段？加速的原因在于信息技术的迅猛发展，可接近性也越来越高。服务业是信息密集型企业，而现在即使没有人员之间的直接接触，信息依然可以分享自如。例如，坐落于印度班加罗尔（Bangalore，有印度硅谷之称）的韦尔奇科技中心（John F. Welch Technology Center）有近4 000名印度学者和工程师为通用电气各部门从事研究，项目涵盖多个范围，如DVD原材料的开发、GE车间生产力的提升以及涡轮发动机刀片的运转等。这些设计工作可以在印度完成（团队工程师可能来自各地），而设计结果可以瞬间传递到任何需要它们的地方。另一个全球巨星德勤公司（Deloitte）雇用了接近27 000人，这些人分布在位于印度海德拉巴（Hyderabad）的德勤美印公司的11个办公楼塔之内，行政工作、审计、兼并研究、项目基础上的咨询工作等就是其工作人员为德勤自己和其全球客户所做的一些事例。工作在何处完成并不重要，也没有意义，准时圆满地完成工作才是最重要的。

印度海德拉巴，德勤美印公司。

资料来源：U. Karmarkar, "Will You Survive the Services Revolution?" *Harvard Business Review*, 82 (June 2004), pp. 100–107; M. N. Baily and D. Farrell, "Exploding the Myths of Offshoring," *The McKinsey Quarterly*, online at www.mckinseyquarterly.com, July 2004; A. Vashistha and A. Vashistha, *The Offshore Nation* (New York: McGraw-Hill, 2006); A. King, "Inside Deloitte's Indian Growth Engine," *The Australian Financial Review*, April 13, 2016, p. 1; S. O'Connor, "Cloud Atlas: The New World of Work," *Financial Times*, October 9, 2015, p. 11; A. L. Sussman and J. Zumbrun, " 'Gig' Economy Spreads Broadly," *The Wall Street Journal*, March 26–27, 2016, p. A1.

1.3.5 互联网就是服务

一个了解技术影响力的有趣方式就是将互联网看成"大型服务业"。所有在互联网上运作的企业和组织实质上都是在提供服务，无论是提供信息，还是执行基本的顾客服务职能，促进交易或促进个人之间的社会接触。M2M（mobile to mobile）或IoT的提供物其核心也全部是服务。因此，所有你在研究服务营销和管理过程中学习到的工具、概念和战略都能够直接应用于互联网或者电子商务领域。尽管技术和互联网对于我们做生意以及可能提供的服务方面产生了深远的影响，但是很明显，顾客依然需要最基本的服务。他们需要过去一直需要的东西——可靠的结果、获取简便、响应系统、弹性、道歉以及发生失误时的补偿，不同的只是现在他们期望从基于技术的企业和电子商务解决方案中获得相同的结果。[26] 事实表明，许多互联网企业遭受挫折甚至最终失败都可归因于缺乏基本的顾客知识，以及实施、物流和服务追踪方面的失误。[27]

1.3.6 技术和服务的悖论以及负面影响

尽管技术在支持建立和强化服务方面有很大的潜能，但是它依然有潜在的负面影响。非常受尊敬的消费者研究专家米克（Mick）和福尼尔（Fournier）指出了关于为消费者所提供的技术产品和服务的许多悖论。[28] 例如，两位学者指出，技术能够促进个人的自由和独立意识，但是如果技术被认为是不够灵活的，那么它也可能是强制的或者是约束的；技术能够促进人们之间的接触和接近，但也能够孤立或分离他们。本节将着重对一些相关的问题进行论述。

在企业试图通过互联网来了解情况和与顾客进行直接交互时，顾客对于隐私和机密的关注成为企业面临的主要问题。这些顾客关注对保健行业先进技术应用中所做的努力有不少妨碍。例如，并不是所有的顾客都一致地对用技术手段与公司进行接触感兴趣。一项"顾客技术准备"的研究报告指出，一些顾客对使用和准备使用技术不感兴趣。[29] 员工们也可能不愿意将其融合到他们的工作、生活之中，尤其当员工们正确地或错误地认为技术将替代人力并可能取代了他们的工作时。

随着技术的不断应用，人际接触开始缺失，许多人都认为这对于生活品质和人际关系方面是非常有害的。父母哀叹他们的孩子在计算机或智能电话上耗费了大量的时间，打游戏、搜集信息或者和朋友通过即时信息或聚友网（MySpace）聊天、上网玩推特（Twitter）和脸书（Facebook）等，而不是面对面人际接触。组织中的员工也变得越来越依赖于通过技术进行沟通，甚至在同一个办公室、在同一辆车内联系时也使用电子邮件或在线聊天室。技术渗透到日常生活中所自然出现的结果及其正面和反面的理由是斯坦福大学正在研究的项目的主题。该项目研究涉及从精神病学、医疗学和通信学到计算机科学与工程等多个学科。[30]

最后，技术投资的回报通常是不确定的。一项投资要获得生产力或顾客满意度方面的收获往往需要很长时间，有时根本就没有任何收获。例如，麦肯锡的报告就指出，一个将记账和服务电话移至互联网的企业项目节约了 4 000 万美元。然而，由于降低的顾客使用率，那些最初使用网络申请的顾客会有预料之外的跟踪电话和电子邮件，以及缺乏交叉销售机会导致的收入损失总数达到了 1 600 万美元。[31]

1.4 服务的特性

人们一般认为商品与服务之间存在一种内在的区别，本节所讨论的这些显著的特性对服务管理者提出了挑战（同时也是帮助）。[32] 认识到这些特性中每一个都可以被安排在一个类似于图 1-1 的连续谱中很重要。因为，与商品相比，服务更加异质、无形，更难做出评估，但是商品与服务的区别并不是严格的泾渭分明。[33]

表 1-2 总结了商品与服务的特性以及相应的含义。本书所提出的战略、工具以及框架都是在强调这些特性，这些特性一直被营销学者所忽略。近来有学者指出这些特性不应该被看作是服务独有的，它们与产品同样相关。有学者提出"所有的产品都是服务""经济交易根本

上是关于服务提供"。[34] 这些观点指出，所有类型的企业都可能从服务营销框架、工具和战略中获得有价值的见解。

表 1-2　商品与服务

商品	服务	相应的含义
有形性	无形性	服务不可储存 服务不容易申请专利 服务不容易进行展示或沟通 难以定价
标准化	异质性	服务的程度与顾客的满意取决于员工和顾客的行动 服务质量取决于许多不可控因素 无法知提供的服务是否与计划或宣传相符
生产与消费相分离	生产与消费的同步性	顾客参与并影响交易 顾客之间相互影响 员工影响服务的结果 分权可能是必要的 难以进行大规模生产
可储存	易逝性	服务的供应和需求难以同步进行 服务不能退货或转售 服务在给定时期不能延期销售或交付

资料来源：A. Parasuraman, V. A. Zeithaml, and L. L. Berry, " A Conceptual Model of Service Quality and Its Implications for Future Research." *Journal of Marketing* 49 (Fall 1985), pp. 41–50.

1.4.1　无形性

服务最基本的特性就是无形性，因为服务是一种绩效或行动，而不是实物，所以我们不能像感觉有形商品那样看到、感觉到或触摸到服务。例如，医疗保健服务是由提供者针对患者及其家属进行的行为（如手术、诊断、检查和治疗），尽管患者可以看到或接触到服务的某些有形部分（如设备、医院病房），但总体而言医疗保健服务是顾客看不见和摸不到的。实际上，许多诸如医疗保健的服务即使在心理上也是很难把握的，即使一项诊断或手术已经完成，患者也可能不完全理解已提供了的服务，尽管服务的有形证据（如伤口、包扎、疼痛）可能十分明显。

相应的营销含义

无形性显示了几个营销挑战：服务不能存储，因此很难管理需求的波动。例如，2 月对凤凰城旅游度假旅馆房间有巨大的需求，但在 7 月却极少，而店主所拥有的房间数目在一年内是相同的。服务不能容易地依法申请专利，因此新的服务概念可以轻易地被竞争对手模仿。服务不容易向顾客展示或轻易地沟通交流，因此顾客难以评估其质量。如同定价一样，在广告及其他促销材料中应包括什么内容的决策也是具有挑战性的。"一个单位的服务"的实际成本难以确定，价格与质量的关系也非常复杂。

1.4.2　异质性

由于服务基本上是由人表现出来的一系列行为，它具有频繁产出、消费，且常常含有人际合作共创等特点，因而没有两种服务会完全一致。员工所提供的服务通常顾客都看在眼中，员工的行为可能每天甚至每小时都会有区别。另外，没有两个顾客会完全一样，每位顾客都会有独特的需求，或者以一种独特的方式体验服务。由于服务经常是与顾客一起生产和共创的，顾客的行为会带来变化和不确定因素从而导致服务结果的质量差异，因此，服务的异质性很大程度上是人们之间的相互作用（在员工和顾客之间）以及伴随这一过程的所有变化因素所导致的。例如，在同一天，一位税务会计师可能向两个不同的顾客提供不同的服务，这取决于顾客的个人需要、个性，以及会计师在与顾客会面时，他是在精力充沛的早晨还是在开了一整天会而精疲力竭的临近下班时间等这些不同的因素，从而造成向这两个顾客所提供的服务的异质性。

相应的营销含义

服务因时间、组织和个人的不同而具有异质性，因而确保一致的服务质量是一个具有挑战性的问题。实际上，质量取决于服务提供者不能完全控制的许多因素，例如顾客对其需要清楚表达的能力、员工满足这些需要的能力和意愿、其他顾客的到来（或没有其他顾客）以及对服务需求的程度。由于这些复杂的因素，服务经理无法确知服务是否按原来计划和宣传的那样提供给顾客。有时，服务可能会由第三方提供，从而会加大服务的异质性。

1.4.3 生产与消费的同步性

大多数商品首先是生产，然后是进行销售和消费；但大部分服务却是先销售，然后同时进行生产和消费。例如，一辆汽车可以在底特律生产，运到旧金山，两个月后卖掉，并在数年时间内消费；但饭店的服务在没有出售前却不能提供出来，而且就餐过程基本上是生产和消费同时进行的。这也通常意味着服务生产时顾客是在现场的，而且会观察甚至作为服务的合作生产者或创造者参与到生产过程中。同步性还表现在服务的生产过程中顾客之间一般会有相互作用，因而会影响彼此的体验。例如，在一架飞机上邻座的陌生乘客可能会影响彼此对服务的体验，商业旅行人员通常尽可能保证他们不与带小孩的乘客坐在一起，这一现象就明显地说明了乘客理解上面所说的彼此影响体验这个事实。生产与消费同步性的另一个结果是服务生产商发现他们本身就是服务的一部分，而且是顾客对服务体验的一个基本因素。随着技术的发展，许多服务可以在不同的时间点生产和消费，从而减少了对一些服务提供者在同步性方面的挑战。[35]

相应的营销含义

由于服务通常是生产和消费同时进行的，因而大规模生产很困难。服务质量和顾客满意度将在很大程度上依赖于"真实瞬间"发生的情况，包括员工的行为、员工和顾客之间以及顾客与顾客之间的相互作用。显然，服务"真实瞬间"的特性对于单个顾客来说有能够提供定制化服务的优势。生产与消费的同步性也意味着不太可能通过集中化来获得显著的规模经济效益。一般来说，生产运作需要相对分散一些，以便可以直接把服务提供到顾客便利的地点，尽管对很多服务

在大学课堂中学习的学生与同学和教授一起创造了这项教育服务的体验。

来说，技术的进步正在改变这种需要，然而由于消费和生产的同步性、顾客加入生产过程中并且能观察生产过程，所以他们可能会影响（积极或消极地）服务交易的结果。

1.4.4 易逝性

易逝性指服务不能被储存、转售或退回的情况。客机上或宾馆里的一个位子、律师的一个小时时间如果未被使用或购买，是不能重新收回并在以后使用或重新出售。这与商品可以库存或在另一天再出售，或者是由于顾客不满意而退货的情况正好形成对比。如果一项差劲的理发服务可以退货或重新出售给另一位顾客，不是很好吗？但是，对于大多数服务来说，易逝性使这一设想不太可能实现。

相应的营销含义

在服务易逝性方面，营销人员面临的一个基本问题是服务不可储存，因而为充分利用生产能力进行需求预测并制订有创造性的计划就成为重要的和富于挑战性的决策问题。服务一般不能被退回或重售的事实也表明必须制定有力的补救措施，以防差错的出现。例如，尽管一项差劲的理发服务不能退回，但理发师应该在这类问题发生时有恢复服务信誉的战略和补救措施。

1.4.5 搜寻、体验和信用质量

经济学家提出了关于社会提供物性质的一种分类方法，在对商品与服务价值评估过程中，我们以这种分类方法为框架来找出二者之间的不同。[36] 经济学家首先区分了产品的两种性质：搜寻质量和体验质量，前者是顾客在采购之前就能决定的属性，而后者是只有在采购后或消费中才能辨别的属性。搜寻质量包括颜色、风格、价格、适合与否、感觉、硬度和气味等。体验质量包括味道、耐用性和舒适度等。诸如汽车、服装、器具和珠宝等产品都具有高搜寻质量，因为它们的属性几乎全部可以在购买之前被认定和评价，而诸如度假和餐馆的饭菜则具有高感知质量，因为它们的属性在顾客没有采购和消费之前是不能够全部知道和评价。第三种属性是信用质量，它包括那些顾客发现即使在购买后和消费中都不可能评价的属性。[37] 具有高信用质量的提供物的例子包括阑尾手术、汽车制动性能以及软件更新等。很少有顾客具有足够医疗的、机械的或技术的技能来评价这些服务是否必要或者是否完成得恰到好处，即使在这些服务被提供之后也难以评价。

对不同类型产品的评价连续统如图1-5所示。高搜寻质量产品是最容易评价的产品（连续统的左端）；高体验质量产品（连续统的中心）较难评价，因为它们只有在被采购和消费之后才可能评价；而高信用质量产品（连续统的右端）最难评价，因为顾客可能不在意或者可能缺乏足够的知识来估量提供物是否满足希望和需求，

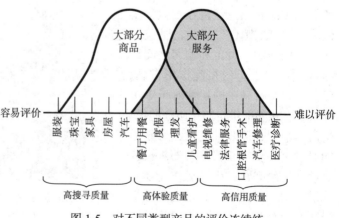

图1-5 对不同类型产品的评价连续统

即使在使用和消费之后也难以估量。大多数商品排在连续统的左端，而大多数服务因为有上述特点而排在了连续统的右端。服务的特点使其与商品相比更难以被评价，尤其是在采购之前。评价的困难反过来迫使消费者在对服务进行采购决策和评价时，去依赖不同的线索和程序。

1.4.6 服务营销人员的挑战和困难

由于服务的这些基本性质，服务营销人员面临一些很实际而又独特的挑战。服务管理者们在回答下面所列出的这些问题时往往会被难住。

- 当产品是无形且非标准化的时候，如何定义并改进服务质量？
- 当服务基本上是一个无形的过程且经常是与顾客和网络工作提供商合作时，如何有效地设计和检测新的服务？
- 当如此多的营销组合因素需要与顾客进行交流沟通，并且有些因素就是服务提供者本身时，企业如何确知它是在传递一个一致而又相关的形象呢？
- 当生产能力固定且服务本身易逝时，企业如何适应需求的波动？
- 由于服务是即时提供的，因而员工成为产品本身关键的一部分，那么企业如何更好地激励和挑选服务人员？
- 当难以确定生产的实际成本，而且价格与顾客对质量的感知密切相关时，如何定价？
- 在营销、运作和人力资源这些职能部门中，当任何一个部门中的一项决策对其他两个部门产生重大影响时，企业应如何组织以便能更好地进行战略和战术决策？
- 为最大化组织效率和顾客满意度，如何平衡标准化和个性化？
- 当服务过程不能依法申请专利时，组织如何保护新服务创意以防止竞争者模仿？
- 当提供品是无形的并且不便于试货和展示时，企业如何向顾客传递质量和价值信息？
- 当组织的员工和顾客自身都会影响服务产出时，组织如何保证能提供稳定的服务质量？

1.5 服务营销组合

前面所提出的问题许多是由服务业的经理和营销人员提出的，这些问题将会在全书中通过一系列工具和战略加以分析和解决。有时这些工具是传统的营销工具，例如这里介绍的服务营销组合；有时这些工具是全新的营销工具，例如第8章中介绍的服务蓝图。

1.5.1 传统的营销组合

营销组合是营销中一个最基本的概念，它是指组织可以控制的，能使顾客满意或与顾客沟通的若干因素。传统的营销组合包括4P：产品、价格、渠道和促销。在任何营销教科书或营销计划中，这些因素都是核心的决策变量。一个组合的意义在于它说明所有的变量都是相关的，并在一定程度上相互依赖。另外，营销组合理念也说明，在一个既定的时间和一个既定的细分市场中，存在一个4种因素的最佳组合。

在表1-3前4列中，说明了4P中每一个因素的关键战略决策领域。无疑，对产品、渠道、促销和价格的认真管理对服务营销的成功非常必要。但是，在将其应用于服务时，需要对4P战略做一些调整。例如，传统的促销被认为是有关销售、广告、推销和公共关系活动而进行的决策。在服务业中，这些因素同样重要，但由于服务是同时生产和消费的，所以服务提供人员（如店员、售票员、护士和话务员）都与服务的"真实瞬间"促销有关，即使他们的工作明确地被确定为执行运作职能。

表 1-3 服务的扩展营销组合

产品	渠道	促销	价格
实体商品特性	渠道类型	促销组合	灵活性
质量水平	商品陈列	销售人员	价格水平
附属产品	中间商	挑选	期限、条款
包装	店面位置	培训	区别对待
保证	运输	激励	折扣
产品线	仓储	广告	折让
品牌	管理渠道	媒介类型	
产品支持服务		广告类型	
		促销活动	
		公共关系	
		互联网/全球网战略	

人员	有形展示	过程	
员工	设施设置	活动流程	
招聘	设备	标准化	
培训	招牌	定制化	
激励	员工服装	步骤数目	
奖励	其他有形物	简单	
团队	报告	复杂	
顾客	名片	顾客参与	
教育	声明		
培训	保证书		

1.5.2 服务业中的扩展组合

由于服务通常是同时产生和消费的，所以顾客常常出现在企业的工厂内，与企业员工直接接触，并且实际上成为服务生产过程的一部分。另外，由于服务的无形性，顾客经常会寻找任何有形的线索来帮助他们理解服务体验的实质。例如，在饭店业中，饭店的设计和布置及员工的外表和态度会影响到顾客的感觉和体验。

对这些附加的沟通变量重要性的认识使得服务营销人员对服务业采用一个扩展了的营销组合概念，如表 1-3 下面 3 列所示。[38] 在传统的 4P 之外，服务营销组合还包括人员、有形展示和过程。

人员 参与服务提供并因此而影响购买者感觉的全体人员，即企业员工、顾客以及处于服务环境中的其他顾客。

所有参与到服务提供过程中的人都对顾客认识服务本身性能提供了重要线索。他们的着装、态度、行为和外表都会影响顾客对服务的感知，服务提供者或与顾客接触的人员尤为重要。实际上，对于某些服务，如顾问、咨询服务、教练以及其他基于关系的专业服务，提供者本身就是服务。在其他情况下，与顾客接触的人员可能在服务提供中发挥相对较小的作用，如电话安装人员、航空行李包搬运工或设备发运人员，然而研究表明，这些提供者也可能成为对组织很关键的服务接触中的焦点。

在许多服务情景中，顾客本身也能影响服务的提供，从而影响服务质量和他们自己的满意度。例如，一家咨询公司的顾客，通过及时提供他所需的服务信息并将咨询公司提出的建议付诸行动，从而影响他所接受的服务质量。相似地，医疗服务的患者对服务提供者制定的健康方案的遵守与否会严重影响他们所接受服务的质量。

顾客不仅影响他们自己的服务产出，还会影响到其他顾客。在剧院、赛场、课堂甚至在线课堂中，顾客会影响其他人接受的服务的质量——强化或减弱其他顾客的体验。

有形展示　服务提供的环境、企业与顾客相互接触的场所以及任何便于服务履行和沟通的有形要素。

服务的有形展示包括服务的所有有形表现形式，如宣传册、公司信笺、名片、报表、招牌、服务设备、网页。在有些情况下，它还包括服务提供处的有形展示——服务景观。在其他情况下，如电信服务，有形展示可能无关紧要，但在这时，账单说明和运行工具的外表和设置等其他有形因素可能会是服务质量的重要信号。特别是当顾客无法判断服务的实际质量时，他们会依靠这些线索，就像他们依靠服务人员和服务过程提供的线索一样。有形展示线索为企业提供了传递有关组织目标、希望进入的目标细分市场以及服务性质方面的一致而有力的信息的良好机会。

过程　服务交付、消费和创造的实际程序、机制和作业流，即服务的提供和运作系统。

顾客体验到实际的提供布置，或者服务的运作流程，也是顾客判断服务质量的依据。有些服务比较复杂，需要顾客经过一系列复杂的行动来完成整个过程。高度程序化的服务一般遵循这个模式，但过程所涉及的逻辑步骤常常忽略顾客。能向顾客提供证据的过程的另一个明显特征是服务是否遵循生产线/标准化方法，或者过程是不是授权赋能的。服务的这些特征在本质上并没有好坏优劣之分，关键在于这些特征是顾客用来判断服务的一种依据。例如，两家成功的航空公司，美国的西南航空公司和新加坡航空公司，遵循着两种截然不同的过程模式。西南航空公司是一家没有附加服务（没有食品、没有指定座位）、低价位的航空公司，提供经常性的相对短途的美国国内航班。它所提供的一切服务都与其愿景和市场定位相一致，如专栏 1-2 中所表明的。然而，新加坡航空公司却注重商务旅行者，注重满足旅行者个人的需要。因而，它的过程是对单个顾客高度定制化的，并授权员工在需要时提供非标准的服务，但这两家航空公司都很成功。

◎ **专栏 1-2**

西南航空公司：将人员、过程和有形展示结合起来

在美国的空中旅行者印象里，西南航空是一家可靠便捷、充满愉悦、低价位和没有附加服务的航空公司，这个牢固的定位如果换个角度看，则意味着很高的价值——一个由西南航空公司服务营销组合的所有因素所强化了的定位。40 年前，它稳稳地保持着这个形象，同时每年都盈利，美国的其他任何一家航空公司都没有接近这个纪录。

成功来自于各种原因。其中之一是航空公司的低成本结构。他们只运营一种飞机（波音 737），从而由于飞机本身的燃油效益和维护、运作程序的标准化而降低了成本。另外，航空公司通过不提供食物、不预先指定座位并保持较低的员工流动率，也降低了成本。西南航空公司的总裁赫伯·凯勒赫（Herb Kelleher，从创建到 2001 年一直担任西南航空公司的总裁，其后任董事会主席和名誉主席）相信：员工第一，而不是顾客第一。他因这一信念而闻名。这家位于达拉斯的航空公司在享有很高的顾客满意度和顾客忠诚度的同时，已经成为一个低成本服务提供商和一家受欢迎的雇主。西南航空公司坚持不收行李检查费用，这几乎与其他任一家航空公司都不一样，这是它能从其他航空公司赢得顾客的另一受欢迎的战略。西南航空公司在航空业中有最佳的顾客服务纪录，并因在行李处理、准点操作和最佳的顾客投诉统计方面的卓越成就而获得三项桂冠。

研究西南航空公司的成功经历，可以明显地看出它的营销组合中的所有因素都与它非常成功的市场定位紧密结合，以下这三个传统的服务营销组合因素都有力地加强了公司的价值形象。

人员 西南航空公司非常有效地利用员工与它的顾客沟通稳固其市场定位。尽管员工是由联合工会组织的，但为使他们愉悦而进行了培训，让他们确定"愉悦"的含义，并授权他们做可以使航班轻松和舒适的事情。西南航空根据人们的态度来招聘员工，技术技能是可以培训的，并且公司对员工进行了培训，他们是美国航空业中生产力最高的劳动力。顾客也被纳入到愉悦的气氛中，而且许多顾客通过和机组人员或互相之间开玩笑，通过向航空公司发送表达他们满意的大量信件来创造愉悦的气氛。

西南航空的员工们。

过程 西南航空公司的服务提供过程同样强化了它的定位。飞机上不指定座位，所以顾客分组或排队进入飞机找到座位。除极少数之外，它也不向其他相关航班转移行李，航班上不提供食品。总之，过程是很有效、标准化和低成本的，可以迅速地周转，而且费用低廉。顾客是服务过程的很大一部分，并积极地发挥他们的作用。

有形展示 与西南航空公司相关的一切有形展示都进一步强化了它的市场定位。员工着装随意，在炎热的夏季穿短裤，以增强"乐趣"并突出了公司对其员工旅行舒适的承诺。航班上不提供餐饮服务，这样通过没有食物这个有形展示的缺位就强化了低价格的形象。由于很多人都拿航班食物开玩笑，所以大多数人并未把缺乏食品当成一个价值减损要素。西南航空公司方便使用的网站也是支持航空公司强有力定位、加强其形象的切实证据。

应用服务营销组合的一致的市场定位强化了公司在顾客心目中的独特形象，给予西南航空公司一个高价值的定位，从而吸引了一大批忠诚满意的顾客。

资料来源：K. Freiberg and J. Freiberg, *Nuts! Southwest Airlines' Crazy Recipe for Business and Personal Success* (Austin, TX: Bard Press, 1996); K. Labich, "Is Herb Kelleher America's Best CEO?" *Fortune*, May 2, 1994; H. Kelleher and K. Brooker, "The Chairman of the Board Looks Back," *Fortune*, May 28, 2001, pp. 62–76; J. H. Gitell, *The Southwest Airlines Way* (New York: McGraw-Hill, 2003); M. Unnikrishnan, "Southwest Remains Firmly Opposed to Baggage Fees," *Aviation Daily*, October 12, 2015, pp. 1–2.

这三个新的营销组合因素（人员、有形展示和过程）作为独立的因素而包括在营销组合中，它们是惹人注目的，而且处于企业的控制之中，它们中任何一个都会影响顾客购买一项服务的最初决策以及顾客的满意程度和重购决策。传统的和新的营销组合因素将在下面的章节中做深入的研究。

1.6 始终关注顾客

贯穿本书的一个关键主题就是关注顾客。[39] 这也符合营销学的现代观点。从企业的角度来看，这意味着所有的战略制定都必须着眼顾客，战略的实施也需要了解它们对于顾客的影响。从实践的角度来说，这意味着关于新服务和沟通计划的决策要融入顾客的观点，运营和人力资源的决策也需要考虑它们对于顾客的影响。本书中包括的所有的工具、战略和框架都以顾客为基础。上述服务营销组合就是一个非常重要的工具，它强调了服务的独特性，将顾客置于中心位置。

在本书中，我们将顾客看成可以估价、开发和保留的资产。因此，本书中涉及的战略和工具都集中于构建顾客关系和忠诚度，与更加关注交易过程而将顾客视为一次性收入提供者是完全相反的。本书并没有将顾客关系管理视为一种软件程序，而是作为一个整体体系结构或经营理念。本书中的每一章都可以视为构建一个完整的顾客关系管理方案所必需的组成部分。

小结

本章通过对世界经济和管理实践中服务发展的描述，为进一步深入学习服务营销奠定了基础。本章对世界经济和管理实践中服务发展的描述重点是：服务在现代世界经济中统治地位的现实，把以服务为中心作为竞争手段的绝对必要性，对非专业和专业服务业的特别需求，从技术优势中所形成的新服务概念的作用，以及对服务特性所导致的挑战和机会的领悟等。本章介绍了服务的广义定义，如行动、过程和绩效，并总结了纯服务、价值增值服务、顾客服务以及衍生服务之间的区别。

基于对服务经济的这种基本认识，本章进一步说明了服务核心的基本特性，这是服务业的经营管理需要不同的战略和概念的原因。这些根本特性是：服务是无形的、异质的，生产与消费同步进行以及具有易逝性。由于这些根本的特性，服务管理者在营销中面临巨大的挑战，包括如何稳定地提供优质服务的问题。

在本章结尾处介绍了作为后续章节基础的两个主题：扩展的服务营销组合以及将顾客关注作为一个不变的主题。本书其余章节将进一步研究那些销售和交付服务的组织所面临的独特的挑战，以及如何迎接这些挑战，并成为有效的服务监督执行者和管理者。

讨论题

1. 服务提供与顾客服务的区别是什么？请举出具体的例子。
2. 技术正在如何改变顾客服务和服务提供的性质？
3. 商品与服务有哪些基本的不同？这些不同对于爱彼迎、通用电气、西南航空公司以及你工作的公司的含义是什么？
4. 本书的一个基础框架是服务营销组合。请分别讨论为什么服务营销组合应该包括这三个新的组合因素（过程、人员和有形展示）。这三个中的每一项是怎样与组织的顾客进行沟通或使他们满意的？
5. 思考你曾经从事或正在从事的一项服务工作，在你看来，组织过去和现在是如何有效地管理服务营销组合因素的?

6. 思考你曾从事或正在从事的一项服务工作，组织是怎样处理表 1-3 中所列出的相关问题的?

7. 制造业如何应用优质服务来创造竞争优势? 请以汽车或计算机或其他一些你曾购买过的制造产品为背景回答这个问题。

练习题

1. 请大致估计你一个月的开支，相对于商品而言，有多大比例用于服务? 你所购买的服务有价值吗? 在何种意义上有价值? 如果你必须缩减开支，那么你将减掉什么?
2. 考察你认为定位极不相同的两家零售服务商（如凯马特和诺德斯特龙公司，或者汉堡王与一家高档餐馆）。根据你自己的观察，按服务营销组合因素对它们的战略进行比较。
3. 在互联网上或智能手机上尝试一项你未曾体验的服务，分析这项服务的益处。是否提供了充足的信息使得服务易于使用? 你如何把它与其他获取相同益处的方法进行比较?

参考文献

1. Sources for Chapter Opener: S. L. Vargo and R. R. Lusch, "Evolving to a New Dominant Logic for Marketing," *Journal of Marketing* 68 (January 2004), pp. 1–17; www.sdlogic.net; M. B. Sauter, T. C. Frohlich, and S. Stebbins, "2015's Customer Service Hall of Fame," *24/7 Wall Street as Reported in USA Today,* http://www.usatoday.com/story/money/business/2015/07/24/24-7-wall-st-customer-service-hallfame/30599943/; D. Leonard and R. Clough, "Move Fast and Break Things," *Bloomberg Businessweek,* March 21–27, 2016, pp. 54–59; Fortune Magazine's World's Most Admired Companies, 2016; D. MacMillan, "Saudis Back Uber as Market Heats Up," *The Wall Street Journal,* June 2, 2016, p. A1.
2. www.theacsi.org, accessed, May 2016.
3. J. B. Quinn, J. J. Baruch, and P. C. Paquette, "Technology in Services," *Scientific American* 257 (December 1987), pp. 50–58.
4. Vargo and Lusch, "Evolving to a New Dominant Logic for Marketing," pp. 1–17; R. F. Lusch and S. L. Vargo (eds.), *The Service-Dominant Logic of Marketing: Dialog, Debate, and Directions* (New York: M. E. Sharpe, 2006); *Journal of the Academy of Marketing Science,* Special Issue or the Service-Dominant Logic, Winter 2008.
5. W. M. Cox, "An Order of Prosperity to Go," *The New York Times,* February 17, 2010.
6. United States Census Bureau, "U.S. International Trade in Goods and Services, December 2015," www.census.gov, accessed May 10, 2016.
7. M. Sawhney, S. Balasubramanian, and V. V. Krishnan, "Creating Growth with Services," *Sloan Management Review* 45 (Winter 2004), pp. 34–43.
8. For research on the topic of goods firms transitioning to services, see: V. A. Zeithaml, S. W. Brown, M. J. Bitner, and J. Salas, *Profiting from Services and Solutions: What Product-Centric Firms Need to Know* (New York, NY, Business Expert Press, 2014). R. Oliva and R. Kallenberg, "Managing the Transition from Products to Services," *International Journal of Service Industry Management*

14 (2003), pp. 160–172; W. A. Neu and S. W. Brown, "Forming Successful Business-to-Business Services in Goods-Dominant Firms," *Journal of Service Research* 8 (August 2005), pp. 3–17; W. Reinartz and W. Ulaga, "How to Sell Services More Profitably," *Harvard Business Review* 86 (May 2008), pp. 90–96; A. Gustafsson, S. Brax, and L. Witell (eds), "Service Infusion in Manufacturing Industries," special issue of the *Journal of Service Management* 21 (2010).

9. R. H. K. Vietor, *Contrived Competition* (Cambridge, MA: Harvard University Press, 1994).
10. L. Berry, *Discovering the Soul of Service* (New York: The Free Press, 1999).
11. R. T. Rust, C. Moorman, and P. R. Dickson, "Getting Return on Quality: Revenue Expansion, Cost Reduction, or Both?" *Journal of Marketing* 66 (October 2002), pp. 7–24.
12. J. L. Heskett, T. O. Jones, G. W. Loveman, W. E. Sasser Jr., and L. A. Schlesinger, "Putting the Service–Profit Chain to Work," *Harvard Business Review* 72 (March–April 1994), pp. 164–174.
13. E. W. Anderson and V. Mittal, "Strengthening the Satisfaction–Profit Chain," *Journal of Service Research* 3 (November 2000), pp. 107–120; S. Gupta and V. A. Zeithaml, "Customer Metrics and Their Impact on Financial Performance," *Marketing Science* 25 (December 2006), pp. 718–739.
14. C. Fornell, S. Mithias, F. V. Morgeson III, and M. S. Krishnan, "Customer Satisfaction and Stock Prices; High Returns, Low Risk," *Journal of Marketing* 70 (January 2006), pp. 3–14; "Economic Indicator," www.theacsi.org, accessed May 11, 2016.
15. J. L. Heskett, W. E. Sasser Jr., and L. A. Schlesinger, *What Great Service Leaders Know and Do* (Oakland, CA: Berrett-Koehler Publishers, Inc., 2015).
16. C. Fishman, "But Wait, You Promised...," *Fast Company,* April 2001, pp. 116–127.
17. D. Brady, "Why Service Stinks," *BusinessWeek,* October 23, 2000, pp. 116–128; P. Noonan, "We Pay Them to Be Rude to Us," *The Wall Street Journal,* August 14–15, 2010, p. A11.
18. www.theacsi.org, accessed May 10, 2016.
19. R. T. Rust and M-H Huang, "The Service Revolution and the Transformation of Marketing Science," *Marketing Science* 33 (March/April 2014), pp. 206–221.
20. L. P. Willcocks and R. Plant, "Getting from Bricks to Clicks," *Sloan Management Review* 42 (Spring 2001), pp. 50–59.
21. I. C. L. Ng, *Creating New Markets in the Digital Economy* (Cambridge, UK: Cambridge University Press, 2014).
22. M. E. Porter and J. E. Heppelmann, "How Smart Connected Products are Transforming Companies," *Harvard Business Review* 92 (October 2015), pp. 64–88.
23. "The Social Life of Health Information, 2011," *Pew Internet and American Life Project,* www.pewinternet.org, accessed, July 7, 2011.
24. K. Steinmatz, "Exclusive: See How Big the Gig Economy Really Is," *Time,* January 6, 2016, http://time.com/4169532/sharing-economy-poll/.
25. M. J. Bitner, S. W. Brown, and M. L. Meuter, "Technology Infusion in Service Encounters," *Journal of the Academy of Marketing Science* 28 (Winter 2000), pp. 138–149.
26. M. J. Bitner, "Self-Service Technologies: What Do Customers Expect?" *Marketing Management* 10 (Spring 2001), pp. 10–11.
27. R. Hallowell, "Service in E-Commerce: Findings from Exploratory Research," *Harvard Business School,* Module Note, N9-800-418, May 31, 2000.

28. D. G. Mick and S. Fournier, "Paradoxes of Technology: Consumer Cognizance, Emotions, and Coping Strategies," *Journal of Consumer Research* 25 (September 1998), pp. 123–147.
29. A. Parasuraman and C. L. Colby, *Techno-Ready Marketing: How and Why Your Customers Adopt Technology* (New York: The Free Press, 2001); A. Parasuraman and C. L. Colby, "An Updated and Streamlined Technology Readiness Index: TRI 2.0," *Journal of Service Research* 18 (February 2015), pp. 59–74.
30. J. O. C. Hamilton, "Separation Anxiety," *Stanford Magazine*, January–February 2011, pp. 55–59.
31. "Customer Care in a New World," McKinsey & Company, 2001.
32. Discussion of these issues is found in many services marketing publications. The discussion here is based on V. A. Zeithaml, A. Parasuraman, and L. L. Berry, "Problems and Strategies in Services Marketing," *Journal of Marketing* 49 (Spring 1985), pp. 33–46. For another viewpoint on the subject of goods vs. services, see: C. Lovelock and E. Gummesson, "Whither Services Marketing? In Search of a New Paradigm and Fresh Perspectives," *Journal of Service Research* 7 (August 2004), pp. 20–41. See also: K. Hellen and J. Gummerus, "Re-Investigating the Nature of Tangibility/Intangibility and Its Influence on Consumer Experiences," *Journal of Service Management* 24 (2013), pp. 130–150.
33. For research supporting the idea of goods–services continua, see D. Iacobucci, "An Empirical Examination of Some Basic Tenets in Services: Goods–Services Continua," in *Advances in Services Marketing and Management,* eds. T. A. Swartz, D. E. Bowen, and S. W. Brown (Greenwich, CT: JAI Press, 1992), vol. 1, pp. 23–52.
34. S. L. Vargo and R. F. Lusch, "The Four Service Marketing Myths," *Journal of Service Research* 6 (May 2004), pp. 324–335.
35. H. T. Keh and J. Pang, "Customer Reactions to Service Separation," *Journal of Marketing* 74 (March 2010), pp. 55–70.
36. P. Nelson, "Information and Consumer Behavior," *Journal of Political Economy* 78 (1970), pp. 311–329.
37. M. R. Darby and E. Karni, "Free Competition and the Optimal Amount of Fraud," *Journal of Law and Economics* 16 (April 1973), pp. 67–86.
38. B. H. Booms and M. J. Bitner, "Marketing Strategies and Organizational Structures for Service Firms," in *Marketing of Services,* eds. J. H. Donnelly and W. R. George (Chicago: American Marketing Association, 1981), pp. 47–51.
39. See: G. S. Day and C. Moorman, *Strategy from the Outside In: Profiting from Customer Value* (New York: McGraw-Hill, 2010); J. Bliss, *Chief Customer Officer 2.0: How to Build Your Customer-Driven Growth Engine* (Hoboken, NJ: John Wiley & Sons, Inc., 2015).

第 2 章

本书的概念框架：服务质量差距模型

本章目标

1. 介绍服务质量差距模型，并将其作为本书的组织框架。
2. 阐明服务质量差距模型对于组织理解服务质量而言是一个有用的框架。
3. 阐明要缩小的最重要的服务质量差距是最终的顾客差距，即顾客期望和感知的差别。
4. 识别四种供应商差距各自的影响因素。

| 开篇案例 | 乔氏超市（Trader Joe's）的服务质量：具有企业精神的专卖店

如果你想在百货商店获得超凡的顾客体验，没有比乔氏超市更适合的地方了。乔氏超市是一个经营特色食品的民营连锁店，其80%的商品都属于私有品牌和独家特惠，如肉桂焦糖黄油饼干、黑巧克力花生酱杯、2.99美元的查理肖商标的"两元恰克"葡萄酒以及白切达玉米泡芙等。乔氏超市更以其不同于其他百货商店的优质服务形成了自己的口碑。

当你走进乔氏超市，你可以立刻感受到差别。相比于传统的5 000库存单元（SKU），其规模较小，精心挑选的商品仅有4 000SKU。所有员工都身着夏威夷衫，热情饱满地投入工作。如果有顾客询问商品位置，员工不是仅仅指出商品在哪儿，而是带领顾客走到商品的位置，并打开包装供顾客使用。乔氏超市的墙壁用雪松木板装饰，店名标志为手绘风格，整个店铺都充满了一种南太平洋的风情。多数货架上都放有潮流产品的试用装。响铃代替了对讲机的嘈杂声音，货架上摆满了印着"乔氏商店"标志的新奇、少见、美味的食物。正如贝丝·考伊特（Beth Kowitt）在《财富》杂志上评论的那样："……乔氏超市不是一个普通的连锁店，而是一个特立独行而又有趣的探索区，把人们购买食物的过程从烦琐的日常变成了文化体验。"[1]

不仅仅是顾客体验出色，公司还能保证商品价格低廉。价值是该公司考虑货物配置的哲学——所有的优质商品都有每日特价。乔氏超市能做到这一点，主要是采取了以下措施：尽可能从供货商处直接提货、谈判拿下最优价格、大批量购买货物、尽早签署低价合同、剔除不能让顾客满意的商品以及保证店内商品一直是最低价格等。所有这些措施都是为了让顾客省钱。

乔氏超市善于通过非正式的定性调查来倾听顾客的需求。这些调查并非是由特定的研究组或联络中心完成的，超市甚至没有设置免费热线或者客户服务邮箱。他们的做法是让经理（领队）长期站在有大量试用产品的区域，直接和顾客沟通了解他们的需求，然后销售处的人员（队员）就可以直接发邮件给采购员，告诉他们顾客的喜好。

乔氏超市的内部空间不大，但是很独特。收银处没有传送带，冷鲜货物结算方式用件数代替了重量，这些都提高了收银效率。货物的摆放不是取决于销量和利润，而是取决于是否真正有利于顾客。全体员工穿着夏威夷衫，唤起人们对南太平洋风景的遐想。该公司官网是这样解释着装的："我们航行在烹饪的海洋，环球探索只为让您把最好的货品带回家。"[2] 响铃是乔氏超市的一个特色，它本来是传统海运的一个简单的通信系统。在超市，一声响铃表示需要再开一个收银台，两声响铃表示顾客有些问题需要得到解答，三声响铃则表示需要经理层级的人出面。

为何员工对公司的认同感这么高呢？乔氏超市视员工为可以提高经营效率和顾客服务质量的最大化资产，有利于更好地销售产品。监督岗位的工作人员（组长或店长助理）每年的基本工资为 45 000~75 000 美元，店长一般可以拿到不超过6位数的工资。超市还会将员工总收入的 15.4% 纳入延迟交税的退休账户。[3] 但是，报酬并不是鼓舞士气的唯一方式。团队氛围感染着每一位员工。从提供顾客免费试用品，到给活泼好动的孩子发手工贴纸，再到给顾客退换不满意的商品，包括店长在内，所有的职员都能事无巨细地操持着店里所有工作。

乔氏超市不在营销和广告上投入大量的钱是出了名的，它甚至没有一个官方的脸书或推特页面。但它的名气却能口口相传，广为周知。实际上，很多促销都是乔氏的忠实粉丝通过在个人社交软件上推荐自己喜欢的零食和购物体验来推广的。其中一种促销方式就是乔氏超市"勇敢的飞人"系列漫画宣传简报，将有趣的故事和产品信息巧妙地融合在了一起。

乔氏超市是如何提供如此优质服务和完美价格的呢？我们将在本章通过一个框架来审视这一问题，该框架也是本书的概念性框架，并且引出了为顾客提供优质服务的框架。

进行有效的服务营销是一项很复杂的工作，涉及众多不同的战略、技术、人和任务。服务组织的领导者们长期对如何以一种有组织的方式处理这一复杂课题而感到困惑。本书所设计的处理模式是：用一种结构化和一体化的方式——称之为服务质量差距模型来审视服务。[4] 这个模型表明了服务营销中的关键概念、战略和决策，并用以指导本书其他内容的架构，本书的章节将紧密地与本章所描述的差距相关联。

2.1 顾客差距

顾客差距是指顾客期望和感知的差别（见图2-1）。顾客期望是顾客带进服务体验中他们所期待的绩效标准或参考点，而顾客感知是顾客对真实的服务体验的主观评价。顾客期望通常由顾客认为应该发生或将要发生的事情组成。例如，当你到达一家高档餐馆，你对其服务水平的期待肯定要比一家快餐店高得多。缩小顾客期望与顾客感知的差距是提供高质量服务的关键，它构成了差距模型的基础。

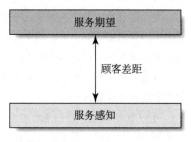

图 2-1　顾客差距

由于顾客满意和以顾客为中心对企业竞争至关重要，任何致力于提供高质量服务的企业都必须首先对其顾客有一个清晰的认识。正因为如此，本书把对相关的顾客概念的论述列为第一篇，这样一来，书中此后的每一个重点都可以返回来与此概念相关联。大量证据表明顾客对产品和服务的评价过程有所不同，这些不同点影响着服务供应商对组织的营销方式。遗憾的是，大多数已为人所知或编写的顾客评价过程仅适用于商品。

顾客期望的来源包括营销人员控制的因素（如定价、广告、销售承诺等），以及营销人员只能有限度影响的因素（如固有的个人需求、口碑传播、竞争性提供品等）。理想的状况是，期望与感知是相同的：顾客感到他们得到了他们所期望的服务。但在实际中，一般会存在顾客差距。跨越或消除此差距是服务营销的目标，因而我们几乎用整本书来描述用于弥合这种顾客差距的战略和实践活动。我们将会在第 3 章中详细介绍顾客期望，在第 4 章中详细介绍顾客感知。

2.2 供应商差距

服务质量差距模型表明：为弥合极为重要的顾客差距，其他 4 个供应商差距也需要进行弥合，这些差距发生在组织为顾客提供服务的过程中（因此称为供应商差距）。供应商差距包括如下几方面。

供应商差距 1：倾听差距。
供应商差距 2：服务设计和标准差距。
供应商差距 3：服务绩效差距。
供应商差距 4：沟通差距。
本章其余部分将对整个差距模型进行描述。

2.2.1 供应商差距 1：倾听差距

供应商差距 1 是指顾客对服务的期望与公司对这些期望的理解之间的差别。许多企业未能满足顾客期望的一个主要原因就是企业对于这些期望究竟是什么缺乏精准的认识。很多因素使得经理人员不了解顾客的期望：他们可能不与顾客直接互动，可能不愿意了解顾客期望或不准备解决这些问题。如果负责制定标准的人员不能充分理解顾客对服务的期望，就有可能触发一系列糟糕的决策和欠优的资源分配，从而引发低劣的服务质量感知。在本书中，我们把对供应商差距 1 负责的人员从单纯的管理人员扩大到组织中能够变更或影响服务流程的所有员工。在当今不断变化的组织中，对服务传递进行调整的权力是经常分配给授权团队和前台人员的。对于 B2B 而言，会计团队已有权制定满足其顾客独特期望的独立决策。

导致供应商差距 1 的关键因素如图 2-2 所示。不全面的市场研究倾向是其中的一个重要因素。如果管理层或被授权的团队没能获得关于顾客期望的正确信息，那么供应商差距 1 就会大，必须通过市场研究来制定获取顾客期望信息的正式和非正式的方法，一定要应用一些涉及大量传统调研方法的技术来接近顾客，包括顾客访谈、调查研究、投诉系统以及顾客座谈小组，也常需要应用更多创新性方法，比如有组织和结构化的头脑风暴法和在线评论监控。

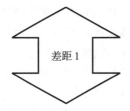

顾客期望
↑

- 营销研究导向不充分
  营销研究不足
  研究的着眼点没有放在服务质量上
  没有充分使用市场研究
- 缺乏向上沟通
  管理者与顾客之间缺乏互动
  一线员工与管理者之间沟通不充分
  一线员工和高层管理者间的层级太多
- 对关系的关注不够充分
  缺乏市场细分
  关注交易而非关系
  关注新顾客而非关系顾客
- 服务补救不充分
  缺乏倾听顾客抱怨的鼓励
  发生问题后赔偿失败
  没有有效应对服务失败的机制

↓
公司对顾客期望的感知

图 2-2　导致供应商差距 1 的关键因素

全球特写　一个把顾客放进"愿望模式"以减少差距的全球零售商

　　要想提供优异的服务，弥合所有的差距，组织要做的第一件事就是找出顾客期望。第 5 章我们将介绍企业确定顾客感知的多种方式，包括顾客调查和顾客抱怨，理解顾客期望通常是很具挑战性的一件事。宜家给顾客带来的"愿望模式"是成功弥合差距 1 的一种创新模式，当宜家这个世界上最大的家具零售商在芝加哥开设零售店时，该模式被证明是很成功的。即使顾客不是技术专家，他们也被要求描述出能满足自我需求的店面设计。在这种方式下，宜家的九组顾客一组一组地被问及他们凭空想出的理想购物体验：假设宜家所有的店面都已经毁坏，将重新设计新的店面，店面应该是什么样的？购物体验又该是怎样的？贾森·马吉德松（Jason Magidson）帮助宜家创造了该流程，他汇报说顾客的反应和意见如下：

　　"我不会找不到方向，因为我清楚我身处何处。"

　　"如果我买一件物品，所有相关的物品我都能从附近找到。"

　　"购物是一种舒适、放松的体验。"

宜家这种方式的重要意义不仅在于企业询问顾客期望是什么，而且在于接下来他们将这些期望融入店面设计当中。设计者们创造出一栋中心有一条走廊的八角建筑，为购物者营造家的氛围，确保他们能够方便自如地找到所需的物品。为了满足另一种顾客期望，物品与其相关物比邻摆放。当购物者累了或饿了后，他们可以去楼上自助风格的饭馆，里面提供瑞典食品。宜家的顾客对于该店面非常满意（85%的顾客回答"优异"或者"很好"），与宜家的其他店面相比，不仅顾客再次光顾次数增加，而且他们在店面普遍要多待一个小时。这些行为弥合了差距2，因为服务设计基于顾客期望。

宜家在弥合所有四种供应商差距上所做的都很出色。企业的供应商网络是经过精心挑选的，确保了质量和一致性。尽管实际上宜家在全世界30多个国家都设有店面，但它的标准、设计以及方法均极为一致，也因此弥合了差距2——服务设计和标准的差距。在必要时，它会对标准做出重要的改变。2006年，宜家走出了重要的一步，它记录下顾客需求以减少其等待时间。宜家管理层意识到，由于等待时间过长，付款台超负荷运转，一些顾客放下商品径直离开店面，于是管理层基于人工扫描技术推出"快速通道"。在高峰期，在付款台增设员工四处走动到结账区，引导持有信用卡的顾客从队列中走出，通过一台手持设备付款，并在移动打印机上打印收据。

服务场景——室内与室外的有形环境都是独特且基于顾客视角的，更进一步弥合了差距2。宜家更是以强有力的员工文化、精心甄选与培训员工所著称，这有助于弥合差距3。在第12章，我们将会为你介绍另一种弥合差距3的方法：它对服务概念加以创新，顾客参与到服务传递、产品装配与创造的过程中来。为了完善这一服务，宜家用其行动规划目录教育顾客，这有助于弥合差距4。

资料来源：J. Magidson and G. Brandyberry, " Putting Customers in the ' Wish Mode, '" *Harvard Business Review* 79 (September 2001), pp. 26–28. " Who You Gonna Call? " *Chain Store Age* (January 2006), p. 8.

另一个与供应商差距1的产生有关的关键因素是缺少向上的沟通，前台人员通常对顾客有深入了解；如果管理层不经常与前台人员接触，不去了解他们所知道的情况，差距就会扩大。

还有一个造成供应商差距1的关键因素是缺少能够留住顾客并加强与其关系的公司战略，该战略被称为关系营销。如果组织与其现有顾客有稳固的关系，供应商差距1就不大可能产生。关系营销与交易营销不同，后者是指获得更多新顾客，而不是留住顾客。关系营销在聪明的B2B企业中十分普遍（如IBM或者波音），它们认为，为客户提供优质服务能够为它们带来更多潜在收益。但是，其他B2B企业以及许多直接面向终端顾客的企业往往以短期的眼光把每次销售仅视为一次交易。如果公司过多地关注于吸收新顾客，它们就有可能忽略其现有顾客不断变化的需求和期望。技术的发展使得公司有能力获得并整合大量关于顾客的资料，用以建立顾客关系。由航空公司、汽车租赁公司、信用卡公司和饭店发起的经常性航空旅行项目是这一类型中最常见的项目。

造成供应商差距1的最后一个关键因素是缺乏服务补救。即使是那些对它们的顾客期望高度专心致志和有清晰了解的最强健的公司，有时也会出现失误。理解服务补救的重要性对一个组织来说很关键，这包括为什么顾客会投诉，当他们投诉时期望是什么以及如何制定有效的服务补救战略来处理不可避免的服务失误。服务补救战略可能会包括一个明确界定的投诉处理程序，并强调授权员工在现场做出反应，即时弥补失误；有时也涉及服务保证或就未完成的承诺补偿顾客的方法。

为阐明倾听差距的因素，本书涵盖的课题包括如何通过多种调研策略来理解顾客（第5章），如何建立长期稳固的顾客关系并理解顾客需求（第6章），以及如何在服务失误时实施补救策略（第7章）。通过这些策略，可以使供应商差距1最小化。

2.2.2　供应商差距2：服务设计和标准差距

对顾客期望的正确感知十分重要，但对于传递卓越的服务质量来说仍然不够。另一个必要条件是具有服务设计和绩效标准，以对这些感知做出精准的反应。在服务企业中，一个反复出现的论题是将顾客期望转变为员工可以理解和执行的服务质量标准时所遇到的困难。供应商差距2，即企业对顾客期望的理解与制定顾客驱动的服务设计和标准之间的差别，就反映了这些问题。顾客驱动的标准与大多数服务企业建立的传统绩效标准的不同之处在于，它们是基于顾客需求而建立的并能被顾客看到和测评，它们是与顾客期望和标准相对应的运作标准，而不是与诸如生产力或效率这类企业所关心的问题相对应。

图2-3显示了供应商差距2，这些差距存在于服务组织是有多种原因的。那些负责设置标准的人员，通常是管理层，他们有时认为顾客期望是不合理或不现实的，他们也可能认为服务自身所具有的可变性会使标准化变得毫无意义，因此设置标准不能达到预想的目的。尽管这些假设中有些是有确实根据的，但它们常常是管理者不情愿去迎头解决创造服务标准和提交优良服务困难和挑战的一种理由或借口。

正如本章"技术亮点"所描述的那样，技术的变革和改进对弥合该差距卓有帮助。

由于服务的无形性，要描述和沟通服务很困难，尤其是当开发新服务时，这些困难是很明显的。关键是所有相关人员（管理人员、前台人员和幕后支持人员）都应按照顾客需求和期望以相同的新服务概念进行工作。对于现有的服务，如果不是所有人员都对一个现存服务和相关问题有相同的认识，那么任何试图改进此服务的措施都可能遭受损失。避免供应商差距2的一个极为重要的途径是在不疏忽、不片面、不主观和不存有偏见的前提下清楚地设计服务。为达到此目的，需要有工具来确保以尽可能谨慎的态度开发新服务及改进现有服务。第8章对服务开发和设计最有效的工具加以说明，包括服务蓝图这个独特的工具。

由顾客接触人员所提供的服务质量，会受到用以评估服务人员并据此支付报酬的标准

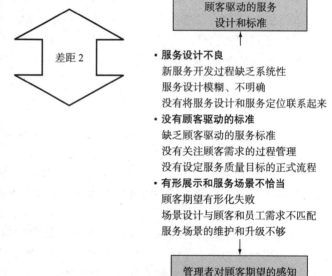

图2-3　导致供应商差距2的关键因素

的极大影响。标准向接触人员表明了管理人员的评价尺度是什么以及哪种表现是真正有价值的。如果没有服务标准或所指定的标准不能反映顾客的期望，那么就很可能恶化顾客所感知到的服务质量。如果顾客的期望可以通过有关标准反映出来，那么他们所感知到的服务质量就很可能会提高。第9章将对顾客定义的服务标准进行表述，并指出如果开发得当，它们将会对弥合供应商差距2和顾客差距均有着强有力的积极作用。

第10章着重讲述了在服务设计和满足顾客期望中有形展示的重要性。有形展示是指用来提供服务的商业卡片、报告、标志、网络形象、设备和用以提供服务的设施等所有的东西。服务场景——服务提供场所的有形设置，是第10章讨论的焦点。请设想一家饭店、一家餐厅、一个主题公园、一个健身俱乐部、一家医院或一所学校的情形。服务场景——有形设施，在传达服务信息和使整个服务体验更为舒适方面，对这些行业组织来说极其重要。在上述企业和组织中有形展示发挥着各种作用，从代表企业形象到推进顾客与员工行为。在第10章我们探讨了有形展示的重要性，它所发挥的各种作用，以及为满足顾客期望有效设计有形展示和服务场景的战略技术。

2.2.3 供应商差距3：服务绩效差距

正确的服务设计和标准一旦确立，似乎就意味着企业已步入提供高质量服务的正轨。这样假设没错，但是对于传递卓越的服务还不够。企业必须确保系统、流程、人员全部到位，并保证服务传递与正确的服务设计和标准相匹配（或比设计和标准更优）。

供应商差距3是指所设定顾客驱动的服务标准与公司员工的实际服务绩效之间的差距。即使公司有很好的服务绩效和正确对待顾客的指南，也未必一定会有优质的服务绩效。服务标准一定要有适宜的资源（人员、系统和技术）支持，并且必须不断强化以使之更有效，即必须用这些标准评估和奖惩员工。因此，即使标准恰当地反映了顾客的期望，如果公司不能为之提供支持，即公司不能协助、鼓励和要求员工达到标准，标准也不能发挥作用。如果服务传递的绩效低于标准，那么也就低于顾客的期望。服务业应确保达到标准所需的所有资源以缩小供应商差距3，从而减小顾客差距。

调查研究及企业经验表明，有许多关键因素不利于弥合供应商差距3（见图2-4）。这些因素包括不能清晰理解自己在公司中所扮演角色的员工、与顾客和公司管理层发生过冲突的员工、不

顾客驱动的服务设计和标准

差距3

- 人力资源政策的缺乏
  无效的招聘
  角色模糊性和冲突
  员工—技术工作不匹配
  评价和补偿系统不恰当
  缺乏授权、感知控制和团队工作
- 顾客没有履行其角色
  顾客忽略了其角色和责任
  顾客相互间的负面影响
- 服务中介的问题
  在目标和绩效上的渠道冲突
  在成本和回报上的渠道冲突
  质量和一致性很难控制
  授权和控制间的权衡
- 供给与需求不匹配
  没有平滑需求的高峰和低谷
  不恰当的顾客组合
  过分依赖于价格来平滑需求

服务传递

图2-4 导致供应商差距3的关键因素

合格的员工招聘、不完备的技术、不合理的奖惩制度以及缺乏授权和团队精神。这些因素都与公司的人力资源职能相关联，并涉及企业内部的活动，如招聘、培训、反馈、工作设计、激励和组织结构。为提供更好的服务，公司必须跨越职能部门（如在营销和人力资源两个部门）去解决这些问题。

供应商差距3中另一个重要的变量是顾客。即使顾客接触人员和中介人员在其服务提供过程中做到服务标准百分之百的异质性，但顾客这一不可控制的变量也会在服务提供过程中产生异质性。如果顾客不能恰当地扮演他们的角色，例如不能向供应商提供所有必要的信息或因忽视而没有阅读或遵循说明书，就会损害服务质量。如果有的顾客在接受供应商的服务时进行捣乱或过多占用时间，也会负面地影响其他顾客所接受服务的质量。理解顾客角色，认识到他们如何影响服务传递以及服务产出，这是非常重要的。

有关供应商差距3的第三个困难涉及在通过中间商（如零售商、特许经营商、代理商和经纪人）提供服务时所遇到的挑战，由于服务质量来自顾客和服务提供者之间的交互作用，所以公司能否监控服务遭遇很关键，但服务遭遇控制在实际中很难做到尽善尽美。绝大多数服务业（以及许多制造业）企业甚至面临着一个更为艰巨的任务：使传递服务与顾客相接触的中间商在不处于公司直接控制的情况下仍能保持服务的优良性和一致性。服务经营的特许人依靠其被特许人（特许经营商），按照规定的条件进行服务传递，而且顾客是在特许经营商提供服务的过程中评价公司服务质量的。在存在特许经营商及其他类型中间商的情况下，另一些组织机构（而非生产商）对服务质量的圆满实现异常重要。因此，企业必须找出既能控制又能激励中间商达到企业目标的有效途径。

供应商差距3中的另一个问题是服务企业需要使需求和生产能力同步化。由于服务是易逝和不可储存的，服务企业经常会遇到过度需求或需求不足的情况。由于没有库存应付过量需求，在生产能力不足时就无法满足顾客需求，公司会丧失部分销售额；而在需求淡季，生产能力经常不能被充分利用。大部分公司依靠诸如交叉培训或改变雇用员工数量等运营战略来实现供应和需求的同步化。管理需求的营销战略，例如价格调整、广告、促销和备选服务提供品，可以作为管理供应的补充方法。

■ 技术亮点　　　　技术对服务质量差距模型之关键影响

早先，服务的一个标志性的特征是它不能远程提供，服务只能在局部通过一系列服务交付人员与顾客之间的紧密联系和互动发挥其功能。技术已经突破了这种基本上是人与人之间和当场当时发生等服务的局限性，从而增强了服务的可接近性和全球化，现在服务可以在任何时间和任何地点被提供和消费。这些改变中有很多是在最初开发差距模型时所预想不到和尚未呈现的。

技术，尤其是信息技术，对服务本身的实质有着戏剧性的影响，比如对服务如何交付、服务创新实践和服务管理等均有深刻的影响。我们将论证技术对差距模型中的每一个差距具有影响。

技术对顾客差距的影响

技术进步对顾客差距有重要的影响。首先，技术使服务的本质发生了改变。现在许多服务是通过技术而不是人（企业员工）来提供的。请看个人摄影行业，不久之前，个人照片是由人拍摄的，胶片是由专门的服务商处理的，顾客需要预定附加冲印的相片与家人和朋友分享。把照片集合在一起制作成相册与他人分享是一个劳动密集型的过程，这个过程既费时又费钱，还可能需要不同的人提供服务。现在人们可以用数码相机随意地进行拍摄，然后可以印制、处理和在线共享。这仅是一个简单的例子，说明能改变顾客生活的自我服务技术的迅猛扩展。

技术还能够戏剧性地改变顾客对服务的理解方式。顾客网上搜寻、服务定位、图像观察、价格比较以及通过视频导览体验服务等方面的能力大大改变了顾客在购买服务之前所获得的信息量和信息种类。信息的多样化改变了顾客的期望和对服务进行比较和判断的能力。在早先的日子里，顾客发现很难得到上述种类的信息，不能像对在一个零售店里琳琅满目排放的有形商品那么容易地对服务进行比较。但目前在网上人们可以做到某种程度地对服务进行如同商品那样的比较。

技术对供应商差距 1 的影响

技术对供应商差距 1 影响的基本途径是使得企业能用过去难以想象的各种方式来了解其顾客。这些影响的促进器中一个最强有力的工具是通过诸如推特、脸书和谷歌等媒介所进行的营销调研。在推特上，当公司花时间回应客户的特定推文，特别是那些涉及顾客问题和担忧的推文时，由于顾客的意见被听取而让他们获得了特别的感受。这其中最重要的方法之一是公司提供诚实的信息，无论这是否是顾客主动咨询的，特别是在提供针对特殊问题的信息时。

如果你使用脸书，你就会了解这个平台能为你提供有针对性且个性化的服务。本书的作者之一是一家名为普雷迪德（Plated）公司的会员，该公司为其顾客配送预包装的生食。即使她从未在脸书上购买过以前普雷迪德公司或者诺斯通（Nordstrom）百货店的商品，但因购买过食材，她收到了普雷迪德公司所有竞争对手的广告 [例如蓝色围裙（Blue Apron）和你好新鲜（Hello Fresh）公司]，还因在诺斯通百货店购物而经常收到零售商的广告。脸书和谷歌向亚马逊学习创建数学模型以有效地追踪顾客喜好。

更为尖端的是零售店里的冷柜和货架，它们可以收集关于顾客身份以及顾客对产品反应的重要信息。在全国零售联合会的大型展会上，供应商展示了一款具有两项惊人技术特色的冷柜。首先，冷柜玻璃是一个触摸屏，通过动画和其他促销活动引起消费者的关注，让消费者无须打开柜门就可以了解更多柜内商品的信息。其次，冷柜顶部有一个摄像头，用以分析购物者的面部来记录他们选购产品时的表情。

技术对供应商差距 2 的影响

供应商差距 2 的焦点是设计能够满足顾客期望的人与人之间的服务和实时的运营过程。人与人之间服务所固有的多变性使得其设计和标准化非常困难。现在为弥补和缩小差距 2，企业正在越来越多地将注意力集中在技术上，使服务和流程设计标准化。一些顾客的期望可以通过技术支持的高标准化的网上所提供的服务来满足。比如，以亚马逊网上所提供的图书销售和服务为例，通过其高度复杂的技术基础设施，该公司能够在个体顾客层面提供标准的订购、付款、追踪以及推荐服务。在传统的图书销售中，如果面对大众要做到亚马逊在线的履行水平，那将是奇特、不符合逻辑和成本极高的。

技术已经理所当然地被认为是诸如优步、爱彼迎等服务创新的基础力量——例如"车连网"（connected car），一款汽车能源消耗和健康检测的智能测量仪。一些传统的公司已经开发了基于信息技术的一些崭新的服务，先进的信息技术也可以使提供一整套的服务成为可能，这就是现在人们所说的物联网。

技术还提供了许多崭新服务开发，这些新服务可以满足先前几个世纪顾客难以想象的一些期望。在保健方面，相关机构和人员能够通过影像技术远程监察病人的状况和用模拟外科技术来培训医师，这两个例子再次说明，技术基础上的服务可以用非常新的和创造性的方式来满足顾客的期望。

技术对供应商差距 3 的影响

技术优势使得与顾客接触的员工在服务顾客时变得更加有效率。比如，现代技术使赛门铁克（Symantec）的顾客服务代表能同时与许多顾客聊天，这种能力使员工以相当快的速度解决问题，不仅提高了员工的效率，而且能最终创造更加满意的顾客体验。现在有许多公司经常探索可以用技术实现员工放权从而弥补服务绩效差距的一些途径和方法。

技术还能授权于顾客。通过技术，顾客可以更多地参加价值共创，甚至可以给他们的服务体验增加价值。自我服务技术——不用公司员工直接参与和互动而完全由顾客生产的服务，已经改变了公司关于弥补供应商差距 3 的思维方式。这些技术已在激增和扩散，因为公司已经看到其潜在的成本节省和效率提升是可以获取和实现的，比如潜在的销售增长、所增加的顾客满意以及竞争优势。医疗网站使患者能接收到关于个人病情的药品、药品的相互作用以及医生和医院的信息，在这种情况下技术使得患者能进行更加有依据和有准备的保健决策。正如以上这些例子所说明的，这样的技术优势促进了在服务交付过程中顾客的参与，它改变了供应商差距 3 概念形成和如何弥补此差距的思维方式。

技术对供应商差距 4 的影响

传统的沟通渠道已经受到技术引进的影响。现在服务公司有很多可以用来与顾客沟通的新渠道，包括博客、有针对性的电子邮件、顾客社区和员工聊天工具。必需的有效集成的沟通模式和沟通的数目在暴增，这正在加重对能提供跨所有渠道的一致性信息的挑战。这些新渠道不仅是服务公司所能考虑的选择，而且越来越多地成为顾客所期望的沟通方式。

众所周知，口碑（WOM）传播对服务（不管是 B2B 还是 B2C）一直是特别重要的，而当今所处的 P2P（peer-to-peer）和 C2C（customer-to-customer）等传播通路使得 WOM 对建立顾客期望产生了更为重要的影响。技术还能够以各种方式实现全球顾客沟通和服务，这在不远的过去是不可能的，那时服务还是只在局部区域提供的。互联网本身不受边界限制，因此所有的信息、顾客服务和业务都能够跨国界和洲传送至任何连接网络的顾客。

本技术亮点阐述了最近几个世纪以来技术对关于弥补每一个顾客差距战略的影响。我们用一些例子说明了技术优势以及技术创新是如何影响这些战略的。

资料来源：L. Northrup, January 19, 2016 at https://consumerist.com/2016/01/19/this-freezer-case-knows-when-youre-frowning-atthe-bagel-bites/; J. Boitnott, pulled June 17 at http://www.inc.com/john-boitnott/howto-learn-more-about-your-customers-through-twitter.html; M. J. Bitner, V. A. Zeithaml, and D. D.Gremler, "Technology's Critical Impact on the Gaps Model of Service Quality," in *The Handbook of Service Science*, ed. P. Maglio, J. Spohrer, and C. Ki Kieliszewski (Springer, Berlin, Heidelberg, Germany, 2009).

我们将在第 11 章中讨论有关员工角色的战略，在第 12 章中讨论有关顾客的战略，在第 13 章中讨论关于需求和生产能力的战略。

2.2.4 供应商差距 4：沟通差距

供应商差距 4 是供应商实际传递的服务与其外部宣传的服务之间的差别。服务业企业通过媒体广告、销售人员以及其他沟通手段做出的承诺有可能提高顾客期望，而顾客则以此作为评价服务质量的标准，所以实际提供的服务与承诺的服务之间不一致将扩大顾客差距。不能实现承诺可能出于下述原因：广告或人员销售过程中过度承诺、生产运作部门与市场部门没有很好地协调或各服务网点的政策与流程不一致。图 2-5 列出了导致供应商差距 4 的关键因素。

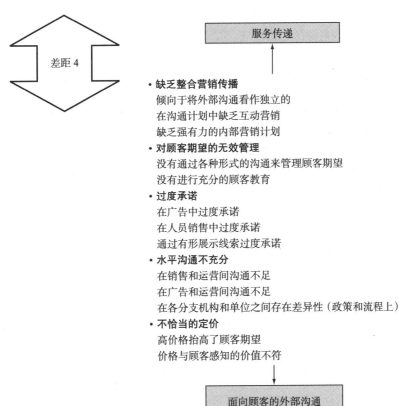

图 2-5　导致供应商差距 4 的关键因素

除了夸大的宣传会不切实际地提高顾客期望外，一些隐性的外部沟通因素也会影响顾客对服务质量的评价。比如，服务业企业不能经常利用机会培训顾客如何正确地使用服务，它们也常常不能管理顾客期望，即顾客预期将在服务交易和关系中得到怎样的服务。

有关供应商差距 4 的重大困难之一是，与顾客进行沟通会跨越组织界限。由于不能像控制生产有形商品的机器那样控制人员所做的事情，所以这一类的沟通要涉及除营销部门以外的职能部门，这就是我们所说的交互式营销——接触人员与顾客之间的营销活动，而且它必须与制造业和服务业企业所使用的传统外部营销方法协调应用。如果服务促销人员不能全面理解服务传递的实际情况，他们很可能就做出不切实际的夸大承诺，或不能向顾客很好地传达为他们所提供服务的实况，其结果则是糟糕的服务质量感知。因此，有效协调实际的服务传递与外部沟通，可以缩小供应商差距 4 并积极影响顾客差距。

另一个与供应商差距 4 有关的问题是服务的定价。对于日用消费品（甚至耐用消费品），许多顾客在购买之前已经拥有足够的与之相关的价格知识，以便判断其价格是否合适或是否与竞争者处于同一水平。但对于服务，顾客通常在采购和消费之前没有关于其价格的内部参照点。服务的定价策略（如折扣活动、"每日一价"和有奖销售活动）应该有明确的不同，因为在开始服务时，顾客对价格可以说是一无所知。关于服务的定价技术一般比有形商品的定价技术更为复杂。

总而言之，外部沟通——无论是来自于营销沟通还是定价，都可能提高顾客对服务传递的期望，从而制造更大的顾客差距。除了改进服务传递外，企业也必须管理好所有与顾客沟通的方式，以便夸大的承诺不致导致过高的期望。本书第 14 章讨论了整合服务营销传播，第 15 章描述了实现这些目标的定价方法。

2.3 综合所有因素：弥合所有差距

如图 2-6 所示，完整概念的模型向希望改进服务质量的经理人员传递了一个清晰的信息：弥合顾客差距的关键在于弥合供应商差距 1～4，并使其持续处于弥合状态。只要供应商差距 1～4 中一个或多个差距存在，顾客感知的服务质量就会有缺失。服务质量差距模型可以作为服务组织试图改进服务质量和服务营销的基础框架。基于此模型，"战略洞察"描述了一个服务质量差距实例。

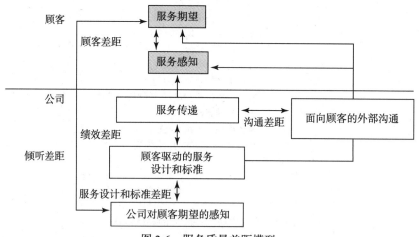

图 2-6　服务质量差距模型

该模型起始于改进服务质量流程的开端：理解顾客差距的本质和广度。在给定服务组织以顾客为中心的需求和用关于顾客的知识推动公司战略的需求的情况下，此概念模型所强调的基础是十分有用的。

⊙ **战略洞察**

以差距模型评价一个组织的服务战略

本章所描述的差距模型也是全书的框架，是评价一个组织服务绩效与能力的有效方法。该模型已经为众多企业所采用，作为评估标准或服务审查工具，其原因是它简明易懂，并为企业诊断影响服务质量的因素提供了一条路径。要用好这个工具，企业应该记录下每个差距是什么以及影响差距大小的因素。尽管你将在本书中学习到很多关于每种差距的知识，我们仍为你提供了一个基本的差距评价表。在本章末练习题中，我们建议将该表用于某企业，以找出它的服务质量差距。作为练习，你也可以依此评估一下乔氏超市（其特征请看本章的开篇短文），对比其特征来看看它是如何应用各种方法弥合每种差距的。

服务质量差距模型评价
以下列出的所有差距因素，根据组织在该因素上的表现进行打分。用 1～10 分表示，1 表示"差"，10 表示"优秀"

顾客差距
1. 企业理解顾客服务期望的程度如何
2. 企业理解顾客服务感知的程度如何

供应商差距 1：倾听差距
1. 市场研究定位
   为了解顾客期望，是否进行了足够数量和类型的市场研究
   企业是否依此信息做出关于服务供应条款的决策
2. 向上的沟通
   为了解顾客期望，管理层是否与顾客进行了足够的沟通
   接触人员是否将顾客期望告知管理层
3. 以关系为中心
   企业对不同细分市场的顾客期望了解多少
   企业关注顾客关系而非交易的程度如何
4. 服务补救
   组织进行服务补救的有效管理程度如何
   组织对服务失败的计划情况如何

供应商差距 1 得分

供应商差距 2：服务设计和标准差距
5. 系统服务设计
   企业服务开发过程的有效程度如何
   为顾客和员工定义的新服务的情况如何
6. 顾客定义的标准的体现
   企业服务标准的有效程度如何
   标准是否按照顾客期望设定
   制定并实现服务质量目标过程的有效程度如何
7. 适当的有形展示与服务场景
   企业的设施、设备及其他有形物与服务提供的适切性如何
   企业的设施、设备及其他有形物的吸引力和有效程度如何

供应商差距 2 得分

供应商差距 3：服务绩效差距
8. 有效的人力资源政策
   企业招聘、雇用、培训、奖惩以及授权员工的有效程度如何
   在员工、小组、单元以及部门之间能保证服务质量传递的一致性吗
9. 有效的顾客角色实现
   顾客理解自己的角色与责任吗
   公司是否能够引导顾客实现自己的角色，尤其是问题常客
10. 有效的服务中间商合作
    服务中间商与企业的合作情况如何
    是否存在着目标与绩效、成本与奖金的冲突
    在所有店面中服务质量传递是否一致
11. 供给与需求的调整
    企业对需求波动的供应调整能力如何

供应商差距 3 得分

（续）

供应商差距4：沟通差距
12. 整合的服务营销沟通
全方位的企业沟通如何？包括企业员工与顾客的互动，他们能否对服务质量表达相同的信息
企业向顾客沟通介绍提供物的情况如何
企业是否避免过度承诺和过度销售
为保证所提供的服务质量与所承诺的服务质量的一致性，组织不同部门之间的沟通情况如何
13. 定价
企业是否因定价过高导致顾客期望提升
企业的定价是否与顾客的期望价值相符
供应商差距4得分

每项差距的得分都应当与最高分相比。是否有比别的差距得分特别低的差距？每个差距中的哪些方面值得引起注意？当你阅读本书后面的内容，你将会了解到如何提升这些因素以弥合差距的细节。

小结

本章展示了整合的服务质量差距模型（见图2-6）：一个理解和改进服务传递的框架。本书就是围绕该服务质量模型组织的，它侧重于传递和营销服务的五个核心差距。

- 顾客差距：顾客期望与感知之间的差距。
- 供应商差距1：倾听差距。
- 供应商差距2：服务设计和标准差距。
- 供应商差距3：服务绩效差距。
- 供应商差距4：沟通差距。

差距模型是按这样一种方式对服务营销中的关键概念、战略和决策进行布局的：从顾客开始并围绕弥补顾客期望与感知差距的需求来构建公司的任务。

讨论题

1. 想象你接受的一项服务。你对该服务是否存在期望与感知的差距？你期望中没能得到的是什么？
2. 考虑一下宜家的"愿望模式"。想象一项你经常接受的服务，将自己置于愿望模式中。你将会如何改变此服务和其提供方式？
3. 如果你是一家服务企业的经理，打算应用差距模型改进服务质量，你应当从哪个差距着手？为什么？你应当按照何种顺序缩小差距？
4. 我们能够先于其他三个供应商差距中的任何一个来缩小供应商差距4（沟通差距）吗？如果能，该怎么做？
5. 在4种供应商差距中，你认为哪种最难克服？为什么？

练习题

1. 选择一家企业进行访谈调查，以整合的服务质量差距模型为框架，向经理询问本章图表中所列举的各种因素是否给组织造成了困难。经理认为图2-2～图2-5中的哪个因素最棘手，公司打算如何处理这些问题？
2. 在国际互联网上访问迪士尼公司、万豪国际酒店、丽思卡尔顿酒店或其他著名的高质量服务企业的网站,判断它们克服了哪些供应商差距。你是如何辨别的?
3. 对一家本地的非营利组织或公共机构(如果你所在的学校是公立的,也可以选择其中的某个部门)进行访谈调查。看看整合服务质量差距模型的框架是否在该组织中起作用。

参考文献

1. B. Kowitt, *Fortune Magazine,* September 6, 2010, p. 87.
2. Trader Joe's webpage www.traderjoes.com, pulled March 29, 2016.
3. Emily Co, www.popsugar.com, February 1, 2016, accessed March 29, 2016.
4. The gaps model of service quality that provides the structure for this text was developed by and is fully presented in V. A. Zeithaml, A. Parasuraman, and L. L. Berry, *Delivering Quality Service: Balancing Customer Perceptions and Expectations* (New York: The Free Press, 1990).

PART 2

第二篇

聚焦顾客

CHAPTER 3

第 3 章
顾客对服务的期望

LEARNING OBJECTIVES

本章目标

1. 确认顾客对于服务绩效的各种期望。
2. 讨论顾客服务期望的来源。
3. 阐明无论是对于最终消费者还是组织消费者,对于纯服务还是产品相关的服务,对于有经验的还是没有经验的顾客,其顾客期望的类型和来源都是相似的。
4. 围绕顾客期望,描述一些重要的相关问题。

开篇案例

　　毫无疑问,当顾客在不同国家旅行时,顾客对服务的期望与服务的传递间存在着巨大的差距。在日本,顾客是至高无上的,每天上午东京的大百货公司开门营业时,销售员都会列队在门口迎接顾客,并在顾客入门时行鞠躬礼。本书作者之一几年前曾在东京购物,她想买一支钢笔送人,她不会讲日语,商店有 8 名销售员主动提供帮助,虽然一支钢笔并不贵,但服务员却从一个柜台跑到另一个柜台去寻找翻译,帮她挑选能作为最佳礼物的钢笔,还有些服务员帮忙查看去往其他有可能买到完美钢笔的商店的路线地图。

　　因为日本顾客在国内受到极佳的礼遇,他们在国外购物时的经历往往达不到他们的期望,即使在英国这样的"文明"国度也是如此。一位日本旅客在伦敦的一家百货公司里,因为两名店员一直在一旁交谈而不为他服务感到困惑和不满,他离开时没有购买任何东西,但当你了解日本的购物服务标准后,他的不满就很容易理解了。[1]

　　不同国家的旅客对于酒店服务的期望可能也会有差异。在美国,一间二星级酒店意味着顾客可以期望得到:干净整洁的房间、舒服的大床、简单的客房装修,房内配备现代化且方便使用的设施,如微波炉、冰箱、彩电、沙发床、电话和咖啡机,并且酒店会提供日常的清洁服务,在这种酒店,顾客不可能期望得到(或者不愿意付费得到)奢侈额外的服务、漂亮宽敞的大堂或及时的客房服务,但仍期望居住在相当不错的、干净且安全的环境中。这类酒店有时还会在客房中配备办公桌,提供语音留言和高速网络服务。但是,对于经常去英国的旅客来说，如果他们在伦敦的二星级酒店享受到这种水平的服务，会感到惊讶无比。

实际上，我们之中就有人亲身体验了对于伦敦酒店服务的这种不同的顾客期望。旅行社承诺在一家二星级酒店预订四个晚上的房间（四口之家，包括2个儿童），但是这家酒店根本就没有达到我们对于二星级酒店的期望，相反，酒店房间的空间只能容纳2个人，地板不平（床也是），淋浴间只有24英寸⊖宽，房间大门关不严，走廊没有灯，马桶后面的墙上有个大洞，虫子自由地在里面穿梭，而且日常清洁服务只是倒空房间中的垃圾桶，清洁人员离开房间也没有将门锁好。不提供新的毛巾和床单，也不提供任何房间清洁服务。很明显，这种服务水平无法匹配我们的期望，尽管有经验的欧洲旅行者对于这些经历并不感到惊讶。并不是所有伦敦二星级酒店都具有这些"特征"，但我们还是很惊讶地发现，我们身边很多的欧洲朋友认为我们在二星级酒店的这种经历在像伦敦这种消费高的大城市很普遍。他们对于服务的期望和我们的期望的确差别很大。

顾客期望是服务传递的理念，这些理念是评估服务绩效的标准和参考点。因为当顾客评估服务质量时，要把他们对服务绩效的感知与这些参考点相比较，所以关于顾客期望的详细知识对于服务营销人员来说是很重要的。在传递高质量服务时，了解顾客的期望是首要的，也可能是非常关键的一步。对于一家公司来说，如果它搞错了顾客需求而其竞争公司却能正确地提供这一服务，那么对于这家公司来说，就意味着失去顾客及其业务，也意味着它在顾客并不在意的事情上浪费资金、时间和其他资源，甚至意味着在竞争激烈的市场中无法生存。

为实现成功的服务市场营销，需要研究和理解顾客期望的几个方面：顾客对于服务持有哪些类型的期望？哪些因素对这些期望的形成影响最大？这些因素在改变期望中起什么作用？服务型公司怎样达到或超越顾客的期望？

我们将提供一个思考服务期望问题的框架。[2] 本章主要分为三部分：①服务期望；②影响顾客服务期望的因素；③涉及顾客服务期望的一些问题。

3.1 服务期望

明确了期望是顾客对所接受的服务进行比较的参照点，这只是一个开端。期望水平会依每个顾客所持有的参照点不同而发生很大的变化。虽然大多数人对于期望是什么都具有直观的感觉，但服务营销人员需要一个更加精确的定义，以便于理解、测量和管理顾客期望。

假如你计划去一家餐厅用餐，图3-1列出了顾客可能持有的服务期望序列。图的左侧列出了由高至低不同等级的服务期望，我们给每个等级的期望一个名字，并在右侧说明对于目标饭店这个等级在服务方面的含义。顾客持有的服务期望对其对服务绩效的最终评判非常重要。抱有最低容忍度期望在一家餐馆享受了物美价廉的食物和快捷的服务，和抱有最高的完美服务期望在另一家餐馆享用了美味高价却并不惊艳的食物，你认为哪家餐馆会得到最好的评价呢？答案很有可能取决于你带入这次服务体验中的参照点。

顾客期望对服务评估非常重要，在本章我们将从期望水平开始展开讨论。

⊖ 1英寸 =2.54厘米。

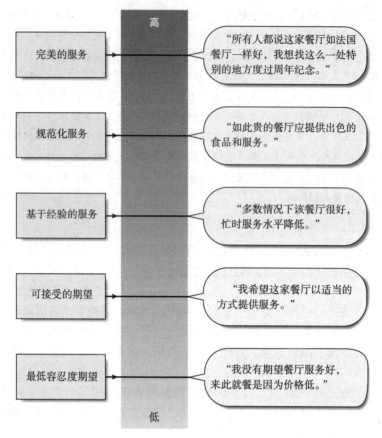

图 3-1　顾客的不同期望水平

资料来源：R. K. Teas, "Expectations, Performance Evaluation, and Consumers' Perceptions of Quality," *Journal of Marketing* (October 1993), pp. 18–34.

3.1.1　服务期望的类型

如图 3-1 所示，顾客对服务抱有不同等级的期望，因本书后续章节讨论的需要，我们将着重探讨其中的两种。最高水平等级的期望，我们称之为理想服务，其含义为顾客希望得到的服务水平——期望的绩效水平。理想服务是顾客认为的"可能是"与"应该是"的结合物。[3] 例如，订购了线上交友服务的顾客会期望找到志趣相投、有魅力且风趣的约会对象，或许也期望能找到婚姻中的另一半。顾客期望同时反映了消费者的希望和梦想。相似地，在将要毕业时你会接受大学分配办公室的服务，你对该项服务的期望会是什么？你很有可能希望分配办公室能帮助你找到一个在合适的地点能挣到好薪水的好工作，因为这正是你所希望和所梦想的。

尽管如此，你也许看到目前的经济形势对理想工作机会的限制，并且你所在大学的分配办公室并不一定和所有你感兴趣的公司建立了合作关系，一般来说在这种情况下，顾客虽仍期望达到他们的渴望，但还是能认识到达成期望的可能性并非总是存在，我们把这种可接受服务的门槛等级叫作适当服务——顾客愿意接受的最低等级的服务。[4] 当经济下行时，许多接受过高级技术培训的大学生接受了快餐店的低等级工作或没有收入的实习生岗位，这时他们仍然抱有很高的期望和理想，但也同时认识到在现存的市场条件下很难达成期望。大学分配办公室能提供的适当服务比毕业生的理想服务标准低很多，但还是有一些毕业生接受了任何能赚钱的工作，另外还有一些毕业生选择了短期无报酬的实习生岗位以求获得工作经验。适当服务代表了"最低的可接受的期望"，[5] 即对于顾客来说是可接受服务绩效的最低水平。

图 3-2 把这两种期望标准显示为顾客服务期望的上限和下限。该图说明了这样一个观点：顾客是基于两个边界标准（他们最理想的和最低能接受的）来评价服务绩效的。本章的全球特写部分将举例说明公司在理解顾客期望时所面临的挑战，特别是为外国消费者提供服务时。

图 3-2　顾客的两个服务期望水平

全球特写　　个性化服务全球外包：客户的期望是什么

服务的特征常会使消费者很难了解可以对服务提供者持有什么样的期望。试想，如果你打算将一些日常工作外包给一个从未谋面的居住在国外的人，会面对什么样的难题。很多家庭在选择外国服务提供者时都会面临这种处境。

个性化服务的离岸交付

正如在第 1 章中提及过的，很多美国公司都涉及离岸外包服务业务，每年在美国以外的服务消费超过 200 亿美元，如今越来越高比例的美国家庭在使用国外的服务提供者为他们提供的个性化服务。由于今天很多科技可以应用到家庭，如即时通信、电脑扫描技术和电子邮件的附件传输功能，服务提供者与客户不需要面对面互动就能完成服务，这使国际化服务外包切实可行。很多服务可以外包到其他国家，如室内设计、文字处理、法律服务、壁画设计、婚礼策划、个性网站设计和景观设计等。举例如下：

- 一个顾客想要制作一个专业短片在妹妹的婚礼上播放，他找到一名罗马尼亚的绘图艺术家。在婚礼上，这位艺术家制作的 2 分钟以太空为主题并伴有星球大战音乐的短片把大家都给镇住了。知道费用是多少吗？只有 59 美元。
- 一个顾客想找一位画家给一本儿童书配插图，这本书是他母亲写给孙子的，讲述了母亲在纽约生活时的童年回忆。这个人在大师网（guru.com）发布了关于这个项目的具体信息，而不是通过电话黄页来寻找画家。一个星期内，他接到了 80 本标书，都来自像马来西亚、乌克兰和黎巴嫩这样的国家。最后他雇用了一个来自菲律宾的女性，费用是 300 美元制作 25 幅插画。
- 一对父母为他们的女儿雇用了一名在线家庭教师。对比过本地家教服务中心每小时 40 美元的报价后，他们选择了一个来自印度的在线家教，报价是每个月 99 美元，每天 2 个小时，一周 5 天。他们只要准备好可实现即时通信功能的平板电脑和一个带麦克风的耳机就可以开始上课了。
- 五美元网（Fiverr.com）是一个可以购买到多种服务的消费平台。这些服务经常是由海外的服务商提供的。服务种类涵盖：标识设计、个人助理、编辑工作、简历制作或白板动画制作等。五美元网视他们的国外服务承包商团队为最重要的资产——一名公司管理人员在睡觉前发出一个新的任务或新项目,第二天早上他就能收到来自不同文化背景下的反馈和新想法。

服务期望

处于消费者层面的外包服务提出了一些议题。正如本章所讨论的,理想的服务期望受到明确的服务承诺、暗示的服务承诺、口碑传播和消费经验等因素的影响。尽管如此,在上述例子中外包个人服务时,这些因素并不一定出现。例如,这类服务提供者都是通过电子邮件或者在线聊天的方式交流,他们提供可信承诺的方法有限,口碑推荐可能仅限于社交网络,消费者也可能毫无此类消费经验。使情况更加复杂的是,很多顾客通过互联网购买服务的经验很有限,并且他们大多数可能从未雇用过国外的服务提供者。

在这种情况下,消费者可能会尝试与服务商沟通他们对于服务的期望,但难免会遇到一些障碍。如果服务提供者的母语不是英文,很可能会产生误会。以一个消费者和他的埃及外包服务商之间的语言问题为例,外包商为消费者制作了一个个性化的网站,但草案中有些拼写错误。可想而知,由于语言障碍,通过电子邮件说明和解释问题会很费时费力。因此,消费者在寻找国外的外包服务商时,会提前考虑到在沟通方面不得不投入大量精力和劳力。

《华尔街日报》记者艾伦·加梅尔曼(Ellen Gamerman)请一个印度外包商为某个要从纽约搬到亚利桑那的人设计地址变更卡。虽然他设计工作做得很好,但在沟通方面还是有很多失策的地方:①最初的设计背景是长着常绿植物的沙漠;②卡片上的汽车行驶方向是从西向东,不是从东向西。在初期沟通时,顾客没有详细地说明她的要求,只是提供了关于卡片设计主题的大致想法,并要求设计者自由发挥创造。尽管之后设计者愿意就这些问题做出调整,但相应地价格也提高了。

聘用国外的服务提供商可能要求消费者重新设定期望。一个消费者决定使用国外的服务商来为自己计算个人所得税。他通过电子邮件发送了自己的收入信息和收据扫描图片,2天后他就收到了纳税申报单,花费50美元,约为H&R布洛克(H&R Block)这类美国公司费用的1/3。但由于这个不是由美国会计师提供的,他需要按照外包商提供的申报信息,按"自行准备"类填写申报。

另一个消费者可能要面对的问题是信任:消费者有多大的意愿将自己的个人服务业务托付给一个千里之外其他国家的工作者?消费者可能希望服务商能够提供关于服务质量的信息,像之前提及的Fiverr.com网站会提供请顾客在网站页面上发表评论的评分系统。有一些外包商在网站上发布介绍自己和工作环境的很多视频,用以帮助消费者构建期望并获得他们的信任。

一些美国顾客从印度服务商那里获得产品指导类服务。

资料来源:E. Gamerman, "Outsourcing Your Life," *The Wall Street Journal*, June 2, 2007, pp. P1, P4; A. Blinder, "Offshoring: The Next Industrial Revolution?" *Foreign Affairs* 85 (March/April 2006), pp. 113–118; E. Gamerman, e-mail communication, July 30, 2007; A. Ngo, "The Death of the Handshake: Rise of Digital Team," *Fiverr*, www.fiverr.com, accessed July 12, 2016.

3.1.2 容忍域

正如我们在本书第1章中讨论的，服务具有异质性。不同的服务提供商、同一服务提供商的不同服务人员，甚至相同的服务人员，服务绩效都会产生差别。顾客承认并愿意接受该差异的范围叫作容忍域，见图3-3。假如服务降到适当服务水平之下——被认为可接受的最低水平之下，顾客将感到挫折并降低对公司的满意度。假如服务绩效超过了容忍域的上限——绩效超过理想服务水平，顾客会非常满意并可能感到异常惊喜。你可以认为容忍域是这样一个区域，在这个区域内顾客并不会特意关注服务绩效，但在区域外（超出上限或者低于下限），该项服务就以积极或消极的方式引起了顾客的注意。以去电影院排队购票为例，大部分顾客对于排队等候有一个可以接受的时间范围——大约5到10分钟。在这个时间范围内顺利购买到电影票，顾客不太可能在意之前的等待。如果一名排队买票的顾客发现电影院里有充足的售票服务人员，在两三分钟内就可以完成购票，他可能会对这次服务印象深刻、评价颇高。相反，如果一名顾客不得不排队15分钟，他可能就会开始抱怨并不停地看表。等待的时间越是高于容忍域的下限（本例子中设定为10分钟），他就会变得越烦躁。

顾客的服务期望是用介于理想服务和适当服务之间的一个范围内的水平而不是单一水平来表示的（见图3-3）。理想服务水平和适当服务水平之间的容忍域对于特定的消费者既可以扩大也可以缩小。如果一位乘客迟到并担心自己的航程，其容忍域将变窄，登机前的哪怕1分钟的延误都好像很长，并且其适当服务水平提高了。相反，当一位乘客到达机场较早，其容忍域就扩大了，他对排队等待的在意程度远低于时间紧迫时。

图3-3 容忍域

该例子表明，营销人员不仅要理解容忍域的大小和界限，而且要知道对于一位既定的顾客，容忍域会在何时以及怎样发生变化。

1. 不同的顾客具有不同的容忍域

合理服务范围内的另一个变化因素是不同的顾客具有不同的容忍域。一些顾客的容忍域较窄（通常是因为他们认为最低的可接受标准比较高），他们要求服务商提供范围较小、标准较高的服务，然而其他顾客对服务的期待可能在较大的容忍域范围内变化。例如，工作忙碌的顾客其时间压力较大，因此期望等待服务的时间尽量短，并且其可接受的等候时间长度很有限。当需要水管工或其他家用设备的维修人员到家里维修时，在外面工作的消费者比在家工作或根本不工作的消费者可接受的等待时间更有限。例如，对于航空公司来说，充分理解顾客对新服务技术的看法是必需的。

单个顾客的容忍域扩大或缩小依赖于许多因素，其中包括公司可控的因素，如价格。当价格提高时，顾客对劣质服务的容忍度下降，在这种情况下，容忍域缩小是因为适当的服务水准提升了。在本章的后面，我们将描述许多不同的因素，一些是公司可控的，一些是由顾客决定的，这些因素缩小或扩大了容忍域。

单个顾客容忍域范围的波动更多是指适当服务水平的波动，因为它随相应环境的变化容易发生上下波动式变化，而不是指理想服务水平波动，因为它由于经验的累积会逐渐向上移动。理想服务界限相对稳定，与之相比，适当服务界限由于竞争和其他因素而上下移动。容忍域的波动可以比作演奏手风琴，但大部分的旋转拉合来自一边（适当服务），而不是另一边（理想服务）。

2. 容忍域因服务维度的不同而变化

顾客的容忍域也因不同的服务特征因素或不同的维度因素而变化。某项因素越重要，容忍域有可能就越窄。一般来说，顾客对低信誉度的服务（不信守承诺、服务出错）比其他服务缺陷持有更低的容忍度。这意味着他们对是否可信赖这个因素持有更高的期望。顾客对不太重要的因素可能会降低自己的期望，但对于最重要的服务维度和特征，除了对其持有较高的期望之外，相应的容忍域也会更小，理想服务和适当服务的水平标准会更高。[6] 图 3-4 显示了就给定的一项服务，最重要因素（本例子中的信誉度）和相对不重要因素（如使顾客产生共鸣）的容忍域之间的可能差别。[7]

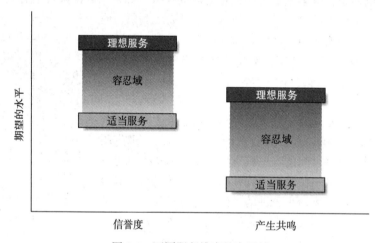

图 3-4　不同服务维度的容忍域

资料来源：L. L. Berry, A. Parasuraman, and V. A. Zeithaml, "Ten Lessons for Improving Service Quality," *Marketing Science Institute*, Report No. 93–104 (May 1993).

■ **技术亮点**　　　　　　　顾客对机场服务技术的期望

营销人员面对的最困难的任务之一，是理解顾客对服务的期望，而这一问题在服务涉及技术时最为突出。最初顾客几乎都是抵制新技术的（也许是因为他们不了解新技术，也许是因为他们害怕改变），即使它能改善服务。使服务更简单快捷的技术随处涌现，当然也包括全国的各大机场。顾客接受了一些新的服务技术，同时也在抵制着另一些。现在我们讨论两项革新，它们面临着不同的境遇。

一项已被顾客所接受的服务技术就是自动航班值机：顾客在机场设置的专用机器上刷信用卡，通过屏幕操作自行打印登机牌和收据。包括一些国际航线在内的大部分航班均能自行办理行李托运手续，一名机场服务人员会在顾客登机前收集办好手续的行李。自动化服务与由机场服务人员来提供同样服务相比为顾客节省了大量的时间，如今大部分的航空公司配备了更多的机器，而不是让顾客排队等待服务人员办理手续。最初安装这类服务机器时，顾客不确定能得到什么，也不知道如何使用。航空公司会配备一个服务人员去协助顾客使用这些机器，这一做法成功地帮助顾客由人工服务转变至自助服务。如今，大部分有规模的航空公司都设计了专门的手机应用，顾客可以通过这些应用登录自己的旅客账户来选座位（或更改座位）、确认到达口和登机口、查询下一次行程计划和查看最近已完成的行程。

一些航空公司开发了手机服务应用，便于顾客用手机自行办理登机手续。

另一项则是难以被顾客接受的机场技术，被称为"快速出口"，这项技术是机场停车场出口人工收费的替代服务。它的运作流程是这样的：在顾客离开机场停车场前，使用一台类似于地铁购票机的机器预先支付停车费用。首先插入停车票，然后插入信用卡或现金，最后取回付费后的停车票。当顾客离开停车场时，只要选择众多"快速出口"通道中的一条，插入他们的付费票据，就可以离开了。一般机场仍会留有少量几个传统方式的人工收费通道。令人惊奇的是，许多机场发现顾客并不像预想的那样使用"快速出口"服务。

这项技术很明显可以达到或超出顾客迅速离开机场的期望，为什么顾客拒绝使用呢？一个可能的原因就是他们并不理解系统是如何运作的，即使在停车区有一个扩音器在不停地介绍这项新技术。有可能顾客并没有清楚地看到新技术所提供的方便，或者机场并没有与顾客进行足够有效的沟通以便让他们认识到新技术的好处，导致顾客认为旧的人工收费系统已足够快捷。再一个原因就是大多数机场没有像航空公司在使用自动航班值机时那样在新机器旁安排工作人员，帮助顾客了解使用的方法，以及处理服务失败的问题。顾客可能会担心如果出现问题，他们会遇到麻烦，而且不知道如何应对。最后一个不能忽视的原因就是许多顾客不信任这项新技术，就像他们曾经不信任最初的自动取款机技术一样。

多年来，旅客们已经适应了技术革新为航空旅行所带来的各方面的变化。不到20年前，大部分旅客都要携带由航空公司发售的机票，并凭票换取登机牌。当美国国内大部分航班都可以"提前值机"时，旅客们也都逐渐习惯于在到达机场前（至少在起飞前24小时）办理值机并在家中自行打印登机牌。如今，大部分的航空公司可以直接发送电子登机牌（带有条形码）到旅客的手机上，有了它，旅客就不用携带实体（打印的）登机牌了。就像对待"快速出口"一样，一些旅客需要很长时间才能接受使用电子登记牌，这都是因为一些相似的原因，如他们不明白这个新技术是怎么运行的，他们不知道怎样取得电子登机牌，当排队登机时由于不得不快速地在手机上找出电子登记牌而让他们感到不安，当在旅途中这项技术不能正常运作时他们也不确定可以做些什么。

如果通过技术更新而不断提高的服务想要达到顾客的期望，这些服务就必须可以被信任、被理解，并基于顾客的使用价值来被介绍。否则，尽管投入了巨额资金，达到或超过顾客期望的服务承诺的目标也将无法实现。

3.2 影响顾客服务期望的因素

顾客的服务期望在其评价服务时发挥着关键作用，因此营销人员需要理解形成期望的因素。在本章的这一节，我们将讨论影响顾客期望的几个关键因素。

3.2.1 理想服务期望的来源

1. 个人需要

如图 3-5 所示，主要有三方面因素影响理想服务水平。第一个是**个人需要**，即那些对顾客的生理或心理健康十分必要的状态或条件，是形成理想服务水平的关键因素。个人需要可分为许多类，包括生理的、社会的、心理的和功能性的。一个经常下班就去看棒球比赛来不及吃饭又渴又饿的球迷，会很希望食物和饮料贩卖者经常出现在他所在的区域；而这样一个经常在其他地方进餐的球迷对商贩理想服务水平的期望很低。对社交和依赖性有较高需求的顾客对酒店的辅助服务可能有相对较高的期望，如希望酒店配备有现场音乐和舞蹈表演的酒吧。以下两个商业保险顾客的不同期望说明了个人需求对理想服务的影响：

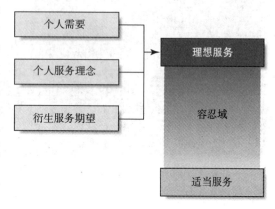

图 3-5 影响理想服务的因素

我希望保险经纪人替我做许多工作，因为我公司没有雇用相关的员工……我期望经纪人很了解我公司的业务并把这些情况传递给保险商。

我的期望是不同的……我雇用了职员专门负责有关资格认证等事务，我期望尽可能少用保险经纪人。[8]

2. 个人服务理念

第二个影响理想服务水平的是**个人服务理念**，它是指顾客所持有的、针对服务提供者的、关于最高服务期望和恰当服务行为的潜在一般性态度。假如你曾是一名餐厅服务员，由于之前工作的培训和经验，你可能形成了对餐厅服务评判的标准。比如，你可能认为服务员应该在 15 分钟内为顾客点餐。由于了解后厨的运作方式，你可能比其他没做过服务员的人更不能容忍不冷不热的食物或菜单的错误。一般来说，正在或曾在服务业工作的顾客似乎有特别强烈的服务理念。

3. 衍生服务期望

第三个影响理想服务期望的因素是**衍生服务期望**。当顾客期望由其他人或其他一些人驱动时就出现了衍生服务期望。来自一个大家庭的女性顾客正在为她最喜欢的姑妈筹划 90 岁生日聚会，为了聚会成功举办，她会代表全家来选择一间餐厅，她的需求有一部分是由其他家庭成员衍生来的期望所驱使产生的。为全家计划假期的父母、选择房间保洁服务的主妇、为公司选择办公室的职员——所有这些顾客的个人期望都被强化了，因为他们代表了将要接受服务的其他当事人并负有解答他们相关问题的责任。在企业对企业（B2B）的服务模式中，接受服务的企业自身期望会被来自他们自己顾客的期望所影响。一位保险公司信息技术部门的负责人，当他作为顾客来挑选一家大的电脑供应商时，他的期望必然是建立在他所服务的保险客户的期望之上的，假如他购买的电脑出现问题，必然引发他的客户的不满。她需要保障系统正常运行并不仅仅是他个人的期望，也是来自他所在公司客户压力的衍生期望。

3.2.2 适当服务期望的来源

顾客可接受的服务水平,即适当服务水平,受一系列不同的决定性因素影响。一般来说,这些影响在本质上都是短期的,并且比那些影响理想服务的因素波动大一些。在本节中,我们将讨论图 3-6 中标示的影响适当服务的 3 个因素:可感知的服务替代、环境因素和服务预测。

与初始服务有关的问题也会导致更高的期望。第一次就提供恰当的服务是非常重要的,因为相对于其他方面来说顾客更看重服务的可靠性。假如在第一次提供维修补救类服务时失误了,那么第二次解决问题的服务(即提供可信赖的补救服务)比第一次更加关键。汽车维修服务就是一个很好的例子,假如汽车的刹车有问题,

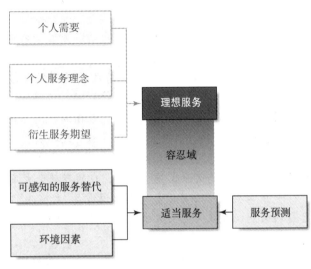

图 3-6 影响适当服务的因素

你把汽车送到汽车维修店那里,期望他们修好你的刹车系统,如果修理之后你的刹车系统还是有很多问题,你的适当服务期望标准就会提高。在相同情况或其他出现暂时服务强化因素的情况下,适当服务水平将提高并且容忍域将变窄。

1. 可感知的服务替代

可感知的服务替代是指其他的服务商,顾客可以或感觉可以从这些服务商那里得到同样的服务。假如顾客有许多服务商可供选择,或者他们自己可以为自己提供服务(如修剪草坪或个人美容护理),其适当服务水平就比那些认为在别的地方得不到更好服务的顾客要高。例如,一位乘客住在只有一个小机场的小镇,他能选择的航空公司很少,这样的顾客由于服务替代者很少而对航空公司的服务绩效能有较大的容忍度。他比大城市里有众多航班和航空公司可供选择的顾客更容易接受有限的航班飞行时间计划和低水平的服务。顾客可感知的服务替代的存在提高了适当服务水平,缩小了容忍域。

充分理解顾客认为哪些是可供选择的可感知的替代服务,对于服务营销人员来说非常重要。在刚才讨论的小城镇与小机场的例子中,顾客眼中的替代有可能不只包括其他的航空公司,也包括选择豪华轿车接送服务去附近有很多航班的大城市、乘火车或者自己开车。总之,服务营销人员有必要查明顾客认为可比较的替代。

2. 环境因素

适当服务水平也受环境因素的影响,这种环境因素在本质上被认为具有现时性。其中一种是不可控制的环境因素,这种因素包含了顾客认为在服务交付时不由服务商控制的条件。同时影响许多人的重大灾害(如龙卷风或地震)可能会降低其他未遭受灾害地区的保险客户的服务期望,因为他们意识到此时保险公司已被来自灾区的服务需求淹没。在卡特丽娜飓风(Hurricane Katrina)灾难发生后的几天里,由于很多人都急于联系自己的亲戚朋友,导致通信和网络服务都很差。同时,居住在新奥尔良的丽思卡尔顿(Ritz-Carlton)、奥姆尼(Omni)

和万豪（Marriott）酒店的顾客意识到不可能期望得到他们习惯的那种服务水平，顾客能理解此时服务的低水平，是因为他们了解问题产生的根源。顾客认识到此时的环境因素并不是服务公司的错，就有可能在既定环境下降低适当服务期望的水平。环境因素经常能暂时降低适当服务的水平，扩宽容忍域。

由短期的私人因素构成的个人环境因素使顾客对服务的需求更加敏感。在需要个人急救服务的环境因素下（如发生意外事故急需汽车保险服务，或繁忙的办公室里需要办公设备维修服务），适当服务水平会升高，特别是当顾客认为其所要求的服务回应水准是在合理且可接受的范围内时。一个在互联网上接受顾客订单的网络公司在订单高峰期对他的网络服务商会有更高的要求。相对于其他时段，繁忙时段的系统故障会更难以容忍。下面列举的是在一项研究中两名参与者的评论，可以看出个人环境因素的影响是显而易见的。

一位购买了汽车保险的顾客说道："问题的本质影响我的期望，例如，车窗玻璃被砸碎和发生酒驾事故伤者急需脑手术时，我的期望会大不相同。"

一位需要维修公司设备的顾客说道："之前我们公司的 X 射线设备出现了校准问题，由于情况紧急，我认为他们应该在数小时之内找到问题并修好它。"[9]

3. 服务预测

影响理想服务和适当服务的最后一个因素是服务预测，见图 3-7。这种服务期望可以看作顾客对即将进行的交易或交换中可能发生事件的预测。预测服务的绩效意味着对各种绩效可能性的客观概率计算或对预期的服务绩效水平的估计。如果顾客预期会得到好的服务，他们的适当服务水平就可能比其预期服务会很差时高。例如，一直在大学城居住的居民通常认为暑期由于学生离校，餐厅应该提供更快的服务，这可能导致他们在暑假期间比在学期中对餐馆的适当服务有更高的要求。另一方面，这些居民也知道在新学年的最初几个星期内，很难得到有线电视公司和自来水、电力等公共事业公司的及时服务，因为大批的新生需要给公寓添加这些设施，在这种情况下，适当服务水平下降，顾客的容忍域变宽。

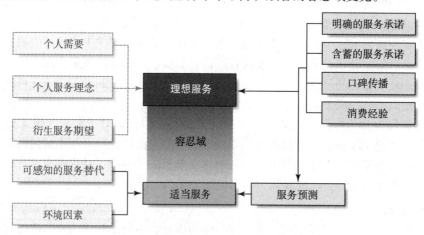

图 3-7　影响理想服务和适当服务的共同因素

服务预测是顾客对一次单独交易中将要接受的服务的估计和考虑而不是对与服务商总体关系的估计。理想服务和适当服务的期望是对包含许多单次服务交易的整体评价，而服务预测几乎都是对顾客下一次将经历的服务接触或交易的估计。正因如此，服务预测在该模型中被视为适当服务的影响因素。

3.2.3 理想服务和预测服务期望的共同来源

当顾客有意购买服务时，他们有可能从几个不同的渠道搜寻或取得信息。例如，他们可以给商店打电话、向朋友询问或直接查阅报纸广告来搜寻最低价位的服务，他们也可能通过看电视、上网或听同事关于良好服务的评论来得到信息。除了积极主动地从外部收集信息外，消费者也可以向内搜寻自己记忆中存贮的相关服务的信息。这一节主要讨论影响理想服务和服务预测期望的四个因素：①明确的服务承诺；②含蓄的服务承诺；③口碑传播；④消费经验。

1. 明确的服务承诺

明确的服务承诺是服务机构传递给顾客的关于服务的个人的和官方的说明。这些说明由销售人员或服务人员传递时，它是个人性质的；当该说明来自公司官网、广告、宣传册和其他出版物时，它是代表组织官方的。下面的网页图片描绘了在安心付网站（Paytrust）上传递给顾客的承诺，为顾客提供在线账单支付服务。安心付通过在官网页面上说明"各种账单都可以通过他们的网站服务在线查询和支付"来影响顾客的期望。明确的服务承诺是完全可由服务商控制的能影响顾客期望的少数几个因素之一。

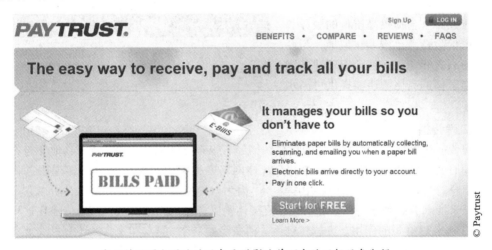

安心付网页上明确的服务承诺影响着顾客的理想服务期望。

对顾客将会得到什么样的最终服务予以正确的承诺，看起来是管理顾客期望和保障事实与承诺相符的一个适当且符合逻辑的方法。尽管如此，服务公司及其员工经常会有意地以过度承诺来获得更多的业务，或是并非有意地只陈述了他们对未来服务的最好估计以至于过度承诺。除了过度承诺外，因为有些服务是专门根据不同顾客定制的且因此很难简单地定义和复制，导致公司的销售代表往往不知道怎么样做出适当的承诺；在这种情况下，销售代表可能根本不知道服务最终在什么时间以什么样的形式传递。

所有类型的明确的服务承诺直接影响理想服务期望。如果一家公司官网上承诺为顾客提供完美的家庭影院体验，服务还涵盖视听设备的安装，以及各种设备及网络的连接，那么顾客对这项服务（也包括其竞争者的服务）的期待便由这个承诺塑造成型了。一位酒店房客是这样描述承诺对期望的影响的："他们用美好的广告使你充满期待，当你走进酒店时你期望优美的旋律为你响起，而这基本上是不会发生的。"一位接受商业设备维修的顾客说道："当你买了一件设备，你期望它能为公司带来竞争优势。设备供应商会在购买时承诺之后会提供维修服务。"当今许多公司都会承诺其商业客户说要为他们的商业需求提供"全面解决方案",这是非常危险的做法,因为这样的服务承诺往往很难实现。

明确的服务承诺既影响理想服务水平,又影响预测服务水平。顾客大体上希望得到什么,在未来的某一次服务或某一服务商的下一次服务中他们预期会得到什么,都由这些明确的服务承诺塑造成型了。

2. 含蓄的服务承诺

含蓄的服务承诺是与服务有关的暗示。与明确的承诺不同,它会引导顾客对服务应该是什么和将要是什么进行推断。这些品质相关的暗示被与服务有关的价格和有形事物主导。一般来说,价格越高,有形事物越使人印象深刻,顾客的服务期望也越高。试想一位买保险的顾客,面对两家报价差异很大的公司,他有可能做出这样的推断:高价格的公司应该并且会提供高质量的服务和更全面的保险覆盖范围。相似地,与设施平平的酒店相比,房客会期望并预测大堂装饰奢侈的高档酒店能提供更高水准的服务。

顾客对装修"豪华"的服务公司很可能会持有更高的顾客期望。

3. 口碑传播

口碑传播在决定服务期望方面的重要性已经有很多好的例证。[10] 这些由其他参与方而不是服务商官方发表的言论(正如在各社交媒体网络中见到的那些),向顾客传递服务将是什么样的信息,并影响服务预测和理想服务。[11] 因为口碑传播被认为没有偏见,所以它是很重要的信息来源。有些服务,在顾客购买和直接体验服务之前很难估量,口碑传播在这种情况下发挥着越来越重要的作用。专家(包括《消费者报告》、朋友和家人)还有社交媒体(如Facebook 和推特)都是影响理想和预测服务水平的口碑来源。

4. 消费经验

顾客之前接触相关服务的消费经验,是形成消费者对服务的预测与期望的另一个因素。例如,在同一家酒店里,你每一次住宿时都很可能会对比以往在这里住宿的经验。但是,在这家酒店的消费经历可能只是你用来参考的有限的一部分,你还会参考你在其他酒店和连锁酒店的住宿经历。顾客也会进行一些跨行业的消费经验对比,例如,病人会拿医院的住宿与酒店的住宿标准做对比;购买有线电视服务的顾客倾向于拿电信服务的标准与有线电视服务做比较,这是有线电视服务经常被认为很差的一个原因。总而言之,消费经验可以是之前相同服务的消费经验、同类服务的绩效标准或上一次消费服务的经历。[12]

不同的因素根据其可靠度及其可被营销人员影响的程度不同而不同。在"战略洞察"这一部分我们将描述各种因素,并说明服务营销人员可以怎样影响这些因素。在本书的第14章我们将详述这些服务营销人员可以用来保障服务与承诺相符的策略方法,从而更好地管理顾客期望。

⊙ 战略洞察

服务营销人员怎样影响顾客的期望

服务行业经理人如何利用我们讨论的这些知识来创造、提升和推广服务？首先，管理者需要了解贴切的期望之源，以及它们对一个消费者群体、一个消费者细分市场、也许一个单独的消费者的相对重要性，比如说我们需要知道在形成顾客理想服务或预期服务时，口碑传播、明确的服务承诺、含蓄的服务承诺还有顾客的消费经验这些因素都相对起了多大的作用。有些因素比较稳定且影响更长久（如个人消费理念及个人需要），有些因素会随时间有所波动（如可感知的服务替代和环境因素）。这里我们列示了一些可能影响顾客期望的方式。

因素	可能的影响策略
个人需要	• 向顾客传输有关服务是如何满足其需求的信息
个人服务理念	• 通过市场调研来建立关于顾客消费理念的档案，并将该档案信息运用于服务的设计与传递中
衍生服务期望	• 通过市场调研来确认衍生服务期望的来源及其需要，使用更聚焦的宣传和营销策略来满足目标顾客及代表的顾客的需求
可感知的服务替代	• 充分了解竞争性产品，并尽可能地使自己可与之相匹敌
环境因素	• 增强高峰期及紧急状况时的服务能力 • 采用服务保证的方式来确保任何环境因素下顾客都能获得可靠的补救性服务
预测服务	• 告诉顾客在何时服务水平会比通常的期望高，从而避免顾客对未来服务产生过高的期望
明确的服务承诺	• 为顾客做现实而准确的承诺，它应能真实地反映服务现状而不应是服务的理想化版本 • 请第三方去征询对于广告和个人销售中做出的承诺准确性的反馈 • 避免陷入与竞争对手的价格战或广告战，因为这样的战争将重心从顾客身上转移开来，并不断提高承诺，使其超过了所能达到的服务水平 • 使公司的员工重视做出的承诺并就承诺未被履行的次数提供反馈，以此作为服务保障来实现承诺的规范化
含蓄的服务承诺	• 确保与服务相关的有形事物件与提供的服务类型和水平相匹配 • 在服务的重要属性上，高价格必须与服务商所提供的高水平的服务绩效相匹配
口碑传播	• 通过用户与舆论领袖的推荐来促进口碑传播 • 锚定对服务有影响力的顾客和意见领袖，集中市场营销资源来影响他们 • 采用激励手段来鼓励现有顾客通过口头或社交媒体传播对服务积极有利的言论
消费经验	• 对于相似的服务，采用市场调研的方法建立顾客相关消费经验的档案

3.3 涉及顾客服务期望的一些问题

下列问题代表了服务营销人员特别感兴趣的关于顾客期望的一些问题。在这一节中，我们将讨论关于顾客期望的五个最经常被提及的问题：

（1）假如顾客的期望"不现实"，服务营销人员应如何应对？
（2）公司是否应取悦于顾客？
（3）公司如何超越顾客的服务期望？
（4）顾客的服务期望是否会持续增长？
（5）服务公司如何在满足顾客期望方面领先于竞争对手？

3.3.1 假如顾客的期望"不现实"，服务营销人员应如何应对

阻碍了解顾客期望的因素之一是管理者和雇员害怕向顾客询问。这种害怕常常来源于认

为顾客的期望是夸大和不现实的，并且认为询问顾客的期望会导致公司为自己设定了极高的服务期望（即不现实的期望）。专栏 3-1 中很有说服力的事例表明，顾客主要的服务期望是相当简单和基本的："简单地说，顾客期望服务商能做到他们应该做的。他们的期望是基础的服务而不是虚幻的，是有实际行动的服务而不是空泛的承诺。"[13] 顾客想要得到承诺的服务。顾客期望航班准时起飞，下榻的酒店房间整洁，饭菜可口，服务人员能按预定的时间准时出现。不幸的是，当服务商不能满足这些基本的服务期望时，很多顾客都感到非常失望。

◎ 专栏 3-1

顾客想要得到基本的服务

期望	对顾客意味着什么	相应服务商的行为举例
能力	• "我期望一切都在第一次处理好" • "我希望他们知道这是怎么运作的"	• 设备维修：真正修好坏了的冰箱，这样它就不会在一周后又坏掉了 • 旅行社：为旅行者提供每个目的地国家的签证要求等相关信息
解释	• "我想知道发生了什么事" • "我想知道这个是怎么运行的"	• 航空公司柜台代理：为乘客及时提供航班延误情况的最新信息 • 保险代理：清晰地解释相关政策，并回答顾客所有关于保险覆盖范围（或不被保险覆盖范围）的问题
尊重	• "我希望感觉到自己是一个有价值的顾客"	• 酒店前台经理：聆听顾客对于房间的需求并相应地提供服务 • 保健诊所接待员：关注每一位走进诊所的病人，并礼貌地问候
卫生	• "我希望设施都是干净的且保持良好" • "我期望他们提供服务时能够保持我家室内清洁"	• 饭店经理：每 15 分钟检查一次用餐区域，并根据需要清洁地面 • 水管工：进入顾客的房间之前穿好鞋套
灵活性	• "我希望他们能根据我的情况做相应的调整" • "我期望他们能在规定上做一点让步"	• 高尔夫教练：为顾客及其女儿同时授课 • 信用卡服务接待员：参照顾客的还款历史，为顾客减免偶发情况时延迟还款的费用
紧急情况	• "我希望我的情况得到认真对待并迅速得到解决"	• 叉车维修服务经理：在当天工作结束之前为顾客安排好更换部件的交付和安装
连贯性	• "我希望每一次都得到相同标准的服务"	• 干洗店：每一次的衣物清洗，都能为顾客提供稳定的清洁度并以同样的方法折叠裤子 • 换油技术员：在顾客每次到店时，检查他们的汽车并加满所需的六种液体
零烦恼	• "我期望服务过程对于我来说简单容易"	• 草坪护理员：无须提醒每季度来服务一次，当服务完成时可选择自动支付 • 计算机远程服务代理：无须顾客发出申请和设置输入，自动完成手提电脑调音和所需软件的更新
迅速	• "我不想排队很长时间等候服务" • "我期望能快速得到帮助"	• 邮局职员：当排队等候的顾客超过 6 个时，请办公室里的其他同事提供协助 • 财务顾问：在 2 小时内回复所有的电话，在 4 小时内回复电子邮件
专业技能	• "我需要得到一些能证明他们知道自己在做什么的保证"	• 汽车修理工：解释他们维修了车的哪些地方，并说明旧的部件出了什么问题 • 裁缝：为来到店里的顾客说明衣服的调整和修改所涉及的工艺流程

(续)

期望	对顾客意味着什么	相应服务商的行为举例
公正	• "我期望与其他的顾客得到相等的对待"	• 汽车租赁代理：尊重顾客的预订，为她保留所预订的汽车，即使她来自外地或是第一次光顾
同理心	• "我希望他们设身处地为我考虑" • "我希望他们能从我的角度看问题"	• 零售店员：经常使用"我为您不得不经历这些而感到抱歉"这样的语言，通过努力来帮助顾客 • 兽医：假设宠物对主人非常重要，并且在解释宠物的医疗状况时表现出同情

资料来源："Understanding Customer Expectations of Service" by A. Parasuraman, L.L. Berry, and V.A. Zeithaml, *Sloan Management Review* 32 (Spring 1991), pp. 39–48.

想要知道顾客的期望是否现实的最简便的方法就是直接向他们询问。询问顾客的期望这一做法并不会过多提高其期望水平，而会使顾客相信服务商会利用这些信息改进服务。然而，如果公司对理解顾客的期望表现出强烈兴趣，却从不采取任何行动，那么就会适得其反。至少公司应该向顾客表明已知晓并接受他们的要求，并且将努力尝试去解决这些问题。公司也许不能并且实际上并不总是必须按顾客所表达的期望交付服务。一项可取且适当的措施是让顾客知道不能提供他们期望的服务的原因，并且向他们说明正为早日能提供这样的服务而努力。另一个办法是培训顾客关于如何使用和提高他们目前所接受的服务的方法。向顾客传递公司正在为更好地满足他们的需求而做的改进的最新信息是明智的，因为这样能给公司带来信誉，让消费者相信公司正在不断努力改进服务。

3.3.2 公司是否应取悦顾客

一些管理咨询顾问强烈建议服务公司取悦顾客，以便获得竞争优势。这里的取悦是指因服务远远超出顾客期望而使其产生的非常正向积极的情绪状态。[14] 一位作者将这种类型的服务描述为"绝对非同寻常的服务"——它是意想不到的、随机的、令人吃惊且不均衡的状态。[15]

经理们可以采用如图 3-8 所示的方法来想象何为取悦，就是用同心环的形式考虑产品和服务特性。[16] 最内部的核心圆是构成产品和服务基本功能的属性，称之为必需属性。这种属性的存在并不特别引人注目，但其却是不可或缺的。向外的第二层称为满意属性：这种属性可以在满足产品基本功能的基础上，发挥使顾客更加满意的潜力。最外面的一层是愉悦属性，指顾客未料到的令人惊喜的产品属性。这些产品属性顾客未曾期望得到，因此当得到它时会非常激动和惊喜。例如在你的班上，必需属性层包括教授、教室、教学大纲和班会。满意属性层可能包括有趣的课程讲座、风趣或特别友善的教授、配备良好视听教具的教室。愉悦属性层可能就需要有：为申请该课程的同学提供免费的课本或是在开课第一天为大家提供饮料和点心。

取悦顾客看起来像是个好主意，似乎可以促进重复购买和增加顾客黏性，但达到这样的服务

图 3-8 服务和产品属性同心环

标准则要求服务商付出额外的成本和努力。[17] 我们将会在第 4 章讨论更多的有关细节，来说明取悦顾客并不能建立他们对品牌的忠诚度；更有影响力的做法是顾客只需付出最低限度的代价便可使他们的问题得到满意程度的解决。[18] 因此，要认真衡量取悦顾客可能会带来的优势，其中最应该衡量的便是愉悦的持续影响力及竞争含义。

持续影响力涉及这样的问题：一次愉悦的消费经历可以使顾客对公司及其服务的注意力维持多久。如果顾客很快就会忘记这次经历，那么便得不偿失。或者顾客记住了这次经历并相应地提高了自己的服务期望，这将导致公司在将来要付出更多才能使顾客满意，因此提升了顾客满意的门槛。研究证实取悦顾客确实提高了服务期望，增加了未来使顾客满意的难度。[19]

竞争主要是指取悦顾客会影响其对同行业其他企业的服务期望。如果某一竞争对手无法复制相同的取悦战略，面对被抬高了的顾客期望，该企

愉悦的顾客。

业会处于劣势。如果你在一门课上得到了免费教材，你会期望所有的课上都收到一本。那些不提供免费教材的课程，注册听课的人数很可能少于前者。尽管如此，如果竞争对手很容易地抄袭了取悦顾客的战略，那么他们都不会受益（但消费者受益了），他们都因此增加了成本、损害了利润。这就是说，如果企业选择取悦顾客的战略，就应该选择在不容易被其他对手复制的领域实施。

3.3.3 公司如何超越顾客的服务期望

当今许多商家都在讨论如何超越顾客期望，即给予顾客超过期望的服务，令其有意外的惊喜。一个例子就是位于北加利福尼亚太平洋海岸的佩布尔海滨度假村（Pebble Beach Resort），这个高尔夫度假村不仅口头上倡导超越顾客的期望，还在员工名片背后印上了这样的标语："超越每个顾客的期望，将每次都看作一生只有一次的服务。"由这种理念提出了一个问题：服务商是该仅仅满足顾客期望还是超越它？

首先，必须认识到用超越顾客对基本需求的期望而让顾客喜出望外实际上是不可能的。履行承诺，如保证预订的房间可用、遵守约定的最后期限、准时出席会议以及提供核心服务，这些都是服务公司应该做到的，服务公司理应准确可靠地提供它们承诺的服务。[20] 请看专栏 3-1 列示的顾客想得到的基本服务的例子，试问服务商提供表中这些服务能取悦你吗？由此得出的结论是，传递可靠的基本服务很难持续为顾客带来惊喜。

那么，公司怎样做才能取悦顾客并超越顾客期望呢？在几乎所有的服务中，发展与顾客之间的关系是一种超越顾客期望的方法。联合服务汽车协会（The United Services Automobile Association，USAA）是一家服务于军人及其家属的保险机构，其实例说明了一家极少与顾客面对面交流的大型公司是如何利用其个性化服务和对顾客的了解让顾客惊喜的。通过使用一种叫作"行为状态反映"的系统，所有 USAA 的员工可以在几秒之内获得任何一位顾客的全部信息档案，内容包括顾客的历史、需求以及与本公司最近联系的情况。对保险公司和使

用电话沟通的服务商仅持有较低的定制化水平期望的顾客，接受了 USAA 的服务后，都被公司员工所表现出的关心和爱护打动了。

获得过两次马尔科姆·鲍德里奇国家质量奖（Malcolm Baldrige Quality Award）的丽思卡尔顿酒店也采用类似的信息技术对其顾客提供了高度个性化的关注。公司培训每一位员工记下顾客的好恶，并输入计算机内的顾客历史档案。公司目前已存有多于几十万条常客偏好信息，能提供非常个性化的服务。其目标不仅仅是满足顾客期望，还要为他们提供一次"难忘的入住经历"。公司根据顾客的历史信息选择个性化的服务方式以超越顾客期望。当一位常客拨打酒店中央预订热线预订房间时，预订接单员会调出其已存档的个人偏好信息，并将该电子信息发送给顾客预订的那家丽思卡尔顿酒店。公司把这些信息编制成顾客基本信息及偏好报告发给员工传阅，这样可以使常客入住时得到个性化的问候，并确保其偏好或需要得到满足。[21]

这种方法效果如何？答案是非常好。依据杰迪保尔（J.D. Power Associates）调研公司提供的年度奢华酒店独立调查报告，从 2007 年至 2015 年之间，有 7 年丽思卡尔顿酒店顾客满意度排名都位居行业前列。[22]

另一个超越期望的方法是故意降低服务承诺来增加超出顾客期望的可能性。[23] 这种战略就是降低承诺并提高服务水平。如果每一项服务承诺都低于最终的实际水平，顾客将会频繁地被取悦。尽管这种说法在逻辑上听起来合理，但企业在应用这种战略之前仍要慎重考虑两个潜在的问题。第一，顾客在与企业不断的互动过程中会注意到承诺过低并依此来调整期望，企业渴望的取悦收益不复存在。当一家公司每次都承诺好交付时间（我们将在明天下午 5 点前送达）又不断地提前交付（中午就送到）时，顾客就会识别出商家故意降低承诺的做法。第二，在销售中降低承诺会潜在减少产品的竞争吸引力，逐渐会被竞争者的产品取代。当竞争压力很大时，无论是通过明确承诺（如通过广告或个人销售），还是通过含蓄承诺（如通过服务设施外观和服务价格）对服务做出综合且诚实的描述，都是明智的选择。控制企业承诺，使它们与实际服务相一致，也许是一个更好的做法。

最后一种超越期望而不会在将来提升期望的方法是将与众不同的服务定位为非标准的特殊服务。在一次短途旅行中，本书的作者之一就体验过这种战略。这次航程非常短，不到半小时，特别是对于饮料服务来说太短了。飞行期间，乘务员用广播通知说一位激情满满的乘务员想为大家提供饮料。他提示乘客们，这位乘务员可能不会为每位乘客都送到，他明确指出这是一次特殊服务，恳请大家不要奢望本航班的其他航程中也提供饮料服务。在这样的情形下，乘客们看起来十分惊喜，但是他们对标准服务的期望并没有因为这一行动而提高（直到今天，我们在此航线从未享受过饮料服务，也从未期望得到过）。

3.3.4 顾客的服务期望是否会持续增长

正如本章开头所讨论的，顾客的服务期望是动态的。在信用卡及移动电话行业，就像许多竞争性服务行业一样，各竞争公司都在千方百计力求做到最好，提供高于竞争对手的服务水平。在这种情况下，服务期望（即适当服务期望）随着服务交付或承诺水平的提高也迅速提高。越是竞争性强、变化快的行业，其顾客期望提高越快。因此，公司需要不断监控适当服务期望——行业变化越激烈，所需监控也就越频繁。

相比之下，理想服务期望要稳定得多。因为它由一些更具有持久性的因素所驱动，如个人需要或个人消费理念，所以理想服务期望倾向于以高水平开始，并一直保持这个高水平。

3.3.5 服务公司如何在满足顾客期望方面领先于竞争对手

在其他条件相同的情况下，公司的目标就是比竞争者更好地满足顾客期望。在一个经常变化的环境中，适当服务期望变化很快，公司怎样才能确保其领先的竞争地位呢？

适当服务水平反映了顾客在综合考虑个人及外界因素之后所要求的最低绩效水平（见图3-7），这些因素还包括其他服务选择方案的可获性。服务水平低于该标准的公司显然处于竞争劣势，这种劣势会随着差距的扩大而不断增加。这些公司的顾客将成为"不情愿的顾客"，一旦发现了替代服务，就会把业务转移到其他公司。

如果公司想靠服务质量提高竞争优势，其绩效必须保持在适当服务水平之上。然而，这也只是一个暂时优势。适当服务水平不如理想服务水平稳定，它将随着竞争者承诺和提供更高水平的服务而迅速提升。如果公司服务水平开始时只是略高于适当服务水平，竞争者很快就会侵蚀这一优势。为发展忠诚顾客特权——稳固的顾客忠诚，企业不仅要不断持续超越适当服务水平，还要努力达到理想服务水平。卓越的服务可以强化顾客的忠诚，让竞争对手无可乘之机。

服务商也会考虑竞争对手的情况来决定要怎样向顾客承诺服务。在第14章中我们将讨论向顾客做出承诺的多种技巧，在这里我们先讨论两种可选方案。第一，如果销售人员知道在本行业中没有哪个竞争者能够履行这种夸大的服务承诺，他可以向消费者指出该事实从而反驳竞争对手的承诺。第二，服务商可以在服务销售之后为消费者提供"现实检查"服务。本书的作者之一曾从建筑商手中买了一幢房子，通常情况下为了促成交易，服务商会做出关于房屋质量的高于现实的承诺，在这次交易完成之前，建筑商邀请作者一起对房屋进行最后的检查，来到新房，建筑商指出每幢新房都有3 000～5 000个基本组成部分，根据他的经验通常新房都存在100～150种缺陷。经过这次"现实检查"，买主认为房屋中仅发现了32种缺陷真是相当少了。

小结

本章通过运用顾客服务期望的本质与决定因素的概念化模型，说明顾客持有两种类型的服务期望：①理想服务，即顾客希望得到的服务；②适当服务，即顾客愿意接受的最低水平的服务。理想服务相比适当服务较少发生变化。处于这两种服务期望标准之间的部分为容忍域，不同顾客的容忍域不同，同一顾客的容忍域也会扩大或者缩小。

顾客期望受各种各样因素的影响。理想服务受到个人需要、个人服务理念、衍生服务期望、明确的服务承诺、含蓄的服务承诺、口碑传播和消费经验等因素的影响。适当服务的影响因素包括可感知的服务替代和环境因素。无论是对于最终消费者还是组织消费者、纯粹的服务还是产品附加服务、有经验的消费者还是没有经验的消费者，这些期望的来源都是相同的。

讨论题

1. 理想服务和适当服务的区别是什么？为什么服务营销人员需要理解这两类服务期望？

2. 回想你最近的一次服务消费，哪些影响服务期望的因素在你的决策中最为重要，为什么？

3. 为什么理想服务期望比适当服务期望更稳定？
4. 本章在"技术亮点"部分所讨论的技术变革是如何影响顾客期望的？
5. 试举几个由于公司明确的服务承诺被夸大而使你不满意其服务结果的例子。
6. 假设有一小型企业欲购买一套计算机系统，你认为哪些影响顾客期望的因素是关键性的，哪些因素是最具影响力的，哪些因素在这次决策中最不重要？
7. 对于"战略洞察"，你能补充什么策略来影响这些因素？
8. 你认为你有不现实的服务期望吗，具体是哪些？服务市场营销人员应该试着去满足不现实的顾客期望吗？
9. 在你看来，什么类型的服务公司有效地建立了顾客特权（即稳固的顾客忠诚）？
10. 从直觉上讲，企业管理者可能会期望顾客对服务有较宽的容忍域，但是如果顾客的容忍域的确较宽的话，对于服务上乘的企业而言，获得顾客忠诚是否更加困难？服务优秀的企业是否应努力使顾客容忍域变窄以便降低来自平庸企业的竞争？

练习题

1. 哪些因素影响你对本课程的期望？哪些是最重要的因素？如果这是一门必修课，你的期望会发生怎样的变化（反之，如果本课程由必修课改为选修课，你的期望会有所改变吗）？
2. 写出一天的服务日记，记录你对服务的使用情况。在每次服务接触前自己对这次服务做一下预测，接受服务后，记下你的期望是否得到了满足或被超越。这些问题的答案与你期望再次选择该服务公司有何关联？
3. 举出服务超过你期望的5次经历。这些经历是否改变你对相应服务公司后续服务的看法？若改变，会以什么方式？

参考文献

1. "Japanese Put Tourism on a Higher Plane," *International Herald Tribune,* February 3, 1992, p. 8.
2. The model on which this chapter is based is taken from V. A. Zeithaml, L. L. Berry, and A. Parasuraman, "The Nature and Determinants of Customer Expectations of Service," *Journal of the Academy of Marketing Science* 21 (Winter 1993), pp. 1–12.
3. See sources such as C. Gronroos, *Strategic Management and Marketing in the Service Sector* (Helsingfors, Sweden: Swedish School of Economics and Business Administration, 1982); R. K. Teas and T. E. DeCarlo, "An Examination and Extension of the Zone-of-Tolerance Model: A Comparison to Performance-Based Models of Perceived Quality," *Journal of Service Research* 6 (February 2004), pp. 272–286; K. B. Yap and J. C. Sweeney, "Zone-of-Tolerance Moderates the Service Quality-Outcome Relationship," *Journal of Services Marketing* 21 (2007), pp. 137–148.
4. R. B. Woodruff, E. R. Cadotte, and R. L. Jenkins, "Expectations and Norms in Models of Consumer Satisfaction," *Journal of Marketing Research* 24 (August 1987), pp. 305–314.
5. J. A. Miller, "Studying Satisfaction, Modifying Models, Eliciting Expectations, Posing Problems, and Making Meaningful Measurements," in *Conceptualization*

and Measurement of Consumer Satisfaction and Dissatisfaction, ed. H. K. Hunt (Bloomington: Indiana University School of Business, 1977), pp. 72–91.

6. A. Parasuraman, L. L. Berry, and V. A. Zeithaml, "Understanding Customer Expectations of Service," *Sloan Management Review* 32 (Spring 1991), p. 42.

7. L. L. Berry, A. Parasuraman, and V. A. Zeithaml, "Ten Lessons for Improving Service Quality," *Marketing Science Institute,* Report No. 93–104 (May 1993).

8. Parasuraman, Berry, and Zeithaml, "Understanding Customer Expectations of Service," p. 7.

9. Ibid., p. 8.

10. D. L. Davis, J. G. Guiltinan, and W. H. Jones, "Service Characteristics, Consumer Research, and the Classification of Retail Services," *Journal of Retailing* 55 (Fall 1979), pp. 3–21; W. R. George and L. L. Berry, "Guidelines for the Advertising of Services," *Business Horizons* 24 (May–June 1981), pp. 52–56; F. v. Wangenheim and T. Bayón, "The Effect of Word-of-Mouth on Services Switching: Measurement and Moderating Variables," *European Journal of Marketing* 38 (2004), pp. 1173–1185; T. J. Brown, T. E. Barry, P. A. Dacin, and R. F. Gunst, "Spreading the Word: Investigating Antecedents of Consumers' Positive Word-of-Mouth Intentions and Behaviors in a Retailing Context," *Journal of the Academy of Marketing Science* 33 (Spring 2005), pp. 123–138. For a meta-analysis of the effect of electronic word-of-mouth communication on services, see A. B. Rosario, F. Sotgiu, K. de Valck, and T. H. A. Bijmolt, "The Effect of Electronic Word of Mouth on Sales: A Meta-Analytic Review of Platform, Product, and Metric Factors," *Journal of Marketing Research* 53 (June 2016), pp. 297–318.

11. M. Trusov, R. E. Bucklin, and K. Pauwels, "Effects of Word-of-Mouth versus Traditional Marketing: Findings from an Internet Social Networking Site," *Journal of Marketing* 73 (September 2009), pp. 90–102.

12. Discussions of the role of past experience in shaping customer expectations of service are included in L. L. Berry, "Cultivating Service Brand Equity," *Journal of the Academy of Marketing Science* 28 (Winter 2000), pp. 128–137; and R. L. Hess Jr., S. Ganesan, and N. M. Klein, "Interactional Service Failures in a Psuedorelationship: The Role of Organizational Attributions," *Journal of Retailing* 83 (January 2007), pp. 79–95.

13. Parasuraman, Berry, and Zeithaml, "Understanding Customer Expectations of Service," p. 40.

14. R. T. Rust and R. L. Oliver, "Should We Delight the Customer?" *Journal of the Academy of Marketing Science* 28 (Winter 2000), pp. 86–94.

15. T. S. Gross, *Positively Outrageous Service* (Chicago: Dearborn Trade Publishing, 2004).

16. J. Clemmer, "The Three Rings of Perceived Value," *Canadian Manager* 15 (Summer 1990), pp. 12–15.

17. T. Keiningham and T. Vavra, *The Customer Delight Principle: Exceeding Customers' Expectations for Bottom-Line Success* (New York: Mcgraw-Hill, 2001); R. Chitturi, R. Raghunathan, and V. Mahajan, "Delight by Design: The Role of Hedonic versus Utilitarian Benefits," *Journal of Marketing* 72 (May 2008), pp. 48–63; D. C. Barnes, M. B. Beauchamp, and C. Webster, "To Delight, or Not to Delight? This Is the Question Service Firms Must Address," *Journal of Marketing Theory and Practice* 18 (Summer 2010), pp. 275–283.

18. M. Dixon, K. Freeman, and N. Toman, "Stop Trying to Delight Your Customers," *Harvard Business Review* 88 (July–August 2010), pp. 116–122.

19. Rust and Oliver, "Should We Delight the Customer?"

20. Parasuraman, Berry, and Zeithaml, "Understanding Customer Expectations," p. 41.
21. "How the Ritz-Carlton Hotel Company Delivers 'Memorable' Service to Customers," *Executive Report on Customer Satisfaction* 6 (March 15, 1993), pp. 1–4; L. A. Dhir, "Top Ten Things Luxury Guests Absolutely Want," http://www.hospitalitynet.org/news/4060166.html, accessed June 28, 2016.
22. J. D. Power and Associates, http://businesscenter.jdpower.com/, accessed February 15, 2016.
23. W. H. Davidow and B. Uttal, "Service Companies: Focus or Falter," *Harvard Business Review* 67 (July–August, 1989), pp. 77–85; C. Sewell and P. B. Brown, *Customers for Life: How to Turn That One-Time Buyer into a Lifetime Customer* (New York: Random House, 2002).

第 4 章

顾客对服务的感知

本章目标

1. 为理解如何影响顾客对服务的感知,以及顾客满意、服务质量和个人服务接触之间的关系提供一个基础。
2. 证明服务满意的重要性——定义、影响因素及由此得出的重要结论。
3. 介绍服务的基本知识及五个关键维度:可靠性、响应性、移情性、安全性、有形性。
4. 论述服务接触或"真实瞬间"是构成顾客感知的基础。

开篇案例　赞恩自行车:把服务作为一个战略差异化因子

对于康涅狄格州布兰福德(Branford,Connecticut)的赞恩自行车(Zane's Cycles)来说,服务已经成为公司成功的关键,也是区别于竞争对手的关键。[1] 40多岁的克里斯·赞恩(Chris Zane)是公司的CEO,他在16岁的时候成功说服他的爷爷借给他2万美元买下了这家店,从而拥有了自己的生意。作为一个年轻人,他做生意的基本原则是"无与伦比的服务""一对一的营销""客户关系"和"尊重员工,提升员工"。时至今日,公司已经发展到年收入1 000万美元(包括零售和大客户),除了最初的16个竞争对手,赞恩基本上已经排除了其他竞争对手的影响。而且公司已经开发出与沃尔玛(Walmart)这类对手竞争的成功模式,并建立了新的业务模式。赞恩是怎么与对手竞争的?为了能提供彻底打败竞争对手的标杆性创新的服务,克里斯·赞恩都做了什么?以下将列举几个这家公司示范性的战略。

- **终身免费服务:** 赞恩公司为销售的自行车提供终身免费服务,因为公司是服务行业,而不仅仅是销售自行车。当然,终身免费服务(只要顾客使用赞恩的自行车就提供)也是一种促使顾客再次光临商店的好办法,为与顾客建立持久的关系提供良机。
- **终身零部件质保:** 在终身免费服务的战略下,赞恩很快意识到还需要提供一份终身零部件质保。此项举措能够实施是因为他只选择少数几个零部件供应商以便控制他们提供可靠的产品。

- **90 天价格保证**：为了消除那些认为公司价格较高（以覆盖终身服务成本）的谣言，公司推出了 90 天价格保证服务，如果顾客发现在其他商店同款自行车更便宜，可以在 90 天内退货并获得公司提供的 10% 的赔偿。赞恩实际上在做一种关系营销，顾客很少光顾竞争对手的店铺，也很少仔细地比较价格，所以这个计划并没有导致大量的退货。即使有退货，往往顾客也会立刻就在店里把钱消费掉。
- **漏气保险**：对于第一次购买自行车或者经验很少的顾客来说，他们总是会对车胎漏气心有余悸。因此，赞恩通过象征性的收费提供漏气保险服务。虽然在这个政策下很少有车胎出问题进行维修的情况，但是对那些回到商店使用漏气保险的顾客，会给予贵宾般的礼遇，店员停下手中的工作，帮助顾客将车拿去后面的车间，修理轮胎，清洗车身——一切都在最短的时间内完成。顾客（包括店里所有的人）经历了一次意料之外的愉快体验，顾客关系进一步得到加强，花费又很少，特别是考虑到那些购买了漏气保险又从未用上的情况。
- **不足 1 美元的赠品**：赞恩取悦顾客的另一种方式是为顾客提供一些低于 1 美元的很小的又不可或缺的零部件，他推算这些赠品会带来新的销售（拿到赠品时或者下次购买的时候），其带来的利润要远远大于这些零部件几美分的成本。
- **儿童游乐区**：赞恩的游乐区很受孩子们欢迎，当父母购物的时候，他们就在那里玩耍。孩子的父母们甚至能在那些忙着玩的孩子鼻子底下购买那很差的"圣诞自行车"。
- **设置免费咖啡小食吧**：为了在店里很繁忙的时候为顾客提供一个休息等待的场所，赞恩依照自己去瑞士旅行时在一家自行车店里见过的一个舒适的咖啡吧，也在自己的店里用红木建造了一个，为顾客提供咖啡和其他饮料。顾客坐在这里，可以透过巨大的玻璃窗观看自行车修理的过程。由于每杯咖啡的成本不到 1 美元，所以是免费的。
- **儿童自行车升级**：赞恩采用了一个非常创新的服务战略，这个战略帮助他与沃尔玛竞争。这是个以旧换新政策，允许父母将给孩子购买的儿童车全价抵价后，用于购买较大型号的自行车。正如他们的很多服务计划，这个政策是可追溯的，当公司开始实施这个政策的时候，商场就给在过去几年里购买儿童车的顾客邮寄明信片，让他们知道并了解这个升级计划。

你可能很想知道，为顾客提供这些看起来"好到不切实际"的服务怎么可能不损失利润。事实上，赞恩的生意利润丰厚。这个策略非常务实，并且克里斯·赞恩也和其他优秀的 CEO 一样精明务实，重视定量的财务分析。赞恩明白优质的服务是增强顾客忠诚度的关键，而最终重视的顾客会带来利润及公司业务的增长，这也正是他的竞争对手懊恼没有早点认清的。赞恩公司在 2006 年被法斯特公司（Fast Company）《英雄榜》（Local Heroes）杂志评为顾客至上奖。

高质量的自行车、完美的服务质量、大量的小惊喜和员工对顾客的格外关注，这些都增强了赞恩自行车顾客的满意度。这点对于成功的标志性公司，比如兰斯安德（Lands' End）、IBM 全球服务（IBM Global Services）、亚马逊网（Amazon.com）和丽思卡尔顿酒店（Ritz-

美国康涅狄格州布兰福德的赞恩自行车店。

© Courtesy Zane's Cycles, photograph, Richard House

Carlton Hotels)等也都是适用的。对所有这些公司来说,高质量的拳头产品和标杆式的客户服务都会有助于提高顾客满意度。

4.1 顾客感知

顾客是如何感知服务的,如何评定自己是否经历了优质的服务以及是否满意,这就是本章主题。我们将在差距模型中以感知的服务为中心。学习本章时,要记住感知总是被认为与期望有关。因为期望是动态的,评价可能总是在变化之中,从一个人到另一个人,从一种文化到另一种文化。什么是优质的服务,或什么事情让顾客感到满意,今天的答案可能不同于明天的答案。同样,请记住,整个对质量和满意的讨论都建立在顾客服务感知的基础上,而不是某些预先决定的"服务是什么或服务应该是什么"的客观标准。

4.1.1 满意与服务质量

从业者和作家们在流行刊物上倾向于把术语"满意"和"质量"相互替换,但是学者们企图更精确区分这两个概念的含义和量度,这引起了大量争论。[2] 最终达成的一致意见是,根据这两个概念的原因和结果,它们从根本上是不同的。[3] 总的来说,**满意**(satisfaction)被看作一个更广义的概念,而**服务质量**(service quality)评估则专门研究服务的几个方面。基于这样的观点,**可感知的服务质量**(perceived service quality)就是顾客满意的一部分。图4-1形象地展示了这两个概念的关系。

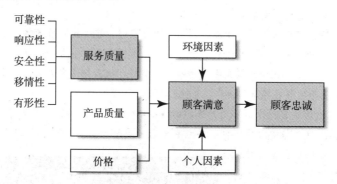

图 4-1 消费者对质量的感知和消费者满意

如图4-1所示,服务质量作为一个评估的焦点,反映了顾客对服务可靠性、响应性、安全性、移情性和有形性的感知。[4] 另一方面,满意的含义更丰富——服务质量、产品质量、价格,以及环境因素、个人因素的感知都会对满意产生影响。例如,判断一家健身俱乐部的服务质量包括:设备是否齐全、所需设施是否能正常使用、工作人员对顾客的需求是否及时回应、健身教练专业程度以及设备是否保养得当。健身俱乐部的顾客满意是一个比较广义的概念,它当然受到对服务质量感知的影响,同时也包含对产品质量的感知(如在店面出售的产品质量),对会员价格的感知,[5] 对消费者情绪状态等个人因素的感知,甚至还有对如天气条件、驾车前往或离开健身俱乐部的过程等不可控环境因素的感知。[6]

4.1.2 交易与累积感知

在考虑感知时需要认识到很重要的一点是:顾客对于一家公司的感知是基于他们全部的

体验，而不是单次特定的服务经历。[7] 例如，一个光顾银行的顾客会依据在某一支行过去的某次银行业务服务中银行员工是怎样对待他的认知，同时也会基于现在这次服务中涉及的服务要素形成对这次服务的整体感知。这种感知是很微观的、基于单次交易层面的认知。同一个顾客也将会基于一段时间与这家银行的业务接触对这家银行形成整体的认知。他形成认知的体验也许会包括在各个分行的多次柜台业务、网上银行的使用体验、在不同城市使用该行的自动存取款机的体验等。在一个更为综合的层面，这个顾客可能会基于他所有有关银行的体验和他对银行业的了解形成他对银行服务或者整个银行业的感知。

研究表明，理解由不同原因引起的不同类型的感知十分重要，这些认知是互补的，而非相互冲突的。[8] 在交易层面理解感知对于诊断服务问题和迅速做出改变来说非常关键。这些相互独立的服务接触作为一砖一瓦搭建了整体的、累积而来的体验评估，这在本章后文将有介绍。另外，基于累积经验的评估似乎是预测顾客对企业整体忠诚度的更好方式。也就是说，顾客忠诚通常是顾客对所有体验评价的结果，而不是某一次接触。

4.2 消费者满意

4.2.1 何谓消费者满意

"每个人都知道什么是满意，然而当被问及满意的定义时，似乎没有人能回答。"[9] 这句话来自一位受人尊敬的专家、资深作家和学者理查德·奥利弗（Richard Oliver）。这句话说明了定义"满意"这个关于消费者的、最基础的概念的难度。基于早先的定义，奥利弗提出了他的正式定义：

满意是消费者感到满足的反映。它是产品或服务的特性，或产品或服务本身是否为顾客提供了与消费相关的愉悦的满足感的判断标准。

用通俗一些的话说，我们可以将其理解为：满意就是消费者根据其需要或期望是否被满足而对产品或服务进行的评价，没能满足需要和期望的产品或服务被认为导致了不满意。

除了消费者实现需求而产生的满足感外，根据不同服务情境与服务类型，满意还可能与其他类型的感觉相关。[10] 例如，满意可等同于知足——大部分情况是消费者对自己并不在意或定期接受的日常服务的一种消极反应。满意还可以是一种因服务使消费者感觉良好或感到幸福而产生的愉悦的感觉。对于那些以积极的方式令消费者惊喜的服务，满意即意味着高兴。在因排除消极因素而导致满意的情况下，消费者可能会把这种满意当作一种放松感。最后，当产品或服务中混合着积极和消极的体验时，满意可能是一种喜忧参半的感觉。

尽管我们倾向于在某一时点假设满意度是不变的，对它加以测量，但事实上满意度是一个随时间进化的动态的指标，它受一系列不同因素的影响，且会随时间流逝。[11] 尤其在使用产品或体验服务的过程中，满意度可能因消费者在使用或体验周期中关注点不同而迥然不同。类似地，在购买全新的或原先从未经历过的服务时，消费者在最初购买的那一时刻仅仅开始形成顾客期望，随着进程的展开，这些期望将被逐渐固化，然后消费者开始形成对服务的感知。经过这样一个服务周期，消费者可能获得了许多不同的经历，有些是好的，有些是坏的，而每一种经历都将最终影响满意度。

4.2.2 什么决定消费者满意度

如图 4-1 所示，产品或服务的具体特性、对质量的感知、价格都会影响消费者的满意度。另外，个人因素如顾客的心情或情绪状态，以及环境因素如家庭成员的意见也会影响满意度。

1. 产品和服务特性

消费者对产品或服务的满意度会受到他们对产品或服务特性评价的重大影响。[12] 对于度假酒店服务，其重要特性应该包括游泳池区域、高尔夫设施、餐厅、房间的舒适性与私密性、服务人员的帮助与礼貌、房间的价格等。在满意的研究过程中，大多数公司会通过某种手段（通常是焦点小组）明确地找出其服务有什么重要的特征和属性，然后衡量消费者对那些特性的感知及对服务整体的满意程度。研究结果显示，消费者将根据所需服务类型和服务的重要性，在不同的服务特性（如价格水平、质量、员工友好程度、定制化程度）之间进行权衡。[13]

2. 消费者情感

消费者的情感同样可以影响其对产品和服务的满意的感知。[14] 这些情感可能是稳定的、事先存在的，如情绪状态和对生活的满意度等。试想那些在你生命中感到非常愉快的时刻（如度假时）、健康愉快的情绪和积极的思考方式，这些都会影响你对所体验服务的感觉。反之，当你处在一种恶劣的情绪当中，消沉的情绪将被你带进对服务的反应，这将使你对任何小小的问题都反应过强或感觉失望。当遇到"高情感服务"，即在服务开始前顾客就会处于比较强烈的情感状态（积极的或消极的）下时，情绪对满意度的影响会增强。试想当服务与孩子的出生、婚姻、疾病或死亡相关时，在这种情形下，消费者的情绪具有特别的影响力。[15]

消费过程本身催生的一些特定情感也会影响消费者对服务的满意度。对一个河上漂流旅行团的调查显示，在旅行中漂流向导是影响消费者对这次服务情感回应的重要因素，顾客的这些情感感受（无论是积极的还是消极的）将最终关系到其对这次服务的满意度。[16] 积极的情感如幸福、愉快、兴高采烈和温暖人心的感觉增强了消费者对漂流旅行的满意度，而消极的情感如悲伤、难过、后悔以及生气会削弱消费者对旅行的满意度。总之，在漂流过程中，积极的情感比消极的情感具有更强的影响力。在不同的背景下，借鉴情绪传染理论，研究者发现在影视光盘零售业和咨询服务业中员工展现的情感真实度直接影响顾客的情绪。[17] 在餐饮服务业复苏的中国，员工的多种情绪表现也显示出相似的情绪传染作用。在这个研究中，积极和消极的情绪都影响了消费者的情绪状态并最终影响了满意度。[18]

© David L. Ryan/The Boston Globe/Getty Images

河谷漂流中许多积极的情绪体验增加了顾客对服务的满意度。

3. 服务成功或失败的归因

归因——事件的感知原因，也影响着对满意的感知。[19] 当消费者被一种结果（服务比预期的好太多或坏太多）震惊时，他们总是试图寻找原因，而他们对原因的评定能够影响其满意度。例如，减肥公司的消费者没有按希望那样减轻体重，她就很可能在判定对这家减肥公司满意或不满意的程度之前，先去寻找原因：是因为她做的什么事，还是因为节食计划无效，或者仅仅是因为环境使她无法遵循为她定制的节食计划。[20] 对很多服务来说，消费者至少会对事情的结果负部分责任。

即使他们不对结果负责，消费者的满意也会受其他各种归因的影响。例如，在对一家旅行代理公司的整体调查中发现，当消费者把代理商在价格上犯的错误归因于外部的、非代理商能控制的原因，或认为错误是绝少发生的且不太可能再犯时，他们对服务的不满意感就会降低。[21]

4. 对平等或公正的感知

消费者的满意度同样会受到对平等或公正的感知的影响。[22] 消费者会问自己：与别的消费者相比，我是不是被平等对待了？别的消费者得到更好的待遇、更合理的价格、更优质的服务了吗？我为这项服务花的钱公道吗？与我花费的钱和精力相比较，我得到的服务够不够好？我们在第 7 章将会学习到，供应商服务失败后顾客是否满意在很大程度上取决于对公正待遇的感知。有时极端不公平的案例会导致美国联邦贸易委员会（FTC）对公司业务的调查。例如，美国电话电报公司（AT&T）被要求终止其"移动填鸭式收费"业务，这项业务被视为不公平，甚至许多消费者都不知情，通过这种做法，消费者被强制通过电话账单为第三方订阅服务付费，而这个服务是他们从未订购或授权的。[23]

5. 其他消费者、家庭成员或同事

除产品和服务的特性以及消费者的个人情感和观念外，消费者的满意度也常常受到他人的影响。[24] 例如，决定家庭旅行的目的地和对这次旅行的满意度评价都是动态的现象，受到家庭各个成员的情绪及他们之间的互动影响。[25] 随后，家庭成员对这次旅行是否满意的评价会受家庭成员间对旅行回忆的复述和选择性记忆的事件所影响。同样，照片中漂流者的满意度肯定会受到个人感知的影响，但也会在很大程度上受到其他漂流者体验、行为和观点的影响。在商业世界里，一项新服务技术的顾客满意度，比如一种新的客户关系管理软件服务，将不仅仅受到个人使用这个软件本身体验的影响，还会受到诸如公司中其他人对软件的看法、其他客户使用后的体验，以及在公司内部该软件被采用的范围有多广的影响。

4.2.3 国家消费者满意指数

由于顾客满意度对公司和国民总体生活质量的重要性，许多国家都制定了国家性指数，从宏观的水平上评估和追踪消费者的满意情况。[26] 许多公共政策制定者相信，这些标准就像生产力和物价这些传统标准一样，可以成为而且应该成为评估国家经济是否健康的工具。在很多的传统指标总是只关注数量时，顾客满意度指数开始关注经济产出的质量。第一个该种指标是诞生于 1989 年的瑞典"顾客满意晴雨表"。[27] 随后在 1992 年，DK（Deutsche Kundenbarometer）的概念被引入德国。1994 年，美国顾客满意指数（American Customer Satisfaction Index，ACSI）第一次被采用。1998 年瑞士顾客满意指数（Swiss Index of Customer Satisfaction，SWICS）[28] 被引入瑞士。最近以来，英国、印度尼西亚、多米尼加共和国、土耳其、墨西哥、哥伦比亚和新加坡都采用了 ACSI 来计算本国的满意度指数。[29]

4.2.4 美国顾客满意指数

美国顾客满意指数（ACSI）[30] 由密歇根大学国家质量研究中心开发，用于衡量顾客对产品和服务的满意度。该指数追踪了包括政府部门在内的 200 家代表所有主要经济行业的公司的顾客感知。它包含了每一行业中主要的行业部门，并且选出每一行业最大的几家公司来参与。每家入选公司都会选出大约 250 名当前顾客进行访谈。最后每家公司会得到一个 ACSI 分数，该

分数是通过对顾客质量感知、价值、满意度、期望、投诉和未来忠诚的计算得到的。[31]

2015 年行业 ACSI 结果见表 4-1。[32] 有趣的是，与上一年相比的变化一栏中各个行业中不同类目的指数都有显著下降。从这张表中可以看到，大部分耐用和非耐用商品都排在表格的前半部分（前 76 名），而排在后半部分的都是由订购率非常低的电视及网络服务商提供的服务。尽管如此，明确指出这些排名对反映行业平均标准是非常重要的，几乎每个行业都会有在顾客满意度方面表现突出的公司。例如，在 2015 年航空公司的分数范围是从 62 分（Spirit 航空公司）到 80 分（JetBlue 航空公司和西南航空公司）。

表 4-1 美国顾客满意指数——按行业排名

行业	顾客满意度 2015 年得分	与上一年相比的变化	行业	顾客满意度 2015 年得分	与上一年相比的变化
完备服务餐厅	82	0.0	食品生产	76	−3.8
电视及视频播放器	82	−4.7	互联网投资服务	76	−7.3
消费者物流服务	81	−1.2	互联网信息搜索引擎	76	−5.0
信用联盟	81	−4.7	加油站	75	2.7
家用电器	81	1.3	酒店	75	−1.3
合作事业	80	−5.0	电脑软件	74	−2.6
互联网零售	80	−2.4	综合及折扣商店	74	−3.9
汽车及轻型交通工具	79	−3.7	医院	74	1.4
财产及伤亡保险	79	0.0	互联网公众媒体	74	4.2
软饮料	79	−3.7	投资者拥有的公共事业	74	−2.7
运动鞋	78	−2.5	健康及个人护理商店	73	−5.2
手机	78	0.0	网络新闻舆论	73	−1.4
互联网旅行服务	78	1.3	市政公用设施	73	−6.8
人寿保险	77	−3.8	超市	73	−3.9
有限服务餐厅	77	−3.8	无线手机服务	70	−2.8
个人清洁护理产品	77	−6.1	航空公司	69	4.3
个人电脑	77	−1.3	固定电话服务	69	−5.5
专业零售商店	77	−2.5	健康保险	69	−1.4
流动护理服务	76	1.3	邮政服务	69	5.8
服装业	76	−2.6	网络服务商	63	0.0vv
银行业	76	0.0	收费电视服务	63	−3.1
啤酒酿造	76	−3.8			

4.2.5 顾客满意带来的回报

所有这些对顾客满意的关注有什么意义呢？正如我们前面所提到的，一些公共政策制定者认为，顾客满意是经济健康的一项重要指标。他们认为仅仅跟踪经济效益和物价还不够，而顾客满意是反映生活质量的重要指标。并且，许多人认为顾客满意度还同其他经济健康指标如公司收入及股票价值有关。通过 ACSI 数据，与标准普尔 500 指数相比，密歇根大学的研究人员能够记录 ACSI 股票市场投资组合（由 ACSI 指数表现良好的公司组成）之间的明确关系。这一关系如图 4-2 所示，图中显示 ACSI 股票组合始终胜过标准普尔 500 指数。[33]

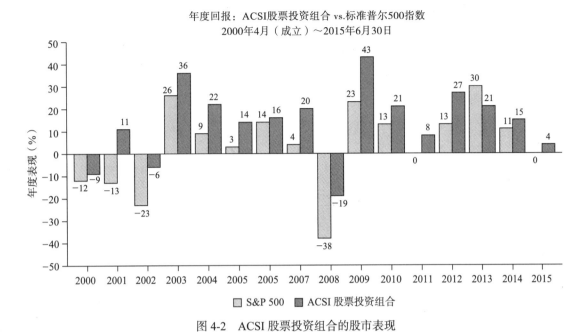

图 4-2　ACSI 股票投资组合的股市表现

资料来源：ACSI website, www.theacsi.org, "National Economic Indicator, Financial Indicator," accessed May 21, 2016.

但是，除了这些宏观经济意义外，作为微观个体的企业发现顾客满意水平的提高与顾客忠诚及企业盈利有联系。[34] 研究还表明，为服务投资且顾客满意度方面表现优异的企业为股东带来了超额收益。一项研究发现，那些在满足顾客方面（基于 ASCI 评价）比竞争对手更好的企业，它们的系统风险更小、回报更高。[35] 另一项研究发现，零售商公布顾客服务策略能为公司带来显著的回报，其市场价值平均上涨 1.09%。[36] 研究人员还表明，包含顾客满意度高且积极发展的公司股票的投资组合优于其他组合。[37]

如图 4-3 所示，顾客满意与顾客忠诚之间有密切的关系，顾客非常满意时这种关系尤其密切。因此，仅把目标定为满足顾客的企业所做的努力可能不足以带来顾客忠诚，这些企业应以充分满足顾客甚至取悦顾客为目标。施乐公司（Xerox Corporation）如果不是最先为此关系准确定位的公司，起码也是前几位之一。施乐公司通过广泛的顾客研究发现：在顾客满意登记表上给施乐公司打 5 分（非常满意）的顾客比打 4 分（基本满意）的顾客再次购买施乐公司产品的可能性大 6 倍。[38] 另外还有一例，惠租车公司（Enterprise Rent-A-Car）通过研究表明，为租车体验打最高分的顾客比打第二高分的顾客再次租车的可能性大 3 倍。[39] 基于对全球范围跨行业的 8 000 名消费者做的 10 项研究，塔普全球公司（TARP Worldwide Inc.）也得出了相同的结论。TARP 发现 96% 的"非常满意"的消费者一定会重复购买，这个比例在"比较满意"的消费者中下降到了 52%，在回答"一般或者非常不满意"的消费者中，只有 7% 的消费者会再次购买。[40]

在满意度范围的另一端，学者们还发现，不满意与不忠诚或否定之间也存在着密切联系。当顾客不满意程度到达一定水平或当他们对特别重要的服务属性感到不满意时，顾客忠诚度就会骤然下降。[41] 我们将在第 6 章讨论这种关系及其与忠诚营销的意义，但现在我们已经足以得出顾客满意、顾客忠诚与公司盈利间清晰的联系。因此，很多公司正在投入大量时间与资金来研究顾客满意的基础以及如何提高顾客满意。

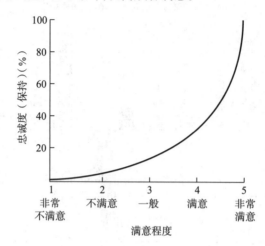

图 4-3　竞争行业中顾客满意与顾客忠诚的关系

资料来源：J. L. Heskett, W. E. Sasser Jr., and L. A. Schlesinger, *The Service Profit Chain: How Leading Companies Link Profit and Growth to Loyalty, Satisfaction, and Value* (New York: The Free Press, 1997), p. 83. The Free Press, a Division of Simon & Schuster, Inc.

4.3　服务质量

接下来我们讨论服务质量，这是顾客感知的关键。在纯服务（如医疗护理、金融服务、教育）的情况下，服务质量是顾客评价服务的主要因素。在有形产品附加的服务（如信息技术服务、自动化服务）情况下，服务质量在决定顾客满意与否时也非常关键。图 4-1 已经强调了这些关系。这里我们将重点放在图 4-1 左侧来检测形成服务质量感知的基本因素。首先我们讨论顾客所评估的内容，然后具体考察顾客赖以形成其判断的五个服务维度。

4.3.1　回报、交互和有形环境质量

消费者通过评价什么来判断服务质量？多年来，研究服务的学者认为消费者会从自身对技术性结果的感知、对结果交付过程的感知以及对服务时的有形环境质量的感知这些方面来评价服务质量。[42] 例如，在一个法律案件中，法律服务的顾客会评价技术性结果的质量，或者评价这一案件是如何解决的，还会判断交互质量。交互质量涉及如下因素：律师是否及时回电、对顾客的同情心以及他的礼貌和倾听能力如何。同样，一个饭店的顾客会从她对饭店饭菜的感知（即技术性结果质量），饭店员工如何为她服务以及他们如何与之沟通（即交互质量）等方面来评估服务。饭店和律师事务所的装饰和周围环境（即有形环境质量）也会影响顾客对整体服务质量的感知。

4.3.2　服务质量的维度

研究表明，顾客不是以一维的方式感知质量的，而是基于与服务背景相关的多个因素判断质量。帕尔苏·帕拉休拉曼（Parsu Parasuraman）、瓦拉瑞尔·泽丝曼尔和莱昂纳德·贝瑞（Leonard Berry）通过他们开拓性的研究定义了有关服务质量的具体维度。他们的研究确定了五个适用于一系列服务情景的具体维度。[43] 这五个维度如图 4-1 所示，它们是服务质量的驱

动因素。这五个维度将会再次出现在第 5 章中，在那里将和用于衡量其规模的 SERVQUAL 一起做进一步讨论。

- 可靠性：准确可靠地执行所承诺服务的能力。
- 响应性：帮助顾客及提供便捷服务的自发性。
- 保障性：雇员的知识和礼貌及其能使顾客信任的能力。
- 移情性：给予顾客关心和个性化的服务。
- 有形性：服务设施、设备、人员和沟通材料的整体观感。

这些维度代表了顾客在头脑中整理服务质量信息的方式。通过探索性和定量的研究发现这五个维度与银行、保险、家电维修、证券经纪、长途电话服务、汽车维修及其他服务密切相关。这些维度也适用于零售业和商业服务，而且逻辑表明它们也与内部服务相关。有时顾客确定对服务质量感知时使用所有五个维度，而有时只使用其中几个。例如，对于自动取款机服务，移情性不可能是一个相关维度。再如，电话预约维修服务时，有形性也不可能是一个相关维度。

研究表明，文化差异也会对这五个维度的相对重要性产生影响，这一点我们会在"全球特写"中探讨。在服务质量维度五个方面出现的这种有趣的差异也出现在特定国家的研究中。例如，巴基斯坦一项基于原始服务质量维度的研究揭示了以下服务质量维度：有形性、可靠性、保障性、真实性、个性化和正式性。[44] 研究也证明了文化的差异会使原有维度的诠释有所不同。在巴基斯坦，"可靠性"并非完全是原有的含义，而是被诠释为"兑现大部分的承诺""报告和声明会有些微小的错误""需要的时候，通常情况下服务是可获得的"。

接下来我们会对服务质量（SERVQUAL）原始的五个维度逐一展开，说明消费者对每个维度如何评价。

全球特写　　服务质量感知和顾客愤怒的跨文化差异

世界不同地区的顾客对服务经历的认知、体验和反应不尽相同。

服务质量

可靠性、响应性、保障性、移情性和有形性这五个服务质量维度是在对美国国内多种服务情境的研究基础上产生的。作为一条普遍规律，可靠性在美国是最重要的服务质量维度，响应性相对于余下三个服务质量维度来说也处于比较重要的地位。我们若从不同的文化背景来看，那又会出现什么样的情况呢？这些服务质量维度还重要吗？哪一个最重要？针对这些问题的回答，对于跨文化或在多文化环境中提供服务的企业来说具有极大的价值。

学者们运用吉尔特·霍夫斯泰德（Geert Hofstede）的行之有效的文化维度来评估服务质量重要性是否会随不同的文化导向而变化。举例来说，权力差距指一个文化环境中人们对地位差异的预期和接受程度。研究结果已经显示，许多亚洲国家具有权力差距大的特点，而许多西方国家的权力差距则较小。泛泛地说，个人主义反映的是西方文化以自我为中心的特征，与之相反，集体主义在东方更为典型。学者们也从刚性、不确定性的规避和长期导向等其他维度在不同文化间做了类似的比较。问题是这些文化差异会不会影响消费者对服务质量维度重要性的定位。

下图中的数字表明在由不同文化维度定义的客户群中服务质量各个维度的重要性存在很大差异。这些客户群的文化特征概况如下。

跟随者：权力差距大，高度集体主义，很强的刚性，中度的不确定性规避，短期导向。

平衡主义者：权力差距小，高度集体主义，中度刚性，高度的不确定性规避，中期导向。

自我主义者：权力差距小，高度个人主义，中度柔性，低度的不确定性规避，长期导向。

感性主义者：权力差距大，中度个人主义，很强的刚性，低度的不确定性规避，短期导向。

理性主义者：权力差距小，中度个人主义，很强的柔性，高度的不确定性规避，长期导向。

从下图中可以清楚地看出，服务质量的维度与不同的文化都是相关的，但是它们的相对重要性取决于文化价值取向。

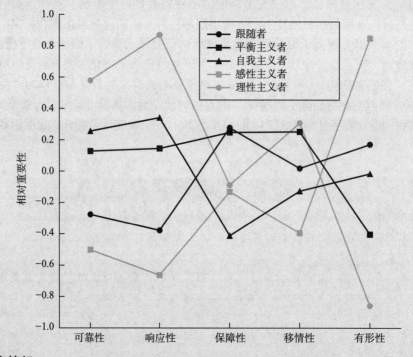

顾客愤怒

对服务体验极度负面的反应就是顾客愤怒。在这种情况下，客户感到极度愤怒和沮丧，经常会传播消极的口碑，终止在此公司的业务，并对该公司进行反击或报复。

两年一次的调查显示在美国顾客愤怒呈上升趋势，在2015年有54%的客户在过去一年遇到过一个严重的产品或服务问题，其中66%的受访者对此事件感到愤怒。在其他一些针对东方文化（中国和泰国）与西方文化（澳大利亚和美国）的关于顾客愤怒及反应的对比性研究中发现了一些令人惊讶的差异。研究者发现，很可能是由于相对较高的期望和较低的容忍度，在经历了一次失败的服务后西方文化中的消费者会比东方消费者更容易产生愤怒的情绪。但有些令人惊讶的是，来自东方文化的顾客经历了愤怒后，更有可能产生报复欲望并以明显的方式表达愤怒的情绪。尽管他们更不容易被激怒，但一旦越过了那个特定的界限，他们就会更有力地表达愤怒并报复。

资料来源：G. Hofstede, *Cultures and Organizations: Software of the Mind* (New York, McGraw-Hill, 1991); O. Furrer, B. Shaw-Ching Liu, and D. Sudharshan, "The Relationships between Culture and Service Quality Perceptions," *Journal of Service Research* 2 (May 2000), pp. 355–371; www.geert-hofstede.com; Customer Rage Study (2015), accessed May 21, 2016, Customer Rage www.wpcarey.asu.edu/csl; P. G. Patterson, M. K. Brady, and J. R. McColl-Kennedy, "Geysers or Bubbling Hot Springs: A Cross-Cultural Examination of Customer Rage from Eastern and Western Perspectives," *Journal of Service Research* 19 (August 2016), pp. 243–259.

1. 可靠性：按照承诺行事

在五个服务维度中，可靠性被美国消费者一致认为是服务质量感知最重要的决定因素。[45] 可靠性（reliability）被定义为准确可靠地执行所承诺服务的能力。从更广泛的意义上说，可靠性意味着公司按照其承诺行事，包括送货、提供服务、问题解决及定价方面的承诺。顾客喜欢与信守承诺的公司打交道，特别是那些能信守他们对服务结果和核心服务属性承诺的公司。

联邦快递（FedEx）是一家在可靠性维度方面进行了有效宣传并执行较好的公司。几十年来，联邦快递围绕可靠性的服务定位已经反映在诸如"绝对积极地送达"和"全世界准时"这样的格言中。但即使有些公司没有像联邦快递做的那样选择明确地将自己定位在可靠性上，该维度对其顾客来说也非常重要。所有的公司都需要意识到顾客对可靠性的预期。不能为顾客提供他们想购买的核心服务，就是以最直接的方式使顾客失望。

2. 响应性：主动帮助顾客

响应性（responsiveness）是指愿意帮助顾客并提供及时的服务。该维度强调在处理顾客要求、询问、投诉和问题时的专注和快捷。响应性表现于顾客在获得帮助、得到答案及服务人员注意到问题前等待的时间上。

为在响应性维度上做到优异，公司应站在顾客角度而不是公司角度来审视服务传递及处理顾客要求的过程。在公司视角上，内部过程要求的快速和及时的标准可能与顾客对快速和及时的要求有很大的差异。为在响应性方面真正突出自己，公司除了需要在所有与顾客接触的地方配备能做出积极响应的一线服务人员外，还需要有一个配备精良的顾客服务部。奇客小分队公司（Geek Squad）的全年365天每天24小时无休的电脑、平板电脑及相关设备的援助服务，为公司在快速响应服务方面赢得了声望——如其广告上说的，"因为病毒并不是按照工作时间发作的。"如顾客要等待服务电话接通，或者要通过复杂的语音系统留言，或者无法正常登录公司网站，这些都会降低顾客对于响应性的感知。

奇客小分队公司将其服务定位重点放在了服务质量的响应性维度上。

3. 保障性：激发信任和信心

保障性（assurance）被定义为雇员的技能和礼貌，以及公司及其员工取得顾客信任和信心的能力。在顾客视其服务为高风险时或是在他们不确定自己是否有能力评价服务的产出时,如银行、保险、证券交易、医疗和法律服务,该维度特别重要。

信任和信心可能体现在连接顾客与公司的那个人上,如证券经纪人、保险代理人、律师及顾问。在上述服务情境中,公司会寻求在关键联系人与特定的顾客之间建立信任与忠诚。"个人银行"的概念正体现和反映了这个想法:每个顾客都有专门的一位银行经理,该经理会单独了解属于他的每一位顾客并协调解决其所有银行业务。

在其他情况下,信任和信心由服务公司自身体现。保险公司如好事达公司(Allstate)(公司标语是"你与好事达在一起")和保诚集团(Prudential)(公司标语是"拥有一块基石")都表明了自己在为客户与公司建立整体化的信任关系努力。联邦快递的一次广告宣传活动中使用了"放轻松,这就是联邦快递"的标语,这是他们在专注于保证和信任方面超越其传统可靠性信息的宣传。

4. 移情性:将顾客作为个体对待

移情性(empathy)是企业给予顾客的关心和个性化的服务。移情性的本质是通过个性化的或者顾客化的服务,使每个顾客感受到自己是唯一和特别的,并且自己的需求能够得到理解。用户想要感觉到向其提供服务的公司对他们的理解和重视。小服务公司的员工通常知道每个顾客的姓名,并且与顾客建立了良好的关系,这代表着他们了解顾客的需求和偏好。当这种小公司与大公司竞争时,移情性可能使其具有明显的优势。

在企业对企业(B2B)的情况下,用户想要供应商理解它们所处的行业和面临的问题。许多小型电脑咨询公司通过把自己定位为特殊行业中的专家,成功地与大公司竞争。即使大公司有较丰富的资源,小公司仍被认为更了解顾客的问题和需求,并且能够提供更加顾客化的服务。

5. 有形性:以有形物来代表服务

有形性(tangible)被定义为有形的工具、设备、员工和沟通材料的整体观感。服务公司的有形具体的表达和形象为顾客(特别是新顾客)提供用以评价服务质量的依据。在战略中强调有形展示的服务行业主要是那些顾客需要在固定场所接受服务的类型,如餐馆、饭店、零售商店和娱乐公司。

尽管有形性经常被服务公司用来提升形象、保持一致性以及向顾客发出产品优质的信号,但是大多数公司还可把有形性和其他质量维度结合起来确立公司的服务质量战略。例如,美国的一家连锁的汽车保养维修企业捷飞络公司(Jiffy Lube),它的战略是同时强调有形性与响应性——提供快速有效的服务和舒适清洁的等候区域。相比之下,忽略服务策略中有形性维度的公司可能混淆甚至破坏原本好的策略。

表4-2给出了顾客在一系列服务情境下如何评价服务质量各项维度的示例,其中同时包括了消费者服务和商业服务。

表4-2 顾客评价服务质量的五个维度举例

行业	可靠性	响应性	保障性	移情性	有形性
汽车修理服务(消费者)	一次性按与顾客预定的时间完成修理服务	无障碍、不等待、及时回应顾客的要求	熟练的技工	知道顾客的名字,了解顾客以往的问题及顾客的偏好	维修设施、等候区、员工统一着装以及设备
航空服务(消费者)	按承诺准确送达目的地,按时刻安排准时起飞和送达	方便快捷的售票系统及行李托运处理	可靠的名声、良好安全的飞行记录、胜任的员工	理解顾客的个人特殊需要、主动预测顾客可能的需求	飞机、订票柜台、行李区、员工统一着装

(续)

行业	可靠性	响应性	保障性	移情性	有形性
医疗服务（消费者）	遵守患者的预约时间，诊断准确	无障碍、不等待、愿意倾听	知识、技能、证书和声誉	尊重患者，了解患者以往病史，认真倾听，富有耐心	候诊室、检查室、设备、书面材料
建筑行业（企业）	按预定时间及预算交付建筑方案	及时回复电话、能适应变化	资质证明、声誉、在业内的名声、知识和技术	了解客户所处的行业，能理解并适应客户的特殊需求，并逐渐了解客户	办公环境、出具的报告、建筑方案、发票收据、员工着装
信息处理服务（内部）	按顾客要求及时提供所需信息	及时回应顾客要求，杜绝"官僚主义"，及时处理问题	知识丰富且受过良好培训的员工、资质证明	了解每一个内部顾客本人，了解个人及部门的需求	内部报告、办公环境、员工着装
网络经纪人服务（消费者和企业）	提供正确的信息并准确执行顾客要求	快捷、易登入、无障碍的网站	网站信息有可靠的来源，品牌认知度，可在网页上找到显而易见的资质证明	在需要时可以提供人工服务	网站、传单、宣传册和其他印刷材料的观感

4.3.3 电子服务质量

电子零售业和电子服务的成长使得许多企业开始思考消费者如何评价网络服务质量，评价标准是否与非互联网服务的标准有所不同。[46]市场科学研究所（Marketing Science Institute）资助了一项研究以探寻消费者是如何评价电子服务质量的。[47]在这项研究中，电子服务质量（E-S-QUAL）被定义为一个网站促进购物、采购和发货的效力和效率的程度。通过探索性焦点小组和两个阶段的经验数据收集和分析，这项研究确立了七个维度，其中有关键的四个维度是围绕核心服务评价的，另外三个是围绕服务补救评价的。

对于未遇到过疑问及麻烦的网站，顾客就这四个核心维度的评价如下。[48]

效率：顾客登录和使用网站的难易程度及速度。
完成度：该网站对订单交付和产品可用性的承诺在多大程度上得以实现。
系统有效性：网站的正常运转。
私密性：网站安全及保护客户信息的程度。
该研究还揭示了当顾客遇到疑问和麻烦时用来评价服务补救的三个维度。
响应性：通过网站有效地处理问题和退货。
赔偿性：网站就遇到的问题给予顾客补偿的程度。
接触性：电话或在线客服能及时提供协助。

4.4 顾客的精力

引起业界广泛关注的顾客的精力是顾客忠诚度（不同于质量或满意度）的另一个驱动因素。研究人员发现顾客忠诚度与服务是否取悦或是满足了顾客关系甚微，而主要取决于是否尽量减少了顾客需要花费的精力来解决问题。[49]他们认为，把事情弄得复杂（高精力消耗）会导致顾客离开，即使极力取悦顾客也不能挽留。在顾客服务行业这是完全有意义的。当顾客有一个需要解决的问题时，他们希望能够花费自己最少的精力尽快解决问题。在这种情况下，研究人员建议企业提前预测并尽量防止顾客在接受服务后产生问题而再次电话联系，处理好服务过程中的顾客情绪，尽量减少顾客转换至其他渠道来解决问题的需求，并且真正地（而不仅仅是快速地）解决顾客的问题。

今天许多公司致力于测量顾客消耗的精力并以此作为预测顾客忠诚度的方式，这种预测方式看起来非常适合顾客服务行业。这个概念似乎与服务质量的五个维度和电子服务质量的维度非常兼容，所有这些维度都关注于满足基本的需求而不是使顾客快乐或超越其基本需求。但是在满足顾客基本需求的服务之外，也存在着顾客购买服务是为了寻求被取悦（例如，期待已久的假期、特别的音乐会或一周年或五周年晚宴）。还有其他一些时候，顾客愿意并期待花费一定的精力来与服务商一起参与完成服务，换句话说，就是他们并不期望缩减他们需要消耗的精力。这样的情况往往是一些重要的服务经历，如婚礼、毕业典礼或健康相关的服务。在这些情况下，决定顾客忠诚度的其他因素很可能会比顾客精力要重要得多。虽然顾客不会在任何情况下浪费自己的精力，但他们也不总是期望消耗的精力最小化。

⊙ 战略洞察

顾客满意度和底线

顾客满意度与公司战略目标如公司发展、盈利能力以及市场份额之间的关系是复杂的。一方面，不能满足顾客需求的公司难以获得公司的长期增长和盈利能力；另一方面，为提高顾客满意度的投资不能自动地带来公司的发展、盈利能力或市场份额。在这一章，我们关注于服务、顾客满意度、顾客忠诚度和公司运营成果之间的基础的积极的关系。基于几十年来的研究积累，已经明确地确定了这些关系存在于广泛的行业和背景之中。市场科学研究所发表的这项研究的回顾再次证实了这些重要关系中的根本的核心观点。但是没人否认还存在一些重要的细微差别，管理者对此要有所认识。简单地提高客户满意度并不能确保公司获得保底的运营成果，更不用说精确地预测这些成果的水平。

提摩西·凯宁汉姆（Timothy Keiningham）、苏尼尔·古塔（Sunil Gupta）、乐尔赞·艾克索伊（Lerzan Aksoy）和亚历山大·毕易（Alexander Booye）研究了这些战略关系的细微差别和复杂性，并在麻省理工学院《斯隆管理评论》中进行了报道。研究人员表示，客户满意度与客户支出之间的整体直接关系薄弱。绝对满意度并不是真正重要的。相反，重要的是相对于竞争性替代品顾客满意的程度。

研究人员提出了一些在决定满意的价值与成本时所考虑的议题。

议题1：取悦顾客导致亏损

类似于本章前面讨论的针对顾客精力的研究，这些研究人员发现取悦顾客的好处并不明确。他们指出一些顾客"非常满意"的公司，由于努力提高顾客的满意度成本很高而导致公司并不盈利。在某些情况下，公司可能通过提供非常低的价格来使顾客满意，这根本不会产生利润。他们指出电子购物网站高朋团购（Groupon），有6个在客户满意度方面表现极佳的商品类别实际上是亏损的。因此，管理人员需要仔细考虑与取悦顾客的成本相比，存在的潜在回报是多少。

议题2：更小的通常等于更快乐

较高的顾客满意度与市场份额相关联的想法似乎带有一定的逻辑性。但这些研究人员却表示，客户满意度和市场份额并不一致。事实上，获得最高顾客满意度的往往是那些小企业和非市场份额领导者，相反，高市场份额的公司并不一定具有最高的顾客满意度标准。包括麦当劳和沃尔玛都是这种现象的例证，它们都是所在商业类别中的市场份额领导者，但却不以任何方式享有最高水平满意度的声誉。可能的解释是这些市场领导者在广泛的商业类别中必须具有多样化的吸引力。它们服务于不同类型且有多种需求的客户，这便导致更多的变化，并降低了总体满意度。因此，如果市场份额是公司的主要目标，那么就必须仔细权衡其相应的客户满意度投资。

议题 3：作为第一名的重要性

研究人员还发现，客户满意度并不能很好地预测顾客的"钱包份额"，即他们将在一家公司购买什么。研究最终表明顾客的钱包份额与他们的相对满意度有关，即与其他服务品牌相比顾客对特定服务品牌的感受如何。因此，绝对的满意不是消费者支出或钱包份额的良好预测，相反，相对满意度比较重要。

那么，公司经理要做什么呢？

首先，所有的公司经理人应该懂得没有满意的顾客，公司将无法长久生存，并且，有太多不满的顾客能够迅速毁掉一个企业，这些都是基本的真理。但管理人员必须以开放的眼光对待客户满意度业务，并清楚了解其企业目标，使其与满意度策略相一致。

如果企业的首要目标是增加市场份额并成为市场的领导者，那么对于客户满意度就需要有更大的变动空间。通常，与小众的利基市场竞争对手相比之下，大众市场品牌在客户满意度方面会受到损害。如果企业的首要目标是最大化利润（特别是在短期内），那么投资客户满意度的成本必须仔细考虑并与利益平衡。细分顾客群以了解哪些客户是有利可图的，这样做也将有助于更有针对性地投资，以提高最有利可图的（或最有潜在利润可图的）顾客的满意度。

基准线：仔细思考客户满意度，了解它如何与公司发展总体目标相适。然后测量它的作用，并相应地进行投资。但不要忽视它或低估它的重要性！

资料来源：V. Mittal and C. Frennea, " Customer Satisfaction: A Strategic Review and Guidelines for Managers," *Marketing Science Institute*, 2010; S. Gupta and V. Zeithaml, " Customer Metrics and Their Impact on Financial Performance," *Marketing Science* 25 (November-December 2006), pp. 718–739; T. Keiningham, S. Gupta, L. Aksoy, and A. Buoye, " The High Price of Customer Satisfaction," *MIT Sloan Management Review*, 55 (April 2014), pp. 37–46; T. Keiningham, L. Aksoy and L. Williams, *The Wallet Allocation Rule* (Hoboken, NJ: John Wiley & Sons, Inc., 2015).

4.5 服务接触：顾客感知的基础

我们刚刚完成了对顾客感知特别是顾客满意和服务质量的讨论。如我们的战略洞察中所讨论的，今天服务公司认识到其可以通过高辨识度的服务质量、满意度和顾客忠诚度来更有效地进行竞争。接下来我们将讨论服务感知的构建模块——服务接触或叫作"关键时刻"。顾客正是在服务接触时建立其服务质量感知的。

4.5.1 服务接触或真实瞬间

从顾客的角度来看，服务使其产生最鲜明的印象就发生在服务接触（service encounter）或是真实瞬间（moment of truth）时，即顾客与服务公司接触时。例如，旅客在一家酒店所经历的服务接触包括登记住宿、由服务人员引导至房间、在餐厅就餐、要求提供唤醒服务以及结账等。你可以把这些真实瞬间连接起来想象成一个服务接触序列，见图4-4，顾客正是在这些接触的过程中获得了对组织服务质量的独立印象，而且每次的接触都会对顾客的整体满意度和再次进行交易的可能性产生影响。因此,从组织的角度来看,每一次的服务接触也提供了证明其作为合格服务提供者的潜力和提高顾客忠诚度的机会。一系列的服务接触也可以联系起来形成一个整体的顾客体验。在酒店的例子中,所有的个人服务接触将连接在一起,构成第5章所述的"端到端顾客体验"或"顾客之旅"。如果旅客延长住宿时间,这样的顾客之旅可能会包括许多次的接触,甚至延续数天乃至数周的时间。

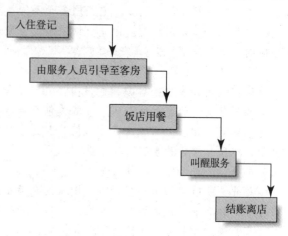

图 4-4　酒店服务接触层次示意图

有些服务的服务接触很少,有些则很多。据迪士尼公司估计,到其主题公园游玩的每位游客平均要经历74次不同的服务接触,而其中任何一次不愉快的接触都可能导致对其整体否定的评价。在服务接触序列比较靠前的几级中所发生的错误和问题尤为严重,万豪国际酒店在对顾客进行广泛调查以研究影响顾客忠诚度的关键性服务因素时得出了这一结论。它发现5项最重要因素中的4项发生在顾客出现的头10分钟内。[50]

4.5.2　接触的重要性

虽然说服务接触序列比较靠前的几级特别重要,但是在决定顾客满意度和忠诚度方面,任何阶段的接触都是很重要的。顾客和公司的第一次接触会使该顾客留下对公司的第一印象。在这种第一次接触情形下,顾客往往没有其他依据来评价该组织,与该公司代表的初始电话联系或面对面接触会对顾客关于服务质量的看法产生非常重要的影响。在一位顾客打电话寻求家用电器维修服务时,如果受到服务代表的粗鲁对待、很长时间无人接听电话或者被告知最快要两周才有可能派出维修人员上门服务,他很可能挂断电话,另寻其他服务公司。如果第一次接触就把顾客赶走,即使该公司维修服务的技术质量首屈一指,它也根本没有机会证明这一点。

即使顾客与公司已有过多次接触,每一次接触对于在顾客心目中建立公司的完整形象也起着重要作用。在今天的技术媒介世界中,这些服务接触可以通过网站和其他基于互联网的渠道在线进行,也可以与顾客会面或通过电话进行。许多积极的经历积累起来会树立起高质量的整体形象,而许多负面接触则会产生相反效果。例如,为大型企业客户的餐厅和咖啡厅提供食品服务的机构供应商,可能已经与客户经理或处理该业务的销售人员进行了一系列积极的接触。这些接触可能通过多个渠道进行,包括通过公司网站、电子邮件等在线联系,通过电话联系或直接会面。紧随其后,还可以跟实际搭建这些食品服务设施的运营人员也进行积极接触。然而,即使有了这些积极的接触,与食品服务部门的工作人员或管理账单程序的会计部门的负面经历,也会导致客户对服务公司整体质量产生一种混合的印象。这种服务体验的变化可能导致企业客户对服务机构的质量产生疑问,并且不确定未来可以期望得到什么样的服务。每一次和代表食品服务提供商的不同人员和部门的服务接触,增加或减损了其与服务提供商维持长久关系的潜力。

从逻辑上说,在建立关系方面并不是所有的接触都同等重要。对每一个组织来说,都有一些特定的接触是实现顾客满意的关键。对于万豪国际酒店来说，初期的接触最为重要。在医院服务情境中，对病人的研究表明，就病人满意度而言，与护理人员的接触要比与膳食人员或收费人员的接触重要得多。[51] 研究还表明，相对于令人愉快的服务接触，服务质量将受到时间、频率、负面程度或失败的服务接触等事件类型的影响。[52]

除了这些关键的接触外，还有一些重大的服务接触，就像谚语所说的"一个坏苹果"一样，不管过去发生过多少次或什么类型的接触，此类接触都会毁掉之前所有的努力并把顾客赶走。这些接触可能与一些非常重要的事件相联系（如没能在最后截止期限之前发送出一台重要设备），或者像专栏4-1中所描述的故事中那样，可能表面上看与重要事件毫无关联。同样，重要的积极接触可能令顾客对组织一生忠诚。对于呼叫中心的研究结果显示，虽然在服务接触序列中各个事件的平均质量很重要，但可以通过在接触序列中选择性地提供积极的高峰体验来加强满意度。[53] 这项研究以及其他相关研究结果说明，"在服务接触序列中不是所有的事件都是平等的"。事实上，通过在序列中的预定点创建令人愉快的（或"尖峰"）体验会有所收益。

◎ 专栏 4-1

关键的服务接触破坏了30年的关系

约翰·巴里尔（John Barrier）先生这样说："不论你在这家银行有1美元还是100万美元的存款，我认为他们都理应为你的停车票盖章买单。"有一天，巴里尔先生来到了位于华盛顿州斯波坎的银行。他穿着平常的旧衣服，开着一辆皮卡车，并把车停在了银行旁边的停车场。在银行内兑现了一张支票后，他来到停车场打算开车离开。停车场的职员告诉他需要支付60美分的停车费，或者他可以让银行给他的停车票据盖章认证便可免费停车。巴里尔认为没问题，便走回银行（顺便一提，他已经是这家银行30年的用户）。柜台人员上下打量了他之后拒绝为他盖章，并告诉他银行只为来银行办理交易的顾客提供免费停车，而兑现支票并不是交易。巴里尔先生要求见银行经理，经理也上下打量了他一番，退了一步，"以一种特殊的表情看了我一眼"，也拒绝为停车票盖免费章。巴里尔先生说道："好的，你们既然不需要我，我也不再需要你们。"他取出了在这家银行的所有存款，总共100万美元，直接将它存入了这条街上与其竞争的另一家银行。

资料来源："Shabby Millionaire Closes Account, Gives Bank Lesson about Snobbery", *The Arizona Republic*, February 21, 1989, p. A3.

4.5.3 服务接触的种类

顾客与服务组织相联系的任何时刻都会发生服务接触。服务接触分为三大类：远程接触、以科技为媒介的接触和面对面接触。[54] 在与服务公司相联系时，一位顾客可能经历这三类接触之一或者三者的组合。

首先，接触可以不是人与人的直接接触（远程接触，remote encounter），如当顾客使用银行的ATM系统时，使用公司网点自动贩卖机时，或通过电话自动按键订购邮购服务时。远程接触也发生在公司通过常规邮件或电子邮件给顾客邮寄账单或其他类型的交流信息时。在远程接触中，虽然没有直接的人与人之间的接触，但是对于公司来说，每一次接触都是增强或树立顾客对公司服务质量感知的机会。在远程接触中，服务相关的实物证据以及技术过程和系统的质量成为顾客判断质量的基本依据。零售采购、航空订票、维修和故障排除以及包装和运输追踪，这些只是可以通过国际互联网提供服务的几个例子。所有这些服务接触都可以看作远程接触，参见"技术亮点"。

在许多组织中（如保险公司、公共事业公司和电信公司），终端客户和公司之间最常见的接触类型是通过电话或通过即时短信、实时聊天或其他基于技术可以实时与人沟通的平台（以科技为媒介的接触）。几乎所有的公司（无论是制造业还是服务行业），都在一定程度上依赖电话接触来实现顾客服务、常规调查或接受订单等功能。电话接触中对质量的判断与远程接触中不同，因为在互动中存在着较大的变异性。[55] 接听电话的预期、雇员的知识、处理顾客问题的速度和效率成为在这些接触中判断质量的重要标准。对于实时电子邮件或文本交流或实时聊天的接触，不能依赖交流时人的声音来提供线索，交流时实际词语的选择和沟通的语气将决定顾客对服务质量的感知。

第三类接触形式是雇员和顾客直接接触（面对面接触，face-to-face encounter）。在梅奥诊所（Mayo Clinic），面对面接触发生在病人与接待人员、护士、医生、检验室人员、餐饮服务人员、药房工作人员以及其他人员之间。对于像IBM这样的公司，在企业对企业的业务中面对面的接触发生在企业客户与销售人员、送货人员、维修代表和专业顾问之间。确定并理解面对面接触中的服务质量问题是在所有接触类型中最复杂的。语言和非言语行为是质量的重要决定因素，有形的暗示如员工着装和其他服务标志（如设备、信息手册和有形设备）也是重要的决定因素。在面对面的接触中，顾客也通过自己在互动中的行为，参与服务并形成最终的服务质量。

■ 技术亮点　　　　　　大家都爱亚马逊

亚马逊声明，"亚马逊致力于成为全球最关注顾客的公司，顾客可以在这里找到或发现所有想在线购买的商品。"全球家喻户晓的公司亚马逊的首席执行官杰夫·贝佐斯（Jeff Bezos）一直认为顾客是第一位的，他在2011年给股东的信中表示："股东的长期利益与顾客的利益是完全一致的。"基于对客户、关系和价值的明确关注，2015的净销售额增长了20%，达到1 070亿美元。2015年美国客户满意度指数对亚马逊评分为83分，是所有行业的所有公司中评分最高的。根据贝佐斯的说法，"客户至上，如果你专注于顾客需求并与他们建立关系，你就可以赚到钱。"[58]

对于其核心业务在线图书销售，亚马逊历史上是以人为主导进行交易的，之后成功地把它转化为一个基于网络的服务体验。让我们来看看它在这个领域做了什么，以及为什么顾客如此喜欢它。自1995年7月成立以来，亚马逊能提供的书已经达到了其他任何实体书店都无法企及的库存量，所以书目选择性多和可及时购得是它受到消费者喜爱的一个关键原因。但这仅仅是个开始，除了书目选择性多外，亚马逊还投入了大量精力来模拟邻里书店的感觉，在这里顾客可以与其他顾客交流、讨论书籍，并得到书店员工的建议。

多年来，亚马逊已将用户反馈纳入产品页面，并添加了"在线试读"功能，以便读者更简便地获得书籍试读样章。它为每位顾客提供个性化的购物体验，并通过其"一键下单"功能快捷地结账。亚马逊允许顾客通过简单输入关键字在其庞大的数据库中进行搜索，从而找到与实际的任何主题相关的书籍。其一对一的营销系统可以记录下每个消费者买了什么并给他们发送有可能感兴趣的相关产品的信息。

2007年亚马逊推出了Kindle，一款可以用来阅读书籍和其他印刷材料的电子阅读器。但是Kindle不仅仅是阅读设备，还可每天24小时通过无线网络连接购买书籍、阅读评论和在几秒钟内付款并下载书籍。其注册的悄声同步（Whispersync）技术可确保读者随时随地阅读他们的阅读库，并可以找到所有标记、注释和迅速翻至最近阅读的页面。在短短几年里，Kindle上阅读的电子书籍销量超过了纸质书籍，并成为亚马逊图书销售最流行的形式。

亚马逊的首席执行官杰夫·贝佐斯和电子阅读器Kindle。

与其他创新和服务一样，亚马逊从顾客的角度设计出了Kindle，并不断加强设计和改变功能来确保读者的忠诚度，而不是盲目追随最新的技术。赋予Kindle能量的技术对于客户来说是不可见的，而增强功能是为了提高用户体验。正如贝佐斯所说："对于绝大多数书籍来说，增加视频和动画是不会有帮助的。这是分心而不是增强。你无法通过添加视频片段来改进海明威的文学作品。"

很少有人会否认亚马逊是为消费者提供技术或基于技术之上服务的大师。亚马逊网络服务（Amazon Web Services，AWS）自2006年推出以来的快速增长证明了这一事实。AWS允许公司将数据存储至亚马逊的云端并进行计算，最近它已经将数据库、开发工具和分析软件添加到其功能组合中。

此外，2015年亚马逊通过其亚马逊回声（Echo）设备扩展到智能家居自动化技术领域。回声（Echo）也被称为亚历克萨（Alexa），是一个声音激活的扬声器，可以用来播放音乐和提供信息，如最新的新闻、天气和体育比分。亚马逊通过发布新"技能"以持续构建Echo的各种功能，使其能与家庭中的其他应用和智能设备［如优步（Uber）、Nest恒温器、飞利浦Hue灯泡，甚至多米诺比萨（Domino's Pizza）］进行通信。通过允许Echo与各种应用和设备进行交互，用户可以灵活地以最适合自己的生活方式的途径使用这款设备。这个以客户为中心的产品获得这样的评论："我们爱亚历克萨。""我在亚马逊买过的最棒的东西。""亚历克萨，我的爱，你是一个几乎完美的伴侣。"

最后，从开始只是简单地为狂热的亚马逊顾客提供免费的两天快递计划，发展为专门的会员制度，为支付年费的亚马逊会员提供音乐、电影、照片存储服务和许多其他优惠。

由于亚马逊在技术交付的零售和阅读服务方面处于领先地位，几乎不会有人质疑其长期的成功。总而言之，将顾客作为公司战略的重心的理念看似已经有所回报。

资料来源：Amazon.com, www.amazon.com, accessed July 18, 2011; ACSI results at www.theacsi.org, 2015; A. Penenberg, " The Evolution of Amazon, " *Fast Company*, July–August 2009, pp. 66–72, 74; J. Authors, " An Amazing 10-year Amazonian Adventure LONG VIEW, " *Financial Times*, April 28, 2007, p. 24; G. Fowler, " Kindle to Go ' Mass Market, '" *The Wall Street Journal*, July 29, 2010, p. 6; S. Woo, " Amazon Grows—at a High Price, " *The Wall Street Journal*, January 28, 2011, p. B1; "Amazon.com Announces Fourth Quarter Sales Up 22% to $35.7 Billion, " Businesswire.com, January 28, 2016, http://www.businesswire.com/news/home/20160128006357/en/Amazon.com-Announces-Fourth-Quarter-Sales-22-35.7; G. A. Fowler, " Amazon's Alexa Listens and Learns, " *The Wall Street Journal*, April 14, 2016, p. D1.

4.5.4 服务接触中愉快或者不愉快的来源

由于服务接触在建立服务质量感知方面非常重要，研究者已广泛分析服务接触的许多方面，以期确定顾客喜欢或不喜欢的感知的来源。该研究采用关键事件研究法让顾客和雇员提供关于其满意或者不满意的服务接触的经历（请参阅第 5 章了解本研究方法的详细说明和参考）。

以成千上万个服务接触案例为基础，研究人员界定了在可回忆的服务接触中顾客满意或不满意来源的四个常见主题：补救（失误之后）、适应能力、自发性和应对。[56] 这些主题涵盖了各行各业的服务接触行为。

1. 补救——雇员对服务传递系统失误的回应

第一个主题涵盖所有发生在服务传递系统失败的事件，员工必须以某种方式回应顾客的投诉和失望。例如，系统失败可能是提前预订的酒店房间不能入住，航班晚点 6 个小时，邮购公司寄错了订购的商品或者是内部文件出现了严重的错误。员工回应的内容或方式将会导致顾客对这次事件是称赞还是不满。研究机构和研究员广泛研究了服务修复的细微差别，包括雇员行为和客户回应。第 7 章的整个章节将专门介绍针对服务修复的研究和最佳实践。

2. 适应能力——雇员对顾客需要和要求的回应

服务接触中满意或不满意来源的第二个主题是，当顾客在服务过程中有特殊需求和需要时，服务传递系统如何与之相适应。这时，顾客依据雇员和系统的灵活性来判断服务接触的质量。被划归这一主题的事件都包含有明确的或暗示的对顾客所需要的服务进行顾客定制的需求。研究人员对导致顾客有特殊需求的"顾客缺陷"进行了分类，包括个人身体能力缺陷、知识缺陷、财务资源缺陷和/或时间限制。[57] 许多在顾客看来是应其个人特殊需求的服务，在雇员看来却只是常规服务，但重要的是要让顾客感觉到服务商基于他个人需求为他提供了特殊服务。当服务提供者努力调整系统以满足其需要时，无论是内部顾客还是外部顾客都会感到很满意。相反，不愿为他们的需求做调整或者对其许下从来都不会兑现的承诺会令顾客非常生气和心灰意冷。一线员工也把其调整系统的能力视为顾客满意的主要来源，那些限制灵活性的制度同样会令他们感到心灰意冷。

3. 自发性——自发的、雇员主动提供的服务行为

即使不存在系统故障和顾客的特殊需求，顾客也会对服务接触产生特别满意或者不满意的印象。提供印象深刻的优质或低劣服务时，员工的自发性是第三个主题。划为这一组的好的情形都表现为顾客得到了惊喜（受到特别重视、享受一流待遇以及在未提出要求时获得了好东西），而不好的情形都表现为消极的或者是难以接受的雇员行为（态度粗暴、偷窃、歧视且忽视顾客）。

4. 应对——雇员对问题顾客的回应

这一组的例子是在雇员描述顾客满意或者不满意的服务接触时显现的。除了在前面归纳的三个主题中的情形，雇员们还讲述了许多由于顾客自身原因而导致其不满意的事件。这种顾客根本不打算合作，也就是说他们不愿意和服务提供者、其他顾客、行业规则甚至法律合作。在这种服务接触中，雇员的无计可施会让这类顾客感到开心。"应对"这个短语用于这种情况中，是因为通常"应对"是员工在处理问题顾客的服务接触中必要的行为。从顾客的角度看这种接触很少令人感到满意。[59] 有意思的是，顾客自己不曾讲述任何"问题顾客"事件。也就是说，要么是顾客没有遇到，要么是他们选择不去记住或提起由于自己不合理的行

为引起的令其不满意的故事。

表 4-3 是基于前面讨论的这四个主题：补救、适应能力、自发性和应对，总结出的服务接触中造成顾客满意或不满的雇员的具体行为。表格左侧是为了能够与顾客有正面的服务接触对雇员提出的建议，而右侧则概括了每一主题下的负面行为。

表 4-3　基于服务接触主题的一般服务行为——"要做"和"不要做"

主题	要做	不要做
补救	承认问题 解释原因 道歉 赔偿／升级服务 给出选择方案 承担责任	不理睬顾客 责备顾客 让顾客自己解决 降低档次 不承认错误 推卸责任
适应能力	认识到顾客需求的重要性 承认 预期 努力容纳 调整系统 解释规则／政策 承担责任	忽视顾客需求 承诺，但没能履行 表示不情愿尝试 使顾客尴尬 嘲笑顾客 回避责任 推卸责任
自发性	愿意花费时间 集中注意力 预测顾客的需求 倾听 提供信息 具有同理心	流露出不耐烦的情绪 忽视顾客要求 喊叫／嘲笑／咒骂顾客 对顾客行窃 歧视顾客
应对	倾听 试图去包容 解释 给予顾客自由的时间	个人化顾客的不满 让顾客的不满影响他人

4.5.5　基于科技的服务接触

至今描述的所有关于服务接触的研究以及由此产生的基本服务基础评估的主题都是基于人与人之间的服务，包括雇员与顾客之间的面对面的或语音通话的接触。研究人员还研究了基于科技的服务接触满意度来源，基于科技的服务接触是指涵盖了线上的，通过互通信息亭、手机应用软件或自动化电话系统的服务接触。快速增长的实用的科技服务选择意味着每一天都有越来越多的科技服务可以替代以往通过人来提供的服务，以供消费者选择，并使其体验到突破性的创新。虽然在这些不同类型的服务接触中，满意度的驱动力有很多相似之处，但也存在一些差异。[60]

无论服务是通过科技工具还是面对面交付，顾客仍然希望公司能履行核心承诺，他们期望科技工具能够可靠运行，并快速高效地满足他们的需求。基于科技的服务接触的失败通常表现为：技术系统故障、后续流程故障、拙劣的网站或技术设计或顾客操作失误。当服务失败时，顾客对于以科技方法交付的服务最主要的投诉就是没有有效的服务补救来解决问题，而且他们经常需要打电话给服务商，而这正是他们起初想要避免的事情。使用更先进的实时聊天和在线帮助资源是服务公司应对这些挑战的方式。

和人与人之间的服务接触一样，顾客也期望科技系统服务具有灵活性并且能以个性化的方式来适应并满足他们的需求。基于科技的服务目标往往是标准化并持续地提供相同的服务，而其服务的灵活性这个方面最初看起来是违反直觉的。然而顾客不会对不满足他们需求的标准化服务感兴趣。因此，基于科技的服务已经开发出一些方法来解决问题，例如通过向顾客提问以集全力来满足顾客需求（如自动语音应答系统），或通过了解顾客并基于顾客以往购买和搜索记录为其提供定制化的选择。例如，奈特福莱克斯（Netflix 视频网站）和亚马逊优选（Amazon Prime 购物网站）都会关注个人用户喜欢的电影、书籍和其他类别商品的信息，并根据其个人历史为每个人提供精准的建议。在技术聚焦中，亚马逊可能是最著名的通过科技为顾客提供这类可以自调整且定制化服务的公司。像微软公司的科塔娜（Cortana）、亚马逊的亚历克萨（Alexa）和苹果公司的西丽（Siri）等自动化语音助手也越来越能够个性化和应对顾客的问题和要求。

研究还表明，如果顾客认为它们比替代品更好，便会乐于使用基于科技的服务。与服务人员面对面的或到实体商店购买的服务替代方案相比，基于科技的服务是否更易于使用，是否更可靠，是否更节省时间或者金钱？研究表明，与服务人员提供服务这个替代方案相比，顾客能提前感知到自助服务科技方法的便利（如可以随时使用，不必出门便可使用）是顾客选择科技服务选项的一大动力。[61] 即使基于科技的服务更方便、更新潮并能提供其他好处，也并不是所有的顾客都愿意选择这种服务方式。研究表明，在采用科技服务时顾客可以分为五类：[62]

- 存疑者（占消费者总数的 38%）——那些有点脱离科技并且不是非常积极或消极使用它的人。
- 探索者（占 18%）——那些有主动意愿去尝试新技术的人。
- 逃避者（占 16%）——那些抗拒并不愿尝试新技术的人。
- 先锋（占 16%）——那些对使用技术持强烈肯定和强烈否定观点的人。
- 犹豫者（占 13%）——那些不是非常创新，也因此不太可能使用新技术的人。

服务行业的技术转型将继续前进，随着时间的推移，大多数顾客会使用越来越多的科技服务，甚至机器人在某些情况下也可能成为服务选项。[63] 但是我们预测，无论服务以何种形式交付，顾客都希望服务接触一如既往是可靠的（在发生故障时可及时修复）、个性化的和方便的。

小结

本章描述了顾客服务感知，首先介绍了两个重要概念：顾客满意和服务质量。这些重要的顾客感知根据其影响因素来定义和讨论。顾客满意是广义上的感知方式，它不仅受顾客情感反应、成败的归因和对公平感知的影响，还受到产品属性和特征的影响。服务质量，即顾客对产品服务成分的感知，也是顾客满意的决定因素。有时对纯服务来说，服务质量可以是顾客满意的最重要因素。服务质量感知基于五个维度：可靠性、响应性、保障性、移情性和有形性。

本章的另一个主要目的是介绍服务接触或"真实瞬间"的概念，它是建立顾客满意和服务质量的基石。每一次服务接触（无论是远程的、以科技为媒介的还是面对面的）都是建立质量和满意感知的机会。

第 3 章和第 4 章为你提供了有关服务的顾客问题的基础。这两章旨在使你完整理解顾客的服务期望及感知。我们将通过本书的其余篇章继续阐述缩小顾客期望与感知之间差距的方法。

讨论题

1. 什么是顾客满意,为什么它很重要?讨论顾客满意如何受以下各个因素的影响:产品的属性和特征、顾客的情感、成功或失败的归因、对平等的感知以及家庭成员或其他顾客的观点。
2. 什么是ACSI?你认为这种顾客满意的国家指标应该作为国家经济福利的标杆之一吗(就如国内生产总值GDP、价格指数和生产率那样)?
3. 服务公司一般比耐用和非耐用商品的生产公司得到更低的ACSI评分的原因是什么?
4. 讨论服务质量感知和顾客满意之间的区别。
5. 列出并定义服务质量的5个维度。就每一个维度描述你的服务商(如银行、医生以及你最喜爱的餐厅)提供给你的服务。按照你的想法,这个服务机构在任一特定的服务质量维度上与其竞争者有区别吗?
6. 描述你最近经历的一次远程服务接触、以科技为媒介的服务接触和面对面的服务接触。你如何评价这次接触?在每次接触中,决定你满意/不满意的最重要因素是什么?
7. 描述一次航班飞行的服务基础序列。你认为该序列中决定你对航空公司服务质量整体印象的最重要的接触是什么?
8. 为什么专栏4-1中的那位顾客离开了合作30年的银行?在这个例子中,哪些原因导致了他的不满?为什么这些原因会使他离开?
9. 假设你是某健康俱乐部的经理。讨论一下,为在最大程度上使顾客对你的俱乐部产生肯定感知,你可能采取的总体战略是什么?你如何才能判定这些战略是否成功?

练习题

1. 把你一周中与不同组织(至少5个)产生的服务接触记录下来。针对每一次记录问自己以下问题:什么情况引发这次接触?雇员说了或做了什么?你如何评价这次接触?什么原因使你做出那样的评价?他们本应该做哪些不同的事情(如果有)?根据导致服务接触满意/不满意的4个因素(补救、适应能力、自发性、应对),对你的接触进行分类。
2. 向一个非美国文化背景的人询问服务质量相关的问题。问他是否认为服务质量的5个维度都是相关的,在他的国家哪些因素在决定银行服务(或其他类型的服务)质量上是最重要的。
3. 访问一位当地服务公司的雇员。请他就所在的公司和你讨论每个服务质量维度。向他询问:哪个维度是最重要的?哪个维度与他公司的服务业务是不相关的?其公司在哪个维度方面表现出色?如何做到的?提高哪一个维度可使公司从中获益?为什么?
4. 访问一位公司经理、老板或董事长。和他讨论其用来确保顾客满意的战略。向他询问:服务质量如何成为其公司战略的一部分,或者是否是其中一部分?了解这个人是如何衡量顾客满意度和/或服务质量的。
5. 访问亚马逊网站,再逛一间传统书店,你会如何对比这两次经历?对比这两种不同情形中最能影响你满意度和对服务质量感知的因素。在什么时候你会选择其中一家而不是另一家?

参考文献

1. C. Zane, *Reinventing the Wheel* (Dallas, TX: BenBella Books, 2011); "Creating Lifetime Customers," http://www.Christopherzanecom/media/, accessed July 2011; A. Danigelis, "Local Hero: Zane's Cycles," *Fast Company,* September 2006, p. 60; D. Fenn, *Alpha Dogs: How Your Small Business Can Become a Leader of the Pack* (New York: Collins, 2003); Chris Zane presentation at "Compete through Service" Symposium, November 2010, Center for Services Leadership, Arizona State University. Also see excellent YouTube videos of Chris Zane speaking to business audiences about his strategy, accessed 2016.

2. For more discussion of the debate on the distinctions between quality and satisfaction, see A. Parasuraman, V. A. Zeithaml, and L. L. Berry, "Reassessment of Expectations as a Comparison Standard in Measuring Service Quality: Implications for Future Research," *Journal of Marketing* 58 (January 1994), pp. 111–124; R. L. Oliver, "A Conceptual Model of Service Quality and Service Satisfaction: Compatible Goals, Different Concepts," in *Advances in Services Marketing and Management,* vol. 2, ed. T. A. Swartz, D. E. Bowen, and S. W. Brown (Greenwich, CT: JAI Press, 1994), pp. 65–85; M. J. Bitner and A. R. Hubbert, "Encounter Satisfaction vs. Overall Satisfaction vs. Quality: The Customer's Voice," in *Service Quality: New Directions in Theory and Practice,* ed. R. T. Rust and R. L. Oliver (Newbury Park, CA: Sage, 1993), pp. 71–93; D. Iacobucci, K. A. Grayson, and A. L. Omstrom, "The Calculus of Service Quality and Customer Satisfaction: Theory and Empirical Differentiation and Integration," in *Advances in Services Marketing and Management,* vol. 3, ed. T. A. Swartz, D. E. Bowen, and S. W. Brown (Greenwich, CT: JAI Press, 1994), pp. 1–67; P. A. Dabholkar, C. D. Shepherd, and D. I. Thorpe, "A Comprehensive Framework for Service Quality: An Investigation of Critical Conceptual and Measurement Issues through a Longitudinal Study," *Journal of Retailing* 76 (Summer 2000), pp. 139–173; J. J. Cronin Jr., M. K. Brady, and G. T. M. Hult, "Assessing the Effects of Quality, Value, and Customer Satisfaction on Consumer Behavioral Intentions in Service Environments," *Journal of Retailing* 76 (Summer 2000), pp. 193–218.

3. See, in particular, Parasuraman, Zeithaml, and Berry, "Reassessment of Expectations"; Oliver, "A Conceptual Model of Service Quality"; and M. K. Brady and J. J. Cronin Jr., "Some New Thoughts on Conceptualizing Perceived Service Quality: A Hierarchical Approach," *Journal of Marketing* 65 (July 2001), pp. 34–49.

4. A. Parasuraman, V. A. Zeithaml, and L. L. Berry, "SERVQUAL: A Multiple-Item Scale for Measuring Consumer Perceptions of Service Quality," *Journal of Retailing* 64 (Spring 1988), pp. 12–40.

5. Parasuraman, Zeithaml, and Berry, "Reassessment of Expectations."

6. Oliver, "A Conceptual Model of Service Quality."

7. See V. Mittal, P. Kumar, and M. Tsiros, "Attribute-Level Performance, Satisfaction, and Behavioral Intentions over Time," *Journal of Marketing* 63 (April 1999), pp. 88–101; L. L. Olsen and M. D. Johnson, "Service Equity, Satisfaction, and Loyalty: From Transaction-Specific to Cumulative Evaluations," *Journal of Service Research* 5 (February 2003), pp. 184–195; P. C. Verhoef, G. Antonides, and A. N. De Hoog, "Service Encounters as a Sequence of Events: The Importance of Peak Experiences," *Journal of Service Research* 7 (August 2004), pp. 53–64.

8. Olsen and Johnson, "Service Equity, Satisfaction, and Loyalty."

9. R. L. Oliver, *Satisfaction: A Behavioral Perspective on the Consumer* (New York: McGraw-Hill, 1997).

10. For a more detailed discussion of the different types of satisfaction, see E. Arnould,

L. Price, and G. Zinkhan, *Consumers,* 2nd ed. (New York: McGraw-Hill, 2004), pp. 754–796.

11. S. Fournier and D. G. Mick, "Rediscovering Satisfaction," *Journal of Marketing* 63 (October 1999), pp. 5–23; Verhoef, Antonides, and De Hoog, "Service Encounters as a Sequence of Events;" G. Pizzi, G. L. Marzocchi, C. Orsinger, A. Zammit, "The Temporal Construal of Customer Satisfaction," *Journal of Service Research* 18 (November 2015), pp. 484–497.

12. Oliver, *Satisfaction,* chap. 2.

13. A. Ostrom and D. Iacobucci, "Consumer Trade-Offs and the Evaluation of Services," *Journal of Marketing* 59 (January 1995), pp. 17–28.

14. For more on emotions and satisfaction, see Oliver, *Satisfaction,* chap. 11; L. L. Price, E. J. Arnould, and S. L. Deibler, "Consumers' Emotional Responses to Service Encounters," *International Journal of Service Industry Management* 6 (1995), pp. 34–63.

15. L. L. Berry, S. W. Davis, and J. Wilmet, "When the Customer is Stressed," *Harvard Business Review,* October 2015, Vol. 93, No. 10, pp. 86-94.

16. L. L. Price, E. J. Arnould, and P. Tierney, "Going to Extremes: Managing Service Encounters and Assessing Provider Performance," *Journal of Marketing* 59 (April 1995), pp. 83–97.

17. T. Hennig-Thurau, M. Groth, M. Paul, and D. D. Gremler, "Are All Smiles Created Equal? How Emotional Contagion and Emotional Labor Affect Service Relationships," *Journal of Marketing* 70 (July 2006), pp. 58–73.

18. J. Du, X. Fan, and T. Feng, "Multiple Emotional Contagions in Service Encounters," *Journal of the Academy of Marketing Science* 39 (June 2011), pp. 449–466.

19. For more on attributions and satisfaction, see V. S. Folkes, "Recent Attribution Research in Consumer Behavior: A Review and New Directions," *Journal of Consumer Research* 14 (March 1988), pp. 548–565; and Oliver, *Satisfaction,* chap. 10; and Y. Van Vaerenbergh, C. Orsingher, I. Vermeir, and B. Lariviere, "A Meta-Analysis of Relationships Linking Service Failure Attributions to Customer Outcomes," *Journal of Service Research* 17 (November 2014), pp. 381–398.

20. A. R. Hubbert, "Customer Co-Creation of Service Outcomes: Effects of Locus of Causality Attributions," doctoral dissertation, Arizona State University, Tempe, Az, 1995.

21. M. J. Bitner, "Evaluating Service Encounters: The Effects of Physical Surroundings and Employee Responses," *Journal of Marketing* 54 (April 1990), pp. 69–82.

22. For more on fairness and satisfaction, see E. C. Clemmer and B. Schneider, "Fair Service," in *Advances in Services Marketing and Management,* vol. 5, ed. T. A. Swartz, D. E. Bowen, and S. W. Brown (Greenwich, CT: JAI Press, 1996), pp. 109–126; Oliver, *Satisfaction,* chap. 7; Olsen and Johnson, "Service Equity, Satisfaction, and Loyalty;" K. Seiders and L. L. Berry, "Service Fairness: What It Is and Why It Matters," *Academy of Management Executive* 12 (May 1998), pp. 8–20.

23. C. Miranda, "AT&T's $105 Million "Cramming" Settlement Leads to Refunds," Federal Trade Commission Consumer Information, October 8, 2014, https://www.consumer.ftc.gov/blog/atts-105-million-cramming-settlement-leads-refunds.

24. Fournier and Mick, "Rediscovering Satisfaction."

25. A. M. Epp and L. L. Price, "Designing Solutions around Customer Network Identity Goals," *Journal of Marketing* 75 (March 2011), pp. 36–54.

26. C. Fornell, M. D. Johnson, E. W. Anderson, J. Cha, and B. E. Bryant, "The American Customer Satisfaction Index: Nature, Purpose, and Findings," *Journal of Marketing* 60 (October 1996), pp. 7–18; *ACSI 10-Year Report Analysis (1994–2004),* Univer-

sity of Michigan, National Quality Research Center, 2005, www.theacsi.org.

27. E. W. Anderson, C. Fornell, and D. R. Lehmann, "Customer Satisfaction, Market Share, and Profitability: Findings from Sweden," *Journal of Marketing* 58 (July 1994), pp. 53–66.

28. M. Bruhn and M. A. Grund, "Theory, Development and Implementation of National Customer Satisfaction Indices: The Swiss Index of Customer Satisfaction (SWICS)," *Total Quality Management* 11 (2000), pp. S1017–S1028; A. Meyer and F. Dornach, "The German Customer Barometer," http://www.servicebarometer.de.or.

29. See www.theacsi.org and F. V. Morgeson III, S. Mithas, T. L. Keiningham, and L. Aksoy, "An Investigation of the Cross-national Determinants of Customer Satisfaction," *Journal of the Academy of Marketing Science* 39 (April 2011), pp. 198–215.

30. Fornell, Johnson, Anderson, Cha, and Bryant, "The American Customer Satisfaction Index;" *ACSI 10-Year Report Analysis.*

31. For a listing of companies and their scores, go to the ACSI website at www.theacsi.org.

32. ACSI website, www.theacsi.org.

33. Ibid, "National Economic Indicator, Financial Indicator," ACSI website, accessed May 21, 2016, www.theacsi.org.

34. See J. L. Heskett, W. E. Sasser Jr., and L. A. Schlesinger, *The Service Profit Chain* (New York: Free Press, 1997); S. Gupta and V. A. Zeithaml, "Customer Metrics and Their Impact on Financial Performance," *Marketing Science* 25 (November–December 2006), pp. 718–739.

35. C. Fornell, S. Mithas, F. V. Morgeson III, and M.S. Krishnan, "Customer Satisfaction and Stock Prices: High Returns, Low Risk," *Journal of Marketing* 70 (January 2006), pp. 3–14.

36. M. A. Wiles, "The Effect of Customer Service on Retailers' Shareholder Wealth: The Role of Availability and Reputation Cues," *Journal of Retailing,* Special Issue on Service Excellence 83 (January 2007), pp. 19–32.

37. L. Aksoy, B. Cooil, C. Groening, T. L. Keiningham, and A. Yalcin, "The Long-Term Stock Market Valuation of Customer Satisfaction," *Journal of Marketing* 72 (July 2008), pp. 105–122.

38. M. A. J. Menezes and J. Serbin, *Xerox Corporation: The Customer Satisfaction Program,* case no. 591-055 (Boston: Harvard Business School, 1991).

39. F. F. Reichheld, "The One Number You Need to Grow," *Harvard Business Review,* December 2003, pp. 47–54.

40. Information provided by TARP Worldwide, Inc., August 2007.

41. E. W. Anderson and V. Mittal, "Strengthening the Satisfaction–Profit Chain," *Journal of Service Research* 3 (November 2000), pp. 107–120; B. Hindo, "Satisfaction Not Guaranteed," *BusinessWeek,* June 19, 2006, pp. 32–36.

42. Brady and Cronin, "Some New Thoughts on Conceptualizing Perceived Service Quality"; C. Gronroos, "A Service Quality Model and Its Marketing Implications," *European Journal of Marketing* 18 (1984), pp. 36–44; R. T. Rust and R. L. Oliver, "Service Quality Insights and Managerial Implications from the Frontier," in *Service Quality: New Directions in Theory and Practice,* ed. R. T. Rust and R. L. Oliver (Thousand Oaks, CA: Sage, 1994), pp. 1–19; M. J. Bitner, "Managing the Evidence of Service," in *The Service Quality Handbook,* ed. E. E. Scheuing and W. F. Christopher (New York, AMACOM, 1993), pp. 358–370.

43. Parasuraman, Zeithaml, and Berry, "SERVQUAL: A Multiple-Item Scale." Details

on the SERVQUAL Scale and the actual items used to assess the dimensions are provided in Chapter 5.

44. N. Raajpoot, "Reconceptualizing Service Encounter Quality in a Non-Western Context," *Journal of Service Research* 7 (Novemer 2004), pp. 181–201.

45. Parasuraman, Zeithaml, and Berry, "SERVQUAL: A Multiple-Item Scale."

46. For more on customer satisfaction and service quality delivery via the Internet and technology see: M. L. Meuter, A. L. Ostrom, R. I. Roundtree, and M. J. Bitner, "Self-Service Technologies: Understanding Customer Satisfaction with Technology-Based Service Encounters," *Journal of Marketing* 64 (July 2000), pp. 50–64; V. A. Zeithaml, A. Parasuraman, and A. Malhotra, "Service Quality Delivery through Web Sites: A Critical Review of Extant Knowledge," *Journal of the Academy of Marketing Science* 30 (Fall 2002), pp. 362–375; M. Wolfinbarger and M. Gilly, "Etailq: Dimensionalizing, Measuring and Predicting Etail Quality," *Journal of Retailing* 79 (2003), pp. 183–198; B. B. Holloway and S. E. Beatty, "Satisfiers and Dissatisfiers in the Online Environment," *Journal of Service Research* 10 (May 2008), pp. 347–364.

47. A. Parasuraman, V. A. Zeithaml, and A. Malhotra, "E-S-QUAL: A Multiple-Item Scale for Assessing Electronic Service Quality," *Journal of Service Research* 7 (February 2005), pp. 213–233.

48. Ibid.

49. M. Dixon, N. Toman, and R. Delisi, *The Effortless Experience: Conquering the New Battleground for Customer Loyalty* (London: Penguin Books, Ltd., 2013); M. Dixon, K. Freeman, and N. Toman, "Stop Trying to Delight Your Customers," *Harvard Business Review,* July–August 2010, pp. 116–122.

50. "How Marriott Makes a Great First Impression," *The Service Edge* 6 (May 1993), p. 5.

51. A. G. Woodside, L. L. Frey, and R. T. Daly, "Linking Service Quality, Customer Satisfaction, and Behavioral Intention," *Journal of Health Care Marketing* 9 (December 1989), pp. 5–17.

52. K. Sivakumar, M. Lei, and B. Dong, "Service Quality: The Impact of Frequency, Timing, Proximity, and Sequence of Failures and Delights," *Journal of Marketing* 78 (January 2014), pp. 41–58.

53. Verhoef, Antonides, and De Hoog, "Service Encounters as a Sequence of Events."

54. G. L. Shostack, "Planning the Service Encounter," in *The Service Encounter,* ed. J. A. Czepiel, M. R. Solomon, and C. F. Surprenant (Lexington, MA: Lexington Books, 1985), pp. 243–254.

55. Ibid.

56. For a complete discussion of the research on which this section is based, see M. J. Bitner, B. H. Booms, and M. S. Tetreault, "The Service Encounter: Diagnosing Favorable and Unfavorable Incidents," *Journal of Marketing* 54 (January 1990), pp. 71–84; M. J. Bitner, B. H. Booms, and L. A. Mohr, "Critical Service Encounters: The Employee's View," *Journal of Marketing* 58 (October 1994), pp. 95–106; D. Gremler and M. J. Bitner, "Classifying Service Encounter Satisfaction across Industries," in *Marketing Theory and Applications,* ed. C. T. Allen et al. (Chicago: American Marketing Association, 1992), pp. 111–118; D. Gremler, M. J. Bitner, and K. R. Evans, "The Internal Service Encounter," *Journal of Service Industry Management* 5 (1994), pp. 34–56.

57. S. E. Beatty, J. Ogilvie, W. M. Northington, M. P. Harrison, B. B. Holloway, and S. Wang, "Frontline Service Employee Compliance with Customer Special Requests," *Journal of Service Research* 19 (May 2016), pp. 158–173.

58. Amazon.com, www.amazon.com, accessed July 18, 2011.
59. Bitner, Booms, and Mohr, "Critical Service Encounters."
60. M. L. Meuter, A. L. Ostrom, R. I. Roundtree, and M. J. Bitner, "Self-Service Technologies: Understanding Customer Satisfaction with Technology-Based Service Encounters," *Journal of Marketing* 64 (July 2000), pp. 50–64; M. J. Bitner, S. W. Brown, and M. L. Meuter, "Technology Infusion in Service Encounters," *Journal of the Academy of Marketing Science* 28 (Winter 2000), pp. 138–149; Parasuraman, Zeithaml, and Malhotra, "E-S-QUAL: A Multiple-Item Scale."
61. J. E. Collier and S. E. Kimes, "Only If It Is Convenient: Understanding How Convenience Influences Self-Service Technology Evaluation," *Journal of Service Research* 16 (February 2013), pp. 39–51.
62. A. Parasuraman and C. L. Colby, "An Updated and Streamlined Technology Readiness Index: TRI 2.0," *Journal of Service Research* 18 (February 2015), pp. 59–74.
63. J. van Doorn, M. Mende, S. M. Noble, J. Hulland, A. L. Ostrom, D. Grewal, and J. A. Peterson, "Domo Arigato Mr. Roboto: Emergence of Automated Social Presence in Organizational Frontlines and Customers' Service Experiences," *Journal of Service Research* 20 (February 2017), forthcoming.

PART 3

第三篇

了解顾客需求

第5章

通过调研倾听顾客

本章目标

1. 介绍服务业中顾客调研的类型与指导原则。
2. 展示顾客调研信息怎样用于服务业。
3. 描述能够促进公司管理者与顾客进行交互、沟通的战略。
4. 介绍公司能够促使管理层和一线接触人员进行交互的方法。

| 开篇案例 | 通过顾客旅程研究提升顾客体验

在本章中,你会了解到需要很多不同的研究方法,要充分了解顾客的预期以及感知,同时你也会发现,这些相关的研究方法中的大部分不是包含了测定接触点(顾客与公司间的单独遭遇)就是包含服务后的的整体服务质量/顾客满意度评估总结。正如我们将要讨论的,这两大类中的任何一个都有其优势,但同时也有其局限性。测定顾客接触点或者类似电话回访、服务拜访以及销售的人际互动会帮助企业了解到遭遇中的绩效,并对交互过程改进以及在此过程中员工的绩效评估结果进行提升。

然而,单独测定接触点的问题在于,尽管顾客总体满意度明显偏低,但是每一个接触点都有可能是优等的(甚至满意度可达95%或更高)。比如,有些服务中顾客将进行多次电话沟通。如果每次通电话之后都进行简短的调查,顾客将会对每一次单独的接触有着较高的评价,但由于服务过程中不得不拨打过多的电话,顾客会认为总体的服务是枯燥、迷惑和令人不满意的。从某种程度上来说,每一次提供服务结束后的分数总结将会制约企业精确查明哪一次接触是至关重要的。

一种创新的以更广视角的研究趋势被称为"顾客旅程",它有助于提供终端到终端的体验。研究专家现在明白了只有通过顾客自己的眼睛体验全部的过程,企业才能真正提升服务的卓越程度。顾客旅程是一连串接触点的集合,它包括了服务使用前、使用中以及使用后的体验的全部接触点。例如,决定享用服务、开始使用服务、解决问题、升级服务、重新预订服务等就是一个一连串接触点的例子。不是把每个连串中相关的多个接触点看成是单个独立的事件,每个串都有自身的排列,一个旅程是顾客所能感知的所有事件的组合。因此,这些事件应该作为一个链而被测度,而不是作为单个的接触点而被测度。

企业如何才能向旅程聚焦测定方式转变?我们举个例子:你们当中某些人在某些时候,可能需要购买厨房改造的相关材料。那么,类似劳氏(Lowe's)与家得宝(Home Depot)之类的厨房改造企业是如何处理这个问题的呢?根据麦肯锡咨询公司(McKinsey Consulting),管理顾客体验旅程有6个关键步骤。第一步,先从顾客的观点出发确定其旅程的性质。第二步,理解在旅程中的顾客是如何行走在不同的接触点中的。第三步,企业必须要预测顾客的需求、预期以及在旅途每个阶段的愿望。取代使用简单的焦点访谈小组,企业必须使用一些技术来深入对顾客痛点的同情,包括使用顾客日记或人种学观察等技术。在这些类型的方式中,研究者需要在店内观察或者陪同顾客,进行持续性的实况测试,并设计在这个过程中与顾客重复的说辞。第四步,需要对哪些工作是有效的而哪些工作是无效的进行了解。第五步,企业要为改进机会设立优先顺序。第六步,企业必须确定根源问题。顾客调查已经表明,检查全面顾客体验比检查那些单个的接触点具有巨大好处。[1]

尽管真正的利益在于满足顾客的期望,但仍有许多公司采用由内向外的思维方式,由于"想当然"而失去这一关键性因素:它们自认为知道顾客想要什么,并且自以为是地提供服务和产品,结果没有发现顾客真正想要什么。这种情况发生时,公司提供的服务便无法满足顾客的期望,遗漏了重要特征,提供的服务水平便是低下的。因为服务业企业所提供的服务很少有清楚的界定和明确的提示,因而比制造业企业面对的困难还要大。一个最好的办法是采用由外向内的思维方式,深入细致地考察,明确顾客的期望,然后提供服务给他们。在市场研究中,要运用由外向内的思想,充分了解顾客和他们的需求。本章的主题——市场研究涉及的范围将远远超过传统的调查,它包括一系列倾听战略,从而使公司提供满足顾客期望的服务。

5.1 应用顾客调查了解顾客期望

明确顾客期望是提供优质服务所必需的要素,而市场调查是了解顾客服务期望和感知的重要工具。在服务业中,不管何种提供品,服务公司不进行市场调查就不可能了解其顾客。即使一家公司做了市场调查,但不是关于顾客期望的,它也无法了解顾客的需求。市场调查必须聚焦于一些服务问题,例如什么样的特色对于顾客来说非常重要,这些特色的何种水平是顾客期望的,以及当提供服务的过程中出现问题时,顾客希望公司如何解决这些问题。当一家服务公司太小,没有足够的资金用于市场调查时,沿街询问也是了解顾客期望的手段之一。

这一节我们将讨论能帮助公司识别顾客期望和感知的市场调查计划的组成要素。下一节我们将讨论可能需要对一般顾客调查策略进行调整以使其在服务中效率最大化的一些方式和方法。

5.1.1 服务调研的目标

设计服务营销调查的首要步骤是高度重视关键因素:界定问题和调查目标。这是服务营销人员提出调研中要回答和解决的问题的一个重要环节和时刻。公司想知道顾客对它所提供服务的态度是什么、顾客需求是什么、顾客对于新服务导入反应如何,或者从现在到五年后,顾客要从公司得到什么服务。每种不同的问题需要不同的调查策略,因此投入时间和资金来全面而精确地界定问题相当必要。尽管第一阶段非常重要,但许多市场调查仍在没有明确合适的目标时便启动了。

要把调查目标转化成需要调查的实际问题。许多不同的问题可能成为市场调查计划的组成部分,以下就是服务市场最常见的调查目标:

(1) 发现顾客对服务的要求和期望。
(2) 检测与跟踪服务绩效。
(3) 与同业竞争者的绩效进行全面比较。
(4) 评估顾客期望与感知的差距。
(5) 确认不满意的顾客,进行补救性服务。
(6) 评估提供服务中变化的有效性。
(7) 对个人或团体的服务绩效进行评估,以决定对他们的评价认同和报酬。
(8) 确认新服务的顾客期望。
(9) 在一个产业领域内监测不断变化的顾客期望。
(10) 预测未来顾客的期望。

服务业市场调查与有形商品调查的方式在很多方面是相似的,都需要对顾客的需求、不满意程度和要求做出评价,但服务调查融合了另一些值得特别关注的因素。

首先,服务调查需要持续不断地进行监测和追踪服务绩效,因为服务绩效取决于人的多样性和异质性。即时地仅在一点进行绩效研究,正如对汽车这样的有形商品研究一样,对服务业来说是不够充分的。服务业调查的焦点包括人们的工作情况,以及员工个人、团体、分支机构、总体机构以及同业竞争者的水平。服务业调查的另一个焦点包括记录服务执行的过程。甚至在服务业员工工作得很好时,服务营销人员也必须不断追踪其服务表现,因为在提供服务的过程中,潜在的变化将一直存在。

服务调查的第二个不同是必须考虑和监测期望和感知之间的差距。这种差距是动态的,因为感知和期望总是不断波动。这种差距的存在是由于工作水平降低、服务表现随供需水平的变化而变化,还是期望不断加强等原因?

图 5-1 列举了一些服务调查目标。诸如此类的目标确定后,才能决定最适合的调查类型、收集资料的方法和使用信息的手段。

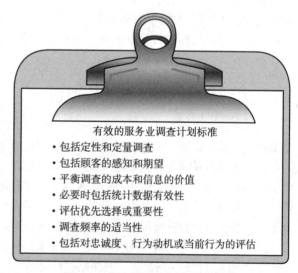

图 5-1 有效的服务业调查计划标准

◎ 专栏 5-1

有效顾客服务调研计划中的要素

调查类型	主要调查目标	信息成本			
		定性/定量	金钱	时间	频率
投诉请求	确认并帮助不满意的顾客 确认普通服务失误的因素	定性	低	低	持续

（续）

调查类型	主要调查目标	信息成本			
		定性/定量	金钱	时间	频率
关键事件研究	确认交易水平"最优实践" 确认作为定量研究输入的顾客请求 确认普通服务失误的因素 确认在接触顾客服务中的系统优势与薄弱点	定性	低	中	定期
需求调查	确认作为定量研究输入的顾客请求	定性	中	中	定期
关系调查和SERVQUAL调查	监测和追踪服务工作 与同业竞争者进行全面比较 确定满意度与行为目标间的关联 评价顾客期望和感知之间的差距	定量	中	中	每年
跟踪电话或交易后调查	在服务方面获取及时反馈 在服务交易方面获得及时反馈 评估服务传递中变化的有效性 评价个人和团体的服务工作 用作在改良进程中的输入 确认普遍服务失误的因素	定量	低	低	持续
社交媒体	确认并帮助不满意的顾客 鼓励口碑 评估其他广告影响	定性与定量	低	中	持续
服务期望会谈和审查	与重要顾客建立对话 确认最大顾客群的个体需要，然后确保提供服务 紧密沟通最重要的顾客	定性	中	中	每年
过程检查点的评价	确定服务期内顾客对长期专业性服务的感知 确认服务问题并在服务关系中尽早解决	定量	中	中	定期
市场导向人种论	在自然环境中调查顾客 以文化而不是美国式的无偏见方式来研究顾客	定性	中	高	定期
秘密购买	对个体雇员的绩效进行评估以便对其评价认同和报酬 确认接触顾客服务中系统的优势和薄弱点	定性与定量	低	低	季度
顾客座谈会	监测不断变化的顾客期望 为顾客建议和评价新服务思想提供论坛	定性	中	中	持续
顾客流失调查	确认失去顾客的原因 评价顾客预期与感知间的差距	定性	低	低	持续
未来期望调查	预测未来顾客的期望 开发和测试新服务创意	定性	高	高	定期
顾客数据库研究	使用信息技术和信息数据库确认顾客的个体需求	定量	高	高	持续

5.1.2 有效调查计划的标准

在调查计划中应当考虑大量的调查类型。了解调查计划的目标将帮助公司评价不同的研究类型并且选择最合适的类型作为调查目标。在这一部分，我们将讨论这些标准。

1. 市场调查包括定性调查和定量调查

市场调查不仅限于观察和统计。一些调查被称为定性调查，这些调查往往是具有开拓性和开创性的，用于澄清界定的问题，从而为更多正式研究做准备，或者当没有必要做更多正式研究时来获取洞察力。通过顾客焦点小组、与个别顾客的非正式会谈、关键事件研究（本章后面将详述）等所获得的对服务交易的直接观察，向服务营销人员展现了调查中向顾客询问的适当问题。由于定性研究的结果是设计定量研究的重要依据，因此它经常是首先要采用的调查类型。定性调查也可以在定量调查之后，通过为管理者提供对解释数据和主动改进工作很关键的观点和灵感，使电脑输出的结果有意义。[2]

其中，最具创新性的成功定性方法之一称为萨尔特曼隐喻诱引技术（ZMET）。该技术由萨尔特曼（Zaltman）开发，由前沿研究与咨询组织——奥尔森萨尔特曼（Olson Zaltman）协会实施。该方法依靠 ZMET 访谈，即与顾客进行 2 小时的集中讨论，顾客被要求根据研究课题事先收集准备可以代表他们想法与感受的视觉形象，而后在访谈中进行讨论。故事讲述过程可以使研究人员深度探究到在隐喻背后顾客的信仰以及感受。该方法中没有数字，但可以为企业建立广告和发动营销活动提供远见卓识。[3]

市场调查中的定量调查目的是实证地描述顾客的属性或者行为，并对营销人员希望检验的具体假设进行检测。这些研究还为经理们提供了对竞争者进行评价的标准。最后，定量研究的结果常常可以凸显特定的服务缺陷，这些缺陷可以通过随后的定性研究进行更深入的探究。

2. 市场调查包括顾客的感知和期望

就像我们在第 3 章讨论的一样，顾客常常把服务期望作为标准和参考依据。评价服务质量时，在一次服务遭遇中顾客对他们认为应得到的服务与其实际得到的服务进行比较，因此仅仅获得对服务感知的评估计划就忽视了服务质量等式中的关键部分。公司也需要结合对顾客期望的评估。

对期望的评估可以用多种形式归纳到一项调查计划之中。首先，关系到顾客需求的基础研究，即确认顾客重视的服务特征和性质，一般认为是对期望的研究。在这种方式中，最初是以诸如焦点访谈等定性调查的方法来获取顾客期望的内容。顾客期望水平的调查也是必需的，这种类型的定量调查常常通过计算期望与感知之间的差距来评价顾客的期望水平和与之相比较的感知水平。

3. 平衡调查成本和信息的价值

评价和比较调查的成本及其为公司带来的利润和价值是另外一个标准。货币支出成本包括：市场调查公司的直接成本、付给被调查者的报酬，以及由员工收集信息形成的公司内部成本。时间成本也同样重要，它包括员工在公司内部管理调查所耗费的时间，以及数据收集与能被公司利用的时间间距。这些以及其他成本必须与提高决策能力、保留顾客、成功启动新服务获取的价值进行权衡。

4. 市场调查必要时包括统计的有效性

我们已经看到调查具有大量的、不同的目标，这些目标决定了相应的调查类型和方法。例如，一些企业进行调查与其说是为评价，不如说是为与顾客建立关系，这些企业通过调研接触顾客以了解其需求、判断企业的优势和劣势、评估企业为实现顾客要求所做的努力的程度、为满足顾客需求而制订计划、对企业已经执行的计划在一段时期后（通常为一年）进行确认等。这种类型调研的潜在目标是使得一线接触人员可以确定具体的行动从而使个别顾客的满意度最大化。这种类型的调查不需要进行复杂的定量分析，不需要让顾客署名以及不需要精确控制样本抽取，也不需要强大的统计控制。

另外，对作为增加销售人员红利和薪水依据的全面服务质量调查，则应该精确控制样本偏差和统计的有效性。作者中的一员曾经同依据顾客满意度的分值支付销售人员报酬却允许销售人员控制顾客样本的公司合作，很明显销售人员很快意识到他们只需要将调查送给满意的顾客，就可以人为地夸大分值，这就减少了评估系统的可信赖度。

不是所有形式的调查都具有统计的有效性，也不是所有形式的调查都需要统计的有效性。例如，许多形式的定性调查就不需要统计的有效性。

5. 测度的优先性和重要性

顾客有许多服务要求，但这些要求并非同等重要，经理们在决定努力改进服务时最常见的一种错误是把资源投入错误的活动中，从而因为公司服务没有得到改善而功亏一篑。评估相对重要的服务维度和特征有助于经理们有效利用资源。因此，调查必须为顾客的优先选择提供依据。

6. 用适当频率开展调查

因为顾客的期望和感知都是动态的，因此公司需要形成一个服务质量调查过程，而不仅是进行孤立的研究。对服务的单一研究只能对一段时期的某个时刻形成"拍照式"的简单印象，要完全理解市场所接受的公司服务，市场调查就需要持续不断地进行。如果没有一个能以适当频率反复研究的模式，经理们就不能判断公司的业务量是在上升还是在下降，也不能判断哪一种改善服务的创新工作能够运作。"持续性调查"仅仅意味着调查频繁吗？对于不同的服务类型，以及一家公司可能进行的各种服务调查的目的和方法，这个问题有不同的答案。在下一节我们讨论不同类型的服务时，你将明了每一种调查所需要的频率。

7. 市场调查包括对忠诚度、行为动机或行为的评估

在服务业调查中，一个重要的趋势是依据整体满意度或服务质量分值评估服务质量的积极或消极效果。顾客主动将该服务向他人推荐或重复购买，是最为常见的行为意图。这些行为动机可以看作服务质量的积极结果。积极行为动机包括宣传企业服务的积极方面、将企业向其他人推荐、保持忠诚度、将更多的钱投入该公司，以及支付额外酬金。消极行为动机包括宣传企业服务的消极方面、减少与企业的业务往来、转向其他企业、通过社会中介通道向外部机构（如商誉促进局或其他公司）投诉。还有其他根据服务的不同而不同的具体行为，如与医疗救护相关的行为，包括服从医生指导、采用药物疗法以及定期返回复查等。参照这些领域，能够帮助企业评估改进服务对企业的相关价值，并确认那些有流失风险的顾客。

5.2 有效的服务市场调查计划要素

一项良好的服务业市场调查计划包括调查研究的多种类型。这种研究和调查类型的组合对于各个公司是不同的，因为服务质量调查的应用范围——从员工绩效评估到广告业务的战略计划，需要多方面的大量信息。如果一家公司想要真正进行所有类型的服务调查，这种调查组合看上去就像专栏5-1，但是很少有公司进行所有类型的调研。任何一个公司特定的调研计划将与该公司的资源和了解其业务的顾客所需要强调的关键范围相匹配。我们在专栏5-1 的第二列中列举了一些目标，这就使你能比较容易地对不同目标采用不同的调研类型。在下一节，我们将讨论调查的主要类型，说明每一种调查的相应标准。"技术亮点"讨论了在线进行调研。

■ 技术亮点　　　　　　　　在网上进行市场调研

网络最诱人的应用之一就是在线调查，　计算机调查取代评论卡片和强制性的电话调

查，这对于顾客来讲是件有趣而富有挑战性的事情。这种应用正在飞速增长。原因很简单：除了更多的自愿响应者，网络调查对于市场营销人员来讲还有其他很多益处，包括以下几点。

（1）速度。不同于需要三四个月收集数据的邮件问卷，或需要六到八周来训练被采访者和收集数据的电话问卷，在线调查的准备和实施都很快。一个300至400份的样本对于很多调查来讲都是足够大的，而这样的样本能在一个周末完成且顾客能在安全的网站看到。一个市场调研公司能够在两个小时内完成1 000份顾客满意度调查。

（2）同等质量。有一个学者及其同事的团队发现，运用在线调查的数据质量同样可以得到保障："在评估大型B2B服务质量的情景下，对被试者关于开放性和封闭式问题答案的完整性和准确性的分析表明，在线调查和邮件调查的结果相同。"[4]

（3）能够接触到难以接触的人群。调研，尤其是细分研究的传统难点之一是识别和接近有特定生活方式的应答者。难以接触的B2B市场占据全美调研公司所实施的顾客调研的四分之一。医生、律师、专家、上班的母亲等都是有价值但是很难接近的顾客群体。这些人可能阅读特殊兴趣的杂志（如专业或爱好的杂志），但在这些杂志上打广告是很难的，只能通过服务公司花费很大的成本邮寄这些杂志才能接近这些群体。然而，针对特殊兴趣的在线网站是很容易确定、接近并嵌入问题的。

（4）能够定位于富有的目标群体。在线调查允许服务企业定位于高收入、高教育水平以及更愿意消费的顾客。有计算机并定期使用在线服务的顾客很容易在这个统计的目标群体里，可以对他们进行高效率的在线调查。同电话用户等传统渠道得到的样本比起来，从市场潜力来讲，在线调查的用户更好。

（5）运用多媒体来演示录像和录音的机会。电话调查只有声音，而邮件调查限制在二维视角中。过去，若想给被调查者演示录音或录像，需要给他们被调研的服务的真实感受，调研就必须一个人一个人地进行，因此成本非常高（每人需花费30～150美元，因主题和样本不同）。

（6）没有采访者。因此，没有采访者错误或采访者偏见。当采访者情绪较差、疲劳、不耐烦或者不客观时，很容易产生偏见。这些问题发生在人与人之间的采访中，而不发生在网络调查中。

（7）控制数据的质量。在线调研可以取消矛盾的或者无意义的答案。在传统的调查中，调研者需要一个"数据提取和编辑"的步骤，在这个步骤里所有的数据都要检查是否有矛盾。而电子审查可以在这些问题发生时就及时发现它们。

（8）廉价的研究。数据收集费用可能是调研中最昂贵的部分，而数据收集中最昂贵的部分则是向参与者提供报酬。在线调查比其他渠道便宜10%～80%。网络同样取消了邮费、电话费、劳务费和其他调查渠道中的印刷费。回应者完成网络调查的时间是采访者进行调查时间的一半，可能是因为减少了鼓励的必要。

实践证明，在线调查的另一个好处就是更高的回收率（据报道，要比其他形式高出70%），这可能是源于网络交互的属性使受试者感受到在线回答的乐趣。由于很难让消费者回答传统的调查，网络调查的娱乐价值很容易招募到参与者。一项调查表明，消费者完成电子调查的意愿是手写资料意愿的5倍，而调研者可以获得以下3个额外的益处：①顾客在电子调查中"玩"更长的时间，比传统的调查回答更多的问题；②人们更倾向于完全集中精力地回答问题；③电子调查的娱乐价值实际上减少了顾客所感知的完成调查的时间。

在线调查的优点远远大于缺点。然而，市场调研者需要了解和关注在线调研的缺点，其最大的缺点就是样本的构成。与大多数电话或邮寄调查的过程不同，受试者通常不是被公司选择出来的，在线调查为追求便利而包含任何在网上可以看到问卷的人；尤其当受试者被其他网站雇用来点击问卷时，这更是一个问题。在这种情况下，市场调查者甚至不知道受试者是谁，他们是否是回答问卷的正确人选。为了解决这个问题，公司通过电话或邮件确定具有资格的人选，然后询问一系列统计性的信息来确定受试者满足预期的要求。调研者也可以在网络调查早期询问一些关于被采访者资质的问题来对被采访者进行过滤和筛选。

资料来源：R. Kottler, "Eight Tips Offer Best Practices for Online Market Research, *Marketing News*, April 1, 2005; E. Deutskens, K. de Ruyter, and M. Wetzels, " An Assessment of Equivalence Between Online and Mail Surveys in Service Research," *Journal of Service Research* 8 (May 2006), pp. 346–355.

5.2.1　投诉征求

许多人向组织员工投诉，结果发现投诉石沉大海，没有人解决这些投诉，在他们下次体验这些服务时，同样的问题还会出现，多么令人沮丧！好的服务组织会严肃对待顾客的投诉，这些组织不仅倾听顾客投诉，还将顾客投诉看作一种与顾客沟通并改进工作的方式。瓦力度假区（拥有 Vail Brekenridge, Heavenly, Ketstone 以及 Beaver Creek 度假地）有一个很有创意的方法来获取顾客的抱怨和评论，度假区雇用调查人员与度假的滑雪者一起乘电梯，在电梯上询问顾客对度假地的感受并将这些回复记录到手动计算装置。然后调查人员滑雪下山，再同另一个顾客一起上山。晚上，调查人员将结果输入总部的计算机。这些调查人员每星期调查 200 个左右的滑雪者，找出顾客抱怨和评论的模式。例如，如果调查人员收到顾客关于电梯路线或某个饭店服务的抱怨，他们会警告这些地方的经理使问题得到快速解决。这些数据会在每周末的例会上汇总和报告。

在这种类型的调查中，公司登记顾客的投诉，然后使用这些信息确认不满意的顾客，如果可能就先处理个案，并确认一般的失误因素。虽然这种调研对商品和服务都能使用，但在服务调查中有一个关键性的实时目标——必须及时弥补失误点并改善或纠正直接接待人员的绩效。投诉调查是公司最易于进行的一种调查之一。许多公司专门依靠顾客投诉与顾客保持沟通。不幸的是，有证据表明，单独顾客的投诉是一种极糟糕的无效信息资源，正如第 7 章讨论的：有意见的顾客中只有一小部分人对公司进行明确的投诉，其他有意见的顾客保持不满而不投诉，但将其不满告诉他人。

为保证有效，投诉征集需要通过各种渠道严密地记录投诉的数目和类型，然后处理最常出现的问题。投诉渠道包括一线员工、提供类似服务的零售商等中介组织、经理以及诸如顾客权益组织等第三方。公司既要解决单个顾客的问题，又要寻求消除失误因素的全面方案。解决投诉的更加复杂的形式是从广义上来定义"投诉"，包括所有的意见（积极的和消极的）和顾客的问题。公司必须为这些信息建立档案，并且经常地报告结果，可能是每周一次或每月一次。

5.2.2　关键事件技术

关键事件技术（CIT）是一种定性访问程序，在该程序中，要求顾客口头讲述他们在服务经历中满意和不满的故事。从最近一项在服务中对应用技术的总结来看，CIT 已经应用于旅店、航空公司、娱乐公园、机动车修理部、零售、银行、有线电视、公共运输以及教育等领域的满意度研究中[5]，调研涉及广泛的服务主题：顾客对服务的评价，服务失误和补救，员工、顾客在提供服务中的参与，以及服务体验等。[6]

使用 CIT 时，顾客（内部或者外部的）常被询问以下问题：
（1）作为顾客，回想一次所经历的服务，你觉得特别满意或者不满意的接触是什么？
（2）事件发生在什么时间？
（3）什么特殊的环境因素导致了当时的状况？
（4）顾客或者公司成员当时具体说了什么、做了什么？
（5）什么因素导致你对这次接触觉得满意或不满意？
（6）哪些方面能够或者应该做得有所不同？

有时候，员工被要求从顾客的角度回答问题："站在顾客的角度看你的公司，换句话说，试着用顾客的眼睛看你的公司，设想最近一次你们公司的一位顾客与你或你的同事有满意或者不满意的接触。"然后，分析这些故事，从而决定事件背后满意和不满意的共同主题。第 4 章我们描述了在一次服务接触中关于高兴和不高兴的根源的四个主题——补救（失误之后）、适应能力、自发性和应对，这四个主题通过研究得到了确认。个别的一些公司通过这些方面的调研确认和公司或者行业相关的满意或者不满意的根源。

CIT 有很多益处：首先，数据是从回应者的角度收集来的，由于顾客用他们自己的语言表述真实的想法，所以数据十分生动；其次，这种方法提供了公司和员工行为及反应的具体信息，因此使得研究更容易被转换成行动；再次，同许多定性方法一样，当主题或服务非常新且其他信息稀少时，此研究方法特别有用；最后，由于研究允许回答者倾诉他们的观点而非回答调查者规定的问题，这种方法非常适用于处理具有不同文化的顾客的感知。[7]

5.2.3 需求调查

需求调查用于确认在一次服务中顾客所期望的利益和特征。这种调查是非常基本和必要的，因为它决定在调查中所征询问题的类型，以及公司将最终努力改善服务的目标。由于这些调查如此必要，所以在开始时适合采用定性分析的方法，并常常在研究过程的预测调查阶段接着采取定量的方法。个别一些公司用此研究方法来确认其公司或行业满意与不满意的根源。

服务产业中另一种有效的需求调查方法是检验在相似服务业中现存的关于顾客需求的研究。服务质量的五个维度可以一般化地应用于各行业，而且有时这些维度的表征也有显著的相似性。例如，医院里的患者和饭店里的顾客在使用两种服务时期望许多相同的特征，除了专家的医疗护理外，医院中的患者希望获得理想舒适的房间、彬彬有礼的服务、可口的饭菜，与饭店里顾客的需求特征相同。在这些和其他有着共同顾客期望的行业中，经理们发现可以从已经存在的相关服务业调查研究中获得有效信息。饭店开拓市场和应用的市场调查比医院进行的时间长，对饭店顾客期望的理解有助于理解患者的预期。例如，费城阿尔伯特·爱因斯坦医疗中心（Albert Einstein Medical Center）的行政官员向当地 9 家饭店的经理咨询，征求他们对获得理解和管理患者的建议，从而使许多改进措施得以实现，包括更丰富的食物、更容易辨别的姓名标签、更多明显的问讯处以及为大多数房间配备收音机。[8]

5.2.4 关系与 SERVQUAL 调查

有一种类型的调查被命名为关系调查法，因为它提出了关于服务中与顾客关系的所有要素（包括服务、产品和价格）。这种综合方法能够帮助公司诊断关系的优势和劣势。例如，联邦快递针对不同类型的顾客做了大量的满意度调查，来评估满意度、分析不满意的原因和跟踪满意度状况，每个季度他们进行2 400个电话询问，调查17个内部服务特征、22个外部服务特征、8个快件收集箱属性和8个服务中心特征，同时，他们针对10个个别的业务做了有针对性的专门满意度调查。

关系调查法应用于监测和追踪服务绩效时，通常每年以一个初始调查所提供的结果为基线而进行一次。关系调查法也可有效地用来对同行业竞争者进行绩效比较，通常把绩效最好的竞争对手作为比较的基本标杆。当应用于此目标时，通常不说明调查发起人所提出的问题既关于要与其他公司进行比较的焦点公司又关于一个或多个竞争者。

要识别服务绩效需要改进的方面、分析在每个方面都需要多大改进以及评估努力改进的影响，必须有一个测量服务质量的有效指标。有形商品的质量可通过耐用性和次品数量等指标来客观测量。与此不同，服务质量很抽象，最好通过顾客对服务评价的调查来表示。SERVQUAL调查是最早专为衡量服务质量开发的指标之一。

SERVQUAL量表包括对21个服务属性的调查，共分为5个服务质量维度（第4章已讨论）：可靠性、响应性、安全性、移情性和有形性。该调查有时要求顾客在每个属性上提供两个不同的评分，其中一个反映他们对一个产业最优秀的公司某个方面的期望服务水平，另一个反映他们对某一特定公司在该方面所提供服务的感知。期望评分与感知评分的差异就是服务质量的量化测度。专栏5-2介绍了基本SERVQUAL量表的所有项目以及在每个项目上期望和感知评价的幅度。[9]

通过SERVQUAL收集的数据有多种用途：

（1）确定各服务属性（在顾客感知和顾客期望之间）的平均差距分。

（2）在SERVQUAL五个维度上分别评估公司的服务质量。

（3）在一段时间内追踪（在单个服务属性和/或SERVQUAL维度上）顾客期望和顾客感知的变化。

（4）比较公司与竞争对手们的SERVQUAL得分。

（5）识别并考察在评价公司服务绩效时存在巨大差异的顾客细分。

（6）评估内部服务质量（也就是，同一公司内一个部门或分部门传递给其他部门或分部门的服务质量）。

该量表引发酿成了许多以服务质量为焦点的研究，同时也被全世界服务行业广泛使用。已出版的直接使用了或改变使用SERVQUAL的研究覆盖了一个广大的范围：房地产经纪商、私营医生、公共娱乐项目、商学院的就业中心、轮胎商店、传送器公司、会计公司、折扣百货商店、汽油和电器公司、医院、银行、灭虫店、干洗店、快餐店以及高教行业。

◎ 专栏 5-2

SERVQUAL获取顾客服务质量感知与期望的多维度量表

SERVQUAL量表于1988年首次发表，此后经历了多次改进与修订。该量表目前包括分布于服务质量五个维度的21个感知项目，该量表也包含期望项目。目前使用的SERVQUAL量表有多种形式，我们在这里列出了21个基本的感知项目以及表述期望项目的几种方式。

关于感知的量表

可靠性维度上的感知表述

	强烈反对						强烈赞同
1. XYZ 公司在承诺某时某事后，它确实这样做了	1	2	3	4	5	6	7
2. XYZ 公司执行服务一次成功	1	2	3	4	5	6	7
3. XYZ 公司按承诺的时间提供服务	1	2	3	4	5	6	7
4. XYZ 公司坚持无错误记录	1	2	3	4	5	6	7

响应维度上的感知表述

1. XYZ 公司的员工总能通知顾客什么时候服务能够进行	1	2	3	4	5	6	7
2. XYZ 公司的员工给予你及时的服务	1	2	3	4	5	6	7
3. XYZ 公司的员工总是乐于帮助你	1	2	3	4	5	6	7
4. XYZ 公司的员工从未因太忙而不能对你的要求做出反应	1	2	3	4	5	6	7

安全性维度上的感知表述

1. XYZ 公司员工的行为使你满怀信心	1	2	3	4	5	6	7
2. 你对与 XYZ 公司的交易感到安全	1	2	3	4	5	6	7
3. XYZ 公司的员工对你一直礼貌相待	1	2	3	4	5	6	7
4. XYZ 公司的员工拥有回答你问题的知识	1	2	3	4	5	6	7

移情性维度上的感知表述

1. XYZ 公司给予你个别关照	1	2	3	4	5	6	7
2. XYZ 公司的员工给予你个别关照	1	2	3	4	5	6	7
3. XYZ 公司时刻牢记你的利益	1	2	3	4	5	6	7
4. XYZ 公司的员工理解你特定的需求	1	2	3	4	5	6	7
5. XYZ 公司的运营时间对于所有顾客都方便	1	2	3	4	5	6	7

有形性维度上的感知表述

1. XYZ 公司拥有现代化的设备	1	2	3	4	5	6	7
2. XYZ 公司的有形设施实际上很有吸引力	1	2	3	4	5	6	7
3. XYZ 公司的员工看起来很整洁	1	2	3	4	5	6	7
4. XYZ 公司与服务有关的材料（如手册或声明）很有吸引力	1	2	3	4	5	6	7

关于期望的几种量表。可以使用 SERVQUAL 的多种版本来测量顾客期望，下面列举了四种形式：①期望匹配程度的表述；②参考形式的表述；③结合期望和感知的表述；④包含各种期望的表述。

期望匹配程度的表述

	强烈反对						强烈赞同
当顾客遇到问题时，卓越的公司将会表现出解决问题的真诚	1	2	3	4	5	6	7

参照形式的表述

1. 如果世界一流公司得分为"7"，你将如何为 XYZ 公司在下列服务特征上的表现打分							
真诚地关心别人的员工	1	2	3	4	5	6	7
服务传递第一次就做对	1	2	3	3	5	6	7
2. 与对卓越公司所期望的服务水平相比，你将如何为公司在以下方面的表现打分							
真诚地关心别人的员工	1	2	3	4	5	6	7
服务传递第一次就做对	1	2	3	4	5	6	7

(续)

结合期望和感知的表述									
对如下每一个陈述，相对于你期望的水平，在能够表明 XYZ 公司服务水平的数字上画圈									
	低于我期望的水平			等同于我期望的水平			高于我期望的水平		
1. 敏捷服务	1	2	3	4	5	6	7	8	9
2. 有礼貌的员工	1	2	3	4	5	6	7	8	9

理想服务和适当服务之间的区分																		
对如下每一个陈述，与你最低期望的水平和你渴望的服务水平相比，在能够表明 XYZ 公司服务水平的数字上画圈																		
	与你最低期望的水平相比 XYZ 公司的服务绩效是									与你渴望的服务水平相比 XYZ 公司的服务绩效是								
	低于			等于			高于			低于			等于			高于		
1. 及时服务	4	2	3	4	5	6	7	8	9	1	2	3	4	5	6	7	8	9
2. 有礼貌的员工	4	2	3	4	5	6	7	8	9	1	2	3	4	5	6	7	8	9

资料来源：A. Parasuraman, V. A. Zeithaml, and L. L. Berry, "SERVQUAL: A Multiple-Item Scale for Measuring Consumer Perceptions of Service Quality," *Journal of Retailing* 64 (Spring 1988), pp. 12–40.

5.2.5 跟踪电话或交易后调查

SERVQUAL 和与其相关的调查目标通常是变量与顾客的整体关系，而交易调查的目标则是获得与顾客的一些关键接触信息。这种调查方法，一次交易完成后，顾客立即被征询一系列关于对交易的满意度以及服务接触中与哪些员工互动等问题（因此命名为"跟踪电话"）。因为这种调查是连续地对不断扩展范围的顾客群实施的，因此它比投诉征求更有效（信息仅来源于不满意的顾客）。

在顾客结账离开费尔菲尔德酒店（Fairfield Inn）时，酒店马上请他用计算机终端回答 4～5 个关于饭店服务意见的问题。这种新颖的方法比留在房间中的无所不在的卡片更具优越性，这种方法回复率很高，因为顾客参与该过程只需占用几分钟的时间。在其他公司中[百思买（Best Buy）、奇客小分队、帕纳拉面包（Panera Bread）]，交易调查是通过电子邮件进行的。顾客被要求回答调查的问题，可以利用 800 开头的电话或者是在收据中所标明的网站。激励他们完成调查的动力是将有机会获得奖品或者店内优惠券。

这种调查形式的明显好处是它似乎经常会使顾客认为公司在接到电话后能确保他们的满意度，结果这种电话就具有了双重功能：既是一种市场调查工具，又是一种顾客服务。这种类型的调研简单、新颖，而且给管理者带来了持续不断的顾客对服务接触互动的反馈信息。更进一步而言，这类调查能使管理部门将服务质量绩效与员工个人联系起来，从而使高绩效获得奖励，低绩效得以矫正。这种调查也可作为对员工提供优质服务的激励，因为员工能了解他们将怎样和何时受到评价。本章开篇案例描述了该方法的局限性。

5.2.6 服务期望会集和评价

在涉及大宗费用的 B2B 交易的情况下，一种高度有效的顾客调研方法是在本年度一个特定的时点设法了解顾客的期望，然后在随后的时间（通常是在一年后）判断这些期望是否得以实现。不像我们已经讨论过的其他调查方式，这种期望会集不是由无偏见的调研人员进行的，而是由会集团队中的高级员工策动和促进的，从而使他们能仔细倾听顾客的期望。你会很惊奇地发现那些习惯于劝说顾客而非倾听顾客期望的销售小组并不能很自然地应用这种方法，因此，期望会集团队中的人应该接受细致的培训，告诉他们不应反驳或者解释，而应理解顾客期望。一家公司认识到，教导其销售人员在这些采访中不要对顾客空谈的唯一途径是找一位市场调研专家和他们一起工作，当销售人员违规空谈时，就礼貌地一脚把他踢到桌子底下去。

在适当的情况下，该种调查方法的形式包括：①根据焦点团体研究制定的 8 至 10 项基本需求来征询顾客期望；②询问小组过去在哪些具体方面做得不错，哪些方面需要改进；③要求顾客对相对重要的需求进行排序。获得了所需信息后，负责项目的高级员工回到其团队中，为本年度满足顾客需求制订目标计划。接下来的一步是使顾客确信该计划将满足其需求，或者在无法满足顾客需求时设法让其知道原因。这份计划在本年度执行完毕后，负责该项目的高级员工应该前往顾客那里，以判断该计划是否成功执行、是否满足顾客需求，为来年制订新计划做好准备工作。

5.2.7 过程检查点的评价

一些专业服务，如咨询业、土木工程和建筑业，其服务是在一个较长的时期内进行的，因此没有确定的方式和次数收集顾客信息，直至整个工程结束（通常持续多年），服务提供者的等待是很讨厌的，因为其间随时可能发生大量悬而未决的问题。在这种情况下，聪明的服务提供者会确定一个提供服务的过程，围绕这一过程建立反馈机制，定期进行检查，以确认是否满足了顾客期望。例如，一家管理咨询公司为顾客提供服务时可能建立了下列过程：①搜集信息；②诊断问题；③建议备选方案；④选定解决方案；⑤执行解决方案。然后它就可以立即与顾客取得一致意见，在主要过程检查点如诊断问题之后，选定解决方案之前等，与顾客进行交流，从而确保工作依据计划的程序进行。

5.2.8 市场导向人种论

结构化问卷的主要假定是人们能够对其行为有所意识或进行回忆，以及他们愿意向调查者解释他们的观点。为充分理解顾客如何评价和使用服务，可能需要有效运用其他方法。人们发现一家名字叫 IDEO 的新产品/服务公司就是使用了此调查设计方法。这套方法可以使调查者研究在一类自然环境下的消费行为，其目标是尽可能地融入顾客的世界之中——观察在一个实际的家庭环境或消费环境中消费者怎样以及何时使用一项服务，例如对消费者在餐馆进餐或参加音乐会进行观察。该方法包括观察、访谈、记录和研究实体物品，如工艺品。观察就是像参与者一样进入体验中，观察会发生什么而不是询问会发生什么。不是对消费者本身，而是围绕一些关键的文化话题采用一对一的访谈，能够提供深刻的关于文化行为的洞察力。研究现存档案和具有文化特色的工艺品也能提供有价值的理解，特别是在生活方式和消费模式方面。[10] 本章开篇介绍的 ZMET 技术，就是人种论调查的一种形式。

最优西方国际（Best Western International）最近使用该技术来更好地了解年长顾客的市场。其采用的方法不是将参与者引入焦点访谈的设施中，然后询问他们问题，而是向 25～55 对夫妇支付费用来制作他们的跨国旅游的录像。该公司能观察这些夫妇实际上如何做出决策，而不是他们报告他们如何做出决策。他们从该项研究中所洞察到的断然不同于他们通过其他方式学到的。最值得注意的发现是，有些年长者与旅店营业员论争以获得更好的房间，其实他们并不是真想以低价入住酒店，他们只是简单地追求交易的刺激。

录像带上，这位 60 岁左右的老太太在旅途中度过了一整天，正坐在她旅店房间的床上与丈夫交谈。她非常高兴地说道："太好了！我们击败了前台，赢得了一间很棒的房间。"[11]

这些顾客将房间打折节省的钱花在别处——更好的餐饮上，而没有给最优西方国际做出任何贡献。最优西方国际的项目经理称："折扣的程度并不重要，我们正式从该研究得出这一点结论。"使用传统的直接询问顾客的研究方法将不可能找到这一发现，因为几乎没有顾客承认愿意为某项服务支付高价。

5.2.9 秘密采购

这种类型的调查（该调查仅应用于服务业）是公司雇用外部调查机构，让他们派出人员以顾客身份进入服务体系并体验服务。公司按照对顾客重要的服务设定标准对这些秘密顾客进行培训，他们通过包含重要服务标准项目的问卷或者填写开放性定性问题对服务绩效做出客观评价，问卷包含的各项内容代表了顾客重视的主要质量或服务因素。例如，奥庞潘（Au Bon Pain）派秘密顾客到他自己的餐厅进餐，然后完成一组关于服务、餐厅和食品等的调查问题。对服务人员的评价标准包括：

- 在顾客排队到达售餐第一地点时 3 秒内打招呼。
- 热情打招呼。
- 服务生推荐另外的食品。
- 服务生请求交货前（或饭前）买单。
- 收到了订单。
- 正确找零。
- 收到了正确的食品。

奥庞潘将秘密顾客活动作为其保障和奖励系统的主要因素，促使员工按照服务标准工作。分数为正的员工的名字将出现在公司的公告牌上，同时收到贺信和奖金，获得高分部门的经理们可收到优秀部门的代金券，这些代金券可以像现金一样购买公司的商品。更重要的是，各班组和部门经理的全部分数将决定其获得每月利润分享计划中现金奖励的资格，分数低于 78 分的经理得不到奖金，获得高分的经理将得到高额奖励。

秘密采购使员工时刻保持高度的责任心，因为他们知道随时会受到评价，他们知道自己正在被依照公司服务标准进行评判，因此会更严格地依照服务标准工作。秘密采购是一种强化服务标准的有效方法。

5.2.10 顾客小组

顾客小组是集合在一起来提供对一段时间内服务的态度和期望的一些顾客群组。他们为公司提供定期和及时的顾客信息，这些信息实际上就是市场动向。公司可以利用顾客小组代表巨大细分市场大量的最终顾客。

一部电影杀青之后，将会有一群在人口统计特征上与目标顾客相匹配的顾客小组来观看，在这些小组的基础上消费者参与到筛选后的访谈小组或焦点访谈小组来表达他们对这些影片的看法，他们可能会被问到非常一般或非常具体的问题，如他们对该影片结尾的反应、他们是否理解影片中的某些情节。基于这些顾客小组，对影片进行修改或编辑以确保影片传播顾客期望的信息并在市场上获得成功，在极端情况下，为保证与顾客的态度更一致，影片的整个结尾甚至会被改变。

5.2.11 流失顾客调查

这种类型的调查是审慎地寻找一类顾客（这类顾客因各自的原因放弃公司的服务）并询问他们离去的原因。一种顾客流失调查方法类似于与雇员的离职谈话，因为这种调查所问的问题是开放式的，所以可通过深入的问题揭示引起离去和不满的原因。对流失的顾客进行更标准化的调查也是可能的，例如，一家中西部制造商使用邮件调查法向以前的顾客征询关于公司在顾客—公司关系的不同阶段内绩效的情况，这种调查也能够寻找顾客背离的特殊理由，请求顾客描述引发其减少购买的症结点。

这种调查的好处在于可以确认失误因素和服务中普遍存在的问题，从而有助于对未来的顾客流失建立早期预警系统。这种调查的另一项好处是可以计算顾客流失的成本。

5.2.12 未来期望调查

顾客期望是动态的，在激烈竞争和变化莫测的市场中极易改变。随着竞争者增加、兴趣变化以及消费者的知识化，公司必须不断更新其信息和战略。在动态市场的情况下，公司不但应该了解顾客目前的期望，而且应该了解顾客未来的期望，即未来所要求的服务特征。未来期望调查包括了不同类型：第一种是特征调查，它包括环境扫描和向顾客征询其想获得的可能的服务特征。第二种是"发烧友"调查，它是对具有领导／革新思想的顾客进行调查，向他们征询现有的产品和服务没有满足其哪些需求。

期望调查中顾客的参与也是常常引起争议的话题。一方面，设计者和开发者认为顾客不知道他们真想要什么，尤其是在快速变化的工业或服务业中；另一方面，消费者和市场调研人员对以上观点持反对意见，他们认为，不依靠顾客输入而独立地进行服务开发，可能会把目标定于一些并不存在的需求上。为了证实他们的观点，调查人员将用户同专业开发者对电信服务的贡献进行了比较。有三个群体被研究：单独用户、单独开发者、多个用户和一个提供可用性信息的设计专家，结果发现用户提供了很多新颖的但是缺乏可生产的想法，然而，当约请顾客对一个初步的设计原型检验和探索其可行性时可以产生积极的结果。[12]

⊙ 战略洞察

大数据为顾客调查提供新工具

当你一步一步走入商业世界中，你将频繁听到"大数据"这个名词。根据麦肯锡全球研究所给出的定义，"大数据就是超出典型数据库软件工具捕捉、储存、管理以及分析能力的数据集。"它包括了对公司可用的巨量新鲜信息流进行评估，以便对他们了解和所需的信息进行连接，其中大部分信息对了解其顾客很关键。我们稍后将会解释为什么大数据仅仅在制定决策以及影响策略时有用。

你也许对亚马逊的大数据算法有所了解。亚马逊不仅能够追踪到你买了什么，而且能够知道你浏览了什么、如何在网页间穿梭、商品和评价如何影响你，甚至了解你下一次会买什么。正如安德鲁·迈卡菲（Andrew McAfee）与埃里克·布林约尔松（Erik Brynjolfsson）所言，大数据具有三个不同于先前分析方法的关键。

- 体量：想一想这是百亿亿字节（exabyte），而不是十亿字节（gigabyte）。互联网可以使公司获得许多百亿亿字节关于顾客的信息。
- 速度：市场研究者不再需要几个月或者几周来收集数据，现在可以实时完成数据采集，可以立即进行分析。
- 多样性：大数据包括来自于社交网络、移动电话、图片、文本、位置以及传感器读数等信息。

怀疑主义者表示，大数据如果没有算法支持将无法用来制定决策。大数据可以归纳出关系，但是这些关系有什么用处或者价值呢？有一个关于大数据局限性的不是十分著名的例子"谷歌病毒趋势"，这个实例几年前曾经刊登在顶级科学期刊《自然》上。当时谷歌有创举：谷歌公司能够比疾病控制中心 CDC 更快地追踪流感在美国的蔓延趋势（谷歌延迟一天，CDC 延迟一周）。不幸的是，第二年的时候，谷歌未能重现该壮举。

这个例子告诉我们，大数据只有在允许管理者可靠地做出决策和影响策略时才有用。为了使大数据有意义，一个学者团队在他们的书中提到不能仅仅为了使用数据而使用数据，大数据的使用有三个重要目标。第一，他们揭示了大数据是如何为公司创造价值提供机会的，他们也展示了大数据的"阴暗面"，例如对没有被证实的数据的过度投资、因果（x 引起 y）关系（x 与 y 有关）错误。第二，他们提出了从大数据中获得答案需要特定的分析方法。第三，他们就如何在公司内部组织营销分析功能以便从大数据中获取价值的问题探讨了解决方法。他们的方法常在很多文章以及书籍中被广泛讨论。

另外一个关键问题，数据导向的公司就比那些通过直觉或者结构化的公司数据库这样的"过时方法"做决策的公司绩效好吗？马萨诸塞州技术研究所数字业务中心与沃顿商学院一道发现越是数据导向的公司，财务与运营指标就越好。事实上，它们发现行业前三个使用数据导向进行决策的公司生产力高出其他公司 5%，盈利能力高出 6%。

尽管大数据有其优势，领导者以及研究者的洞察力仍然是必需的。爱德华·戴明与彼得·德鲁克都说过："你无法管理不能衡量的东西。"为了做出更好的决策，你需要明智地使用这些工具。

资料来源：P. Verhoef, E. Kooge, and N. Walk, *Creating Value with Big Data Analytics: Making Smarter Marketing Decisions* (New York: Routlege, 2016); A. McAfee and E. Brynjolfsson, " Big Data: the Management Revolution," *Harvard Business Review* 90 (October 2012), pp. 61–67; McKinsey Global Institute, " Big Data—The Next Frontier for Innovation Competition," www.mckinsey .com, 2011; H. Chen, R. H. L. Chiang, and V. C. Storey, " Business Intelligence and Analytics: From Big Data to Big Impact," *MIS Quarterly* 36 (December 2012), pp. 1165–1188.

全球特写　　在新兴市场进行顾客调研

在新兴市场（巴西、俄罗斯、印度、中国）进行顾客调研时，营销人员需要因地制宜才能取得成功。琳达·斯坦巴赫（Linda Steinbach）与维珍尼亚·维尔（Virginia Weil）表示，营销人员在进行市场调查之前需要了解重要的背景知识，以免因为错误的信息和分析做出糟糕的决策。上述二位都是顶级国际顾客调查公司赛诺维（Synovate）的全球大客户总监，他们对下列四个新兴市场中的每一个都提出什么可以做，什么不可以做。

巴西
营销人员需要了解下列情况。

- 由于数据来源和资料来源相矛盾,所以二手资料研究,包括"官方"统计资料不完全可信。
- 由于顾客担心暴力事件的发生,因此不太可能在家中进行面对面访谈。电话或者网上调查是更好的选择。
- 私下交往非常重要,对于朋友的朋友可以快速进行调查,同样,通过引荐也非常关键。
- 对于一般顾客和业务采购员而言,价格很重要。

俄罗斯

斯坦巴赫和维尔提醒,如果公司想要在俄罗斯进行市场调查,应对接一家当地的公司,因为大部分俄罗斯管理者更习惯说俄语,和俄罗斯人打交道。其他需要注意的方面如下。

- 由于资料来源有限和内容自相矛盾,二手资料研究可能不准确。
- 与电话调查相比,在 B2B 模式中更推荐面对面访谈。
- 当地快递服务需要几周的时间来运送包裹或者问卷,请选择其他运送渠道。
- 尽管私下交往非常重要,但无约电话同样有效。
- 大部分俄罗斯的调研人员具有数学背景,他们在报告时能对解决方案给出非常明确具体的解释。
- 在每个推荐中,每个公司一定要确信它反映俄罗斯实际,因为他们强烈地相信俄罗斯和世界其他国家不同。
- 俄罗斯有 11 个时区,温度在 −40 到 0 摄氏度之间。因此,户外营销或者调研的发动可能受到影响。
- 调研需要覆盖国土上至少 53 个城市、7 大地区,以保证调查可以代表这个国家。
- 分享责任感(集体主义)而不要分享个人主义,这个是核心价值。

印度

只有 70% 的成年人受过教育,三分之一的印度人依靠每天 70 美分生活。这部分人口会影响调研,请遵循如下几点。

- 确保顾客调查简单,复杂概念的访谈质量相当低。
- 英语为商务语言,但在顾客中有 14 种语言和许多方言,因此,电话访谈研究应确认语言。
- 很多人不愿意在家进行访谈,因为他们对于家中的财产非常敏感。
- B2B 调查中,电子邮件调查很普遍,电话访谈也可行,但是面对面访谈很困难。
- 公共领域的腐败很普遍,任何层级都需要进行现金贿赂。
- 性别关系非常重要。许多女性,或者他们的男性伴侣会对非正式的男性访谈觉得不适。

中国

中国拥有 13 亿顾客,对于许多产品都是关键市场。如下几点在进行调研时需要了解。

- 政治、宗教以及性是非常敏感的话题,不能出现在问卷中。由于公司人员距离较远,面对面的 B2B 访谈难以实施。
- 普通话为官方语言,但是方言仍然有很大的影响。
- 目标群体受过教育并且年龄小于 40 岁,线上访谈有效果。

- 由于中国很大，行为方式以及营销人员和调查人员的复杂性会因为地区而不同。
- 大部分项目需要多次会议，涉及很多人。
- 在中国人的文化中，留面子非常重要。
- 生意中，掌握"关系"非常重要：个人关系重于公司关系。

资料来源：L. Steinbach and V. Weil, "From Tactical to Personal: Synovate's Tips for Conducting Market Research in Emerging Markets," *Marketing News*, April 30, 2011.

5.3 分析和研究市场调查结果

市场调查者面临的最大挑战是：将纷繁的调查数据转换成能够被总经理、经理和员工迅速阅读和理解的形式，他们需要据此做出决策。例如，"大数据"被很多企业采用来进行最初的决策，但是仅仅有复杂的数据并不能保证对经理有用。大部分使用顾客调研结果的人都没有受过统计学训练，没有时间，而且不能专业性地分析计算机打印输出和其他技术性的调查信息。顾客调研过程在该阶段的目标是：及时与最相关人员沟通信息。应该考虑如下问题：谁得到这些信息？为什么他们需要这些信息？他们怎样使用这些信息？不同文化背景下，这些信息的意义相同吗？当使用者对能够理解资料感到自信时，他们会非常愿意恰当地使用它吗？如果经理们不知怎样理解和解释数据，或者他们在研究中缺乏信心，时间、技能和精力等投入将付之东流。

用图形描述营销研究发现是传播研究信息的一个强有力的方法。

5.3.1 顾客旅程以及体验图

正如我们在本章开章案例讲到过的，旅程和一连串接触点的评估一直是体验测度方面前沿的课题。从顾客的角度来审视接触点，公司完全可以圆满地设计旅程，使它更简化、更优化。狭义上，单个的服务接触可能是积极的——员工在单个的接触上可以回答问题或者当问题出现时解决问题，但是，一些潜在的问题可能被回避，根本原因可能未被准确描述，因而对顾客的总体影响可能消极。

图 5-2 中为我们假想了厨房改造。第一旅程的一连串接触点包括诸如网上搜索、杂志求证、询问朋友或者最近购买过的邻居。这个一连串接触点是一个特别的顾客痛点，因为价格与流程有其不确定性。

在这种类型的交易中，顾客典型地依靠朋友和邻居。在第二串接触点中，顾客是去参观商店和查找样本厨房、与售货人员交谈和设法解决价格和流程的问题，针对这种情况，公司可以做出改进，即把特别顾客所希望的一个厨房用计算机辅助设计（CAD）建立一个计算机模型并给出一个成本的估计。在选择旅程的一连串接触中，一个公司可以用个人电子邮件与顾客联系，从而把根据顾客规格的厨房设计创意显示给顾客并说明这项服务的预定计划，这种旅程接触还可以包括以减价进行的合同预定，从而激励顾客立即采取行动，交货和安装将是下一串接触点，随后将是头尾衔接的完整的体验。

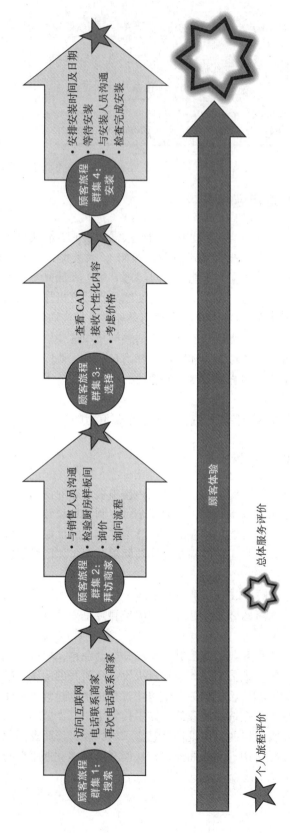

图 5-2 厨房改造评估顾客旅程与体验图

图 5-2 所显示的这种体验的测度将卷进各个子旅程末尾的一些调查或其他一些处理，这些调查和处理在图中以小星显示。

5.3.2 重要性/绩效矩阵

一种最有用的市场分析形式是重要性/绩效矩阵，它将顾客感知和重要性评级的信息合并起来。如图 5-3 所示，竖轴表示重要性，横轴表示绩效。该矩阵中有许多变量：一些公司定义横轴为期望和感知的差距，或者相对于竞争者的绩效；图中阴影部分表示服务质量改进的最高水平杠杆区域——这里属性重要性很高，但绩效很低，该象限是一些最需要改进的属性；上部相邻象限的属性需要保持，它表示公司的绩效很好并且对顾客很重要；下边两个象限的特征是重要性相对较低，其中有些绩效很好，有些则很差。这两个象限不像上边象限那样具有服务改进的重要性，因为顾客对下边象限的特征不像对上边象限的特征那样关心。

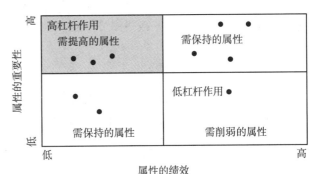

图 5-3 重要性/绩效矩阵

5.4 使用市场调查信息

实施顾客期望调研仅是了解顾客的第一步，甚至在调研被适当设计执行和表述的情况下也是如此。一家服务公司必须以一种富有内涵的方式来使用调查结果，以促进变革和服务交付形式的改善，错误地使用（甚至没有使用）调查数据将在理解顾客期望时导致很大的偏差。当经理们忙于应付日复一日的商业挑战，而没有阅读调查报告时，公司就无法使用获得的资源。当顾客参与配合市场调查，而后来未发现公司在实际业务中有所改进时，他们将对公司的表现感到沮丧甚至恼火。明白如何最好地使用调查信息是弥合顾客期望和经理们理解的顾客期望之间差距的重要途径。经理们必须学会将调查信息和洞察力转变为行动，必须认识到调查的目的在于促进和改进服务质量，提高顾客满意度。

调查计划必须明确使用顾客数据的机制，这种调查计划必须是可行动或可操作的——及时的、具体的和可信的，同时还需有一个机制，以便使公司对不满意的顾客迅速做出反应。

5.5 向上沟通

一些服务公司，尤其是较小的地方性的公司，业主或经理们可以不断地联系顾客，从而获得关于顾客期望和感知的第一手资料。但是在大型服务机构中，经理们不是总有机会亲自获得其顾客的第一手体验资料。

公司规模越大，经理们直接与顾客建立互动关系的难度越大，他们亲自获取关于顾客期望的第一手资料的可能性越小。甚至当他们阅读和了解调查报告，如果从来没有机会亲自经历服务交付过程，他们也可能不了解顾客的真实情况。为真正了解顾客需求，经理们可以从商店的实际情况、顾客服务专线电话、服务等待排队和面对面的服务接触等信息中受益。如果想缩小倾听差距，经理们就需要进行一些不同形式的顾客沟通。

5.5.1 向上沟通的目标

专栏 5-3 提供了在一个机构中改进向上沟通过程的主要调查目标，包括获取关于顾客的第一手资料、改进内部服务质量、获取雇员的第一手资料以及获取改进服务的思想。这些目标可以由机构中两种类型的互动行为来实现：一种设计用于改进顾客和经理之间沟通的类型和有效性，另一种设计用于改进雇员和经理之间的沟通。

◎ 专栏 5-3

向上沟通有效计划中的要素

互动或调查的类型	调查目标	定性/定量	信息成本		
			金钱	时间	频率
高级管理人员访问顾客	获取关于顾客的第一手资料	定性	中	中	持续
高级管理人员倾听顾客	获取关于顾客的第一手资料	定性	低	低	持续
调查中间顾客	获取最终顾客的详细资料	定量	中	中	每年
调查内部员工	提高内部服务质量	定量	中	中	每年
员工访问及倾听	获取员工的第一手资料	定性	中	中	持续
员工建议	获取改进服务的思想	定性	低	低	持续

5.5.2 向上沟通调查

1. 高级管理人员访问顾客

这种方法经常用于 B2B 的服务营销中。在一些访问中，公司的高级管理人员与顾客沟通人员（如销售人员）一起进行销售或电话服务；在其他情况下，销售公司的高级管理人员与同一级别的顾客公司经理人员进行会晤。

2. 高级管理人员或经理倾听顾客

与顾客的直接互动能够使经理们更加清楚和深入地理解顾客的期望和需求。现在很多公司都要求高级管理者做初级工作，以加深对顾客的理解。达维拓（Da Vita）公司的副总裁，是美国第二大化疗专家，花费三天的时间，和技术人员一起帮助治疗癌症患者。[13] 越来越多的公司（包括迪士尼、美国航空、亚马逊和西斯科）要求经理人员花费时间和顾客互动，体验服务的提供。鼓励非正式互动的正式项目，通常是确保接触发生的最好方式。

3. 调查中间顾客

中间顾客（如联络员工、交易商、批发商、代理商以及经纪人），即公司为之服务，同时他们又对顾客服务的中间人。调查这些为最终顾客服务的中间顾客的需求和期望是非常有用和有效的方式，可用于改进服务，获得有关最终顾客的信息。与中间顾客的互动为了解最终顾客的期望和问题提供了机会，它也有助于公司了解和更好地满足中间顾客的服务期望，这是为最终顾客提供优质服务的重要过程。

4. 调查内部顾客

提供服务的员工本身是内部服务的顾客，他们依靠内部服务来做好本职工作。如同在第 11 章中所讨论的，员工接受的内部服务的质量与其提供给顾客的服务的质量之间有着非常直接的联系，因此，实施聚焦于对内部员工所给予和接受的服务的调研是很重要的。在许多公司，这样做要求现有的对员工意见的调研适应聚焦于服务满意度的调查，在服务质量成为调查的课题时，对员工的调查就能补充对顾客的调查。通过对顾客的调查可以了解目前的情况，而通过对员工的调查能理解根本的原因。这两种类型的调查在改进服务质量方面具有独特的同等重要作用，公司如果仅限于对外部顾客进行服务质量调查，将遗漏一个丰富和重要的信息来源。

5. 高级管理人员或经理层倾听员工

真正提供服务的员工最有可能了解服务中的优势和优质服务的障碍。进行顾客联系的员工定期沟通顾客，因此可以了解关于顾客期望和感知的大量信息。如果他们熟知的信息可以传递给最高管理层，最高管理层对顾客的理解就会更深入全面。事实上，可以这么说，在许多公司，最高管理层对顾客的理解在很大程度上依赖于从顾客联系人员、代表公司及其服务的非公司联系人员（如独立保险代理商、零售商）那儿接受信息的范围和类型，一旦这些信息渠道被封闭，经理们便无法得到在提供服务的过程中出现问题的反馈信息，也无法掌握顾客期望的变化。

相当成功的折扣零售商沃尔玛的创始人山姆·沃尔顿（Sam Walton）曾经说过："我们最好的思想来源于负责递送和存货的服务生。"[14] 为了保持与这种新思想源泉的接触，他在店内花费了大量时间，工作在现场，帮助店员或称赞检查验收人员，甚至出现在装卸码头给惊愕的工人送去一袋油炸的面包圈。[15] 人们特别津津乐道的是他曾将私人飞机降落在一片麦田附近，因为在那里它可以与一位沃尔玛的卡车司机交谈。他命令飞行员在 200 英里⊖以外的一个机场接他，然后他和这位司机共同去送货，倾听他对公司的意见。

6. 员工建议

许多公司都有一些形式的员工建议计划，以便联系人员可以将他们改进工作的想法传递给管理层。相对于传统的建议箱而言，建议系统发生了很大的变化。有效的建议系统是这样一个系统：授予员工权力视察其建议的贯彻情况，在系统中主管人员能够迅速实施合理的建议，员工能不断参与改进他们的工作，管理人员能对新想法做出反应，在处理建议时能提供指导方法。

7. 向上沟通的好处

各种类型的向上沟通可为上层管理人员提供关于整个组织的行动和绩效的信息，相关的某些沟通类型可能是正式的（例如在服务交付中问题和意外的报告），也可能是非正式的（例如上层管理者与联系人员之间的讨论），管理者与联系人员接近的好处是不仅能保持员工高兴，而且能更多地了解他们的顾客。[16] 如专栏 5-4 所展示的公司，这些公司鼓励、称赞和奖励来自联系人员的沟通，通过这些重要渠道，管理者可以从正式与顾客接触的联络人员那里了解顾客期望，从而可以减少供应商差距 1。

◎ 专栏 5-4

"世界领先运动用品商"坎贝拉的员工向上沟通

只要你钓鱼、打猎、露营或者越野，你一定知道坎贝拉，世界上最大的户外运动用品

⊖ 1 英里 =1.609 344 千米。

商，其销售方式包括邮寄、网络订购和零售。1961年建立之初，坎贝拉只销售钓鱼鱼饵，公司高速增长的原因在于顾客第一的公司理念和员工对于理念的认可。因为公司最初30年只是零售商，所以公司非常依赖户外活动经验丰富的员工向顾客介绍产品。

各式各样（狩猎、弓箭、射击、野营、划船、垂钓）的产品（245 000种）使得坎贝拉能够从根本上满足户外活动顾客的需求，但是产品数量太多就很难将产品和用户需求相匹配，由此挑战产生了一个很新奇也很有创意的解决方案，它让员工和顾客一样感受快乐。公司决定将产品借给员工，这样他们就可以在使用中了解产品。这个大规模的项目允许本身是典型户外运动爱好者的员工借产品一个月，从而学会从顾客角度考虑问题。这样员工就成为既了解产品，又了解使用这些产品的顾客体验的专家。

使用产品的员工回到公司后会向其他人进行产品培训——通过交流和填写产品优劣势表等方式。这些信息成为一个叫作"产品备注"的庞大的产品数据库的一部分，员工甚至呼叫中心接线员都可以使用，这样顾客问题（甚至最难懂的问题）就可以得到快速、准确的回答。公司同时也邀请一小部分经验丰富的顾客使用产品，并提供反馈。

向上沟通拓展到公司的奠基者吉姆·坎贝拉（Jim Cabela），他会在顾客信息分配给相应员工之前首先阅读顾客评价。他喜欢了解顾客想知道什么，这样他就能够确认员工掌握最新信息。

资料来源：M. A. Prospero, "Leading Listener Winner: Cabela's," *Fast Company*, October 2005, p. 47.

小结

本章讨论了市场调查在理解顾客期望和感知中扮演的角色。本章首先描述了有效服务调查的标准，其次讨论了有效服务营销调研项目中的要素并且指明相关方法如何满足调研的标准。除了调查的方法和技巧（参见专栏5-1），本章还介绍了经理人如何通过电子和其他技术来收集市场信息。

本章描述了主要调查形式，包括关键事件技术、秘密采购、服务期望会集和评价、过程检查点的评价和数据库调查，还描述了调查服务的一些重要课题，包括制定调查目标和提供数据等。最后，讨论了向上沟通，该方法使经理们可以从顾客和与顾客接触的员工那里获得和使用多种信息。这些课题综合起来可以弥合顾客期望与公司理解的顾客期望之间的差距，这是服务质量差距模型中四种供应商差距的第一种。

讨论题

1. 列举五种理由，说明调查目标必须在启动市场调查前建立。
2. 为什么在服务市场调查计划中定性和定量这两种方法都是必要的？
3. 为什么在专栏5-1中各种调查方法的调查频率不同？
4. 比较和对照为帮助一家公司确认普遍失误点所应采用的调研类型（请见表5-1第2列），你认为哪种类型的调查能够获取较好的信息，为什么？
5. 在哪种情况下服务公司需要进行需求调查？
6. 你能给出公司很少使用调查信息的理由吗？你怎样激发经理们更大限度地使用调查信息？你怎样激发前台工作人员使用这

些信息?

7. 给定一个特定的顾客调查预算,你对顾客调查与向上沟通两方面的花费的比例有什么建议?为什么?

8. 在对中间顾客调查的过程中可以收集哪种类型的信息?哪些信息中间顾客知道而服务提供者却不知道?

9. 哪种类型的产品和服务采用互联网调查比采用传统调查方式优越?

练习题

1. 选择一家当地的服务公司进行关于顾客调研访谈。了解该公司的目标和目前使用的顾客调研方式是什么,应用本章的信息,考虑一下其顾客调查的有效性。优势是什么?劣势是什么?

2. 选择一种你消费的服务项目,如果你负责为该服务设计调查,你将在调查中询问什么问题?请举几例。哪一种类型的调查(关系型还是交易型)最适合?你将对公司管理提些什么可行的调查建议?

3. 如果你是你所在学院或大学的营销主任,为理解内部和外部顾客,哪种类型的调查是必要的(见专栏5-1)?如果只能选三种调查类型,你将如何选择?为什么?

4. 使用本章中的服务质量标准,为一家你使用其服务的服务公司设计一份问卷,将该问卷送交10个人,然后描述你学到了什么。

5. 理解关键事件技术的威力,参考餐馆服务亲自试用该技术。想想有一次,你作为一名顾客与一家餐馆进行了一次特别令人满意的接触。遵循如下细目(这些细目与一次实际研究的细目一样),看看你能得到哪些有关你在餐馆服务中需求的见解。
   (1) 该事件是何时发生的?
   (2) 导致这一形势的特定情境是什么?
   (3) 员工(或公司)具体都说了或做了些什么?
   (4) 是什么结果使你感到这次交互令人满意?
   (5) 有哪些事情可以或者应该做得不同?

参考文献

1. Sources for the chapter opener include H. Fanderl, K. Neher, and A. Pulido, "Are You Really Listening to What Your Customers are Saying?" *McKinsey Newsletter,* March 2016, pp. 1–6; N. Maechler, K. Neher, and R. Park, "From Touchpoints to Journeys: Seeing the World as Customers Do," *McKinsey Newsletter,* March 2016, pp. 1–10; D. Edelman and M. Singer, "The New Customer Decision Journey," *McKinsey Newsletter,* October 2015, pp. 1–3; X. Lhuer, T. Olanrewaju, and H. Yeon, "What It Takes to Deliver Breakthrough Customer Service," *McKinsey Insights,* November 2015, pp. 1–3.

2. A. Parasuraman, L. L. Berry, and V. A. Zeithaml, "Guidelines for Conducting Service Quality Research," *Marketing Research: A Magazine of Management and Applications,* December 1990, pp. 34–44.

3. "Zaltman Metaphor Elicitation Technique," Olson Zaltman, [insert accessed date here], www.olsonzaltman.com/zmet.

4. J. Neff, "Chasing the Cheaters Who Undermine Online Research," *Advertising Age,* March 31, 2008, p. 12; B. Johnson, "Forget Phone and Mail: Online's the Best Place to Administer Surveys," *Advertising Age,* July 17, 2006, p. 23.

5. This section is based on a comprehensive assessment of the critical incident technique in D. D. Gremler, "The Critical Incident Technique in Service Research," *Journal of Service Research* 7 (August 2004), pp. 65–89.
6. For detailed discussions of the critical incident technique, see J. C. Flanagan, "The Critical Incident Technique," *Psychological Bulletin* 51 (July 1954), pp. 327–358; M. J. Bitner, J. D. Nyquist, and B. H. Booms, "The Critical Incident as a Technique for Analyzing the Service Encounter," in *Services Marketing in a Changing Environment,* ed. T. M. Bloch, G. D. Upah, and V. A. Zeithaml (Chicago: American Marketing Association, 1985), pp. 48–51; S. Wilson-Pessano, "Defining Professional Competence: The Critical Incident Technique 40 Years Later," presentation to the Annual Meeting of the American Educational Research Association, New Orleans, 1988; I. Roos, "Methods of Investigating Critical Incidents," *Journal of Service Research* 4 (February 2002), pp. 193–204; Gremler, "The Critical Incident Technique in Service Research."
7. Ibid.
8. J. Carey, J. Buckley, and J. Smith, "Hospital Hospitality," *Newsweek,* February 11, 1985, p. 78.
9. See V. A. Zeithaml and A. Parasuraman, *Service Quality,* MSI Relevant Knowledge Series (Cambridge, MA: Marketing Science Institute, 2004) for a complete review of this research, including the many publications by the original authors of SERVQUAL and the extensions by other authors.
10. E. Day, "Researchers Must Enter Consumer's World," *Marketing News,* August 17, 1998, p. 17.
11. G. Khermouch, "Consumers in the Mist," *BusinessWeek,* February 26, 2001, pp. 92–93.
12. P. R. Magnusson, J. Mathing, and P. Kristensson, "Managing User Involvement in Service Innovation: Experiments with Innovating End Users," *Journal of Service Research* 6 (November 2003), pp. 111–124.
13. J. S. Lublin, "Top Brass Try Life in the Trenches," *The Wall Street Journal,* June 25, 2007, p. B1.
14. S. Koepp, "Make That Sale, Mr. Sam," *Time,* May 18, 1987.
15. Ibid.
16. Zeithaml, Parasuraman, and Berry, *Delivering Quality Service,* p. 64.

第6章

建立顾客关系

本章目标

1. 解释关系营销及其目标,以及长期关系对于顾客和公司的好处。
2. 解释估算顾客关系价值的原因及方法。
3. 介绍顾客获利能力细分的概念,并将其作为聚焦关系营销努力的一个策略。
4. 提出关系发展的策略,包括质量核心服务、转换壁垒、关系联结。
5. 识别关系发展中的挑战,包括尚存在争议的观点——顾客并非永远正确。

开篇案例　汽车联合服务协会(USAA)聚焦长期关系

USAA在与顾客建立长期顾客(即会员)关系方面非常出色。[1]早在顾客忠诚度成为普遍的管理概念以前,顾客保留就已经成为该公司的核心价值。自1922年公司成立,USAA一直致力于特定的细分市场——现役和退伍的美国军人及他们的家庭提供保险。公司总部设立于得克萨斯州的圣安东尼奥,经营并管理着超过1 300亿美元的资产。2010~2016年一直跻身于《财富》评选的全美国年度前100家最值得工作的公司名单中,顾客保留率接近98%。[2]

USAA的目标是"思考职业人员一生中遇到的事件,然后设计出方案并帮助他们处理这些事件"。USAA致力于服务现有顾客并与他们一起成长。因此,USAA十分依赖通过调研以及与顾问委员会的高管定期会面进行广泛的研究。USAA也关注于保留最佳的员工并根据顾客导向目标来给予员工奖励,例如顾客的问题或要求在第一次通话中就获得解决,而不需要其他跟踪服务。USAA非常相信顾客保留的重要性,经理和主管的个人分红都基于这个指标。因此,这种重视得到了回报:92%的顾客认为他们与USAA的关系异常稳固,足以持续一生。[3]

USAA:多次服务奖得主

下面的例子摘录自《商业周刊》,关于USAA如何尝试倾听顾客。

很多公司对于倾听"客户的声音"只是嘴上说说。在 USAA，这种声音会被转化成"身边的声音"。这是一种全面的方法，它能训练员工理解顾客独特的需求。"我们想记住那些轻松的时刻，心痛的瞬间，在外感到很无聊的时候。"USAA 负责客户服务的前副总裁伊丽莎白 D. 康科林（Elizabeth D. Conklyn）说，"我们努力体谅和理解，不仅仅对我们的顾客，也对他们的家庭。"4

USAA 提出增强军队意识的项目，要求顾客服务代表参与并取得顾客的认可。例如，员工可能会穿戴士兵钢盔和防弹衣，背负 65 磅⊖重的书包，吃着士兵在战场上吃的方便食品，读着真真实实从派驻在国外的部队写来的信。员工读到那些战争中牺牲的士兵写给母亲的信也并不稀奇。

USAA 为我们提供了一个非常好的例子——一家公司是如何聚焦维持顾客并与他们建立长期的顾客关系的。然而，很多企业并不能准确了解顾客，因为他们没有关注顾客关系，他们更倾向于获得新顾客，而不是把顾客视为自己的财富并加以培养和保留。由于只把精力集中于新顾客，这些企业往往落入短期促销、价格折扣或那些虽能带来新顾客但不足以带来回头客的广告宣传等陷阱内。从另一个角度讲，由于想维持客户关系，企业开始在较长时期和一定深度上了解顾客，并且可以更好地满足顾客不断变化的需求和期望。

本章的主题是了解顾客和建立长期顾客关系的营销策略。

6.1　关系营销

营销领域已经形成从以交易为中心向以关系为中心的一种转变。由于公司许下长期的承诺，通过质量、服务和创新保留这些顾客，顾客变成了合作伙伴和联合创建人。5

关系营销本质上代表了一种典型的营销转变——从以获取／交易为中心到以保留／关系为中心。6 关系营销（或者关系管理）是一种经营理念、一种策略指南，它聚焦保持和改善现有顾客而不是获得新顾客。这种理念假设许多消费者与顾客在追求价值时更倾向于与一个公司机构保持关系，而不是不断转换供应商。基于这种假设以及保留一位当前顾客成本要比吸引一位新顾客成本低得多的见解，成功的营销人员正在开发有效保留顾客的策略。7

企业对那些承诺关系的顾客更感兴趣，他们能带来长期的利益。

很多公司被建议频繁关注吸引顾客（"第一行为"），但之后却很少关注应该怎么做才能保留顾客（"第二行为"）。8 假日饭店市场部执行副总裁詹姆斯 L. 肖尔（James L. Schorr）在一次谈话中表达了这一点。9 在采访中他提出了"营销水桶的理论"。据此理论，他认为营销可以被看作一只大水桶：所有的销售、广告和促销计划都可看作从桶口往桶里倒水（顾客），只要这些方案计划是有效的，水桶就可以保持盛满水（顾客）。然而，他说："这里有一个问题，桶上有一个洞。"当生意状况很好并且饭店按承诺提供服务时，这个洞很小，并且只有很少的顾客流失。如图 6-1 所示，当运营管理不善并且顾客对他们所得到的服务感到不满，而且顾客关系很弱的时候，顾客会从洞中大量流出，并且流出的比倒进来的还多。

⊖　1 磅 = 0.453 592 千克。

水桶理论表明了为什么在关系策略中，堵住桶上的洞会有如此大的意义。由于以往市场工作人员过多关注获得顾客，所以向关系策略的转变经常代表着思想上、组织文化上和员工激励系统上的转变。比如，许多公司设立销售激励系统，是用于奖励获得了新顾客，但仅有很少的（或者根本没有）对保留现有顾客进行奖励的措施。因此，即使人们认识到保留顾客的必然性，现有的组织系统对其有效实施也许也不能提供支持。

6.1.1 顾客关系的演变

企业与客户的关系就如同其他的社会关系，随着时间而发展。学者们提出供应商与顾客之间的关系交换往往具有从陌生人发展成为朋友或者伙伴的潜能。专栏 6-1 列举了关系水平持续过程中的不同问题。[10]

图 6-1　水桶上的洞：为什么关系开发有意义

◎ 专栏 6-1

顾客关系的类型

顾客作为……	陌生人	熟人	朋友	合作伙伴
产品供应	相对竞争供应或替代消费来讲更有吸引力	产品达到行业标准	差异化产品以适应特定市场	生产定制产品或专用资源以适应个体用户或组织
竞争优势的来源	吸引力	满意度	满意度 + 信任	满意度 + 信任 + 忠诚
购买活动	兴趣、探险尝试	满意促进和加强了购买活动并减少了对市场信息的查询	需要有对企业的信任来使购买活动得以继续	有信息共享的承诺和特殊的投资来达到定制化的产品和始终适应不断改变的需求和形势
聚焦销售活动	对企业产品供应的认知（鼓励尝试）促进销售	对顾客熟悉并大体了解顾客（身份识别）促进销售	了解顾客特定需求和情况促进销售	顾客特定需求、情况以及特殊投资的了解促进销售
关系的时间范围	没有：购买者可能没有先前和企业接触，也不了解企业	短：通常时间较短，因为购买者可不费力气和成本地转换企业	适中：通常比熟人关系久，因为差异化的信任状况需花费更长的时间来建立和效仿	长：通常时间较长，因为需要时间来建立（或取代）关联活动并了解顾客需求和供应商独特的资源
竞争优势的可持续性	低：通常较低，因为企业必须在不断提供的价值上找到有吸引力的方法以刺激消费者进行尝试	低：通常较低，即使产品遵守了行业标准，竞争者也会在销售和服务中就创造核心价值方面进行改变	适中：通常是适中的，但是要根据竞争者理解顾客需求的异质性、所处情况，以及将这种知识转化成有意义、差异化产品的能力	高：通常较高，但是要根据顾客和供应商相互联系的活动的独特性和有效性来决定

(续)

顾客作为……	陌生人	熟人	朋友	合作伙伴
首要关系营销目标	获取顾客的业务	满足顾客的需要和需求	保持顾客的业务	加强与顾客的关系

资料来源：M. D. Johnson and F. Selnes, "Customer Portfolio Management: Toward a Dynamic Theory of Exchange Relationships," *Journal of Marketing* 68 (April 2004), p. 5.

1. 顾客作为陌生人

陌生人是指不了解企业或者还没有和企业有过业务来往（相互影响）或者还不知道这家企业的人。从行业的角度来讲，陌生人可能被定义为还没有进入市场的顾客；从企业的角度来讲，陌生人可能包括竞争者的顾客。显然，企业在这点上与顾客没有关系。因此，企业对这些潜在顾客（陌生人）的首要目标是使这些潜在顾客熟悉，公司的提供物并进行购买尝试。

2. 顾客作为熟人

一旦顾客知道并试用了产品，熟悉度就随之建立了，顾客同企业也就成为熟人，交换关系也就建立了。这个阶段，企业的主要目的是使顾客满意。在熟知的阶段，企业普遍会关注为顾客提供比竞争对手更有价值的产品。对于顾客来讲，一旦他们满意并且在交换过程中体验到了公平的价值，熟知关系就很容易产生。随着交往的增多，顾客积累了经验并且对公司的产品供应有了进一步的了解。这些顾客可以帮助减少交易过程中期待利益的不确定性，并且因此提高了公司相对于竞争对手的吸引力。反复的交往提高了企业对顾客的认知度，并对营销、销售以及服务努力都起到了促进的作用。因此可以说，熟知的关系可以通过降低顾客感知风险与供应商的成本使交易更加容易实现。

3. 顾客作为朋友

顾客继续购买企业的产品并在交易关系中得到了价值，企业则开始设法获取顾客需求的特别信息，并根据此信息来提供直接定位于顾客的产品。这种独特产品的提供产生了独特的价值，并且将交易关系从熟悉转变为友谊。这种转变，尤其是在服务交易关系上的改变，是以信任的培养为前提的。[11] 在前面的章节我们已经讨论过，顾客也许不能估计购买或消费前的服务产出，对于那些具有高质量、高信任度的服务，顾客甚至在体验了这种服务之后仍然不能辨别出其服务表现。因此，顾客必须相信供应商承诺所做的一切。由于顾客已经成为企业的朋友，他们不仅对企业越来越了解，而且也开始相信企业所提供的服务是物超所值的。

企业在与顾客成为朋友关系阶段的首要目的是顾客保留。企业通过朋友关系建立稳定而又有竞争力的优势的潜力应该比熟悉阶段更大，因为供应品更加独特，并且更难被竞争对手模仿，而且，顾客也信任这种独特性。[12]

4. 顾客作为合作伙伴

随着顾客同企业的继续交往，顾客对企业的信任度会加深，他们也会得到企业更多定制化的产品供应和交易行为。在朋友阶段所培养的信任对于顾客—企业的伙伴关系的培养是必要的，但不是充分条件。[13] 也就是说，信任的创建（在理想上）导致了承诺的创建——这是顾客延长关系时间的必要条件。[14] 信任感的加深与承诺的建立减少了顾客解决传统观念上"寻找更好的替代者"的难题的需要。因此，为了推进与顾客的关系向伙伴关系方向发展，企业就必须利用顾客认知与信息系统来提供个性化、定制化的供应。

在伙伴关系阶段，企业关注的是加强与顾客的关系。如果顾客觉得企业始终能了解他们不断变化的需求，并且感到企业似乎愿意通过在产品和服务组合方面的不断改进和提高为这种关系投资，他们就更可能保持这个关系。通过加强这些关系，企业希望减少顾客被竞争者吸引过去的可能性，并希望这些顾客有可能从企业购买额外的产品和服务。这些忠诚的顾客不仅为企业这个组织提供了坚强的后盾，还可能会给企业带来增长的潜力。当某银行支票账户拥有者开设存款账户、贷款或使用了银行的理财服务后，他会成为一位更好的顾客。当一家企业决定将其75%的生意给某个特定的供应商，而不是将其生意平均分配给三家供应商时，他就变成了一个更好的企业顾客。事实上，近年来很多企业已经在追求成为某位顾客的某种产品或服务的"独家供应商"。这些增强的关系长期发展下去可以提高企业的市场占有率和利润。我们的"技术亮点"部分以希尔顿酒店为例，描述了公司如何成功地运用信息技术来加强与顾客之间的关系。

■ 技术亮点　　　顾客信息系统帮助提升顾客关系

今天顾客信息系统的潜力远远大于过去传统市场的信息系统。拥有个体顾客信息使公司能够在个人层面上实现个性化，而这些服务在过去是没有区分的。

希尔顿酒店 OnQ 系统

希尔顿酒店有一个叫"OnQ"的综合性科技平台，是客户关系系统（CRM）的基础。OnQ集中了客户提供给酒店的所有个人信息，实现"顾客信息管理"。对任何HHonors会员，或者只是在一年内光顾希尔顿酒店4次以上的顾客，都会建立档案。这样一个系统需要在信息技术方面进行大量的投资，用以获取全世界100多个国家，六大洲的大约4 600家酒店、76万个房间的信息。通过OnQ系统收集的信息还包括顾客的居住记录以及以往任何抱怨情况。这个信息库能够让希尔顿大约30万名员工中的很多人识别顾客，并提供合适的欢迎语、房间升级或者和以前经历相关的信息。

利用信息加深与顾客的关系

OnQ可使希尔顿酒店了解和记录顾客的兴趣和偏好。酒店的前首席信息官（CIO）蒂姆·哈弗（Tim Harvey）这样描述：

就像你的祖母来到你家，你了解她是谁，知道她早饭吃什么，喜欢什么样的枕头。你知道她能否爬楼梯，这样你就知道应该安排什么样的房间。对于我们酒店的业务，我们拥有同样的热情。我们想了解我们的顾客，每当有机会接触顾客，我们都会照顾他们。因此，OnQ的价值主要在于拥有深度了解顾客的信息。

收集所有的顾客信息并不是件简单的事，尤其是希尔顿酒店拥有众多品牌。这家酒店拥有、管理或者拥有特权的著名品牌包括：Hiton、Conrad Hotel & Resorts、Doubletree、Embassy Suites Hotel、Hampton Inn & Suites、Hilton Garden Inn、Homewood Suites by Hilton 和 the Waldorf-Astoria Collection。OnQ提供了获取和管理酒店多种资产、不同品牌顾客信息，以及各国不同需求的方法。

为顾客提供选择

近年来有些顾客通过网络和酒店联系，通过这种方式预订房间的百分比稳步上升。虽然缺少面对面的交流，但是OnQ使酒店能够和这样的顾客建立个人联系。一旦顾客在使用网络的时候进行身份确认，酒店就知道该顾客是否是HHonors的会员、喜欢的房间类型以及房间里面的设施。OnQ 也使顾客能够通过网络在到达之前办理好入住手续，就像顾客选择航班座位。顾客可以看到酒店楼层布局，看到所有可以入住的房间，然后选择想要的房间。对于那些睡觉比较晚的顾客，也许会选酒店西边的房间，或者靠近喷水池的房间。

希尔顿现在允许相对小规模的团队组织者通过网络预订团队活动或者会议，而且能够立刻获得预订的确认。如家庭聚会、结婚仪式或者参加体育活动等的小团体的潜在顾客需要 25 个左右的房间，组织者能够看到希尔顿不同地区、各个下属品牌下所有可以入住的房间。通过 OnQ，不熟练的活动组织者、小公司老板或者家庭代表可以找到最佳满足他们需求（包括价格、房型和附近的景点）的酒店。组织者最多可以提前一年预订酒店客房、会场、食品和饮料、影音设备，而不需要申请或者等待。除此之外，OnQ 使组织者能够管理房间区域，全天候 24 小时地获得他们组织预订的细节和客房信息。组织者可以立刻看到谁预订了客人房间，或者能够代表客人预订房间，随时跟踪。

结果

OnQ 系统在管理顾客关系方面做得怎么样？2015～2016 年，希尔顿酒店获得了全美顾客满意度指数美国排名第一名。希尔顿酒店三个品牌（Hilton Garden Inn、Embassy Suites Hotel 和 Homewood Suites by Hilton）在各自的酒店细分领域获得了独立调研机构 J.D. Power 颁发的顾客满意度最高奖。从 2001 年开始，这三个品牌一共获得了超过 30 次第一。而且，Harvery 预测自从 OnQ 系统正式运作，希尔顿从他们最有价值顾客中获得的顾客份额从 40% 提高到 60%。希尔顿和很多顾客的关系通过 OnQ 系统得到了加强。

资料来源：Tim Harvey, Interview on ZDNet.com, http://www.zdnet.com/article/hilton-hotels-tim-harvey-cio/, accessed February 12, 2016; www.hilton.com, accessed July 6, 2016; http://news.hiltonworldwide.com/assets/HWW/docs/brandFactSheets/HWW_Corporate_Fact_Sheet.pdf, accessed July 6, 2016; http://news.hiltonworldwide.com/assets/HWW/docs/brandFactSheets/Diversity_Fact_Sheet.pdf, accessed July 6, 2016.

6.1.2 关系营销的目的

上述有关顾客关系演变的讨论诠释了企业同顾客的关系是怎样通过顾客在关系连续体中不断地进化而加强的。随着顾客关系价值的提升，供应商更愿意追逐一种亲密的关系。因此，企业关系营销的基本目标是建立和维持一个对组织有益的忠诚的顾客基础。图 6-2 生动地诠释了关系营销的目标。最主要的目标就是将顾客从还是需要被吸引的陌生人那一端，送到梯子（即关系连续体）的最高点，他们在这一点成为具有高价值的、与企业的关系得到了加强的长期顾客。从顾客解决问题的角度来讲，满意度、信任感以及忠诚的形成与顾客是否更愿意在交换过程中扮演熟人、朋友或者伙伴相关。从一家企业资源分配的视角来看，与传递差异化或定制化价值休戚相关的是，企业有能力或渴望与顾客建立起熟人、朋友或者伙伴关系。当顾客从满意的熟人阶段转变为以信任为基础的伙伴，再转变为忠诚的伙伴，企业获得的价值便会更高，水平也会提高。

图 6-2 关系营销的目标：将顾客送上阶梯

6.1.3 顾客—企业关系的利益

在顾客—企业关系中，企业和顾客都可以从顾客保留中获得利益。这表现在，建立和维护一个忠诚的顾客基础不仅对企业有利，而且顾客本身也可以从长期关系中获益。

1. 顾客的利益

假设顾客有选择的机会，当他们比从别的竞争对手那里得到更多的价值时，顾客将会保持对原企业的忠诚。价值代表了顾客在"得到"与"付出"之间的平衡（在第 15 章中，我们将扩展讨论价值）。在得到（质量、满意度和特殊利益）超过付出（货币或非货币成本）时，消费者更愿意保持现有关系。当企业不断从客户的视角出发提供价值时，顾客显然会获益并得到激励，从而保持这个关系。

抛开得到的服务价值中的特殊固有利益，顾客同样可以在其他方面从与企业的长期关系中获益。有时，这种关系利益比核心服务的特性更能吸引顾客保持对企业的忠诚。已经有调研发现，顾客在经历长期服务关系的相关利益分为几种特定的类型，包括信心利益、社会利益和特殊对待利益。[15]

（1）信心利益。

这种利益包含了信任的感觉或对供应商的信心，是一种减少焦虑和对期望较为了解的舒适感觉。一个顾客描述了和供应商提升关系所带来的信心：

和服务供应商保持某种程度的联系感觉很舒服。换句话说，我知道因为他们了解我，我会被很好地对待。当接受到的服务低于预期，我不会因此焦虑。你知道，未来总是好的，就算有问题也会被处理。[16]

在关系利益研究所覆盖的所有服务中，信心利益对于顾客来说是最重要的。

人类就是这样，我们大多数人宁愿不更换服务提供者，特别是当我们在这种关系上已经有了相当大的投资时，转换成本通常较高，表现为转变业务的货币成本、心理成本和与时间相关的成本。大多数消费者（无论个人或商业团体）对其时间和金钱有着竞争性的要求，而且不断寻求平衡和简化决策的方法以提高其生活质量。当他们可以同服务提供者建立信任并维持一种关系时，他们可以节省时间解决其他关注的或优先的问题。

（2）社会利益。

经过长期来往，顾客同服务提供者形成了亲密感，同时建立了一种社会关系。这种关系使顾客们很少更换供应商，即使他们得知一个竞争者可能提供更好的质量或更低的价格。在之前的一份研究报告中引用了一位顾客对他的发型师的描述，其中提及了社会利益的概念：

我喜欢他……他非常风趣，并且讲很多笑话。他现在就像个朋友一样亲切……同他交往非常有趣，好像以前就认识他。你会喜欢同他做生意。

在一些长期的顾客—企业关系中，服务提供者实际上可能成为消费者的社会支持系统的一部分。[17] 实例中的理发师，常常像知心朋友。不同的例子有：社区零售店主成为邻居网络的中心人物，健康俱乐部或饭店的经理私下认识了解他的顾客，私立学校的校长了解一个家庭的全体成员及其特殊需要，河流向导像朋友一样对待长途漂流旅行的旅客。[18]

这些类型的个人关系既可以与 B2B 的顾客建立，也可以与服务的最终顾客建立。这些关系形成的社会支持利益对于提高顾客的生活质量（个人生活或工作生活）非常重要，甚至达到或超过服务所提供的技术利益。在服务提供者和顾客之间产生的亲密的个人和专业关系常常是实现顾客忠诚的基础。这种顾客关系的弊端是当一个有价值的员工离开企业以后会带走他的顾客，这会使企业存在失去顾客的风险。[19]

（3）特殊对待利益。

特殊对待利益包括得到特殊的交易或价格、得到优先接待的事项或者得到服务提供者的理解和善意对待，就像接下来的调研中的案例：

我认为当你已经建立了一种关系时，你就得到了特殊对待。我的儿科医生允许我从后门进入诊室，这样一来我的女儿就避免了同其他生病的孩子接触。有几次我很着急，他会从后门帮助我。

在很多情况下，你可能获得善意的对待。例如，我总是在免息期结束前按时支付我的信用卡账单，有一次，我的付款没有按时到账，当时我打电话给银行，在查过我的历史记录后，银行意识到我总是提前付清全款，然后就免去了我的利息费。

有趣的是，特殊对待虽然很重要，但总体上来看相对于在服务关系中获取的其他类型的利益，却又不太重要。[20] 显然，尽管在一些行业中，特殊对待利益对于顾客忠诚度非常重要（如航空公司经常乘坐航班的旅行者利益），但在一些其他行业中，特殊对待利益对顾客来说不是最重要的（比如医疗与法律服务）。

2. 企业利益

对于一个组织来说，维护和发展一个忠诚的顾客所产生的利益可以有很多种。除了创造亲密的关系所带来的经济利益外，企业还常常能够得到顾客行为及人力资源管理利益。

（1）经济利益。

顾客保留所带来的最常见利益之一就是不断增加的销售额，各行业的顾客花费在其特定关系伙伴上的资金在逐年增加。[21] 当顾客渐渐了解一家企业以及竞争对手提供的服务更令人满意时，他们将会把更多的生意给这家企业。研究显示，高度满意的顾客愿意，对供应商的服务多花钱。[22]

对于企业而言，另一个经济利益就是成本降低。一些评估表明，固定顾客的重复购买能够节省10%的销售费用。[23] 吸引新顾客需要更多的启动成本，包括广告成本和其他促销成本、设置账目的运营成本、了解熟悉顾客的时间成本。有时从短期来看，这些初始基本费用会超过从新顾客那里期望获得的销售收入，所以建立长期关系对于企业来讲是有利的。在第16章我们会详细介绍顾客保留带来的财务影响。

（2）顾客行为利益。

忠诚顾客对企业的贡献不仅仅在于他们对企业的直接财务影响。[24] 最易识别的就是企业获得的长期顾客的口碑。当一种产品很复杂、很难进行评价时，而且购买的决定包含了风险时，就像很多的服务情况一样，顾客大多让别人建议可考虑的供应商。满意的忠诚顾客一般会通过面对面交流或者社交媒体，为企业做强有力的口头宣传，这种形式的广告比企业可能采用的其他形式的付费广告更有效，而且有附加利益，减少了开发新顾客的成本。

除了口碑交流效应，第二个顾客行为利益是有些顾客以朋友关系或者鼓励的方式对其他顾客进行社交支持。[25] 例如，在一家理疗诊所，对于一个在做膝盖康复的患者来说，如果其他患者在他康复的过程中能够鼓励他并不断给予感情上的支持，那么这个患者很可能对这家诊所评价更高。忠诚的顾客可能成为一个非常出色的顾问，因为他们有与服务提供者打交道的丰富经验，能够帮助其他顾客清晰地了解管理规则。[26]

（3）人力资源管理利益。

忠诚的顾客还可能为企业提供人力资源管理利益。第一，由于他们有与供应商接触的经验,并对供应商有一定的了解,忠诚的顾客可以通过在服务交付中提供帮助来助力服务的合作生产。面对越有经验的顾客,员工的工作越轻松。例如,一个医药服务商的老顾客有可能了解整个系统流程,他可能知道每次看病时要带着专用药物,计划好用借记卡付款(事先已经知道这里不能接受个人支票)。他不用医生提醒就会自己安排好一年的花销计划。第二,对公司流程与步骤熟悉的忠诚顾客,会对公司能为他们提供的服务有着更现实的预期。第三,顾客保留的利益还包括员工保留。一家企业有稳定的满意顾客,更容易保留员工。人们更愿意为有着幸福且忠诚顾客的企业工作。他们会更加满意,并且有更多的时间来培养与顾客的关系而非寻找新的顾客。作为回报,顾客会更加满意甚至成为更好的顾客——这就像一个不断向上的正的螺旋。由于员工在企业工作的时间长,服务质量得到了提高,而工作成本降低,这使得企业获得更多利益。

6.2 顾客关系价值

顾客关系价值是从顾客在其生命过程中给公司带来的收入和利润贡献的角度来看待顾客的概念或计算方法。当公司考虑和顾客建立长期关系时,这种计算方法显然是必需的。但是这种长期关系的潜在财务价值是什么?或者说顾客流失又意味着什么?在下一段中,我们会考虑一些影响顾客关系价值的因素,然后介绍一些估算方法。在第16章中,我们会更详细地介绍生命周期价值的财务计算。

顾客生命价值或者顾客关系价值受平均寿命长度、生命周期内每个相关时期的平均收入、附加产品和服务的销售额,以及长时期内由顾客介绍来的其他顾客的影响。[28] 生命价值有时候仅指生命收入流,当考虑成本时,生命价值可能更适合表述为"生命盈利性"。专栏6-2为我们提供了一个例子,计算Quicken(个人财务软件)的顾客潜在关系价值,需要考虑哪些因素。

◎ 专栏 6-2

计算直觉公司的顾客关系价值

顾客可以免费注册直觉公司(Intuit Corporation)的个人财务软件Mint。该公司免费提供账单支付服务。然而,Mint的顾客对于直觉公司的顾客关系价值可以大大超过0,这是为什么呢?

首先,Mint的一项服务为"节流之道",其中包括了新的支票、存款以及经纪账户。当顾客注册之后,Mint将会赚取介绍费。考虑到直觉公司的顾客们可获得的额外的产品,一旦顾客开始使用Mint软件,顾客可能会被直觉公司的一些其他产品吸引。举个例子,Mint顾客可根据个人需求购买50~100美元的TubroTax,该软件产品可以自动使用Mint之前创建的数据协助客户准备联邦以及州的所得税报税单。

直觉公司同时提供QuickBook软件(一种用来帮助个体企业以及小型企业记录账簿的会计软件),每月价格10~40美元。顾客也可以使用配套信封以及约200美元的存款单购买支票(250张一包)。另外,小企业顾客可以以每月大约30美元(每位员工再加上2美元)的价格购买直觉公司的工资单服务。

如果顾客使用所有这些服务,一年的收入将为730~1 140美元,还不包括介绍费。直觉公司提供各种其他服务,如面向大型顾客的高级会计软件以及专业咨询计划(ProAdvisor Program)。直觉公司还为其商务客户提供信用卡处理服务,并获得交易金额的一定百分比,加上每次刷卡的少量费用。

第一年之后，对直觉公司满意的顾客将很有可能继续购买年度软件更新，以获得最新产品服务以及税务信息。使用五年后，单一顾客带来的收入可达 3 650～5 700 美元。

最后，这些满意的顾客很有可能把直觉公司推荐给新用户，这样更加加强了初始顾客关系的价值。甚至每年推荐一个新顾客都可以在短短几年内将初始顾客潜在关系价值提升数千美元。

如果知道丢失顾客的真正成本有多大，企业就会进行精确的评估投资以保留顾客。一个可以用来记录忠诚顾客的金钱价值的方法是，估计每增加一位对公司忠诚的顾客而不是那些投向竞争对手的顾客所带来的新增价值或收益。以往的研究表明，顾客保留或忠诚度每增加5%，公司总体利润增加25%～95%。[29]

通过运用更复杂的会计系统和方法来记录实际的成本和利润流，公司可以更精确地记录保留顾客的成本和价值。该系统估算了所有与忠诚顾客相关的利益及成本的货币价值。口头宣传广告的价值、保留员工的价值和下降的顾客维护费用都将纳入这种计算方法。[30]

例如，表 6-1 显示了第一数据（First Data）公司怎样估计其 TeleCheck International 子公司的平均顾客生命价值。TeleCheck International 是世界上最大的支票处理公司，提供与支票担保、审查和收集服务相关的一系列金融服务。通过估计，其核心产品（QuickResponse）收入增长的寿命为 5 年，降低单位服务成本，以后新产品（FastTrack）增加收入，并且从顾客介绍中获利，公司估计在顾客 5 年的生命中，其基础产品的收入每年会增加 20%，相应的运营收益每年会增加 33%。[31]

表 6-1　TeleCheck International 公司的顾客生命平均价值　　（单位：美元）

	第 0 年	第 1 年	第 2 年	第 3 年	第 4 年	第 5 年
收入①：						
产品 QuickResponse	—	33 000	39 600	47 520	57 024	68 429
产品 FastTrack	—	—	5 500	6 600	7 920	9 504
成本②：						
产品 QuickResponse	6 600	24 090	28 908	34 690	41 627	49 953
产品 FastTrack	—	—	4 152	4 983	5 980	7 175
顾客生命价值：						
QuickResponse 的利润	（6 600）	8 910	10 692	12 830	15 397	18 476
FastTrack 的利润	—	—	1 348	1 617	1 940	2 329
管理费用预算的减少量②	—	—	1 155	1 486	1 663	1 995
咨询的利润③	—	—	1 100	1 650	3 300	6 600
总利润	（6 600）	8 910	14 295	17 583	22 300	29 400

注：产品名称和数据已经被处理了，因此表中产品的利润有些夸大。

① 假设每种产品的年收入每年增长 20%。

② 相对于年收入，每年降低 15%，以反映由于顾客和供应商的学习曲线效应而导致的顾客关系成本的降低。

③ 估计的假设基础：A. 老顾客介绍新顾客的重要性；B. 满意顾客带来新顾客的频率；C. 介绍顾客的规模；D. 新顾客生命价值的计算。

资料来源：J. L. Heskett, W. E. Sasser, L. A. Schlesinger, *The Service Profit Chain: How Leading Companies Link Profit and Growth to Loyalty* (New York: The Free Press, 1997), p. 201.

6.3 顾客获利能力细分

企业也希望为所有顾客提供出色的服务，但是它们发现顾客的关系价值是不同的，要满足（更不要说超过了）所有顾客的期望不仅不切实际，而且影响收益。[32] 以联邦快递为例，该公司根据顾客的获利能力将顾客分为优良、差和恶劣。公司对顾客并非一视同仁，而是特别关注优良的顾客，尽力将差的顾客转变为优良的顾客，并避免恶劣的顾客。[33] 其他企业也试图确定细分市场，或者更准确地说是顾客细分——这种细分的依据是他们目前或将来为企业带来的利润的不同。[34] 这种方法要比按用途或者数量来进行市场细分的方法好，因为其考虑老顾客细分市场的成本和收入，因而可以了解他们对于企业的财务价值。在确定利润群组以后，企业就可以根据特定的细分市场提供服务，并保持一致的服务水平。构建一个由适当顾客组成的高忠诚度的顾客群组能够提高收益。研究表明，服务企业的合适顾客每增加5%，第5年的盈利会增加60%，这一情况并不少见。[35]

6.3.1 获利能力层次划分——顾客金字塔

尽管许多人对于联邦快递将顾客分为"优良、差和恶劣"持有异议，但是其对于企业内部描述顾客层级还是非常有用的，而且它可以帮助企业了解那些有价值的顾客。事实上，所有企业都在一定程度上了解它们的顾客在盈利水平上是不同的，特别是少数顾客却提供了最高的销售或利润比。

区别顾客不同获利能力的一个比较常用的方法是四层系统，请见6-3图。

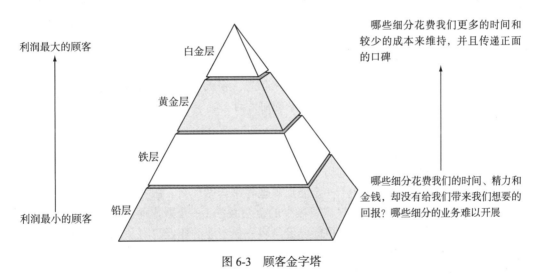

图6-3 顾客金字塔

（1）白金层代表了企业最有价值的顾客，尤其是那些大顾客，对于价格不是过度敏感，愿意购买和尝试新产品或服务，是企业的忠实顾客。

（2）黄金层与白金层的不同主要在于其盈利水平不是很高，可能是由于这些顾客希望有价格上的折扣，这致使边际利润很有限。他们可能是大顾客，但是为了使风险最小化，他们往往会选择多个提供商而不仅仅是一家企业。

（3）铁层包括一些重要的顾客，他们所提供的需求数量可以充分利用企业的产能，但是以他们的消费水平、忠诚度和回报率，还不足以获得特别的对待。

（4）铅层由那些浪费企业金钱的顾客组成。他们要求更多的关注，有时候他们就是问题顾客——向其他人抱怨企业并且占用企业的资源。

注意，这种分类其实是非常简单的，这与传统的像美国航空公司这样的公司所采取的细分方法是非常不同的。两种分类差异非常明显：首先，顾客金字塔是采用利润而不是用途来定义所有层次的；其次，较低的层次事实上说明的是需要差别对待的顾客类型。企业必须努力改变顾客的行为，通过提高收入获取更多的利润，或者通过降低成本改变企业的成本结构，使其更加有利可图。

一旦一个系统已经考虑到了顾客分类，就能够识别各个等级，并且推动服务，进而预期获得不同水平的利润。当对于服务有最大需求或者对单一供应商显示出最大忠诚度的顾客提高其购买份额时，企业就会提高获利的机会。通过加深与忠诚顾客的关系，提高现有顾客的销售额，提高每一个销售机会的回报率，企业能够增加每一个顾客的潜力。

6.3.2 利润层级的顾客观

尽管利润层级从企业的角度来说是有意义的，但是顾客一般并不会理解，他们更加不会乐意被分到比较差的类别里面。[36] 例如，在诸如 eTrade 的企业里，高层顾客会拥有自己的客户代表，他们可以进行私下联系，而下面一个层级的客户代表就可能要负责 100 个顾客，同时，大多数顾客是由 800 号码、自动语音应答系统或者网站来提供服务的。顾客了解这种不平等的待遇后，他们中许多人会抵制进而憎恶这种做法。从企业的视角来看，这种分类是非常有道理的，但是顾客经常会对他们获得的服务水平很失望，结果对企业的质量留下坏印象。因此，企业与顾客的沟通日益重要，只有这样才能使顾客了解他们可以预期什么样的服务水平，以及需要他们做些什么才能获得更快或更加个性化的服务。

基于利润来精细地进行顾客细分也会产生顾客的隐私问题。为了了解谁是有价值的而谁不是，企业必须收集大量消费者行为和个人信息。今天，许多消费者感觉这种方式侵入了他们的生活，尤其当他们认为获得了不公平的对待时。

6.3.3 利用获利层次做商业决策

谨慎的业务经理都知道顾客的历史购买行为虽然有用，但有时会误导人。[37] 一个顾客今天买了什么、过去买了什么，并不一定能反映他将来会做什么。服务于高校学生的银行深谙这一点：一个典型的大学生通常只需要极少的金融服务（一个账户而已）并且不会有高额的存款。然而几年之后，这个大学生可能已经从事一份专业的职业，有了家庭或者已经买了房子，所以他会需要很多金融服务并成为极具潜力的银行获利顾客。总体来讲，企业愿意保持长期的大顾客而放弃不稳定的小顾客。但是企业常常还必须考虑其他两组顾客：不规律的大顾客和规律的小顾客。所以公司在现金流转困难时，准备一个包括稳定顾客的组合策略，哪怕以往获利能力并不那么高，对企业来讲或许也是非常有用的。[38]

一些服务的提供者确实成功地将先前其他企业认为不值得进行营销的顾客定为目标顾客。[39] 工资表处理公司 Paychex 因为服务于一些小业务而取得成功，而这些业务对这个行业的某些主要公司来讲太小而不能够盈利。类似地，Progressive 保险公司成功地将机动车保险卖给了不受欢迎的顾客——年轻的司机和那些有不良记录的司机，很多竞争对手认为这些顾客没有足够的关系价值。因此，企业要仔细考虑并有战略眼光地计算顾客价值。

6.4 发展关系策略

本章的这部分内容着重于关系营销，发展牢固的交易关系的益处（既对企业有利，又对顾客有利），以及对顾客关系价值的理解。在这一节，我们审视了一系列影响牢固顾客关系的因素，其中包括顾客对企业供应品的整体评估、企业创建的与顾客的联系以及顾客脱离这样一种关系的障碍。图 6-4 描述了这些因素，并提供了企业常用的保留当前顾客的特定策略。

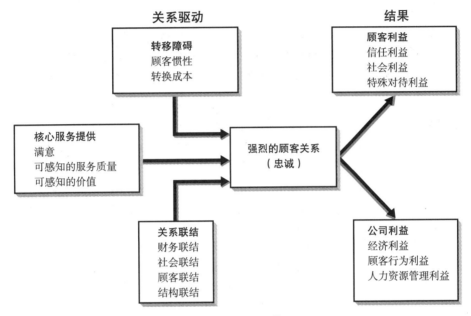

图 6-4 关系发展模型

资料来源：D. D. Gremler and S. W. Brown, "Service Loyalty: Antecedents, Components, and Outcomes," in 1998 *AMA Winter Educators' Conference: Marketing Theory and Applications*, vol. 9, ed. D. Grewal and C. Pechmann (Chicago, IL: American Marketing Association), pp. 165–166.

6.4.1 核心服务提供

除非企业有服务质量和顾客满意构筑的坚实基础，否则保留策略不会长期凑效。我们在这部分提到的保留策略是建立在企业能够提供有竞争力的质量和价值的假设基础上的。显然，企业需要通过提供好的核心服务，至少要满足顾客的期望才能开始培养关系过程。[40] 为低劣的服务设计关系策略是徒劳的。直觉公司和 USAA 这两家公司都从忠诚客户那里受益匪浅，这两家公司都提供优质的服务，都利用关系策略来促进成功。

6.4.2 转换障碍

当顾客考虑转换服务供应商时，他会面临一系列的障碍，这些障碍使他们离开一个供应商而与另一个供应商建立关系变得非常难。这表明转换障碍影响顾客是否与一家企业脱离关系，因此使顾客保留更加容易。[41]

1. 顾客惯性

顾客专注于与一家企业建立关系的一个原因是转换企业需要一定量的努力。有时消费者会简单地说,"不值得"转换供应商。惯性也可以解释为什么不满意的顾客还能保持与供应商的关系。在讨论为什么人们还保持着与他们所不满意的供应商的关系时,专家指出,因为人们如果破坏这种关系,他们就要重新构造他们的人生,培养新的生活习惯,改变老的友谊而寻找新的。[42]这一切都要付出努力并改变行为,而人们不愿改变他们的习惯。

为了留住顾客,企业可能会考虑增加可感知的努力,这种努力是顾客转换服务提供商所需要的。[43]如果一个顾客相信转换公司要付出很大的努力,他就更倾向于保持原来的关系。例如,汽车修理便利店可能完整详细地保存着一位顾客的修车历史,这些记录减少了老顾客记忆汽车所有维修情况的压力。如果汽车被送到一个新的修理工那里,顾客可能会花费一定的力气将所有的维修记录提供给新的修车工。相反,如果一家企业想从竞争对手那里吸引顾客,为了克服顾客惰性,企业可能要尽量使过程自动化,以使顾客转换供应商。

2. 转换成本

在很多情况下,顾客对一个组织忠诚的部分原因是转移到一家不同的企业并在那里消费所涉及的成本。这些成本(真实的和感知到的、货币和非货币的)都被称为转换成本。转换成本包括付出的时间、金钱和努力——建立成本、学习成本、契约成本,这些都成为顾客转换到另一个供应商的挑战。[44]举例说明,当一个患者转换医生时可能增加诸如全身检查的检查费用,或者换了一个牙科医生要付新的X光费用。学习成本与那些学习怎样使用产品或服务的习性有关;很多情况下,想要转换企业的顾客可能需要积累新的用户技能或用户指南。当顾客转换供应商需要缴纳罚款时,契约成本就发生了(如顾客主动转换抵押公司或手机服务所提前支付的费用)。这种成本使顾客提前终止关系变得不可能或产生财政上的困难。

为了保留顾客,企业可能会考虑提高转换成本,给顾客与企业脱离关系增加困难(或者至少增加感知上的困难)。事实上,很多企业在与顾客签订合同的时候就明确指出了顾客必须要付出的这些费用(如移动电话服务费、健康俱乐部费用)。为了吸引新的顾客,服务供应商可能会考虑实施降低目前不是该供应商顾客的转换成本策略。为了降低转换时的建立成本,供应商可能会完成顾客要求的文书工作。举个例子,一些银行利用"转换工具"能够自动地将顾客在竞争银行的在线账单信息转移,这样的工具减除了阻碍顾客转换银行的最大障碍之一——转移在线账单付款。[46]

6.4.3 关系联结

转换障碍使顾客"不得不"和企业继续保持关系,这是一种约束。[46]企业应致力于鼓励顾客主动保持与企业的关系。这就是建立关系联系。本章我们介绍的框架表明保留顾客的营销行为可在不同的层次发生,并且每个后续层次的策略都会进一步拉近顾客与企业的紧密联系。在每个后续层次,可持续竞争优势的潜能也同样增加了。[47]基于层次化的保留策略思想,图6-5展示了四种保留策略的类型。我们已经了解,最成功的保留策略是建立在卓越的核心服务的基础上的。

第一层:财务联结

在第一层,顾客最初通过财务刺激与企业联系在一

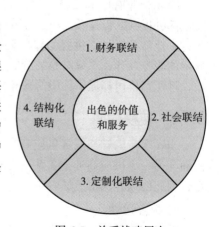

图6-5 关系战略层次

起，给予大宗采购低价格，或与企业有长期生意往来的顾客相对低的价格。例如，联想一下航空业和相关的旅游服务业，如酒店业与汽车租赁公司，对那些频繁乘坐特定航线，为其带来生意的旅客提供财务刺激和奖励。这种财务刺激计划兴盛的一个原因是启动此计划并不困难，同时它常常可以带来短期利润。不过，由于财务刺激易于被其他公司模仿，不能使公司在同竞争者的长期竞争中脱颖而出，因此，除非与其他关系策略一起使用，否则财务刺激通常不能为公司带来长期优势。

其他主要依赖于财务奖励的保留策略，着重于服务捆绑和交叉销售。频繁飞行者计划又为我们提供了例子，大多数航空公司现在把奖励计划与连锁酒店、汽车租赁、某些信用卡的使用联系在一起。由于累积航空公司的飞行里程数可以获得其他公司的服务，顾客能享受以其忠诚交换来的更大的财务利益。

尽管作为一种保留策略而被广泛使用，但在实施一个财务回报忠诚计划时，还是应该小心。[48] 我们刚才提到这些计划常常很容易模仿，因而顾客忠诚度的任何过度使用都可能是短命的。而且这些策略不大可能成功，除非以结构化的方式引导顾客重复使用或增加使用，而不是作为吸引新顾客的手段。

第二层：社会联结

使用第二层策略比财务刺激的手段更能使顾客接近企业。假设价格仍很重要，第二层保留策略是营销人员通过社会和人际关系以及财务联系建立长期的顾客关系。[49] 顾客被看作"委托人"，而不是无名的面孔，他们成为企业希望理解其需要及要求的个体。

社会的、人际的联系在专业服务提供者（如律师、会计师和教师）及其顾客之间是很普遍的。[50] 一名牙科医生在进入检查室之前花几分钟查看病人的资料，会唤起他对病人个人情况的回忆（职业、家庭情况、兴趣爱好以及牙齿健康历史）。通过在谈话中加入一些个人细节，牙科医生表现了他对患者个人的真实兴趣，并建立起社会关系。

人际关系在 B2B 的关系中也很普遍，在此，顾客同与之一起工作的销售人员或关系经理建立起了联系。[51] 由于认识到建立忠诚的持续关系的价值，卡特彼勒公司将其引人注目的成功归功于广泛和稳定的全球分销组织。该公司是世界上最大的采矿业、建筑业和农业重型机械的制造商。尽管它的工程和产品质量非常好，公司还是将其成功更多地归功于它强大的分销商网络和全球产品支持服务。公司经销商所提供的地区性市场信息以及同客户更近的相互关系的价值是无法估量的。卡特彼勒经销商正逐步成为其服务领域卓越的领导者。它们深入地参与社区活动并承诺长期生活在该区域中。它们的声誉和长期顾客关系非常重要。

有时候，这种与组织之间的关系是由于社会联系形成的，这种社会联系是在顾客中而不是在服务提供者与顾客之间发展起来的。[52] 这种情况常常发生在健康俱乐部、乡村俱乐部、教育机构和其他顾客可以互相影响的服务环境。长时间下来，顾客间的社会关系成为留住顾客使其不转到其他企业的重要因素。我们在全球特写中将会看到爱彼迎（Airbnb）是如何聚焦培育其客户间的社会联系的。

尽管社会联系不太可能永久地将顾客与企业相联系，但这种联系对于竞争对手来说却比价格刺激更难以模仿。[53] 当缺少充分的理由来改变商品或服务的供应商时，人际关系会鼓励老顾客保持在原来的关系中。[54] 财务刺激和社会联系等策略结合使用可能会非常有效。

第三层：定制化联结

第三层策略包含比社会联系和财务刺激更多的内容。定制化策略中包含第一层和第二层策略的一些共同点。定制化方法提出顾客忠诚度是可以通过对顾客个人深刻的了解来加深的，此法通常称为顾客亲密度。忠诚度还可以通过按照顾客需求开发一对一解决方案来提升。

这里以 Pandora 为例说明定制化联系，其以网络为基础帮助顾客寻找和享受他们喜欢的音乐。庞大的数据库能够将一万多个不同艺术家的不同歌曲按照特征进行分类，以此为基础向顾客提供定制化服务。顾客最多可建立 100 个歌单，顾客确认喜欢的歌曲或者艺术家，而后 Pandora 专家系统分析他们的偏好，并根据这些分析提供建议。为了进行分析，Pandora 列出约 450 种音乐特征或者"基因"。用这些基因捕捉每首歌的特点（从梦幻、和声和旋律到乐器、管弦乐、改编曲、抒情、歌唱和和声），然后利用这些信息根据每个顾客独特的口味和兴趣定制音乐。

全球特写　　　　　爱彼迎发展顾客忠诚度

近 10 年来，爱彼迎成了全球酒店领域的主角。2007 年，互为室友的布兰恩·切斯基与乔·杰比亚无法负担他们在旧金山居住的阁楼的租金。于是他们对客厅进行改造，加上了可供三人住宿的充气床垫，并提供早餐。于是，公司最初的名称便为"Airbed and Breakfast"。随后，他们将名称简化为"Airbnb"，作为中间人提供线上房屋出租数据

爱彼迎通过因特网连接房客与房东。

库服务，主要服务客户为房东与房客。爱彼迎的房东顾客在其官网上发布包括单间、套间、公寓、船屋以及整个别墅等有出租意向的房屋信息。房东可免费发布信息并决定每晚、每周或者每月的价格。房客在爱彼迎数据库上对可租房屋进行查询，并填写如何时想去何地旅行、地点要求、房间要求（私人房间或者合住）、价格、面积、生活设施与房东语言等信息。

现在，爱彼迎的业务遍布全球。看看下列数据：到 2016 年，爱彼迎拥有超过 6 000 万用户、64 万房客与 200 万房源信息，日均入住量为 50 万，活跃于 200 个国家的 57 000 座城市。爱彼迎 2015 年的收入为 9 亿美元，2016 年其价值高达 250 亿美元，已经超过了洲际酒店集团（InterContinental Hotels Group）以及凯悦酒店（Hyatt Hotels），成为世界上最大的酒店品牌。

建立顾客联系

爱彼迎在全球成功的一个重要原因是与顾客保持了强大的关系。爱彼迎与众多国家的房东和房客培育了关系，确保了各方间的信任，使其了解事情是如何运作的。房东必须同意确保其房间的干净并且能够准时欢迎房客，并亲手上交钥匙。同样，房客必须同意保持房间安全与整洁。爱彼迎则承诺简化全部程序，并充当中间人，以及发生问题时的赔偿方。每一位顾客（房东或者房客，或者两者皆有）通过爱彼迎进行预订（接受预订）之前，需建立完善的个人档案以培养责任感。爱彼迎鼓励顾客上传清晰的脸部照片，

并且写下自己的详细介绍。另外，顾客可以创建自己的爱彼迎标识，然后上传30秒的个人视频，用来在爱彼迎社区中介绍他们是谁。

为了进一步发展与顾客的关系，爱彼迎启用"身份验证"（Verified ID）的安全工具作为平台的一部分，强制要求顾客在确定入住之前通过政府文件（如护照或者驾照）、社交账号（脸书或者领英）以及联系信息来验证其身份。爱彼迎根据预订信息、付款、评价以及房东与房客间的沟通设置信任分数。爱彼迎按照此方法增进了顾客对服务的信任感与信心。

在顾客之间促进社会联结

爱彼迎将它的成功归功于充分理解了人与人之间交流的愿望。顾客可以通过笔记本电脑、台式电脑或者手机获取服务，很多人联系到了他们可以信任的人。为了在顾客间（房东与房客间）发展强有力的社会关系，爱彼迎通过其团队促进了房东与房客间的沟通，提供预约后评价，举行面对面的活动培育人际关系。

培育忠诚度

爱彼迎不会像以往的连锁酒店那样向房东与房客提供传统的奖励计划。取而代之的是，它会集中精力与房东一起，通过如下方式建立顾客的忠诚度。

- 树立"超级房东"：就像 eBay 中的强力卖家或者谷歌中的可信任商铺一样，那些可以持续向顾客提供优质体验的房东将会得到奖励和进行星级评价，并且能够成为日后爱彼迎超级房东计划的一部分。
- 提供补贴：那些达到超级房东状态的顾客将会收到一系列的补贴，包括在其发布房源信息上添加徽章、优先支持以及旅行优惠券。其房间将会在显著位置标明"爱彼迎优选"，优先显示房源信息，并且能够在公司季度杂志《菠萝》中刊登。
- 成立当地团队：爱彼迎为房东们建立了一个平台，可以使他们建立当地团队互相学习。在一项名为"爱彼迎公开赛"的活动中，1 500名房东将会汇聚一堂，面对面对爱彼迎的未来规划以及新产品进行分享。

在培育顾客忠诚度时，爱彼迎会定期发送鼓舞人心的邮件，在邮件中顾客可以创建心愿单，写出在未来最想去哪里旅行。这样的努力改变了人们的行为，使他们旅行的次数更多。

专注提供核心服务

爱彼迎相信响应能力对于顾客而言非常重要，于是他们提供了全天24小时每周7天覆盖全球12种语言的服务。当顾客需要帮助时，服务能及时到位。爱彼迎鼓励房东快速回应，顾客可通过系统对房东的应答进行评分。为了向顾客提供更好的体验，爱彼迎拥有一个监控社交媒体的团队，确保了顾客的服务问题能够得到快速处理。

为了提供更优质的租赁体验，爱彼迎鼓励每一位顾客（房东和房客）在其居住之后立即写下评价。评价系统建立了对房东以及有责任的房客的质量控制。评价不仅向房东以及房客提供了信息，而且可以提供"内部贴士"，如去哪里参观、去哪里晚餐或者那些仅有当地人知晓的体验。爱彼迎认为房东可以帮助房客，尤其是国际房客，可以让他们了解他们的生活以及如何生活。

在共享经济中，人们越来越相信与他人（陌生人）的直接联系，然而，在没有得到同等信任的时候，他们趋向信任中间人（如爱彼迎）。因此，为了增强他们服务的信心，

> 爱彼迎有 100 万美元的担保用来保护他们的房东。每一笔在爱彼迎平台上的预订都享受"房东担保"服务，爱彼迎将会对房产的损坏进行赔偿，最高可达 100 万美元。对于爱彼迎来说，没有比建立与顾客的信任更重要的事情了。因此，说服房东信任一个完全陌生的人，并把最值钱的财产（家以及财务）交给他，才是爱彼迎商业模式最大的挑战。
>
> **以信任为基础的服务**
>
> 爱彼迎并不仅仅把自己视为服务者，它相信自己已经建立了一个以信任为基础的全球性社区，每一项交易都是一次体验而不仅仅是购买。由于爱彼迎扮演了人们可以信任的安全网，它给予了那些为陌生人提供住房以及在他人家中居住的顾客们信心，因此爱彼迎建立了自己的酒店行业，发展了国际基础的忠诚客户。
>
> 资料来源：Katerina Jeng, "Trust in the Sharing Economy: 3 Lessons to Learn From Airbnb," https://brandfolder.com/blog/shared-story-3/building-trust/; Brett Lyons, "Customer Loyalty: Lessons from Airbnb," http://www.tlsasalestraining.com/content/customer-loyalty-lessons-airbnb; Rachel Botsman, "Where Does Loyalty Lie in the Collaborative Economy," http://rachelbotsman.com/work/where-does-loyalty-in-lie-in-the-collaborative-economy/.

第四层：结构化联结

第四层策略最难模仿，它包括了顾客与企业之间的结构、财务、社会和定制化的联结。结构化联结是通过为顾客提供那些常常直接在服务交互系统中特别设计的服务而形成的。结构化联系也常常通过提供给顾客定制化的、以技术为基础并且使顾客具有更大生产能力的服务而产生。

在 B2B 的卡地纳健康公司（Cardinal Health）中，我们可以看到结构化联系的例子。卡地纳健康公司通过与其医院顾客紧密合作，建立了多种方法来改善订货、交付和记账，极大地增强了它作为一个供应商的价值。卡地纳健康公司的许多医院顾客使用其"ValueLink"服务，该服务消除了他们维护、管理大量存货的需要，这是一种"准时制"（just in time）分销程序。通过运用复杂的技术与追踪系统来监控存货，卡地纳健康公司的 ValueLink 服务直接向所需楼层及部门提供所需数量的即用产品（通常一天多次）。通过采用其订货数据系统中的 ValueLink 服务同医院相联系，同时在实际交付时提供增值服务，卡地纳健康公司已经与全美超过 200 家急诊医院进行了结构互联。卡地纳健康公司估计该系统每年减少平均顾客存货成本 30%～60%，节约劳动力成本 25%～30%。[55]

6.5 关系挑战

由于长期的顾客关系会带来许多利益，因此，一家企业似乎不想拒绝或终止同任何顾客的关系。但是，随着形势的变化，不管是企业还是顾客，他们却想终止（或者说不得不中止）他们之间的关系。本章的最后部分讨论了企业可能考虑终止与顾客的关系的情况，并介绍了这种情况是怎样发生的；在下一章我们会讨论顾客决定终止与企业的关系，转换供应商的情况。

6.5.1 顾客并非永远正确

"所有的顾客都是好顾客"的假设也同样非常适合"顾客永远是正确的"这个信念，这已成为一个几乎神圣不可侵犯的商业信条。现在，任何一位服务业的工作者都会告诉你顾客并非永远正确，并且在有些情况下宁愿终止他们之间的关系。本书提出了对顾客关系的一种观点，即不可能所有关系都是有益的，并且不是每一位顾客都永远正确。

1. 错误细分

一家企业不能将其服务定位于所有的顾客，有些细分市场可能比其他细分市场更适合一些。企业与无法满足其需要的顾客建立关系，对企业或顾客来说可能都是没有好处的。例如，一所白天授课的MBA学校不会吸引全日制工作的人来申请。同样，一家专门从事政府事务的律师事务所同希望得到信托和财产咨询的个人建立关系也没有意义。在这两个例子中，公司更有可能去向可以满足预期的顾客提供服务。然而，有些企业并不这样做。

类似地，同时与不兼容的细分市场建立关系也很不明智。在许多服务行业（如饭店、餐厅、导游、娱乐和教育），顾客一起体验服务过程，并且互相影响对服务价值的感知。于是，为使核心部分的服务最大化，可能会采取措施拒绝一些有利润但并不兼容的顾客。例如，一家适合举办会议的酒店可能会发现高级经理人的严肃的培训会与学生们的地区运动会混合在一起的计划是很不明智的。如果高级经理人群体是很关键的长期顾客，酒店可能会考虑保留这部分人的利益而放弃接待运动团体。

2. 长期不获利

在没有道德和法律的约束时，企业宁愿不同那些不会带来利润的顾客建立长期关系。有些顾客对企业来讲没有盈利性，即使企业可以提供服务满足其需要。当该细分市场没有足够的可服务的顾客时，无法变得有利可图；该细分市场不能抵消开发市场的成本，或细分市场的计划年收入不能启动和维持生意时，这种情况很可能发生。

企业同一名信用不好或因为其他原因而有很大风险的顾客建立关系可能不会有什么益处。零售商、银行、抵押公司和信用卡公司常规上会拒绝同那些信用历史不可靠的人做生意。尽管短期销售可能会有利可图，但从企业的观点看，欠款的长期风险对建立关系很不明智。类似地，一些汽车租赁公司已经开始检查顾客的驾驶记录，并拒绝那些高风险的司机。[56] 尽管存有争议，但从汽车租赁公司的角度看，这种做法是符合逻辑的，通过拒绝同发生过事故的司机做生意，公司能够降低保险费用和事故赔偿费用（因此降低了优秀司机的租车费）。

服务错误顾客，除了货币成本，实际上对于一些顾客还有时间上的投入，如果实际结算一下，他们对企业是毫无利润的。每个人都有过在银行、零售商店或学校等待的经历，然而有特别要求的顾客似乎在占用超过他们应享受的服务时间。对一位特定顾客发生的时间成本的货币价值常常不计算在服务的价格中。

在B2B关系中，对顾客时间承诺的变化性常常更明显。一些顾客可能占有相当多的供应商的资源，如无节制地打电话、对信息的过度要求和其他花费时间的行为。在法律专业服务中，时间绝对是公司的唯一资源，所以顾客要为他们采用这些方式占用公司的时间按小时付账。在其他服务行业中，所有顾客基本上不管占用组织多少时间都付相同的费用。

3. 困难顾客

经理们经常重复"顾客永远是正确的"这句话，以至于它已经被每个服务性组织的员工所接受。为什么不可以这样？因为很可能这句话是不对的，顾客并非永远正确。无论它被说了多少遍，不停地念这句祷文并不能将它变为现实，服务业的员工是了解这种情况的。

很多情况下，企业常常因为困难顾客而遭遇失败。[57] 这样的顾客称为"来自地狱的顾客""问题顾客"或者"笨鸟顾客"。我们中有一位在一家旅店住宿时，凌晨4:00被楼上醉酒后吵架的顾客吵醒。管理人员最终报警并让他们将吵架的顾客送出了酒店。Rent-A-Car 租车公司的一个顾客要求免费，因为在租用汽车两周的期限快到时，她在后座上发现了一个小污点。[58] 从服务的提供商或者可能是其他顾客的角度来讲，他们的行为产生了障碍作用。

困难顾客的行为能够影响员工、其他顾客以及组织机构。研究表明，与困难顾客的正面接触会对员工造成心理上、感情上、行为上和肉体上的影响。[59] 例如，如果与顾客直接打交道的员工遇到顾客粗鲁的、威胁的、妨碍的、好斗的或者破坏性的行为，员工的动机、士气就会受到负面的影响。这样的顾客不仅不好合作，还经常给员工带来压力。[60] 有时，困难顾客也会破坏其他顾客的服务体验。困难顾客的行为可能会蔓延到目睹这一切的顾客，容易传染给其他顾客。最终，困难顾客会给组织带来直接或间接的费用损耗。这些行为的直接费用可能包括修复被损坏的财产、增加的保险费、被偷窃的财产损失，补偿费障碍顾客影响到的其他顾客也产生费用，困难顾客的不合理要求同样会产生费用。此外，直接费用还可能包括员工处理困难顾客所增加的工作量，以及吸引和保留合适的工作人员，还可能产生旷工费用。

6.5.2 终止商业关系

正如本章前面所建议的，企业能够识别出不处于他的目标细分市场的顾客，那些顾客在长期的关系中是没有获利价值的，或者那些顾客不好合作甚至是障碍顾客。企业不可能想同每一位顾客继续保持关系。然而，优雅地结束一段关系并不容易。顾客可能会感到失望、困惑或者去伤害那个试图终止关系的企业。下面的"战略观察"说明了三家公司如何选择和它们的顾客终止关系。

1. 关系的结束

以何种方式终结关系，这取决于关系的类型。[61] 在一些情况下，关系是建立在特定的目的上或者特定时间段的，那么当目的达到了或者时间、空间已经过去时，这种关系就会自动消失。例如，粉刷房子的服务者与顾客的关系只有粉刷房子时所需要的 4 天，当房子粉刷完并且用户为服务付了款，这种服务就结束了。有时候一种关系会自动结束。[62] 以学生的钢琴课为例，等孩子长大了或者对其他音乐领域产生兴趣时（如歌唱或者单簧管），对关系的需要就会减少或者被废弃。在其他情况下，一个事件可能会迫使关系终结，如供应商搬迁到城镇的其他地方可能迫使顾客选择一家新的企业。当顾客不能履行责任时关系也会结束，例如，银行会选择结束与账户上资金经常不足的顾客的关系。无论结束关系的原因如何，企业都应该将想要（或者需要）终止关系的原因清楚地呈现给顾客，以便顾客理解发生了什么、为什么发生。[63]

2. 企业是否应该"解雇"其顾客

从顾客关系中企业面临的挑战的讨论中，我们可得出一个合理的结论，企业或许应该摆脱一部分不适合自己的顾客。越来越多的企业有这样一种认知，即某些棘手的顾客不仅不会带来利润、产生忠诚，还会对企业产生反作用，因此这些企业往往会制定应对这种类型顾客的对策。[64] 摆脱一名顾客的另外一个原因是这个顾客可能对员工的生活和士气产生负面的影响。

现在，公司解雇顾客变得更加容易。例如，像优步（Uber）、来福车（Lyft）、爱彼迎之类的服务提供商，它们允许车主和房东提前审视顾客的评分。如果顾客收到低评分或者来自他人足量的投诉，那么该顾客将有可能无法享受到服务，或者甚至不能再使用公司的网页预订服务。同样，网上餐厅预订公司 OpenTable 向会员餐厅提供了一项新的服务特性：餐厅可以对宾客进行内部评价（如经常退餐）。这个网址还可以对顾客爽约次数进行持续跟踪，那些在一年之内爽约4次以上的顾客，网站将会禁止其登录。

尽管这听上去是个挺不错的主意，但是"解雇"顾客并不是简单的事情，这需要避免负面的宣传或者消极的口碑。有时候，提高价格或者用以前免费提供的服务收取费用能够摆脱一些无价值的顾客。帮助顾客寻找能够更好地实现其需求的供应商也是温和退出关系的另一种方式。如果顾客开始提出过分要求，通过预期的了解或者寻求更有效的方式为顾客服务都能够挽救顾客关系。如果不能，那么双方都需要寻求一种合适的方式来结束这种关系。

⊙ 战略洞察

"顾客永远是正确的"：重新审视这条宗旨

"顾客永远是正确的"这条宗旨成为商业中的基本原则已经很长时间了，以至于被视为"绝对的事实"。但是，实际上顾客有时候也是不正确的。如果说得极端些，对于企业来说，怎么处理成为真正的关键。服务经理都了解，在某些情况下员工应该被解雇，而在某些情况下，这条战略也需要应用到顾客身上。

SPRINT /NEXTEI 通信公司解雇 1 000 名顾客

2007年6月29日，SPRINT/NEXTEI写了一封信通知它的5 300万名顾客中的1 000名，他们已经被公司解雇了。通过这种方式，Sprint试图使自己避免受到一些顾客的困扰，这些顾客经常拨打客户服务热线，通知将在下个月的月底取消服务。在信中，公司声明："虽然我们尽最大的努力解决您的问题，但这段时间您向我们提出的需求让我们确定我们没有能力满足您无限的需求。"

顾客们被告知，他们的合约将终止。在最终账单上他们不会欠款，同时公司也放弃了提前终止合约的标准费用。他们还被告知，如果想留住本号码，需要在7月30日之前转户到另外一个无线运营提供商。

这1 000名顾客平均每月会拨打客户服务热线25次，频次要比一般典型顾客高40倍。Sprint判断这些顾客产生的收入无法支付服务他们的高额费用。公司进行了持续6个月的内部调研，了解这些顾客拨打热线遇到的是什么样的问题，寻找什么信息。调研结果发现，在Sprint工作人员认为问题已经解决后，顾客还会一次又一次地拨打热线描述同样的问题。另外，一些顾客拨打热线要求得到其他客户的信息，而客服代表是禁止泄露这些的。Sprint指出大量的时间花费在一次又一次地解决同样的问题，而影响了服务其他顾客的能力。

结果

最初，Sprint的举动在商业报道上成为大标题，刺激了这1 000名顾客中的部分人通过口头传递负面的信息，而且在短期也会牺牲一些新顾客。但是，对于其他顾客来说，提升了他们在拨打客服热线时的顾客体验。确实如此，服务质量持续提高，3年后，Sprint公司被独立调研机构 J.D.Power 联盟评为最佳客户服务公司之一。

赞恩自行车告诉顾客："出去……告诉你所有的朋友"

最近，商业地平线的一篇文章介绍了一家自行车店（康涅狄格州布兰福德的赞恩自行车商店）致力于顾客服务而著名的故事（具体细节请参照第4章开篇）。

父亲推着女儿已经修理过的自行车来店里，女儿没有告诉父亲已经接受了店里推荐的更换轮胎的服务（花费40美元）。虽然员工非常耐心地多次解释，但顾客仍然责难员工，并且对他大喊大叫，强调："要不你认为我傻，要不你就是傻子，你们想偷我的钱。"正在这个时候，商店老板走向顾客，说："我是克里斯·赞恩，离开我的店，告诉你所有的朋友吧。"然后顾客没说什么，在柜台上拍了40美元，气冲冲地离开了。那个被指责的员工看着泽恩，问道："告诉你所有的朋友？"

赞恩对他和那些聚集到店门口的员工解释说，他希望他们明白一点，那就是他更看重他的员工，而不是那个粗鲁的顾客。"我也解释说这是我第一次把顾客赶出自己的店，而且我不想让自己的员工再被无礼对待。我相信我的员工需要知道我尊重他们，也希望他们尊重我们的顾客。简单地说，假如我想解雇一个对顾客不好的员工（我已经这么做了），那么我也会解雇那样对待员工的顾客。"

结果

被赶走的顾客回到家后想想那个服务过程，3个小时后，他给老板打了个电话道歉。他解释说在去店里之前他刚和老婆吵架，心情很坏。顾客一回家，确认了服务人员的解释的真实性，他意识到自己的做法是没有道理的。顾客还问，他还能不能去店里。而且他对于老板支持自己员工的做法很赞赏，即使这意味着可能会失去一个顾客。老板很感谢他的电话，欢迎他继续光顾，并指出将会把这个道歉传达给员工。

大型活动策划者告诉大客户："绝对不再合作"

卡比特尔服务公司（华盛顿特区的一家策划公司）投入大量的时间和经费试图挽救一个大型汽车公司潜在的高利润业务。在给这个客户在博物馆策划的第一次活动中，监督活动的人（不是顾客的员工，是第三方）对卡比特尔服务公司的员工要求非常多，且不友好、不尊重。在她看来，公司做的每件事情都不够好。按照承诺提供现场服务的整个团队都被管得很细。卡比特尔服务公司员工感觉受到了伤害。公司总裁大卫·海来恩（David Hainline）找到顾客代表说卡比特尔服务公司会完成整个活动，但以后不会再和她合作——他完全知道这个决定可能会导致丢失一个潜在价值很大的顾客。

结果

活动按照承诺进行，但是那个员工很不高兴。事后，她要求卡比特尔服务公司减少服务的费用，卡比特尔服务公司将费用减少了60 000美元。几个月后，海来恩和汽车公司开会，解释了发生在美国国立博物馆的整个事件经过。公司很理解，也同意和卡比特尔服务公司合作，为他们组织在华盛顿特区的活动。而且卡比特尔服务公司的员工感觉自己得到公司领导团队的重视和支持。

顾客关系可能是正确的战略决定

服务提供者没有义务为所有顾客提供服务，不管他们可以产生多少收入。虽然试图发展顾客关系的服务营销策略得到很多经理的重视——现在就是这样，但偶尔选择结束顾客关系的策略可能是最精明的选择。

资料来源：S. Srivastava, "Sprint Drops Clients over Excessive Inquiries," *The Wall Street Journal*, July 7, 2007, p. A3; L. L. Berry and K. Seiders, " Serving Unfair Customers," *Business Horizons* 51 (January/February 2008), pp. 29–37; D. Hainline, President, Capitol Services Inc., Washington, DC, personal interview, August 15, 2007.

小结

在本章中，我们关注于发展同顾客的长期关系的基本原理、利益和策略。现在看来，显然，公司仅关注于开发新顾客可能导致忽略其当前顾客，并且可能在从前门带来新顾客的同时，同样数量或更多的顾客从后门流失。生命价值的估算强调了当前顾客和关系的重要性。

一个组织用来保留其当前顾客的特定策略应该依行业、文化和顾客需要而定。然而，总体来说，顾客关系受一系列因素的驱使，包括：①顾客对企业核心服务提供质量的总体评估；②顾客脱离一种关系的转换障碍；③企业所培养的与顾客的联结。通过与顾客建立牢固的关系并聚焦于影响顾客关系的因素，经过一段时间后，组织会精确地了解老顾客的期望。

本章接着讨论了企业在发展与顾客关系时所面临的挑战。虽然长期顾客关系至关重要并有利可图，但企业不应该与每一位顾客都建立那样的联系。换句话说，"顾客并非永远正确。"实际上，在一些情况下，企业最好与一些顾客终止关系——为了顾客、企业或者双方的利益。

讨论题

1. 讨论关系营销或保留营销与传统营销有哪些不同。
2. 描述随着时间的流逝，企业同顾客的关系会怎样发展。针对在每章里讨论的每个关系水平，确认一家与你有这样关系的企业并讨论对这个企业的营销努力同其他企业有何不同。
3. 设想一个把你当成忠诚顾客而保留你的服务性组织。为什么你忠诚于该组织？你维持这种忠诚或不转向其他服务提供者的好处是什么？什么原因使你发生转变？
4. 还是关于同一个服务组织，对于该组织来说，留住你这个顾客的好处是什么？计算你对于该组织的"生命价值"。
5. 从企业的角度描述"顾客利益细分"的合理性，并讨论顾客对于这种做法的想法。
6. 描述在文中提到的不同的转换障碍，在你转换银行、手机服务提供商以及大学时，你都会遇到哪种障碍？
7. 描述保留策略的四个层次，并给出每个层次的例子。再回想一个你所忠诚的服务性组织。你能用不同的层次描述你忠诚的原因吗？换句话说，是什么使你与该组织保持联系？
8. 你是否曾经作为第一线服务员工？你是否能回想起曾经与障碍顾客打交道的情形？讨论你是如何处理这种情况的。作为一名一线员工的经理，你会怎样帮助你的员工与这种问题顾客打交道？

练习题

1. 会见一位当地服务性组织的经理，同他讨论服务的目标市场，估算一个或多个目标市场的顾客生命价值。做这项工作，你需要从经理处尽可能多地获取信息，如果经理不能回答你的问题，可以做一些假设。
2. 在班上分组讨论问题——顾客是否永远正确？换句话说，是否有时对于组织来说，有些顾客可能是错误的顾客？
3. 选择一家特定企业（比如你的课题企业、你工作的企业或你很熟悉的行业的企业）。计算一位顾客对该企业的生命价值。进行计算需要做一些假设，所以你的假设要清晰。使用本章的思想和概念，描述一个可为该企业增加顾客生命价值的关系营销策略。

参考文献

1. USAA is featured in the following two books, and material in this section is drawn from them: L. L. Berry, *Discovering the Soul of Service* (New York: The Free Press, 1999); F. F. Reichheld, *Loyalty Rules!* (Boston: Harvard Business School Press, 2001).
2. "Top Ten Customer-Centric Companies of 2014," Talkdesk, Inc., January 13, 2015, www.talkdesk.com,/blog/top-10-customer-centric-companies-of-2014/.
3. Reported in the 2015 USAA Annual Report to members, content.usaa.com/mcontent/static_assets/Media/report-to-member-2015.pdf, accessed July 18, 2016.
4. J. McGregor, "Customer Service Champs," *BusinessWeek*, March 5, 2007, pp. 52–64.
5. F. E. Webster Jr., "The Changing Role of Marketing in the Corporation," *Journal of Marketing* 56 (October 1992), pp. 1–17.
6. For discussions of relationship marketing and its influence on the marketing of services, consumer goods, strategic alliances, distribution channels, and buyer–seller interactions, see *Journal of the Academy of Marketing Science,* Special Issue on Relationship Marketing (vol. 23, Fall 1995). Some of the early roots of this paradigm shift can be found in C. Gronroos, *Service Management and Marketing* (New York: Lexington Books, 1990); E. Gummesson, "The New Marketing—Developing Long-Term Interactive Relationships," *Long Range Planning* 20 (1987), pp. 10–20. For reviews of relationship marketing across a spectrum of topics, see J. N. Sheth, *Handbook of Relationship Marketing* (Thousand Oaks, CA: Sage, 2000); and R. M. Morgan, J. Turner Parish, and G. Deitz, *Handbook on Research in Relationship Marketing* (Cheltenham, UK: Edward Elgar Publishing, 2015).
7. A commonly mentioned "rule of thumb" suggests that acquiring new customers can cost five times more than satisfying and retaining current customers; see A. E. Webber, "B2B Customer Experience Priorities in an Economic Downturn: Key Customer Usability Initiatives in a Soft Economy," *Forrester Research*, February 19, 2008.
8. L. L. Berry and A. Parasuraman, *Marketing Services* (New York: Free Press, 1991), chap. 8.
9. G. Knisely, "Comparing Marketing Management in Package Goods and Service Organizations," a series of interviews appearing in *Advertising Age*, January 15, February 19, March 19, and May 14, 1979.
10. This discussion is based on M. D. Johnson and F. Selnes, "Customer Portfolio Management: Toward a Dynamic Theory of Exchange Relationships," *Journal of Marketing* 68 (April 2004), pp. 1–17.
11. R. M. Morgan and S. D. Hunt, "The Commitment-Trust Theory of Relationship Marketing," *Journal of Marketing* 58 (July 1994), pp. 20–38; N. Bendapudi and L. L. Berry, "Customers' Motivations for Maintaining Relationships with Service Providers," *Journal of Retailing* 73 (Spring 1997), pp. 15–37; N. Nguyen, A. Leclec, and G. LeBlanc, "The Mediating Role of Customer Trust on Customer Loyalty," *Journal of Service Science and Management* 6 (March 2013), pp. 96–109.
12. Johnson and Selnes, "Customer Portfolio Management."
13. Ibid.
14. See also D. Siredeshmukh, J. Singh, and B. Sabol, "Customer Trust, Value, and Loyalty in Relational Exchanges," *Journal of Marketing* 66 (January 2002), pp. 15–37 and R. W. Palmatier, "Interfirm Relational Drivers of Customer Value," *Journal of Marketing* 72 (July 2008), pp. 77–89.
15. The three types of relational benefits discussed in this section are drawn from

K. P. Gwinner, D. D. Gremler, and M. J. Bitner, "Relational Benefits in Service Industries: The Customer's Perspective," *Journal of the Academy of Marketing Science* 26 (Spring 1998), pp. 101–114. For a recent review of research on relational benefits, see D. D. Gremler and K. P. Gwinner, "Relational Benefits Research: A Synthesis," in *Handbook on Research in Relationship Marketing,* ed. R. M. Morgan, J. Turner Parish, and G. Deitz (Cheltenham, UK: Edward Elgar Publishing, 2015), pp. 32–74.

16. K. P. Gwinner, D. D. Gremler, and M. J. Bitner, "Relational Benefits in Service Industries: The Customer's Perspective," *Journal of the Academy of Marketing Science* 26 (Spring 1998), p 104.

17. See M. B. Adelman, A. Ahuvia, and C. Goodwin, "Beyond Smiling: Social Support and Service Quality," in *Service Quality: New Directions in Theory and Practice,* ed. R. T. Rust and R. L. Oliver (Thousand Oaks, CA: Sage Publications, 1994), pp. 139–172; C. Goodwin, "Communality as a Dimension of Service Relationships," *Journal of Consumer Psychology* 5 (1996), pp. 387–415.

18. E. J. Arnould and L. L. Price, "River Magic: Extraordinary Experience and the Extended Service Encounter," *Journal of Consumer Research* 20 (June 1993), pp. 24–45.

19. N. Bendapudi and R. P. Leone, "How to Lose Your Star Performer Without Losing Customers, Too," *Harvard Business Review* 79 (November 2001), pp. 104–115; L. L. Bove and L. W. Johnson, "Customer Loyalty to One Service Worker: Should It Be Discouraged?," *International Journal of Research in Marketing* 23 (2006), pp. 79–91.

20. Compare Gwinner, Gremler, and Bitner, "Relational Benefits in Service Industries" and T. Hennig-Thurau, K. P. Gwinner, and D. D. Gremler, "Understanding Relationship Marketing Outcomes: An Integration of Relational Benefits and Relationship Quality," *Journal of Service Research* 4 (February 2002), pp. 230–247 with R. Lacey, J. Suh, and R. M. Morgan, "Differential Effects of Preferential Treatment Levels on Relational Outcomes," *Journal of Service Research* 9 (February 2007), pp. 241–256.

21. F. F. Reichheld and W. E. Sasser Jr., "Zero Defections: Quality Comes to Services," *Harvard Business Review* 68 (September–October 1990), pp. 105–111; F. F. Reichheld, *The Loyalty Effect* (Boston: Harvard Business School Press, 1996); S. Gupta and V. Zeithaml, "Customer Metrics and Their Impact on Financial Performance," *Marketing Science* 25 (November–December 2006), pp. 718–739.

22. C. Homburg, N. Koschate, and W. D. Hoyer, "Do Satisfied Customers Really Pay More? A Study of the Relationship between Customer Satisfaction and Willingness to Pay," *Journal of Marketing* 69 (April 2005), pp. 84–96.

23. R. Dhar and R. Glazer, "Hedging Customers," *Harvard Business Review* 81 (May 2003), pp. 86–92.

24. D. D. Gremler and S. W. Brown, "The Loyalty Ripple Effect: Appreciating the Full Value of Customers," *International Journal of Service Industry Management* 10 (1999), pp. 271–291.

25. M. S. Rosenbaum and C. A. Massiah, "When Customers Receive Support from Other Customers: Exploring the Influence of Intercustomer Social Support on Customer Voluntary Performance," *Journal of Service Research* 9 (February 2007), pp. 257–270; Gremler and Gwinner, "Relational Benefits Research: A Synthesis."

26. S. J. Grove and R. P. Fisk, "The Impact of Other Customers on Service Experiences: A Critical Incident Examination of 'Getting Along,'" *Journal of Retailing* 73 (Spring 1997), pp. 63–85.

27. P. J. Danaher, D. M. Conroy, and J. R. McColl-Kennedy, "Who Wants a Relationship? Conditions When Consumers Expect a Relationship with Their Service Provider," *Journal of Service Research* 11 (August 2008), pp. 43–62.
28. I. Garnefeld, A. Eggert, S. V. Helm, and S. S. Tax, "Growing Existing Customers' Revenue Streams Through Customer Referral Programs," *Journal of Marketing* 77 (July 2014), pp. 17–32.
29. F. F. Reichheld and P. Schefter, "E-Loyalty: Your Secret Weapon on the Web," *Harvard Business Review* 78 (July/August 2000), pp. 105–113.
30. Additional frameworks for calculating lifetime customer value that include a variety of other variables can be found in W. J. Reinartz and V. Kumar, "The Impact of Customer Relationship Characteristics on Profitable Lifetime Duration," *Journal of Marketing* 67 (January 2003), pp. 77–99; Dhar and Glazer, "Hedging Customers"; H. K. Stahl, K. Matzler, and H. H. Hinterhuber, "Linking Customer Lifetime Value with Shareholder Value," *Industrial Marketing Management* 32 (2003), pp. 267–279.
31. This example is cited in J. L. Heskett, W. E. Sasser Jr., and L. A. Schlesinger, *The Service Profit Chain* (New York: The Free Press, 1997), pp. 200–201.
32. For more on customer profitability segments and related strategies, see V. A. Zeithaml, R. T. Rust, and K. N. Lemon, "The Customer Pyramid: Creating and Serving Profitable Customers," *California Management Review* 43 (Summer 2001), pp. 118–142.
33. R. Brooks, "Alienating Customers Isn't Always a Bad Idea, Many Firms Discover," *The Wall Street Journal,* January 7, 1999, p. A1.
34. C. Homburg, M. Droll, and D. Totzek, "Customer Prioritization: Does It Pay Off, and How Should It Be Implemented?" *Journal of Marketing* 72 (September 2008), pp. 110–130.
35. F. Reichheld, "Loyalty-Based Management," *Harvard Business Review* 71 (March–April 1993), pp. 64–74.
36. D. Brady, "Why Service Stinks," *BusinessWeek,* October 23, 2000, pp. 118–128.
37. Dhar and Glazer, "Hedging Customers."
38. C. O. Tarsi, R. N. Bolton, M. D. Hutt, and B. A. Walker, "Balancing Risk and Return in a Customer Portfolio," *Journal of Marketing* 75 (May 2011), pp. 1–17.
39. D. Rosenblum, D. Tomlinson, and L. Scott, "Bottom-Feeding for Blockbuster Businesses," *Harvard Business Review* 81 (March 2003), pp. 52–59.
40. M. D. Johnson, A. Herrman, and F. Huber, "The Evolution of Loyalty Intentions," *Journal of Marketing* 70 (April 2006), pp. 122–132.
41. See T. A. Burnham, J. K. Frels, and V. Mahajan, "Consumer Switching Costs: A Typology, Antecedents, and Consequences," *Journal of the Academy of Marketing Science* 32 (Spring 2003), pp. 109–126; F. Selnes, "An Examination of the Effect of Product Performance on Brand Reputation, Satisfaction, and Loyalty," *European Journal of Marketing* 27 (2003), 19–35; M. Colgate, V. T.-U. Tong, C. K.-C. Lee, and J. U. Farley, "Back from the Brink: Why Customers Stay," *Journal of Service Research* 9 (February 2007), pp. 211–228.
42. L. White and V. Yanamandram, "Why Customers Stay: Reasons and Consequences of Inertia in Financial Services," *Managing Service Quality* 14 (2004), pp. 183–194. See also Y. F. Kuo, T. L. Hu, and S. C. Yang, "Effects of Inertia and Satisfaction in Female Online Shoppers on Repeat-Purchase Intention: The Moderating Roles of Word-of-Mouth and Alternative Attraction," *Managing Service Quality* 23 (2012), pp. 168–187.
43. Colgate, Tong, Lee, and Farley, "Back from the Brink."

44. See J. P. Guiltinan, "A Classification of Switching Costs with Implications for Relationship Marketing," in *Marketing Theory and Practice,* ed. T. L. Childers, R. P. Bagozzi, and J. P. Peter (Chicago: American Marketing Association, 1989), pp. 216–220; P. G. Patterson and T. Smith, "A Cross-Cultural Study of Switching Barriers and Propensity to Stay with Service Providers," *Journal of Retailing* 79 (Summer 2003), pp. 107–120; M. A. Jones, K. E. Reynolds, D. L. Mothersbaugh, and S. E. Beatty, "The Positive and Negative Effects of Switching Costs on Relational Outcomes," *Journal of Service Research* 9 (May 2007), pp. 335–355.

45. See D. Pick, "'Switching Is Easy'—Service Firm Communications to Encourage Customer Switching," *Journal of Retailing and Consumer Services* 21 (2014), pp. 502–509; and J. J. Kim, "Banks Push Harder to Get You to Switch—Services Aim to Ease Hassle of Moving Your Accounts," *The Wall Street Journal,* October 12, 2006, p. D1.

46. See Bendapudi and Berry, "Customers' Motivations for Maintaining Relationships with Service Providers"; H. S. Bansal, P. G. Irving, and S. F. Taylor, "A Three-Component Model of Customer Commitment to Service Providers,"*Journal of the Academy of Marketing Science* 32 (Summer 2004), pp. 234–250.

47. Figure 6.6 and the discussion of the four levels of relationship strategies is based on Berry and Parasuraman, *Marketing Services,* pp. 136–142.

48. For more information on cautions to be considered in implementing rewards strategies, see H. T. Keh and Y. H. Lee, "Do Reward Programs Build Loyalty for Services? The Moderating Effect of Satisfaction on Type and Timing of Rewards," *Journal of Retailing* 82 (June 2006), pp. 127–136; L. Meyer-Waarden and C. Benavent, "Rewards That Reward," *The Wall Street Journal,* September 17, 2008, p. R5; J. D. Hansen, G. D. Deitz, and R. M. Morgan, "Taxonomy of Service-based Loyalty Program Members," *Journal of Services Marketing* 24 (2010), pp. 271–282; R. Lacey, "Relationship Marketing Tools: Understanding the Value of Loyalty Programs," in *Handbook on Research in Relationship Marketing,* ed. R. M. Morgan, J. Turner Parish, and G. Deitz (Cheltenham, UK: Edward Elgar Publishing, 2015), pp. 104–122.

49. C. K. Yim, D. K. Tse, and K. W. Chan, "Strengthening Customer Loyalty through Intimacy and Passion: Roles of Customer-Firm Affection and Customer-Staff Relationships in Services," *Journal of Marketing Research* 45 (December 2008), pp. 741–756.

50. Colgate, Tong, Lee, and Farley, "Back from the Brink."

51. Bendapudi and Leone, "How to Lose Your Star Performer Without Losing Customers"; E. Anderson and S. D. Jap, "The Dark Side of Close Relationships," *Sloan Management Review* 46 (Spring 2005), pp. 75–82; R. W. Palmatier, R. P. Dant, D. Grewal, and K. R. Evans, "Factors Influencing the Effectiveness of Relationship Marketing: A Meta-Analysis," *Journal of Marketing* 70 (October 2006), pp. 136–153. However, some scholars have recently questioned the use of the relationship metaphor in business-to-business contexts; see L. A. Bettencourt, C. P. Blocker, M. B. Houston, and D. J. Flint, "Rethinking Customer Relationships," *Business Horizons* 58 (2015), pp. 99–108; C. P. Blocker, M. B. Houston, and D. J. Flint, "Unpacking What a 'Relationship' Means to Commercial Buyers: How the Relationship Metaphor Creates Tension and Obscures Experience," *Journal of Consumer Research* 38 (February 2012), pp. 886–908.

52. Rosenbaum and Massiah, "When Customers Receive Support from Other Customers."

53. W. Ulaga and A. Eggert, "Value-Based Differentiation in Business Relationships: Gaining and Sustaining Key Supplier Status," *Journal of Marketing* 70 (January 2006), pp. 119–136.

54. D. D. Gremler and S. W. Brown, "Service Loyalty: Its Nature, Importance, and Implications," in *Advancing Service Quality: A Global Perspective,* ed. B. Edvardsson, S. W. Brown, R. Johnston, and E. E. Scheuing (Jamaica, NY: International Service Quality Association, 1996), pp. 171–180; H. Hansen, K. Sandvik, and F. Selnes, "Direct and Indirect Effects of Commitment to a Service Employee on the Intention to Stay," *Journal of Service Research* 5 (May 2003), pp. 356–368.

55. A. Andersen, *Best Practices: Building Your Business with Customer-Focused Solutions* (New York: Simon & Schuster, 1998), pp. 125–127; http://www.cardinalhealth.com/en/services/acute/logistics-solutions-acute/distribution/valuelink-services.html, accessed July 6, 2016.

56. S. Stellin, "Avoiding Surprises at the Car Rental Counter," *The New York Times,* June 4, 2006, p. TR6.

57. See L. C. Harris and K. L. Reynolds, "The Consequences of Dysfunctional Customer Behavior," *Journal of Service Research* 6 (November 2003), p. 145, for cites; see also, A. A. Grandey, D. N. Dickter, and H. P. Sin, "The Customer Is *Not* Always Right: Customer Aggression and Emotion Regulation of Service Employees," *Journal of Organizational Behavior* 25 (2004), pp. 397–418. Also see R. Fisk, S. Grove, L. C. Harris, D. A. Keeffe, K. L. Daunt, R. Russell-Bennett, and J. Wirtz, "Customers Behaving Badly: A State of the Art Review, Research Agenda, and Implications for Practitioners," *Journal of Services Marketing* 24 (2010), pp. 417–429.

58. K. Ohnezeit, recruiting supervisor for Enterprise Rent-A-Car, personal communication, February 12, 2004.

59. See Harris and Reynolds, "The Consequences of Dysfunctional Customer Behavior."

60. L. L. Berry and K. Seiders, "Serving Unfair Customers," *Business Horizons* 51 (January/February 2008), pp. 29–37.

61. For a detailed discussion on relationship ending, see A. Halinen and J. Tähtinen, "A Process Theory of Relationship Ending," *International Journal of Service Industry Management* 13 (2002), pp. 163–180.

62. H. Åkerlund, "Fading Customer Relationships in Professional Services," *Managing Service Quality* 15 (2005), pp. 156–71.

63. M. Haenlein and A. M. Kaplan, "Unprofitable Customers and Their Management," *Business Horizons* 52 (2009), pp. 89-97; M. Haenlein, A. M. Kaplan, and D. Schoder, "Valuing the Real Option of Abandoning Unprofitable Customers When Calculating Customer Lifetime Value," *Journal of Marketing* 70 (July 2006), pp. 5–20.

64. For additional thoughts on firing customers, see J. Shin, K. Sudhir, and D. H. Yoon, "When to 'Fire' Customers: Customer Cost-Based Pricing," *Management Science* 58 (May 2012), pp. 932–947.

65. J. Weed, "For Uber, Airbnb and Other Companies, Customer Ratings Go Both Ways, @ *New York Times,* December 1, 2014, www.nytimes.com/2014/12/02/business/for-uber-airbnb-and-other-companies-customer-ratings-go-both-ways.html.

第 7 章

服务补救

本章目标

1. 描述在保留顾客和建立忠诚度方面对服务失误进行补救的重要性。
2. 讨论顾客投诉的本质以及为什么有的人投诉，而有的人没有投诉。
3. 提供证据说明顾客期望什么，以及当其投诉时期望得到什么样的反应。
4. 提出一些有效服务补救策略，包括当服务失误发生时，安抚顾客和解决问题的方法。
5. 讨论什么是服务保证、保证的收益及何时使用服务保证。

| 开篇案例 | 捷蓝航空应对 2007 年情人节肯尼迪机场的暴风雪

2000 年，美国捷蓝航空公司（JetBlue）开通从纽约市飞往佛罗里达州的劳德代尔堡及纽约州布法罗市的日常航班，并承诺票价低至其他航空公司的 3.5 折。当时捷蓝航空拥有 300 名员工，为顾客提供舒适的旅行感受，飞机配置舒适座椅和真皮内饰。每个座椅还配有独立的卫星电视。漂亮时髦的司乘人员为乘客供应动物形状的饼干、奥利奥曲奇、可口的薯片等航班食品，受到乘客的青睐，加之如此低廉的机票价格，立刻受到乘客追捧。实际上，2007 年年初，捷蓝航空已拥有 9 300 名员工，其 125 架喷气式客机每天运行 575 架次，覆盖美国和加勒比海地区 52 个航班目的地。乘客开始喜欢上捷蓝航空。捷蓝航空因其优质服务获得多项殊荣，在 J.D.Power 和行业联盟的多项满意度调查中，捷蓝航空总是名列前茅。

捷蓝航空的优质服务在 2007 年情人节面临挑战。2007 年 2 月 14 日，一场严重的暴风雪席卷了纽约的肯尼迪机场，积雪大约 2 英寸⊖。尽管恶劣的天气给美国东部的航空公司都制造了麻烦，但只有捷蓝航空最受关注。为什么？曾经以其客户友好理念而获得声誉的捷蓝航空此次遭受了惊人的失败。6 天内取消超过 1 000 次航班，乘客被困在飞机场长达 9 个小时，航班延误的平均时间接近 4 个小时，捷蓝航空消耗近一周的时间才恢复正常运营。

⊖ 1 英寸 =0.025 4 米。

究竟发生了什么事情？正如书中捷蓝航空案例中所讨论的，恶劣的天气和不当的管理决策致使乘客在登机门拥堵以及飞机排长队等待滑行通道。捷蓝航空应对天气灾害所采取的措施并不明智。当暴风雪来临的时候，捷蓝航空并没有及时取消航班，引发很多乘客被困在停机坪长达10个小时束手无策。航班延迟而没有及时取消，而后以滚雪球一样的速度取消航班为结局，并拖延了近一周时间，很多乘客为了早些登机而在机场排起了长队。

对于捷蓝航空来说更糟糕的是，这件事发生在世界媒体的核心区——纽约，因此这项处理不当的服务备受主流媒体的关注。其中，美国《商业周刊》的报道最具压倒性的冲击，在其3月5日的封面，刊登了客户服务最好公司的首次评级，捷蓝航空所处的形势被形容为"一个非同寻常的错误"。为何在与达美航空（Delta）和美国航空面临同样问题时，捷蓝航空却备受关注？只因乘客对捷蓝航空优质服务的期望远高于其他公司。

很明显，这次的服务失误引起了媒体更多的关注。消费者明显都不愿意有类似的经历，但是更重要的是一个公司如何应对服务失误。那么，捷蓝航空最后是如何处理这次服务失误事件的呢？尽管该公司在暴风雪刚刚来临时的最初回应并不理想，但是捷蓝航空很

一些捷蓝航空顾客在飞机上和候机厅等待将近9个小时。

谦逊，频繁地向公众道歉，且反应迅速，很好地应用了本章介绍的服务补救策略。最后，捷蓝航空建立了消费者权利法案，向消费者进行明确的承诺，消除了消费者很多顾虑，并且释放出了捷蓝航空会完全按照承诺执行的强烈信号。

前面的两章，通过研究帮你了解了顾客，并且将他们作为独立个体，帮助你了解如何发展与他们之间的关系。这些与有效的服务设计、传递和沟通相匹配的战略为成功的服务奠定了基础。但是，对所有的服务业而言，无论是顾客服务、消费者服务还是B2B服务，服务失败都是不可避免的。对于有着最佳服务意识的企业乃至世界级的服务系统来说，失败也是不可避免的。

要想充分地了解并留住顾客，企业必须了解在服务失败发生时顾客的期望是什么，并实施切实有效的服务补救策略。

7.1 服务失误及补救的影响

服务失误大体上可以概括为一句话，即服务表现低于顾客期望，进而导致了顾客不满意。服务补救是组织为了改善顾客满意度而针对服务失误采取的行动。失误可由各种原因产生：服务没有如约履行，送货延期或太慢，服务方法不正确或服务质量低劣，员工粗暴或漠不关心。[1]尽管这些种类的失误都会引起顾客的不满，但研究表明只有部分（45%）经历服务

失误的顾客会向为他们提供服务的员工投诉，只有非常少数的（1%～5%）顾客向企业管理层或总部的人投诉。² 如图 7-1 所示，这种现象通常被称为冰山的一角。意思是说，每有一位顾客向公司管理层投诉，意味着 20～100 个其他顾客经历了服务失误但没有抱怨。服务失误没有得到很好的解决会导致顾客离开，将其经历告知其他顾客，甚至通过消费者权益组织或法律渠道投诉该公司。

服务补救的作用

调查表明，有效解决顾客问题会对顾客满意度、忠诚度、口碑传播及糟糕印象产生重大影响。³ 也就是说，经历服务失误的顾客，如果经公司努力补救并最终感到满意，将比那些问题未被解决的顾客更加忠诚。这种忠诚如第 6 章所提到的，将转变成盈利性。来自最近的顾客愤怒研究的资料证实了这种关系，如图 7-2 所示。⁴ 在服务行业的顾客中，如果遇到问题投诉，且问题得到满意解决，41% 的人表示他们肯定会从同一家服务供应商处继续购买，说明了良好的服务补救的作用。有的企业的服务补救做得相当成功，以至于最后顾客对企业的满意度比最初没经历服务失败时还好，这种情况被称为"服务补救悖论"。

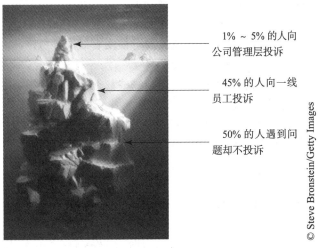

图 7-1　那些投诉的顾客：冰山一角

资料来源：TARP Worldwide Inc., 2007.

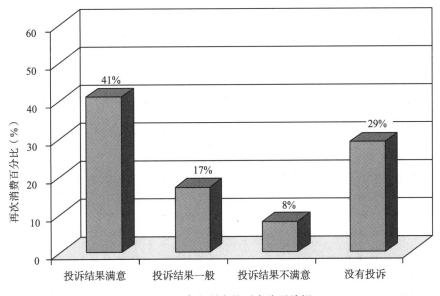

图 7-2　不高兴顾客的再次购买欲望

资料来源：2015 Customer Rage Study, conducted by Customer Care Measurement and Consulting and the Center for Services Leadership at Arizona State University.

作为持续改善服务的努力的一部分,一个得到较好设计的服务补救策略也能提供可用信息。在服务补救经验的基础上,通过调整服务过程、系统及产出,企业能提高"第一次作对"的可能性,这相应会降低失误成本并提高顾客的初始满意度。

不幸的是,很多企业并没有使用有效的补救措施。调查表明,63%经历过严重问题的顾客并没有从企业得到回应。[5]没有服务补救或者没有有效的服务补救策略会产生相当大的副作用。首先,顾客愤怒调查和一些其他调查表明,那些在投诉后对服务补救过程不满意的顾客,会比那些没投诉的顾客更不愿意继续购买,这说明了不良的服务补救的危害![6]其次,不良的服务补救往往伴随服务失败的产生。这样,糟糕的服务再加上低劣的补救(常指双重失误),会导致极度不满的顾客更加积极地寻找机会去公开指责那些企业。[7]当顾客经历了失败的服务后,会不计后果地去讲给别人听。研究表明,一个对企业的服务补救满意的顾客平均会对9个人讲,然而那些对服务补救不满意的顾客,平均会对22个人讲。[8]如果顾客通过网络和社会媒体去分享这些经历,那么波及的范围可能会更广(见专栏7-2)。最后,重复发生的服务失败加之没有有效的服务补救方法,也会激怒那些很好的员工。这可能会导致严重的士气低落以及员工流失,但很多时候都忽略了没有有效服务补救措施导致的人员方面的损失。

◎ 专栏 7-1

服务补救悖论

有些时候,会有这样一些顾客:开始的时候他们对服务经历不满意,而后又经历了高水平的服务补救,这样的经历使这些顾客比什么问题都没有发生的情况下更加满意,也更加愿意再次购买。也就是说,他们在遭受了服务失误后似乎比未遭受服务失误更加满意了。[9]假设一个租车公司的顾客登记时发现没有可用的预约车型。为了补救,租车公司代理人立即为顾客在原来价格的基础上升级到更好的车。顾客对这个补救相当满意,并称其对这次经历非常满意,甚至获得比以前更深刻的印象,并表示今后将成为忠诚顾客。这种极端的例子相对较少些,该现象(一个开始不满意的顾客在经历了优质的服务补救之后可能更加满意,更加忠诚)被称为"补救悖论"。

那么,企业是否应该表现出一些小小的失误以便更好地修复这些失误呢?如果这样做确实能使顾客更加满意,这个策略是值得推崇的吗?逻辑上而非理性上的结论是,企业应该使顾客失望以便他们能够更好地从失望的情绪中恢复过来,从而(希望能够)得到顾客更多的忠诚!

这种做法的问题在哪里?

- 我们在本章前面已经说明:很大一部分顾客在经历了问题后并不抱怨。补救的可能性只存在于企业能够发现问题并能够很好地进行补救的情况下。如果顾客不能让企业了解到失误——很多顾客都不能,不满则是最可能得到的结果。
- 修复失误的费用昂贵,重新提供或重新履行一项服务对于企业来讲成本太高。
- 鼓励服务失误多多少少显得滑稽,毕竟可靠性(第一次就做好)是服务质量最重要的决定因素。
- 研究结果显示,即使顾客对于企业的满意度因良好的服务补救而有所提升,顾客重复购买的意愿和对企业形象的感知也并没有增长。也就是说,顾客没有必要从企业的高度考虑长远的问题。[10]

- 虽然补救悖论表明顾客在经历了服务补救后可能更加满意，但是并没有保证顾客一定会更加满意。

补救悖论效果依赖于具体情况，一个顾客可能会因为饭店忘了其晚餐预定而提供了一张改天的消费赠券原谅了饭店，而一位想在晚饭过程中求婚的顾客可能就不会对同样的补救方法感到满意。

由补救悖论引起的"阴谋"导致了针对这个问题专门的实证研究。虽然有实例证实了这个现象，但研究似乎表明这种现象并非随处可见。研究发现只有当服务补救评价非常好时才能带来增加满意度和忠诚度的结果。[11] 这项研究表明顾客在决定是否再购买时非常看重最近的经历。如果最近的经历是消极的，那么顾客对该企业的整体印象会降低再购买的意图。除非补救效果非常出色，否则不足以掩盖顾客最初的失败经历带来的负面影响，不能让顾客有个完美的初体验，那顾客就很难有兴趣再次购买。最新研究发现，服务补救悖论最有可能发生的条件是，顾客认为失误并不严重，顾客和企业之前没有服务失误的经历，顾客认为失误的原因是不稳定的，或者顾客认为企业对于失误原因控制能力很弱。[12] 很明显，这些条件完备，补救悖论才会发生。

尽管关于补救悖论存在一些不同意见，"第一次就把事情做好"对企业长期运转来说仍然是最好且最安全的策略。[13] 然而，一旦出现失误，就需要提供出色的补救活动以缓解负面影响。如果失误能够被完全克服，或者失误不太严重，或者补救工作非常出色，那么都可以看到一些补救悖论的证据。[14]

7.2 顾客对服务失误的反应

当服务失误时，顾客会产生如图 7-3 所描述的各种反应。[15] 图中假定在出现失误以后，在某种程度上顾客产生了不满意的情绪。事实上，研究指出，随着服务失误会产生一系列的负面情绪，包括生气、不满、失望、自怜、焦虑和后悔。[16] 这些负面情绪会对顾客如何评价服务补救的作用产生影响，并且影响他们最终是否还会选择该供应商的决策。

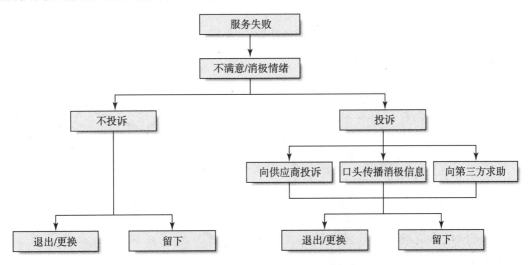

图 7-3　服务失败后顾客的投诉行为

许多顾客对不满采取消极态度，只是说说而已或者什么都不做。他们是否采取行动，在某种程度上取决于顾客是想保持其原有供应商还是转向新的供应商。像我们已经指出的,那些没有抱怨行为的顾客最不可能再次光顾。对于企业来说,顾客不满意时的消极情绪对企业今后的成功是一种威胁。

7.2.1　人们抱怨(或不抱怨)的原因

大部分顾客有一大堆理由不去投诉。他们常常认为投诉是在浪费自己的时间和精力。[17]他们不认为自己或者别人的投诉会有什么积极的结果。许多顾客对投诉过程和结果没有信心而没有去投诉,因为他们不认为会有满意的结果。还有许多顾客因为不了解投诉过程或者还没有意识到相关的投诉渠道,而不知道如何去投诉。有些时候顾客觉得投诉到一个企业很困难,在某种情况下,他们可能会觉得投诉过程太烦琐,像是在惩罚他们。有些情况是那些没有投诉的顾客用"情绪应对"来应对他们经历的失败服务。这种情绪应对包括自责、否认,并且有可能寻求社会支持。[18]他们会觉得失败的服务多少也有他们的责任而得不到补偿。

有一些顾客比其他人更可能抱怨。这些消费者相信投诉总会有积极的结果且对社会有益,而且其个人标准支持其抱怨行为。他们相信自己将会并且应该由于服务失误而获得某种形式的赔偿。他们相信得到公正的对待和良好的服务是应该的,并且在服务失误时,某些人本应该把它做好。在有些情况下,他们认为有一种社会责任在促使其抱怨,帮助其他人避免遇到相似的情况或者惩罚这家服务供应商。只有极少数消费者拥有"抱怨"的个性,他们仅仅是喜欢抱怨或是制造麻烦。

顾客个性相关因素也会影响是否去投诉。[19]如果一项服务失败真的是很重要,对顾客有很重要的后果,或者说在服务过程中顾客自身受到很多牵连,那么顾客就更有可能去投诉。[20]

消费者对那些昂贵、高风险和涉及自我的服务(如度假服务、航空旅行和医药服务)的投诉多于对那些廉价的频繁购买的服务(如汽车快餐服务、出租车服务和电话服务)的投诉。后面这些服务显然不很重要,不足以花费时间抱怨。不过,虽然这种经历对顾客可能一时不很重要,但当再次需要这些服务时,这一次不满意的经历可能驱使他转向竞争者。

◎ 专栏 7-2

网上流传的不良服务补救:"美联航弄坏吉他"

戴夫·卡罗尔(Dave Carroll)乘坐美国联合航空公司飞机出行时,吉他被行李搬运人员弄坏了。他向航空公司寻求补偿,美联航15个月都没有解决方案。卡罗尔在YouTube上发了一个名叫"美联航弄坏吉他"的音乐视频。这个视频快速传播,并且吸引了大量的新闻媒体,包括洛杉矶时报(Log Angeles Times)、美国有线电视新闻网络(CNN)和哥伦比亚广播公司早间节目(CBS Morning show)。不到

© 2009 Big Break Enterprises/Dave Carroll

一个月,这个视频被点击460万次,导致美联航的股票下跌并且股东损失超过了1.8亿美元。

事故起因是卡罗尔在芝加哥奥黑尔机场(Chicgo's O'Hare Airport)等待他的航班起飞时,

目睹了行李搬运人员将他的吉他扔到柏油路上。卡罗尔立即将情况告诉了航班服务员，服务员告诉他等飞机到达目的地奥马哈后，再向地面工作人员反馈问题。不幸的是，当他们到达那里后，没法找到地面工作人员，卡罗尔能做的只是确认了他的猜想，价值 3 500 美元的泰勒吉他被弄坏了。接下来就是卡罗尔在他的歌里写的 15 个月的遭遇——"推卸责任、不要问我、不好意思先生、你无处投诉"。

最后，卡罗尔和美联航陷入僵局，卡罗尔也告诉美联航他将会把他的经历写成带有视频的 3 首歌。他的目标是一年内最少有 100 万次观看。视频在 2009 年 7 月 6 日上传到 YouTube，同时他的朋友们也转发链接到掘客（Digg）和一些其他新闻网站。他们也推广链接给一些其他对美联航不满的顾客，还有一些电视名人，比如杰·雷诺（Jay Leno）、吉米·法隆（Jimmy Fallon）和佩雷斯·希尔顿（Perez Hilton）。用户至上主义者和一些新闻媒体随后也注意到了视频，传播速度非常快。7 月 10 日，仅仅 4 天，视频的点击量就超过了 160 万。

美联航开始关注微博上的视频并回复"这事件引起我们共鸣，我们也直接联系了卡罗尔近日来解决。"美联航继续频繁地发微博来反复强调这一点。美联航联系到卡罗尔，他们支付给他 1 200 美元的吉他维修费，额外给他 1 200 美元的航空券。但是对卡罗尔来说，这些微不足道，而且太迟了。卡罗尔建议他们把补偿给有相似经历的顾客，最后，美联航选择给一所音乐学校捐款 3 000 美元。几个月后，卡罗尔见了美联航的高管，他们也承认不应该拒绝卡罗尔当时的投诉。他们现在用卡罗尔的视频做顾客服务培训，来确保类似的事故不会再发生。

尽管美联航做了（迟来的）补救措施，但是，损失已经产生了。卡罗尔的视频上传后，美联航的股票跌了 10%。这导致 1.8 亿美元的损失。并且，那个视频被超过 1 600 万人观看。这些结果相当讽刺，因为本来可以在最初花费 1 200 美元解决的。

这次的事件强调了在顾客仅仅是向一些要好的朋友和家人抱怨的那些日子，及时谨慎处理顾客问题的重要性。如今，感谢互联网，让投诉者们在很短的时间内就有了接触数百万有同感的人的可能。

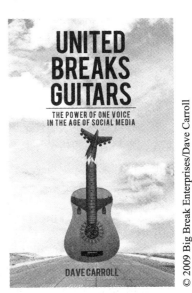

戴夫·卡罗尔写了一本自己经历美联航服务失误的书。

资料来源：J. Deighton and L. Kornfeld, *United Breaks Guitars* (*Case Study*), Boston: Harvard Business Publishing, 2010; "United Breaks Guitars" YouTube video, 4:36, posted by "sonsofmaxwell," July 6, 2009, https://www.youtube.com/watch?v=5YGc4zOqozo; and R. Sawhney, "Broken Guitar Has United Playing the Blues to the Tune of $180 Million," *FastCompany*, July 30, 2009, http://www.fastcompany.com/1320152/broken-guitar-has-united-playing-blues-tune-180-million.

7.2.2 顾客投诉行为的种类

在服务失误后，若顾客采取行动，其种类会是各种各样的。一位不满的顾客可能选择当场投诉服务人员，给企业一个立即反应的机会。对企业来说，这往往是最好的情况，因为企业有第二次机会当场满足顾客需要,以保留其未来的生意,并潜在地避免了任何负面口头宣传。没有马上投诉的顾客可能选择以后通过电话、信件或网络向供应商投诉,这样企业也有机会进行补救。学者将这些主动投诉的行为称为"声音回应"或"寻找弥补型"。

一些顾客不直接向服务人员抱怨,而是宁愿向朋友、亲戚及同事传播关于企业的负面信息。这种负面宣传非常有害,因为它会加剧顾客的消极情绪,并将这种负面影响传给他人。另外,如果负面宣传没有与投诉一起传递给企业,企业就没有机会进行补救。近年来,顾客已经通过网络或者社会媒体来投诉。一系列的网站,包括基于网络的顾客意见平台、微博以及许多社会媒体(包括推特和脸书),[21] 使顾客投诉更加便利,也为顾客负面口头传达提供了更广阔的听众。一些顾客对某个产品或服务失误特别不满意,以致特意建立一个以企业现有的或可能的顾客为目标的网站。[22] 在这些网站,愤怒的顾客通过向其他顾客传达公司的无能和邪恶来表达他们对公司的不满。[23]

最后,顾客可以向类似商业改进局的第三方抱怨,如政府的消费者权益支持部门、许可证发放部门、行业协会或私人律师等。不管采用哪种行动(或者没有任何行动),最终顾客都会决定是否会再次惠顾服务供应商或者是转向其他供应商。

7.2.3 抱怨者的种类

研究表明,根据人们对服务失误做出的反应,抱怨者可被划分成四种反应类型:消极者、发言者、发怒者和积极分子。[24] 尽管这四种类型在不同的行业背景中可能有不同的比例,但其划分是相对一致的,并且每种都能在所有企业或行业中找到。

愤怒的顾客会更多地向别人倾诉他们的失败经历。

1. 消极者

这类顾客极少会采取行动。与那些进行负面宣传的人相比,他们不大可能对服务人员说任何事,也不大可能向第三方进行抱怨。他们经常怀疑抱怨的有效性,认为结果与花费的时间和努力相比不值得,有时其个人价值观或标准会抵制抱怨。

2. 发言者

这类顾客乐于向服务人员抱怨,但他们不大可能传播负面消息,改变供应商或向第三方讲述不满。这些顾客应该算作服务提供者的最好朋友,他们主动抱怨,这样一来就给企业以改正的机会。他们倾向于认为抱怨对社会有益,所以从不犹豫说出自己的感觉。他们认为向服务人员抱怨的结果非常积极,并且不太相信另外两种抱怨形式,如传播负面消息或向第三方诉说。他们的个人标准支持抱怨。

3. 发怒者

这类顾客与其他类型相比更有可能极力向朋友、亲戚传播负面消息并改变供应商。他们的普遍嗜好是向供应商抱怨,且不太可能向第三方抱怨。就像其绰号表示的那样,他们对供应商更加愤怒,虽然他们确实相信向供应商抱怨会带来社会利益。他们不可能给服务提供者第二次机会,取而代之的是转向原供应商的竞争对手,并且一直向朋友、亲戚传播负面消息。这种顾客要比其他顾客更有可能通过在网站上或微博上写文章、在 YouTube 上发视频来和其他人分享他们的挫折。

4. 积极分子

这类顾客的特点是在各方面更加具有抱怨的习性：他们向供应商抱怨，还会告诉其他人，并且比其他类型更可能向第三方抱怨，或通过社会媒体（比如推特）发表看法。抱怨符合他们的个人标准。他们对各种抱怨的潜在积极后果都感到非常乐观。

7.3 服务补救策略：安抚顾客

许多企业意识到对已经有失望感的顾客做出出色补救的重要性。接下来的两个章节我们来分析他们的策略并分享一些标杆企业的案例和它们的做法。如图7-4所示，它很清楚地说明了优秀的服务补救是一系列策略的集合。总的来说，服务补救策略分为两大类：第一类是企业为了维护顾客关系而做出的措施，也就是安抚顾客；第二类是纠正错误，并且避免再次发生，也就是解决问题。很明显，这两类都很重要，但是许多情况下要想解决问题必须得先维护与顾客的关系。所以，我们先从安抚顾客开始。

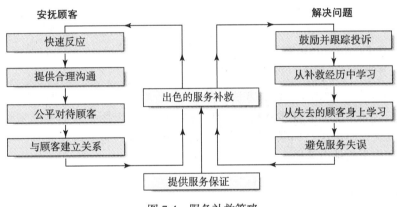

图7-4　服务补救策略

7.3.1 快速反应

抱怨的顾客希望得到快速的反应。[25]这样，当企业发生服务失败或者接到顾客投诉时，必须随时准备好快速回应顾客。如图7-5显示，对于服务业顾客的研究发现，对于那些问题得到迅速解决或者在24小时内解决的，他们对于企业采取的措施表示"完全满意"。[26]不幸的是，很多企业在问题解决之前，要求顾客联系多个员工（就像打乒乓球一样推来推去）。一项研究表明，如果要解决一个投诉，平均要联系4.2个人。[27]这项研究发现，如果问题在第一次联系就能得到解决，当时顾客对于企业反应的满意度达到35%；但是，一旦需要联系3个以上的人，顾客对企业反应的满意程度会降到9%。另外，对于那些使用推特的顾客，81%的顾客期望当天收到企业回复，而且会通过他们的推特传播。看到了教训了吧？服务补救的快速反应对吸引不满意的顾客是相当有好处的。

快速反应的能力不光指系统和流程，对相应的员工同样重要。也就是说，要想让他们做到快速反应，员工应该得到相关的培训和认证。如果问题没有得到快速解决，就会快速升级。像我们之前谈到过的，当服务失败发生时，顾客们经常会经历打乒乓球似的被推来推去的事情。在第11章讨论到有更多细节的一个实践——给员工授权，它常可以帮助快速反应，减少（或者消除）推来推去的事件，并且可以及时安抚不满意的顾客。举个例子，丽思卡尔顿强调第一个听到抱怨的员工就应该对该抱怨负责，直到他确认问题解决。如果一名正在饭店走廊中修理灯具的维修人员听到一名顾客的抱怨，他就得对该抱怨负责，并且必须确认在他返回工作岗位时，该抱怨已得到恰当的处理。

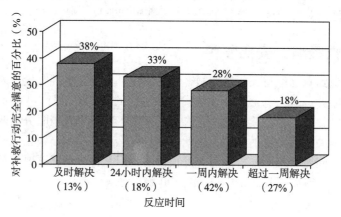

图 7-5　顾客对服务失败反应及时性的满意度

资料来源：2015 Customer Rage Study, conducted by Customer Care Measurement and Consulting and the Center for Services Leadership at Arizona State University.

另一种快速处理问题和抱怨的方法是建立一个允许顾客亲自解决服务需要和处理遇到问题的系统。通常这需要技术支持来完成。顾客们直接应用企业的系统完成对自己的服务，给自己提供及时解决。如联邦快递就用这种策略来进行包裹跟踪服务，赛门铁克公司（Symantec）的安全软件产品也一样。

◎ 专栏 7-3

服务英雄

乔氏超市（Trader Joe's）给需要的人提供食物

一名89岁高龄的老人在宾夕法尼亚的家里被大雪困住，预报说近期还有更大的暴风雪来临。他的女儿担心他在这么恶劣的天气里没有食物，打电话给当地的外卖希望有人能给她父亲送点食物。

她最终联系到了乔氏超市里的店员，店员告诉她一般情况下店里不送货，但由于恶劣天气可以例外送一次。店员接了她的订单并且根据她父亲低钠的食谱，给她建议了一些额外的有帮助的食物，来确保老人有足够的食物度过后面被困在家里的日子。

当她要结账的时候店员告诉她，所有的食物包括送餐都是免费的。店员说了声圣诞快乐并结束了对话，在半小时内就将食物送到了老人那里。

这个例子说明服务补救超出了顾客的期望。特别是当外部因素超出了公司控制（比如大自然因素），授权员工去做对顾客有意义的事，对于企业和顾客建立长久的关系非常重要。

美联航为了顾客见母亲最后一面而延误航班

尽管美联航因为弄坏顾客吉他而名声受损，但是也有说明美联航服务顾客出类拔萃的例子。

乘客克里·德雷克（Kerry Drake）很焦急地上了旧金山的一架飞机，去得克萨斯州卢博克市看他即将离世的母亲。德雷克知道，如果他错过了去往休斯敦的航班，他将没法在他母亲离世前见到她。

当第一班飞往休斯敦的航班晚点时，德雷克意识到他将错过飞卢博克市的飞机，并且无法见到他母亲最后一面。他在飞机上悲伤地哭了，无法掩盖他的悲伤。

当一个空乘听到这件事后立即通知了机长，机长立即联系了下一个从休斯敦飞往卢博克市的航班，然后整个航班的人都很同情德雷克的遭遇，为了等待德雷克，整个航班延误了。

当德雷克进机舱时，全体人员喊他名字欢迎他登机。在美联航大量人员的帮助下，德雷克及时地赶到了医院并和母亲说了再见。

这个事件解决得很出色。航空公司通常是通过效率和准点率来评估好坏的，但是，美联航的员工能意识到当时的情况要比一个准点好评重要得多，并且他们给了顾客一个无价的礼物——和即将离世的母亲告别。

资料来源：G. Ciotti, "10 Stories of Unforgettable Customer Service," *Help Scout*, www.helpscout.net, accessed on June 17, 2016; K. Hetter, " United Airlines Delays Flight for Man to See Dying Mother," *CNN*, March 10, 2013, http://edition.cnn.com/2013/03/06/travel/united-flight-delay-dying-mother/.

7.3.2 提供合理沟通

7.3.2.1 展示理解和责任

许多服务失败情况下，顾客不是从企业寻找极端措施，而是他们想了解发生了什么以及企业有责任去作为（或者不作为）。[30] 在表 7-1 中来自顾客保障公司的调查列出了当顾客经历一系列问题后的 12 种顾客最期待的"补救方法"。其中 4 种是维修产品或者完善服务、退款、赔偿他们因为经历了服务失败而烦恼的精神损失、拿到一个免费产品或者将来享受一次免费服务。另外 8 种包括：企业解释发生了什么、保证不再发生、谢谢顾客的反馈、来自企业的一个道歉、被企业有尊严地对待、用平常话交流而不是念稿子、失误的企业能跟顾客换位思考、给顾客提供一个向公司发泄他们不满的机会。这 8 种都不需要花费企业很多成本就能提供。

这 8 个不涉及金钱的补救方法主要是员工和顾客沟通方面的措施。当服务失败发生时，被理解和有人承担责任对顾客来说很重要，因为如果他们感觉到不公平的事情发生了，那么他们需要找到人抱怨。当失误发生时，顾客期望相关企业能礼貌地表达歉意，并且顾客想知道企业如何去避免事情再次发生。[32] 如表 7-1 所示，如果企业跟顾客有过很好的沟通，顾客的情绪就会得到缓解。无疑顾客很看重这些沟通，因为这些不涉及金钱的补救方法同投诉过程、持续忠诚和积极的口碑传播的满意度有紧密关系。[33] 当然，企业需要把更多的精力放在如何回应顾客上，而不是简单地道歉，例如如果想彻底解决一次严重的服务失败，就提供适当的赔偿金。

表 7-1 服务失败时顾客最期望的 12 种补救措施

补救	期望（%）	实际（%）
被有尊严地对待	93	32
出现失误的公司能换位思考	83	19
不再发生的保证	81	15
为顾客维修产品或者改进服务	80	25
为什么发生问题的解释	80	18

(续)

补救	期望（%）	实际（%）
用平常的话语沟通而不是念稿子	79	29
感谢顾客反馈	76	27
一个道歉	75	28
顾客仅仅是表达愤怒或者诉说自己的经历	58	35
退款	57	18
免费拿到一个产品或者将来的服务	44	8
对顾客的经济补偿（针对时间浪费、不满和受伤）	42	5

注：灰色背景部分是不涉及经济的补救措施。

资料来源：2015 Customer Rage Study, conducted by Customer Care Measurement and Consulting and the Center for Services Leadership at Arizona State University.

7.3.2.2 给出合理的解释

在许多服务失误中，顾客可能想了解为什么失误会发生。解释可以帮助企业消除负面反应以及传递给顾客的负面影响。[35] 研究表明，当企业没有能力提供合理的结果，但是能提供合理的理由时，也能减少顾客的不满。[36] 为了使顾客感知到提供的解释是充分的，给出的理由必须包括两个主要特征。首先，解释的内容必须是贴近实际情况的，相关的信息有助于顾客了解事情发生的原因。其次，传递解释信息的风格，或者说解释信息应该如何传递，也可以减少顾客的不满。这种风格包含了信息传递者的个性特点以及他们的信用度和真诚度。让顾客感知到诚实的、真诚的并且是非操作性的解释是最有效的。假如一个顾客在医生的办公室无故等了很久，

经历了服务失误的顾客通常希望能得到企业关于事故原因的解释。

那他就开始感到没有被重视和尊重。但是，如果有员工过来向顾客致歉并客气地解释因为有一个严重的病人急诊，那么顾客就会更好理解自己的处境并更有耐心地等待。

■ 技术亮点　　　　思科系统：顾客服务自己

每年高速增长和产品日益多样化的挑战之一是快速处理顾客的服务需求，这是思科系统面临的问题。思科是全球领先的网络设备供应商，无论在商业、教育、慈善还是创造方面，都让人们建立更有效的联系。思科提供硬件、软件以及服务，提供网络解决方案，在任何地点任何时间让网络变成可能，并使顾客更方便地接触到世界范围的信息。随着网络成为思科客户及其业务的关键任务，这种环境中的故障很快就会变得非常昂贵。顾客想知道他们的问题能够被迅速解决，他们需要对解决方案的控制感。

为了解决这些问题，尤其是快速增长连同业务的特殊性，为了使自己在已有的世界一流的顾客服务模型基础上更加出色，思科系统转向了因特网。后来建立的思科支持网

站提供了在线的文档和工具，帮助记录和解决与思科产品服务相关的技术问题。这里所描述的系统已同思科的工业分离并帮助公司在高度竞争的环境中建立了顾客忠诚。

顾客用科技自己解决问题

实质上，思科系统能让顾客通过公司的自助网站和社群，自己解决自己需要的服务和支持。在很多情况下顾客完全自己解决服务问题，而根本没有思科人员的介入——允许思科员工关注那些复杂的、需要人工支持的问题。通过思科自建的网站可以直接获得信息。这个很重要，因为速度和及时性是大部分顾客处理关键情况的重要关注点。思科技术支持团体包括：①社区论坛，顾客可以咨询问题并了解到公司其他顾客经历过相似问题的信息；②顾客有机会通过一系列项目和文章获得思科专家最近发布的技术支持知识；③思科专家和合作伙伴在如下问题方面发布的技术支持文档和教程，包括区域网络、网络管理、安全和数据存储。

过去的十年里，思科集合了前面讲的所有形态的支持，能带给未知渠道和位置的顾客一致的体验。顾客可以通过任何形式联系思科获得支持（如社团、自助、代理人），并且不用在不同渠道间跳来跳去就能获得正确支持。思科称这个由三部分组成的方法为数据支持。

第一部分是统一的顾客经历。数据支持可以让思科的顾客和合作伙伴通过任何思科提供的形式获得统一的支持经历。有了数据支持，思科的所有支持渠道无缝衔接并为顾客提供统一的支持经历。

当顾客遇到问题并期盼通过各种渠道解决时，他们可以像往常获取专家帮助信息一样打电话给客服。数据支持可以在顾客方便的时间提供支持，无论其是"在路上"、在帮助他们的客户，还是在现场解决故障。这样的支持渠道就是思科支持社区。这个社区持续可用并且不断实时更新问题的见解和解决办法，包括客服中心员工都经常看社区内容来帮他们解决问题。那些在社团特别频繁帮助他人的可以获得"思科VIP"头衔。他们在社区的用户名旁边有徽章，这个徽章表明了他们VIP的状态，且可以区分他们和其他人（"思科高级VIP"是那些顶级贡献者们，他们经常被邀请讨论社区发展方向、特点和其他事情）。

数据支持的第二部分是随时随地支持。思科为了做到随时随地能通过专家意见和工具支持顾客的承诺，将自己的顾客支持系统拓展到了社交媒体和手机设备上。确实，使用思科产品的顾客在面临问题时，越来越多的人用这些工具来解决。这些故障通常发生在他们不在室内的时候，他们无法通过个人电脑来获取思科资源。几年前，思科推出了可以在苹果手机和苹果平板电脑使用的技术应用。在苹果平板电脑上的简单应用对于年轻顾客和新兴市场是个吸引点。当顾客遇到问题时，他们也可以参与论坛讨论，直接通过脸书、推特、领英（LinkedIn）和YouTube实时联系思科专家获取技术支持。

第三部分是应用程序接口（APIs）和顾客设备上的高级诊断支持，可以提前自动化提供前瞻性的诊断信息。APIs允许不在顾客的环境下接入思科系统，并且获得关于设备状况的信息。这种支持需要顾客和思科有合约，即他们设备的任何安全弱点，以及其他管理设备的重要信息，都可能被感知到。

支持自动化的概念是通过思科技术人员和顾客自己的支持团队共同连接到顾客的网络设备上，将思科和顾客的连接变成另一层次。一旦连接，技术程序就被思科客服中心的专家控制，来搜集设备数据、错误诊断并且发送数据到思科。有了这些数据在手，顾客和客服中心工程师就能采取正确措施来恢复中断的服务。这些数据也可以用作对顾客环境的周期性维护检查。目的是让顾客思考并暴露他们可能面临的问题，这样就可以提前解决，避免问题发生，确保服务正常。

结果

数据支持方法的目标是让思科与所有的顾客无缝衔接，并让顾客搜集大量的相关知识，能够源源不断地参与论坛讨论，同时能够向社区的技术专家学习，解决他们遇到的所有问题。通过在互联网上持续创新提供服务给顾客，思科承认获得巨大收益。目前，85%的顾客支持Cisco.com自助网站和社区，顾客运用思科专家提供的专利知识和自助工具来自己解决问题。顾客满意度和忠诚度由于公司引进互联网的顾客服务指导和支持社团而得到很大提升，工作能力也因为思科支持社团帮助解决顾客问题而提高。同时，公司由于服务支持社团和自助网站的帮助，每年大约节约3亿美元。这真是个对思科和它的顾客的双赢结果！

资料来源：www.cisco.com/support, accessed June 2016; e-mail communications from Mike Friday, Director of Product Manage ment, Cisco Services, June 2016.

7.3.3 公平对待顾客

在投诉时，顾客尤其想要正义和公平。服务补救专家史蒂夫·布朗（Steve Brown）和史蒂夫·塔克斯（Steve Tax）已经总结出三种顾客在投诉后所特别寻求的公平类型：结果公平、过程公平和交互公平。[37] 结果公平关注顾客通过抱怨得到的结果；过程公平指投诉过程的政策、规则以及时间限制；交互公平注重投诉过程中人与人之间的互动。[38]

◎ **专栏 7-4**

服务补救中的公平主题

	公平	不公平
结果公平：顾客通过抱怨得到的结果	"女服务员认同有问题存在。将三明治放回厨房并换一块。我们还得到了免费的饮料" "当我退房的时候投诉了在早晨3:45被吵醒的事情，他们道了歉，并告诉我是由于大厅问题报了火警导致的，并且给我2 000点奖励积分作为补偿"	"他们拒绝退款或弥补这些不便，冰冷的食物是不能容忍的" "当我们刚登机，飞行员通知我们飞机有故障，后来客户服务接待员告诉我飞机直到明天才能起飞。因为我要多待一晚，我向航空公司索要到我兄弟家的车费，他们拒绝了"
过程公平：投诉过程的政策、规则以及时间限制	"旅店的经理说无论是谁的错，她都会承担起立即解决这个问题的责任" "那个产品终身保修。但是当它不工作时，我找不到原始发票了。顾客服务接待员说我只需要拍下故障照片并连同我的地址发送给他们，他们会发给我一个新的产品——没有问其他任何问题"	"他们应该帮助我解决问题，而不是给我一个电话号码。没有人接我的电话，我从来没有机会和一个真正的人来诉说" "我转天回去告诉他们对我的订单处理失误了。我是在现场投诉这个问题，那个经理问我是否在网上投诉过，我说没有，然后她说那就是我该做的"
交互公平：投诉过程中人与人之间的待遇	"非常有礼貌，专业，并且考虑周到——他始终让我知道投诉的进度" "我的手机同步出了问题。当我打电话求助时，电话客服非常有风度，耐心地带我完成了同步过程"	"处理我的空调修理失误的人没有做任何事，而且好像也不在意" "关于这个问题我在两周内联系了'丹'好多次。他反复告诉我：'别担心'以及'我会帮你的'。但是，他不回我电话也不回复邮件。他的行为显示了他真是没把我的问题当回事"

资料来源：S. S. Tax and S. W. Brown, "Recovering and Learning from Service Failure," *Sloan Management Review* 40 (Fall 1998), p. 79, Massachusetts Institute of Technology.

1. 结果公平

企业在做服务失误的补救努力时，应当给顾客与他们的不满相匹配的结果或补偿。这种补偿可采用实际货币赔偿、未来免费服务、折价、修理或更换等形式。顾客希望公平地交换，也就是说，他们想感觉到，企业为其错误采取某种行动的付出至少等于他们已经遭受的损失，对企业来讲必须是"罪有应得"。他们希望的公平还包括，他们希望得到的赔偿与其他顾客经历同样类型服务失误时得到的一样，他们同时赞赏企业给其一些赔偿选择。例如，一个专业工作室为一个学生做的高级肖像没有很好地打印，那么这个工作室为了弥补未按承诺完成作品，可以给该学生提供退款、再免费做一个或提供肖像包装等补偿。结果公平在顾客对服务补救的回应相当消极的情境下尤为重要。在这种情况下，补救努力应该主要从顾客的角度来提高结果。[39]

举个例子，一个亚马逊的顾客在圣诞节订了一台索尼游戏机（PlayStation），货物也按时送到了他的门口。但是在他拿到货物之前，货物被偷了。亚马逊立即快速免费为这位顾客补发了第二台索尼游戏机，及时赶上了圣诞节。这位顾客对补救结果（及时补发货物）相当满意，因为货物被偷并不是亚马逊的错误。[40]

另一方面，如果顾客得到过度赔偿，他们也会不舒服。在达美乐比萨公司早先服务承诺的经验中，如果送货司机比承诺的晚到30分钟，公司将不收取比萨的价款。许多顾客对这种补偿感到不舒服，尤其是在送货司机仅仅晚到几分钟的情况下。这种情况下，"惩罚大于罪行"。一段时间后，该公司将其补偿变得更加合理，即送货迟到降价3美元。再后来，时间保证也降低了，因为员工为及时送货而开快车，结果引发了许多问题。

2. 过程公平

除公平赔偿外，公司应该在投诉过程中的政策、规定和时限方面公平地对待顾客。他们希望投诉过程简单化，并且希望事情被快速处理，最好是通过他们第一个接触的人。他们欣赏那些适应能力强、补救努力能迎合其个人状况的企业。某些情况下，特别是在B2B企业的服务中，企业实际上会问顾客："对于我们的失误，我们能为您做些什么？"很多情况下，顾客实际要求的少于企业预先估计的。

公平过程的特点包括清晰、快速和无争吵。不公平过程使顾客感受到缓慢、拖延和不方便。如果非要顾客证明他们的情况属实，他们也会感到不公平，因为公司的假设看起来是顾客做错了或是在撒谎。

坎昆的地中海俱乐部的服务补救有一个典型的案例，发生后的30年里这个案例都常被人提起。一群地中海俱乐部顾客在从纽约到墨西哥的过程中除了麻烦什么都没得到。当时的航班晚点6个小时起飞，中间意外地经停两次，在降落前又在空中盘旋了30分钟。由于接连不断的延误和不幸，飞机晚点超过10个小时并且飞机上的餐饮都耗光了。终于飞机在凌晨两点到达，但着陆的时候非常颠簸，导致氧气罩和行李都掉了下来。当飞机到达廊桥后，乘客们都非常饥饿并且非常肯定他们的假期还没开始就被毁了。坎昆度假酒店的总经理西尔维奥·博尔托力在飞机还没落地时得知这个消息，就立即组织补救措施。他带领酒店一半的员工去机场，并在那里放置了一桌子的点心和饮料，并且布置了立体声音响播放愉快的音乐。客人出来后受到了酒店员工的热烈欢迎，很多人来帮他们拿行李，他们听到了许多同情的话语，还有专车接他们去酒店。在俱乐部等待他们的是墨西哥巡回乐队和有着许多香槟的丰盛的宴会。此外，另一半没去机场的员工号召其他俱乐部的客人起来一起欢迎新来宾，宴会持续到凌晨。尽管途中的遭遇不是地中海俱乐部的失误，但是他们在顾客刚到达的时候就去做了适当的补救。那些去度假的客人从落地那刻开始就没有了任何抱怨。

3. 交互公平

企业应该在服务补救过程中有礼貌地、细心地和诚实地对待顾客。如果顾客感到企业及其员工对自己漠不关心甚至不想办法去解决问题，那么交互公平就会影响其他公平了。为什么在某些情况下他们会漠不关心或者粗暴地对待顾客？这种员工行为看起来很奇怪，多数情况是由于缺乏培训和授权。一名沮丧的、无权补偿顾客的一线员工很容易做出漠不关心的反应，尤其是顾客本身就很愤怒或粗暴时。

在专栏 7-3 关于乔氏超市的例子里，服务员很热心并乐于帮助顾客，对被大雪困住的顾客的父亲还特意建议了一些增加项，尽管送货不是他的本职工作，但还是特意为顾客送去食物。最后，通过祝顾客圣诞快乐，使顾客体验到亲近与关心。

7.3.4 培养与顾客的关系

在第 6 章我们讨论了与顾客建立长期关系的重要性。关系营销一个额外的好处就是当企业服务传递失误时，与企业有很坚实的关系的顾客更容易原谅服务失误并更容易接受企业的服务补救努力。也就是说，如果企业与顾客有强有力的合作关系，那么在遇到问题时会更容易解决。研究表明，坚实的顾客—企业关系能够避免企业受到顾客不满带来的消极影响。[41] 一项研究证明了顾客和企业和谐的关系提供了很多服务补救益处，包括服务补救后的满意度提升、忠诚度提升，以及消极的口碑传递影响的降低。另一个研究发现，想要继续保持和企业关系的顾客对服务补救的期待会更低一些，并且对即时补偿的要求更少，因为他们以长期的视角考虑公平的平衡性。[43] 因此，培养与顾客坚实的关系可以为企业提供重要的失误发生时的缓冲措施。[44]

全球特写　　　　　　　跨文化的服务补救

服务失误是不可避免的，无论在什么情况下、在什么国家中和在什么文化下。因此，企业需要建立适当的服务补救流程。在多个国家经营业务的服务企业，以及在多种族国家（如美国、英国或者澳大利亚）的企业，需要对文化的多样化非常敏感，并因此区分服务和服务补救的期望。

归因期望

当服务失误发生，顾客不由自主地推断或者将责任归因于意外事件。研究人员安娜·马蒂拉（Anna Mattila）和保罗·帕特森（Paul Patterson）通过考察多个文化下的服务补救发现，在西方国家，当失误由外界因素引起，而且又超越了服务企业的控制，顾客会将问题归因于服务失误相关的背景和环境，特别是当企业对于发生的事情进行了解释后。但是，对于东方文化的顾客来说，关于原因的解释对失误责任的归因影响很小。这些顾客更倾向于其他补救措施，比如问题的迅速解决和经理（而不是一线员工）真挚的道歉，来从他们家人或者朋友方面获得脸面。东方的顾客对于不确定性和不明确的环境容忍度很低。因此，当补救失误时，这些顾客希望能有种问题被控制的感觉——企业可以提供相关的信息，让他们了解目前在调整现状所采取的措施。

公平期望
结果公平

马蒂拉和帕特森也调整了服务补救过程中的公平问题。他们发现西方（如美国）顾客在服务失误发生时比东方（如泰国或者马来西亚）顾客，对于获得可见的补偿（如折扣）更感兴趣。提供补偿对于恢复美国客户的公平感格外有效，很明显，美国消费者更关注结果的公平。实际上，美国顾客总体上要比东方顾客更习惯于要求补偿。以前在西方服务行业的研究中，也同样发现提供补偿在重新恢复满意度和忠诚度方面的积极作用。东方顾客更试图避免不确定性，当服务失误发生的时候，更倾向于其他的补救措施。在东方文化中，客户更希望能避免损失而不是个人获得赔偿。东方的亚洲顾客重视满足他们的需求，以避免冲突和对抗。

交互公平

马蒂拉和帕特森的研究说明在西方文化中，提供服务失误的解释可能将顾客的注意力从服务提供者缺乏竞争力、不关心或者懒惰上面转移出去。东方顾客更可能意识到环境的限制，力求关系融洽，不想丢面子。对他们来说，交互公平更加重要。因此，用一种彬彬有礼的、正式的、可被理解的方式，向被冒犯的东方顾客提供解释，要比提供补偿更加有效。

程序公平

对于在美国经营的服务企业来说，顾客们更喜欢在服务失误造成损失或不便之后的言论自由和快速补救。虽然补偿是美国顾客公平感知的主要驱动力，但补救流程中的速度和便利性也需要重视。在东方文化中，来自经理（而不是和顾客直接联系的员工）真挚的道歉是很令人满意的，这样的流程能够让顾客在家人和朋友眼中重新获得脸面。

顾客愤怒

顾客愤怒是全球性增多的现象，在近些年引起了广泛关注。愤怒的产生会引起严重后果，不仅一线员工会面对暴怒的冲击，服务品牌也会受到影响。研究者保罗·帕特森、迈克·布雷迪和珍·麦吉尔–肯尼迪近期分析了来自东西方文化背景的顾客愤怒，他们发现东方的消费者（来自中国和泰国）面临服务失败或者很差的服务补救时的愤怒是慢慢产生的，但是一旦愤怒，他们会比西方顾客（来自澳大利亚和美国）对一线服务人员爆发得更加强烈、更有侵略性和仇恨性。

研究者发现来自东方集体主义文化背景下的人们更有非语言沟通特征，他们传递的大部分信息不是含蓄不明就是藏在心里，很少用直率的语言沟通。研究者发现这种表达方式同愤怒的产生有关。但是，在西方文化中，沟通更直接并且语言就表达了很清楚的意思，情绪的产生能够很容易看出来。他们也指出东方人很重视面子，了解如何应对失去面子的方法（服务失败发生时）和为顾客挽回面子可以帮助避免顾客愤怒的产生。在东方文化中，丢脸（例如羞耻）会带来灾难性的个人后果，所以要不计一切避免丢脸的发生。东方文化中对面子的关注如此广泛以至于它成为人与人交际时非常重要的内容。相反，西方文化很少关注面子问题。

为了降低顾客愤怒，一线员工该怎么做？本章介绍了几种应对西方文化背景顾客的方法。当面对东方文化背景的顾客时，需要提醒服务人员多注意观察情境和非语言的表达方式，比如用面部表情交流（如皱眉、失望的表情）和肢体表现。当然，很难观察东方文化背景下顾客的负面情绪和微妙的表达（如顾客不满意）。所以，当事情发展到转动眼珠或者音调升高，这都是很明显的顾客不满的表现，服务人员应该立即意识到这是顾客愤怒产生的征兆。另外，研究者建议当处理关于顾客丢面子的问题时，由于等级观念和权力观念较重的人群都很看重面子，来自高级经理或者主管的一个诚挚的道歉在对这类人的沟通中是很重要的一部分。

服务补救像任何服务一样，企业应该明白文化也像其他因素一样扮演着重要的角色。像这些研究显示的，来自不同文化背景下的顾客都期望有效的服务补救，但是衡量补救方法公平的侧重点多种多样。

资料来源：A. S. Mattila and P. G. Patterson, "Service Recovery and Fairness Perceptions in Collectivist and Individualist Contexts," *Journal of Service Research* 6 (May 2004), pp. 336–346; A. S. Mattila and P. G. Patterson, "The Impact of Culture on Consumers' Perceptions of Service Recovery Efforts," *Journal of Retailing* 80 (Fall 2004), pp. 196–206; P. G. Patterson, M. K. Brady, and J. R. McColl-Kennedy, "Geysers or Bubbling Hot Springs? A Cross-Cultural Examination of Customer Rage from Eastern and Western Perspectives," *Journal of Service Research* 19 (August 2016), pp. 243–259.

7.4 服务补救措施：解决问题

在服务补救中常常最有压力和最紧迫的是安抚顾客。但是，许多情况下由于服务失败导致的问题，可能需要返工重做或者重新服务，如果可能的话，尽量达到顾客最初的期望。另外，如果问题在不同的顾客身上重复发生，那么服务流程问题也需要解决。本节讲述的方法能够帮助企业解决问题，不管是短期还是长期。

7.4.1 鼓励并跟踪抱怨

即使在一个追求零缺陷服务品质的组织中，失误也会发生。服务补救策略的关键组成部分就是鼓励并跟踪抱怨。

企业可以利用多种方法来鼓励和追踪抱怨，如满意调查、重大事件研究和流失顾客研究。作为完全免费的呼叫中心、电子邮件的替代方案，近些年顾客都是通过社交媒体来投诉的。企业用了大量的应用技术来跟踪、分析、归类甚至在线回复顾客投诉。举个例子，亚马逊应用人工智能来识别在线投诉关键字并做出恰当的回复给投诉者。类似地，英国航空公司可以检索它的数据库信息，通过了解在相同情况下，之前问题是如何解决的，来了解怎样让顾客更加满意。[45]大量的企业软件的应用使抱怨可以自动地被分析、储存、回应并跟踪。

在某些情况下，采用技术可以在问题和抱怨发生前实现预测，甚至使服务员工在顾客发现问题存在前对问题进行诊断。在像IBM、约翰迪尔这样的企业中，其信息系统可以实现预测设备故障并发送电子警报信号给其区域技术部门，包括问题的性质和哪些部件及零件需要修理——而顾客还不知道需要这种修理。

7.4.2 从补救经历中学习

问题解决状况并不仅仅指有机会补救有缺陷的服务和加强与顾客的联系，它们同时也是一种有助于改进顾客服务的有价值的信息来源。通过追踪服务补救的努力和解决方案，经理们能够获知一些在服务交付系统中需要进行改进的系统问题。通过进行根本原因分析，企业能够识别出问题的来源，进行过程改进，有时甚至能彻底消除对补救的需要。在丽思卡尔顿酒店，所有的员工都一直携带叫作"快速行动表格"的服务补救表格，他们总是能迅速在表格上记录服务失误并提出解决的行动。每一个员工有责任处理任意一个他收到的抱怨并且有责任关注服务补救是怎样发生的。回过头来，员工向管理层汇报服务失误和补救的过程。在汉普顿酒店，从服务保证（见图7-6）被启动的时候，顾客不满意原因将会被记录为过程的一部分，信息直接被传递到领导层。这些信息输入顾客数据库，以分析是否有些模式或系统性的服务问题需要改进。如果在一系列的服务失误中发现了普遍的问题，就会对服务过程或者性质进行修改。另外，信息还被输入顾客的个人数据档案，以便当顾客再次入住丽思卡尔顿酒店（无论哪一家）时，员工能够知道以前的经历，确保类似情况在这名特殊顾客身上不再发生。

图7-6　100%汉普顿酒店承诺

7.4.3　从流失的顾客身上学习

有效服务补救策略的另一个重要部分是从已经决定离去的顾客身上学习。正式的市场调查可以发现顾客流失的原因，这有助于避免未来的失误。然而，对企业来说，这类调查很困难，甚至很痛苦，没有人喜欢审视自己的失误。不过，为避免同样的失误或流失更多的顾客，这些审视确有必要。[46]

如第5章所示，对流失顾客的研究通常涉及对顾客的深入调查，以确定其离去的真正原因。由训练有素和真正了解业务的人员进行深度访谈是最有效的做法。企业高层人员进行这类研究可能是最好的，特别是对大宗顾客或会带来巨大影响的企业级顾客。这类深层分析经常需要回答一系列问题，来发现顾客背离的真实原因，如"为什么"或"告诉我更多关于……"[47]

进行这类研究时，重要的是将重心集中在那些已经离开的、重要的或有利可图的顾客身上，而不是针对离开的每一个人。澳大利亚一家保险公司曾进行过这类调查，想研究一下那些离去的顾客，然而他们发现从这些正在失去的顾客身上根本无利可图，继续深入研究如何保留这部分顾客不是一项很值得的投资。

7.4.4　避免服务失误，争取在第一次做对

保证服务质量的第一条规则就是在第一次就把事情做对。如果能这样，补救就没有必要了，顾客们得到了他们所希望得到的，再次服务的费用和对错误的赔偿也可以避免。就像你已经学到的，可靠性或者第一次做对，是所有行业关于服务质量的最重要的衡量标准。[48]事实上，研究表明很多顾客都是因为没有经历过（负面的）关键事件而保持关系。[49]

迪克·蔡斯（Dick Chase）是著名的服务运营专家，他建议服务业采用防错方法来改善服务可靠性。[50] 防错方法通过现场自动报警和控制确保不发生错误，本质上这是质量控制手段，

被广泛应用于组装生产线。蔡斯建议将防错方法用于服务装置,对服务进行"错误防护",也用来确保遵循必要的程序,以及按恰当的顺序和适时的方式进行服务。在医院经常采用防错方法来确保程序得到遵守,防止出现潜在的危及生命的失误。例如,外科手术工具托盘上每一件工具都有对应的凹槽,并且每一件工具都放在与其外形一致的凹槽内,这样,外科医生及其助手们在缝合病人的伤口前可以清楚地知道是否所有的工具都在它们的位置上。[51]

类似地,防故障程序可以用于确保与服务相关的有形物品是干净的、维护很好的并且顾客资料是准确和及时更新的。防故障程序也可用于确保员工行为(如检查表、角色变换、实践和提醒标志等),甚至顾客行为的有效性。我们在本书第四篇和第五篇讨论的许多策略(联合策略、服务设计和标准及交货和执行服务)都是为了确保服务的可靠性和可被视为防错的基本安全概念的应用。

甚至更基础地,形成一种零缺陷的文化来保证第一次就把事情做对是至关重要的。在这种零缺陷文化观念下,每个人都理解可靠性的重要性。员工和经理的目标是让每个顾客满意,并且寻找改善服务的方法。零缺陷文化下的员工充分理解和领会"顾客的关系价值"概念,这个概念在第 6 章已经介绍过。于是,他们受到激励,每时每刻对每一位顾客都提供优质服务。

⊙ 战略洞察

鼓励顾客抱怨

在服务传递过程中,服务失误可以以各种方式在很多情况下发生。然而,在很多情况下,对于企业来讲,如果顾客不提出,企业是很难发现服务失误的,甚至是不可能发现的。不幸的是,相当少部分顾客会向企业投诉。因此,管理层面临的最大挑战是怎样使顾客遭受到服务失误时或服务传递不满时能够抱怨。企业怎样鼓励顾客抱怨?下面是一些可以考虑的方法。

- 培养"抱怨是好事"的心态。通常员工会视抱怨的顾客为敌人——应该被控制、被征服的。明智的方法是培养抱怨的顾客是企业的朋友的理念。抱怨能为企业提供有价值的反馈,使企业不仅有机会找出发生在抱怨顾客身上的服务失误,还能确定其他(稍不喜欢表达的)顾客可能经历的服务失误(冰山一角现象)。一位学者指出,"抱怨者应该得到像高价的分析师和咨询师那样的尊重。"企业应将所有曾经抱怨过的顾客放入 VIP 名单。接受投诉是企业走近顾客的表现。
- 使"投诉"更加容易。如果企业真正希望聆听经历失败服务的顾客声音,就应该使顾客试图与企业分享他们经历的意愿更加容易实现。有时,顾客在想要抱怨时不知道该和谁诉说,也不知道这个过程是什么,更不知道这个过程应该包括什么。抱怨应该是轻松容易的——顾客在不满意时最不希望面对的就是复杂而难以接近的抱怨过程。顾客遇到问题时应该知道去哪里说,以及和谁说。应该给他们信心让他们相信他们的努力能够得到积极的结果。技术的发展为顾客提供了更多的渠道来抱怨,包括完全免费的呼叫中心、企业电子邮箱地址、社交媒体、网站反馈形式等。企业应该定期同顾客沟通,传达"抱怨是容易的且企业欢迎这样的反馈"的理念。
- 鼓励顾客成为伙伴。顾客可能不知道在达到他们期望的结果过程中该扮演什么角色。通过帮助顾客将自己看作企业的伙伴,在整个过程中他们会更愿意投诉,他们的出现,可以给企业提供改进或避免问题出现的机会。

- 说感谢。投诉应该被看成：为企业提供解决问题的机会和让将来的服务更有价值的反馈。企业表达感谢将会帮助顾客看到企业重视他们的付出，且投诉会改变一些东西，以此来增加顾客将来继续投诉的机会。

- 做一个积极的倾听者。企业应该鼓励并训练员工积极地倾听顾客的语言，尤其是要确认员工是否能够找到那些不是很完美的服务过程。饭店的顾客可能对服务生关于"您这餐吃得怎么样"的问题回答"好"，然而顾客的肢体语言和说话的口气，以及没有吃掉的食物都可能表明并不是很好。一些顾客不能很肯定地表达他们的不满，但是他们可能给出一些信息表明有一些事情遗漏了。员工和管理人员不仅仅要倾听顾客的语言，还要了解他可能真正努力或期望表达的东西。

- 询问顾客具体的服务问题。一个非常简单、非正式的寻找服务失误的方式就是：问。一家商业游客占很大百分比的旅店，经理要保证每天晚上 7:45～8:45 都在前台，因为大约 80% 的商业游客会在这段时间付账离开。在结账的过程中，经理们要避免问那种只用"是""好的"或"很好"（比如，"你住得怎么样"）就能回答的问题，而要问能够让顾客给出针对性反馈的问题（比如，"我们需要做什么来改善我们的休闲中心"）。询问顾客一些不能用简单的"是"或"不是"来回答的具体问题，也能为顾客提供一个更方便表达更高期望的渠道。

- 进行简短的跟踪性调查。这可以帮助实时确定问题并因此使实时的补救成为可能。出租汽车公司（Rent-A-Car）通常在顾客收到租车后的一天内给顾客打电话，来询问顾客在使用车时是否一切顺利。有些顾客提出了问题，比如一个破的窗户或闻起来有烟味的车子，租车公司毫不犹豫地在当天就给顾客一辆作为替代品的车子。跟踪性调查能在问题恶化之前就及早发现问题，所以在 B2B 的服务中效果尤其好。

资料来源：S. S. Tax and S. W. Brown, "Recovering and Learning from Service Failure," *Sloan Management Review* 40 (Fall 1998), pp. 75–88; O. Harari, "Thank Heaven for Complainers," *Management Review* 81 (January 1992), p. 59; A. Obston, "Getting Customers to Complain," *Entrepreneur.com*, October 18, 2004, https://www.entrepreneur.com/article/72908; M. Solomon, "Restaurant Customer Service and Technology: Chili's' Tableside (POS) and Mobile Approach," *Forbes.com*, May 29, 2016, http://www.forbes.com/sites/micahsolomon/2016/05/29/restaurant-customer-service-and-technology-how-chilis-does-it-tableside-pos-and-via-mobile/#1dd277c15783.

7.5 服务承诺

承诺是一种既可以安抚顾客又能解决问题的特殊的修补工具。在商业的背景中，承诺是这样一个保证或誓约：企业提供所承诺的商品，如果商品与承诺不符，企业也要采取某种形式的补偿。承诺对于制造业的产品相对来说使用很普遍，但对服务业只是最近才开始使用。[52] 传统上，考虑到服务的无形性和易逝性，许多人认为服务根本无法保证。承诺是什么？对于一件产品，顾客得到保证，可以像厂商许诺的那样使用，如果不行，可以退货。对于服务，通常既不可能退回，也不可能"不用"，因为它已经发生了。然而，随着越来越多的企业发现它们可以承诺其服务，并且这样做对其有惊人的益处，人们对服务承诺的疑虑被驱散了。

许多企业发现有效的服务承诺可以补充企业的服务补救策略，作为帮助支持服务补救策略的工具之一。汉普顿酒店的承诺就是这样一个有效承诺的例子。

7.5.1 有效承诺的特征

最基本的服务承诺应该包括与服务相关的承诺以及没有实现承诺而应承担的合理赔偿。有效承诺的特征如下所述。

1. 有限的限制条件

有效的承诺在合法的文件中应该没有"如果、而且、但是"这些限制条件。服务承诺如果只有仅有的几个限制条件，相比起有一大堆限制条件的承诺，更容易让顾客理解，对企业来讲也更容易与顾客沟通。汉普顿酒店的承诺（见图7-6）没有任何附加条件。有些承诺看上去好像是（经常是）由法律部门书写的，有各种局限、证明和限制。附有一大堆附加条件的承诺一般是没有用的，并且顾客失去的权利往往与所包含的附加条件数量成正比。

2. 有意义

有效承诺应该是有意义的。对显而易见的或者是意料中的事物进行承诺，对于顾客来说是没有意义的。例如，自来水公司承诺说每天供水，否则下次会免费提供一壶水。在这个行业中，按时供水作为一个期望，已经被每个竞争对手满足，因此承诺是无意义的，就像承诺一辆车有四个轮子一样。[55]

3. 容易理解

企业的承诺应该容易理解，也容易在顾客和员工之间进行沟通。有时，语言让人混淆，承诺语言是冗长的，或者承诺包含那么多的条件和限制，以至于无论顾客还是员工都不确定承诺的内容。班妮根餐厅（Bennigan's）承诺午餐会快速提供——在15分钟内，否则免费，这让顾客很清楚地了解到他们不需要等待很长时间，承诺同样也让员工了解午餐必须在15分钟内提供。

4. 容易实行

同样，承诺也应该是容易实行的。前面曾提到，加利福尼亚比萨餐厅为了鼓励顾客试用新菜单，提出了承诺。为了兑现承诺，顾客只需要告诉服务员他们更喜欢以前的"最喜欢的"菜，则不另行收费。要求顾客写一个详细的邮件或者提供服务失误的证明是普遍的陷阱，让执行承诺消耗精力，对于顾客也变得没有价值，特别是在服务价值相对较低的情况下。

7.5.2 服务承诺的种类

服务承诺可以是无条件满意承诺或服务属性承诺，对于无条件满意承诺，服务的任何方面，不管与结果和服务过程有无关系，都应该是顾客喜欢的——无附加条件限制。汉普顿酒店的承诺是个无条件满意承诺。另一个例子，给许多商业公司提供软件的英孚莱克创（Inflectra）向它的顾客提供无条件满意承诺：[56] 如果顾客不满意则不需要付款。专业人力公司（Professional Staffing Group）向任何使用他们服务的顾客提供了无条件承诺：如果顾客对于分配给自己的服务人员不满意，不需要付款。美国兰兹安德服装公司（Lands'End）将它的保证简化为"保证.日期"。

在其他情况下，企业经常针对顾客看重的服务的某个特性进行承诺。联邦快递承诺如果在承诺期限内没有按时送达快递，则给顾客退款。本杰明·富兰克林管道公司承诺准时到达："如果有任何延误，我们付你钱。"如果他们没有在承诺的时间出现在顾客的家中，计费系统会自动每分钟从最终顾客付款中扣除5美元。班妮根餐厅的承诺确保顾客在吃午饭的时候，等待时间不会超过15分钟。在所有这些案例中，企业针对顾客很看重的服务的某个元素进行承诺。

7.5.3 服务承诺的益处

许多服务性组织认识到，承诺不仅可以作为一种营销工具，而且也是在组织内对质量进行定义、维护的一种方法。一个有效的服务承诺对于企业的益处数不胜数。[58]

- 一个好的承诺促使企业关注其顾客。要开发一个有意义的承诺，企业必须了解对其顾客来说什么是重要的——他们的期待和价值观。在许多情况下，承诺使顾客"满意"是为了让承诺更有效地发挥作用，企业必须清楚了解对其顾客来说满意的含义是什么（如他们认为什么是有价值和被期望的）。
- 一个有效承诺为组织设立了清晰标准。它促使企业清晰定义什么是对员工的期望，并为此与他们进行沟通。承诺为员工们提供了以服务为导向的目标，它可以很快让员工围绕顾客策略一起行动。比如，必胜客的承诺是："如果你不满意你的比萨，请让我们的店铺知道，我们将改正或退款。"它使员工确切地知道顾客抱怨时应该做什么，同时也使他们明确为顾客做好比萨是公司的重要目标。
- 一个好的承诺可以从顾客那里得到快速及相关的反馈。它能够激发顾客的抱怨，因此，较之仅仅依赖于那些相对较少的爱讲出自己意见的顾客，好的服务保证给企业提供更有代表性的反馈。承诺使顾客了解到他们有权利抱怨。
- 实施承诺时有一个快捷的机会补救。如果顾客不断得到补救，不满意可以被控制或者不会增长。快速的补救能够在很长时间内既令顾客满意，又有助于维持其忠诚。
- 通过承诺产生的信息可以被跟踪，并汇总在持续的改善行动中。承诺能够提供某种程度上的机制来倾听顾客的声音，然后帮助缩小这些差距。顾客和服务运作决策之间的反馈联系可以通过承诺得到强化。
- 对于顾客来说，承诺降低了他们的风险感并建立了对服务组织的信任。服务是无形的，并且经常高度个性化，顾客们希望找到可帮助其降低不确定感的信息和暗示。购买前的保证已被证明可以降低风险感并增加对服务的积极评价。

对企业来说，底线就是通过建立顾客的理解和忠诚、正面的口碑宣传、成本随服务改进和补救费用的下降而降低来获益。间接地，通过建立一种更积极的服务文化，服务承诺能够间接地减少员工的流动成本。

7.5.4 什么时候使用（或不使用）服务承诺

承诺并不适用于每一家企业，当然也不适用于每种条件。在实施一项承诺策略前，有许多重要问题需要考虑，如专栏 7-5 中所提出的。在下述情况下，承诺可能行不通：

- 企业现有服务的质量低劣。在建立一项承诺时，企业应该解决所有重大质量问题。承诺肯定会引起顾客对服务失败和服务质量的关注，所以完成该承诺的成本会轻易超过任何收益。这些成本包括，因为严重质量问题而付给顾客的实际货币以及与顾客改善关系有关的其他成本。
- 承诺与企业形象不符。如果企业已经因质量高而拥有很好的声誉，并且实际上无形地保证着它的服务，那么一个形式上的承诺就好像没有必要了。[60] 举例来说，如果四季酒店（Four Season Hotel）打算提供一项明确的承诺，这很可能会使某些顾客感到困惑，因为顾客本来就觉得选择这种高级连锁酒店会无形中得到保证的高质量服务。研究表明，高级酒店（如四季酒店和丽思卡尔顿酒店）同差一些的酒店相比，做出承诺而带来的收益会少一些，并且付出不能带来同比收益。[61]

- 服务质量确实无法控制。企业可能遇到服务质量不能控制的情况。比如，一所大学承诺所有MBA学生毕业时都能立刻获得他们想要的工作就不是一个好做法。类似地，在冬季飞离芝加哥的航班不可能承诺准时出发，因为天气是不可控制的。
- 顾客欺骗或欺诈行为的潜在存在。害怕顾客的机会主义行为，包括顾客欺骗或欺诈行为，这是企业在提供服务承诺时犹豫不决的常见原因之一。[62] 最近一项研究发现，顾客欺骗或欺诈行为往往发生在那些非经常惠顾的顾客身上。[63] 在一般情况下，这种行为是相当少的。例如，每年汉普顿酒店因顾客不满意的退款，占其客房总收入的0.5%。
- 承诺的成本超过利润。同任何质量方面的投资一样，企业要仔细计算相对于预期收益（顾客忠诚、质量改善、新顾客开发和口头广告）的期望成本（对失误的赔偿和进行改善的成本）。
- 顾客在服务中感觉不到风险。当顾客对企业或其服务质量不确定时，承诺常常是最有效的。承诺可以减轻不确定性，有助于降低风险。[65] 如果顾客察觉不到风险，服务价格相对比较低廉并且有大量潜在的替代者，并且质量相对来说是不可变的，那么承诺对企业可能产生不了什么效果，还不如促销的价值大。

◎ 专栏 7-5

实施一项服务承诺时应考虑的问题

决定由谁来做
- 在企业内是否有承诺拥护者？
- 高级管理者是否履行承诺？
- 承诺是否是团队的努力？
- 顾客提供了信息吗？

什么时候承诺有意义
- 质量水平多高？
- 我们能做出承诺吗？
- 竞争者提供承诺吗？
- 企业文化和承诺一致吗？

我们应该提供什么类型的承诺
- 我们应该提供无条件的承诺还是特定结果的承诺？
- 我们的服务可以测量吗？
- 我们特定的承诺应该关于什么？
- 什么是不能控制的？
- 企业是否对无由头的触动敏感？
- 支出应该是多少？
- 退款会传递错误的信息吗？
- 退款会使顾客内疚吗？
- 承诺容易利用吗？

资料来源：L. Ostrom and C. W. L. Hart, "Service Guarantees: Research and Practice," in *Handbook of Services Marketing and Management*, ed. D. Iacobucci and T. Swartz (Thousand Oaks, CA: Sage Publications, 2000).

7.6 更换还是接受服务补救

归根结底,如何管理服务失误以及顾客对于补救的反应都会影响到顾客未来的决策:是对服务供应商保持忠诚还是转向其他供应商。一项关于航空公司顾客的研究表明,那些对服务补救不满意的人会认为他们和航空公司的关系变弱或者破裂,换到其他航空公司的概率比那些对服务补救满意的高四倍。[66] 顾客在遭受服务失误之后是否要更换一个新的供应商依赖于许多因素。这种服务失误的大小和危险程度很明显是影响未来再次购买决策的一个因素。不管补救工作怎么样,失误越严重,顾客就越有可能更换供应商。[67]

顾客与企业之间的关系也会影响到顾客是继续留下还是更换供应商。研究指出,与服务提供商之间存在"真正的关系"的顾客更有可能原谅没有好好处理的服务失误,更换服务供应商的可能性也更小,而只有所谓的"伪关系"或者"初次接触关系"是不利的。[68] "真正的关系"是指顾客一直在和同一个服务提供者进行不断的接触。而"初次接触关系"是指顾客以交易行为为基础,只与供应商进行了一次接触;"伪关系"则是指顾客与同一企业有多次接触,但是每一次是因为不同的服务与不同的服务提供者接触。

另一些研究指出,个人顾客对更换这种行为本身的态度对于他最终是否继续与该供应商合作有巨大的影响。[69] 这也就说明无论他们的服务失误是否获得处理,某些特定顾客还是有很大的倾向去变更服务提供者。例如,一项对在线服务的研究指出,年龄和收入等一些个人特征,会影响顾客是继续使用原服务还是转向其他服务提供商。[70] 在研究中形成了一项称为"在线服务转换"的测试,主要讨论几类顾客:受别人影响来预订服务的顾客;更少使用服务的顾客;对于服务不满意或者更少地参与服务的顾客;收入和教育程度较低的顾客;不太愿意接受风险的顾客。

最后,更换不同的服务提供商可能不会在服务失误或失败的服务补救之后马上发生。也就是说,服务更换可能被视为由一系列决策,包括重要的服务决策相结合而产生的一个过程,而不是做出决策的一个特定的瞬间。[71] 这种过程导向也说明企业可以根据一系列的时间来跟踪与顾客的交互作用,并且预计变更的可能性,来较早地介入这个过程以阻止顾客变更决策。

虽然顾客决定转换供应商的原因很多,但服务失误和糟糕的服务补救常常是最主要的原因。一项对大约 500 个服务转换事件的研究识别出了 8 个因素。[72] 这些因素都展示在图 7-7 中。

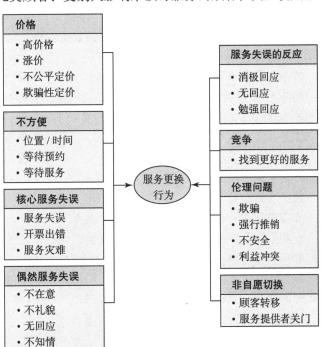

图 7-7 更换服务的原因

资料来源:S. Keaveney, "Customer Switching Behavior in Service Industries: An Exploratory Study," *Journal of Marketing* 59 (April 1995), pp. 71–82, American Marketing Association.

小结

本书第三篇（第5～7章）着重阐述了理解顾客期望的重要性，以及企业为达到这一目的而使用的各种策略。了解顾客期望也就是要知道当事情做错或者当服务失误时，企业应该干些什么。本章我们着重于"服务补救"，即组织针对服务失误而采取的行动。

在本章你可以理解一种有效的服务补救策略对于保留顾客和增加正面口碑的重要性。有效服务补救策略的另外一项主要益处是提供了可以用于服务改进的信息。糟糕的服务补救的潜在危害是巨大的：负面口头宣传、丢失顾客，以及当质量问题未被处理时引起的业绩下滑。

在本章你了解了顾客对于服务失误的反应方式，以及为什么有的人抱怨而有的人不抱怨。你知道了在投诉时顾客希望得到公平对待，不仅仅在于实际结果或得到赔偿，也在于处理过程和相互对待。我们在本章也指出所有企业和行业在服务补救效率方面都有巨大的改进空间。

本章后半部分着重介绍企业用于服务补救的两种策略。服务失败后"安抚顾客"，企业应该：①快速反应；②服务失败后提供合理的沟通；③服务补救过程中公平对待顾客；④培养和顾客的关系，对于服务失败有缓冲作用。"解决问题"，避免将来再次发生服务失败，企业应该：①鼓励并跟踪投诉；②从补救经历中学习；③从流失的顾客身上学习；④争取在第一次做对，这是完美的情况。你还能学到服务承诺的好处，好的服务承诺的元素，在不同环境下使用服务承诺的正反两方面的影响。

讨论题

1. 为什么拥有一项强大的补救策略对于一家服务企业很重要？想一下你什么时候得到过不太满意的服务？是否有人努力来补救？你们双方分别应当/能够做些什么？你是否还从该组织购买服务？为什么买或不买？你是否告诉过别人你的经历？
2. 讨论拥有一项有效的服务补救策略对于一家企业的益处。描述一个你经历的（作为员工提供的）有效服务补救的例子。在该种具体情况下，企业通过什么方法获益？
3. 解释"补救悖论"，并讨论其对于一家服务企业管理者的含义。
4. 讨论应对一项服务失误时顾客可能采取的行动。你是什么类型的抱怨者，为什么？（作为一名管理者，你是否会鼓励你的顾客成为"发言者"？如果是，为什么？）
5. 回顾专栏7-2，如果你是美联航的管理人员，你会怎样做？
6. 解释这两句话的逻辑含义："抱怨是一件礼物"和"抱怨的顾客是朋友"。
7. 选择一家你熟悉的企业，描述一下你将怎样为该企业设计一项理想的服务补救策略。
8. 一项有效服务承诺对于企业的益处是什么？是否每个服务性组织都应该有承诺？
9. 除了在本章中已经描述过的例子，再举出3个由某些企业或组织采用的服务承诺（可以在网上查到的案例），根据本章介绍的原则，这些服务承诺是否是好的承诺？

练习题

1. 写一封抱怨信给你曾经经历不太满意服务的组织（或亲自与之对话）。你希望该组织怎样来补救？（最后，写一份报告说明你投诉的结果：你是否对补救感到满意？

投诉双方分别应该/可能做什么？你是否会继续使用该组织提供的服务？）
2. 访问5个人，了解其服务补救经历，了解发生了什么以及他们希望企业做什么。基于本章提出的服务补救中公平的定义，他们是否受到了公平对待？他们将来会再次光顾这家企业吗？
3. 访问一名管理者，了解他的企业使用的服务补救策略。使用如图7-4所示的策略来构建你的问题。
4. 重读本章中对思科的介绍，浏览思科的网站（www.cisco.com），看看他们现在在做什么以帮助顾客自行解决其问题。把思科现在的做法与你选择的另外一家服务企业提供的自助服务做个比较。
5. 选择一项你熟悉的服务，解释一下其内容并为其设计一个好的服务承诺。说明为什么你的承诺是好的及企业实施它的益处。

参考文献

1. For research that shows different types of service failures, see M. J. Bitner, B. H. Booms, and M. S. Tetreault, "The Service Encounter: Diagnosing Favorable and Unfavorable Incidents," *Journal of Marketing* 54 (January 1990), pp. 71–84; S. M. Keaveney, "Customer Switching Behavior in Service Industries: An Exploratory Study," *Journal of Marketing* 59 (April 1995), pp. 71–82.
2. Information provided by TARP Worldwide Inc., based on data from 10 studies (representing responses from more than 8,000 customers) conducted in 2006 and 2007. Companies from the following industries were included: retail (stores, catalog and online), auto financing, and insurance (property/casualty).
3. For research on important outcomes associated with service recovery, see S. S. Tax, S. W. Brown, and M. Chandrashekaran, "Customer Evaluations of Service Complaint Experiences: Implications for Relationship Marketing," *Journal of Marketing* 62 (April 1998), pp. 60–76; S. S. Tax and S. W. Brown, "Recovering and Learning from Service Failure," *Sloan Management Review* 40 (Fall 1998), pp. 75–88; A. K. Smith and R. N. Bolton, "An Experimental Investigation of Customer Reactions to Service Failure and Recovery Encounters," *Journal of Service Research* 1 (August 1998), pp. 65–81; R. N. Bolton, "A Dynamic Model of the Customer's Relationship with a Continuous Service Provider: The Role of Satisfaction," *Marketing Science* 17 (1998), pp. 45–65; A. K. Smith and R. N. Bolton, "The Effect of Customers' Emotional Responses to Service Failures on Their Recovery Effort Evaluations and Satisfaction Judgments," *Journal of the Academy of Marketing Science* 30 (Winter 2002), pp. 5–23; C. M. Voorhees, M. K. Brady, and D. M. Horowitz, "A Voice from the Silent Masses: An Exploratory and Comparative Analysis of Noncomplainers," *Journal of the Academy of Marketing Science* 34 (Fall 2006), pp. 514–527; C. Orsingher, S. Valentini, and M. de Angelis, "A Meta-Analysis of Satisfaction with Complaint Handling in Services," *Journal of the Academy of Marketing Science* 38 (2010), pp. 169–186.
4. Information included in Figure 7.2 is based on data from the 2015 Customer Rage Study, conducted by Customer Care Measurement and Consulting, Alexandria, Virginia, in collaboration with the Center for Services Leadership at Arizona State University's W. P. Carey School of Business.
5. 2015 and 2013 Customer Rage Studies conducted by Customer Care Measurement and Consulting.
6. Ibid; Voorhees, Brady, and Horowitz, "A Voice from the Silent Masses."
7. Tax and Brown, "Recovering and Learning from Service Failure."

8. 2015 Customer Rage Study, conducted by Customer Care Measurement and Consulting and the Center for Services Leadership at Arizona State University.
9. See C. W. Hart, J. L. Heskett, and W. E. Sasser Jr., "The Profitable Art of Service Recovery," *Harvard Business Review* 68 (July–August 1990), pp. 148–156; M. A. McCollough and S. G. Bharadwaj, "The Recovery Paradox: An Examination of Consumer Satisfaction in Relation to Disconfirmation, Service Quality, and Attribution Based Theories," in *Marketing Theory and Applications,* ed. C. T. Allen et al. (Chicago: American Marketing Association, 1992), p. 119.
10. C. A. de Matos, J. L. Henrique, and C. A. V. Rossi, "Service Recovery Paradox: A Meta-analysis," *Journal of Service Research* 10 (August 2007), pp. 60–77.
11. Smith and Bolton, "An Experimental Investigation of Customer Reactions to Service Failure and Recovery Encounters."
12. V. P. Magnini, J. B. Ford, E. P. Markowski, and E. D. Honeycutt Jr., "The Service Recovery Paradox: Justifiable Theory or Smoldering Myth?" *Journal of Services Marketing* 21 (2007), pp. 213–225; J. G. Maxham III and R. G. Netemeyer, "A Longitudinal Study of Complaining Customers' Evaluations of Multiple Service Failures and Recovery Efforts," *Journal of Marketing* 66 (October 2002), pp. 57–71; M. A. McCullough, L. L. Berry, and M. S. Yadav, "An Empirical Investigation of Customer Satisfaction after Service Failure and Recovery," *Journal of Service Research* 3 (November 2000), pp. 121–137.
13. G. Knox and R. van Oest, "Customer Complaints and Recovery Effectiveness: A Customer Base Approach," *Journal of Marketing* 24 (September 2014), pp. 42–57.
14. S. Michel and M. L. Meuter, "The Service Recovery Paradox: True but Overrated?" *International Journal of Service Industry Management* 19 (2008), pp. 441–457; R. Priluck and V. Lala, "The Impact of the Recovery Paradox on Retailer-Customer Relationships," *Managing Service Quality* 19 (2009), pp. 42–59.
15. For research foundations on typologies of customer responses to failures, see R. L. Day and E. L. Landon Jr., "Towards a Theory of Consumer Complaining Behavior," in *Consumer and Industrial Buying Behavior,* ed. A. Woodside, J. Sheth, and P. Bennett (Amsterdam: North-Holland, 1977); J. Singh, "Consumer Complaint Intentions and Behavior: Definitional and Taxonomical Issues," *Journal of Marketing* 52 (January 1988), pp. 93–107; J. Singh, "Voice, Exit, and Negative Word-of-Mouth Behaviors: An Investigation across Three Service Categories," *Journal of the Academy of Marketing Science* 18 (Winter 1990), pp. 1–15.
16. Smith and Bolton, "The Effect of Customers' Emotional Responses to Service Failures."; M. Zeelenberg and R. Pieters, "Beyond Valence in Customer Dissatisfaction: A Review and New Findings on Behavioral Responses to Regret and Disappointment in Failed Services," *Journal of Business Research* 57 (2004), pp. 445–455.
17. Voorhees, Brady, and Horowitz, "A Voice from the Silent Masses."
18. N. Stephens and K. P. Gwinner, "Why Don't Some People Complain? A Cognitive–Emotive Process Model of Consumer Complaining Behavior," *Journal of the Academy of Marketing Science* 26 (Spring 1998), pp. 172–189.
19. Ibid.
20. For additional reading on customer rage, see J. R. McColl-Kennedy, P. G. Patterson, A. K. Smith, and M. K. Brady, "Customer Rage Episodes: Emotions, Expressions, and Behaviors," *Journal of Retailing* 85 (2009), pp. 222–237 and P. G. Patterson, J. R. McColl-Kennedy, A. K. Smith, and Z. Lu, "Customer Rage: Triggers, Tipping Points, and Take-Outs," *California Management Review* 52 (Fall 2009), pp. 6–28; J. Surachartkumtonkun, J. R. McColl-Kennedy, and P. G.

Patterson, "Unpacking Customer Rage Elicitation: A Dynamic Model," *Journal of Service Research* 19 (February 2016), pp. 57–71.

21. T. Hennig-Thurau, K. P. Gwinner, G. Walsh, and D. D. Gremler, "Electronic Word-of-Mouth via Consumer-Opinion Platforms: What Motivates Consumers to Articulate Themselves on the Internet?" *Journal of Interactive Marketing* 18 (Winter 2004), pp. 38–52.

22. Many such websites exist; examples include www.untied.com (for United Airlines experiences), www.starbucked.com (for Starbucks), www.homedepotsucks.com (for The Home Depot), www.paypalsucks.com (for PayPal), www.ihatedell.net (for Dell), and www.farmersinsurancegroupsucks.com (for Farmers Insurance).

23. J. C. Ward and A. L. Ostrom, "Complaining to the Masses: The Role of Protest Framing in Customer-Created Complaint Web Sites," *Journal of Consumer Research* 33 (September 2006), pp. 220–230.

24. J. Singh, "A Typology of Consumer Dissatisfaction Response Styles," *Journal of Retailing* 66 (Spring 1990), pp. 57–99.

25. Davidow, "Organizational Responses to Customer Complaints."

26. 2015 Customer Rage Study, conducted by Customer Care Measurement and Consulting and the Center for Services Leadership at Arizona State University.

27. Ibid.

28. Ibid.

29. R. Holmes, "How to Keep Client Rants from Going Viral," *Wall Street Journal* (December 9, 2013), http://blogs.wsj.com/accelerators/2013/12/09/ryan-holmes-how-to-keep-client-rants-from-going-viral/, accessed July 6, 2016.

30. J. R. McColl-Kennedy and B. A. Sparks, "Application of Fairness Theory to Service Failures and Service Recovery," *Journal of Service Research* 5 (February 2003), pp. 251–266; M. Davidow, "Organizational Responses to Customer Complaints: What Works and What Doesn't," *Journal of Service Research* 5 (February 2003), pp. 225–250.

31. 2015 Customer Rage Study, conducted by Customer Care Measurement and Consulting and the Center for Services Leadership at Arizona State University.

32. Davidow, "Organizational Responses to Customer Complaints." Also see T. Gruber, "I Want to Believe They Really Care: How Complaining Customers Want to Be Treated by Frontline Employees," *Journal of Service Management* 22 (2011), pp. 85–110.

33. 2007 National Customer Rage Study conducted by Customer Care Alliance.

34. H. Roschk and S. Kaiser, "The Nature of an Apology: An Experimental Study on How to Apologize after a Service Failure," *Marketing Letters* 24 (September 2013), pp. 293–309.

35. L. L. Berry and K. Seiders, "Serving Unfair Customers," *Business Horizons* 51 (January/February 2008), pp. 29–37.

36. J. Dunning, A. Pecotich, and A. O'Cass, "What Happens When Things Go Wrong? Retail Sales Explanations and Their Effects," *Psychology and Marketing* 21 (2004), pp. 553–572; McColl-Kennedy and Sparks, "Application of Fairness Theory to Service Failures and Service Recovery"; Davidow, "Organizational Responses to Customer Complaints"; Berry and Seiders, "Serving Unfair Customers"; G. Bradley and B. Sparks, "Explanations: If, When, and How They Aid Service Recovery," *Journal of Services Marketing* 26 (2012), pp. 41–50.

37. See Tax, Brown, and Chandrashekaran, "Customer Evaluations of Service Complaint Experiences"; Tax and Brown, "Recovering and Learning from Service Failure."

38. Tax and Brown, "Recovering and Learning from Service Failure."

39. Smith and Bolton, "The Effect of Customers' Emotional Responses to Service Failures."
40. S. Conradt, "11 of the Best Customer Service Stories Ever," *Mental Floss,* December 15, 2015, http://mentalfloss.com/article/30198/11-best-customer-service-stories-ever.
41. Hess, Ganesan, and Klein, "Service Failure and Recovery"; Priluck, "Relationship Marketing Can Mitigate Product and Service Failures."
42. T. DeWitt and M. K. Brady, "Rethinking Service Recovery Strategies: The Effect of Rapport on Consumer Responses to Service Failure," *Journal of Service Research* 6 (November 2003), pp. 193–207.
43. Hess, Ganesan, and Klein, "Service Failure and Recovery."
44. Y. Gregoire, T. M. Tripp, and R. Legoux, "When Customer Love Turns Into Lasting Hate: The Effects of Relationship Strength and Time on Customer Revenge and Avoidance," *Journal of Marketing* 73 (November 2009), pp. 18–32. However, other research suggests an opposite effect; that is, customers with strong relationships to a firm may actually "raise the bar" in terms of their service recovery expectations and feel betrayed if the firm fails them. See B. B. Holloway, S. Wang, and S. E. Beatty, "Betrayal? Relationship Quality Implications in Service Recovery," *Journal of Services Marketing* 23 (2009), pp. 385–396.
45. T. W. Andreassen and S. Streukens, "Online Complaining: Understanding the Adoption Process and the Role of Individual and Situational Characteristics," *Managing Service Quality* 23 (2013), pp. 4–24.
46. F. F. Reichheld, "Learning from Customer Defections," *Harvard Business Review* 74 (March–April 1996), pp. 56–69; A. Miner, "Learning from 'Lost' Customers," *CustomerThink,* June 8, 2010, http://customerthink.com/learning_from_lost_customers/.
47. Ibid.
48. A. Parasuraman, V. A. Zeithaml, and L. L. Berry, "SERVQUAL: A Multiple-Item Scale for Measuring Consumer Perceptions of Service Quality," *Journal of Retailing* 64 (Spring 1988), pp. 64–79.
49. M. Colgate, V. T.-U. Tong, C. K.-C. Lee, and J. U. Farley, "Back from the Brink: Why Customers Stay," *Journal of Service Research* 9 (February 2007), pp. 211–228.
50. R. B. Chase and D. M. Stewart, "Make Your Service Fail-Safe," *Sloan Management Review* 35 (Spring 1994), pp. 35–44.
51. Ibid.
52. For an extensive discussion of why service guarantees have historically been rare, see M. McCollough, "Service Guarantees: A Review and Explanation of Their Continued Rarity," *Academy of Marketing Studies Journal* 14 (2010), pp. 27–54.
53. These characteristics are discussed in C. W. L. Hart, "The Power of Unconditional Guarantees," *Harvard Business Review* 66 (July–August 1988), pp. 54–62; C. W. L. Hart, *Extraordinary Guarantees* (New York: AMACOM, 1993); and B. Berman and A. Mathur, "Planning and Implementing Effective Service Guarantee Programs," *Business Horizons* 57 (2014), pp. 107–116.
54. Berman and Mathur, "Planning and Implementing Effective Service Guarantee Programs."
55. For more information, see M. A. McCollough and D. D. Gremler, "Guaranteeing Student Satisfaction: An Exercise in Treating Students as Customers," *Journal of Marketing Education* 21 (August 1999), pp. 118–130; D. D. Gremler and M. A. McCollough, "Student Satisfaction Guarantees: An Empirical Examination of Attitudes, Antecedents, and Consequences," *Journal of Marketing Education*

24 (August 2002), pp. 150–160.
56. Infractra website, https://www.inflectra.com/Company/Reasons-To-Buy-From-Us.aspx#Guarantee, accessed June 13, 2016.
57. Ben Franklin website, http://www.benjaminfranklinplumbing.com/our-difference/our-guarantee, accessed January 8, 2017.
58. A. L. Ostrom and C. W. L. Hart, "Service Guarantees: Research and Practice," in *Handbook of Services Marketing and Management,* ed. D. Iacobucci and T. Swartz (Thousand Oaks, CA: Sage, 2000), pp. 299–316; Hart, "The Power of Unconditional Guarantees"; Hart, *Extraordinary Guarantees.* For a discussion of additional benefits from offering service guarantees, see Berman and Mathur, "Planning and Implementing Effective Service Guarantee Programs."
59. A. L. Ostrom and D. Iacobucci, "The Effect of Guarantees on Consumers' Evaluation of Services," *Journal of Services Marketing* 12 (1998), pp. 362–378; S. B. Lidén and P. Skålén, "The Effect of Service Guarantees on Service Recovery," *International Journal of Service Industry Management* 14 (2003), pp. 36–58.
60. A. L. Roggeveen, R. C. Goodstein, and D. Grewal, "Improving the Effect of Guarantees: The Role of a Retailer's Reputation," *Journal of Retailing* 90 (2014), pp. 27–39.
61. J. Wirtz, D. Kum, and K. S. Lee, "Should a Firm with a Reputation for Outstanding Service Quality Offer a Service Guarantee?" *Journal of Services Marketing* 14 (2000), pp. 502–512.
62. J. Wirtz, "Development of a Service Guarantee Model," *Asia Pacific Journal of Management* 15 (April 1998), pp. 51–75.
63. J. Wirtz and D. Kum, "Consumer Cheating on Service Guarantees," *Journal of the Academy of Marketing Science* 32 (Spring 2004), pp. 159–175.
64. Wirtz, "Development of a Service Guarantee Model."
65. Ostrom and Iacobucci, "The Effect of Guarantees."
66. P. G. Mostert, C. F. De Meyer, and L. R. J. Van Rensburg, "The Influence of Service Failure and Service Recovery on Airline Passengers' Relationships with Domestic Airlines: An Exploratory Study," *Southern African Business Review* 13 (2009), pp. 118–140.
67. McCullough, Berry, and Yadav, "An Empirical Investigation of Customer Satisfaction After Service Failure and Recovery."
68. A. S. Mattila, "The Impact of Relationship Type on Customer Loyalty in a Context of Service Failures," *Journal of Service Research* 4 (November 2001), pp. 91–101; see also R. L. Hess Jr., S. Ganesan, and N. M. Klein, "Service Failure and Recovery: The Impact of Relationship Factors on Customer Satisfaction," *Journal of the Academy of Marketing Science* 31 (Spring 2003), pp. 127–145; R. Priluck, "Relationship Marketing Can Mitigate Product and Service Failures," *Journal of Services Marketing* 17 (2003), pp. 37–52.
69. H. S. Bansal and S. F. Taylor, "The Service Provider Switching Model (SPSM)," *Journal of Service Research* 2 (November 1999), pp. 200–218.
70. S. M. Keaveney and M. Parthasarathy, "Customer Switching Behavior in Online Services: An Exploratory Study of the Role of Selected Attitudinal, Behavioral, and Demographic Factors," *Journal of the Academy of Marketing Science* 29 (Fall 2001), pp. 374–390.
71. I. Roos, "Switching Processes in Customer Relationships," *Journal of Service Research* 2 (August 1999), pp. 68–85; I. Roos and A. Gustafsson, "Understanding Frequent Switching Patterns: A Crucial Element in Managing Customer Relation-

ships," *Journal of Service Research* 10 (August 2007), pp. 93–108.
72. Keaveney, "Customer Switching Behavior in Service Industries."
73. F. Buttle and J. Burton, "Does Service Failure Influence Customer Loyalty?," *Journal of Consumer Behaviour* 1 (2002), pp. 217–227; Y. Wang, S. Wu, H. Lin, and Y. Wang, "The Relationship of Service Failure Severity, Service Recovery Justice, and Perceived Switching Costs with Customer Loyalty in the Context of e-tailing," *International Journal of Information Management* 31 (August 2011), pp. 350–359; R. Frankel, S. R. Swanson, and M. Sagan, "Service Switching, Word-of-Mouth, and New Provider Search: A Five Country Exploratory Study," *International Journal of Management and Marketing Research* 6 (2013), pp. 11–20.

PART 4

第四篇

服务设计与服务标准的统一

第 8 章

服务创新与设计

本章目标

1. 介绍服务创新和设计固有的挑战。
2. 介绍几种类型的服务创新,包括服务提供创新、围绕顾客角色的创新和服务解决方案创新。
3. 讨论服务涉及的顾客及员工在服务创新中的重要性,并运用服务设计思维进行服务创新。
4. 明确服务创新与开发过程的阶段和独特元素。
5. 了解服务蓝图的价值以及如何开发和阅读服务蓝图。

开篇案例　服务创新是宠物市场公司(PetSmart)增长的引擎吗[1]

服务创新持续为美国领先的宠物服务商——宠物市场公司提供了强劲的增长动力。在美国、加拿大、波多黎各拥有超过 1 400 家宠物门店的宠物市场公司,在 2015 年创造营业收入 71 亿美元。宠物市场的愿景是通过对宠物提供"终身护理"为"宠物父母"(主人)提供服务。这些宠物主人将其毛茸茸的朋友视为孩子,而不是宠物,而且他们往往愿意牺牲自我的需求来为自己的宠物提供产品或服务。

宠物市场公司将终身护理作为其产品和服务,为宠物提供从摇篮到坟墓的服务。虽然售卖宠物食品、玩具和宠物挂件也是这个愿景的一部分,但终身护理却意味着更多。公司还通过其宠物旅馆推广宠物意识训练、美容、日托和夜间护理。宠物市场公司的宠物旅馆不仅保证宠物的安全与健康,还提升了专业护理和宠物体验。这种体验包括团体游戏——通过游戏宠物们可以互相交流,吃特供的零食;还有"骨头电话亭"——在那里,宠物主人们可以打电话给他们的宠物。宠物主人还可选择为他们的宠物提供住宿——从透明的玻璃制"中庭房"到拥有动物频道电视的一系列房间。其他附加服务包括在旅馆住宿期间为狗狗提供个体训练营地、特供的零食和专门的浴缸。通过其美容服务,宠物市场公司提供了一系列美容包,包括洗浴、皮毛修剪和刷洗、指甲和牙齿护理,以及其他一些特殊服务。所有这些美容服务都提供"美丽保证",如果宠物主人不满意,认为其宠物没有达到约定的效果,公司可以退款。

宠物市场公司也不是一直都在为市场提供服务创新。实际上,在20世纪90年代后期,宠物市场更多被认为是一个"超市",是一个"大盒子",是仓库模式的零售商,主要是售卖宠物食品、玩具和其他传统的宠物商品。其产品的利润很低,沃尔玛正在入侵其传统种类的产品市场,而线上零售产品的简单试验也没有解决其利润缩水的困境。在21世纪头10年,向服务转型,加上传统零售领域运营效率的提高,拯救了宠物市场公司。从那以后,服务一直是宠物市场重要的利润和增长引擎,而这些服务创新的转变与公司对宠物的长期愿景和承诺非常一致。这一承诺在宠物市场慈善机构——一个致力于动物福利和宠物收养的独立非营利组织——得到了反映。

对宠物市场来说,向服务转型是大胆的,这需要重新设计店面,以适应美容和旅馆的需求。与传统的零售商店设计相比,这些区域需要更多的空间、不同的布局和独特的风格。向服务转型还需要在雇用和培训不同类型的员工方面进行投资,以使这些员工能够在私密的服务环境中与宠物和宠物主人们有效互动。例如,在公司大举进入宠物美容市场时,公司意识到没有足够的、高素质、训练有素的美容师来支撑其新的战略。所以,公司自己开发了一个为期12周、400小时的培训和认证程序来培养美容师。店面重新设计和美容师培训计划说明了许多公司在进入服务领域时所面临的在设计和人力资源等方面的挑战。[1]

宠物市场公司的宠物旅馆。

在我们的开篇案例中,为什么其他公司向市场推出新的服务时会失败,而宠物市场却运用服务创新取得了如此成功呢?如果你决定开始自己的业务,或者你的公司想要推出一项新的服务创新,怎么做才能增加成功的可能性呢?超过60家研究机构的分析表明,与新产品和新服务开发有关的最主要和最可靠的成功因素有:产品或服务特征(满足顾客需求的产品、与竞争者产品相比具有的优势、成熟的技术),战略特征(支撑创新的人力资源、开发新产品的动力),过程特征(营销、前期开发、技术和市场投放的熟练程度)和市场特征(市场潜力)。[2] 另一方面,失败的原因可以归结为:不能提供独特的价值,需求不足,新产品和新服务追求的目标不切实际,新业务和组织内部的其他投资业务不匹配,定位不当,金融支持不足,或者是没有花费必要的时间来开发和推出新产品。[3] 一个好的服务设想常常由于设计、开发和服务标准的缺陷而导致失败,本章将对此重点讲述。随着许多公司把向服务转型作为其成长战略,服务产品的开发和提供带来的机遇和挑战也愈发明显。

8.1 服务创新与设计的挑战

由于服务的无形性,以及提供服务和消费过程的不可分离性(例如医疗服务、高尔夫球课程、NBA篮球赛或高级信息咨询服务),服务创新与设计很难描述和传达。当提供的(或与顾客共同完成的)服务需在一段较长的时间内实现时(如一周的旅游度假、6个月的咨询服务以及10周的减肥项目),它将更加复杂,并更难以定义与描述。再者,服务是由员工向顾客提供的,且常常要与顾客共同完成,而顾客要求各异,因此几乎没有两种完全相同的服务,或者相同方式的体验。我们在第1章中论述的那些服务特性,是服务设计与创新的核心挑战。世界上的跨国企业和政府已经认识到这些挑战，并认识到虽然服务经济在世界经济中占据了主导地位，但对于服务研究和创新的正式关注还是比较少。[4] 本节的全球特写讨论了服务创新——作为企业和国民经济竞争优势——的重要性。

由于服务看不到、摸不着，且不易被测试，所以人们常采用语言的形式来描述它。然而，试图仅用语言来描述服务存在着一些问题：[5]

第一个问题是过于简单。"不能把'有价证券的管理'说成是'买卖股票'，就像不能把'宇宙飞船'说成是'能飞的东西'一样，因为有人会据此画出一只鸟，有人会画出直升机，有人会画出天使。"[6] 要描述一个完整而复杂的服务系统，比如财务文件管理，单靠语言太不充分了。在当前的全球化经济中，随着时间的推移，服务系统越来越复杂，通常包括了服务公司的网络、顾客和服务项目的演变。[7] 在这些复杂系统中，这个问题更加明显。

第二个问题是不全面。人们（员工、经理以及顾客）在描述服务时，往往会忽略服务中他们不熟悉的细节或要素。有人也许能非常确切地描述出，一位收取佣金的股票经纪人如何从顾客处得到订单，但是他能够全面描述每月一次的财务报表如何产生吗？

第三个问题是主观性。任何人用语言来描述服务时，都会因其经历不同以及接触服务的程度不同而存在偏见。有一种很自然的（错误的）倾向认为，因为所有的人都去过快餐店，所以他们都熟悉快餐服务的内容。在同一服务组织中不同职能部门工作的人员（如营销人员、操作人员和财务人员），根据其不同的职能视角，很可能会描述出大相径庭的服务。

最后一个问题是阐述具有偏见性。任何两个人都不会以完全相同的方式来定义"负责任的""迅速的"和"灵活的"。比如，高级主管或经理会向一位一线服务员工建议尽可能灵活、尽责地向顾客提供服务。除非灵活性被进一步定义，否则这位员工极可能会以不同于经理的语言来解释该词。

当一个组织试图设计一种顾客从未体验过的复杂服务，或者尝试改变现有服务时[8]，在其服务创新和开发过程中，上述问题和挑战就会变得非常明显。

全球特写　　全球性的服务创新势在必行

跨越所有经济行业的创新是每个公司、政府机构和整个经济体持续增长和保持竞争力所必需的。全球创新指数（GII）排名前 25 的国家或地区多年来并没有多少变化。发展中国家和发达国家（或地区）的技术差距正在缩小。每年由康奈尔大学（Cornell University）、欧洲工商管理学院（INSEAD）和世界知识产权组织（WIPO）发布的这个指数并没有将服务创新从一般创新中区分出来，但从逻辑上讲，在大多数经济体中，服务占主导地位和（或）占有率增长表明服务创新至关重要。

2015 年一项关于"在快速变化的环境下服务研究优先次序"的调查，将"鼓励服务创新"作为首要任务之一。依靠来自世界各地的、跨专业以及职能的学者和商业从业者的投入，这项调查旨在寻求和确定实践和研究的优先次序。通过与来自 37 个国家或地区的人员进行面谈、问询和圆桌会议，该调查确定了服务研究和知识差距的优先次序。在此项调查确定的 12 个重点之中，鼓励服务创新在重要性方面排名第三，知识差距方面排名第四。以下五个方面是需要知识来推动公司和国家（或地区）服务创新的具体领域：

（1）在复杂的服务体系和价值网络中进行创新。
（2）确定持续服务创新的驱动力。
（3）在服务创新过程中管理顾客和合作伙伴的合作关系。
（4）通过众包和开放创新实施服务创新。
（5）了解产品服务、过程服务和商业模式创新之间的相互关系。

欧洲服务创新政策基准评估报告显示，尽管了解一般创新，特别是服务创新的重要性，但各国（或地区）在关注服务创新的政策和强度上还是有很大的差异。报告的作者提到了在服务创新政策和实践方面非常先进的几个国家，即芬兰、瑞典和爱尔兰。他们也提到了澳大利亚、德国和丹麦等其他几个维护服务创新利益较好的国家。

在美国，对服务创新需求日益增强的认识来自于 IBM 的引领。这个公司推动了全球化运动，塑造服务创新的未来，并开创了"服务科学、管理与工程"（SSME）这一新兴学科，以培养服务经济的专业人才。IBM 与思科、惠普和几所大学共同发起了国际服务业专业人员协会，即 ISSIP，其使命是促进互联世界的服务创新，其宗旨是帮助机构和个人在全球服务经济中发展壮大和取得成功。虽然美国的服务创新主要来自私营部门，但政府机构特别是国家科学基金会（NSF）已开始回应。几年来，美国国家科学基金会通过其创新伙伴关系，为具体的研究计划提供了智能服务系统资金支持，即建立创新能力计划（PFI/BIC）。

2015 年全球创新指数排名（1～25）	
1. 瑞士	13. 冰岛
2. 英国	14. 韩国
3. 瑞典	15. 新西兰
4. 荷兰	16. 加拿大
5. 美国	17. 澳大利亚
6. 芬兰	18. 奥地利
7. 新加坡	19. 日本
8. 爱尔兰	20. 挪威
9. 卢森堡	21. 法国
10. 丹麦	22. 以色列
11. 中国香港	23. 爱沙尼亚
12. 德国	24. 捷克
	25. 比利时

资料来源：Cornell University, INSEAD, and WIPO, "The Global Innovation Index 2015: Effective Innovation Policies for Development," Ithaca, Fontainebleau, and Geneva, 2015, Creative Commons Attribution; A. L. Ostrom, A. Parasuraman, D. E. Bowen, L. Patricio, and C. A. Voss, "Service Research Priorities in a Rapidly Changing Context," *Journal of Service Research* 18 (May 2015), pp. 127–159; European Commission, ESIC European Service Innovation Centre Discussion Paper, "Service Innovation Policy—A Benchmarking Review," January 2015, www.issip.org.

8.2 服务创新的重要注意事项

在这一节我们强调一些在服务创新过程中的重要注意事项。由于服务的内在特性（见我们在第 1 章中的描述），以及上节刚讨论的服务创新过程中存在的问题与挑战，许多服务管理者已经很清楚服务创新和开发有形产品之间存在着差异。由于服务的无形性和不可分离性，且经常涉及顾客和员工，所以重要的是，应该让顾客和员工来参与创新过程的一些步骤。另一方面，使用系统方法或设计思维，以确保所有因素不遗漏且能有机统一也很重要。在这里，我们将这些注意事项加以叙述，作为本章其他小节中所描述的工具、技术和方法的基础。

8.2.1 顾客和员工的参与

因服务的生产和消费过程同时进行，且经常是由员工与顾客共同互动完成，所以在整个创新和新服务开发的过程中，让员工和顾客参与至关重要。[9] 常常员工本身就是服务，或者至少是他们来实施和提供服务，因此，员工的参与，对选择开发新服务、设计和实施这些服务都极有益处。员工在物理距离和心理层面与顾客最为接近，研究表明，在开发新服务时，对于如何识别顾客的需求，员工很有帮助。[10] 员工参与服务创新和设计，可增加新服务成功的可能性，因为他们可以指出组织中存在的问题，解决了这些问题才能更好地支持提供给顾客的新服务。[11]

因为顾客经常积极参与服务的过程和（或）共同实施，所以也应该参与到新服务的开发过程中。除了提供自己的需求外，顾客还可以帮助设计服务理念和实施过程，特别是在需要顾客亲自执行部分服务进程的情况下。例如，依托亚特兰大分行的一系列试验结果，美国银行（Bank of America）成功地开展了分支银行业务的新服务创新。[12] 设计的试验是利用实时、真实的顾客来严格测试新的服务创新，然后在整个分行系统中推广应用。与此相似，梅奥诊所在罗切斯特（Rochester）建立了自己的创新中心，在推出服务之前，通过真实的病人和医生来测试服务创新。

8.2.2 服务设计思维与技术的应用

服务是一个体验性的过程或活动，而且其生产和消费的过程往往同时进行，这是服务创新和设计的一个挑战。在一些情况下，提供服务所需的时间可能仅仅为几分钟；但在其他情况下，服务体验可能需要数小时、数天、几周甚至几年，如大学学位课程或服务外包合同。服务通常作为一系列相互关联的步骤和活动发生，并且涉及一些人、过程和有形因素。例如，员工、顾客、分包商、技术、设备和经常在服务中涉及的物理空间，都需要在设计中加以考虑。因此，在设计一个服务方案或服务系统时，需要不同部门甚至不同组织的人员进行很好的协作。

在认识到服务创新的复杂性后，"服务设计"作为一个专业已经出现，并且越来越受到商业从业者、设计顾问、服务营销人员和各种学术研究人员的关注。在一项旨在确定服务科学研究优先次序的全球研究中，服务设计成为未来12项研究重点之一。[13] 有一些全球咨询公司专注于服务设计，例如，美国的伊代奥（IDEO）设计公司、英国的发动机服务设计公司（Engine Service Design）和莱坞沃克（live/Work）公司，均有着不俗的服务设计的实践经验。

那么，服务设计和服务设计思维是什么意思呢？这些服务设计咨询公司又做了些什么工作来帮助顾客设计服务创新呢？对此并没有一个公认的定义，仅摘录两个观点如下。

"从顾客的角度来说，服务设计是致力于使服务界面有用、可用和可满足需要。而从服务提供商的角度来说，服务设计是为了使他们提供的服务更加有效、高效和与众不同。"

——德国科隆大学服务设计教授博吉特·麦格（Birgit Mager）[14]

"服务设计的重点是将服务战略和创新服务理念融入生活，通过整合各种内部和外部利益相关者，为顾客、客户、员工、商业伙伴和公民打造全方位的服务体验。"

——亚利桑那州立大学服务业领导力中心[15]

鉴于服务设计的跨学科和互动性质，及其对顾客体验的重视，现已提出五项原则作为服务设计思维的核心。[16]

（1）以用户为中心：应从顾客的视角来设计和体验服务。
（2）共同参与：应该尽可能让所有利益相关者参与到服务设计过程中。
（3）流程化：服务应可视化为一系列相互关联的活动。
（4）有形化：无形的服务应转化为可见的人为展示形式。
（5）整体性：整个服务环境均应得到考虑。

服务设计师们正在按照这些原则，对那些尚不可用的服务解决方案，进行可视化、流程化的编排。他们观察和解读需求与行为，并将其转化为未来潜在的服务方案。[17]基于这些原则进行的设计、创新和改进服务体验，已经形成了一些新的术语、技术和方法，专门用于服务创新。[18]新术语如顾客之旅、接触点、用户角色模型、共同创造和服务原型等在服务设计师之间已经很常用。新的方法包括：顾客旅程规划（客户旅程地图法）、故事营销、服务之旅、跟随法、故事板、服务角色扮演等。服务设计的主要工具之一是服务蓝图，本章后面将详细介绍。

■ 技术亮点　　　　脸书：一个彻底的服务创新

2004年脸书诞生在马克·扎克伯格（Mark Zuckerberg）的哈佛大学（Harvard University）宿舍时，它还只是一个哈佛大学学生的交流工具。根据大卫·柯克帕特里克（David Kirkpatrick）关于该公司的权威著作，脸书的起源可以追溯到同一年扎克伯格在哈佛大学的其他项目，最先是课程匹配（Course Match）——借此可以了解到谁注册了某特定课程，以及你的朋友正在选修哪些课程等。接着是Facemash，目的是选出校园中最受欢迎的人。在2004年的冬天，扎克伯格注册了Thefacebook.Com，借用他以前的项目，并增加了一些新元素，邀请一些人创建他们的个人资料。原来的Thefacebook设想是有限的、天真的。与当时大多数社交网络很相似，他最初的目的是帮助人们通过社交连接，经常进行约会，其受众最初仅限于哈佛大学学生。很快其他学校也要求加入Thefacebook，并为它们的学生设立网站。到2004学年末，一共有34所学校加入了脸书，大约有10万用户，但这仅仅是个开始。

几年内，脸书（在2005年更名）成长为社交媒体的强大集团。在2010年，大约有1.43亿美国人活跃在脸书上，占到了全国人口的46.8%！根据2016年3月脸书自己网站的数据，世界上每天活跃用户量为10.9亿，其中超过84%的用户居住在美国和加拿大之外，算上月活跃用户，这个数字超过了15亿。平均每天用户大约花费20分钟在网站上回应、评论、分享和更新状态，这些占据了他们所有在线时间的将近20%，使脸书成为今天最有价值的在线网站之一。在2015年，脸书公司报告年终收入超过了179亿美元。

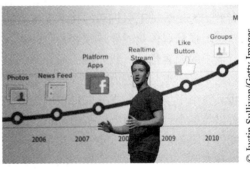

马克·扎克伯格在描述公司业绩的高速增长。

显然，脸书是一个飞速增长、极受欢迎的服务创新。以前没有像它这样的存在，而且它的范围和界限还未可知。从最初的面向哈佛大学学生的基础社交网站，该公司已发展成为一个复杂的社交网络巨头。有人声称整个行业——例如照片分享行业和游戏——已经因脸书发生了转变。脸书不只关注于原有的促进个人社交联系，还已经推出了许多新功能和手机应用程序，如"附近朋友"（Nearby Friend）程序。该程序允许智能手机用户看到他们附近的朋友，为用户之间相互发送消息提供机会，此外用户还可选择是否见面。

鉴于它的历史和轨迹，很容易想象脸书的未来将一片光明。它具有高度的创新性和深远的影响力，似乎可以预见和理解人们想要通过技术进行互动的方式。但是，该公司仍然面临挑战，用户隐私的问题频繁出现。最近脸书通过为用户创建更严格的选项来控制别的用户访问他们的个人信息。竞争永远是一种挑战，脸书继续进行战略收购以保持竞争性（一些例子包括Instagram 和 Whatsapp）。最近，脸书收购了Masquerade(Msqrd)（一个允许用户在他们的照片和视频上使用滤镜的应用程序）以与Snapchat 竞争，Snapchat 的首席执行官拒绝了脸书的 3 亿美元收购报价。

时间会告诉我们在线社交网络世界谁输谁赢。不管事实如何，马克·扎克伯格和脸书开创了社交网络的服务创新和革命是肯定的，它将会影响我们个人、公司、政府以及整个行业的未来。

资料来源：D. Gelles, "Every Industry Is Going to Be Rethought in a Social Way," *Financial Times*, December 4, 2010, p. 14; D. Kirkpatrick, *The Facebook Effect*, New York: Simon & Schuster Paperbacks, 2010; www.facebook.com, accessed June 2016; Facebook 2015 Annual Report; J. D'Onfro, "Here's How Much Time People Spend on Facebook per Day," *Business Insider*, July 8, 2015, http://www.businessinsider.com/how-much-time-people-spend-on-facebook-per-day-2015-7; I. Lunden, "Facebook Acquires Video Filter App Masqrd to Square Up to Snapchat," *TechCrunch*, March 9, 2016, https://techcrunch.com/2016/03/09/facebook-acquires-video-filter-app-msqrd-to-square-up-to-snapchat/.

8.3 服务创新的类型

服务创新已经被各种方式所定义。有时当人们谈论服务创新时，他们指的是与服务产品本身有关的创新和改进。例如，麦当劳的标志性餐厅重新设计和菜单更新就是服务产品创新的例子。另外一些情况下，服务创新则与内部新服务流程相关，这种创新可使组织的运转更加高效。为一线员工引进新的技术支持系统就是这种类型的服务创新。还有一些情况，服务创新可增强顾客体验或导致顾客角色的重大转变。例如，自助服务创新的激增大大改变了许多行业中的顾客角色。我们在前面介绍的脸书就是这种服务创新导致重大变革的例子。服务创新这个术语也与组织内的重大改革举措相关，比如当传统的制造业或运营驱动型公司，决定将其整个市场战略向服务或提供解决方案转型时的服务创新。在更宏观的层面上，服务创新可以与整个行业和服务体系相联系。例如，IBM 的智慧地球计划就是旨在通过服务创新来改变整个服务系统，包括健康、教育、运输和政府服务等。

在本节，我们将介绍几种不同类型的服务创新，包括服务产品创新、围绕顾客角色的创新和服务解决方案创新。

8.3.1 服务产品创新

所有的新服务，其"新"的程度不尽相同。新服务类型的范围可以大到变革，小到风格变化，具体如下。

（1）**重大变革**，是指为尚未开发的市场提供新的服务。在前面的案例中，像第一次广播电视服务，以及联邦快递在全国范围内推出隔夜小件快递服务，就是这种重大变革。从现在到将来，许多重大变革的机会将会在云计算、手机 App 和互联网的基础上产生。例如，许多新服务项目的产生将依赖于由人类或机器收集而来的数据（如设备的远程维修服务和人的远程医疗诊断服务），没有数据和软件的支持，这在以往是想都不敢想的事情。现在和未来的许多变革会在信息、计算机和互联网的基础上产生。通常，这些服务创新能够产生崭新的市场。[19]

（2）**创始业务**，包括那些为现有市场的同类需求（市场里已存在能够满足同类需求的产品）提供的新服务。比如，健身组织为健康服务提供了不同的新形式，手机银行和网上银行（线上银行）成为新的银行货币流动形式，共享单车服务与传统的出租车和轿车租赁业务形成了竞争。许多新的手机应用程序属于这类服务创新。

（3）**为现有服务市场提供新的服务**，是指组织向老顾客提供原来不能提供的服务（也许其他组织可以提供）。例如，零售商增加提供咖啡服务或者儿童游乐区服务，一家健康俱乐部增设营养课程服务，航空公司提供空中网络和电话服务。有时候，正如这些例子所代表的，这种创新只是适度的服务提升。其他情况下，也可能代表了根本性的、独立的新服务，就像我们之前描述的宠物市场公司的"宠物旅馆"。

（4）**服务延伸**，是指扩大现有的服务产品线，如饭店增加新的菜谱，航空公司增加新的航线，法律咨询公司增加法律服务项目，大学开设新的课程或学位等。

（5）**服务改善**，或许是服务变革最普遍的一种形式。改变已有服务的性能，包括加快已有服务过程的执行、延长服务时间、增加服务内容，如在酒店客房中增设一些一次性用品或便利设施（如增加无线网络连接）。

（6）**风格变化**，是服务变革中最温和的一种形式，表面上这种改变比较明显，并可能在顾客感知、情感与态度上产生显著影响。改变饭店的色彩设计，修改组织的标志，重新设计一个网站，或给飞机涂上不同的颜色都是风格变化。但这些改变并不是从根本上改变服务，只是改变其外表，就如为消费品改换包装一样。

8.3.2 围绕顾客角色的创新

如前一小节中所描述的，与服务产品自身有关的服务创新，是在服务产品发生变化的时候产生的；这种变化或是根本性的、彻底的变革，或只是轻微的变化，比如服务产品的扩展或提升。当重新定义顾客的角色是一般性参与还是共同创造时，服务创新也有可能出现。例如，在寻常的服务背景下，顾客扮演着用户、购买者或付款者的角色，当这些角色变化的时候就会产生新的服务类型。[20] 很多本质上的创新也是通过这些方式有效地重新定义了顾客角色。例如，网飞公司（NetFlix）就完全重新定义了在电影租赁业务上顾客的角色。过去顾客到当地的百视达（Blockbuster）商店租借影碟时，按照预先确定的租借日期和影碟数量计算费用。随后，网飞公司最初的革新是允许顾客通过邮寄的方式接收影碟，并许可顾客根据观看情况自行决定归还时间、按照服务合同付款。现在，虽然仍可通过邮寄的方式接收影像，但更多的顾客还是通过互联网直接将电影、电视剧和其他内容直接传输到他们的智能手机、电视或其他设备上。因此，虽然在家中观看电影的方式没有改变，但是整个服务流程，包括租赁、接收、付款和归还电影都从根本上发生了变化。

8.3.3 通过服务解决方案进行的创新

许多组织意识到顾客不是在寻找单独的产品或服务，而是在寻找能够解决他们问题的创新方案。传统的思维将公司向顾客提供的"商品和服务的捆绑"视为解决方案。然而，卡皮尔·图力（kapil Tuli）、阿贾·孔利（Ajay Kohli）和桑达·哈拉德瓦（Sundar Bharadwaj）的研究表明，顾客定义的解决方案根本不是产品和服务的简单捆绑，而是顾客面对的一系列过程。这些相关的过程包括：①顾客需求定义；②商品和/或服务的定制和整合；③部署这些集成的解决方案；④部署后期技术支持。[21]另一个研究者朗斯·贝特考特（Lance Bettencourt）认为，服务创新就是了解顾客的问题以及他们正在努力完成的工作，然后开发解决方案帮助他们实现目标。[22]在贝特考特的试验中，关键是要弄清楚顾客正在努力做什么，并围绕这种理解开发服务和解决方案。而其他研究者则聚焦于"客户活动链"和服务与解决方案的开发，以增强这些活动体验。[23]例如，夏特福莱公司（Shutterfly）就是以提供各种类型的在线服务来增强顾客通过照片分享回忆的体验。

当公司开始为顾客考虑解决方案时，他们会花更多的时间倾听和观察顾客的问题，并通过方案创新确定可解决的痛点。在企业对企业（B2B）的环境中，这往往意味着公司将其传统产品转移到诸如业务流程外包、专业知识咨询和管理服务之类的活动。[24]例如，施乐公司（Xerox）提供的文档管理服务，即可以接管一个组织内的所有文件（电子和纸质）管理。在另一个完全不同的产业，卡特彼勒公司则提供一种帮助顾客管理其各种品牌的土方工程设备的服务。

解决方案不仅限于企业对企业（B2B）的环境。以顾客为中心提供解决方案的例子有很多，包括我们在开篇案例中提到的，宠物市场为宠物和它们的主人提供从"摇篮到坟墓"的解决方案，以及夏特福莱的照片管理服务和美国劳氏公司虚拟家居设计服务。最近有研究指出，当为顾客设计旅游和度假解决方案时，既需要考虑家庭成员的总体需求，又要兼顾成员个体需求。[25]旅游行业的典型做法是只关注旅行目的地的属性和特征，而不考虑与客户家庭成员期望通过度假实现目标之间存在的冲突。在某种意义上，脸书也是一个向顾客提供解决方案的例子，它就是一个为顾客打造的全方位、兼具颠覆性创新的在线社交解决方案。

8.3.4　通过互联产品进行的服务创新

当今商业中最普遍和影响深远的趋势之一就是产品的数字化。一切设备，从家用电器到工业设备，再到医疗设备，以及服装和通信设备，都可以将传感器嵌入其中，一切皆可连通。通过嵌入式传感器，产品不断发出可被探知、连接和转换成信息的数据。基于新的服务商业模式，最终这些信息常常可以转化为服务创新。

这里有几个通过互联产品创新服务类型的例子：交通信号有助于监测和优化交通流量；配备的传感器可以监测卡车性能并预测故障和维护需求；汽车加装车载诊断装置以提高性能和安全性；运动鞋可用于监测和交流使用情况；家电和家庭系统可以远程控制。在这些情况下，不是数据本身提供服务，而是使用该数据来解决顾客问题，增强顾客的知识和能力，或创造新的功能。专栏8-1介绍了互联产品是如何帮助解决老龄化和不断增长的药物依赖性问题的。

有时，产品的这种向数字化转型被称为"物联网"或IoT，产品可以通过传感器连接到互联网。通过互联产品之间传递的数据，物联网已导致服务量激增。但是，只有在有人能够找到价值主张（即明确数据或数据的组合可以为顾客做些什么），获得正确的数据，并从对消费者、商业客户或政府有用的数据中发掘出有用的见解之后，这些数据才会成为服务。

物联网正在影响着每个行业，而且其影响还在与日俱增。高德纳咨询公司（Gartner Inc.）

预计到2020年将会有208亿台设备加入物联网，这个数字在未来还会继续增加。[26] 在企业跨行业的转型竞争、公司运营和提供无与伦比的服务创新机会方面，互联产品可能会是最大的变化、机遇和挑战。[27]

◎ 专栏 8-1

使用带有传感器的药丸跟踪患者药物使用情况

当今医学中最大的问题之一就是患者的依从性。大量患者不遵守其规定的医疗方案——无论是因为对其医疗计划的复杂性缺乏主动性、健忘还是混淆。随着人口老龄化，这个现象可能会变成更大的问题。亲人往往面临着如何监督家庭成员服药的挑战，这可能是一种负担，也可能会给已经很困难的情况造成更大的压力，当家庭成员生活在不同的城市，这将变得更加困难。

根据普罗透斯数字医疗公司（Proteus Digital Health）的调查数据，有约50%的药物会因为各种原因不被服用。为了解决这个问题，该公司提供了一项服务，名叫"普罗透斯发现者"（Proteus Discover）疾病管理方案。该方案由人体可摄入的传感器、可穿戴感应贴片、移动设备上的应用程序和提供商门户网站组成。米粒大小的可摄入传感器，将已服用药物的信号发送到患者的移动设备上，并传输到云端，护理人员和家庭成员（在得到患者许可的情况下）可以访问数据。无论病人指定的是谁，都可以确认药物被服用或提醒病人服用药物。该系统还跟踪患者的活动和其他健康行为，比如休息时间。

普罗透斯数字医疗公司开发的一款通过在药丸中合规使用微型可摄入传感器进行跟踪和监测的医疗系统。

投资者对普罗透斯数字医疗公司报以信心。该公司在2016年从未知的投资者手中筹集了5 000万美元，使其融资总额达到了4.5亿美元以上。现有的投资者包括美敦力（Medronic）、伊藤忠（Itochu）、圣裘德医疗（St. Jude Medical）和凯泽永久基金（Kaiser Permanente Ventures）等。

这项服务很好地解决了患者及其家属的重要需求，也满足了社会对更大的医疗依从性的需求。互联产品或互联药物的技术革新导致了服务的创新。

资料来源：www.proteus.com, accessed July 22, 2016; A. Pai, "Proteus Digital Health Raises Another $50M for Ingestible Sensor-Enabled Digital Medicine," *MobiHealthNews*, April 15, 2016, http://www.mobihealthnews.com/content/proteus-digital-health-raises-another-50m-ingestible-sensor-enabled-digital-medicine.

8.4 服务创新和开发步骤

这里集中阐述新服务开发的实际步骤。这些步骤适用于上面任何一种服务创新类型。本节中提供的步骤大多与制造业中开发新产品类似。不过鉴于服务本身的特性，新服务的开发步骤需要有所调整。[28] 图 8-1 显示了新服务开发的基本原则和步骤。[29] 尽管这与制造业中的步骤非常相似，但对于服务来说，如何实施还是不同的。在开发过程的前期，以及服务原型开发阶段，挑战在于对服务概念的定义。其他的挑战是在新服务设计和实施阶段，需要投入人力资源、技术、内部流程和现存系统中的设备。因为这些挑战，服务企业相对于制造和消费品企业来说，通常实施结构化的开发流程可能性会更小些。[30]

新产品开发过程模型存在着一个前提假设，即在新产品开发过程中的某一个阶段不能达到成功实施的标准时，可以在该阶段中断。[31] 图 8-1 中，在开发过程的每个关键步骤前标有检验点（用停止表示）。检验点明确了新服务在进行下一阶段前必须满足的要求。

然而，并非如图 8-1 所示，新服务或新产品的开发不总是一个完全线性的过程。许多企业发现了加速服务创新之道，某些步骤可以同时进行，某个步骤可以被跳过，特别是对于那些简单的产品或服务而言。新产品或新服务不同开发步骤的重叠或同步进行被称为柔性产品开发。对服务或产品开发极快的技术产业来说，这种灵活、高速的进程极为重要。在这些产业中，计算机技术使得企业可以在开发阶段就了解到顾客的想法与需求，从而在最终推出前的一刻还可对服务产品进行调整。往往在企业进行当前步骤的同时，下一步骤已经被列入计划之内。但即便几个步骤同时进行，图 8-1 中的检验点也必须被不折不扣地执行，以增加成功的可能性。

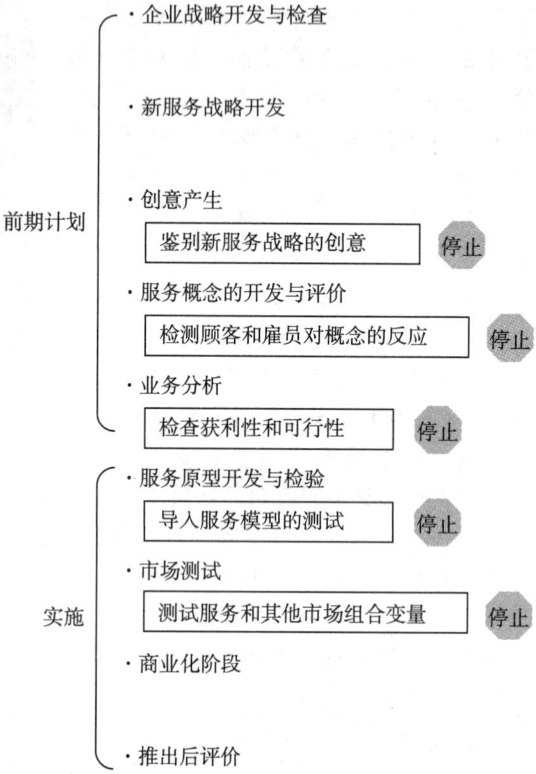

图 8-1 所示的过程分为两部分：前期计划与实施。前一部分决定服务观念，后一部分用于执行或实施服务的内容。当问及产品或服务革新中最薄弱的环节会在哪里产生

图 8-1 服务创新和开发步骤

时，经理们最典型的回答是在"捉摸不清的前期部分"。[32] 形容前期部分为"捉摸不清"的原因是它相对来说比较抽象，相对于制造业产品，服务的抽象性更加明显。

8.4.1 前期计划

1. 企业战略开发与检查

新服务开发的第一步就是回顾组织的愿景和使命。新的服务战略与设想必须服从于组织的愿景和使命。

例如，在本章开篇章节中所述的宠物市场公司，其使命就是通过对宠物进行"终身护理"而为宠物主人提供服务。这个使命引领他们开发了一系列新服务：在其商店里，除销售传统的宠物食品、玩具和小挂件外，还提供诸如训练、美容、过夜护理、日托等服务内容。

对宠物市场来说，公司的新服务战略与其使命紧密契合。

2. 新服务战略开发

研究表明，产品组合战略与针对新产品或新服务开发所确定的组织结构，对新产品或服务开发尤为重要，更是成功的基石。

新服务类型依赖于组织的目标、愿景、生产能力和发展计划。通过制定新服务创新战略（尽可能用市场、服务类型、发展时间跨度、利润标准或其他有关因素来表示），组织更易产生具体的想法。比如，在某个时间段上，企业会集中力量在某一特定水平上让新服务增长，完成从重大变革到风格变化的转变。或者组织会按特定市场或细分市场，或根据特定的利润生成目标来定义更加具体的新战略。

开始制定新服务战略时，可以采用图8-2所示的识别增长机会矩阵。该矩阵能帮助组织识别出增长的可能方向，更是创意想法产生的催化剂。它还可以作为基本思路的导向，比如组织可以在上面四个单元中选择一到两个集中进行发展。该矩阵还可以建议企业在现有顾客或更大的顾客范围内开发增长战略，可以集中兵力于现有范围内的服务或新服务。

服务	市场	
	现有顾客	新顾客
现有服务	增加份额	市场开发
新服务	服务开发	多元化

图 8-2　新服务战略框架：识别增长机会

资料来源：H. I. Ansoff, *Corporate Strategy* (New York: McGraw-Hill, 1965).

例如，在很长一段时间内，肯德基（KFC）已经通过在美国本土以外的市场提供服务来实现增长，这是市场开发的一种形式（现服务，新顾客）。经过在中国市场20多年的扩张以后，肯德基现已将目光转向新的市场——非洲。截至2015年，肯德基在非洲大陆（主要是在南非）已拥有超过1 000家门店。[33]另一方面，在本章开篇案例中提到的宠物市场公司的服务模式，是另一种服务开发形式（新服务，现有顾客）。而宝洁公司（P&G）通过其汰渍干洗店、清洁洗车先生，冒险进入服务行业是另一种通过多元化实现成长的战略案例（新服务、新顾客）。像宝洁公司和宠物市场公司一样，许多公司通过服务创新寻求战略成长。

3. 创意产生

接下来的一步是产生正式的新创意。在这一阶段所形成的创意可以通过上一步描述的战略来筛选。有许多方法和途径来寻求针对新服务的意见或建议，最常用的有头脑风暴法、员工与顾客征求意见法、首用者调研法和竞争者产品分析法。有些公司为尽可能地利用所有来自不同来源的新创意，甚至与外部相关方（如竞争对手、供应商、合作伙伴等）合作或签订开发许可协议，建立合资企业[34]。

观察顾客如何使用企业的产品和服务，也能为革新提供创意，有时也把它称为"移情设计"，观察法在顾客不能意识到自己的需求，或难以用语言描述其需求时更为有效。[35]在服务业中，提供服务并直接与顾客打交道的员工往往能提出补充服务和改进服务的好办法。[36]一些组织发现其内部跨部门、跨专业的员工网络，可以作为创意很好的来源。因此，鼓励交往的组织实践会让合作更加容易，也是鼓励产生新创意的很好方式。[37]

无论新创意来源于组织内还是组织外，都应该有一套正式的机制，来保证新服务能源源不断地产生。该机制可以是一个正式的新服务开发部门，或是负有开发新创意职责的职能部门，还可以是员工和顾客建议箱、定期开会的新服务开发小组、有顾客与员工参加的研究专题团队，或一个为确定新服务所做的正式竞争分析等。

⊙ 战略洞察

通过服务实现战略性增长

许多行业内的企业已经发现服务创新战略的价值。这些战略聚焦于向顾客提供价值，也为企业带来利润和增长。通过在传统产品的基础上提供增值服务，企业能够让自己相对于其他竞争对手实现差异化，而且与传统的制造或零售产品相比，新服务可持续创造更高的利润。IBM全球服务是这种服务解决方案战略中最著名的案例。像IBM一样，很多企业准备通过服务实现增长，不管是在企业对企业（B2B）市场还是企业对用户（B2C）市场。当它们朝着这个方向努力时，它们很快就会认识到推出新服务所面临的巨大的机遇和复杂的挑战。在这里，我们重点介绍三家来自不同行业的公司及其通过服务实现增长的战略。

宝洁

宝洁公司是世界上最大的且备受尊敬的日用消费品公司之一。因此，他们最近冒险向服务领域进军可能会让人感到意外。通过它的快速扩张和特许经营，宝洁公司正在将其知名且受人尊敬的品牌推广到服务领域。汰渍干洗店、清洁洗车，以及艺术剃须店都是具体体现。在每一个案例中，宝洁都在寻找细分的行业，在这些行业中，顾客的期望不高，宝洁的品牌

名称可以通过专有技术提高价值，并改善顾客体验。例如，汰渍干洗店的特色是明亮的、欢快的、富有色彩的标识和内饰，免下车的车道，以及可以在下班后取件的柜子。这种体验和店面高质量清洁的目的，是让消费者与那些——特别昏暗的、脏兮兮的、有时不方便的干洗店的体验形成鲜明的对比。然而，宝洁公司向服务领域的扩张是非常慎重的，而且精心呵护，竭力避免对母公司及品牌的声誉造成损害。

爱立信

爱立信总部设在瑞典，是全球领先的通信设备及相关服务解决方案提供商。自20世纪90年代中期开始，爱立信就制定了以关注顾客、提供服务和解决方案为重点的增长战略，为其高科技产品提供增值服务。爱立信拥有大约64 000名专业服务人员，业务遍及180多个国家。爱立信全球服务部致力于为世界各地的电信运营商提供服务，以使这些公司能够专注于为顾客服务、创造营收这些核心业务。例如，通过其管理服务合同，爱立信与它们合作进行网络规划、设计和部署。在保证运营效率和系统可靠性的基础之上，爱立信还高度关注其客户的客户，重视其服务体验。他们创新了服务产品管理，将顾客体验设计和交付指标纳入其绩效评估。除运营商外，爱立信还直接与政府和私营企业合作。

随着爱立信持续从传统制造业转型，公司正在向着为顾客提供完整解决方案的方向来重新定位整个组织。

威达优尔

威达优尔（VWR）的口号是"我们成就科学"。在制药、生物技术、工业、教育、政府和医疗行业，威达优尔提供实验室用品、设备和服务解决方案，是全球领先的独立供应商。这家拥有160年历史的公司为各行各业的科学实验室提供服务，帮助他们更加高效地开展

工作。威达优尔作为一家产品分销公司，起初只是向实验室和生产企业提供各种科技类产品（如破碎机、移液器、测量秤等）。随着公司的成长，他们意识到，客户的员工——实际上做科学的人——花费了大量的时间在非核心活动上。具体来说，这些高薪科学家正在花时间订购耗材、清洁设备，以及配置他们实施实验所需材料的组合，而不是做科学。威达优尔催化剂公司（VWR Catalyst）——威达优尔的服务公司，专业为顾客提供服务，使他们能够专注于自己的专业——做最好的科学，而由威达优尔来管理他们的用品清单，清理他们的设备，并定制一揽子材料，以更高效地进行实验室的实验。威达优尔催化剂公司甚至可派遣员工与顾客的员工一起工作，担任实验室技术人员、供应经理或科学支持等角色。威达优尔催化剂公司为超过12万家客户提供服务，并在全球雇用了超过9 300名员工，提供创新服务，帮助顾客提高效率，实现更加富有成效的结果。

对于上述公司中的任何一家，向服务转型都是一个重要的战略选择，这将会引领它们进入从未涉及的领域。对于宝洁来说，这意味着学习如何运营服务业务，包括设计顾客体验，聘请和培训员工，提供一线服务。对于爱立信来说，它意味着从制造和技术心态转移到专注于顾客和提供解决方案。对于威达优尔，它意味着以全新的方式与他们建立科学实验室的顾客进行交流和服务，并且与顾客的业务变得更加亲密。然而，潜在的回报是巨大的，顾客对于服务和解决方案的需求是真实的。这些回报和需求驱使越来越多的企业走向服务战略之路。

资料来源：M. Sawhney, S. Balasubramanian, and V. V. Krishnan, "Creating Growth with Services," *Sloan Management Review* 45 (Winter 2004), pp. 34–43; L. Coleman-Lochner and M. Clothier, "P&G Looks to Franchise Tide Dry Cleaning," *Bloomberg Business Week*, September 2, 2010; B. Brown and S. D. Anthony, "How P&G Tripled Its Innovation Success Rate," *Harvard Business Review* 89 (June 2011), pp. 64–72; L. A. Bettencourt, *Service Innovation* (New York: McGraw-Hill, 2010), https://www.ericsson.com/portfolio/services-and-solutions, accessed July 25, 2016; https://www.vwr.com/vwrcatalyst_laboratory_services.htm, accessed July 25, 2016; V. A. Zeithaml, S. W. Brown, M. J. Bitner, and J. Salas, *Profiting from Services and Solutions: What Product-Centric Firms Need to Know*, (Business Expert Press, New York 2014).

4. 服务概念的开发与评价

一旦某一创意被认为既符合基本业务，又符合服务战略，企业就可以实施开发步骤了。服务因其本身的特性对这个阶段提出了一些复杂的要求。当服务需要顾客的共同参与且服务标准尚未确定时，尝试用画图或语言的方法来具体描述无形的服务很困难。因此，在这一阶段，对"服务的概念到底是什么""顾客的需要用什么来满足"这些问题达成共识极为重要。请多方人员共同浓缩服务概念时，往往发现各方对概念的观点并不相同。例如有一个案例，在设计与开发一个折扣代理业务服务时，银行最初给出的定义是"帮助顾客以较低的成本购买与销售股票"。[38] 刚刚进行到概念开发阶段，他们就发现，组织中的不同人对这一定义如何转换成实际服务持有不同的观点，并且有许多方法可以开发这一概念。最终，经过反复并提出了数以百计的大小问题之后，才在折扣代理业务概念上达成一致。

明确了概念定义之后，要形成服务说明书阐明其具体特性，然后估计顾客和员工对概念的反应。服务设计文件要涉及服务解决的问题，探讨提供新服务的原因，逐条列明服务过程及其好处，并给出服务的合理定价[39]，顾客与员工在实施中所起的作用也应写入其中。在服务创新这个阶段，建立一个概念性的蓝图也许非常有用。之后可用询问员工和顾客的方式来评价新的服务概念，问询他们是否理解、赞同这一概念，是否觉得这一概念能够满足某一之前尚未满足的要求。

5. 业务分析

假如在概念开发阶段，服务概念已获得顾客与员工积极的评价，下面的步骤就要确定其可行性与潜在利润。在这个阶段要进行需求分析、收入计划、成本分析和操作可行性分析。由于服务概念开发与组织运营系统紧密相联，因此该阶段还将涉及雇用和培训人员的费用、加强服务实施系统费用、新技术或网络技术的实施费用、组织功能改变费用和其他计划内运营费用的初步考虑。

组织把业务分析的结果通过回报率和可行性分析进行筛选，确定新服务思想是否在最低程度上与要求一致。

8.4.2 实施

一旦新服务概念越过了前期计划的重重障碍，实施阶段即可开始。

1. 服务原型开发与检验

开发新的有形产品时，该阶段包括构建产品模型和消费者接受程度测试。由于服务的无形性和生产与消费不可分离的特性，该阶段的工作也会困难重重。为应付这些困难，服务开发的这一阶段应当把所有与新服务有利害关系的人包括进来，包括顾客、一线员工，以及来自营销、运营、人力资源职能部门的代表。此时，要进一步把概念细化为服务实施的服务蓝图。通过上述各方人员再三推敲之后，服务蓝图才会产生。

在服务创新实践中，国际著名设计公司伊代奥（IDEO）大量运用全方位的原型和模型，通过同时测试顾客反应和服务的运营两个方面，对服务概念进行试验。在和万豪旗下公寓式连锁酒店——城镇广场酒店合作的时候，伊代奥的智能空间研究人员首先就用几个星期的时间试住，和酒店的客人交流，陪伴并观察和了解他们如何利用这些空间，以及他们最终的需求是什么。[40] 跟踪的结果是对大厅区域做了彻底的重新设计，包括增加一张挂图，用以标识出当地购物、餐厅、公园和娱乐区域等顾客需要了解的信息。另一个变化是对卧室重新设计，使其能够很方便地转换成办公场所。为了测试这些设计理念，伊代奥用白色泡沫建造了和实物一样大小的客厅和家具，邀请万豪管理人员、酒店经理和顾客对原型提供反馈。

伊代奥还为其他许多服务企业提供了类似的服务原型开发与测试项目，包括为美国沃尔格林公司面向21世纪的体验药房所做的设计；为德国汉莎航空一流飞行体验所做的重新规划；为欧洲智选假日酒店重塑品牌[41]——重新设计了酒店公共区域、食物、饮料，以及客房、数字体验等几乎所有元素。

◎ 专栏 8-2

梅奥诊所的服务创新

美国的梅奥诊所拥有100多年的历史，在全球的医疗行业中备受尊敬。诊所是美国最好的医院之一，一直以协作医疗模式、高质量的服务和始终处于医学最前沿的位置而闻名于世。秉承其创新的传统，梅奥建立了创新中心（即最早的斯帕克 SPARC 创新实验室），专注于测试、评估并提供新的医疗服务活动。尽管在过去50年里，医疗和科技进步极大地改变了健康医疗行业,但医疗服务却变化不大。与药品的科技进步相比,从诊室到病人等待的体验变化很小。梅奥意识到了这一点,决定应该再次站到创新的前沿——这次是专注于医疗服务的流程和体验。

创新中心成为梅奥各种服务创新的测试基地。创新是为了提升病人的体验,同时也带来潜在的健康利益。通过和设计机构伊代奥合作,梅奥在明尼苏达州的罗切斯特市设置了一个实验室。在诊所推广之前,服务创新可以在这里通过真实的病人、诊所医生和员工进行测试。实验室像一个真实的诊所,并配有梅奥的设备,有实验涉及的医生和病人(当然,是在事先知情并同意的条件下)。透过诊所的玻璃墙可以看到内部的办公室、员工的工作状况以及医生和病人之间的互动,因此在服务实验的时候可以直接观察。空间具有很高的灵活性,实验房间、公共场所、墙、家具和电脑可以四处移动,以测试不同的指标和服务。

在创新中心内部,研究人员在"以病人为中心"的设计原则下,总体上说关注的是医疗卫生行业中最复杂和最重要的课题。比如,下面是他们已经研究和重新设想的课题,目的是提升服务和未来的创新。

1. 从病人的角度考虑,整体医疗保健应该是什么样子的?
2. 对病人来说,沟通、理解和满意之间存在着什么样的关系?
3. 为提升病人体验和改善医患沟通,诊室还有哪些地方需要重新配置?
4. 有关预定的现场登记流程如何进行改善?
5. 为更好地服务病人和员工,医疗中心中的空间及设施如何优化完善?
6. 病人未被满足的教育需求是什么?如何设计服务以满足这些需求?

像上述这样的服务创新在医疗行业中并不多见,而梅奥在创新中心所做的服务创新更是独一无二,其创新蕴含了服务的准则、设计和健康护理等理念。例如,对病人来说,最初梅奥罗切斯特的挂号登记流程特别有问题,病人不得不站着等待很长时间,而他们需要的是坐下等待。团队从观察、倾听病人和员工的声音开始,启动确定创新解决方案的流程。通过这种以人为本、参与式的方法,他们用讲故事的方式来激发创意,这些故事通过实验室中的原型测试进而演变为创新。以病人挂号登记流程为例,最早的创新是发展自助登记系统,但该系统最初的原型非常不人性化。例如,在第一个版本中,用的是纸张而不是电脑屏幕。后来的版本中,电脑屏幕发展为互动性的触摸屏。在原型的每个版本中,团队都要收集病人和员工的反馈。这项实验的结果,导致梅奥投入资源,开发出了创新性的解决方案。

梅奥诊所罗切斯特创新中心。

在另一个案例中,实验室开发了一种针对被认为需服用他汀类药品的糖尿病人的创新性沟通治疗方案。大量的医患沟通原型接受了测试,通过不同方式沟通药品疗效的信息、风险因素和治疗方案,帮助病人了解他们的选择。原型的范围从在线信息到一张决策帮助单,每一个都会用于测试,以确认什么是对病人期望和偏好最有效的,并且内在于治疗选项中。在这个案例中，创新不仅提升了病人在与医师互动中的体验，同时创新服务提供方式，直接提升了病人遵照治疗方案的可能性——最终影响到病人自身的健康状况。

梅奥对医疗卫生行业革新的承诺，在其改革年会上也有体现。在会议上，医疗卫生行业群英荟萃，带来了行业最新的设计和创新理念。

资料来源：http://www.mayo.edu/center-for-innovation, 2016; C. Salter, "A Prescription for Innovation," *Fast Company* (April 2006), p. 83.

2. 市场测试

在开发过程的这一阶段，有形产品会在事先限定的地区试销，检验该产品以及其他一些营销组合变量，如促销、价格和分销系统的市场接受程度。由于要推出的新服务，常常与现有服务的实施系统纠结在一起，单独检查新服务非常困难。而且，在某些情况下，只有一个服务场所的组织就不太可能把服务推出至一个与组织脱离的市场区域。然而，还是有不同的方式可以测试营销组合反应。例如，可向组织中的员工及其家庭成员提供新服务，以取得他们对营销组合的反应。

在开发过程中的这一阶段，试运行一下所设计的服务过程也非常重要，可用于确保服务运作中的细节平稳发挥作用。然而，这一步骤经常被忽视，往往是到了推向市场时才开始测试服务系统是否可以如计划那样正常运行。这时，一旦发现问题，设计中的错误就很难改正了。正如一位著名的服务专家所说："在推出新服务时，不可能存在另一个正好合适的替代品。"[42]

3. 商业化阶段

在这一阶段，服务开始实施并推向市场。该阶段有两个基本目标。第一个目标是在众多的、负责日常服务质量的服务人员中建立对新服务的认可。如果在服务设计与开发过程中一直让主要的服务提供人员参与其中，那么这种认可就比较容易建立。

第二个目标，是在服务推出期全过程监测其方方面面。如果顾客需要 6 个月的时间才能感受到全部服务，那么精心的监测也一定要持续至少 6 个月。所有细节都要监测并记录，包括电话、面对面交流、开账单、投诉和服务提供问题，运营效率和成本也要跟踪记录。

4. 推出后评价

在这一阶段，可以根据从服务商业化阶段收集到的信息，在市场实际反应的基础上，对服务提供过程、人员配置或营销组合变量因素进行评价和调整。没有什么服务会一成不变。无论是否精心筹划，变化总要发生。因此，一定要重视、规范本阶段的评价过程，以便能够及时做出调整，从而可从顾客的观点出发，提高服务质量。

8.5 服务蓝图：一种有效描述服务创新和设计的重要技术

设计和开发新服务的最大障碍是，难以在概念开发、服务产品开发和市场测试阶段准确描绘服务。使服务说明书与顾客期望相匹配的关键之一，是客观描述关键服务过程的特点并使之形象化，这样，员工、顾客和管理者都会知道正在实施的服务是什么，以及各自在服务实施过程中扮演的角色，并且能理解服务过程的所有步骤和流程。本节将深入研究服务蓝图的制定。在设计和说明无形服务的过程中，服务蓝图是解决所遇困难的有效工具。[43]

8.5.1 什么是服务蓝图

服务蓝图是详细描画顾客体验和服务系统的图片或图示。无论其角色或个人观点如何，服务过程中涉及的各类人员对服务蓝图都可以理解并客观使用。在服务开发的设计阶段，服务蓝图最为有用。服务蓝图可同时直观地从几个方面展示服务：描绘服务实施的过程、接待顾客的地点、顾客和员工的角色以及服务中的可见要素，如图 8-3 所示。它提供了一种把服务合理分块的方法，再逐一描述过程的步骤或任务、执行任务的方法和顾客能够感受到的有形展示。

图 8-3 服务蓝图

蓝图方法有着广泛的应用，包括物流、工业工程、决策论、计算机系统分析和软件工程等，这些领域都涉及对过程的定义和解释。[44] 因为服务是"体验"而非实物和技术，所以，蓝图是可以描述它的特别有效的技术。

8.5.2 蓝图的构成

服务蓝图的主要构成如图 8-4 所示。[45] 绘制服务蓝图的规则并非一成不变，因此所有的特殊符号、蓝图中分界线的数量，以及蓝图中每一组成部分的名称，都可以因其内容和复杂程度不同而有所不同。当深刻理解蓝图的目的，并把它当成是一种有效的技术而不是设计服务的条条框框时，所有问题就都迎刃而解了。实际上，灵活性——和其他过程图示方法相比——是服务蓝图的优势之一。

顾客行为部分包括：顾客在购买、消费和评价服务过程中，所采取的一系列步骤、所做的一系列选择、所表现的一系列行为，以及他们之间的互动。在蓝图中，顾客整个的体验过程是清晰的。例如，在法律服务中，顾客行为可能包括：决定找律师、给律师打电话、面谈、收到文件和收到账单。

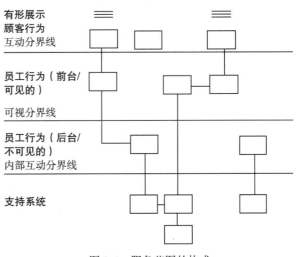

图 8-4 服务蓝图的构成

和顾客行为相平行的部分是两种类型的员工接触行为。那些顾客能看得到的服务人员表现出的行为和步骤是前台员工行为。例如，在法律服务中委托人（顾客）可以看到的律师（服务人员）行为，是最初会面、中间会面和最终出具法律文件。

那些发生在幕后，支持前台行为的员工行为称作后台员工行为。在上例中律师在幕后所做的任何准备，包括会面准备和最终文件交接准备，都属于蓝图中的这一部分，还包括顾客和律师或其他一线员工的电话联系。所有不可见的员工联系行为均可在蓝图中进行显示。

蓝图中的支持系统，涵盖了在服务传递过程中所发生的，为支持前台员工行为而设置的各种内部服务过程、步骤及相互作用。在上例中，任何支持性的服务，诸如由受雇人员所进行的法律调查、准备文件的行为、和秘书为会面做的准备工作，都包括在蓝图中支持系统部分。

蓝图的最上面是服务的有形展示。最典型的方法是，在每一个接触点上方都列出服务的有形展示。仍以法律服务为例，在与律师面谈的上方应列出办公室布置、书面文件和律师着装等事宜。

四个关键的行动领域由三条水平的分界线分开。第一条是互动分界线，表示顾客与组织间直接的互动。一旦有垂直线穿过互动分界线，即表明顾客与组织间直接发生了接触或一个服务接触产生。中间的分界线是极关键的可视分界线，它把顾客所有能看得见的服务活动和看不见的活动分割开来。看蓝图时，通过分析有多少服务发生在可视分界线上下，就可以对是否向顾客提供了较多的服务一目了然。这条线还可把服务人员在前台与后台所做的工作分开。比如，在医疗诊断时，医生既进行诊断以及回答病人问题这类可视的前台工作，也进行事先阅读病历、事后记录病情等不可视的后台工作。第三条是内部互动分界线，它把前台员工的行为与服务支持活动分割开来。垂直线穿过内部互动分界线则意味着发生了内部服务接触。

服务蓝图与其他流程图最为显著的区别是：将顾客及其对服务过程的体验作为根本关注点。实际上，在设计服务蓝图时，值得借鉴的一点是从顾客对过程的体验出发，反向设计，最后描绘服务提供系统。每个行为部分中的方框则表示相应的服务参与者执行或体验服务的步骤。

8.5.3 服务蓝图示例

图 8-5 和图 8-6 展示的是两种不同服务的服务蓝图：快递与夜宿旅店服务蓝图。[46] 图例特意进行了简化，只保留服务中最基本的步骤，每一个步骤都可进一步分解，内部过程也能向纵深细化。除了四个由三条分界线分开的行为领域外，蓝图中还列出了从顾客角度看到的每个步骤中的有形展示。

细看图 8-5 快递服务蓝图，显而易见，从顾客角度看服务过程只有三个步骤：打电话、取件与送件。该过程相当标准：服务人员是电话订单接线员和递送人员；有形展示是包装材料，寄送表格、卡车和手持装备。尽管在图中未予描述，但在某些情况下，顾客也可能会用到在线或电话包裹查询系统。顾客并不关心在可视线之下的复杂过程——尽管这些过程对于公司的成功运作很重要，但是，为方便顾客，保证可见的三个步骤有效进行，不可见的内部服务必不可少。蓝图中也显示出了这些步骤，及其如何支持外部服务的进行。

如果需要，蓝图中的任何步骤都可进一步细化分解为更详细的蓝图。比如，如果知道卸货与分拣步骤费时太长，会导致顾客无法接受的递送拖延，该步骤即应进一步细化，以解决出现的问题。

在图 8-6 夜宿旅店服务蓝图的示例中，顾客显然比在快递服务中经历了更多的环节，首先是办理入住手续；然后进入客房，这里会包括很多步骤（收到行李、睡觉、洗浴和吃早餐等）；最后退房。试想一下，如果该图要描绘为期一周的旅馆度假，或历时三天的商务会议，整个过程会多么复杂，又会有多少互动行为发生。从图中可以清楚地了解到谁是直接与顾客打交道的人。顾客行为的每一个步骤又与不同形式的有形展示有关，从旅店停车区、旅店内外部环境到登记表格、门厅、客房以及食物。旅店的案例相对比较复杂（尽管已经标准化），提供服务的人员涉及很多一线人员，有形展示也包括了很多具体的事物，如旅客登记表、门厅、房间设计，以及一线人员的制服。

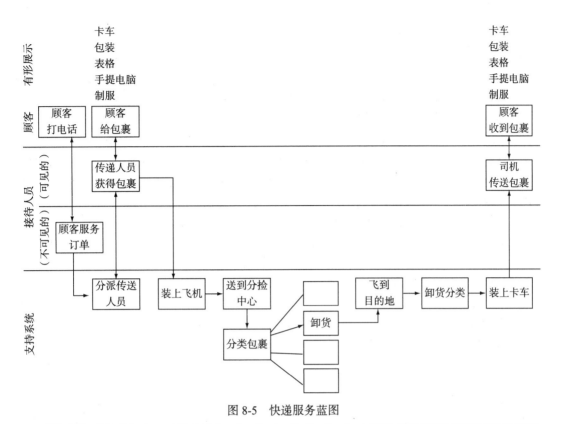

图 8-5 快递服务蓝图

资料来源：E. E. Scheuing and W. F. Christopher, *Service Quality Handbook*, 1993, AM MGMT ASSN/AMACOM(B).

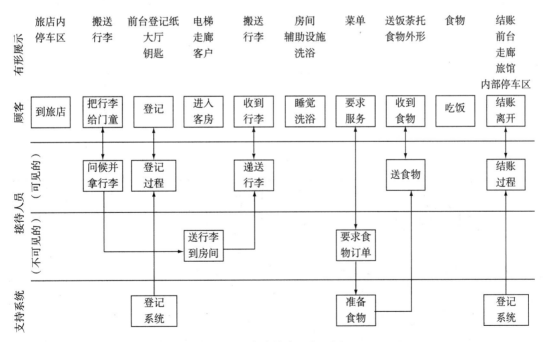

图 8-6 夜宿旅店服务蓝图

资料来源：E. E. Scheuing and W. F. Christopher, *Service Quality Handbook*, 1993, AM MGMT ASSN/AMACOM(B).

8.5.4 技术支持的自助服务蓝图

在此之前，我们所讨论的所有服务蓝图都是由人提供服务的，也就是说在服务过程中有很多点需要员工与顾客进行直接接触或互动。但是，像自助服务网站和交互式服务亭这样的技术支持服务，是否也能有效地运用服务蓝图来设计呢？当然可以，但是分界线需要进行改变，蓝图上的一些标注也需要调整。

如果没有员工参与服务（除非发生问题或者服务没有按计划执行），蓝图中的前台员工行为区域就是不必要的。相反，可视分界线以上的部分就能够被用来说明，顾客和计算机网站或者服务亭之间的交互活动。这个区域需要重新标记上前台技术，而后台支持人员的活动区域在这种情况下就无关紧要了。

许多服务同时包含了人工服务和技术支持要素，比如，航空公司的值机流程。实际办理登机可能需要通过一个电子服务亭，完成托运行李、安全检查、打印登机牌，而登机却完全需要人来实施。在这样一个例子中，服务蓝图应包括三个联系分界线，一个是技术界线，一个是前台服务人员（可见的），另一个是后台支持人员（不可见的）。

图 8-7 是个 DVD 出租亭的服务蓝图，在其增加的"前台技术"部分展示了技术交互活动。在这个服务蓝图中也图示了当顾客租用到刮伤的 DVD 时，顾客可以采取的行为。当发生这样的情况时，顾客可以要求启动一个后台联系人员（不可见的）的客户服务流程。

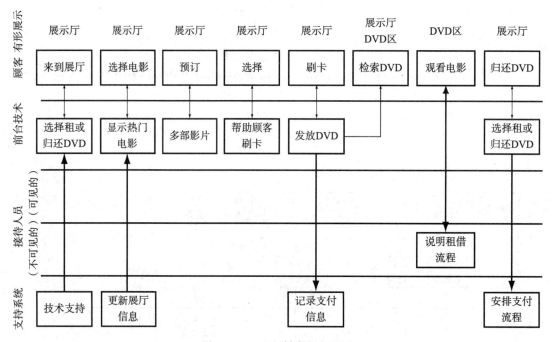

图 8-7 DVD 租赁亭服务蓝图

资料来源：Amy L Ostrom and Center for Services Leadership. © 2011 by Arizona State University.

8.5.5 阅读和使用服务蓝图

根据不同的目的，服务蓝图可以用不同的方法阅读。如果你的目的是了解顾客对服务过程的观感或体验，可以从左到右阅读服务蓝图，跟踪顾客行为部分的事件。随之而来可能会提出这样的问题：顾客是怎样使用服务产品的？顾客会做什么样的选择？顾客是需要高度参与到服务之中，还是只需要实施少量行动？从顾客角度看，服务的有形展示是什么？这与组织的战略和定位始终一致吗？

如果目的在于了解服务员工的角色，或是前台技术与服务员工行为的集合，也可以水平阅读蓝图，但这次要集中在可视线上下的行为上。有关的问题会是：过程合理、高效而且有效果吗？谁会与顾客打交道，何时进行，频率如何？一位员工对顾客负责到底，还是顾客会从这一位员工转到下一位员工？从顾客角度看，人员和技术之间的集成、互动和交流是否无缝衔接？

如果目的在于了解服务过程不同因素的结合，或者识别某一员工在大背景下的位置，服务蓝图可以纵向分析。这时就会清楚什么任务、哪些员工在服务中起关键作用，还会看到组织深层次的内部行为与一线服务效果之间的关联。有关问题是：为支持与顾客互动的重要环节，在幕后要做什么事？什么是相关的支持行为？整个过程从一位员工到另一位员工是如何发生的？

如果目的在于对服务进行再设计，可以全面阅读蓝图，了解过程的复杂程度以及如何改变它，并从顾客角度观察什么变化会影响员工和其他内部过程，或者反过来考虑。也可以分析有形展示，看它们是否和服务目标一致。蓝图也可用来评估服务系统的整体有效性和产出能力，并预估潜在的改变如何影响系统。[47]蓝图还可以用来解决服务过程中可能的失效点、瓶颈点，以及客户的痛点。这些环节一经发现，公司就可以采取措施实施跟踪，并对系统中那些特定的部分进一步进行细致入微的剖析。

在众多背景下应用蓝图已经证明了好处和利益，包括：[48]

（1）提供创新平台。
（2）了解人员角色，以及职能、人员和组织之间的依赖程度。
（3）提供有利于创新的战略和战术。
（4）转化、存储创新和服务知识。
（5）从顾客的角度设计互动的真实瞬间。
（6）对服务流程中测量和反馈的关键点提出建议。
（7）明确竞争态势。
（8）了解理想的顾客体验。

8.5.6　建立蓝图

往前追溯，开发蓝图的诸多好处和意图是从建立它的过程中产生的。蓝图的开发需要涉及许多职能部门的代表和来自顾客的信息，绘制或建立蓝图不是某个人或某个职能部门所能单独完成的任务。图8-8列出了建立服务蓝图的基本步骤。

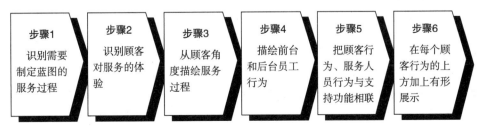

图8-8　建立服务蓝图的步骤

1. **步骤1：识别需要制定蓝图的服务过程**

   蓝图可以在不同层次上进行开发，这需要从一开始就达成共识。比如图8-5所示的快递服务蓝图，是在最基本的概念层次上建立的，几乎没有什么细节，基于细分市场的变量或特殊服务也没有列出。当然，也可以开发下述这样的蓝图，描述两天的快递业务、庞大的账目系统、互联网辅助的服务或储运中心业务。这些蓝图与概念蓝图具有某些共性，但也各有特色。再者，如果发现在"货物分拣"和"装货"部分出现了问题，或发生了"瓶颈"现象，耽误了顾客收件的时间，针对这两个步骤则可以开发更为详细的子过程服务蓝图。

2. **步骤2：识别顾客对服务的体验**

   市场细分的一个基本前提是，每个细分部分的需求是不同的，因而对服务或产品的需求也相应不同。假设服务过程因细分市场不同而变化，这时为某个特定的顾客或某类细分顾客开发蓝图将非常有用。在非常抽象的概念层次上，将各种细分顾客纳入同一幅蓝图中是可能的。但是，如果需要达到不同的层次，开发单独的服务蓝图就一定要避免含糊不清，并使蓝图效用最大化。

3. **步骤3：从顾客角度描绘服务过程**

   该步骤包括描绘顾客在购买、消费和评价服务中执行或经历的选择和行为。从顾客的角度识别服务，可以避免把注意力集中在对顾客没有影响的过程和步骤上。这要求必须对顾客是谁（有时这可不是一个小任务）达成共识，还要为确定顾客如何感知服务过程进行细致的研究。有时，从顾客角度看到的服务起始点并不清晰。如对理发服务的调研显示，顾客认为服务的起点是给沙龙打电话预约，但是发型师却基本不把预约当成服务的一个步骤。[49] 在为现有服务开发蓝图时，在这一步骤可以从顾客的视角把服务录制或拍摄下来，就像专栏8-3中介绍的爱玛客（Aramark）案例中所做的一样，这会大有益处。通常的情况往往是，经理和不在一线工作的人并不确切了解顾客在经历着什么，以及顾客看到了什么。亲身经历后，他们可能会非常吃惊。

◎ **专栏8-3**

爱玛客公园的蓝图方案

爱玛客是全球服务行业的领导者。作为外包商，它向包括企业、大学、医疗组织、公园/度假地、会议中心和其他组织等在内的客户，提供食品、医院、设备管理和制服供应等业务。2007、2009、2010和2011年，该公司在《财富》杂志提名的最值得钦佩的服务行业公司中位列第一。公司有大约25.5万名员工，为22个国家的客户提供服务。爱玛客公园是其分公司之一，为美国境内17个主要公园提供服务，其中包括阿拉斯加德纳里国家公园、弗吉尼亚的仙纳度国家公园、亚利桑那州格伦峡谷国家休闲区的鲍威尔湖度假村等。每个公园都至少有三家服务公司，爱玛客是其中的外包商之一。

目标：提升服务和维系顾客

数年之前，当时公司的市场总监伦尼·瑞安（Renee Ryan）面临着一个挑战，爱玛客公园的回头客业务下降非常明显。这点在亚利桑那的鲍威尔湖度假村最为明显，在这里公司主要提供家庭游艇租赁、度假、野营地和食品服务。调查显示很多人没有重游鲍威尔湖，因为他们第一次的体验没有达到他们的期望，或者并没有超越他们平常去其他景点旅游的感受。瑞安使用传统和视觉（照片、视频）两种蓝图，帮助组织确认了变化的规律以及需要特别处理的变化。结果通过服务提升给顾客带来了利益，公司的回头客业务也得到了提升。

瑞安首先从典型顾客的角度，提出了典型的、高质量的酒店/度假村体验计划，然后他描述了鲍威尔度假村的体验，通过比较，揭示了在基本服务标准和流程之间的差异。这种比较促进了新服务的开发和设备的更新，以及主要服务元素的现代化。特别是通过视觉蓝图，包括图片和视频，显示了服务的方方面面，使服务升级的需求变得清晰。

另一个启示也从蓝图中凸显出来。通过视觉跟踪顾客的经历，很清楚地看到顾客为休假不得不付出很多辛苦。为了体验他们购买的奢侈的家庭游艇服务，顾客首先需要列出大量的食品杂货清单，在度假村旁边拥挤的商店购物，带着他们所有的食品和随身物品走下陡峭的山路，并把它们搬到船上。

鲍威尔湖游艇度假。

一旦行程开始，需要做更多艰苦的工作。每天晚上停泊大船并不是简单的事情，而且在船上做饭也非常耗费时间和精力。驾驶游船也是很有压力的，特别是对于那些没有经验的游客来说。陆地上度假村的设备破旧，为了能到水上游玩还需要做艰辛的工作，再加上开船的压力，都让游客在经历完一次鲍威尔湖假期后不想再回来。

蓝图使这一切非常生动地呈现在了高级经理面前，由此导致了一系列新服务、现有设备的更新、对员工的培训。这些新服务包括了各种层次的礼宾服务，从帮助游客将东西带到船上开始，发展到后来用小车将游客运到码头。服务包扩展到高端用户，包括为游客购买食品杂货、提供厨师和团队一起出行、在船上做饭。同样，还可以雇用经验丰富的船长，以减少航行的压力。在服务清单上可以轻松找到所有这些服务。

爱玛客改进结果

鲍威尔湖的这些服务提升和创新性服务减少了 50% 的抱怨。回头客业务增长了 12%，顾客满意度也得到了明显提高。在本案例中，这些蓝图非常有价值，因为它让经理通过以前从未见过的方式观察服务。同样也提供了沟通的焦点，促进了变化，并最终转化为新的服务标准和测量指标。蓝图技术帮助员工真正地践行了"以顾客为中心"的理念。

资料来源：M. J. Bitner, A. L. Ostrom, and F. N. Morgan, "Service Blueprinting: A Practical Technique for Service Innovation," *California Management Review 50* (Spring 2008), pp. 66–94.; Interview with Renee Ryan; www.lakepowell.com, accessed May 2016.

4. 步骤4：描绘前台和后台员工行为

首先是绘制互动线和可视分界线，然后从前台服务人员的视角出发绘制服务过程，并区分开前台和后台服务。对于现有服务的描绘，可以向一线服务人员询问，他们哪些行为是顾客可见的，哪些行为发生在幕后。

在进行技术支持服务或者要结合技术和人力服务的情况下，技术层面所需要的行动也要绘制在可视线的上方。如果服务过程中完全没有员工参与，那么这个部分要标注上"前台技术活动"。如果是同时需要人员和技术的交互活动，这些活动之间也要用水平线将"可见的员工接待活动"和"可见的技术活动"分开。使用这种辅助线可以帮助阅读和理解服务蓝图。

5. 步骤5：把顾客行为、服务人员行为与支持功能相联

然后可以画出内部互动线，它可以反映服务人员行为与内部支持部门的联系。在这一过程中，内部行为对顾客直接或间接的影响方才显现出来。内部服务过程当从与顾客关联的角度来看时，会突显其重要性。否则，如果重要的内部支持过程与顾客体验的关联并不明显，则该过程中有些步骤看起来就并不必要了。

6. 步骤6：在每个顾客行为的上方加上有形展示

最后在蓝图上添加有形展示，说明在每个步骤中，顾客所看到的及体验到的有形展示。包括服务过程的照片、幻灯片或录像在内的形象蓝图在该阶段也非常有用，它能够帮助分析有形展示的影响及其与整体战略及服务定位的一致性。

专栏8-4对关于服务蓝图经常提出的问题给出了答案。

◎ 专栏8-4
关于服务蓝图经常提出的问题

1. 应绘制什么样的过程

绘制什么服务过程依赖于组织或团队的目标。如果目标未被明确定义，识别过程将非常艰难。需要提出的问题有：为何要绘制服务蓝图？我们的目标是什么？服务过程的起点和终点在哪里？我们关注的是整个服务，或是服务的某个组成部分，还是服务的一段时间？

2. 能把多个细分市场绘制在一张蓝图上吗

一般来说，对该问题的答案是"不能"。如果各个细分市场具有不同的服务过程或服务特征，则两个不同细分市场的蓝图会大不一样。只有在一个比较高、比较抽象的层次上（有时称为概念蓝图）才可能同时绘出不同细分市场的蓝图。

3. 谁来绘制蓝图

蓝图是团队工作的结果，不能在开发阶段指定某个人来做这一工作。所有有关的方面，包括组织内各职能部门的员工（营销、运营、人力资源和设备设计部门），有时还需要有顾客，都应亲自参与或者派出代表参与开发工作。

4. 描绘现实的服务过程蓝图还是期望的服务过程蓝图

如果正在设计一项新服务，显然从绘制期望的服务过程开始极为重要。但是在进行服务改进或服务再设计时，从绘制现实服务过程入手非常重要（至少在一个概念水平上绘制）。一旦小组了解到服务实际如何进行，修改和使用蓝图即可成为改变服务的基础。

5. 蓝图包括例外或补救过程吗

如果例外事件不多，可以在蓝图上描绘比较简单、经常发生的例外补救过程。但是，这样会使蓝图变得复杂、易于混淆或不易阅读。一个经常采用的、更好的战略是在蓝图上显示基本失误点，必要时为服务补救过程开发新的子蓝图。

6. 细节的程度应该如何把握

该问题的答案也依赖于最初开发蓝图的目的或意图。如果目的大体在于表达服务总体的性质，那么没有多少细节的概念蓝图就是最佳选择。如果蓝图要用于诊断和改进服务过程，那就要更加详细些。由于有些人比别人更加重视细节，该问题经常被提出，需要蓝图开发团队给予解决。

7. 应使用什么符号

在这一点上，还没有通用或公认的蓝图符号。最重要的是，符号要有明确的定义且使用

简单。如果蓝图在组织内部共同使用，这些符号应是团队内和组织各部门间常用的才行。

8. 蓝图需要包括时间和费用吗

蓝图的用途很广泛。如果蓝图的使用目的是减少服务过程中不同部分的时间，就一定要纳入对时间的考虑，对费用开销或其他与该目的有关的问题也一样。但是，并不提倡把这些东西加入蓝图之中，除非它们是核心问题。

小结

服务提供者一定要确保新服务革新和实际的服务过程设计与顾客期望相匹配。但是，由于服务的特性，尤其是无形性、差异性和共创因素，服务设计与开发蕴含着许多错综复杂和富于挑战的因素，许多服务在推向市场之前只被模糊地定义了一下。本章概括了在服务创新和设计中会遇到的一些困难，以及有效克服这些困难的策略方法。本章也对各种服务创新进行了详细描述，这些创新包括：服务产品创新、围绕顾客角色的创新、服务解决方案创新和通过互联产品的创新。

通过借鉴制造业中常见的新产品开发过程，服务提供者可以使其开发的服务更为明确并避免失误。本章所示的新服务开发过程包括9个阶段，由企业和新服务战略开发开始，到推出新服务后评价结束。在初始和最终阶段之间有很多步骤和检验点，用以确保新服务最大可能的成功。完成这些阶段工作需要顾客、服务人员、商业伙伴和其他会影响新服务或受之影响的人员参与。

本章对服务蓝图进行了详细叙述，服务蓝图是一种用于新服务开发与设计的特别有效的技术。服务蓝图通过对所有服务步骤、参与人员、过程和有形展示进行形象的描绘，使原本复杂抽象的服务变得清晰具体。服务蓝图最主要的特征是以顾客为中心，首先识别顾客的体验，然后从这个角度出发开发蓝图的其他特征。

讨论题

1. 创新、设计与开发服务为什么富有挑战性？
2. 对企业和国家来说，为什么服务创新非常重要？
3. 试图仅用文字来描述服务有何风险？
4. 比较本章中图 8-5、图 8-6 和图 8-7 的服务蓝图有何异同。
5. 服务蓝图如何应用于营销、人力资源和运营决策？运用一个本书中蓝图的例子说明你的观点。
6. 假设你有一家多产品的服务企业，并希望通过增加新服务品种来实现增长。试述较为合理的向市场推出新服务的过程。其中最困难的是哪一步骤，为什么？你会如何将服务蓝图运用到该过程中？
7. 讨论图 8-2 中的四种增长机会。选择某一企业或服务产品，解释如何开发新服务。

练习题

1. 如果你是一位企业家，设想一种你想开发的新服务，你会如何实施？描述你将如何实施，以及从何处得到信息。
2. 找出一种你所在地区新颖、有趣的服务，或者是你在校园中享有的服务，以服务蓝图的形式记录下服务过程。做这项练习，你可能需要访谈一位服务人员，并尽可能亲自体验一下服务，记录下现有服务的过程之后，使用服务蓝图的概念和方法对服务过程进行重新设计，或对其进行某种方式的调整。
3. 选择你熟悉的某一项服务，用形象化的蓝图方式记录下顾客行为的步骤，并从顾客的角度指出"服务的有形展示"是什么。
4. 为技术支持服务（如在电视或笔记本电脑上播放电影，或者从"红盒子"影碟亭租借DVD）建立一个服务蓝图，并与主要依靠传统渠道（如在剧院里看电影）提供类似服务的服务蓝图进行比较。
5. 比较互联网上的两种服务，讨论每种服务的设计是否满足了你的期望。可对服务过程或设计做怎样的改进？哪一种服务更有效，为什么？

参考文献

1. www.petsmart.com, 2016; C. Dalton, "A Passion for Pets: An Interview with Philip L. Francis, Chairperson and CEO of PetSmart, Inc.," *Business Horizons* 48 (November–December 2005), pp. 469–475; D. Brady and C. Palmeri, "The Pet Economy," *BusinessWeek,* August 6, 2007, p. 44; M. Jarman, "PetSmart Quarterly Income Up 33%," *Arizona Republic,* May 19, 2011, p. D1; R. Dezember, "PetSmart to Get New Leadership in Buyout," *LBO Wire,* March 11, 2015.

2. D. H. Henard and D. M. Szymanski, "Why Some New Products Are More Successful Than Others," *Journal of Marketing Research* 38 (August 2001), pp. 362–375.

3. R. G. Cooper, *Winning at New Products,* 3rd ed. (Cambridge, MA: Perseus, 2001); R. G. Cooper and S. J. Edgett, *Product Development for the Service Sector* (Cambridge, MA: Perseus Books, 1999); and C. M. Froehle, A. V. Roth, R. B. Chase, and C. A. Voss, "Antecedents of New Service Development Effectiveness," *Journal of Service Research* 3 (August 2000), pp. 3–17; R. G. Cooper, "Effective Gating: Make Product Innovation More Productive by Using Gates with Teeth," *Marketing Management* 18 (March–April 2009), pp. 12–17.

4. M. J. Bitner and S. W. Brown, "The Service Imperative," *Business Horizons 50th Anniversary Issue* 51 (January–February 2008), pp. 39–46.

5. G. L. Shostack, "Understanding Services through Blueprinting," in *Advances in Services Marketing and Management,* vol. 1, ed. T. A. Swartz, D. E. Bowen, and S. W. Brown (Greenwich, CT: JAI Press, 1992), pp. 75–90.

6. Ibid., p. 76.

7. See: S. S. Tax, D. McCutcheon, and I. F. Wilkinson, "The Service Delivery Network (SDN): A Customer-Centric Perspective of the Customer Journey," *Journal of Service Research* 16 (November 2013), pp. 454–470; J. D. Chandler and R. F. Lusch, "Service Systems: A Broadened Framework and Research Agenda on Value Propositions, Engagement, and Service Experience," *Journal of Service Research* 18 (February 2015), pp. 6–22.

8. For coverage of issues in new services development and service innovation, see *Journal of Operations Management* 20 (2002), Special Issue on New Issues and Opportunities in Service Design Research; A. Johne and C. Story, "New Service Development: A Review of the Literature and Annotated Bibliography," *European Journal of Marketing* 32 (1998), pp. 184–251; B. Edvardsson, A. Gustafsson, M. D. Johnson, and B. Sanden, *New Service Development and Innovation in the New Economy* (Lund, Sweden: Studentlitteratur AB, 2000); and B. Edvardsson, A. Gustafsson, P. Kristensson, P. Magnusson, and J. Matthing, *Involving Customers in New Service Development* (London: Imperial College Press, 2006); A. Gustafsson, P. Kristensson, G. Schirr, and L. Witell, *Service Innovation* (Business Expert Press, Gustafsson 2016); L. Patricio, R. Fisk, and

A. Gustafsson (guest editors), *Journal of Service Research*, Special Issue on Service Design and Innovation, forthcoming 2017.

9. Gustafsson, Kristensson, Schirr, and Witell, *Service Innovation.*
10. A. Ordanini and A. Parasuraman, "Service Innovation Viewed through a Service-Dominant Logic Lens: A Conceptual Framework and Empirical Analysis," *Journal of Service Research* 14 (February 2011), pp. 3–23.
11. B. Schneider and D. E. Bowen, "New Services Design, Development and Implementation and the Employee," in *Developing New Services,* ed. W. R. George and C. Marshall (Chicago: American Marketing Association, 1984), pp. 82–101.
12. S.Thomke, "R&D Comes to Services: Bank of America's Pathbreaking Experiments," *Harvard Business Review* 81 (April 2003), pp. 70–79.
13. See: A. L. Ostrom, M. J. Bitner, S. W. Brown, K. A. Burkhard, M. Goul, V. Smith-Daniels, H. Demirkan, and E. Rabinovich, "Moving Forward and Making a Difference: Research Priorities for the Science of Service," *Journal of Service Research* 13 (February 2010), pp. 4–36; and A. L. Ostrom, A. Parasuraman, D. E. Bowen, L. Patricio and C. Voss, "Service Research Priorities in a Rapidly Changing Context," *Journal of Service Research* 18 (May 2015), pp. 127–159.
14. B. Mager on Service Design Network, www.service-design-network.org, accessed August 2011.
15. A. L. Ostrom, M. J. Bitner, S. W. Brown, K. A. Burkhard, M. Goul, V. Smith-Daniels, H. Demirkan, and E. Rabinovich, "Moving Forward and Making a Difference: Research Priorities for the Science of Service," *Journal of Service Research* 13 (February 2010), pp. 4–36.
16. M. Stickdorn and J. Schneider, *This Is Service Design Thinking,* Wiley (Amsterdam, 2010), pp. 34–35.
17. B. Mager on Service Design Network, www.service-design-network.org, accessed August 2011.
18. For additional detail and background on service design and service design thinking see: S. Dasu and R. B. Chase, "Designing the Soft Side of Customer Service," *Sloan Management Review* 52 (Fall 2010), pp. 33–39; L. G. Zomerdijk and C. A. Voss, "Service Design for Experience-Centric Services," *Journal of Service Research* 13 (February 2010), pp. 67–82; L. Patricio, R. P. Fisk, J. Falcao e Cunha, and L. Constantine, "Multilevel Service Design: From Customer Value Constellation to Service Experience Blueprinting," *Journal of Service Research* 14 (May 2011), pp. 180–200; Stickdorn and Schneider, *This Is Service Design Thinking*; Service Design Network, www.service-design-network.org.
19. L. L. Berry, V. Shankar, J. T. Parish, S. Cadwallader, and T. Dotzel, "Creating New Markets through Service Innovation," *Sloan Management Review* 47 (Winter 2006), pp. 56–63.
20. S. Michel, S. W. Brown and A. S. Gallan, "An Expanded and Strategic View of Discontinuous Innovations: Deploying a Service Dominant Logic," *Journal of the Academy of Marketing Science* 36, no. 1 (March 2008), pp. 54–66.
21. K. R. Tuli, A. K Kohli, and S. G. Bharadwaj, "Rethinking Customer Solutions: From Product Bundles to Relational Processes," *Journal of Marketing* 71 (July 2007), pp. 1–17.
22. L. A. Bettencourt, *Service Innovation*, New York: McGraw-Hill, 2010; L. A. Bettencourt and A. W. Ulwick, "The Customer-Centered Innovation Map," *Harvard Business Review* 86 (May 2008), pp. 109–114.
23. M. Sawhney, S. Balasubramanian, and V. V. Krishnan, "Creating Growth with Services," *MIT Sloan Management Review* 45, no. 2 (Winter 2004), pp. 34–43.

24. See: C. Gronroos and P. Helle, "Adopting a Service Logic in Manufacturing," *Journal of Service Management* 21 (2010), 564–590; H. Gebauer, A. Gustafsson, and L. Witell, "Competitive Advantage Through Service Differentiation by Manufacturing Companies," *Journal of Business Research*, 64: 12 (2011), pp. 1270–1280; W. Ulaga and W. J. Reinartz, "Hybrid Offerings: How Manufacturing Firms Combine Goods and Services Successfully," *Journal of Marketing* forthcoming, 2011; V. A. Zeithaml, S. W. Brown, M. J. Bitner, and J. Salas, *Profiting from Services and Solutions: What Product-Centric Firms Need to Know*, Business Expert Press, 2014.

25. A. M. Epp and L. L. Price, "Designing Solutions Around Customer Network Identity Goals," *Journal of Marketing* 75 (March, 2011), pp. 36–54.

26. "Gartner Says 6.4 Billion Connected 'Things' Will Be in Use in 2016, Up 30 Percent from 2015," Stamford, CT, Gartner Press Release, November 10, 2015, http://www.gartner.com/newsroom/id/3165317.

27. See M. E. Porter and J. E. Heppelmann, "How Smart Connected Products are Transforming Competition," *Harvard Business Review* 92 (2014), pp. 64–88; M. E. Porter and J. E. Heppelmann, "How Smart, Connected Products Are Transforming Companies," *Harvard Business Review* 93 (2015), pp. 53–71.

28. For a discussion of these adaptations and related research issues, see I. Stuart, "Designing and Executing Memorable Service Experiences: Lights, Camera, Experiment, Integrate, Action!" *Business Horizons* 49 (2006), pp. 149–159; M. V. Tatikonda and V. A. Zeithaml, "Managing the New Service Development Process: Synthesis of Multidisciplinary Literature and Directions for Future Research," in *New Directions in Supply Chain Management: Technology, Strategy, and Implementation,* ed. T. Boone and R. Ganeshan (New York: AMACOM, 2002), pp. 200–236; and Edvardsson, Gustafsson, Johnson, and Sanden, *New Service Development and Innovation in the New Economy.*

29. See M. J. Bowers, "An Exploration into New Service Development: Organization, Process, and Structure," Doctoral dissertation, Texas A&M University, 1985; A. Khurana and S. R. Rosenthal, "Integrating the Fuzzy Front End of New Product Development," *Sloan Management Review* 38 (Winter 1997), pp. 103–120; and R. G. Cooper, *Winning at New Products,* 3rd ed. (Cambridge, MA: Perseus Publishing, 2001). J. Hauser, G. J. Tellis, and A. Griffin, "Research on Innovation: A Review and Agenda for Marketing Science," *Marketing Science* 25 (November–December 2006), pp. 687–717.

30. See A. Griffin, "PDMA Research on New Product Development Practices: Updating Trends and Benchmarking Best Practices," *Journal of Product Innovation Management* 14 (1997), pp. 429–458; Thomke, "R&D Comes to Services"; Organization for Economic Cooperation and Development, "Promoting Innovation in Services," 2005.

31. R. G. Cooper, "Stage Gate Systems for New Product Success," *Marketing Management* 1 (1992), pp. 20–29; J. Hawser, G. J. Tellis and A. Griffin, "Research on Innovations. A Review and Agenda for Marketing Science," *Marketing Science* 25 (2006) pp. 687–717; Cooper, "Effective Gating."

32. A. Khurana and S. R. Rosenthal, "Integrating the Fuzzy Front End of New Product Development," *Sloan Management Review* 38 (Winter 1997), pp. 103–120.

33. J. Jargon, "KFC Savors Potential in Africa," *The Wall Street Journal*, December 8, 2010, p. B1; E. Nurse, "KFC's Secret Recipe for Africa," *CNN*, January 15, 2016, http://www.cnn.com/2016/01/15/africa/kfc-africa-expansion-mpa/.

34. D. Rigby and C. Zook, "Open-Market Innovation," *Harvard Business Review* 80 (October 2002), pp. 80–89.

35. D. Leonard and J. F. Rayport, "Spark Innovation through Empathic Design," *Harvard Business Review* 75 (November–December 1997), pp. 103–113; also see P. Underhill, *Why We Buy: The Science of Shopping* (New York: Simon and Schuster, 2007).
36. See Ordanini and Parasuraman, "Service Innovation Viewed through a Service-Dominant Logic Lens"; H. L. Melton and M. D. Hartline, "Customer and Frontline Employee Influence on New Service Development Performance," *Journal of Service Research* 13 (November 2011), pp. 411–425; L. McCreary, "Kaiser Permanente's Innovation on the Front Lines," *Harvard Business Review* 88 (September 2010), pp. 92–97.
37. R. Cross, A. Hargadon, S. Parise, and R. J. Thomas, "Together We Innovate," *The Wall Street Journal,* September 15–16, 2007, p. R6; J. C. Spender and B. Strong, "Who Has Innovative Ideas? Employees." *Wall Street Journal,* August 23, 2010, p. R5.
38. G. L. Shostack, "Service Design in the Operating Environment," in *Developing New Services,* ed. W. R. George and C. Marshall (Chicago: American Marketing Association, 1984), pp. 27–43.
39. E. E. Scheuing and E. M. Johnson, "A Proposed Model for New Service Development," *Journal of Services Marketing* 3 (1989), pp. 25–34.
40. L. Chamberlain, "Going Off the Beaten Path for New Design Ideas," *New York Times,* March 12, 2006, Sunday Business Section.
41. See IDEO's website for many examples of their current work, https://www.ideo.com/work/, accessed May 30, 2016.
42. Shostack, "Service Design in the Operating Environment," p. 35.
43. The service blueprinting section of the chapter draws from pioneering as well as current works in this area: G. L. Shostack, "Designing Services That Deliver," *Harvard Business Review* 62 (January–February 1984), pp. 133–139; G. L. Shostack, "Service Positioning through Structural Change," *Journal of Marketing* 51 (January 1987), pp. 34–43; and J. Kingman-Brundage, "The ABC's of Service System Blueprinting," in *Designing a Winning Service Strategy,* ed. M. J. Bitner and L. A. Crosby (Chicago: American Marketing Association, 1989), pp. 30–33; M. J. Bitner, A. L. Ostrom, and F. N. Morgan, "Service Blueprinting: A Practical Technique for Service Innovation," *California Management Review* 50 (Spring 2008), pp. 66–94.
44. Shostack, "Understanding Services through Blueprinting."
45. These key components are drawn from Kingman-Brundage, "The ABC's."
46. The text explaining Figures 8.5 and 8.6 relies on M. J. Bitner, "Managing the Evidence of Service," in *The Service Quality Handbook,* ed. E. E. Scheuing and W. F. Christopher (New York: American Management Association, 1993), pp. 358–370.
47. S. Fliess and M. Kleinaltenkamp, "Blueprinting the Service Company: Managing Service Processes Efficiently," *Journal of Business Research* 57 (2004), pp. 392–404.
48. Sources: For coverage of the practical benefits of blueprinting see E. Gummesson and J. Kingman-Brundage, "Service Design and Quality: Applying Service Blueprinting and Service Mapping to Railroad Services," in *Quality Management in Services,* ed. P. Kunst and J. Lemmink (Assen/Maastricht, Netherlands: Van Gorcum, 1991); and M. J. Bitner, A. L. Ostrom, and F. N. Morgan, "Service Blueprinting: A Practical Technique for Service Innovation," *California Management Review* 50 (Spring 2008), pp. 66–94.
49. A. R. Hubbert, A. Garcia Sehorn, and S. W. Brown, "Service Expectations: The Consumer vs. the Provider," *International Journal of Service Industry Management* 6 (1995), pp. 6–21.

第9章

顾客定义的服务标准

本章目标

1. 区分企业定义的服务标准与顾客定义的服务标准。
2. 区分各类一次性修正以及顾客定义的硬性和软性服务标准。
3. 解释服务接触环节在开发顾客定义的服务标准中的关键作用。
4. 说明如何把顾客期望转换成可定义、可重复与可操作的服务行为和活动。
5. 解释顾客定义服务标准的程序。

开篇案例 联邦快递使用服务质量指数设置标准

联邦快递并非仅仅依赖营销调研数据开展业务,其经营倚重一套世界上广泛应用的、由顾客定义的服务标准与评估指数。这套服务质量指数(service quality indicator,SQI)从一开始就被设计成"无免责的内部绩效评估标准"用以确保企业实施的服务达到既定目标,即"全心全意处理每件包裹并且在每次交易和交流中让顾客百分百满意"。[1] SQI 的开发与成功实施让联邦快递聚焦于顾客需求,因此联邦快递成为一家受世人尊敬的企业。

与其他企业使用的服务指数不同的是,联邦快递以顾客的反馈作为指数的基础。从 20 世纪 80 年代开始,联邦快递就开始整理顾客投诉,并把这些信息用于改进内部程序。最初它曾使用过一种叫作"重大错误等级"的列表,其中列有 12 个顾客最常投诉的问题:投递日期错误,投递日期正确但送件太迟,无人揽件,包裹丢失,给顾客提供错误信息,账单或文件差错,员工表现不佳和包裹破损等。尽管这个列表起到一定的作用,但它却做不到让管理层在投诉发生之前估计和消除这些问题。

1988 年,企业开发出含有 12 个因素的统计指数 SQI,用以评估"顾客满意度与服务质量",是更为综合、更为主动、顾客导向的评估工具。[2] 随着时间的推移,SQI 包含的各个因素略微有些变化,每个项目也被附上了权重。最新的 SQI 包括以下因素和权重(以每个因素对顾客的相对重要性为基础):[3]

因素	权重	因素	权重
包裹丢失	50	无人揽件（定期客户）	10
包裹损坏	30	包裹丢失	10
无人揽件（单次客户）	20	正确日期/送件太迟	5
错误日期/送件太迟	15		

资料来源：E-mail communication from David Spear, manager of global service and quality assurance, *FedEx Express*, June 14, 2016.

新的 SQI 的另一个显著特点是对投诉问题的数量用绝对数值表示，而不是之前的百分比法。企业的管理层深信，百分比会使企业与顾客之间的距离拉长：每 1% 的包裹延误，实际上意味着有 110 000 位顾客不满意（联邦快递每天投递超过 1 100 万个包裹，410 万个通过空运，690 万个通过陆运）。服务质量指数报告每周在企业所有员工之间传阅一遍，一旦收到报告，就要调查重复出现服务失误的根本原因。对表中每个因素，企业都指派专门的高级职员负责管理，而企业中每个人的奖金也与 SQI 的表现直接挂钩。

联邦快递以顾客定义的服务标准为行动导向。

正是这些做法使企业逐步接近其目标：每项服务均达到百分之百满意。除了联邦快递在 SQI 中使用的这些评价因素，类似的评价体系也被联邦快递的其他部门所使用，包括联邦陆运、联邦空运、联邦快递办公室以及联邦快递服务中心。[4]

正如我们在第 5～7 章中所了解的那样，理解顾客需求是传递高质量服务的第一步。一旦服务类企业的管理者准确理解了顾客的真实需求，那么他们就面临第二个关键挑战：使用顾客需求信息为组织设置服务质量标准和目标。服务类企业经常会在设置达到或超过顾客期望的标准时遇到困难，部分原因是设置那样的标准要求营销部门和运营部门精诚合作。在大多数服务类企业，将营销职能与运营职能整合在一起（更恰当地说是职能一体化）并不是一个典型的做法，更为普遍的是营销职能与运营职能分开运作——设置和实现它们不同的内部目标，而不是追求共同目标，即开发最能满足顾客需求的运营标准。

建立一套服务标准体系来处理顾客期望的问题并不是大多数公司的习惯做法。这种做法要求改变现有已完成的工作的所有程序，而这些程序在大多数企业中根深蒂固、血脉相承。改变原有的程序往往需要新设备或者新技术，还必须调整企业中不同的行政部门，以便能从整体的角度理解涵盖面更广、基于顾客视角的服务质量观点。改变还要求企业具备开放的意愿，对其服务的运营结构、标准调整和检查监督尝试不同的方法。

9.1 建立适当服务标准的必备因素

9.1.1 服务行为的标准化

把顾客的期望转化为具体的服务质量标准依赖于所要实施任务或行为的标准化和规范

化程度。标准化通常意味着序列式过程不变,和物品的大批量生产类似,每一步按照顺序安排,所有的产品都是统一的,然而定制化通常是指根据个性化的顾客需求,对流程进行某种程度的调整和修改。服务企业的标准化是从一个交易到下一个,都提供一致的服务。[5]而个性化的目的是提供能够满足每个顾客个性化需求的服务。一些管理者认为服务不可能被标准化,定制化才是提供高品质服务的关键。管理者还感到标准化的任务与向员工授权行事难免产生矛盾,如果任务被标准化,员工会感到被企业控制和束缚。此外,管理者还认为服务太抽象,无法评估,这一观点将导致建立含混不清和松散无束的标准,缺少或没有评估尺度或者反馈。

实际上,很多服务任务是常规性工作(如开立账户或者为草坪喷洒杀虫剂),对于这些工作,详细的规章和标准较容易设立且能够有效实施。雇员们会乐于掌握关于高效工作的规章标准,这样可以使其抽出时间和精力做更有个人特色的、独立的事情。

标准化服务有三种形式:①私人接触和人工效力的替代技术,②工作方法的改进,③上述两种方法的结合。技术替代的例子包括使用互联网和移动设备进行外卖预订,对机场的自助登机服务系统和高级软饮贩卖机进行精准的客制化服务,智能办公设备能够自助报修。工作方法改进的例子,如由莫莉管家(Molly Maid)公司提供的家政服务和由布洛克税务公司(H&R Block)提供的常规税务和会计服务。

技术与工作改进的方法促进了那些需要向顾客提供一致性服务的工作标准化。技术把企业的任务予以分解并以更有效的方式配置,同时也使企业具备了使服务标准化的能力,如每次交易的时间长短、运营执行的精确程度以及出现问题的数量。在服务改进的开发过程中,企业会全面了解服务提供的全部过程,这种了解使企业较容易建立起恰当的服务标准。

无论标准化是通过技术还是改进工作流程来完成,结果都会缩小服务质量差距模型之差距2。顾客定义的服务标准化要确保服务中至关重要的要素按顾客期望表现出来,并非要求服务中的每种行为都冠以某种模式。实际上,使用客户定义标准化模型可以与员工授权(在11章会有详细讲解)相配合。一个关于和谐性的例子是许多企业为顾客服务电话所设立的时间限制,如果顾客的目标取向认为电话服务感觉好或能解决问题,那么为电话设立时间限制无疑是企业定义的标准化,不能满足顾客的最大利益。而美国运通(American Express)和L.L. 比恩公司(L.L Bean)就先行考虑顾客利益而不是企业利益,没有给雇员与顾客打电话设立时间标准,取而代之的是在使顾客满意与感到舒适方面设立标准,允许电话服务代表根据自己的判断决定电话时间的长短。

9.1.2　正式的服务目的与目标

企业成功地持续提供高质量的服务,其显著特点是指导员工在提供服务方面建立正式的标准。公司关于自己在提供服务过程中的表现有一个准确的认知,这对于顾客来说十分重要。例如,每次处理业务要花多长时间,服务失误出现的频率是多少,他们解决顾客投诉的时间有多长,并且通过对目标的定义努力提升服务质量从而满足或超出顾客的预期标准。

一种正式目标的设定是和商业服务相关的,包括针对个人表现和行动的具体目标。举例来说,"及时回复顾客电话"的行为是联系员工响应能力的信号。但如果为员工行为设立的服务目标仅泛泛地表达为"及时回复顾客电话",这样的标准就几乎不能为服务员工提供指导。不同的员工会把这个模糊的标准以不同的方式解读,继而导致迥然不同的服务:有人会在10分钟后给顾客打电话,也有人会等到2~4天以后再行动。企业自己也无法确定员工何时以及是否达到了这个目标，因为人们可以把任何时间内的回复都视为"及时"。另一方面，假定员工服务目标是在 4 个小时内回复顾客电话，那么员工就会对采取行动快慢有一个详尽而明确的行动准则，对目标是否达到也不会产生分歧：在 4 小时以内回复则达到目标；反之，则没有达到目标。

正式目标设定的另一种类型则涉及所有部门和企业总体目标，大多数情况下用总体行为执行情况的百分比表示。某个部门可以设定它的总体目标为 4 个小时内回复顾客电话，实现比例不低于 97%，每月或每年搜集数据一次，评价达到目标的程度如何。例如，普捷湾能源公司（Puget Sound Energy）（给华盛顿提供服务的电力企业）的 SQI 部分之一，就是要在 30 秒内回答 75% 的顾客来电。[6]

像迪士尼、联邦快递、新加坡航空这种服务性企业，能够提供始终如一的杰出服务，是因为它们都有非常具体、可量化且可测量的服务目标。迪士尼在无数次的行动中调整员工的表现行为来提高针对顾客感知的服务质量。无论标准是否被设定和监控，使用核算的方法（如计时的行动）或顾客感知的方法（如对礼貌的一些见解），服务标准可以提供一种正式目标的设定方法。

⊙ 战略洞察

使用大数据定义服务质量并提高顾客体验

随着移动通信设备的快速大量普及，社交媒体以及电子商务企业能接触到比之前更多的顾客数据。能够被搜集的数据包括详细的人口统计和心理信息、购物历史、位置信息和社会网络。有了这些宝贵的颗粒数据做支持，服务提供商能够更好地洞察用户需求和行为习惯。这个级别的数据可以帮助服务提供商开发合适的服务标准，以迎合顾客最重要的需求。

像亚马逊（Amazon）、库存结余网站（Overstock.com）以及沃尔玛（Walmart）一样，许多零售商基于包括年龄、性别、位置以及近期和以往的网购活动数据，甚至其他顾客对于推荐产品的反应等实时数据向顾客推荐产品。

然而，除了利用大数据向顾客推荐产品之外，服务提供商也可以使用大数据去改善所提供的服务。例如，这家企业有没有不开心的顾客？如果有，那么他们有什么共同点？是什么将他们与那些开心的顾客区分开来？这个差异能否通过实施一项服务标准而被广而告之？

通过询问而获得的调查数据能够让我们了解顾客不喜欢企业什么，而大数据还能让我们审视顾客的实际行为。例如，一个顾客告诉一家企业，"我接听电话的时间太长了。"但是接听多长时间算太长呢？通过收集和分析顾客接听时间数据，企业了解到在顾客挂电话之前，平均接听时间是 13 分钟。这个分析数据就可以建议企业管理层设定一个硬性标准，即顾客接听电话的时间不能超过 10 分钟。

企业开始意识到即时顾客数据的价值，甚至大力收集更多用户数据，用即时数据来设计顾客体验。例如，迪士尼就提供给游客佩戴魔术手环的机会，这种魔术手环使用了射频技术，能够跟踪游客在乐园里的动向。从魔法手环中收集的游客数据能够让迪士尼给游客创造出魔法般的顾客体验。例如，手环数据可以告诉在米老鼠或者白雪公主主题馆中的工作人员他们正在接待的这一批孩子的性格，能够让他们直接叫出孩子们的名字以及祝福生日快乐。更便利的是，魔术手环能够跟踪用户的购买行为，这能够让迪士尼了解到如何投其所好以便获得最大的营收。如果数据显示亲切的问候能够促进游客消费，那么初次见面时就能叫出小孩的姓名这样一个软性标准就会被遵循。

此外，大数据能够让管理人员优化游客的整体游园体验。例如，游客动向数据能够让迪士尼了解哪些区域游客已经过载，进而管理人员开始在别的地方策划活动和演出以分散过载区域的人群。涉及人群密度和等待时间的标准，例如不能让游客等待时间超过两小时的硬性标准，就可以被实施并跟踪实际效果。这样就可以用量化的手段来提升顾客体验。

大数据是一个不可思议的工具，它让我们实现了之前做不到的顾客细节洞察，进而能够让我们即时地创造、跟踪以及管理用户体验。这些信息让我们在了解顾客最在意的体验因素方面也非常有价值，这能够让服务提供商创建硬性和软性服务标准，进而确保顾客能够每时每刻获得他们想要的体验。

资料来源：T. H. Davenport, L. Dalle Mule, and J. Lucker, "Know What Your Customers Want Before They Do," *Harvard Business Review* 89 (December 2011), pp. 84-92; D. Sweeney, "4 Benefits That MagicBands Bring to the Wonderful World of Disney Parks," *Forbes*, January 9, 2013, http://www.forbes.com /sites/deborahsweeney/2013/01/09/4-benefits-that-magicbands -bring-to-the-wonderful-world-of-disney-parks/#3a9a02c9396c; A. Carr, "The Messy Business of Reinventing Happiness," *Fast Company*, April 15, 2015, http://www.fastcompany .com/3044283/the-messy-business-of-reinventing-happiness.

9.1.3　服务标准的制定者是顾客而不是企业

实际上，所有的企业拥有的服务标准和评估尺度都是企业定义的，建立的目的是达到企业内部的生产率、效率、成本或技术质量目标。企业定义的标准不能满足顾客期望，就像声控电话支持系统不允许顾客与人对话一样。由于这些系统节约了企业资金（实际上为顾客提供了更快速的服务），许多企业从劳动密集的顾客代表转向使用这些"自动化"系统。然而要缩小差距2，企业设立的标准就必须以顾客的需求和期望为基础，而不是仅仅建立在企业内部目标上。在本章，我们将列示企业定义标准无法成功缩小差距2的驱动行为的例子。与之相反，企业必须建立顾客定义标准，即运营标准的设定是由顾客自我定义的重要需求来决定的。这些标准要经过精挑细选才能符合顾客期望，并且还要通过顾客看待和表达的方式对其进行标准化。由于这些目标对形成优质服务有着尤为重要的作用，本章剩余部分将集中讲述顾客定义的服务标准。

了解顾客需求、目标取向及其期望的程度，既能产生显著效果又能提高服务效率。把服务标准定位于顾客，其实能节省开销。识别出顾客期望价值之后，就可以完全排除顾客既不留意又不愿意支付的行为和特色。来到机动车辆部门办公室的顾客关键需求之一是不想等待很长时间。几年前在俄勒冈州，政府实施了一项在州内所有机动车司机（Driver and Motor Vehicle，DMV）办公室最优先提升服务和减少等待时间的措施，结果令人印象深刻。其目标是使顾客访问州内所有DMV办公室的等待时间不超过20分钟。这项决定基于一项顾客调查，即人们在寻求服务的过程中普遍期望等待时间不超过20分钟。在3年内等待时间不超过20分钟的顾客的比例从52%上升到70%。为了提高这一比例，DMV鼓励顾客使用可替代的渠道，例如对于一些简单的交易，像是机动车重新注册、地址变更、机动车交易通知等，可以使用网上服务或邮件。这样就可以减少需要到DMV办公室寻求服务的人数。DMV寻求另一种策略来减少等待时间，其中包括增加表达计数器和信息亭，从而使DMV的员工能够在服务需求高的时段更稳定地提供服务。[7] 俄勒冈州的DMV确认对于顾客什么是重要的，然后相应地实施流程，指定的人员和经过培训的员工来提供服务。普吉湾能源公司

（PSE）使用顾客定义标准近20年。该公司的客户已经确定了电力运输损耗的约定、频率和持续时间，以及公司在最重要的问题上花费的时间。表9-1展示了PSE公司在三个关键区域九个客户定义标准中是如何做的。

顾客定义的服务标准不需要与服务企业的生产率和效率发生冲突，也不因企业关注而产生，它其实是由顾客对服务质量和满意度的感性衡量而确定的。由客户感知演化来的服务标准很可能与公司定义服务标准不同。

表9-1 普吉湾能源公司的客户服务标准

标准	基准	绩效表现
客户满意度		
基于调查的客户服务中心顾客满意百分比	至少90%	94%
行业服务顾客满意度百分比	至少90%	96%
提出抱怨的数量（每年每1 000人）	少于0.4	0.23
客户服务		
客户服务中心对于来访电话在30秒内回复的比例	至少75%	70%
业务工作		
非主要风暴能力停电频率（每年每个顾客）	中断少于1.30次	1.11次中断
停电时间长度（每年每客户）	少于5小时20分钟	4小时32分钟
回应电力系统维修从接到电话到抵达现场时间	不超过55分钟	54分钟
回应天然气系统维修从接到电话到抵达现场时间	不超过55分钟	29分钟
服务委托持续比例	92%	99.6%

资料来源：Puget Sound Energy 2015 Service Quality Report Card.

9.2 顾客定义的服务标准的类型

运营标准为达到顾客期望和利益而建立，而并非为了诸如生产率或效率这样一些企业关注的事情而建立。较为典型的运营标准是库存控制。许多企业从企业角度评估库存控制，但是成功的办公用品零售商欧迪办公（Office Depot）却是从顾客角度确定与库存控制相关的每一项评估。企业首先提出这样一个问题："顾客看到什么？"答案是"每周平均短缺的货物数量"。于是，该零售商设计出一个以顾客为焦点的评估系统，系统建立的基础是与顾客进行交易互动的企业绩效调查，以及评估企业收到的关于库存投诉与表扬的数量。这些和其他顾客标准使得企业能把顾客要求转化为员工绩效的目标和行为准则。[8]

9.2.1 顾客定义的硬性标准

所有组成联邦快递SQI的标准都属于硬性的标准和评估尺度，即那些能够通过计数、计时或通过审计观测得到的标准。表9-2展现了一个已经被几家服务型公司建立了的硬性标准的例子。包含在这张列表中的联邦快递公司就有一套简易标准化的服务程序，它将顾客大多数的需求转化为可测量的硬性标准。这些标准涉及要以正常的理由及时发货，没有失误。正如我们在第3章所强调的，顾客对于服务承诺的实现程度的可信度的期望是很高的。在多个行业研究发现最频繁的顾客抱怨是和服务失误或出现问题所联系的（占总抱怨类型数的32%），因为产品性能不好所产生抱怨的比例达到30%。[9]

表 9-2 顾客定义硬性标准的示例

公司	顾客优先选择因素	顾客定义标准
卡地纳健康（Cardinal Health）	准时送货	按承诺提供 98% 的医务产品
戴尔科技（Dell Technologies）	准时送货	准时无误地送达目的地
	电脑正常工作	起始故障率
	出现问题能够第一时间得到解决	及时得到修复
联邦快递（FedEx）	准时送货	当日延迟送达的包裹数
		其他日期延迟送达的包裹数
		延迟送达或未取包裹的数量
福托马特照相（Fotomat）	快速冲洗照片	照片一小时内冲洗完成
霍尼韦尔家具建筑分公司（Honeywell Home and Building Division）	快速送达	当日下单当日处理
	准时送货	支付订单立即送货
	订单正确率	订单正确率 100%
亮视点（Lenscrafters）	快速配镜	1 小时内配好眼镜
梅奥诊所（Mayo Clinic）	治疗成功	患者死亡率
		患者手术感染率
		患者意外重新治疗比例
	受到贴心的护理	成功治疗的患者数量
		及时预约的数量
		花费到每名患者身上的时间
普吉湾能源公司（Puget Sound Energy）	可靠性	每年每人非受迫性停电时长
		每年每人非受迫性停电频率
		家用服务设备维护比例
	反应能力	客服中心 30 秒内接电话的比例
		从接到顾客电话至到达现场所用时间
社会保障部（Social Security Administration）	电话接通	95% 的电话服务在 5 分钟之内
西南航空（Southwest Airlines）	可靠性	准时到达目的地
	对于投诉的反应时间	两周内给予答复信
得州仪器防护系统（Texas Instruments Defense System）	遵守承诺	准时送货
	更多人际交流	产品符合要求
		增加个人访问次数
美捷步网站（Zappos.com）	反应能力	20 秒内回复 80% 的来电
		4 小时内回复所有邮件
		10 秒内回复线上提问

为了解决顾客对可信度需求的问题，企业可以设立可信度标准，建立一套"第一次就把事情做对"和"实现承诺"的价值体系。任何一家服务企业都适用的可信度标准是"第一次做对"，含义是以顾客的评估为依据，在最初就把所要实施的服务做对。如果服务涉及产品的传递，"第一次做对"对顾客而言就是货物的精确，顾客订购的所有货物都装入其中，绝对不装入顾客未订购的货物；如果服务涉及设备的安装，"第一次做对"就意味着设备安装无误，顾客可以立即使用。另一个可信度标准的例子是"准时完成"，含义是服务在计划的时间内实现。企业代表在做出承诺后能在顾客所期望的时间到达或送货。在更为复杂的服务中，如灾难救助工作或电脑服务中的系统集成，"准时完成"大抵意味着服务能在承诺的日期完成。[10]

可信度是在客户服务过程中最受关注的因素。在电子零售业里，准时而精确地执行订单是可信度一个最重要的方面。在互联网环境中一个最好的关于顾客定义硬性标准的例子就是戴尔科技公司所使用的简单度量摘要。这种度量标准是一种完全有序的度量。净推荐值的决定因素是顾客对于简单问题的回复。例如，如何能使你向你的朋友或同事推荐我们的公司/产品/服务？经过和一些顾客的询问，戴尔得知顾客只是想在订货后让戴尔发出其承诺的货物。完全有序度量计算公式如下：

准时交货百分比 × 完全交货百分比 × 无损交货百分比 × 按精确文件发货百分比

戴尔通过这个可靠的公式跟踪其服务表现并根据他们的表现奖励员工，从而确保员工朝着顾客至上的目标努力。

建立评估反应性的硬性服务标准，是为了确保公司递送产品（2个工作日之内）、处理投诉（每天日落前）、回答问题（2个小时之内）、接电话和上门维修服务（30分钟之内）的速度和及时性。在建立了反应程度的标准之外，企业还必须配有顾客服务部门，其人员应精挑细选。一旦顾客给企业打电话发生占线，或不得不被转入乏味的电话信息系统，反应性的概念即化为乌有。

当涉及根据文化和地域提供服务时，服务提供商需要意识到顾客定义服务标准是经常需要适应性的。

9.2.2 顾客定义的软性标准

并非顾客所有的目标取向都能够计数、计时或通过核算得以观察。爱因斯坦曾经说过："并非所有有价值的东西都可以计数，也并非所有能够计数的东西都有价值。"比如，"理解和了解客户"就不是一个可以为之设立标准，进行计数、计时或观察的顾客目标取向，雇员也难以准确把握这样的标准。与硬性标准相比较，软性标准一定是使用感知数据以文件的形式表现出来。我们称后一种顾客定义的服务标准为软性标准或软性尺度，其原因是它们建立在观点的基础之上，无法观测到，必须通过顾客、员工或其他人的交谈才能搜集到确切信息。软性标准为员工满足顾客需求的过程提供了指导、准则和反馈，并且通过评估顾客的理解与信任得以度量。

软性标准在人与人之间的交流过程中显得尤其重要，例如在销售过程中或者在提供某些专业化服务的过程中都需要运用到软性标准。表9-3列举了顾客定义的软性标准的几个例子。我们中的一员曾工作过的一家赌场就定义了五项软性服务标准来鼓励他们的员工为顾客提供适当级别的关注和尊重（顾客认为对于他们自己最重要的两项）。其中两项对于员工的标准是：当与顾客交流时，做出友善、礼貌、热情、自信的举止行为并且做出适当的口头上的问候。不像前面叙述的硬性服务标准，这种软性服务标准不容易被量化，但是公司在这些标准上的表现是能够被评估的，即通过调查或是根据公司在这些标准上的表现，捕捉顾客的感知来评价其效果。

表 9-3 顾客定义软性标准的示例

公司	顾客优先选择因素	顾客定义标准
美国运通（American Express）	解决问题 对待顾客的态度 客户代表的礼节	顾客找到谁，谁解决问题，不得转给他人或向多人询问；善于沟通并向顾客提供充分的指导；利用所有必要的时间聆听顾客的倾诉，并向顾客敞开心扉，提供得体、诚恳的帮助；专心聆听并帮助持卡成员解决问题，对持卡成员要以名字相称并在电话结束时致谢

(续)

公司	顾客优先选择因素	顾客定义标准
通用电气（General Electric）	业务员人际交往技能	做出承诺，文明有礼，消息灵通，理解顾客的需求和问题
比恩（L.L Bean）	轻声细语，减少顾客焦虑心理	在接顾客电话时要用适当的语气和声调，并且不许做其他事情（比如包装礼物等）
梅奥诊所（Mayo Clinic）	治好患者，提供优质护理	遵守护理程序以提升护理服务，梅奥诊所所有成员都要尊重并友善对待每一位患者
国家保险公司（National Insurance）	反应及时	顾客打电话说明问题时必须要有人接听
半岛医疗中心（Peninsula Regional Medical Center）	尊重	将患者信息保密，不在公众场所谈论患者的治疗；对于患者的诉说要感同身受；礼貌沟通，不讲术语；不制造噪声，绝不议论患者
丽思卡尔顿酒店（Ritz-Carlton）	尊重顾客	快速解决任何问题，运用适当的电话礼节，不要屏蔽电话，尽可能取消电话转接

一些企业既有硬性客户定义标准，又有软性客户定义标准。

9.2.3 一次性修正

当进行顾客研究，探寻服务的哪些方面需要改变的时候，应用一次性修正有时能够达到很好的效果。一次性修正指专门用以响应顾客要求的技术、政策或程序上的改变。我们进一步定义一次性修正为企业标准，通过一次性改变的途径（如经营特许权）来满足，这些变化不包括雇员，因此不需要激励和监督来保证遵守。我们把一次性修正归入对于标准的讨论，原因是组织通常必须很清晰地定义这些标准来保证一致性。例如，汉普顿酒店新的"Make It Hampton"项目需要建立 60 种新的产品和服务标准，其中许多都属于一次性修正的结果。这些修正在第一阶段的项目中包括：为房间提供电脑桌，用户外植物园来隐藏垃圾箱，红色的迎宾地毯，以及新的走廊壁画和音乐。[11] 项目的第二阶段叫作"九霄云外床体验"，包括将 15 万张床升级到标准的距地面 0.7～0.77 米——和现在大多数家中的床一致，将枕头升级到超大号，增加羊毛围巾、针织的床单和合适的床单。为了某些不尽如人意的问题，没有必要进行绩效标准的开发，因为技术上、政策上或程序上的一次性修正就可以解决这些问题。

另外两个成功一次性修订的例子是赫兹（Hertz）汽车租赁公司的快速租入和花岗岩石材公司（Granite Rock）的 24 小时快递服务。在所有这些例子中，顾客都表达了希望得到与过去不同的服务方式的需求。Hertz 公司的顾客明确指出他们对于排长队等候办理业务感到失望。Granite Rock，一个位于加利福尼亚售卖大宗商品的创新型公司，他们的顾客就希望能在采石场出货后 24 小时内获得。

然而在大多数行业的公司以各种借口不去解决顾客问题的情况下，Hertz 和 Granite Rock 两家公司都以一次性修正的方式做出了反馈，几乎改革了公司的服务质量。Hertz 公司应用科技手段创立快速租车手续，这种一次性修正不但使劳动效率得到提高，而且降低了成本。为了满足顾客对登记手续的要求，该公司率先进行了类似的快速登记入住一次性修正。Granite Rock 建立了一套类似于自动取款机系统，从而使顾客能在一天 24 小时的任何时间得到最为普遍的 14 项服务。公司创立了自己的 Granite Xpress Card 系统，方便顾客在白天或夜晚的任何时间进入该系统，挑选、取得他们所需的物品。

一次性修复也能够通过技术完成。技术可以简化和提升客户服务，尤其是当它替代人工从事常规的任务和交易时。这样，客服人员可以花费更多时间在私人的和更重要的事情上。最近几年，一些医院的急诊室已经增加了自助服务机，患者可以输入个人信息，体验真正意义上的急诊，从而减少因为排队注册时间冗长而产生抱怨的现象。[12]

全球特写　　　　　　在全球调整服务标准

当企业认识到地域的变化和顾客期望有关的时候，如何进行调整以应对文化和服务标准的本土化差异？全球品牌企业如果服务标准在不同国家变化过于明显，它们就会失去很多，因此它们必须在允许地方差异的同时，找到实现普遍高质量的方法。

四季酒店的服务标准，全球和本土标准

作为世界领先的高档酒店经营者，四季酒店管理着超过40个国家的将近100家酒店。这家酒店连续在读者调查、旅行者评论、行业评判中获得全球最好酒店和最负盛名的品牌。其大部分成功归因于它"随时随地全心服务"的服务标准。四季酒店经常性地重新审视在服务方面的标准和理念，但一般不会对外公布其服务标准。其中最知名的7个标准早在2000年的时候就被使用。

（1）微笑：员工主动向客人问好，用友好的方式微笑和讲话。
（2）眼神：员工和顾客会有眼神接触，甚至是走路相遇时要与顾客打招呼。
（3）识别：当所有员工通过客人的姓名认识顾客的时候，应当给顾客营造出一种自然、谨慎的相识感觉。
（4）声音：员工通过关注的、自然的、彬彬有礼的方式和客人说话，用清楚的声音，避免自负。
（5）见多识广：所有接触员工的客人都会被告知他们的酒店、产品。
（6）干净：员工永远干净、清新、整洁和得体。
（7）每个人：每个人在每个地方随时表现出对客人的关怀。

在必要的时候，用四季酒店的全球服务标准来应对当地文化也是适合的

除了这些全球员工都适用的文化标准外，酒店还拥有其他核心标准，以应用到服务的不同方面。例如，工作人员要留心将到达的车辆并走近它们，在30秒内打开车门；客房电话要在铃响5次后或20秒内接听。如果有些标准符合地方性或者文化传统，那么它们也应该得到允许。比如，在美国，早餐的时候咖啡壶是放在桌子上的，在欧洲如法国，顾客会认为这是服务不周，如果需要，服务员会为顾客逐一倒满咖啡。制服和装饰的标准在各种文化下也不同，但是全球各地必须满足最低的期望。

日本丰田的服务标准

2005年，丰田开始在日本销售它的高端品牌雷克萨斯。虽然雷克萨斯在美国已经成为销售业绩最好的高端品牌，但是在日本，品牌知名度还很低。公司想找到一种有别于其他丰田品牌的销售方式，决定关注于客户服务。日本具有把顾客独特看待的传统和观念，也许他们可以应用到雷克萨斯品牌上。于是，公司找到一个专业的礼仪公司——东京的小栗塬（Ogasawara RyuReihou）公司，专注于教育日常行为的艺术，包括鞠躬、拿筷子和坐在榻榻米上的正确方式，帮助提高他们销售汽车的技能。

这些礼仪公司的顾客大多受过良好教育，他们想让自己的孩子学习良好的餐桌礼仪和行为举止。机构花费了几个月的时间学习研究雷克萨斯以及员工与顾客互动的过程。结果开发出新的服务标准,一些服务标准则模仿武士的行为。比如,销售人员被教育:

- 当顾客看车时,要采用日本武士等待姿势,弯腰5～10度。
- 对于已经买车的顾客鞠躬的幅度要大于偶尔从窗户观察的顾客。
- 表现出"雷克萨斯微笑",为了让顾客放松,闭着嘴微笑。
- 站着的时候,左手放在右手上面,手指并拢,拇指相互交叉,武士这样做是为了表明他们不会拔刀。
- 当顾客看车的时候要用5个手指,当打开车门的时候要用双手,并且先是右手,后是左手。
- 当提供咖啡或茶的时候,要跪在地板上,双脚并拢,双膝着地。

丰田公司知道这些标准在许多市场不一定很适用,特别是在美国,但他们认为这些标准是在日本市场和两大高端品牌竞争对手(宝马和奔驰)竞争所必需的。

巴基斯坦的服务标准

对西方国家服务质量的研究发现,可靠性是最重要的方面。西方的顾客期望企业是可靠的、正确的,并且按照承诺做。但是,在巴基斯坦的研究发现,顾客对于服务质量有不同的标准。

可靠性被概念化成为能力,兑现承诺服务应是独立的和准确的。虽然巴基斯坦的顾客看起来同意将能力概念化,但是他们并不期望以机械化的方式被提供服务。"大部分承诺可以兑现"就是对可靠性的描述。他们可以容忍在服务中出现问题或者服务不及时,只要在适当的时间范围内提供准确的服务内容就可以接受。这对于他们和服务提供商保持长久的关系很重要。

巴基斯坦的消费者看起来将可获得性作为他们对于服务提供者可靠性评估的一部分,这在医疗卫生和其他服务中体现得尤为明显。在需要的时候能及时获得服务,在巴基斯坦非常重要。

人身安全是巴基斯坦消费者评估服务的另一重要因素。在一个宣扬法制的社会,消费者的人身安全在和服务提供者产生联系时变得非常重要。

资料来源:R. Hallowell, D. Bowen, and C. Knoop, "Four Seasons Goes to Paris," *Academy of Management Executive* 16 (2002), pp. 7-24; A. Chozick, "The Samurai Sell: Lexus Dealers Bow to Move Swank Cars," *The Wall Street Journal*, July 9, 2007, p. A1; and N. Raajpoot, "Reconceptualizing Service Encounter Quality in a Non-Western Context," *Journal of Service Research* 7 (November 2004), pp. 181-201.

9.3 顾客定义服务标准的开发

9.3.1 将顾客需求转化为特别表现和行为

◎ 专栏9-1

福特汽车公司的硬性和软性服务标准

在本章我们把顾客定义的服务标准分为两种:一种是硬性标准,它是可以被计数、计时或通过核算观察得到的运营尺度;另一种是软性标准,它是建立在意见基础上的尺度,不能通过计数或计时得到，只能向顾客询问。以福特汽车公司为例来说明硬性标准和软性标准的不同。几年前，福特公司在它的一些代理商中追寻一种在服务中开展顾客关怀的标准，其根据对2 400名顾客进行的市场调查了解他们对于汽车销售和服务的特别期望。福特运用这些采集的数据确认服务的等级，代理商们需要接受"蓝色椭圆认证"的状态。以下7个服务标准是代理商服务部门认为对于顾客最重要的标准。

（1）顾客要求服务的预约在预定日期一整天都有效。
（2）必须在4分钟内开始接待顾客。
（3）礼貌地指出顾客需要的服务，准确地记录到修理单上，并与顾客一同核对。
（4）每次进行服务一定要正确。
（5）顾客询问后的1分钟内介绍服务的基本情况。
（6）在约定的时间，车辆必须组装好。
（7）提供详细的功率、保险范畴和收费的解释说明。

硬性标准和尺度

福特公司定义的这几项标准有的属于硬性标准，它们可以被计数、计时或者通过核算观测到。比如，第（2）条标准和第（5）条标准，可以由雇员在开始服务时计时。硬性标准可以是：达到某种标准的频率或者百分比，次数的平均数（比如开始接待顾客的平均时间）。其他可以计数或者核算的有标准（1）、（4）、（6）。接电话的服务员可以记录下顾客要求服务的预约在一天内有效的次数。顾客重新拜访的次数可以计算出来，从而作为衡量第（4）条的尺度。在约好的时间组装好车辆的数量也可以在顾客取车时清点得到。

软性标准和尺度

看看第（3）条和第（7）条标准，我们就会发现它们与刚刚讨论过的其他标准有何不同。因为不能被计数或者计时，这些标准代表着一些顾客需要的软行为。例如，第（3）条标准中谦卑的行为准则就不可以被计量。同样，第（7）条标准要求一种不同形式的衡量尺度，即顾客对这些行为是否恰当的感知与看法。这并不是说软性标准不能被衡量，相反，它们必须以一种不同的方式来衡量。

软性标准在员工满足顾客需求的过程中提供指导、准则和反馈，并且通过测量顾客的理解和信任得以度量。软性标准对于人际互动服务，如专业服务中的销售和提供过程尤为重要。为了提高成效，公司必须给员工提供顾客对于他们表现看法的反馈。

福特的顾客服务中心有一系列软性和硬性标准。

像联邦快递、普吉湾能源公司、美捷步这样的公司，如何能开发令人称赞的顾客定义服务标准？图9-1展示了设置顾客定义标准的一般流程。

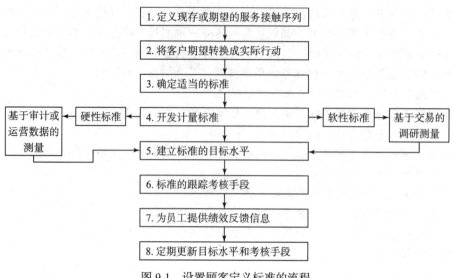

图 9-1 设置顾客定义标准的流程

步骤 1：定义现存或期望的服务接触序列

顾客对整体服务质量的评价是在多次服务体验基础上不断进行质量评估的积累，因而服务接触是形成服务质量的必经途径和建立服务标准的必要组成。我们想要理解顾客在每次的服务接触中具体的需求与目标取向，而建立标准时我们尤为关注服务接触质量。因此，建立顾客定义标准的第一步是描绘出服务接触过程。识别这些环节可以通过顾客在接受服务中连续的步骤与行为得出，或者使用服务蓝图（详见第 8 章），在服务蓝图上端标注出顾客所有行为来识别这些环节。服务蓝图上从顾客行为延伸至更低层面的垂线代表服务接触发生点，由此可以建立满足顾客期望的标准。理想状态下，企业会对发觉顾客的需求服务接触序列保持开放的态度，并探索顾客想要与企业达成交易的方式。

企业可能会考虑哪种服务接触对顾客有积极的影响。马里奥特（Marriott）已经发现在酒店内前 10 分钟的接触是非常重要的，这也就要求公司在改进时特别注意酒店的前台服务体验（如快速登记）。一些研究显示在接触的最后有一个良好的收尾对于整体满意有很大影响，从而导致其他酒店选择聚焦酒店体验的尾声部分，例如检查、停车、响铃服务等，以便给顾客留下深刻的最终印象。[13] 为稳妥起见，丽思卡尔顿酒店假定与客人自始至终的接触都很重要，因此选择三个"服务步骤"（该酒店著名的"金牌标准"中的部分内容）中的两步作为员工为顾客服务的指导意见，即在说出顾客姓名的同时还要有"温馨且真挚的欢迎词"以及"充满热忱的道别语"。[14]

步骤 2：将顾客期望转换成实际行动

以一种概括性的词语确定标准，例如"提高公司员工的技能"，是没有什么效果的，因为标准是很难解释、评价和达到的。当一家公司采集数据时，它经常是以一种很抽象的措辞获得顾客的要求。顾客接待人员经常发现此类数据经不起推敲，而且过于宽泛。类似这样的研究既不会专门告诉他们在与顾客交往时是对还是错，也不会帮助他们理解什么样的活动可以取消，因此最重要的行动可能无法完成。在大多数情况下，一线员工需要帮助将数据转化为特定的行动以提供更好的顾客服务。

图 9-2 显示一家服务型公司内部各种抽象/具体层次的标准，按照从上（最抽象）到下

（最具体和明确）的顺序排列。最抽象的层次表现为"顾客希望获得满足、价值和良好的沟通"这样过于宽泛的顾客需要，以至于无法用于指导员工的工作。排在这些非常宽泛的要求之后的层次包括已经在本教材中介绍过的服务质量的抽象维度：可信赖、反应能力、同理心、保障性和切实可行性。每提升一个层次，这些属性在描述顾客需要方面就更具体。[15] 在设定标准时，如果我们按照不同属性层次向下挖掘，我们会在设置标准特征的适当层级上获得具体的行为准则。因此，在步骤 2 中，抽象的顾客需要和期待必须转换成与每次服务接触有关的明确、具体的行为和行动。抽象的需求（如可信赖）可能在每次服务接触时触发不同的行为或表现。

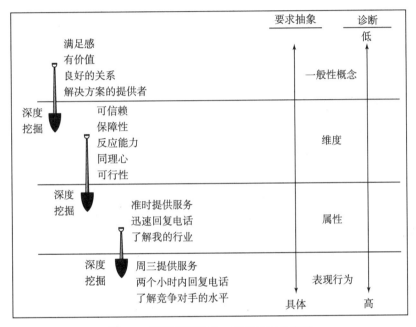

图 9-2　顾客所期待的：采取可行性步骤

有关行为和行动的信息应当通过某个客观信息源，例如一家研究公司或与最终决策无利害关系的企业内部部门汇集起来并给予解释。如果信息经过了存在内在偏见的公司经理层或一线员工的过滤，其结果很容易导致公司制定而非顾客制定标准的出笼。我们在第 5 章中已经探讨过，涉及认定行为和行动的研究方法包括顾客深入面谈法、焦点小组访谈法，以及其他形式的研究方法，例如伙伴法。借助此类研究，John Robert's Spa（美国俄亥俄州东北部地区的一间美发沙龙）明确了 7 种典型的服务接触。它们涉及顾客来到沙龙后最常见的顾客体验，其中包括最初的电话预约、服务前咨询、提供服务、付款和离店，以及体验后回访。针对每一次服务接触，对特定员工的行为都做了具体规定（参见专栏 9-2）。举例说明，在客人首次到店时，迎宾员预计用 10 秒钟的时间与客人热情地打招呼，确认预约，帮助客人脱去衣帽。如果是新客人，带领客人参观店内设施，在登记期间至少 4 次提及客人的名字。

◎ 专栏 9-2

约翰·罗伯特美发沙龙在服务接触中执行的服务标准

约翰·罗伯特美发（John Robert's Spa）是位于美国俄亥俄州东北部地区的一间美发沙

龙，因卓越服务赢得普遍赞誉。从某种程度上讲，它的成功来自对顾客服务接触程度的理解与认真管理，即所谓的"顾客体验循环"。通过确认源自基本服务流程的 7 种最典型的服务接触，约翰·罗伯特详细列出了每个客人在店内接受剪发服务时必须获得的体验。以下是期望员工在开展这 7 种服务接触时遵守的服务标准。

体验前：由客服人员提供

- 热情接听电话，"感谢您拨打约翰·罗伯特沙龙门店客服电话。我是凯利。您需要什么帮助吗？"
- 保证有充分的时间回答客人提出的各种问题，涉及服务、发型师资质、可安排的服务等。
- 给予每位客人一次预约追加服务的机会。
- 在接听电话期间至少四次提及客人的名字。
- 提供到店路线指南。
- 确认服务、服务员、时间和日期。
- 挂机前最后一件事，说："您还需要其他帮助吗？"
- 在预约服务日期前 24 小时内给客人打电话确认。

体验结束：由各位员工提供

- 美发小工、服务员和接待员：给予客人友好而热情的送别。
- 发型师和接待员：推荐美发过程中使用过的产品。
- 主服务员：向客人提供名片。
- 接待员：提醒客人安排下次预约。
- 接待员：为新顾客提供新顾客服务包，其中包括一份服务清单、沙龙简报、沙龙名片、小礼物以及一份有五道题的问卷调查表。提醒客人，如果在六周内返回填好的表格，会在下次预约服务时给予 10% 的折扣。
- 接待员：在结账期间至少四次提及客人的名字。
- 服务员：为方便下次预约，将个人信息（如配偶姓名以及子女情况等）输入电脑中客人的姓名下。

体验后：由客服人员提供

- 24 小时之内客人将会接到热情的电话回访。
- 48 小时之内客人将会收到感谢卡。
- 客人将会收到生日卡。

体验开始：由迎宾员提供

- 利用 8～10 秒的时间热情迎接客人。
- 确认客人的预约。
- 请客人填写信息卡。
- 将客人到店信息即刻通知服务员。
- 帮助客人挂好衣帽并提供茶点。
- 如有延误，即时通知客人。
- 向客人介绍店内设施。
- 提示客人更衣室的位置。
- 注意客人的等候时间，如果客人在超过预约时间 10 分钟后仍未接受服务，需要再次通知服务员。

- 在客人登记期间至少四次提及客人的名字。

服务前：由发型师提供
- 为每位客人的每次服务提供咨询。
- 展示发型册、分析客人要求并讨论客人的期望。
- 提供缓解压力的头部按摩。
- 为男性客人提供简单的面部按摩。
- 提供洗发水和护发素。
- 给新客人使用白色围布。

服务：由发型师提供
- 提供完美的剪发服务。
- 按摩手部和臂膀。
- 在按摩期间清洗客人的首饰。
- 提供专业水准的对话。
- 提供发型吹干指导。
- 介绍会用到的产品。

服务后：由发型师提供
- 为所有女性客人提供补妆服务。
- 提醒客人注意沙龙/水疗部提供的追加服务。
  - 提供免费的刘海修剪。
  - 通知下次免费提供发型吹干指导，并帮客人记录下时间。
  - 在两次预约服务之间为男性客人提供免费鬓角修剪。
  - 提供推荐奖励：向每位被推荐人赠送 5 美元礼券，并向本年度内推荐新客人的客人颁发奖金。
- 如果客人遇到发型问题，立刻提供现场指导。妥善处理问题。填写客人问题表，并通知管理层跟进。
- 如果客人四个月内没有预约服务，寄出一份提醒卡，提醒顾客到预约剪发的时间了。
- 如果顾客八个月内没有预约服务，寄出一份奖励回归卡（例如，下次到店剪发将获得 25% 的优惠）。

资料来源：J. R. DiJulius, *Secret Service: Hidden Systems That Deliver Unforgettable Customer Value* (New York: American Management Association, 2001), pp. 8-11.

关于涵盖四种不同层次需要的真实案例已经在图 9-3 的描述中阐明了它们的实践意义。在一个大公司培训部门的传统评价体系内，只有培训导师一个节点被纳入其等级评价中：培训师的能力。在满足学生要求的相关属性的定性研究过程中，还牵涉到另外三项具体的要求：①导师的风格，②导师的专业水平，③导师的班级管理水平。尽管与宽泛的"导师的能力"相比，三个属性的详细表述方式对导师的帮助更大，但管理层发现，这些属性还是因为太过宽泛而对导师提高自己授课水平的帮助不大。当该公司参与顾客定义标准项目之后，作为结果的评价体系在诊断学生的要求时显示出巨大的价值，因为这项研究将重点放在了导师满足学生要求的具体行为和行动上。学生的要求并未被简简单单地归结为一个宽泛的要求或三个普通属性，而是被详细表述为与导师有关的14个具体行为和与授课内容有关的11个具体行动。这种方法的一个好处是根据行为和行动获得的反馈较之根据品质和个性获得的反馈降低了个体因素的干扰。这也让公司员工更容易做出与行为而不是与个性特征有关的改变。

步骤3：确定适当的标准

这一步骤涉及为采集特定行为和行动的数据而确定采用硬性标准还是软性标准。硬性标准由员工行为和行动的定性评价手段构成；而软性标准通常关注更为抽象的要求或问题，不太容易做定性研究，而且经常更偏主观。在本步骤中，企业容易犯的最大错误之一就是仓促地选择硬性标准。企业习惯于营运考核手段（通常容易量化），而且通常对这些手段存在偏见。然而，除非硬性标准采集到了足够多的预期行为和行动数据，否则这类标准是无法实现顾客定义的。决定一项硬性标准是否适当的最佳方式是首先通过电话跟踪调查的方式建立起一项软性标准，然后经过一段时间后，确定哪个营运层面与这个软性考核手段的相关程度更高。图9-3给出了投诉处理速度（硬性考核手段）和满意度（软性考核手段）之间的关联情况；数据表明，满意度与投诉的处理时间有强烈的依存关系。

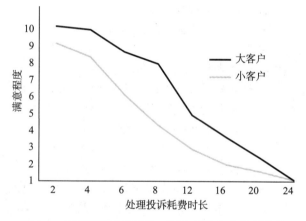

图9-3 投诉处理速度的软、硬性考核方式关联情况

优先考虑那些可以作为建立顾客定义标准基础的行为和行动（这个数量是很大的）对于将标准确定下来是至关重要的。以下是建立适当的服务标准时必须考虑到的最为重要的若干条件。

（1）服务标准应当建立在对顾客最为重要的行为和行动的基础之上。
（2）服务标准应当涵盖有待改善或维持的绩效。
（3）服务标准应当涵盖员工可以控制和可以改善的行为和行动。
（4）服务标准可以被理解和接受。
（5）服务标准应当采用预测模式而非反应模式——基于当前和未来顾客预期而非过往投诉。
（6）服务标准应当具有挑战性而不仅仅满足现实要求。

步骤4：开发计量标准

针对硬性标准或软性标准，一旦企业确定下来哪种标准更合适以及哪种特定标准可以捕捉顾客要求，就必须开发充分满足标准要求的反馈考核手段。考核手段分硬性考核手段和软性考核手段两种类型。

典型的硬性考核手段包括机械计数考核，通过技术实现的对时间或错误的考核。硬性考核手段与软性考核手段之间的区别在于它们可以实现连续考核，而且在使用时不用考虑顾客的意见。为了阐明这一点，这里列出一组在联邦快递服务质量指数中实际应用的硬性标准考核手段。

- 丢失包裹：超过承诺日期后的两个连续营业日内没有最终处置扫描或没有包裹状态扫描的包裹数量。
- 损坏包裹：由顾客根据可见或藏匿损坏的包裹内容物的价值填写的索赔数量。
- 交付日期错误、延迟交付：承诺日期后交付的包裹数量。[16]

在上述以及其他硬性考核手段中，评估过程涉及经过计数统计的正确的或不正确的行动或行为的数量和类型。在营运体系的某些环节，这些行动和行为的信息被转换为表格数据——通常借助信息技术。硬性标准的其他计量手段包括服务保证失效期（因服务未满足承诺而引起的服务保证次数）、时间量（以小时数或天数响应的问题或投诉或在线等待分钟数），以及与相关标准有联系的频率数据（例如，走访顾客的次数或被放弃的电话查询数）。在这方面，L.L 比恩公司因利用库存产品的型号、颜色和尺寸的连续更新数据（如硬性考核手段）实现的卓越顾客服务而赢得了赞誉。该系统允许企业设置并获得高标准顾客服务——而且也让 L.L 比恩多次因出色的顾客服务和订单履行率获得各种殊荣。[17]

满足顾客要求的适当的硬性考核手段并不总是直观的或显而易见的，而且对营运非相关层面的计数或跟踪的可能性是很高的。基于这种原因，将营运绩效考核手段与软性考核手段（通过调查表或电话跟踪调查）联系起来以使它们呈现强相关后所获得的效果是相当令人满意的。

软性考核手段是以通常无法直接观察到的顾客感知为基础的。第 5 章中介绍的两种调查方法可以采用文档整理的形式汇集顾客有关绩效是否满足所建立标准需要的意见：顾客关系调查和交易后调查。顾客关系调查和服务质量评价（SERVQUAL）涵盖顾客与企业关系的所有方面，其通常以属性的形式表示出来，而且通常每年编制一次。交易后调查与具体的服务接触有关，内容精练（有 6～7 个问题），而且在时间上尽可能与具体的服务接触接近。针对时间较长和抽象程度较高（如属性层次）的要求，年度顾客关系调查可以定期归档顾客感知数据。交易后调查可以采取连续管理方式，每当顾客经历各种类型的服务接触被处理时，都会将数据连续上传。

步骤 5：建立标准的目标水平

接下来的这一步骤要求企业为标准建立起目标水平。如果没有这一步骤，企业就会缺少一种标准是否得到满足的定量考核手段。图 9-3 中，从每次顾客投诉到问题得到解决，员工都会记录下相应的时间。同时，他们还会征求每位顾客对解决投诉过程的满意度。接下来企业便可以在图表上标注每次处理投诉的信息，以便确定顾客服务环节的运行情况以及未来还有哪些改善空间。该技术只是为服务标准确定目标水平的一系列手段之一。

另外一项技术是一项简单的感知—行动相关性研究。当服务由重复性过程构成时，企业可以把顾客满意度水平与某个行为或任务的实际绩效关联起来。我们不妨以一项对顾客在线等候时间的研究为例思考一下。所采集的信息应当包括顾客对他们在线等候的感知（软性感知考核手段）和他们的实际等候时间（硬性营运考核手段）。众多交易数据的联合采集可以为顾客对不同等候时间的敏感程度提供证据。

一家航空公司对该问题进行了精准研究。该公司安排一位空乘人员在检票口前记录乘客检票过程的相关数据。当每位乘客进入检票区时，这位空乘人员会在机票上加盖进入时间（使用类似停车场用的那种机器），并把记录有时间的机票还给乘客。当乘客完成检票并从检票区出来时，空乘人员在机票上再加盖完成时间，并向乘客提问三四个有关等候时间和检票过程满意度的问题。然后，空乘人员将每位乘客的数据汇集到一幅图表上，公司可以据此评估不同等候时间对乘客感知的影响。

步骤6：标准的跟踪测量

米利肯（Milliken）工业公司的前老板罗杰·米利肯（Roger Milliken）曾在采访中说过这样一句话："只信数据不信人，除非你是万能神。"像联邦快递和迪士尼这样成功的服务型企业都有严谨的、全面的、以数据为基础的营运信息系统——帮助企业按照服务标准考察营运情况。花岗岩石材公司便是借助数据管理生存并壮大起来的公司。该公司是一家家族企业（在本章开始时提到过），坐落在加利福尼亚州的沃森威尔（Watsonville），主营水泥、沥青和碎石产品。花岗岩石材公司拥有一套对信息适时进行采集、分析和记录的系统。公司拥有完整的统计过程控制和其他类型的图表，跟踪广泛的过程数据——从水泥和碎石的特征参数到生产过程信息——例如产品的装车时间。顾客投诉情况也通过公司的"产品—服务异常报告"和根源分析来跟踪，并将更新数据分发至各生产厂。该报告显示处理投诉耗时情况，并按季度提供详细趋势分析。生产厂可以跟踪长达四年的趋势数据。而在产品质量和顾客服务环节，该公司也达到了无懈可击的境界。

步骤7：提供关于员工绩效的反馈信息

一旦企业确定了合适的标准，制定了最能满足顾客需要的具体的考核手段，然后为标准设置了合适的目标水平，就必须建立起为员工的活动和行为提供反馈信息的机制。此类反馈机制的一个实际例证是员工监督——在设立顾客服务部门的公司里，它涉及负责聆听员工与顾客电话互动的监督员的工作实务。你可能经历过这种情况。当你给很多机构拨打顾客服务热线时，会注意到有一个提示音告诉你：为保证服务质量，以下电话会被监听。此类监控的目的通常是根据公司制定的服务标准提供员工绩效的反馈。建立反馈机制的一个关键方面就是确保绩效考核从顾客的角度而不是从企业的角度掌控服务过程。举个例子，一位监督某员工处理顾客服务咨询电话过程的监督员不应该把关注的重点放在如何快速地让顾客挂掉电话上，而应放在如何恰当处理那位顾客的请求上。

联邦快递每周都会通过自己的服务质量指数（SQI）交流服务绩效，以便使公司的每位员工都清楚公司的服务水平。一旦出现问题，他们立即识别并纠正。SQI管理要求公司内部的每位员工立刻提供与顾客感知密切相关的活动反馈。总体上看，需要对数据和事实进行分析和分发，以支持在公司内部多个层面开展评估和做出决策。还要将数据充分而迅速地展开，以便在此类数据的基础上，帮助涉及服务或过程决策的人员开展工作。必须在整个公司内部强调满足顾客需要的责任感。组织内部的所有部门必须考核其为内部顾客提供的服务，并最终考核该绩效如何与外部顾客需要建立起联系。

步骤8：定期更新目标水平和考核手段

最后一个步骤涉及定期修订目标水平、考核手段乃至顾客需求，以便时刻保持与顾客期望一致。联邦快递最初设计SQI时，丢失包裹只被赋予10分的权重；随着时间的推移，联邦快递发现在SQI所涵盖的要素中，丢失包裹对于顾客来说要比其他要素更加重要，所以现在它被赋予50分的权重。脸书最初为企业的官方账号设置了一个5分钟内对自己的顾客诉求做出响应的基准值。满足标准者会被授予脸书设计的"灵敏响应"徽章。不过，很多企业提出5分钟的平均响应时间是不现实的。根据这一反馈结果，脸书将该基准值修改为更符合实际的15分钟。这些案例显示，在一定情况下，灵活调整服务标准是非常有必要的。

技术亮点　　　　　卓越的响应标准

脸书和推特的企业响应标准

当社交网络应用逐渐覆盖全球每一个角落的时候，许多企业开始在脸书和推特之类的社交网站上搭建与顾客沟通的平台，并为顾客服务环节指明了新的方向。的确，社交网站已经成为顾客接触企业的主要途径之一，而且顾客对企业的响应抱有很大的期望。一项2013年的研究报告显示，顾客对那些通过社交媒体及时回复他们的企业抱有好感，而对那些响应不到位的企业避而远之。

特别需要指出的是，这项研究发现，顾客对企业在社交媒体上的响应充满期待：53%的顾客认为企业应该在一个小时内回复他们的评论或者他们的推文（无论是正面信息还是负面信息）。值得指出的是，调查显示，顾客在推特上进行的大多数品牌互动都是积极的，而且有很高比例的顾客会通过社会媒体对他们的服务经历给出积极的反馈（69%），把品牌推荐给朋友（58%），或者展示他们对品牌的喜爱之情（61%）。

不过，当顾客通过社交媒体向企业投诉时，希望在一个小时内获得响应的顾客跃升至72%。如果企业没能在这个隐含的最后期限到来之前做出响应，有60%的顾客表示，他们为了宣泄自己的不满情绪，下一步将对该企业采取措施惩罚：或者未来不会再次购买该品牌，或者在社交媒体上公开羞辱这个品牌。

不过对企业来说，它们听到的并不总是坏消息。研究表明，那些可以做到快速响应的公司会因这种行为而获得奖励：34%的顾客报告称，他们更喜欢从一家响应速度快的企业购买产品，而且有43%的顾客表示，他们更有可能推荐亲朋好友去购买该企业的产品。研究还发现，38%的顾客更容易接受那些在社交媒体上响应速度快的企业的广告，另外有42%的人愿意通过社交媒体赞美这个品牌。

虽然一些社交网站依然将自己视为存在于顾客和企业之间的中立地带，但脸书已经将自己定位为引导者的角色，甚至鼓励企业在平台上实现更快速的响应。2015年，脸书推出了响应徽章。脸书还向企业提供了赢得"非常灵敏响应"徽章的机会，该徽章会展示在企业脸书主页最明显的位置上。为了达到赢得徽章的标准，企业必须在之前的7天里完成如下要求：①响应率达到90%以上；②响应时间在15分钟以内。该奖项的得失与企业脸书主页之前7天的各项数据平均值有关，这意味着企业的响应行为会被实时跟踪并计算其平均分值。

对照脸书的硬标准对公司响应的即时跟踪对公司是一个激励，使公司的现场服务更加一致和积极，尤其在对高响应上有明确的文件要求时。

美捷步的80/20电话响应

美捷步（Zappos.com）是一家网络销售鞋类产品的公司，以卓越的顾客服务而闻名。美捷步创办初期便将针对顾客的电话、电子邮件的响应置于优先位置，并成立了针对顾客的视频聊天部门。顾客打进电话的原因可能只是想查询一双鞋子的订单状态，投诉鞋子穿着不舒服，或者询问有没有免费产品上架之类的问题。基于从顾客那里获得的反馈，美捷步希望快速处理顾客的电话咨询并对他们的要求做出回应，这样便能为顾客创造一种积极、愉快的购物体验。该公司建立了三项服务标准：①在所有打进来的电话中，80%的电话要在20秒内做出应答；②所有电子邮件要在4个小时内做出回复；③要在10秒之内建立起视频（在线）聊天通道。

与很多大公司不同的是，美捷步不让顾客觉得联系自己非常麻烦。它的网站布局简单、清晰，顾客非常容易找到可以免费拨打的咨询热线或者点开与公司客服代表的视频聊天，而且它鼓励顾客主动联系公司。美捷步使用呼叫管理系统技术，不间断监测排队等候中的顾客人数或电话、正在和员工沟通的顾客的人数以及正在吃午饭或者正在休息的员工人数。这项技术还采集涉及各种其他话题的信息，例如正在接听的电话中所讨论问题的类型以及为满足顾客需要提供的解决方案等。

美捷步的所有接入电话中，80%的电话在20秒内做出响应的标准属于顾客定义标准。

为了持续满足所有接入电话中80%的电话在20秒内做出响应的标准需要，美捷步确保设置充足的可接听或视频聊天服务员工。该公司采用复杂的预测技术分析与来电有关的历史趋势，例如每天的高峰时段、每周的高峰日和每年的高峰月。该技术还将其他历史趋势考虑在内（例如，当公司有新产品线上架时或特定细分市场消费水平提高时所带来的电话咨询人数增加）。所有这些信息都用于预测对呼叫中心入口流量的需求，以及需要调整的员工人数，以确保该公司满足其80/20服务标准的要求。与此类似的技术还使美捷步充分满足顾客在电子邮件和视频服务等方面对响应速度的要求。

资料来源："Consumers Will Punish Brands that Fail to Respond on Twitter Quickly," Lithium, www.lithium.com/company/news -room/press-releases/2013/consumers-will-punish-brands-that -fail-to-respond-on-twitter-quickly, published on Oct. 29, 2013, accessed on July 14, 2016; facebook.com, accessed on July 14, 2016; J. Lee, "Brands Expected to Respond within an Hour on Twitter [Study]," *Search Engine Watch*, https://searchenginewatch .com/sew/study/2304492/brands-expected-to-respond-within -an-hour-on-twitter-study, published on November 1, 2013, accessed on July 14, 2016; e-mail communication with Rob Siefker, Senior Manager for Zappos CLT, Inc., August, 2010.

9.3.2 服务绩效指数

服务绩效指数是制定顾客定义标准过程中获得的一个成果。服务绩效指数是核心绩效标准的综合评价指标。在设计该指数时，首先要做的工作是确定一套企业用于推动自身行为的顾客定义标准。并非所有服务绩效指数都包含用户定义标准，但美誉度最高的联邦快递的SQI或新加坡航空的SPI都是基于此类标准。大多数企业都是在充分了解顾客核心需要的基础上设计该指数的，它们将这些需要与具体和可测量的服务领域联系起来，并利用来自这些指数的反馈结果来识别和改进服务问题。那些理念领先的企业还会利用反馈结果在企业内部建立奖惩制度。

小结

本章讨论了企业对顾客期望的认识和为满足这些期望而制定的标准之间的差异。在导致出现差距2的主要原因中，服务行为和行动标准化程度不充分、缺少设定服务质量目标的正式过程以及缺乏顾客定义标准是首当其冲的。在本章中，我们详细讨论了这些问题并为缩小这一差距提出了战略思路。为了弥补服务设计和标准的差距，企业制定的标准必须基于顾客的需要和期望而不仅仅是企业内部目标。换句话说，企业定义标准通常无法成功地促使减小差距2的行为，而且一家企业必须基于现有的、可测量的关键顾客需求来制定顾客定义标准。

在本章中，我们介绍了两种类型的服务标准，即硬性标准和软性标准。顾客定义标准是实现顾客期望的关键：它们是把顾客表达出来的期望和企业满足这些期望的行动联系在一起的纽带。建立顾客定义服务标准的企业实务在美国企业中还未普及。这就要求企业的市场营销与营运部门鼎力合作，并在营运环节把顾客研究成果的应用作为开展各项工作的突破口。除非营运标准是根据顾客第一的理念制定的，否则它们对顾客的服务感知不太可能产生影响。

讨论题

1. 本章介绍的服务考核手段与第5章中介绍的服务考核手段有何不同？你认为这两种类型中的哪一种最重要？为什么？
2. 哪种类型服务行业的标准最难制定？为什么？从你选定的行业里推荐三项有可能在一家企业内部建立起来的标准。员工会对这些标准做何反应？你怎样才能让他们认可这些标准？
3. 考虑到顾客定义服务标准的必要性，企业到底有无必要把企业定义服务标准建立起来？企业内部的所有标准都可以由顾客定义吗？为什么可以或为什么不可以？企业内部的哪些职能部门会反对由顾客定义所有标准？
4. 硬性标准和软性标准有何不同？你认为哪一类标准最容易被员工接受？管理层会有什么意见？为什么？
5. 以你所在大专院校为例。你能否举出一些硬性标准、软性标准和考虑学生诉求的一次性安排的实例？学校是否正在采用此类标准向学生提供服务？为什么采用或为什么不采用？你认为你的解释也可以用于私营企业吗？上市企业或非营利性组织呢？
6. 思考一下你最近接受过的某项服务，然后绘制出那项服务的服务接触流程。在每次互动接触中，你认为最重要的要求是什么？编制这些要求的文档，并将行为和行动的具体层次表达出来。

练习题

1. 选择当地一家服务企业。参观这家企业并确定它所采用的标准。它采用何种硬性考核手段？软性考核手段是什么？基于你的考察结果，设计一个服务绩效指数。
2. 选择你的学校提供的某项服务（如计算机、图书馆、就业指导）。应该采用何种硬性标准满足学生的期望？选择什么样的软性标准更为合适？什么样的一次性安排会改善服务水平？
3. 分析一家你曾经工作过或你有所了解的服务企业。根据图9-3的提示，写出每个层次中顾客的要求。看一下你能详细描述到要求的哪一个层次，你认为你挖掘得够深吗？
4. 浏览三个你可以购物的网站（例如 amazon.com、jd.com 和 taobao.com）。这些网站的送货承诺是什么？它们会为这些承诺制定何种类型的标准？这些标准是顾客定义标准还是企业定义标准？

参考文献

1. "Taking the Measure of Quality," *Service Savvy,* March 1992, p. 3.
2. Ibid.

3. E-mail communication from David Spear, manager of global service and quality assurance, *FedEx Express*, June 14, 2016.
4. 2015 FedEx Annual Report, http://s1.q4cdn.com/714383399/files/doc_financials/annual/FedEx_2015_Annual_Report.pdf, accessed July 6, 2016.
5. G. L. Shostack, "Breaking Free from Product Marketing," *Journal of Marketing* 41 (April 1977), pp. 73–80.
6. Puget Sound Energy, "2015 Service Quality Report Card," http://pse.com/accountsandservices/NewToPSE/Documents/2774_SQI_Report_Card_2015_wb.pdf, accessed May 21, 2016.
7. Oregon Department of Transportation website, www.oregon.gov/ODOT/CS/PERFORMANCE/OnePagers/DMV Field Office Wait Time One pager.pdf, accessed July 13, 2016.
8. For a good discussion of creating service standards, see M. Solomon, "A Ritz-Carlton Caliber Experience Requires Employee Empowerment and Customer Service Standards," *Forbes*, September 18, 2013, http://www.forbes.com/sites/micahsolomon/2013/09/18/empowered-employees-vs-brand-standards-the-customer-experience-needs-both/.
9. 2015 Customer Rage Study conducted by Customer Care Measurement and Consulting in collaboration with the Center for Services Leadership at Arizona State University's W. P. Carey School of Business.
10. S. Banker, "A Leading Computer Manufacturer's Perfect Order Journey," *Forbes*, February 3, 2016, www.forbes.com/sites/stevebanker/2016/02/03/a-leading-computer-manufacturers-perfect-order-journey/print/.
11. J. Weinstein, "Redesigning the Box," *Hotels* 38 (2004), p. 7.
12. J. Stengle, "ER Kiosks Let Patients Avoid Long Lines," *Associated Press*, September 13, 2007.
13. See D. E. Hansen and P. J. Danaher, "Inconsistent Performance during the Service Encounter: What's a Good Start Worth?" *Journal of Service Research* 1 (February 1999), pp. 227–235; and V. Dalakas, "The Importance of a Good Ending in a Service Encounter," *Services Marketing Quarterly* 28 (2006), pp. 35–53.
14. These are two of the "three Steps of Service" included in Ritz-Carlton's Gold Standards, which can be found on the company website at http://www.ritzcarlton.com/en/about/gold-standards, accessed May 22, 2016.
15. For a comprehensive list of service attributes found to be important across a variety of services, see M. Paul, T. Hennig-Thurau, D. D. Gremler, K. P. Gwinner, and C. Wiertz, "Toward a Theory of Repeated Purchase Drivers for Consumer Services," *Journal of the Academy of Marketing Science* 37 (Summer 2009), pp. 215–237.
16. Based on e-mail communication with David Spear, manager of global service and quality assurance, *FedEx Express*, June 16, 2016.
17. "L.L. Bean Rated #1 in Customer Satisfaction," *Trailmix* (blog) *L.L. Bean*, January 21, 2014, blog.llbean.com/2014/01/l-l-bean-rated-1-in-customer-satisfaction.

第 10 章
有形展示与服务场景

本章目标

1. 解释有形展示特别是服务场景对顾客感知与体验的影响。
2. 阐述各类服务场景间的差异、服务场景的作用及其战略启示。
3. 基于营销、组织行为及环境心理学理论框架,解释为什么服务场景会影响员工和顾客的行为。
4. 介绍有形展示战略的各要素。

| 开篇案例 | 万豪采用特色的服务场景打造独特的品牌体验[1]

作为全球最大的酒店企业,万豪针对不同的价格区间、不同的场合及至不同的顾客类型都有相应的品牌,一直以来该公司被《财富》杂志评为酒店业最受推崇企业和最佳雇主之一。万豪拥有约 127 500 名员工,并在 87 个国家和地区开展经营业务。从高端的丽思卡尔顿酒店和万豪酒店到经济型的费尔菲尔德旅馆,公司已经成功地对其众多品牌进行了定位和区分,并为每个品牌定义了相应的细分市场。万豪酒店品牌战略和创新的执行副总裁提到:建立有特点的品牌战略是个复杂的过程,包括酒店设计、员工培训和甄选、顾客细分和创建具体的品牌操作标准等内容。

从顾客角度分析,万豪独特的品牌战略中最为显著的部分就是服务场景,或者说是服务提供的物理环境,即酒店设计本身。丽思卡尔顿酒店品牌的豪华设计与其定位十分契合,"我们以绅士淑女的态度为绅士淑女们服务"作为其长期秉承的服务信条,指导着员工的态度和行为。丽思卡尔顿因其通过基本的价值观和运营理念制定的"黄金标准体系"而享誉全球。它的愿景是激发生命中最有意义的旅程。从大堂到餐厅,从优雅的水疗到高档的零售店,每一家丽思卡尔顿酒店的实体服务场景设计都强化了其高端和奢华的定位。相比之下,万怡酒店的实体场景尽管具有个性化的舒适风格,但在设计上更为高效和商业化。休息室随时开放,可以邀请客人在舒适高档的环境下进行交流、休息并享用休闲食品。在休息区,有足够的空间可以用来工作、免费上网,甚至组织会议,这样的空间设计可以促进更有效率的互动和交流。与移动工作区的设计相似，客房中有充足的电源、最先进的技术支持以及温馨的房间色调，使客人在繁忙的一天后得到最好的休息。万豪最近打造的一个酒店品牌叫"艾迪逊"，是一家为新婚恋人提供超值服务，并体现地域文化特色的精品酒店。该酒店把万豪带入一个全新的市场。酒店的创意来自于行业内先驱伊恩·施拉格（Lanscharge）。艾迪逊精品酒店通常房间不大但价格较高，强调每个房间的专属性和独特性。这种设计对这一概念酒店来讲是至关重要的独特定位。目前，艾迪逊已经在伦敦、迈阿密、纽约和伊斯坦布尔开设四家酒店，在未来将会在超过12个城市继续开店。这些酒店设计均反映出当地城市的特色，通过其独特和高端的服务场景展示出城市的地理和文化。

万豪酒店大堂中庭被设计成顾客工作和交流的场所。

我们只介绍了万豪酒店18个品牌中的3个，值得注意的是，18个品牌中的每一个都有独特的服务场景设计，从中档酒店到豪华酒店，各个品牌均强化其各自的定位。除了服务场景之外，万豪还通过员工培训、着装要求规范和与内部流程设计等，强化各个酒店的品牌定位。

我们将在本章中探讨有形展示对于传播服务质量、设定顾客期望以及创造服务体验的重要性。我们在第1章介绍扩展性服务营销组合要素时，将有形展示定义为用来进行服务传递的、企业与顾客互动的以及有利于服务执行或传播交流的任何环境要素。该定义的第一部分包括服务执行、传递以及消费所处的实际有形设施。在本章中，我们统一把这种有形设施称为服务场景。[2] 有形展示对于信任类服务（如汽车修理业、医疗行业）的传播尤其重要。

10.1 有形展示

10.1.1 什么是有形展示

由于服务本身是无形的，顾客常常通过有形线索或者有形展示，在消费前、消费过程中以及消费完成后对服务进行评价。有效设计有形展示对缩小服务差距至关重要。有形展示的一般要素见表10-1。这些要素包括组织的所有有形设施（服务场景）及其他有形物。影响顾客的服务场景要素既包括外部设施（如指示标志、停车场和周边环境等），又包括内部设施（如内部设计、布局、设备等）。需要注意的是，网站和互联网上的服务场景是有形展示的最新形式，企业可以利用这些形式传播服务体验，使购买前后顾客对服务都更加切实可感。"技术亮点"解释了这些方面的发展。

表10-1 有形展示的要素

服务场景	其他有形物
外部设施	名片
外部设计	文具
指示标志	账单
停车场	报告
景观	员工着装
周边环境	制服
内部设施	宣传册
内部设计	网站页面
设备	虚拟服务场景
指示标志	
布局	
空气质量/温度	
声音/音乐/气味/光照	

■ 技术亮点　　　　虚拟服务场景：通过互联网体验服务

网页和虚拟服务站使顾客可以通过网络预览服务体验并观察有形服务，而不需要亲历其境。这一媒介为企业提供了更多服务沟通的可能，而在以前这是很困难甚至不可能的。在此，我们列举了不同行业的几个例子。

旅游

游客能够在预定旅行团甚至决定去哪旅行之前预览目的地，查看宾馆房间和自然风光，并"体验"娱乐项目。在定制去英国的旅行之前，游客可以预览展示宾馆、床和早餐以及其他英国住宿地情况的网站，不仅可以看到设施的外部，还可以看到实际的房间。在计划去美国国家公园时候，游客可以观看介绍公园以及公园中其他景点的全景影片。例如，在黄石公园网站上（www.yellowstone.net）可以看到有吸引力的整个公园旅游路线。游客能够在亲身前往之前就确定自己的线路。此外，网站还可以将旅游地点的情景通过摄像头实时传送，让游客具有身临其境之感。

体育和娱乐

当今，体育和娱乐网站可以通过科技设备提供直播服务，使粉丝们在网上观看很多活动，并预览即将到来的体育赛事。纳斯卡车赛（NASCAR）就是一个很好的例子，其赛事吸引着来自各地的体育爱好者。目前，赛车爱好者数量达到7 500万。对于那些亲身体验过比赛的观众来说，比赛氛围充满了兴奋感，还可以买到丰富多样的食物和各种助兴产品。如果感觉这样还没有现场感，企业还为赛车迷们提供了更多服务场景的体验，一些源自车辆内部的现场实况视频，使得观众可以通过智能手机、笔记本电脑和广播了解赛车手和副车手的状态，我们可以看到这些赛车的驾驶舱，甚至观察事故的发生过程。此外，粉丝如果按月付费，还可以在线看到实时的竞赛信息、赛车手统计以及实时积分榜等。

独特的零售体验

当今许多的零售业能够通过互联网有效地进行体验传递。例如，在熊熊梦工厂（Build-A-Bear），儿童可以从3～103个不同的号码中挑选自己的泰迪熊及其他的毛绒玩具。熊熊梦工厂在全球经营着超过400家店铺，包括美国、波多黎各、加拿大、英国、爱尔兰和法国等国的直营店铺，以及欧洲、亚洲、澳大利亚、非洲和中东等地的特许经营商店。商店提供的高互动零售娱乐体验充满趣味，让人印象深刻，并具有极强的可视感。以泰迪熊为主题的服务场景就是零售体验中的一大部分。想要了解这家商店是如何提供体验的，可以登录该公司的网站（www.buildabear.com）。顾客可以通过"选择我、熟悉我、填充我、缝合我、命名我、打扮我、带我回家"等流程体验创造泰迪熊毛绒玩具的过程。通过网页可以逐步展现每一个场景，同时通过多彩的图片展示细节，最终让访问者对商店环境和服务过程充满真实感。

高等教育

进入哪所大学深造，是很多年轻人和他们的父母十分重视的问题。为了让学生找到合适的大学，学生和家长都会做大量的功课。此时，学校的有形环境（学校本身和具体设施）在选择中就会扮演着重要角色。现在许多大学都会提供校园的虚拟旅行，使学生能够事先参观校园环境。美国俄勒冈大学（University of Oregon）的网站上就有一个虚拟旅行模块，可以让学生提前游览学校的环境。同时，学生可以点击学校的不同地点去浏览并倾听详细的介绍。在每一个场景里，学生和家人都能够看到360度的全景视频，同时阅读发生在校园里的信息。

互联网技术为企业宣传它们的服务提供了大量的机会。网上的有形展示为顾客创造了服务期望，也为服务传递提供了标准，这是至关重要的。同时，网上的这些信息应与服务企业的品牌定位相一致，也应与企业传递的营销信息相一致。

表 10-2 给出了不同服务背景下一些有形展示的示例。很明显，有些服务可通过有形展示进行宣传（如医院、旅游胜地、儿童保育等），而有些服务则只能提供有限的有形展示，如保险业、邮政快递业等。每种服务的有形展示要素都向顾客传播了与该服务有关的信息，并将有助于服务的执行。尽管本章的焦点是服务场景及其影响，但请读者牢记，所有这些内容也适用于其他形式的有形展示。

表 10-2 顾客角度的有形展示示例

服务	服务场景	其他有形物
保险	不适用	保险单、收费单 最新资料、公司手册 信笺/卡片、索赔表 网站
医院	建筑物外部、停车场地 指示标志、候诊区 住院处、护理室 医疗设备、监护室	制服 报告/文具 收费单 网站
航班	登机口、飞机外部 飞机内部（装潢、座位、空气质量） 登机自助设备、安检区 行李返回区域	板载技术 食物 制服 网站
邮政快递	独立寄件商店 取件服务包装箱	包装、运输车辆 制服、手持设备 网站
体育运动	停车场地、体育馆外部 售票处、入口 座位、休息室 特许的场地、运动场 计分板	门票 队服 赛程单 团队吉祥物 网站

10.1.2 有形展示如何影响顾客体验

有形展示特别是服务场景，能够对顾客体验产生重要影响。无论体验是否是普遍的（如公交车或是地铁）、私人化的（如医院的婴儿房），或是特别的（如长达一周的探险旅行），有形展示都会起到重要作用。总之，服务的有形展示将会影响体验的流畅性，顾客将会对这样的过程产生依恋、满意和情感，同时也会与其他人一起在体验中感受到社会互动。

营销人员与企业的战略制定者更加关注有形展示，他们意识到物理空间和有形性对创造体验具有重要影响。刘易斯·卡蓬（Lewis Carbone）是一位优秀的体验管理咨询师，他根据线索管理（clue management）开发了一整套专业词汇和管理进程。[3] 线索管理强调应清晰识别和管理顾客对企业的印象和感觉产生的多种线索信息。这些线索中包括机制线索（mechanics clue），以及我们这章所强调的物理和有形的线索。其他关注顾客体验管理的咨询师也强调有形展示和有形设施对形成这些体验的重要性。[4] 这一章中的众多案例，都是关于有形展示如何与顾客取得联系并影响其体验形成的。

10.2 服务场景的类型

本章我们解释服务场景的作用以及服务场景如何影响顾客和员工及他们之间的交互关

系。我们主要依据的是环境心理学的思想和概念。环境心理学的研究对象是人类与人文环境、自然环境和社会环境之间的关系。[5] 环境要素不同，有形环境的重要性也不尽相同。表10-3 是服务组织的一个分类框架，该分类框架的两个维度体现了影响服务场景管理的一些关键性差异。

10.2.1 服务场景的用途

服务场景的参与者各不相同，顾客、员工或者是二者兼有。表 10-3 的第一列表明基于这一维度有三种类型的服务组织。第一种是自助服务，其中顾客完成大部分活动，即使有员工参与也非常少，如 ATM、电影院、快件投递设施，以及高尔夫球场和主题公园等自助娱乐场所和在线互联网服务等。在这些场景中，服务组织应设计专属性营销目标，诸如吸引适当的细分市场、使设施足够吸引人并便于使用，以及创造渴望的服务体验等。

服务场景用途维度的第二种是远程服务，其中顾客很少或根本没有被卷入服务场景。如通信服务、公用服务、金融咨询、社论和邮购服务等，顾客均不能直接看到服务设施。事实上，服务设施可能会在异地，如其他的州或国家（见第 1 章内容）。在这些远程服务中，服务设施的设计应能激发员工能动性，有利于提高生产率，加强团队合作，提高工作效率并实现

表 10-3 基于服务场景形式和用途的差异划分服务组织的类型

服务场景的用途	服务场景的复杂性	
	复杂的	精简的
自助服务 （只有顾客自己）	水上乐园 易趣网	ATM 洗车场 互联网服务 快件递送
交互性服务 （顾客和雇员）	饭店 餐厅 保健所 医院 银行 航班 学校	干洗店 热狗摊 美发厅
远程服务 （只有雇员自己）	电话公司 保险公司 公用事业 众多的专业服务	电话邮购服务台 自动化 自动语音信息服务

组织行为目标。这一过程无须考虑顾客，因为顾客根本看不到以上场景。以一家数据统计和软件公司 SAS 为例，其蝉联了《财富》杂志 2010～2011 年度最佳雇主排行榜首位，并至 2016 年连续稳坐前 10 位，这个公司为 13 500 名员工提供了高质量的医疗保健、托儿所、汽车清洗、美容院和健身中心等，所有设施的设计完全将员工和生产力放在第一位。[6]

表 10-3 中，交互性服务介于上述两种服务之间，其中顾客和员工都需要置身于服务场景。这种类型的服务实例众多，如饭店、餐厅、医院、教育设施及银行等。在这些服务中，服务场景的设计必须能够同时吸引、满足顾客和员工，并便于二者的交互过程。对于服务场景如何影响顾客间、员工间以及顾客和员工间的社会性交互质量的问题，服务企业必须给予特别关注。游览船便是一个很好的实例，在该服务中，服务场景必须能够同时支持顾客和员工，而且要便于这两个群体间的交互。

10.2.2 服务场景的复杂性

表 10-3 列出了影响服务场景管理的另一个因素——复杂性。有些服务场景非常简单，涉及的空间和设施都有限，这样的环境被称为是精简的。大型购物中心的信息咨询处和联邦快递的递送设施都可以被认为是精简的环境，它们都是在一个简单的建筑物中提供服务。对于

精简的服务场景来说，设计决策相对简单，尤其是在自我服务或远程服务情景下，因为在这些服务情景下，员工和顾客间没有交互过程。

另一种服务场景则很复杂，包含多种因素和形式。以医院为例，该场所有很多楼层、很多房间，同时还有复杂的设备和有形设施。在这种复杂的环境中，企业应通过科学的服务场景管理达到其营销目标和组织目标。例如，像医院这样属于复杂的人际交往服务单元的组织面临着最为复杂的服务场景决策。病房的设计应既让病人感觉舒适、满意，又同时保证医护人员的工作效率。例如，美国医疗保健业最为知名的梅奥诊所，1998年该诊所在亚利桑那州的斯科茨代尔开业时，就在服务场景设计方面认真考虑了其员工、医生、患者和来访者间相互联系的目标、需要和情感。

10.3 服务场景的战略作用

在场景类型的各个单元中，服务场景可同时发挥多种作用。研究其各种作用及它们之间的相互关系可以让我们更加清楚地了解服务有形展示的重要战略意义。事实上，服务场景经常被认为是影响服务组织定位的最重要因素之一。

⊙ 战略洞察

通过建筑设计进行战略定位

两种麦克劳-希尔出版公司的刊物，《商业周刊》(*BusinessWeek*)、《建筑纪实》(*Architectural Record*) 联合推出了一个建筑业的年度评比。获奖的公司清晰地阐明了建筑设计对顾客、员工和一般公众的影响。这里我们介绍几家近年来获奖的企业，来证实建筑和服务场景的设计是如何强化战略和公司的营销定位的。

纽约苹果商店

在纽约苏荷（Soho）街设计店铺时，苹果电脑公司将建筑师、图像设计师、产品开发人员、销售人员和CEO的工作进行整合，创造出一个零售空间，既能表现公司的风格，也能进行产品销售。通过一个清晰、开放、空旷的店铺和几台电脑就可以创造出剧院效果。公司运用玻璃楼梯、白色墙壁以及透明天窗创造了一个充满现代感设计的空间，以供苹果产品的展示。顾客对苹果如此评价："在这家商店，不仅可以方便地了解产品，还便于与店家沟通。"另外一家位于纽约市第五大道的苹果商店是销量最高的一家店，也是建筑设计评比中的获奖者。这家立方体形状的商店完全脱离结构钢，更多地依赖于整洁的玻璃外壳和玻璃的横梁，在零售空间的上方营造出一种完全飘浮的结构。和苏荷商店一样，这个"立方体"能够有效地吸引顾客，其内部整洁的设计风格提供了一种诚邀顾客体验产品创新的氛围。该商店的空间美，功能性强，产品售价和利润率也很高（2003年和2006年获奖者）。

安睿律师事务所

英国伦敦安睿（Eversheds）是一家全球性的律师事务所，一直重视吸引更多优秀的年轻人才加入企业。当它将总部搬到伦敦时，意识到通过办公环境的设计可以达到吸引人才的目的。为了建立一个面向未来的律师事务所，设计师们进行了广泛的研究，在现有的原型下进行了长达9个月的设计。整体设计呈现了根本性的改变，如模块化的大型家具，可以自由移动便于律师和工作人员间的协作和沟通。此外，还增加了一些设施，包括用餐场地、淋浴、自行车存放处和休息室。另外，集中管理也是其设计的核心。例如，通过集中大部分信息和文件，公司将归档文件的数量减少75%，打印机数量减少63%。公司员工取得的优异成绩也归功于新场所的设计，使96%的员工更加积极地工作（2009年获奖者）。

保罗圣徒队的棒球场

保罗圣徒（St. Paul Saints）队是明尼苏达最受喜爱的少年棒球队，球队以社区参与、顾及家庭以及富有亲和力而闻名。在更换老旧的球场时，新的设计保持了低调和平易近人的氛围。历经多次社区会议讨论后，一个充满友好氛围的新球场建成。从颜色、材料到开放性设计，均体现了其社区导向与平易近人的定位。路人能够穿过开放的玻璃区域，这加强了对公众的亲和力。低物理结构和街道设计，连接了周围建筑和球场，强调了和谐与团结。下班后，球场就成为一个真正的社区资产，步行道免费开放给公众进行锻炼、遛狗或者开展活动。2014～2015年，这座提供了7 000个座位的新球场吸引了4 000 000位观赛者，为球队增加了一倍的收入（2016年获奖者）。

旧金山爵士中心

旧金山爵士中心想要在成立35周年时创造第一个永久的爵士音乐之家。爵士乐队希望有一个永久的、精心设计的、现代化的设施，同时，这一设施要富有亲和力并能体现俱乐部特色。为此，一个提供了700个座位的新音乐剧院成功修建。在舞台周围设计了阶梯座位，距离舞台的距离均不超过45英尺[⊖]，以方便观众和演员近距离接触。从旧金山爵士（SFJAZZ）大街上穿过玻璃墙就能来到一楼大厅，整体建筑设计具有艺术性，且保持了爵士风格。新大楼建成后的两年内，会员人数从3 000人增加到10 000人，表演活动次数也提高了3倍（2015年获奖者）。

瑞典银行总部，斯德哥尔摩

瑞典银行（Swedbank）坐落在斯德哥尔摩中心位置的办公楼有长达40年的历史。建筑由长长的走廊和多个办公室组成，设计传统且黑暗而拥挤。公司考虑把总部从市中心搬到郊区，同时想采用全新的建筑设计。他们希望新的建筑空间灵活机动，能够增强2 700名员工的协作性和创新性。最终的设计方案是，采用钢结构和混凝土，设计出一种"对折交叠"的模式。在交叠的中心，是五个中庭天窗，能够使各个工作组间建立起穿透的视觉联系。在设计中几乎没有私人办公室，雇员也没有固定的办公桌。他们可选择有特色的小隔间、软垫椅子、桌子和封闭的会议室。虽然总面积小于老建筑，但工作空间更加具有灵活性。新的建筑设计符合未来银行发展的趋势，对于空间和能源的利用也十分有益（2015年获奖者）。

位于纽约的一家苹果产品专卖店。

⊖ 1英尺=0.304 8米。

10.3.1 "包装"作用

设计产品包装可树立独特形象,同时又能引发消费者某种特殊的视觉或情感上的反应,服务的有形部分通过很多复杂的刺激可发挥与"包装"同样的作用。服务场景系统是组织的外在形象,对形成初步印象和建立用户期望的意义重大,它是无形服务的有形表现。对于建立新顾客期望和刚刚开业并希望树立某种形象的服务组织而言,这种"包装"的作用尤为重要。有形环境为组织提供传递形象的机会,包装的作用可通过服务人员的着装及其外在形象等因素向外延伸。[7]

有趣的是,尽管服务"包装"很重要,但服务包装一般很难获得与产品包装同等的关注和资源投入。当然,也有很多例外。一些明智的公司,如苹果商店、星巴克、联邦快递以及万豪酒店等均花费了很多时间和金钱将其服务场景与品牌联系起来,为顾客提供鲜明的视觉隐喻和服务包装,以传达其品牌定位。例如,星巴克正在为它的 23 000 家门店创造独特的环境,以打造出不同外观和感觉的门店。这种设计的目标是让每一家店看起来不是批量生产出的复制品,而更像是具有当地特色的咖啡店。[8]

10.3.2 辅助作用

服务场景也能作为辅助物为身在其中的顾客提供帮助。环境的设计能够促进或阻碍服务场景中活动的进行,使得顾客和员工更容易或更难达到目标。设计良好的功能设施,可以使顾客将接受服务视为愉快的经历,也可使员工将提供服务视为快事一桩。与此相反,不成功的设计则会使顾客和员工双方都感到失望。比如,旅行者乘国际航班时发觉自己经过的某个机场没有指示牌、通风不好、没有座位或没有进餐的地方,他就会觉得不满意,那里的员工也会缺乏工作积极性。

同一位旅行者,如果飞机上的座位非常便于休息,他将非常高兴。经过多年的技术改进,座椅已经能够满足旅行者的睡眠需求。事实上,设置更好的座位仍然是国际航空公司间一个主要的竞争点,其结果已经转化为更高的乘客满意度。[9]座椅的一些最新设计包括:商务舱座位可后仰成为"Skybeds"(空中睡床)、头等舱设计了皮质的垫脚凳以及在商务舱设置电子屏风等,这些新的功能将不断满足顾客新的需求。

10.3.3 交际作用

设计服务场景有助于员工和顾客双方的交流,它可以帮助传递员工与顾客期望的角色、行为和关系等。例如,专业服务机构中的新员工会通过观察办公室的布局、办公家具的质量以及其相对他人所处的位置等,逐渐了解个人在企业中的角色。

设施的设计还能够让顾客了解自己的角色是什么,迎接他们的服务场景应该怎样,员工在该环境下的行为应该怎样以及需要何种类型的鼓励等。比如,星巴克在一些地方已经改变传统设计,使顾客在这里进行更多的交际活动,而不是仅仅喝一杯咖啡而已。为了鼓励这种类型的社交活动,星巴克尝试配备了舒适的长沙发桌椅、免费 Wi-Fi 等,以鼓励顾客间进行交流并在这里停留更长时间。这一环境与传统的咖啡厅相比,鼓励一种完全不同的行为方式和顾客交流方式。其目的是使顾客把星巴克作为"第三场所",即当顾客不工作或者不在家的时候,用来打发时间思考的地方。

10.3.4 区别作用

有形设施的设计可将一个组织同其竞争对手进行区分。正是这种区分作用，使服务企业重新占有或吸引新市场。在购物中心，装潢和陈列中使用的标志、颜色，以及店堂内回荡的音乐等都能表明其所期望的细分市场。本章的"战略视角"部分介绍了五个不同的公司，它们都曾经采用过具有辅助作用的物理环境设计来强化它们的定位，并尝试区分顾客和员工眼中的其他公司。

宠物市场公司采用服务场景作为区分点提出了其创新的宠物旅店理念。[10] 其可以为宠物提供昼夜看护，这与宠物医院和托管所设施有明显区别。它的亮点是轻松的休闲场所、多彩的游戏场所、舒适的睡眠房间和电视机，用于呼叫的"骨头电话亭"，以及比其他传统宠物托管所更舒适、更居家的休闲设施。

有形环境的设计也会表现在同一个服务组织中一个区域不同于另一个区域。在酒店业中，这一点也得到了普遍印证，大酒店可提供几种不同档次的宴会。随着有形环境的变化，价格会有所不同，有更多有形设施的和更大空间的价位往往较高一些，比如飞机上较大的座位会有较大的腿部空间（常常是头等舱座位），而票价也会较高些。

10.4 服务场景对顾客与员工行为影响的理论框架

从策略角度考虑服务场景的多重作用及各作用之间的相互关系非常有必要，同时，最终的服务场景设计还需要理解为何会出现某些作用及如何看待这些作用。下面将提供一个理论框架，用以说明环境和顾客与员工行为在服务场景中的关系。物理设计不仅影响顾客与员工行为，还会影响顾客与员工的幸福感。

10.4.1 基本的理论框架

理解服务场景对顾客与员工行为影响的框架遵循着基本的"刺激—有机体—反应"（stimulus-organism-response）理论。框架中的多维环境要素是刺激，顾客和员工是对刺激做出反应的有机体，该环境下产生的行为是反应。"刺激—有机体—反应"理论认为服务场景的要素会影响到顾客和员工，他们对服务场景的内在反应将决定其行为方式。

一个简单的例子将有助于阐述这一理论。假设在校园里停着一辆面点车，车子设计得活泼有趣，而且散发着烤面点的香味，在这里车子和香味便是影响顾客的两个服务场景因素。假设你在刚刚下课后穿过校园，肚子有点饿。面点车那有趣的设计以及阵阵的香味让你感到高兴、放松，同时也会让你感到饥肠辘辘。因为在午饭之前你还有课要上，于是你被吸引到面点车前打算买块点心，那么走向面点车并购买点心便是服务场景导致的行为。如果时间充裕，说不定你还会选择与售货商或其他站在旁边吃点心的顾客聊上一聊，这便是服务场景导致的其他行为。

图10-1描述了一个综合性的"刺激—有机体—反应"范例，表明环境对多方（顾客、员工及其之间的交流）的影响、多种类型的内在反应（认识、情感和生理上的）以及由此引发的不同个人及社会行为等。

我们对图10-1的讨论从右边的行为开始，从管理者的视角来看，期望的行为和反应是战略的起点，然后解释并阐述中间的反应部分，最后回到环境维度和对环境的全面感知。

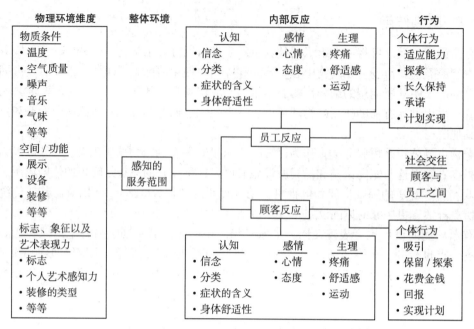

图 10-1　服务性组织中环境—用户关系框架图

10.4.2　服务场景中的行为

毫无疑问，人类的行为会受有形环境的影响。几十年来，环境心理学领域发表了大量关于人类和环境关系的文献。在商业环境下，对客户体验的关注也引起了对有形空间和客户行为设计的关注。[11] 比如，一个最近的研究探究了快餐行业服务场景设计的作用，包括其对顾客感知和消费模式的影响，以及对商店形象的作用。研究发现，随着场景设计的改变，顾客感知、商店形象以及顾客在餐馆里的消费额都在提升[12]，尤其在短期内更是如此。而在大约六个月后，场景改变的效果就会慢慢失效。另一个研究也发现了类似的现象，场景改造后，相比于老客户，新顾客的消费额更高，但这种差异仅持续了一年。[13]

1. 个体行为

环境心理学家认为，个体对地点做出的反应体现在两个很普遍但又截然相反的行为方式上：趋近或规避。趋近行为包括对某一地点产生的正向行为，如逗留、探究、操作以及发生联系的愿望。[14] 规避行为则反映一个相反过程：不愿逗留、探究、操作或发生联系等。在一项对零售环境消费者的调查中，研究人员发现，趋近行为（包括爱好购物、折返、对他人友善可亲、花钱、花费时间浏览以及研究购物商店等）会受到环境感知的影响。[15]

除了吸引或是阻止顾客进店，服务场景实际上还能影响进店的顾客同员工交易的成功率。顾客的购物过程可能会受到环境的阻碍或者促进。如 NBA 篮球迷们在看球时能轻松找到停车场地，清晰的标志帮助他们找到座位、颇有效率的食品服务及干净的休息室等。另外，员工的工作能力与效率也会受到服务场景影响。适当的空间、设备以及适宜的温度和空气质量等，都有利于提高员工的舒适感和工作满意度，能够使员工工作效率更高，工作时间更长，并使他与其他员工更好地相处。

2. 社会交往

除了影响个人行为，服务场景还影响顾客与员工之间交流的质量，这体现在人际交往性服务中。有人说："所有的社会交往都受其所处的有形环境的影响。"[16] 这里的"有形环境"能够在交往持续时间和实际进展方面影响社交活动本身。环境可变因素（如身体距离、座位安排、空间大小和可变通性等）能够定义顾客与员工或顾客之间交流的可能性和交流效果。下图为荷兰至美国航线游轮的照片，游轮中服务场景的设计遵从于指定地区的交往规则、习俗和期望，并由此影响社交的效果。[17] 游客在日光浴平台亲密的身体靠近，本身也说明了某种行为方式，很显然这里的度假场合并非为隐居者而设计。一些研究者指出重复出现的社会行为方式是与特定的有形场合相联系的，每当人们处于典型场合中，就可以预见其行为。[18]

环境如何改变社会交往以及这些交往反过来如何影响环境，这样的实例数不胜数。[19] 如"芝加哥耐克城"的零售现象，可看出"娱乐零售"这种形式如何改变消费者的行为，同时消费者也可以表达和创造他们自己的现实和经历。[20] 以河流漂流旅行为例，"茫茫一片的场景"极大地影响着漂流消费者及其导游的行为、交流和整体体验。[21] 在这种情况下，不可控的大自然环境成为服务场景。有时候，重要的社会纽带和联系就是在服务场所建立的，结果导致了这里成为很多人的"第三场所"（见专栏 10-1）。[22]

社会交往行为由服务场景的环境所决定。

◎ 专栏 10-1
"第三场所"的服务支持

顾客与顾客之间、顾客与员工之间发生社会交往和联系的"第三场所"能够带来陪伴和情感支持，这将会使顾客对该场所产生强烈的依附和忠诚。第三场所是指除工作地点（或学校）和家庭外，人们定期、非自发聚集的公共或商业场所，前两者被视为人们的第一和第二场所。第三场所通常包括餐馆、咖啡厅、酒馆、酒吧或俱乐部，健身俱乐部、文娱中心或其他公众聚集地也可以作为第三场所。流行电视节目中的"欢庆"酒吧，就是一个典型的第三场所。设想一下哪种类型的第三场所适合你。你有第三场所吗？

马克·罗森鲍姆（Mark Rosenbaum）及其团队的研究发现，人们对第三场所的依附几乎达到不可替代的程度，他们归属于它并关注它，他们高度认同它，他们围绕它构建自己的生活方式。这种依附现象的发生，是因为他们从第三场所能够感受到来自其他顾客或员工的陪伴与情感支持，而不仅仅是因为他们喜欢那里的服务或对物理布局感到舒适。对于孤单或需要与他人沟通的人而言，这种情感依附和交往需求尤为强烈。研究者深度访谈了 Sammy's 餐厅的顾客，这家休闲餐厅的分店位于美国各大主要都市的郊区，是许多顾客的第三场所。通过访谈，研究者发现顾客们多是孤独或因丧偶、离异、疾病等原因失去社会支持的人，他们在 Sammy's 餐厅发现了重要的陪伴和情感支持。研究发现，这些顾客从 Sammy's 餐厅的顾客或员工那里获得了 58% 的社会支持，这些顾客对 Sammy's 餐厅具有较高的依赖感和忠诚度。

这个研究强调了服务场景的概念，尽管服务场景被定义为物理要素，但第三场所还体现了对常客的社会交往、联系和支持的根本作用。这种支持所带来的收益远远高于核心服务。Sammy's 餐厅的常客在舒适环境中所享受的远不止一顿饭菜。与他人的交往使得他们的日常生活更加充实，情绪也更为高涨。随着孤独问题在现代社会中日益突出（如人口老龄化，越来越多的人照顾长期患病的家人或朋友，离婚频繁，工作时长增加造成友谊淡化），第三场所作为一种重要的社会支持方式得以发展。顾客支持网络并不一定需要真实的接触，如在线社区也可提供社会支持，但在培养人与人之间的陪伴和情感联系方面，真实场所更为便捷和得力。

资料来源：M. S. Rosenbaum, "Exploring the Social Supportive Role of Third Places in Consumers' Lives," *Journal of Service Research* 9 (August 2006), pp. 59-72; A. Tombs and J. R. McColl-Kennedy, "Social-Servicescape Conceptual Model," *Marketing Theory* 3 (2003), pp 447-475; M. S. Rosenbaum, J. Ward, B. A. Walker, and A. L. Ostrom, "A Cup of Coffee with a Dash of Love: An Investigation of Commercial Social Support and Third-Place Attachment," *Journal of Service Research* 10 (August 2007), pp. 43-59; and M. S. Rosenbaum, J. C. Sweeney, and C. Windhorst, "The Restorative Qualities of an Activity-Based, Third Place Cafe for Seniors," *Seniors Housing and Care Journal* 17 (2009), pp. 75-90; E. D. Brocato, J. Baker, and C. M. Voorhees, "Creating Consumer Attachment to Retail Service Firms Through Sense of Place," *Journal of the Academy of Marketing Science* 43 (2015), pp. 200-220.

10.4.3 服务场景引起的内部反应

员工和顾客会对周围的有形环境在认知、情感和生理上产生很多反应，这些反应如图 10-1 中间部分所示，进而影响他们在环境中的行为。换句话说，感知到的服务场景并非直接引起人们在某些方面的行为。尽管我们分别讨论各自的内部反应，但它们之间也是相互关联的。人们对某个地方的信任即认知方面的反应会影响其情感反应，反之亦然。比如，病人来到牙医诊所，那里的设计可以缓解病人的焦虑（情感反应），从而使病人认为牙医有能力很好地照顾病人（认知反应）。

1. 环境与认知

感知到的服务场景能影响人们对服务企业和服务产品的信任。从某种意义上讲，可以把服务场景看作一种非语言交流形式，通过所谓的"客观语言"传递信息。[23] 比如，特别的环境如办公家具和装潢以及律师所戴的配饰等，可以影响潜在当事人对该律师是否为成功人士、其收费价格是否昂贵以及他是否可信等的判断。对消费者的一项调查显示，所描述的不同店堂气氛会改变顾客对该店出售的某种产品（如香水）的印象。[24] 另一项调查发现，旅行社办公室的装潢设计会影响顾客对旅行社的判断和信心。[25] 如果旅行社看上去井井有条且很专业，那么人们对它的印象就比看上去混乱且不精通业务的旅行社好很多。

在其他情况下，对服务场景的感知可以帮助人们对企业进行归类并加以区分。调查显示，餐饮业中有一套特殊的环境因素显示为"快餐"模式，另有一套因素则显示为"豪华餐厅"模式。[26] 在这些场合中，环境因素可以使顾客非常便捷地对餐厅类别进行区分。

2. 环境与情感

感知到的服务场景除了影响信任度以外，还能够引起情感方面的反应，并最终影响行为。置身于某个地方可以使我们感到高兴、愉悦和放松，而置身另一处却可能使我们感到难过、沮丧和消沉。颜色、装潢、音乐和其他气氛因素对置身某地的人们的情绪影响可能无法解释，有时这种影响甚至并非是有意识的。对一些人来说，牙医诊所的某些环境刺激（噪声、气味）会使他们马上感到恐惧和焦虑。华盛顿特区联邦最高法院的大理石内部装修和宏伟的气派会使人产生自豪和敬慕的感觉，而某地夜晚活泼的音乐和明亮的布景会使人感到兴奋和愉快。在这些例子中，顾客不会有过多的思考，而只会产生一种无法解释的潜意识感觉。

REI（Recreational Equipment Inc.）公司提供了另一个通过建筑设计与服务场景建立情感联系的例子。作为西雅图的旗舰店，这家公司为顾客创造了一种包括爬山、脚踏车旅行、徒步行走的体验。这家位于布卢明顿的商店拥有一条环城路线。REI通过服务场景设计模仿了顾客与它的产品所建立的情感和体验，并加强了与其商店的联系。

环境心理学家研究人对有形环境的反应。[27]他们认为任何环境，无论是自然的还是人为的，都会引起两个维度的情感变化：①高兴/不高兴；②唤醒程度（即刺激或兴奋程度）的高低。既令人愉快又高唤醒作用的服务场景应该被定义为兴奋型，令人愉快但唤醒程度低的服务场景定义为放松型，高唤醒但不令人愉快的服务场景定义为苦恼型；低唤醒和令人不快的服务场景定义为抑郁型。这些对环境的基本情感反应可以用来预测置身于某一场景中的顾客和员工可能产生的行为。

3. 环境与生理

感受到的服务场景可以在生理方面给人以影响。太大的噪声会引起生理上的不适，房间温度不适会使人发抖或大汗淋漓，空气质量不好会使人呼吸困难，光照过强会减弱视力并造成身体不适。所有这些生理反应都会直接影响人们对环境的喜欢程度和停留时间。众所周知，餐厅中椅子的舒适度会影响人们在那里停留的时间，快餐店的"硬"座位会使多数人抓紧时间离开。因此，星巴克咖啡厅中柔软、舒适的座椅就产生了较好的效果，鼓励人们尽可能长时间待在咖啡厅中。同样，环境设计和相应的生理反应也会影响员工能否很好地完成其工作。

大量调查结果强调了人对周边环境和设施设计的生理反应。[28]这样的调查符合人类因素设计原则或人类工程学。对人类因素的调查系统地将人的能力与局限等信息应用于对环境的设计。[29]例如，国际饭店，曾在重新设计罗得威（Rodeway）和经济住宿（Econolodge）酒店品牌时，把服务定位于空巢家庭的夫妻和老年人。饭店中相当多的房间被改建成老人友好型套房，里面的光源更加明亮，而且电话和电视遥控器的按钮都很大，浴室也装有扶手杆。墙壁上装有发光开关，以便在夜里也能让人看清。为了方便有关节炎的人，门上的把手设计为可按压开启而不是非要旋扭才能开启的球型把手，房间里所有的门和抽屉都无须用手和手腕。通过这些方面的设计，国际饭店全面迎合并满足了老人的需要。

4. 个人反应的不同

总的来说，人们对环境的反应包括认知的、情感的和生理的，这些反应将影响他们在该环境中的行为。但是，每个人的每一次反应又不完全相同。个性差异以及一些情境条件也都会产生影响，如到达该环境时的心情或者目的会引起人们对服务场景的不同反应。[30]

已有证据表明影响人对环境反应的特征是"唤醒搜寻"（arousal seeking）水平的差异，高唤醒搜寻者喜欢寻找高水准的刺激，而低唤醒搜寻者往往倾向于低水准的刺激。所以，低避唤醒搜寻的人置身于迪斯科舞曲和闪烁的霓虹灯里会表现出极强的反感，而高唤醒搜寻的人却会感到非常兴奋。另一方面，有学者指出有些个体相对于其他人更容易屏蔽掉环境方面的刺激。[31]屏蔽刺激者可亲历高水准的刺激但能不受其影响，不能屏蔽者则会受到很大的影响，并对低水准的刺激表现出极端的反应。

置身于服务场景的特定目的也会影响人们对服务场景的反应。相对于乘飞机越洋飞行 14 个小时的乘客来说,乘飞机飞行一个小时的乘客不大会受飞机上气压的影响。同样,与在医院里住院两个星期的病人相比,手术后只在医院住一天的病人对所处环境也不会过于敏感、计较或要求太高。在度假区饭店开业务会议的人与在那里度蜜月的夫妻对环境的反应完全不同。

个体的情绪状态也会引起人们对环境刺激的不同反应。处于高度唤醒性的餐厅时,一个轻轻松松过完三天假期的人和工作了一天、既烦恼又疲惫的人比起来,受影响的程度大不相同。

文化差异也影响着对环境特征的偏好和对服务场景设计的反应。例如,中国对于红色有很强的文化偏好,而对西方人而言却不是这样。美国人和欧洲人可能偏向于有序购物和安静的超市,而很多印度购买者会更加喜欢拥挤的、吵闹的环境。[32] 这正是印度最大的零售商 Pantaloon 零售公司引入西方风格的超市时学习到的经验,印度顾客会在走过宽敞而安静的走道后,什么也没买就离开了。通过了解印度消费者的行为和偏好(通常是印度的佣人、厨师、奶妈和农民,而不是精英),Pantaloon 重新设计了超市,让它变得更加嘈杂和拥挤,重新营造一种公共市场的氛围。这种设计对于目标市场很有吸引力,销售量也比先前增长很多。

10.4.4　服务场景的环境要素

前面描述了服务场景中顾客和员工的行为以及三种基本反应——认知、情感和生理上的,反应导致不同的行为。这一节我们将重点了解影响反应和行为(图 10-1 左边部分)的环境要素。有形环境的维度包括所有客观的、能被该服务组织控制以强化或约束员工与顾客行为的诸多因素。这类因素数不胜数,如照明、色彩、标识、构造、材质、家具风格、布局、墙面装饰和温度等。在图 10-1 的图示和随后的讨论中,大量潜在因素被划分为三类维度:周边条件,空间布局与功能,标志、象征物和艺术制品等。专栏 10-2 介绍了梅奥诊所在设计医院时,是如何将所有这些维度考虑在内,以适应病人、医生、员工及来访者的需求的。

◎ 专栏 10-2

梅奥诊所的设计

梅奥诊所是美国最著名的医疗品牌,拥有上百年的历史。梅奥经营着全国 3 家诊所,它的第一家也是最著名的诊所是在明尼苏达州的罗切斯特,另外两家诊所在佛罗里达的杰克逊维尔和亚利桑那州的斯科茨代尔。1998 年,梅奥在亚利桑那州的诊所开张,这是梅奥诊所计划、设计和建立的第一家医院,占地 210 英亩[⊖],有 7 层楼和 268 个床位。医院有多门类的医疗和外科专业,支持住院病人的治疗,同时拥有 21 个手术室和一个完整的急救部门,可提供一天 24 小时全天候的急救服务。

该医院的独特之处在于其设计充分考虑了病人、医生、其他职员及来访者的需求,被设计为以病人需求为中心的"康复圣地"。诊所的创立者梅奥兄弟的一句话体现了贯穿该医院

⊖ 1 英亩 =4 046.856 422 4 平方米。

设计的基本理念:"病人的最大利益是需考虑的唯一利益。"这一陈述成为梅奥所做一切的基础,即使在梅奥诊所行医100多年后的今天依然如此。以病人的最大利益为中心的同时,也要考虑医护提供者、病人家属以及友好支持系统的需求。在医院设计中需要明确考虑所有这些利益。

5层中庭轻松入口。当病人和其他人进入梅奥诊所时,他们会看到一个5层封闭的中庭,这堪比一家豪华宾馆的休息室。里面放置着一架大钢琴,整天都有志愿者弹奏着美妙轻松的音乐。随处可见的各类植物和透明玻璃使休息室舒适自然,这是一个人人喜欢的好地方。一进来,访客就能清楚地看到在另一侧正对着的电梯,因此不会因为不知走向何处而感到紧张。

病人和来访者所需的服务集中一处。病人及其家人所需的服务(信息台、咖啡、病人接待处、礼品店)都位于中庭的周围,很容易看到,也很容易接近。在休息室中弥漫着平和、安静的感觉——所有这些都是有意设计的,以减少病人或来访者的压力,并促进健康感和关怀感。毫无疑问,这里没有丝毫传统医院入口的痕迹。

围绕病人的需求和情感设计房间。乘坐电梯到达病房时,人们又一次感受到环境的轻松和平和。电梯门打开时,病人和访客就会看到一面5层玻璃墙,向外可以看到环绕该医院的沙漠和山脉。继续向左或右,沿着清晰的指示牌走向病房,环境变得愈加安静。围绕着一个护士站,每12个病房(全部都是单人的)被安排在一起,护士距离每个病房都在20步内。护士和其他医护人员之间的沟通均使用蜂窝电话取代了传统医院的呼叫系统。

病房具有诸多为病人设计的有趣特征。例如,病房中有一个多层架展示区,病人可以在这儿放置名片、鲜花及个人物品。病房里备有折叠起来的软垫沙发床,以便家人在这儿小憩,甚至整个晚上与他们所喜欢的人一起度过。梅奥诊所从不会通知来访者必须离开。房间的安排充分考虑了病人的所想所需,因为他们的大部分时间都会在那里度过。例如,房间的天花板设计被给予了特别的关注,因为病人在平躺时将会看到它;所有病房都有窗户;床边的白板上也都写着病人想知道的重要信息(如值班护士的姓名、日期、房间的电话号码及其他信息等)。

梅奥诊所大厅。

一起工作的部门位置相邻。该医院的另一个有趣特征是一起工作的各个部门的位置彼此临近,以促进沟通并减少步行到其他区域所需的时间。这一重要的特征可使医护人员在病人身上花费更多的时间,而且降低员工的疲劳。

最大化护士与病人在一起的时间。在病人康复期间,最为关键的因素是护士给予病人关怀的质量。梅奥诊所的许多设计特征都促进了护士护理的质量。小密集的设计使护士离病人很近;病房中的白板便于沟通;供应品及相关部门的距离很近,有助于护士与病人有更多的时间相处。

总之,梅奥诊所的设计充分考虑了服务场景的重要作用。梅奥倾听了各方的声音,将服务场景设计成一个能提升病人、来访者、医生、护士及其他工作人员幸福感的环境。

资料来源：*Teamwork at Mayo: An Experiment in Cooperative Individualism* (Rochester, MN: Mayo Press, 1998); http://www.mayo.edu; author's personal tour of the Mayo Clinic Hospital in Scottsdale; L. L. Berry and K. D. Seltman, "Building a Strong Services Brand: Lessons from Mayo Clinic," *Business Horizons* 50 (2007), pp. 199-209; and L. L. Berry and K. D. Seltman, *Management Lessons from the Mayo Clinic* (New York: McGraw-Hill, 2008).

虽然我们对以上三个维度是分别进行讨论的，但从环境心理学理论上看，个体是从整体上对环境做出反应的。也就是说，尽管个体感知各个离散的刺激（如他们能感知到噪声水平、颜色以及装潢是不同的要素），但决定人们对环境做出何种反应的是对所有刺激的集成。因此，尽管我们在下文独立地定义了环境的维度，但顾客和员工都会将这些环境维度感知为一个相互依赖的整体模式。这种整体反应在图10-1中被称为"感知服务场景"。

1. 周边条件

周边条件包括环境的背景特点，如温度、照明、噪声、音乐、气味和颜色等。一般来说，周边条件会影响人的五种感官知觉。虽然这类维度有些是完全不可感知的（如气体、化学品和次声等），但对长期工作于其中的员工却有极大影响。

所有这些因素都能影响人们对某个特殊服务场景的感觉、想法和反应。比如，大量研究记录了音乐对顾客服务感知的影响、音乐对顾客等待服务时间长短的感知以及对其花费金钱感知的影响。[33]有音乐相对于没有音乐，会使购物者认为他们购物的时间较短。音量小的慢节奏音乐会使顾客感觉更悠闲，并且在某些情况下，他们花的钱也更多。在梅奥诊所的休息室，小提琴音乐有助于减少压力。如果音乐与产品"协调"，或者正好与购物者的音乐爱好吻合，他们停留的时间会更长些。其他研究同样显示出香味对消费者反应的效果。[34]面包房、咖啡厅和烟草店的香味可以吸引人们进去，令人愉快的香味会增加人们的停留时间。我们还了解到，香味的出现可以减弱人们对停留时间的意识。但周边条件的影响表现为极端状况时应予以特别注意。比如，在音乐厅听交响乐时，如果空调坏了，空气热且不流通，人们就会感到不舒服，他们的不适会影响他们对音乐会的感觉。如果温度和空气质量在舒适范围内，周边不利条件就会被忽略。

2. 空间布局与功能

由于服务场景的存在是为了满足顾客的某种特殊目的或要求，有形环境的空间布局与功能就显得非常重要。空间布局是指机械设备、设施和家具陈设的摆放，以及这些物件的大小、形状和它们之间的空间关系。功能是指设备的使用如何便于患者和雇员进行操作。本章前面的例子表明了服务场景的布局与功能范围，详见专栏10-2。

环境的空间布局与功能对顾客来说十分重要，因为顾客在自我服务的环境中往往不能依赖工作人员的帮助，在这里一切都要靠他们自己完成。因此，自动柜员机、自助餐饭店、自助加油站和互联网购物等场景的功能设计是形成顾客满意和服务成功的关键。

灵巧布局设计的重要性在零售业中显得尤为重要。调查表明，环境布局可以影响顾客满意度、商店业绩以及顾客的搜寻行为。[35]

3. 标志、象征物和艺术制品

有形环境中的很多标牌设计都在向消费者传递着显性或隐性的信号。例如，公司建筑物内部和外部的标志就是显性的信号，它们可以是标签（如公司名字、商店名字）、以指示方向为目的（如入口、出口）的标志，也可以是告知行为规范（禁止吸烟、孩子要由大人照看）的标志。为了减少拥挤和减缓压抑，要设立足够多的标志物。

其他环境特征如象征物和艺术制品，就不像标志表达得那么直接了，它会向顾客通过隐性的信息传递关于含义、标准和行为期待等内容。建筑中的物质材料、艺术作品、出席证和墙上的照片、铺地板的材料以及在环境中所展示的材料都能表现出象征意义，并创造出一个整体美学的印象。环境象征和艺术制品的含义通常将文化的特点镶嵌其中。

标志、象征物和艺术制品在形成第一印象和交流新服务概念时十分重要。当顾客对一种新的服务设施不熟悉时，他们就会寻求环境的提示来帮助自己进行归类并进而形成他们的期望。一篇文章指出，顾客会通过办公室的环境，特别是装饰风格来推测服务提供者的专业能力。[36] 另一项有趣的研究则探讨了顾客的种族和性取向对解释环境象征物的作用。特别是，研究发现一种特殊的符号会让犹太人感到在家的感觉。[37] 同样的研究也发现同性恋会被一个特殊的符号吸引，让他们彻底融入环境中，而另一些符号会让他们感到不友好甚至是受到歧视。

全球特写　　麦当劳调整服务场景以适应文化要求

人们对物理环境和设计的反应主要取决于他们自身的生活经验和文化差异。例如，不同文化的个体对颜色的感知不尽相同。日本的餐厅在全球范围内通常都用大地色来装潢，而中国餐厅则更多地使用红色。其他文化的差异（个人空间的需要、社会距离偏好、对拥挤的敏感程度等）均能够影响消费者感受的服务场景。

麦当劳认识到为了融合这些文化差异，其全球分支店铺在设计服务场景的时候要拥有更大的自由空间。全球各地麦当劳连锁店，相当大比例的拥有权都归属于当地经营者。员工均是本国的，销售策略也更多地考虑当地顾客的购买和偏好类型。大多数情况下，麦当劳都是一个"社区组织"，其战略就是让他们的餐厅能够反映所在社区的文化。

在全球各地的麦当劳，不仅服务场景有差异，而且提供服务的选项也不同。在美国，汽车餐厅非常普遍，反映了这个国家汽车文化和空间束缚的相对缺失。相反，全世界很多城市的人们更希望麦当劳通过汽车、小型摩托车和自行车将食物送货上门。麦当劳已经在25个以上的城市中提供这些服务，未来将会开辟更多。

- 博洛尼亚（Bologna），意大利：博洛尼亚数百年以来一直被称作"建筑之城"。麦当劳看中了其奢华的艺术外观，甚至餐厅地板的颜色都是手工调配。餐厅聘请当地的建筑师和艺术家，有着浓浓的当地艺术气息。
- 巴黎，法国：靠近巴黎附近的索邦（Sorbonne），麦当劳在选址时特意选择了索邦作为邻居。背景看上去像是拥有书籍、雕像和木制家具等设施的图书馆。
- 萨伦（Salen），瑞士：在萨伦的林德瓦伦（Lindvallen），你能发现位于主滑雪场旁边的世界上首家"滑雪"餐厅（ski-thru），叫作McSki。这个建筑不同于其他麦当劳的餐厅，它建于山脉之中，采用木头和天然的石头修建而成。滑雪者可以滑向柜台而无须脱掉他们的滑雪靴，他们可以选择在室内或室外用餐。

- 北京，中国：那里的麦当劳餐厅变成了一个休息的地方，完全不同于它在美国的"快餐"角色。他们是社区的一部分，服务于老年人、青年人、家庭和伴侣。顾客可以在餐厅待上很长时间，放松、聊天、阅读、享受音乐、庆祝生日。年轻人甚至觉得这是一个很浪漫的地方。很明显，这里的餐厅富有浓厚的中国式家庭气氛。
- 东京，日本：日本的许多麦当劳都建于原始的街区，例如东京的银座（Ginza），大都位于火车站和高速公路入口处。这些地点强调的是便捷性和速度，并不是舒适感和适应性，大多空间都有限且座位很少。顾客通常都是站着吃，或是坐在柜台前拥挤窄小的座椅上，就算是最大规模的银座店也是如此。许多店在第一层拥有很小的点餐和服务区，不多的座位在二楼。年轻人（从青少年到儿童）是日本麦当劳最常见的顾客。
- 陶波，新西兰：这里的麦当劳是一个独特的场所，因为餐厅是建在一个退役的DC3飞机上。飞机被装饰上了熟悉的麦当劳闻名的红色喷涂和金色拱门，顾客可以在飞机座位上吃，也被欢迎去探索驾驶舱和新西兰的历史。

麦当劳已经启动全面的改造计划，目的是让人感到整个连锁店外观更加现代化。目前很多餐厅已经进行大规模的升级，使用更少的塑料、更加温暖柔和的颜色（用赤褐色取代亮红色）、无线网络、不同类型的座位区（包括为个人提供酒吧凳子以及为家庭聚会准备的椅子），以营造干净简约的整体外观。当然，金色拱门仍在现代化设计中扮演着非常重要的角色。

麦当劳在中国的营业场所。

资料来源：*Golden Arches East: McDonald's in East Asia*, ed. J. L. Watson (Stanford, CA: Stanford University Press, 1997); "A Unique Peak," *Franchise Times* 3 (1997), p. 46; P. Gogoi, "Mickey D's McMakeover," *BusinessWeek*, May 15, 2006, pp. 42-43; M. Arndt, "Knock Knock, It's Your Big Mac; From Sao Paulo to Shanghai, McDonald's Is Boosting Growth with Speedy Delivery," *BusinessWeek*, July 23, 2007, p. 36; M. Sanchanta and Y. Koh, "McDonald's in Japan Gives New Meaning to Supersize," *The Wall Street Journal*, January 12, 2011, p. 1; L. R. Brett, "Join the Mile Fry Club! McDonald's Opens 20-Seat Restaurant on a Vintage Luxury Plane," *Mail Online*, August 12, 2014, http://www.dailymail.co.uk/travel/travel_news/article-2722653/Join-mile-fry-club-McDonald-s-opens-20-seat-restaurant-vintage-luxury-PLANE-cabin-crew-not-included.html.

10.5 有形展示策略的原则

在本章中，为进一步理解有形展示的作用以及有形设备或服务场景的特殊作用，我们给出了一些想法、框架、心理学模型和调查方法。以下，我们将为有效的有形展示策略提供一些原则。[38]

10.5.1 认识有形展示的战略作用

有形展示在决定服务期望和感知方面能够起到重要作用。对服务企业来说，认识到有形展示的重要性仅仅是第一步，在这之后可以进一步利用有形展示的设计进行战略规划。

有效的展示策略一定要和企业（或机构）的总体目标或愿景进行明确的结合。因此，服务企业首先要知道总体目标是什么，然后决定展示策略如何提供支持。至少基本的服务概念要有准确的定义，目标市场（内部和外部）要一致，企业对未来的构思要明确。因为很多展示策略的决定都会花费一定的时间和费用，因此必须经过深思熟虑的计划再去执行。

10.5.2 服务有形展示蓝图

下一步则是画出服务蓝图。实际上，每个人都能见到服务的过程和有形展示中的因素。有效描述服务展示的方法是使用服务蓝图（服务蓝图已在第 8 章详细讲述过）。服务蓝图有多种用途，它给予我们从视觉上抓住有形展示的机会，这尤为重要。人、过程和有形展示在服务蓝图上都被清晰地标识出来。服务传递中的行动点均是可视的，鉴于过程的复杂性，个体交互的每个过程都会清晰地表达出来。为使这张图的使用更有效，可以用整个过程的照片或录像开发形象蓝图，这一形象蓝图提供了一种顾客视角有形展示的逼真画面。

10.5.3 澄清服务场景的战略作用

在前面的章节中我们已经讨论了服务场景的不同作用以及企业在表 10-3 中所显示的在分类中应如何定位，以确定自己在特殊场合下的作用。例如，一家儿童看护公司将自己定位于复杂的交往型服务，但很快认识到其服务场景的设计相对复杂，服务场景战略必须考虑儿童和服务提供者的需求，也要考虑其对营销、组织行为和顾客满意目标的影响。

有时针对某些服务行业，服务场景在提供服务或营销中不起作用。比如在电信服务和邮政特快专递服务中，即是如此。因此，澄清服务场景在特殊情况下的作用，有助于帮助寻找相关专家做出相关设备的科学设计。同时，澄清服务场景的战略作用也有利于加强服务场景在创造顾客体验方面的重要认识。

10.5.4 有形展示机会的评估和识别

一旦理解了有形展示形式和服务场景的作用，就能进一步识别出对其进行改变和提升的机会。现在的问题是，有没有错过这样的机会？保险公司的服务蓝图可以帮助我们选择为顾客提供服务的机会，随后就要开发让消费者感到物有所值的环境设计。这里有个大型科技服务公司向顾客提供远程维修服务的案例。远程维修服务意味着他们在远方可以参与和修理某种技术装备，而这一过程均是在顾客不知情的情况下完成的。服务蓝图显示该科技公司在提供服务过程中并没有任何可见的有形展示，顾客并不会对他们的远端服务有过多的感谢。意识到这一问题，该公司开始考虑为顾客提供适合的沟通手段。

也许我们还能发现所提供的这种展示只是一种信息的传递，这种信息并不能增强企业形象和目标，也不能满足顾客期望。例如，一家餐厅发现其高价位与家庭聚餐这一细分市场的定位不一致，于是，无论是定价还是设备的设计都需要做出改变。

另外一组需要应对的问题则是现行的有形展示服务是否适合目标市场的需求和选择。回答这类问题，可以使用环境和使用者关系的框架（见图 10-1）以及本章所建议的调查方法。

最后,展示策略是否考虑顾客和雇员的需求(有时是互不相容的)?该问题在决定服务场景时特别重要。

10.5.5 展示的更新和现代化设计

有形展示的有些方面,特别是服务场景,要求经常进行周期性更新和现代化设计。[39] 即使公司的愿景、目标不变,经过很长时间也应对有形展示进行重新设计。时尚因素应被考虑进来,随着时间的推移,不同的颜色、设计、款式可能代表着不同的信息。在做广告战略时,企业往往能够清楚地理解这一点,但在做有形展示设计时却经常忽略了这一点。

10.5.6 跨职能工作

在把自己展示给顾客时,服务企业关注的是传播自己所期望的形象,通过各种形式的展示发送一致的、相互协调的信息,提供目标顾客想要的并且能够理解的服务有形展示类型。然而,有形展示决策经常是在一段时间内由多个职能部门做出的。例如,有关雇员制服的决定由人力资源部门做出,服务场景设计的决定由设备管理部门做出,加工设计决定主要由业务经理做出,广告和定价决定由营销部门做出。因此,服务的有形展示有时会不一致,这在企业中是很常见的。因此,组织一个探讨有形展示战略的多功能小组是十分必要的,特别是在对服务场景做决定时更应如此。

小结

在本章中,我们讨论了有形展示在形成顾客和员工感知中的作用。因为服务是无形的,其生产和消费同时进行,所以它们在被购买之前很难被理解和评价。在顾客购买服务产品以前,服务的有形展示作为一个主要提示,影响着顾客的期望。当他们接受服务时,这些可见提示,特别是服务场景可以影响顾客的反应。顾客和员工间的交互经常发生在服务场景中,周围的环境也影响员工及其与顾客交互的效果。

本章主要讨论了服务场景——有形环境和有形设备,在这些场景下进行服务生产、传递和消费。我们提出了服务场景的类型,并明确了其构成和使用范围,也描述了服务场景的总体战略作用。本章提供了一个一般框架来理解有形展示对顾客和员工行为的影响。服务场景影响个体顾客和员工的接触及规避行为,也影响他们之间的社会交互。这些有形环境还会影响:他们对服务组织的信赖和认识,他们对服务场所的感受和感情,以及在有形设备中的实际心理反应。服务场景具备复杂的特性,因此本章介绍了三种类型的环境维度:周边条件,空间布局与功能,标志、象征物和艺术制品。这些维度影响着人们的信仰、情感和身体反应,同时引导他们在有形环境中按一定方法行动。

考虑到有形展示的重要性及其对于顾客和雇员的重要影响,战略性地考虑服务有形展示管理十分重要。这就是说需要将有形展示影响及其设计决策作为营销战略的一部分来进行研究和规划。本章结尾讨论了有形展示战略的具体原则。

讨论题

1. 什么是有形展示,我们为什么在营销教科书中用整章篇幅讲述有形展示?

2. 描述并举例说明什么样的服务场景可以起到下列作用：包装、辅助、交际和区别。

3. 假设你是一家独立的经营复印和印刷业务的商店的店主，你的经营在表10-3所示的服务场景类型中应定位在哪里（哪个单元）？设计你的有形设施的意义是什么？

4. 有效的有形展示策略如何帮助缩小差距2？请解释说明。

5. 在服务场景对行为的影响的理论框架中（图10-1），为什么要包括顾客和员工双方？按照该框架，哪种行为受服务场景的影响？请联系实例进行说明。

6. 用你的经历列举你在认知、情感和生理等方面受服务场景因素（任何服务前提下）影响的实例。

7. 为什么服务场景对每个人的影响有所不同？

8. 就以下三方面，即周边条件、空间布局与功能，以及标志、象征物和艺术制品，描述你最喜欢的餐厅的有形环境。

9. 假设你在当地一家健康咨询所任咨询顾问，在使用有形展示的策略方面，你对该咨询所有何建议？

练习题

1. 选择同一领域两家不同的公司（不同的市场细分或服务水平），对其进行观察。描述两家公司的服务"包装"。包装如何帮助区分两家公司？你是否相信包装能准确定位该公司的期望？哪一家公司通过服务场景（或其他形式的有形展示）向顾客传递了过度的承诺？

2. 设想一家特殊的服务组织（可以是你的项目公司、工作公司或其他公司），你相信这里的有形展示在与顾客交流和让顾客满意方面非常重要。准备一份呈递给该公司经理的汇报文稿，让他了解有形展示在服务组织营销策略中的重要性。

3. 为你选择的服务画一幅详细的服务蓝图。从顾客视角分析蓝图，找出可能改进服务设计的变化。

4. 选择一家服务组织，收集该组织与顾客交流的所有有形展示材料。如果顾客能看到该公司的设备，还应拍摄服务场景的照片。就兼容性、一致性和是否过度承诺或承诺不足对材料进行分析。

参考文献

1. http://fortune.com/worlds-most-admired-companies/marriott-international-29/; http://www.forbes.com/companies/marriott-international/;3. https://hotel-development.marriott.com/brands; all websites accessed August 2016.

2. The term *servicescape* used throughout this chapter, and much of the content of this chapter, are based, with permission, on M. J. Bitner, "Servicescapes: The Impact of Physical Surroundings on Customers and Employees," *Journal of Marketing* 56 (April 1992), pp. 57–71. For later contributions to this topic, see *Servicescapes: The Concept of Place in Contemporary Markets,* ed. J. F. Sherry Jr. (Chicago: NTC/Contemporary, 1998); and M. J. Bitner, "The Servicescape," in *Handbook of Services Marketing and Management,* ed. T. A. Swartz and D. Iacobucci (Thousand Oaks, CA: Sage, 2000), pp. 37–50.

3. L. P. Carbone, *Clued In: How to Keep Customers Coming Back Again and Again* (Upper Saddle River, NJ: Prentice Hall, 2004). See also L. L. Berry and N. Bendapudi, "Clueing in Customers," *Harvard Business Review,* February 2003, pp. 100–106.

4. J. H. Gilmore and B. J. Pine II, "The Experience Is the Marketing," *Strategic Horizons,* 2002; B. J. Pine II and J. H. Gilmore, *The Experience Economy: Work*

Is Theater and Every Business Is a Stage (Boston: Harvard Business School Press, 1999); and B. H. Schmitt, *Experiential Marketing* (New York: The Free Press, 1999).

5. For reviews of environmental psychology, see D. Stokols and I. Altman, *Handbook of Environmental Psychology* (New York: John Wiley, 1987); S. Saegert and G. H. Winkel, "Environmental Psychology," *Annual Review of Psychology* 41 (1990), pp. 441–477; and E. Sundstrom, P. A. Bell, P. L. Busby, and C. Asmus, "Environmental Psychology 1989–1994," *Annual Review of Psychology* 47 (1996), pp. 485–512.

6. http://fortune.com/best-companies/sas-institute-8/, accessed August 2016.

7. See M. R. Solomon, "Dressing for the Part: The Role of Costume in the Staging of Servicescape," in Sherry, *Servicescapes;* and A. Rafaeli, "Dress and Behavior of Customer Contact Employees: A Framework for Analysis," in *Advances in Services Marketing and Management,* vol. 2, ed. T. A. Swartz, D. E. Bowen, and S. W. Brown (Greenwich, CT: JAI Press, 1993), pp. 175–212; J. Barlow and P. Stewart, *Branded Customer Service* (San Francisco: Barrett-Koehler Publishers, 2004).

8. M. Wilson, "Can Starbucks Make 23,000 Coffee Shops Feel Unique?" August 18, 2014, http://www.fastcodesign.com/3034441/starbucks-secrets-to-make-every-store-feel-unique.

9. B. Stanley, "Qantas Flaunts Super-Jumbo Perks," *The Wall Street Journal,* July 25, 2007, p. D3; and S. McCartney, "A Bubble Bath and a Glass of Bubbly—at the Airport," *The Wall Street Journal,* July 10, 2007, p. D1; J. Freed, "Quantas Rolls Out New A330 Business Class Suites on Flights to Singapore and Asia," *Traveller,* January 16, 2015, http://www.traveller.com.au/qantas-rolls-out-new-a330-business-class-suites-on-flights-to-singapore-and-asia-12rm2j.

10. www.petsmart.com/services/petshotel, 2016; C. M. Dalton, "A Passion for Pets: An Interview with Philip L. Francis, Chairperson and CEO of PetSmart, Inc.," *Business Horizons,* November–December 2005, pp. 469–475; and D. Brady and C. Palmeri, "The Pet Economy," *BusinessWeek,* August 6, 2007, pp. 45–54.

11. Carbone, *Clued In;* Berry and Bendapudi, "Clueing in Customers"; Gilmore and Pine, "Experience Is the Marketing"; Pine and Gilmore, *The Experience Economy;* Schmitt, *Experiential Marketing;* and L. L. Berry, E. A. Wall, and L. P. Carbone, "Service Clues and Customer Assessment of the Service Experience: Lessons from Marketing," *Academy of Management Perspectives* 20 (2006), pp. 43–57.

12. E. C. Brüggen, B. Foubert, and D. D. Gremler, "Extreme Makeover: Short- and Long-Term Effects of a Remodeled Serviescape," *Journal of Marketing* 75 (September 2011), pp. 71–87.

13. T. S. Dagger and P. J. Danaher, "Comparing the Effect of Store Remodeling on New and Existing Customers," *Journal of Marketing* 78 (May 2014), pp. 62–80.

14. A. Mehrabian and J. A. Russell, *An Approach to Environmental Psychology* (Cambridge, MA: Massachusetts Institute of Technology, 1974).

15. R. Donovan and J. Rossiter, "Store Atmosphere: An Environmental Psychology Approach," *Journal of Retailing* 58 (Spring 1982), pp. 34–57.

16. D. J. Bennett and J. D. Bennett, "Making the Scene," in *Social Psychology through Symbolic Interactionism,* ed. G. Stone and H. Farberman (Waltham, MA: Ginn-Blaisdell, 1970), pp. 190–196.

17. J. P. Forgas, *Social Episodes* (London: Academic Press, 1979).

18. R. G. Barker, *Ecological Psychology* (Stanford, CA: Stanford University Press, 1968).

19. For a number of excellent papers on this topic spanning a range from toy stores to

bridal salons to cybermarketspaces to Japanese retail environments and others, see Sherry, *Servicescapes: The Concept of Place in Contemporary Markets.*

20. J. F. Sherry Jr., "The Soul of the Company Store: Nike Town Chicago and the Emplace Brandscape," in Sherry, *Servicescapes,* pp. 81–108.

21. E. J. Arnould, L. L. Price, and P. Tierney, "The Wilderness Servicescape: An Ironic Commercial Landscape," in Sherry, *Servicescapes,* pp. 403–438.

22. Rosenbaum, "Exploring the Social Supportive Role of Third Places in Consumers' Lives," *Journal of Service Research* 9 (August 2006), pp. 59–72; A. Tombs and J. R. McColl-Kennedy, "Social-Servicescape Conceptual Model," *Marketing Theory* 3 (2003), pp. 447–475; and M. S. Rosenbaum, J. Ward, B. A. Walker, and A. L. Ostrom, "A Cup of Coffee with a Dash of Love: An Investigation of Commercial Social Support and Third-Place Attachment," *Journal of Service Research* 10 (August 2007), pp. 43–59.

23. A. Rapoport, *The Meaning of the Built Environment* (Beverly Hills, CA: Sage, 1982); and R. G. Golledge, "Environmental Cognition," in Stokols and Altman, *Handbook of Environmental Psychology,* vol. 1, pp. 131–174.

24. M. P. Gardner and G. Siomkos, "Toward a Methodology for Assessing Effects of In-Store Atmospherics," in *Advances in Consumer Research,* vol. 13, ed. R. J. Lutz (Ann Arbor, MI: Association for Consumer Research, 1986), pp. 27–31.

25. M. J. Bitner, "Evaluating Service Encounters: The Effects of Physical Surroundings and Employee Responses," *Journal of Marketing* 54 (April 1990), pp. 69–82.

26. J. C. Ward, M. J. Bitner, and J. Barnes, "Measuring the Prototypicality and Meaning of Retail Environments," *Journal of Retailing* 68 (Summer 1992), pp. 194–220.

27. See, for example, Mehrabian and Russell, *An Approach to Environmental Psychology*; J. A. Russell and U. F. Lanius, "Adaptation Level and the Affective Appraisal of Environments," *Journal of Environmental Psychology* 4 (1984), pp. 199–235; J. A. Russell and G. Pratt, "A Description of the Affective Quality Attributed to Environments," *Journal of Personality and Social Psychology* 38 (1980), pp. 311–322; J. A. Russell and J. Snodgrass, "Emotion and the Environment," in Stokols and Altman, *Handbook of Environmental Psychology,* vol. 1, pp. 245–281; J. A. Russell, L. M. Ward, and G. Pratt, "Affective Quality Attributed to Environments," *Environment and Behavior* 13 (May 1981), pp. 259–288; V. Kaltcheva and B. A. Weitz, "When Should a Retailer Create an Exciting Store Environment," *Journal of Marketing* 70 (January 2006), pp. 107–118.

28. See, for example, M. S. Sanders and E. J. McCormick, *Human Factors in Engineering and Design,* 7th ed. (New York: McGraw-Hill, 1993); and G. Salvendy (ed.), *Handbook of Human Factors and Ergonomics* (Hoboken, NJ: Wiley, 2006).

29. The Center for an Accessible Society, http://www.accessiblesociety.org/topics/universaldesign/, accessed August 2016; S. Burgstahler, "Universal Design: Process, Principles, and Applications," http://www.washington.edu/doit/universal-design-process-principles-and-applications, accessed August 2016.

30. Mehrabian and Russell, *An Approach to Environmental Psychology*; Russell and Snodgrass, "Emotion and the Environment."

31. A. Mehrabian, "Individual Differences in Stimulus Screening and Arousability," *Journal of Personality* 45 (1977), pp. 237–250.

32. E. Bellman, "In India, a Retailer Finds Key to Success Is Clutter," *The Wall Street Journal,* August 8, 2007, p. A1.

33. For research documenting the effects of music on consumers, see J. Baker, D. Grewal, and A. Parasuraman, "The Influence of Store Environment on Quality Inferences and Store Image," *Journal of the Academy of Marketing Science* 22

(Fall 1994), pp. 328–339; J. C. Chebat, C. Gelinas-Chebat, and P. Filliatrault, "Interactive Effects of Musical and Visual Cues on Time Perception: An Application to Waiting Lines in Banks," *Perceptual and Motor Skills* 77 (1993), pp. 995–1020; L. Dube, J. C. Chebat, and S. Morin, "The Effects of Background Music on Consumers' Desire to Affiliate in Buyer–Seller Interactions," *Psychology and Marketing* 12 (1995), pp. 305–319; J. D. Herrington and L. M. Capella, "Effects of Music in Service Environments: A Field Study," *Journal of Services Marketing* 10 (1996), pp. 26–41; J. D. Herrington and L. M. Capella, "Practical Applications of Music in Service Settings," *Journal of Services Marketing* 8 (1994), pp. 50–65; M. K. Hui, L. Dube, and J. C. Chebat, "The Impact of Music on Consumers' Reactions to Waiting for Services," *Journal of Retailing* 73 (Spring 1997), pp. 87–104; A. S. Matila and J. Wirtz, "Congruency of Scent and Music as a Driver of In-Store Evaluations and Behavior," *Journal of Retailing* 77 (Summer 2001), pp. 273–289; L. Dube and S. Morin, "Background Music Pleasure and Store Evaluation: Intensity Effects and Psychological Mechanisms," *Journal of Business Research* 54 (November 2001), pp. 107–113; J. Bakec, A. Parasuraman, D. Grewal, and G. B. Voss, "The Influence of Multiple Store Environment Cues as Perceived Merchandise Value and Patronage Intentions," *Journal of Marketing* 66 (April 2002), pp. 120–141; and S. Morin, L. Dube, and J. Chebat, "The Role of Pleasant Music in Servicescapes: A Test of the Dual Model of Environmental Perception," *Journal of Retailing* 83 (2007), pp. 115–130.

34. For research documenting the effects of scent on consumer responses, see D. J. Mitchell, B. E. Kahn, and S. C. Knasko, "There's Something in the Air: Effects of Congruent and Incongruent Ambient Odor on Consumer Decision Making," *Journal of Consumer Research* 22 (September 1995), pp. 229–238; and E. R. Spangenberg, A. E. Crowley, and P. W. Henderson, "Improving the Store Environment: Do Olfactory Cues Affect Evaluations and Behaviors?" *Journal of Marketing* 60 (April 1996), pp. 67–80; A. V. Madzharov, L. G. Block, and M. Morrin, "The Cool Scent of Power: Effects of Ambient Scent on Consumer Preferences and Choice Behavior," *Journal of Marketing* 79 (January 2015), pp. 83–96.

35. See J. M. Sulek, M. R. Lind, and A. S. Marucheck, "The Impact of a Customer Service Intervention and Facility Design on Firm Performance," *Management Science* 41 (1995), pp. 1763–1773; P. A. Titus and P. B. Everett, "Consumer Wayfinding Tasks, Strategies, and Errors: An Exploratory Field Study," *Psychology and Marketing* 13 (1996), pp. 265–290; C. Yoo, J. Park, and D. J. MacInnis, "Effects of Store Characteristics and In-Store Emotional Experiences on Store Attitude," *Journal of Business Research* 42 (1998), pp. 253–263; and K. L. Wakefield and J. G. Blodgett, "The Effect of the Servicescape on Customers' Behavioral Intentions in Leisure Service Settings," *Journal of Services Marketing* 10 (1996), pp. 45–61; Brüggen, Foubert, and Gremler, "Extreme Makeover: Short- and Long-Term Effects of a Remodeled Servicescape."

36. J. C. Ward and J. P. Eaton, "Service Environments: The Effect of Quality and Decorative Style on Emotions, Expectations, and Attributions," in *Proceedings of the American Marketing Association Summer Educators' Conference,* ed. R. Achrol and A. Mitchell (Chicago: American Marketing Association 1994), pp. 333–334.

37. M. S. Rosenbaum, "The Symbolic Servicescape: Your Kind Is Welcomed Here," *Journal of Consumer Behaviour* 4 (2005), pp. 257–267.

38. This section is adapted from M. J. Bitner, "Managing the Evidence of Service," in *The Service Quality Handbook,* ed. E. E. Scheuing and W. F. Christopher (New York: AMACOM, 1993), pp. 358–370.

39. Brüggen, Foubert, and Gremler, "Extreme Makeover: Short- and Long-Term Effects of a Remodeled Servicescape."

PART 5

第五篇

传递与执行服务

第 11 章

服务传递中的员工角色

本章目标

1. 指出在服务组织中建立一种服务文化的重要性,在这种文化的组织中,向内部顾客和外部顾客提供优质服务同等重要。
2. 介绍服务一线员工对创造顾客满意和服务质量方面的关键作用。
3. 识别跨边界角色(一线员工)的内在挑战。
4. 举例说明如何通过雇用合适的员工并培训员工以提供服务质量,以及如何留住最好的员工来创建以客户为中心的服务传递。

|开篇案例|　　　　　员工就是服务与品牌

著名服务专家莱纳德·贝里(Leonard Berry)曾写道,对员工成功的投资是许多企业持续成功经营的关键推动因素,比如嘉信理财公司(Charles Schwab)、中西快递公司(Midwest Express)、福来鸡(Chick-fil-A)等。[1] 为何如此?为什么这些公司选择向员工大力投资?

为找到答案,我们先看一下下面这些真实的故事。

- 在新加坡航空公司(Singapore Airlines)一次长途跨国航班上,一个好动的学步儿童屡次掉落橡皮奶嘴。每次奶嘴掉落,孩子都会哭闹,必须有人(母亲、其他乘客或是乘务员)为他找到橡皮奶嘴。最后,一位乘务员捡起了橡皮奶嘴,用丝带系住橡皮奶嘴,并将丝带缝到儿童的衬衫上。孩子和母亲都非常高兴,坐在周围的乘客,向这位乘务员致以热烈的掌声。[2]
- 在一机场的候机楼里,一名商务舱乘客在他的航班起飞前饥肠辘辘,他又不喜欢吃快餐。于是,他在推特上对他最喜欢的莫尔顿(Morton's)餐厅玩笑似地留言,"你好@莫尔顿,我的航班在两小时后着陆,你能在纽瓦克(Newark)机场的餐厅给我一份牛排吗?谢谢。"尽管他是这家牛排馆的老客户,但是没对推特上的留言抱什么期望。在他留言后,因为飞机要起飞,他就关了手机。然而难以置信的是,当

航班着陆后，他在机场见到了从 23 英里外驱车到机场为他送上丰盛晚餐的莫尔顿员工。³

- 多年前，在帕纳拉（Panera）餐厅停车场，一个女士试着抓住另外一名失去平衡的顾客（患有多发性硬化症），结果这两个顾客同时摔倒在路面上，并且女士摔伤了右臂。在这位女士被救护车送到急救室进行治疗之前，一名帕纳拉餐厅的员工把他的名片给了这位女士，告诉她如果有需要的话给他打电话。几个小时后，那名女士将电话打了过去，问是否可以接送她到餐馆去取她的车。当她到了那里，她发现她已经不能再驾驶汽车了，因为她的车是手动挡的，她不能用她受伤的胳膊进行换挡。帕纳拉餐厅的员工先给她提供了一顿免费的美食。在女士没有找到人能带她回家后，帕纳拉餐厅的这位员工亲自开车将她送回了一小时车程的小镇。那名女士非常感动欣喜，她无法相信一名餐馆员工为她做了这么多的事。⁴

服务员工直接影响客户满意度。

这些故事说明了在创造顾客满意和建立顾客关系的过程中，服务人员所担当的角色有多重要。在每个例子中，一线的服务提供者，都对其所代表的组织的成功起到了重大作用。他们实时理解顾客需求，明白顾客所需。莱纳德·贝里写道，在一个接一个的案例中，那些持续不断上演成功服务的企业都认识到员工的重要性。⁵

本章我们重点关注服务人员和人力资源管理，以促进提供高质量的服务。即使已经很好地理解了顾客期望（差距1），对服务进行了设计和详细说明以符合顾客的这些期望（差距2），当服务没有按规定进行交付时，服务质量仍可能存在不一致性，在服务质量框架中将这些不一致性称为"差距3"。在服务质量架构中，由于通常由员工来传递和执行服务，人力资源问题是"差距3"的主要原因。组织可以通过关注服务员工的关键作用以及制定有效的以顾客为导向的策略来缩小"差距3"。

11.1 服务文化

在介绍员工在服务传递中的角色之前，我们先关注一下组织。组织中员工的行为要受到组织文化或者个体和群体形成的普遍规范和价值观的影响。组织文化被定义为"给予组织成员共同的价值观和信念模式，并提供组织内的行为规范"。⁶ 文化还被不太正式地定义为"我们在这里做事的方式"。

从个人的角度理解组织文化，可以试想你曾工作过的组织，如教会、互助会、学校或协会，你的行为和其他人的行为无疑都会受到组织的价值观、标准和文化的影响。参加应聘面试时，你将通过与其员工交谈，以及观察其行为来感受企业文化。一旦正式上班，正式培训和对员工行为的观察都会帮助你了解企业文化。

专家建议，一个以顾客为导向、服务为导向的组织，其核心应是一种"服务文化"，其定义是："它是这样一种文化，推崇优质服务，对内部和外部顾客提供优质服务，组织中每个人将提供优质服务的文化视为自然的生活方式和最重要的行为准则。"[7] 这是一个含义丰富的定义，对员工行为有许多指导意义。首先，只有推崇优质服务，才能形成服务文化。这并不意味着企业要天天向员工强调服务的重要性，而是"以一种潜移默化"的方式让人们知道优质服务是受到鼓励的。其次，优质服务既面向外部顾客，也面向内部员工。[8] 只向最终顾客承诺优质服务是远远不够的，组织中的所有人都应得到相同的服务。最后一点，在服务文化中优质服务是"一种生活方式"，是自然而然产生的，因为它是组织重要的准则。服务文化对建立一个以客户为核心的组织是至关重要的，也被认为是企业竞争优势的来源之一。[9]

11.1.1 展示服务领导层

强有力的服务文化根植于企业的管理者，莱纳德·贝里认为成功的服务企业的管理者具有一致的价值观，如正直、乐观、尊重，并将这些价值观灌输到组织的结构中。[10] 领导力并不是从厚厚的规则手册中发出的一套命令，而是定期地、一致地展现自己的价值观。当员工注意到领导层在实践这些价值观后，将会更容易地接受服务文化。因此，与所信奉的价值观相比，能够感知到的价值观将会对员工产生更大的影响。这些感知的价值观是员工观察管理者的实际行动得出的。[11] 换言之，文化是由员工认为管理层真正信赖的东西驱动的，员工通过那些在整个组织中担任关键角色的人的日常行为来理解组织中什么是重要的。

全球特写　　　　企业服务文化能走多远

尽管国际市场提供了很多发展的机会，但许多企业在试图将服务传递给其他国家时还是面临了很大的挑战。服务依赖于人，也总是由人来传递的，员工与顾客之间会产生互动。价值观、行为规范、语言甚至针对服务理解的差异很快就会显现出来，并对培训、招聘和激励产生影响，最终会影响到国际扩张的成功。具有强大服务文化的企业面临的困惑是，在其他国家复制自己的文化和价值观，还是对自身进行重大调整。如下几个例子可以说明不同企业的做法。

麦当劳的方法

麦当劳在它的国际扩张中做得很成功。在某些方式上它坚持着它的"美国化"——全世界的人都想在麦当劳享受美国的体验。然而，麦当劳对文化差异也是很敏感的，并且把这种差异微妙地融合进了"麦当劳"的运营方式，从而适应了文化的细微差别，获得极大成功。麦当劳邀请汉堡大学（HU）为其制定了服务和培训标准，所有麦当劳员工接受培训后才能成为经理。每年大约有来自100多个国家的7 500名员工参加此高级运营课程。80%的课程致力于提高交流和人际关系技巧。麦当劳是国际化的跨国公司，翻译和电子设备使得教员可以同时用28种语言进行教授和交流。这样就使得不同国家的所有麦当劳的管理者都拥有相同的技能，餐厅的基础人力资源和运营理念保持了稳定的运作，然后允许在装修、菜单和不同区域文化差异上进行相应适当的调整。

联合包裹的经验

联合包裹具有员工高效生产力、高度标准化的服务传递流程和结构化的培训等强大文化基因，他们的褐色卡车和制服在美国辨识度很高。然而当联合包裹跨越国界来到了欧洲，却面临了一系列令人惊讶的挑战：法国的愤怒——当司机被告知在午餐时不能喝红酒；英国的抗议——当司机的狗被禁止登上邮递卡车；西班牙的沮丧——认为联合包裹的褐色卡车很像当地的灵车。

迪士尼在欧洲

当迪士尼第一次通过开放巴黎迪士尼乐园向欧洲扩张时，它也面临着挑战和意外。他们在美国使用的高度结构化、手工化，顾客导向的方式并不能被轻易地复制给欧洲员工，特别是，笑容、亲和力、总是为顾客着想的美国式服务并不符合年轻的法国员工的理念和价值观。在试图将迪士尼的文化和经验传播到欧洲时，公司面临价值观和行为规范的冲突，这让扩张变得很难。顾客还需要接受迪士尼方式的"培训"——不是所有文化都适应排长长的队伍，也不是所有文化都对儿童做同样的对待。在美国，家庭会在食品、玩具以及孩子必需品上在迪士尼花费很多钱，而许多欧洲文化会将这种行为看作是很奢侈的，所以欧洲家庭在去公园的时候并不会过多花费门票以外的钱。

苹果商城全球"服务步骤"的交付

或许没有哪家公司比苹果的客户关系做得更好。苹果公司认真地考虑了与客户每个接触点的体验。每次培训，苹果公司都会用ACRONYM(一家公司名字)描述"服务步骤"来对其苹果商店的职员提出要求：

- Approach，靠近客户并给予热情的欢迎。
- Probe，非常礼貌地调查以了解客户的需求。
- Present，提出解决方案，让客户当天把产品带回家。
- Listen，倾听并且解决任何问题和担忧。
- End，最后要有让人喜爱的再见方式并且发出期待下次再来的邀请。

这些服务步骤参考了丽思卡尔顿的做法，为苹果的店员提供了服务的标准框架。

随着苹果公司在全球扩张，这种方法在递交服务中应对着持续的挑战。例如，在中国，销售总监安吉拉·阿伦茨觉得苹果商店的最大挑战是很难提供同样水平的"服务步骤"。苹果公司在业务扩张到印度、中国香港、巴西和阿联酋时，在传递服务文化时面临同样的挑战。这些国家或地区的员工将需要学习如何恰当地与客户互动，如何以积极而不是消极的方式表达沟通，以及当客户有情绪反应时该说些什么，最终目标是帮助客户解决问题，而不是销售产品。

资料来源：www.mcdonalds.com, accessed July 19, 2016; D. Milbank, "Can Europe Deliver?" *The Wall Street Journal*, September 30, 1994, pp. R15, R23; C. Gallo, "How the Apple Store Creates Irresistible Customer Experiences," Forbes April 10, 2015, http://www.forbes.com/sites/carminegallo/2015/04/10/how-the-apple-store-creates-irresistible-customer-experiences; "Apple Retail Chief Angela Ahrendts Talks Expansion in China Amid Five New Store Openings," *Mac Rumors* (blog), http://www.macrumors.com/2015/01/15/ahrendts-china-expansion/, January 15, 2015.

11.1.2　开发服务文化

服务文化不可能一蹴而就，维持服务文化亦非易事。在后面的章节中将讨论人力资源和内部营销实践会助力打造长期的服务文化。然而，如果一个组织的文化植根于产品、运营或政府监管导向的传统，那么没有一个单一的策略会将其转变为一种服务文化。打造并维持一种服务文化需要上百种小（但重要）的因素，而并不仅仅是一两个大因素。[12] 当一家公司由工程、销售或者运营文化向服务文化转换时，他们发现从旧的模式向新的模式转换需要多年持续的努力。甚至像联邦快递、嘉信理财、迪士尼、西南航空公司、美捷步和丽思卡尔顿酒店这样高度关注服务和顾客的公司，也在数以百计的细节方面持久如一、坚持不懈，才维持住了业已建立的服务文化。

11.1.3 服务文化的输送

国际化企业的服务文化输送也是非常具有挑战性的。试图将一家企业的文化"输出"到另一国家会产生额外的问题。例如，组织的服务文化是否会与各地不同的民族文化发生冲突？如果有冲突，是关于实际价值观本身，还是关于如何实施这些价值观？如果问题是关于实际价值观本身，而这些价值观又是企业的核心竞争优势，那么或许企业在这种环境下不能取得成功；如果问题是如何实施价值观，或许在新的环境下修改某些服务实践即可。为了说明这一点，我们以四季酒店为例（第 9 章曾讨论过）。四季酒店制定了七项全球统一的"服务"标准，希望其所有员工都能做到这一点。这家公司还确定了它认为超越民族文化的核心价值观。其中之一就是预测顾客需求。在美国，这一价值是通过在酒店餐厅桌子上放一个咖啡壶来实现的，这样客人就可以随时随地自助。然而在法国巴黎酒店餐厅，四季酒店并未在餐桌上保留咖啡壶，因为美国的做法不会得到法国顾客的欢迎，他们认为顾客不应该自己倒咖啡。与此同时，四季酒店并没有改变其他做法。例如，四季酒店继续推行月度员工计划，作为对特殊服务的认可，尽管这种计划在法国并不普遍。[13] 这些标准和价值反映了四季酒店试图将其服务文化输出并跨越国界。但是管理层敏锐地意识到，他们需要更加仔细地考虑这些价值观在不同文化的酒店里该如何实施。

尽管在全球市场上存在着巨大的机会，但对于依赖人与人交互的服务企业而言，许多法律、文化和语言障碍变得尤为明显。

11.2 一线服务人员的关键作用

有关服务组织经常引用的一句名言是："服务组织中如果你没在服务顾客，那么你最好马上服务一个是顾客的人。"[14] 一线员工和支持他们的幕后人员，对任何服务组织的成功都至关重要。我们在第 1 章中将服务人员描述为在服务交付中发挥作用，并因此影响买方感知的所有人员，即公司的职员、客户和服务环境中的其他客户。

本章的焦点是与顾客接触的一线人员，因为：

- 他们就是服务。
- 他们就是顾客眼中的组织。
- 他们就是品牌。
- 他们就是营销人员。

在许多情况下，一线人员就是服务，此外无他。例如，在大多数个性化专业服务（如理发、私人健身教练、看护幼儿、清洁/维修、叫车服务、律师和法律服务）中，一线服务人员单独一人为客户提供全套服务。因此，对服务员工进行投资以改善服务，类似于直接投资改进制造业的产品。

即便不是一线服务人员提供服务，在顾客眼中，他可能仍然代表着企业。如律师事务所或健康诊所，从为顾客提供服务的专业人员到接待者和办公职员，对于顾客来说他们都代表着企业。这些个人所做的每一件事、所说的每一句话都会影响顾客对组织的看法。甚至歇班的员工，如正在休息的航空服务员或饭店员工，也反映着他们所在组织的形象。如果他们表现得不够专业或言辞不恭，即使他们没有上班，顾客对组织的看法也会大打折扣。迪士尼要求其员工只要出现在公众面前，就必须永远保持台上的工作态度和行为。只有下班后在顾客看不到的真正的幕后或"后台"，才可以放松其行为，其原因就在于此。

服务人员就是品牌。如爱德华·琼斯（Adward Jones）的财务顾问，诺德斯特龙（Nordstrom）的营销助理，西南航空公司的空乘人员等，顾客对企业所形成的最初印象都来自于与这些员工的接触。如果接触到的爱德华·琼斯的员工是知识渊博的、善解人意的、关心顾客的财务状况和目标的，顾客将会把爱德华·琼斯视为服务的优秀提供商。类似地，顾客通过与诺德斯特龙的专业的销售人员接触，而将诺德斯特龙视为专业、负责任的公司。西南航空公司喜欢招聘开朗风趣的员工，阿贝克隆比 & 费奇公司（Abercrombie & Fitch）更喜欢招聘颜值较高的员工。美捷步在招聘流程上注重品牌战略，并对潜在员工担任品牌大使的能力进行评估。[15] 这些公司明白，品牌的形象不仅仅是依靠产品销售和广告来建立和维持的，更是靠着员工的工作来建立和维护的。认可员工建立品牌形象的战略被认为是"客户服务品牌"战略。[16] 对于使用这种战略的公司来说，员工才是真正的品牌，体现在每个人都试图在客户心目中塑造公司品牌形象。

由于服务人员代表组织，能够直接影响顾客满意度，他们也就扮演了营销者的角色。他们实际上是产品的一部分，从促销的角度看，他们是活的公告栏。有些人员也可能扮演更多的传统销售的角色，例如，银行柜员经常被要求销售多种银行产品，这与传统柜员只专注特定职能的角色有所不同。

在本章中，我们将研究框架、工具和策略，以确保服务人员能够很好地执行其营销和服务功能。

11.2.1 服务三角形

服务营销就是承诺——向顾客做出承诺和信守承诺。"服务三角形"是著名的战略框架，如图 11-1 所示，它形象地强调了人员对于企业信守承诺并成功建立顾客关系这一能力的重要性。[17] 该三角形显示了三个相互联系的群体，他们共同开发、促进和传递服务。三角形的三个顶点分别表示三个关键的参与者：企业（或者是战略业务单位、部门、管理者），顾客，提供者。提供者可以是企业的员工、分包商或者是实际向顾客传递服务的外包商。在三角形的这三个点之间，必须成功地进行三种类型的营销活动才能使服务取得成功：外部营销、互动营销和内部营销。

外部营销位于该三角形的右边，企业进

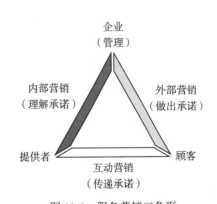

图 11-1 服务营销三角形

资料来源：M. J. Bitner, "Building Service Relationships: It's All about Promises," *Journal of the Academy of Marketing Science* 23 (Fall 1995), pp. 246-251; P. T. Kotler and K. L. Keller, *Marketing Management*, 15th ed. (Upper Saddle River, NJ: Pearson Prentice Hall, 2016), p. 410.

行外部营销要开发顾客期望,并对可交付的服务向顾客做出承诺。在服务传递前,与顾客沟通的任何人员或任何事物,都可以被视为这种外部营销功能的一部分。但是,外部营销只是服务营销者工作的开始,必须还要信守承诺。三角形的底边,是所谓的互动营销或实时营销。在这里,企业员工、分包商、代理人,他们或是信守了向顾客所做出的承诺,或是违背了这一承诺。在这一关键环节,代表本组织的人员是至关重要的。如果没能信守承诺,顾客就会感到不满,最终会选择离开。三角形的左边表明了内部营销所起的关键作用。管理层参与这些活动是为了帮助一线服务人员兑现服务承诺:招聘、培训、激励、薪酬以及提供设备和技术。除非服务人员能够并愿意兑现所承诺的服务,否则企业不会取得成功。

三角形的三边都是整体不可缺少的部分,而且三条边应该对齐。也就是说,通过外部营销所承诺的内容应该与所传递的服务一致,组织内部的活动应该与服务提供者的期望保持一致。对齐三角形三边的战略,特别是与内部营销有关的战略,是本章的主题。

11.2.2 员工满意度、顾客满意度和利润

满意的员工造就满意的顾客(满意的顾客又可增强员工的工作满意度),有研究人员甚至认为,如果服务人员在工作中感受不到快乐,顾客满意就很难实现。[18]

本杰明·施耐德(Benjamin Schneider)与大卫·鲍文(David Bowen)通过对银行顾客与员工的研究发现,服务氛围和员工福利都与顾客对服务质量的总体看法高度相关。[19] 也就是说,员工在组织中的服务氛围和人力资源管理经验都反映在客户对服务的体验上。类似的研究表明,得到企业公平对待的员工将更好地对待顾客,并带来更高的顾客满意度。[20]

图 11-2 中所示的服务利润链解释了员工满意度和忠诚度对顾客满意度和忠诚度的影响,以及最终决定利润增长的潜在逻辑关系。[21] 在前面的章节中,我们着重于顾客满意度与保留率,本章我们关注的是雇员方面的问题。服务利润链表明:内部服务质量、员工满意度/生产力、提供给顾客的服务价值,与最终的顾客满意度、保留率和利润之间存在至关重要的联系。

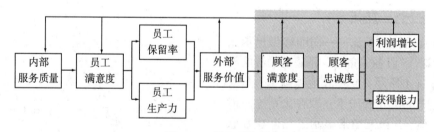

图 11-2 服务利润链

资料来源:J. L. Heskett, T. O. Jones, G. W. Loveman, W. E. Sasser Jr., and L. A. Schlesinger, "Putting the Service-Profit Chain to Work," *Harvard Business Review* 72 (March-April 1994), pp. 164-174.

服务利润链的研究者谨慎地指出这一模型并不意味着因果关系。就是说,员工满意未必促成顾客满意,只是两者相互影响,相互促进。[22] 服务利润链意味着在模型要素上有成功表现的企业,将比没有做到这些的企业更成功,并获利更多。

11.2.3 员工行为对服务质量维度的影响

顾客导向的员工行为会影响顾客对服务质量的感知。[23] 实际上,服务质量的五个维度(可

靠性、响应性、保证性、移情性和有形性）都会直接受到服务人员的影响。

可靠性，即按承诺传递服务，经常在一线员工的完全控制之下。即便在自动化服务的情况下（如智能手机上的银行应用，或者零售店的自动付款机等），后台员工的工作也对确保系统正常运作起着至关重要的作用。一旦服务失误或出现差错，也主要由员工使机器服务回到正轨，并利用他们的判断来确定最佳的服务补救方案。

一线员工通过他们个人的助人意愿和及时的服务，直接影响顾客对响应性的感知。试想，在零售店中，当你需要帮助寻找某件服装时，不同商店的服务员做出的反应会大相径庭。有人会无视你的存在，有人会提供帮助，并向别的分店打电话要求把这件衣服送来。有人会及时有效地帮助你，有人对即便非常简单的要求也会迟缓良久。

服务质量的保证性高度依赖于员工是否有能力传播其可信度，并激发顾客对其公司的信任。虽然组织的信誉会有所帮助，但是最终，是与顾客互动的员工建立顾客对组织的信任，或削弱组织的声誉并最终破坏信任。对于初创公司或相对不知名的组织，信誉、信任和信心将完全与员工行为联系在一起。

很难设想，一个组织能够不依赖于自己的员工向顾客提供"个性化的关怀"服务。移情性是指员工在满足顾客需求时要专注、聆听，并且具有适应性和灵活性。[24] 例如，研究表明当员工是顾客导向的、与顾客有友好的关系、表现出敏感专注的倾听技巧时，顾客对服务的评价将更高，回报的可能性也就更大。[25]

员工的外表与着装以及许多与服务员工无关的其他因素（如服务设施、装潢、宣传册和标志）是构成服务质量有形性维度的重要方面。

11.3 跨边界作用

本章的重点是直接与客户互动的一线服务员工，尽管所描述和推荐的大部分内容也可应用于其他内部服务员工。由于一线员工在组织的边界工作，所以他们被称为边界跨越者。如图11-3所示，跨边界作用是外部顾客和环境与组织内部运营之间的一条纽带，他们在理解、过滤和解读往来于组织及顾客间的信息和资源的过程中起着至关重要的作用。

谁是跨边界人员？哪些类型的人和职位构成了关键的边界跨越者角色？他们的技能与经历涵盖了岗位和职业的方方面面，在类似快餐、饭店、通信和零售行业中，边界跨越者是组织中技能最低、薪酬最少的员工。他们是接单员、前台员工、电话接线员、商店职员、卡车司机和送货员等。在医生、律师、会计师、咨询师、建筑师和教师等行业中，边界跨越者是薪酬丰厚并且学历颇高的专业人士。

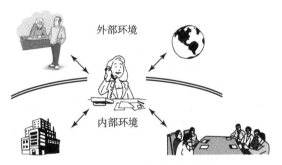

图11-3 边界跨越者的关键任务

无论技术水平和薪酬如何，边界跨越者岗位通常都有极大的工作压力。除了脑力与劳动技能之外，这些岗位还要求高水平的情绪劳动，处理人际以及组织间的冲突，它们要求员工在实际工作中处理好服务质量与生产力间的平衡关系。有时，这些压力与平衡会导致无法按标准提供服务，会加大服务绩效差距。

11.3.1 情绪劳动

情绪劳动（emotional labor）一词最早由阿里·霍克希尔德（Arlie Hochschild）提出，意指提供优质服务所需的体力与脑力技能之外的劳动。[26] 一般来说，跨越边界的服务员工被期望通过他们的情绪劳动使他们所显示的情绪与组织所期望的情绪相一致。[27] 这种劳动是对那些陌生人以及或许不会再见的顾客进行的，包括微笑、视线接触、表示真诚并进行友好的交谈等。这都要求一线员工付出大量的情绪劳动。情绪劳动利用人们的情感（通常要求他们压抑真实的感情）来有效地工作。即使一线员工心情不好，在与顾客打交道时，也要面带微笑。但做到这一点是非常难的。一次，一位商人对航空小姐说："请笑一下。""好的。"她答道，"不过，你先笑，我再笑，好吗？"商人笑了。"很好。"航空小姐说，"现在请再保持15个小时吧。"然后她走开了。[28]

在本章后面，我们将讨论帮助组织与员工提升情绪劳动策略的方法。对组织来说，这些策略包括精心挑选能够处理情绪压力的人，训练他们所需的技能（如倾听和解决问题），教授他们应对能力和策略（通过工作轮换、定期休息、团队合作或其他技术）。[29]

⊙ 战略洞察

管理情绪劳动的策略

与顾客紧密联系的员工通常需要表达出不同的情绪。在许多情况下，这些员工需要在工作中更多地掩盖自己的情绪。以下说明表明，即使是在最日常的职业中，服务业员工的工作体验与传统制造业工人的工作体验也有明显的不同。

装配线上的工人能够公开讨厌他们的工作，讨厌他们的上司，甚至讨厌他们的同事，虽然这是不愉快的情绪，但只要他有效完成了分配给他的工作，他的情绪就是他自己的问题。但对服务员工来说，做这份工作意味着至少要假装喜欢它，最高境界就是完全将自己投入到工作中去，爱这份工作，并真诚地关心与他们接触的人。

情绪劳动经常发生在频繁接触顾客并且与顾客交谈，或者是面对面与顾客接触等情况下。这些员工经常需要情绪管理来处理这些情况。在这一章的后面，我们为组织创造这一环境提出了多种策略，以帮助员工处理情绪劳动工作。在这里我们列举了一些公司的具体策略，用于支持员工在面临苛刻、讨厌、无理的顾客时管理他们的情绪。

情绪劳动能力筛选

许多公司乐于雇用那些能够很好地适应工作中情绪劳动要求的员工。邓加文（Dungarvin）是为心理或生理有残疾的人提供多种服务的组织，它在其网站上展示了一个真实的工作情景，向未来的雇员表明情绪劳动的要求。在此过程中，邓加文的意图是找出那些对员工的情感需求感到满意的申请者，这些员工要定期与有特殊需求的客户互动。呼叫中心通常会为求职者提供一个真实的工作情景，部分原因是让未来的员工能够判断自己是否适合这一工作。这些实践有助于识别员工的价值观、背景、性格以及情绪能力是否适合情绪劳动的需要。

培训情绪管理技巧与行为

大多数与客户接触的员工都被教导说，他们需要对客户彬彬有礼。然而，顾客却没有义务回报同情或礼貌。在行使"客户永远是对的"特权的情况下，员工面临压制自身情绪的挑战。然而企业却很少提供培训来帮助员工应对这些挑战。阿里·霍克希尔德（Arlie Hochschild）指出了两种情绪劳动：表面行为，员工假装表达出对顾客的情感，这样做，既可以抑制自身的情绪，也可以假装某种情绪；深度行为，员工会尽力表现出他们被期望（或被要求）的情绪状态，包括积极调用思想、图像、回忆诱导相关的情绪。零售商店店员和航空公司空姐常常被鼓励用这种方法，比如想象顾客是朋友，或乘客是第一次坐飞机受到惊吓的小孩。企业也会培训员工如何避免被顾客的坏心情影响，让员工通过几个小时的角色扮演压制他们会影响顾客情绪的消极反应。

精心营造工作环境

我们在第10章曾讨论过，服务环境能够影响员工的行为和感情。国际航空紧急医疗服务公司（MedAire）是一家在航班出现医疗紧急情况时提供在线咨询的公司，该公司经常在危及生命的情况下为乘客提供服务。为了减轻公司员工每天面临的压力，公司将他们在亚利桑那州坦佩城的办公室设计为开放式，这样所有员工可以透过窗户看到树木、花草以及经过的汽车。捷蓝航空允许订票代理在家中办公，而无须整日坐在呼叫中心的办公室中。

允许员工发泄

经常进行情绪劳动的员工需要一个发泄的渠道。允许员工发泄可以使他们摆脱情绪失落。这种发泄可以在团队中进行，它会提供情绪支持和鼓励，能让员工看到其他人也经历类似的问题，同时向员工传递一个信息，公司是意识到并认可他们所做出的情绪劳动的。沃尔玛、丽思卡尔顿以及其他公司经常会为这种发泄创造机会。另外，这种宣泄带来的额外好处是，能为其他员工提供一些有用的情绪调整。

让员工休息

当员工与顾客交流或面对面接触后，一项特别有用的策略是让员工进行短暂的休息。许多拥有呼叫中心的公司会让其员工轮岗，使他们不会把全部时间花在与客户电话交流上。与客户接触的员工休息一段时间后，即使只是花几分钟完成文书工作或完成其他工作，也可以重新振作精神。澳大利亚的一家呼叫中心在员工工作区附近有一张台球桌，员工可以在办公桌前一边工作一边看电影，以减轻与客户互动的压力。

把苛刻的客户交给经理

有时一些客户要求比较过分，员工不好处理。在这种情况下，为减轻员工与顾客接触的压力，企业需要将互动的责任转交给管理者。以鸡翅闻名的连锁餐厅辣翅地带（Wing Zone）了解到，生气的顾客可能对那些仍是大学生的员工造成压力。公司大多数的订单来自于电话，员工（特别是那些没有经验的）可将苛刻的顾客移交给最近的管理者。

资料来源：A. Hochschild, *The Managed Heart: Commercialization of Human Feeling* (Berkeley: University of California Press, 1983); B. F. Ashforth and R. H. Humphrey, "Emotional Labor in Service Roles: The Influence of Identity," *Academy of Management Review* 18 (1993), pp. 88-115; www.dungarvin.com, accessed July 20, 2016; S. D. Pugh, "Service with a Smile: Emotional Contagion in the Service Encounter," *Academy of Management Journal* 44 (2001), pp. 1018-1027; A. A. Grandey, "When 'The Show Must Go On': Surface Acting and Deep Acting as Determinants of Emotional Exhaustion and Peer-Rated Service Delivery," *Academy of Management Journal* 46 (2003), pp. 86-96; and T. Hennig-Thurau, M. Groth, M. Paul, and D. D. Gremler, "Are All Smiles Created Equal? How Employee-Customer Emotional Contagion and Emotional Labor Impact Service Relationships," *Journal of Marketing* 70 (July 2006), pp. 58-73.

11.3.2 冲突的来源

一线员工经常需要在工作中面对人际冲突以及组织间冲突。如果对他们的挫折感和困惑置之不理，将导致一线员工工作压力加大、对工作不满意、顾客服务能力变弱并最终感到精疲力竭。[30] 由于一线员工在顾客面前代表着组织，并且经常需要同时应对多个顾客，他们不可避免地要应对冲突，包括人员/角色冲突、组织/顾客冲突和顾客间冲突等。[31]

1. 人员/角色冲突

在某些情况下，边界跨越者感到他们被要求做的事与其个性、方向或价值观之间存在冲突。在美国这样高度重视平等和个人主义的国家中，若需要服务人员把自己的情感与信仰放在其次，要他们在生活中信奉"顾客永远正确，即使他们错了"的箴言，他们可能会感受到角色冲突。有时，角色要求与员工自我形象或自我尊重之间存在冲突。一位以色列服务专家讲述了与以色列文化有关的一个例子。

在以色列，大多数公交汽车只由一个人运营，驾驶员也负责售票。汽车上没有配备在司机和乘客之间递送票费的托盘，钱直接交给司机。司机经常抱怨为收车票费要像乞丐一样伸手去要，他们备感屈辱。另一种在以色列公共汽车上比较典型的情况是，找回的零钱是硬币时，不小心掉落在车厢地板上，由谁来弯腰捡起硬币，司机还是乘客？这一问题很明显地反映了司机的角色冲突。[32] 无论谁弯腰捡钱，都表示他的地位卑微。

在要求员工穿特定的服装或改变形象以符合工作要求时，也会产生个人/角色冲突。雇主要求一位刚从学校毕业的年轻律师剪去长发，只能穿三件套西装而不能穿休闲服时，这位律师可能会觉得与他的新角色有着内在的冲突。

2. 组织/顾客冲突

对大多数一线服务人员，一种更加常见的冲突产生在他们的两个老板之间：组织和顾客。服务人员通常需遵守组织标准、规章和程序，如果这些规章与标准是基于顾客制定的，冲突就会较少发生，如第9章所述。如果规章标准没有如此制定，或者顾客提出苛刻的要求，员工就要做出决定，是遵守规章还是满足顾客要求。例如，会计师事务所的经理希望员工在短期税收筹划季加快准备纳税申报以达到利润最大化。但是作为另外一个老板的客户来说，则更希望得到关注并且有充足的时间来准备申报表。[33] 当员工认为组织在政策上有问题时，冲突就更为严重，他们必须决定是冒着失去工作的危险来适应顾客还是去照章办事。如果服务人员的收入直接依赖于顾客，那么这种冲突就会尤为严重，比如收入依赖小费或佣金的员工极可能面临更高的组织/顾客冲突，因为他们认同顾客的动机更大。

3. 顾客间冲突

有时边界跨越者遇到的冲突产生于两个或更多的顾客对服务有着不同的期望和要求。在服务提供者顺次为顾客服务（如银行出纳员、售票员和医生），或同时为众多顾客服务时（如教师、演艺人员），这种冲突更容易产生。

在顺次服务的情况下，为使顾客满意，服务提供者通常花费额外的时间，按顾客要求定制服务以及灵活地满足顾客要求。与此同时，等待着的顾客会由于其需求不能及时得到满足而感到不满。除了时间问题外，不同的顾客会偏好不同的服务提供形式。一位顾客喜欢个性化的服务与聊天，而另外一位顾客可能偏好完全公事公办，喜欢很少的人际互动。

在同时为众多顾客服务的情况下，经常会众口难调。这种冲突在任何大学的课堂上都是经常发生的，讲课教师必须满足学生对授课方式与风格的各种期望和不同的喜好。这种情况也容易出现在娱乐场所或任何类型的集体培训服务中。

11.3.3 质量/生产力的平衡

企业要求一线员工的工作既有效率又有效果：他们既要为顾客提供令人满意的服务，又要经济有效，产出可观。以在 HOM（健康保养组织）工作的医生为例，他要为病人提供细致、优质、个性化的服务，同时还要在特定的时间内为相当数量的病人提供服务。[34] 食品店的收款员要认识他的顾客，还要彬彬有礼，同时还要准确地计算各种食品的价格，以及使排队的人尽量少。这些质量和数量之间以及最大效益和效率之间的必要权衡，给服务员工带来了压力。目前，很多新技术被用于平衡交易的质量和数量，来提高服务人员的生产力，并且使他们能够有效地为客户提供高质量服务。

一个生动的有关质量/生产力权衡的例子发生在佛罗里达州的威瑞森（Verizon）的员工身上。公司有个要求，即不论问题解决得如何，服务电话不能超过一定的时间，这使相应的员工感到沮丧。这让员工感到，公司的客户服务是以解决的效率为优先的，而不是以解决客户的问题为优先的。他们最终向管理层提出抗议，要求重新考虑他们的服务工作流程，客户也对调整后的工作流程表示满意。[35]

11.4 通过人员传递服务质量的策略

我们需要一个复杂的战略组合，来确保服务人员愿意并且能够传递优质的服务，并激励他们的顾客导向行为。这些使服务承诺得以实现的策略，通常被称作内部营销，如图 11-1 左边所示。[36] 这里介绍的策略围绕着四个主题。为建立以客户为导向的、服务理念强的员工队伍，一个组织必须做到：①雇用正确的员工，②为提供优质服务开发员工，③提供必要的支持系统，④留住最好的员工。

在这些基本策略之中，还有实现目标的子策略，见图 11-4。

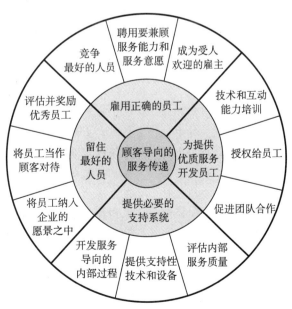

图 11-4 通过员工交付服务质量的人力资源策略

11.4.1 雇用正确的员工

为有效地传递服务质量,应将相当大的注意力集中在招聘和雇用服务人员上。这种关注有悖于许多服务行业的传统做法,在这些行业中,服务人员是公司阶梯上最底层的人员,而且报酬最少。另一方面,在专业服务领域,最重要的招聘标准通常是技术培训、资格认证和专业知识。然而,成功的服务机构除了会留意申请人的技术资格之外,还会关注他们的顾客服务价值取向。图11-4列示了几种获得正确员工的方法。

■ 技术亮点　　技术如何帮助员工更高效且有效地服务顾客

联合包裹

联合包裹每天运送超过1 800万个包裹,从前,联合包裹的司机靠地图、3×5的记事卡和他们自己的记忆来规划出最佳的路线。为了更有效地决定最好的路线,联合包裹实施了一套路线优化系统,每天晚上都能为其10万名员工中的大多数安排好第二天的行程。这款软件所设计的路线会将左转弯减至最少,以减少司机在等待交通灯时浪费的时间和油耗,它同时可以使司机在300多万个行政区域内穿梭的时间减少一天甚至更多。联合包裹的技术也允许其捕捉用户的习惯。从前,当一个员工退休或辞职,他多年积累的知识和经验也随之带走。现在中心系统将这些知识积累起来,以减少新员工入职培训时间,降低客户服务中失误的可能性。这项技术使得联合包裹能够更有效地运行其路线,从而为客户提供更快更可靠的服务。

黑板系统

全美甚至全球的大学都在使用网络和其他技术在校园内创造网络学习环境,其中一个被广泛使用的就是黑板系统。它是一个可以增加导师工作效率的设施。简单来说,黑板系统能够帮助导师组织他们教学的相关材料。课堂管理能力包括电子信息存储和控制材料(阅读材料、教学大纲、作业、讨论问题)的获取,对课堂讨论小组的管理,收集学生作业,在线测试管理,小组项目管理,提供在线成绩发布和其他功能。事实上,大多数的课堂管理都可以通过黑板系统来完成,学生也可以获得如下好处:获取课业材料,取得最新的课堂信息,提交作业等,这些过程均可在不打扰导师的情况下完成。

黑板系统为导师提供了许多管理课堂的能力。导师可以创建一个学习对象(例如,讲义或阅读补充),存储一次,并将其链接到所有课程部分,而不必为每个部分创建材料。因此,黑板系统可以使导师更加高效地利用时间,使导师能有更多的时间为学生做课下辅导。黑板系统还可以为导师提供一个更加便捷的追踪评估学生学习的方式。例如,黑板系统的电子档案袋选项提供了一个在线存储库,用于存储学生的作业,从而使导师和学生都可以轻松地评估学生在给定课程中的学习进度。同时,按照大学生的意愿,黑板系统还提供了智能手机上的应用,使学生可以方便地在手机上查看他们的分数、查看公告、发布博客和访问课程内容。

梅奥诊所

梅奥诊所一直以来都被称作世界范围内最具实力的服务品牌,并且可以说是美国卫生保健行业的领头羊。成就梅奥的原因有很多(在本书中的其他地方会有叙述),技术在为有严重医疗需求(如癌症治疗、心脏手术和神经手术)的病人提供高质量的服务中扮演了重要的角色。在佛罗里达杰克逊维尔的诊所,梅奥在过去的几十年里对其电脑系统投入了1 800多万美元,其中很大一部分投资用在了电子病历上。就像大多数的诊所一样,梅奥的住院系统非常复杂,需要跨部门和专家协调病人护理工作。病人护理所需的许多系统,包括药房系统、实验室系统和监测系统,都需要相互连接,每周7天、每天24小时运作。

梅奥诊所的订单输入系统使得医生能够预定测试、治疗和药物。当信息输入后,它就会自动形成一系列跟患者护理相配合的活动。例如,一旦一个人被收入了肿瘤部治疗癌症,医生就可以为这个病人预定在化疗前30分钟服下抗恶心的药物,然后是在特定时间按特定顺序接受三种不同的化学试剂,并且可以规定这些治疗每12小时重复一次。梅奥诊所的订单输入系统会自动通知医生、药剂师和其他需要进行特定治疗的人,并监控剂量和给药方法(例如,口服或静脉给药)。

这个自动系统不仅为杰克逊维尔的诊所省下了将近700万美元,而且使诊所的员工更加有效地工作,为病人提供更好的医疗护理。例如,当一项新的测试结果在病人的病例中记录时,它们就会被突显出来,以使得护士或医生可以马上看到,从而医护人员就可以省掉许多等待和查找病人病历的时间。通过电子病历,梅奥发现其员工在对慢性病患者的护理中能够更好地协作。总体看,电子病历使得梅奥诊所的员工能更加有效地为病人提供高质量的护理服务。

资料来源:D. Foust, "How Technology Delivers for UPS," *BusinessWeek* (March 5, 2007), p. 60; 2015 UPS Annual Report; L. L. Berry and K. D. Seltman, "Building a Strong Services Brand: Lessons from Mayo Clinic," *Business Horizons* 50 (May-June 2007), pp. 199-209; and A. M. Virzi, "A Complex Operation," *Baseline* (October 2006), pp. 56–59.

1. 竞争最好的人员

为获得最好的人员,组织需要识别出谁是最好的人员,并与其他企业竞争以雇用到这些人员。莱纳德·贝里和帕拉休拉曼(A.Parasuraman)把这些称为"人才市场份额的竞争",他们认为企业在获取最佳员工的过程中充当营销者,就像利用其专有的营销技能为顾客竞争一样。[37] 把招聘当作营销活动看待,进行市场(员工)细分、产品(岗位)设计,提供工作晋升机会来吸引那些潜在的长期员工。对于像财捷集团(Intuit)、哈利士饭店(Harrah's)、雅虎、万豪酒店等公司,它们将员工招聘负责人的头衔改为"人才招聘副总裁",这样做既认识到了该职位的重要性,又有助于将该角色提升到其应有的战略高度。

2. 聘用要兼顾服务能力和服务意愿

一旦识别出潜在员工,组织就需要认真进行面试和挑选,以便从众多候选人中鉴别出最佳人选。服务人员需要具备两种互补的能力:服务能力和服务意愿。[38]

服务能力是指从事工作所必备的技能与知识。在许多情况下,雇员通过获得某一特定学位和证书来证实自己的能力,如获得法律博士学位和通过国家律师资格的相关考试等。医生、飞机驾驶员、大学教授都需要在面试之前通过类似的资格考试。在其他情况下,服务能力也许与学历无关,但需要一些基本的技能或充沛的体力。例如,一位零售店的服务人员必须具备基础的计算能力并会使用收款机。最近的一项研究表明,许多一线员工也需要一定水平的情绪能力,即可察觉、理解、调节客户情绪的能力,这样他们的工作才能做得更好。[39]

由于服务质量具有多个维度,因此对服务人员的挑选远不仅限于服务能力方面,还要通过服务意愿进行筛选,即他们对从事相关服务工作的兴趣,这反映了他们对服务的态度以及服务顾客或其他同事的意向。[40] 调查表明,大多数服务性工作会吸引具有一定程度服务意愿的申请人,而且服务组织中大多数员工的服务意愿较强。但是有些员工明显比另外一些员工具有更强烈的服务意愿。研究表明,服务效率与服务导向的个性(诸如乐于助人、细心和喜欢交际）相关。[41] 顶尖的服务企业在招聘中更看重积极的态度，而非特殊技能。[42] 理想的服务员工选择过程应该既评价服务能力又评价服务意愿，从而雇用到在这两方面水平都高的员工。

除了传统的招聘面试以外，许多企业还采用新颖的方法评价服务意愿和其他一些个性特征以适应组织需要。西南航空公司要寻找富有同情心、懂常识、有幽默感、具有"能够做"的态度及主张人人平等的人（他们以"我们"的方式考虑问题，而不是"我"）。该公司评判服务意愿的方法之一，是对潜在的空中服务员进行小组面试，观察他们之间如何互动。对飞行员也要进行小组面试，评估其团队协作的能力。[43]

3. 成为受人欢迎的雇主

吸引最佳人员的一种方法是在某一特定行业或地区成为首选雇主，联合包裹定期在员工中开展调查，创建"雇主选择指数"，并设置年度目标，来保持首选雇主的地位。[44] 作为搜索引擎的谷歌，每天为全世界的顾客提供网络服务，也享受着首选雇主的声誉，谷歌在其网站上表示，"在日常工作中，员工是第一位的。"[45]

有助于成为受欢迎雇主的其他策略还包括提供广泛的培训、职业和升职机会以及优良的内部支持和有吸引力的激励措施，并提供令员工引以为豪的产品和服务等。赛仕软件研究所（SAS Institute）是《财富》杂志年度"最佳工作公司"前五名中的常客，长期以来一直是统计软件行业的首选雇主。为赛仕软件研究所工作的人，绝大多数是专家或技术人员，薪酬优厚。该公司网站上的一段话表达了 SAS 关于员工的理念："如果你把员工当作对公司有影响的人，他们就会对公司产生影响。"公司对其员工投入很大：每名员工都有自己的办公室、35 小时工作进度表、灵活的工作时间，公司提供高质量的日托中心，以最优的价格提供最优质的日间护理中心，并提供 66 000 平方英尺的免费健身中心。正因如此，赛仕软件研究所最优秀的员工很少离职去竞争对手的公司。[46]

在另一个员工报酬较低的行业中，万豪致力于成为行业首选雇主。万豪关于员工的信条和赛仕软件研究所很像，是由创始者比尔·万豪提出的："如果优待员工，员工则优待顾客，顾客会成为回头客……这是公司最基本、最核心的价值。"[47]

◎ 专栏 11-1

谷歌快速成为业界首选雇主

1996 年，谷歌的创始人拉里·佩奇和谢尔·盖布林在斯坦福大学的宿舍里开发了一个新的线上搜索方法，很快使用者就遍布了全世界。他们继续完善这一方法，并在 1998 年创立了世界最大的搜索引擎"谷歌"，它可以免费提供方便快捷的搜索服务，通常在几分之一秒内反馈搜索结果。

在短短的时间内，谷歌成为《财富》杂志美国最佳百名雇主第一名，并且在 2007 年至 2016 年间七次获此殊荣，位列《财富》100 强企业名单中第一位。有研究报告指出，1/4 的年轻专业人士想在谷歌工作。谷歌采用了多种方法来成为首选雇主，目前全球员工超过 6 万人。

- **谷歌总部**　谷歌的全球总部在加利福尼亚，为了吸引和留住谷歌员工，总部设计成有特色的山景大楼。在他们公司网站上可以看到大楼的重要组成部分，包括有钢琴的大堂、熔岩灯和从世界各地实时发出的搜索申请的投影等。走廊里有自行车，一楼是橡胶球练习场，世界各地的信息公告栏随处可见，一个三维旋转的世界图像，显示点之间的切换代表实时搜索、颜色编码的语言和查看整个互联网的交通模式。
- **娱乐设施**　谷歌提供健身房（内有举重和划船机）、更衣室、洗衣和干衣间、按摩室、各种视频游戏、桌上足球、平台式钢琴台球和乒乓球。每周在停车场举行两次滚轴曲棍球比赛。
- **用餐设施**　谷歌总部有 11 个免费美食餐厅，给员工提供免费用餐。他们的食品站包括"查理烧烤""回到阿拉伯克基""中西混搭"和"素食主义者"等多家餐厅。点心房有各类谷物、巧克力豆、软糖、太妃糖、甘草、腰果、酸奶、胡萝卜、新鲜水果和其他点心。还有各种饮品，包括新鲜果汁、苏打水、自助卡布奇诺。
- **员工服务**　谷歌为全球员工提供各种服务。例如，现场洗车和换油都是谷歌为员工提供的服务，还提供剪发服务。员工可以参加健身教程，享受按摩，学习中文、日语、西班牙语或法语，还可以请前台安排晚饭。其他服务还包括照顾小孩，现场公证，有五名现场医生提供体检服务，所有的这些都是免费的。对于上下班，谷歌在湾区五个地点提供免费的有 Wi-Fi 的班车。
- **其他福利**　谷歌还提供很多其他福利，如员工想买混合动力汽车，公司会有 5 000 美元补贴。公司每周都举办 TGIF 派对，并有现场乐队演奏。公司还经常举办"睡衣日"。为方便妈妈哺乳小孩，提供有吸奶器的房间。谷歌员工可任意带他们的宠物上班。谷歌的 80/20 原则允许员工 80% 的时间用于他们的主要工作，20% 的时间花费在他们感兴趣的觉得对公司有益的项目上，谷歌邮箱、谷歌新闻、谷歌经济就是这么产生的。这就不难理解为什么每天有 3 000 份简历投往谷歌。正因如此，谷歌在人才竞争中经常赢过微软和雅虎。如果这些福利还不足以鼓励员工说公司好，谷歌还提供雇用每名员工 2 000 美元的介绍费。

资料来源：A. Lashinsky, "Search and Enjoy," *Fortune, January* 29, 2007, pp. 70-82; J. Light, "Google Is No. 1 on List of Desired Employers," *The Wall Street Journal*, March 21, 2011, p. B8; J. D'Onfro, "An Insider Look at Google's Best Employee Perks," *Inc.*, September 21, 2015, www.inc.com/business-insider/best-google-benefits.html; and www.google.com, accessed July 21, 2016.

11.4.2　为提供优质服务开发员工

要维护和发展一支顾客导向、关注服务质量的员工队伍，组织必须为提供优质服务开发员工，一旦招聘到正确的员工，组织必须着手培训这些人员，以确保服务绩效。

1. 技术和互动能力培训

为提供优质服务，员工需要在必要的技术技能与互动技巧上接受相关培训。技术技能涉及酒店中的会计系统、零售店里的现金出纳程序、保险公司中的承保程序以及企业运营所必需的任何操作规则。大多数服务组织非常有意识且有效地对员工技术技能进行培训。这些技能可以通过正式的教育获得，比如在麦当劳的汉堡包大学，来自世界各地的麦当劳经理会在此受训。除此之外，技术技能还经常通过在职培训获得。如电话接听员通过聆听有经验员工的示范进行学习，公司也经常采用信息技术来培训技术与知识。

除上述培训外，服务人员还需要接受互动能力方面的培训，从而使员工可以提供礼貌的、关心他人的、负责的和热心的服务。研究表明，企业可以通过培训员工如何进行愉快的谈话、恰当的提问或者幽默的交流，从而与顾客搞好关系（互动的一种技能）。[48] 除此之外，员工还可以通过对话提示培训帮助他们识别与顾客的共同点。许多公司如星巴克和芝加哥的伊莉希安酒店（Elysian Hotel），甚至通过培训一线员工的即兴演说来增进他们与顾客的交流与倾听技巧，读懂顾客肢体语言，从而迅速与客户建立起友好关系。[49]

澳拜客牛排馆（Outback Steakhouse）培训服务员蹲在顾客的桌边，甚至坐在顾客的桌边，花几分钟的时间与顾客互动；这样的行为可以让他们与顾客建立更好的眼神交流，并创建与顾客互动的机会。星巴克发明了一个游戏用来训练其员工更好地与顾客建立联系，游戏的名字叫"由内而外"。[50]这个游戏的一部分是，给咖啡师描述一个特定的场景，比如一个沮丧的顾客在圣诞节的最后一分钟要买一杯提神的饮品，要求咖啡师找出帮助顾客高兴的方法。

成功的企业对培训不惜重金，并确保培训与业务目标和战略相符。例如在丽思卡尔顿酒店，所有员工都要参加大量的基础培训，并随身佩戴袖珍信条。除了这一信条外，还规定了服务的三个步骤，以及丽思卡尔顿的名言："我们是女士们、先生们，为女士们、先生们服务。"不仅如此，每家酒店的员工每天要开一个短暂的员工会，重温丽思卡尔顿酒店的金牌标准和员工服务价值观，用以加强他们先前的培训效果。

2. 授权给员工

要真正做到对顾客需求及时反映，就必须授权给一线员工，使其能对顾客需求做出灵活反应并在出现差错时及时补救。授权意味着赋予员工、技能、工具和权力。尽管授权的关键是把决定顾客利益的权力交给员工，但只是权力的赋予还是不够的。员工需要掌握相应的知识和工具才能做出这些决定，而且要有激励措施以鼓励员工做出正确决定。如果企业单纯告知员工"你现在有权做任何可以使顾客满意的事"，那么这种授权就不是成功的。首先，员工通常不相信这些话，尤其是在组织等级森严或有官僚作风的情况下；其次，如果员工没有受过相关的培训和指导，他们通常不清楚"做任何可以使顾客满意的事"意味着什么；最后，并非所有员工愿意被公司授权。[51]

研究表明，赋予一线服务工作者权力的一些好处包括减轻与工作有关的压力、提高工作满意度、更强的适应性、更有创意的想法以及为客户带来更好的结果。[52]但是这些成功也来之不易，事实上一些专家指出，只有极少数企业真正利用或恰当地执行了成功的授权战略。[53]授权也并不适合所有的企业，专栏11-2中，列举了授权的收益与成本。

◎ 专栏 11-2

授权的潜在收益和成本

收益

- 服务过程中对顾客要求做出更快的现场反应。员工能够更快地做出决策，从而避开冗长的决策链，也减少了与上次司讨论的时间。
- 服务补救中对不满意顾客做出更快的现场反应。一旦执行系统出现差错，顾客会希望组织立刻采取补救措施。被授权的员工当场及时进行补救，可以使不满意的顾客谅解，甚至成为组织的忠诚顾客。
- 员工对工作及其自身感觉良好。给予员工决策的权力和控制力，使他们感到有责任，并使他们对客户的满意感拥有自主权。当员工感到对工作具有控制力以及认为工作有意义时，他们会更为满意，从而降低流动率和缺勤率。
- 员工会更热情地与顾客互动。由于员工对其自身和工作感觉更加良好，他们会将这种感觉渗透到对顾客的感情中,并反映在他们的互动行为之中。
- 被授权的员工是服务创新的源泉。员工得到授权以后会对服务产生责任感,进而提出许多创新服务,或提高现有服务的出色想法。
- 顾客眼中的活广告。被授权的员工对顾客做出一些印象深刻的事情后,顾客会记在心里,并向其朋友、家人和同事津津乐道。

成本
- 在员工选拔和培训方面会花费更大的投资。找到能在授权环境中胜任的员工,需要有创意的、成本更高的甄选过程。一般而言,培训的花费也比较昂贵,因为员工需要更多的、产品知识以及灵活与顾客打交道的技巧。
- 更高的人工成本。组织可能雇用兼职或临时工作为一线员工,由于需要员工承担更多责任,可能因此需要支付更多的费用。
- 潜在的迟缓服务或服务交付不一致。如果被授权的员工为部分顾客花更多时间服务,那么服务的总体时间将延长,这会惹怒那些等候的顾客。授权还意味着如果顾客满意度交由员工通过个人判断来决定,服务执行的水平就可能会因人而异,并不一致。
- 可能损害顾客得到公平服务的权益。顾客可能认为照章办事才对每位顾客公平,如果看到其他顾客得到不同水平的服务,或者员工对一些顾客提供特殊对待,他们可能认为组织是不公平的。
- 员工可能担心"丢失客户"或做出错误的决策(成本高昂)。许多人担心被授权的员工会做出一些费用相当高的、组织无法承受的决策。虽然这种事情可能会发生,但有效的培训和恰当的规章有利于避免这些事情发生。

资料来源:"The Empowerment of Service Workers: What, Why, How, and When," by D. E. Bowen and E. E. Lawler, Sloan *Management Review* 33 (Spring 1992), pp. 31-39.

3. 促进团队合作

很多服务企业的经验表明,当员工进行团队合作时,顾客满意度就会提高。服务工作经常令人感到沮丧、疲惫和具有挑战性,而团队合作的环境有助于减轻员工压力和紧张感。感到被支持和有团队做后盾的员工能更好地保持热情并提供优质服务。[54] 这种团队协作正是梅奥诊所服务理念背后的推动力。梅奥的一条核心原则是鼓励组织中所有人都投入到为患者的服务中,成为一支专注于病人需求,富有同情心,涵盖多学科医生、物理学家和健康专家的综合团队。[55] 通过促进团队合作,组织能够加强员工传递优质服务的能力,与此同时,员工之间的支持还会增强他们成为优秀服务提供者的意愿。

促进团队合作的方法之一是提倡"人人都为顾客服务"的态度。也就是说,尽管有的员工不直接对最终顾客负责或者与顾客互动,但他们也需要知道在为谁服务,以及他们在整个服务中扮演的角色是什么,这对最终传递优质服务是至关重要的。如果每位员工都能知道自己在为最终顾客传递优质服务的过程中不可或缺,如果每位员工都能知道自己必须支持谁才能实现优质服务,那么团队合作就会加强。第 8 章中所述的服务蓝图就是一个有效工具,向员工展示了他们在为最终顾客提供优质服务的过程中扮演着重要角色。

团队的目标和奖励也会促进团队合作。哈利士酒店把团队合作作为奖励和报酬的重要依据。赌场酒店的奖励措施也是主要依据团队成果,同时会依据个人目标给予小部分奖金,但一般不超过 40%。组织里的每个成员从会议策划到 21 点发牌者都是根据客户服务得分给予奖励。当团队整体被嘉奖，而不是按每个人的成绩和表现进行嘉奖时，团队努力和团队精神才会在组织中得到发扬。

11.4.3 提供必要的支持系统

要使服务员工的工作富有成效，服务工作者需要一个以客户为中心的、与他们需求相一致的内部支持系统。这一点怎样强调都不过分。实际上没有以顾客为中心的内部支持和顾客导向的系统，无论员工意愿如何强烈，也几乎不可能传递优质服务。举例来说，一位银行柜员要在银行业务中分毫不差，并使顾客满意，需要方便地得到顾客近期的资信资料，有足够人手的分行（这样就不会出现排着长队的不耐烦的顾客），以及愿意支持他以顾客为导向的上司和后勤人员。在考察澳大利亚呼叫中心的顾客服务时，研究人员发现来自主管、团队同伴的内部支持以及对工作中所使用技术的评价都与员工满意度及其服务能力高度相关。[56] 下文给出了确保顾客导向的内部支持的一些策略。

1. 评估内部服务质量

鼓励支持性的内部服务系统的方法之一是评估并奖励内部服务。首先，组织中的每个人均为内部顾客，评估内部顾客对服务质量的感知，组织就可以着手建立内部质量文化了。[57] 为了给员工提供尽可能好的服务，梅奥诊所每年都会评估各部门的服务质量。内部服务审计成为实施内部服务质量文化的一种工具。通过审计，内部组织可以识别他们的内部顾客，确定他们的需求，评估自身服务情况以及做出改进。这种过程与外部顾客使用的市场调研实践相类似。

评估和关注内部服务质量与内部顾客的一个风险是，人们可能会在专注于满足内部顾客的需求中，忘了他们是在为最终的外部顾客服务。[58] 因此在评估内部服务时，一定要注意时时把内部的服务传递与如何支持外部最终顾客的服务传递联系在一起。第8章中介绍的服务蓝图将形象地展示这些关键的联系。

2. 提供支持性技术和设备

如果员工不具备合适的设备或者设备不能得心应手，他们传递优质服务的愿望就可能受挫。服务员工要进行有效率、有效果的工作，就需要合适的设备与技术。

采用合适的技术和设备，可以扩展到工作场所和工作站设计的策略中。比如美捷步为客户服务代表提供计算机系统，可以提供关于库存的详细信息——使他们为客户提供最新的信息及选项。豪威（Hallway）公司的装饰以壁画和卡通图片为主，房间装满道具，工作场所依据个人喜好随意设计，所有设计都是为了创造一个使员工舒适的环境，从而更好地为客户服务。实际上，美捷步的工作环境，已广为皆知，几乎每天都会有人参观公司总部大楼。

3. 开发服务导向的内部过程

为了更好地支持服务人员在一线传递优质服务，公司应当考虑按顾客价值和客户满意度来设计内部过程。换言之，内部过程必须支持优质服务的传递。在许多企业，驱动内部过程的更多是官僚规章制度、传统的成本效益，或内部员工的需求。因此，提供以服务和客户为导向的内部流程可能意味着对系统进行全面的重新设计。这种对系统和流程的重新设计被称为"流程再造"。尽管通过流程再造以开发服务导向的内部流程合乎情理，但它可能是一项最难实施的策略之一，尤其是在传统组织中。

11.4.4 留住最好的员工

一个组织不仅要雇用正确的人员，对其进行培训以及培养其传递优质服务的能力，并提供所需的支持，还必须着手留住那些优秀的员工。员工的流失，尤其是最好的服务人员流失，可能会对顾客满意度、员工士气和整体服务质量造成严重影响。然而，正如一些企业对其顾客所做的那样，它们花了很多时间和精力吸引员工来工作，却把已有员工不当回事（或者更糟），这样导致了一些优秀员工寻找机会跳槽。之前图 11-4 中提到的所有策略都有助于留住最好的员工，此处我们仅集中介绍几种特别的策略。

1. 将员工纳入企业的愿景之中

为了保持员工的积极性和对组织目标的兴趣，他们需要分享对组织愿景的理解。每天传递服务的人员需要理解他们的工作是如何与组织目标相适应的。员工在某种程度上受工资和其他福利的激励，但是最好的员工如果不致力于组织的愿景，就会被其他的机会所吸引。如果员工不知道企业的愿景是什么，他们就不可能忠于该愿景。这意味着在实践中，组织的愿景要经常传达给员工，并最好由高层经理（通常是 CEO）传达。[59] 一些令人尊敬的 CEO，如星巴克的霍华德·舒尔茨（Howard Schulz）、联邦快递的弗雷德·史密斯（Fred Smith）、亚马逊的杰夫·贝佐斯、美捷步的谢家华（Tony Hsieh），都因能经常并明确地与员工沟通其愿景而闻名。

在宣威威廉斯公司（Sherwin-Williams），管理层已经向整个组织传达"品牌服务"的目标。为了将所有与客户联系的员工纳入公司愿景，公司在过去 10 年里开展了一项广泛的内部活动："对待每个顾客要像贵宾（GUEST）一样"。"GUEST"的含义是："G"——问候顾客，"U"——使用顾客姓名，"E"——评估并满足要求，"S"——和颜悦色，"T"——感谢并邀请下次再来。[60] 组织中所有与客户互动的员工都应采取这些行动。这种方法给员工传递了强烈的信号，强化了公司愿景。当愿景和方向非常清楚且激励人心时，员工将更有可能与企业共渡难关。

2. 将员工当作顾客对待

如果员工感到他们有价值，并且他们的需求得到重视，他们会更愿意留在组织中。例如，塞贝尔系统（Seibel Systems）公司（现已并入甲骨文 Oracle）的创始人汤姆·西贝尔（Tom Siebel）认为，CEO 的主要工作就是培育使员工和顾客都能从中受益的企业文化。"如果你建立了一家公司，提供了一种能给客户带来高满意度的产品或服务，如果你以负责任的态度花钱，并很好地管理你的人力资本资产，那么其他成功的外在表现，如市场估值和收入增长，也会随之而来。"[61]

许多企业采纳了"把员工当作顾客"的观点，它们把基本的营销策略直接应用于员工。[62] 组织提供给员工的产品是一份工作（包括各种利益）和高质量的工作生活。为确定员工对岗位和工作生活的需求是否得到满足，组织要定期进行内部市场调研，评估员工的需求和满意度。比如在专栏 11-1 中所描述的，谷歌公司总部启动了一系列将员工视为顾客的计划。除了专栏中列出的福利，还包括免费提供理发、游泳池、视频游戏、干洗、医疗保健以及按摩等。[63] 谷歌和其他许多公司发现，为确保员工的满意度、生产力和保留率，这些公司需要更多地帮助其员工的私人生活和家庭。这样，员工会感激公司所做的一切；谷歌经常位列《财富》排名的"最受欢迎雇主前 100 名"前列。

3. 评估并奖励优秀员工

如果企业希望最优秀的服务人员留在组织中，就必须奖励和提拔他们。这看似显而易见，但企业内的奖励制度常常不是为了对卓越服务的奖励。奖励制度可能更看重生产力、销售额或其他一些可能不利于提供卓越服务的工作内容。如果付出的努力没有得到认可和奖励，即使那些有着内在动机去传递优质服务的员工，也会最终变得灰心丧气，并开始留意跳槽机会。

奖励机制必须与组织愿景和真正重要的成果挂钩。比如，如果认为客户满意度和保留顾客是关键的结果，就需要认可和奖励那些能增加客户满意度和顾客保留率的服务行为。在哈利士酒店员工的薪酬中有一部分与顾客满意度分数挂钩，作为"绩效奖金"来激励员工达到更好的服务水平。员工也会感兴趣如何为客户提供更好的服务。除金钱奖励外，杰出的员工还可获得总裁奖的殊荣，并且他们的名字会登上哈利士酒店年报，并定期公开。管理层也会因为顾客服务的改善而获得奖励，经理25%的年终奖是与客户服务目标挂钩的。[64] 同样，在汽车租赁公司，部门经理如果想换岗调动，只有其分店的客户满意度比公司一半以上分店都高才可以。这种考核方式，连同背后的所有分析和服务改进措施，都旨在使员工的行为与客户满意和客户保留保持一致。

在开发新系统和结构以强调顾客为中心和顾客满意的过程中，企业已经采用了许多不同类型的奖励。传统的方法像高工资、提升和一次性货币奖励或奖金都可能激励服务绩效。许多组织中，鼓励员工亲自为表现优秀的同事颁发"同行奖"来达到相互认可的效果。其他类型的奖励包括，为提高了顾客满意度或达到了顾客保留目标，而进行特别的庆祝活动。在大多数服务组织中，推动组织前进的不仅仅是取得重大成果，还包括日常的持之以恒和对细节的关注，因此承认"小胜利"也很重要。

在许多情况下，一位顾客与某一位员工建立关系，这种关系可能比与企业的关系更坚固。如果这个员工离开了企业，不再服务于该顾客，企业与这位顾客的关系也可能就随之消失。[65] 很明显，企业应该努力保留具有如上特点的员工；然而，尽管公司尽了最大努力，但有些优秀员工还是会离开。如果企业不能挽留与顾客有密切关系的员工，该如何减少员工的离职给顾客带来的影响呢？员工可以时常被调换岗位，以保证顾客接触多个员工，并且使顾客有一如既往的优质服务体验。公司也可以组成与客户互动的员工团队。以上两种做法的主要意图是让顾客与组织内的多位员工接触，这将减少公司在任何一名员工离职时便失去顾客的可能性。同时更有利于在顾客心目中树立起积极的企业形象，并且传达其所有员工都有为顾客提供优质服务的能力。[66]

11.5 顾客导向的服务传递

由于不同组织的价值、文化、历史和愿景不同，雇用和激励一线员工的具体方法也不尽相同。[67] 例如，西南航空公司和迪士尼在"培养人员传递优质服务"的措施上就有很大的不同。在迪士尼，指导和培训过程是高度结构化、脚本化和标准化的。而在西南航空公司，更多关注点是开发需要的技能，同时授权给员工，使员工在对待顾客的方式上不照本宣科。尽管这两家公司的风格和文化有很大的差别，但都关注了图11-4中显示的四个基本主题。

我们在全书中一直强调以客户为中心。具有强烈服务文化的企业明显会更重视顾客以及顾客体验。为了实现这些，企业还必须创造一种环境，全面支持一线员工，因为这些员工是组织中保证顾客体验按照预先设计的方式进行服务传递的关键人员。长久以来，很多企业将高级管理者视为组织中最重要的人，传统的组织结构图往往反映了这一观点。这种方法将管理者列在这一结构的最顶部，并（隐性地）将顾客置于底层，而中间是负责与顾客接触的员工。如果我们认为组织中最重要的人是顾客，就应该把顾客排在结构图的最顶层，然后是那些与他们进行接触的人员，如图11-5所示。这样的视图与顾客为中心的观点是一致的。实际上，顶级管理层的角色也从指挥角色转变为促进和支持组织中离客户最近的员工。

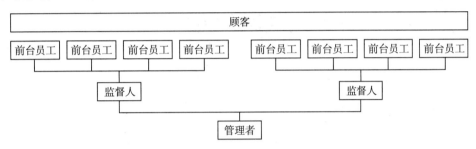

图 11-5 以顾客为中心的组织结构图

在本章提到的人力资源策略，也应作为管理者支持一线员工的一种方法。事实上，一个真正以客户为导向的管理团队可能会"翻转"本章前面介绍的服务营销三角，从而使管理位于三角形的底部，客户和员工平等地位于顶部，如图11-6所示。诺思壮（Nordstrom）是一家因强大服务文化而著名的公司，他们就将这个"倒金字塔"用于员工的培训中。法国电信（France Telecom）的CEO迈克尔·本（Michel Bon）概括总结了这一做法背后的理念：

> 如果你相信"顾客是国王"，那么在这一王国中，其次重要的人就是那些天天与国王进行直接接触的人。[68]

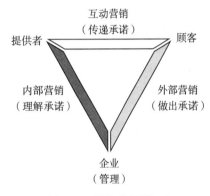

图 11-6 服务营销倒三角

从服务营销三角来看，有两组人对组织来说是最重要的——顾客以及与顾客互动的员工——他们位于非常显著的位置。

小结

由于许多服务是由人们实时提供的，缩小差距在很大程度上取决于组织人力资源战略。要成功地执行这些战略，首先要在整个组织内发展和培育一种真正的服务文化。

很多时候员工就是服务，他们在客户眼中代表着组织。其在很大程度上通过影响服务质量的五个维度来影响服务质量：可靠性、响应性、移情性、保障性和有形性。员工服务能力与顾客要求相互匹配至关重要。

在这一章中，我们把重点放在服务员工上，了解他们角色的关键性，并理解他们所面临的内在压力和冲突。一线服务工作需要投入大量的情绪劳动，员工面临着各种各样的工作冲突。

基于对服务员工的重要性和他们在组织中角色的理解，我们了解了将适当的人力资源实践整合应用到服务公司中的战略。这些战略的目的是，使雇员能够有效地满足顾客的要求，并在工作中提高效率和生产力。这些战略是围绕着服务组织的四大人力资源目标制定的：雇用正确的员工、为提供优质服务开发员工、提供必要的支持系统和留住最好的人员。一家致力于实施这些战略的公司会在通过其员工传递优质服务的道路上走得更远，从而最终缩小差距3。

讨论题

1. 服务文化的定义是什么？服务文化为什么如此重要？制造企业有服务文化吗？为什么？
2. 为什么服务员工对任何服务组织的成功都是关键因素？为什么我们在市场销售课程中用一整章的篇幅讨论服务员工的问题？
3. 什么是情绪劳动？它与体力劳动或脑力劳动有什么区别？
4. 回想你在现在或者曾经从事的专职或兼职工作中扮演的一线服务者的角色，你是否经历过本章中所描述的几种冲突？为课堂讨论准备具体的例子。
5. 选择你所熟悉的服务提供者（你的牙医、医生、律师和发型设计师），讨论他们在提供服务时如何积极影响服务质量的五个维度（如果你是服务提供者，讨论同样的问题）。
6. 描述四种基本的人力资源策略要点，并指出为什么每个要点在建立顾客导向的组织中都至关重要。
7. 技术能力和互动能力有何区别？试举例说明（最好以你的工作或你熟知的事例说明）。为什么服务员工需要这两方面的培训？
8. 授权是否始终是提供有效服务的最好方法？为什么员工授权如此有争议？

练习题

1. 访问两个具有世界一流服务文化的著名企业的网站（如丽思卡尔顿酒店、联邦快递或星巴克）。分析网站上所提供的信息是如何强化企业服务文化的。
2. 访问至少两名一线服务员工，了解其经历的压力。他们提供的实例与文中描述的冲突的来源和权衡有何关联？
3. 假定你是一家信用卡公司的一线员工团队的经理，这些员工通过电话工作，主要解决顾客的要求、问题和诉讼。在这种特定情况下：①给出"边界跨越者"的含义，并讨论员工在此岗位上工作的基本目标和职能；②讨论你的员工作为边界跨越者所面临的两种潜在的冲突；③运用所学的知识，讨论你作为上司将如何处理这些冲突。
4. 选择一个或者一个以上的人力资源战略主题（招聘正确的员工，为提供优质服务开发员工，提供必要的支持系统，留住最好的员工），针对你所选择的战略要点，访问一个服务组织中的经理，了解他现行的做法。描述这些做法，并提出适当的改进建议。

参考文献

1. L. L. Berry, *Discovering the Soul of Service* (New York: The Free Press, 1999).
2. Interview with Singapore Airlines senior vice president of marketing services, included in "How May I Help You?" *Fast Company* (March 2000), pp. 93–126.

3. G. Ciotti, "10 Stories of Unforgettable Customer Service," www.helpscout.net/10-customer-service-stories/, accessed July 19, 2016; P. Shankman, "The Greatest Customer Service Story Ever Told, Starring Morton's Steakhouse," http://shankman.com/the-best-customer-service-story-ever-told-starring-mortons-steakhouse/, accessed July 19, 2016.
4. Chris Shelley, Panera Bread manager, Personal Interview, December 30, 2010.
5. Berry, *Discovering the Soul of Service.*
6. S. M. Davis, *Managing Corporate Culture* (Cambridge, MA: Ballinger, 1985).
7. C. Grönroos, *Service Management and Marketing: Customer Management in Service Competition,* 3rd ed. (West Sussex, UK: John Wiley and Sons, 2007), p. 418.
8. See K. N. Kennedy, F. G. Lassk, and J. R. Goolsby, "Customer Mind-Set of Employees throughout the Organization," *Journal of the Academy of Marketing Science* 30 (Spring 2002), pp. 159–171.
9. R. Hallowell, D. Bowen, and C. Knoop, "Four Seasons Goes to Paris," *Academy of Management Executive* 16 (2002), pp. 7–24; J. L. Heskett, L. A. Schlesinger, and E. W. Sasser Jr., *The Service Profit Chain* (New York: The Free Press, 1997); B. Schneider and D. E. Bowen, *Winning the Service Game* (Boston: Harvard Business School Press, 1995); and D. E. Bowen and S. D. Pugh, "Linking Human Resource Management Practices and Customer Outcomes" in *The Routledge Companion to Strategic Human Resource Management,* ed. J. Storey, P. Wright, and D. Ulrich (Abingdon, Oxon: Routledge 2008), pp. 509–518; B. Schneider and D. E. Bowen, "Winning the Service Game; Revisiting the Rules by Which People Co-Create Value," in *Handbook of Service Science,* ed. P. P. Maglio, C. A. Kieliszewski, and J. C. Spohrer (New York: Springer, 2010), pp. 31–59.
10. Berry, *Discovering the Soul of Service*, p. 40.
11. Hallowell, Bowen, and Knoop, "Four Seasons Goes to Paris."
12. For an excellent discussion of the complexities involved in creating and sustaining a service culture, see Schneider and Bowen, *Winning the Service Game,* chap. 9. See also Michael D. Hartline, James G. Maxham III, and Daryl O. McKee, "Corridors of Influence in the Dissemination of Customer-Oriented Strategy to Customer-Contact Service Employees," *Journal of Marketing* 64 (April 2000), pp. 35–50.
13. This discussion is based on Hallowell, Bowen, and Knoop, "Four Seasons Goes to Paris."
14. This quote is most frequently attributed to J. Carlzon, former chief executive officer of Scandinavian Airline Systems.
15. P. Andruss, "Your Employees Are Your Brand," *Marketing News,* October 30, 2010, pp. 22–23.
16. J. Barlow and P. Stewart, *Branded Customer Service* (San Francisco: Barett-Koehler, 2004). For an discussion of branded service encounters, see N. J. Sirianni, M. J. Bitner, S. W. Brown, and N. Mandel, "Branded Service Encounters: Strategically Aligning Employee Behavior with the Brand Positioning," *Journal of Marketing* 77 (November 2013), pp. 108–123.
17. The conceptualization of the service triangle presented in Figure 11.1 and the related text discussion are based on M. J. Bitner, "Building Service Relationships: It's All about Promises," *Journal of the Academy of Marketing Science* 23 (Fall 1995), pp. 246–251; P. T. Kotler and K. L. Keller, *Marketing Management,* 15th ed. (Upper Saddle River, NJ: Pearson Prentice Hall, 2016); and Grönroos, *Service Management and Marketing.*

18. See, L. A. Schlesinger and J. L. Heskett, "The Service-Driven Service Company," *Harvard Business Review* 69 (September–October 1991), pp. 71–81; and B. Schneider, M. Ehrhart, D. Mayer, J. Saltz, and K. Niles-Jolley, "Understanding Organization-Customer Links in Service Settings," *Academy of Management Journal* 48 (December 2005), pp. 1017–1032; A. Zablah, B. D. Carlson, D. T. Donavan, J. G. Maxham, and T. J. Brown, "A Cross-Lagged Test of the Association Between Customer Satisfaction and Employee Job Satisfaction in a Relational Context," *Journal of Applied Psychology* 101 (May 2016), pp. 743–755.

19. B. Schneider and D. E. Bowen, "The Service Organization: Human Resources Management Is Crucial," *Organizational Dynamics* 21 (Spring 1993), pp. 39–52.

20. D. E. Bowen, S. W. Gilliland, and R. Folger, "How Being Fair with Employees Spills Over to Customers," *Organizational Dynamics* 27 (Winter 1999), pp. 7–23; S. Masterson, "The Trickle-Down Model of Organizational Justice: Relating Employees' and Customers' Perceptions of and Reactions to Fairness," *Journal of Applied Psychology* 86 (August 2001), pp. 594–604; J. G. Maxham III and R. G. Netemeyer, "Firms Reap What They Sow: The Effects of Shared Values and Perceived Organizational Justice on Customers' Evaluations of Complaint Handling," *Journal of Marketing* 67 (January 2003), pp. 46–62.

21. See J. L. Heskett, T. O. Jones, G. W. Loveman, W. E. Sasser Jr., and L. A. Schlesinger, "Putting the Service–Profit Chain to Work," *Harvard Business Review* 72 (March–April 1994), pp. 164–174; G. W. Loveman, "Employee Satisfaction, Customer Loyalty, and Financial Performance," *Journal of Service Research* 1 (August 1998), pp. 18–31; A. Rucci, S. P. Kirn, and R. T. Quinn, "The Employee–Customer Profit Chain at Sears," *Harvard Business Review* 76 (January–February 1998), pp. 82–97; R. Hallowell and L. L. Schlesinger, "The Service–Profit Chain," in *The Handbook for Services Marketing and Management*, ed. T. A. Swartz and D. Iacobucci (Thousand Oaks, CA: Sage, 2000), pp. 203–222; and J. Hogreve, A. Iseke, K. Derfuss, and T. Eller, "The Service–Profit Chain: A Meta-Analytic Test of a Comprehensive Theoretical Framework," *Journal of Marketing* (forthcoming 2017).

22. For additional research on the service-profit chain, see J. L. Heskett, W. E. Sasser Jr., and L. A. Schlesinger, *The Value Profit Chain: Treat Employees Like Customers and Customers Like Employees* (New York: The Free Press, 2003); G. A. Geladel and S. Young, "Test of a Service Profit Chain Model in the Retail Banking Sector," *Journal of Occupational and Organizational Psychology* 78 (March 2005), pp. 1–22; R. D. Anderson, R. D. Mackoy, V. B. Thompson, and G. Harrell, "A Bayesian Network Estimation of the Service-Profit Chain for Transport Service Satisfaction," *Decision Sciences* 35 (Fall 2004), pp. 665–689; W. A. Kamakura, V. Mittal, F. de Rosa, and J. A. Mazzon, "Assessing the Service-Profit Chain," *Marketing Science* 21 (Summer 2002), pp. 294–317; Zablah, Carlson, Donavan, Maxham, and Brown. "A Cross-Lagged Test of the Association between Customer Satisfaction and Employee Job Satisfaction in a Relational Context"; and Schneider, Ehrhart, Mayer, Saltz, and Niles-Jolley, "Understanding Organization-Customer Links in Service Firms."

23. M. K. Brady and J. J. Cronin Jr., "Customer Orientation: Effects on Customer Service Perceptions and Outcome Behaviors," *Journal of Service Research* 3 (February 2001), pp. 241–251.

24. L. A. Bettencourt and K. Gwinner, "Customization of the Service Experience: The Role of the Frontline Employee," *International Journal of Service Industry Management* 7 (1996), pp. 3–20.

25. For research on the influence of frontline employee behaviors on customers, see D. D. Gremler and K. P. Gwinner, "Customer–Employee Rapport in Service Relation-

ships," *Journal of Service Research* 3 (August 2000), pp. 82–104; and T. J. Brown, J. C. Mowen, D. T. Donavan, and J. W. Licata, "The Customer Orientation of Service Workers: Personality Trait Effects of Self and Supervisor Performance Ratings," *Journal of Marketing Research* 39 (February 2002), pp. 110–119; C. Delcourt, D. Gremler, A. C. R. van Riel, and M. J. H. van Birgelen, "Employee Emotional Competence: Construct Conceptualization and Validation of a Customer-Based Measure," *Journal of Service Research* 19 (February 2016), pp. 73–87.

26. A. Hochschild, *The Managed Heart: Commercialization of Human Feeling* (Berkeley: University of California Press, 1983).
27. T. Hennig-Thurau, M. Groth, M. Paul, and D. D. Gremler, "Are All Smiles Created Equal? How Employee-Customer Emotional Contagion and Emotional Labor Impact Service Relationships," *Journal of Marketing* 70 (July 2006), pp. 58–73.
28. A. Hochschild, "Emotional Labor in the Friendly Skies," *Psychology Today* 16 (June 1982), pp. 13–15.
29. For additional discussion on emotional labor strategies, see R. Leidner, "Emotional Labor in Service Work," *Annals of the American Academy of Political and Social Science* 561 (1999), pp. 81–95. For discussions of emotional display rules, see A. Grandey, A. Rafaeli, S. Ravid, J. Wirtz, and D. D. Steiner, "Emotional Display Rules at Work: The Special Case of the Customer," *Journal of Service Management* 21 (2010), pp. 388–412; J. M. Diefendorff and G. J. Greguras, "Contextualizing Emotional Display Rules: Taking a Closer Look at Targets, Discrete Emotions, and Behavior Responses," *Journal of Management* 35 (August 2009), pp. 880–98. For a discussion of employee emotional competence, see Delcourt, Gremler, van Riel, and van Birgelen, "Employee Emotional Competence."
30. M. D. Hartline and O. C. Ferrell, "The Management of Customer-Contact Service Employees: An Empirical Investigation," *Journal of Marketing* 60 (October 1996), pp. 52–70; J. Singh, J. R. Goolsby, and G. K. Rhoads, "Burnout and Customer Service Representatives," *Journal of Marketing Research* 31 (November 1994), pp. 558–569; L. A. Bettencourt and S. W. Brown, "Role Stressors and Customer-Oriented Boundary-Spanning Behaviors in Service Organizations," *Journal of the Academy of Marketing Science* 31 (Fall 2003), pp. 394–408.
31. B. Shamir, "Between Service and Servility: Role Conflict in Subordinate Service Roles," *Human Relations* 33 (1980), pp. 741–756.
32. Ibid., pp. 744–745.
33. J. Bowen and R. C. Ford, "Managing Service Organizations: Does Having a 'Thing' Make a Difference?" *Journal of Management* 28 (June 2002), pp. 447–469.
34. V. O'Connell, "Stores Count Seconds to Trim Costs," *The Wall Street Journal,* November 13, 2008, p. A1.
35. www.consumerist.com/2008/04/21/union-hits-picket-line-to-protest-verizons-poor-customer-service, accessed July 20, 2016.
36. For discussions of internal marketing, see L. L. Berry and A. Parasuraman, "Marketing to Employees," chap. 9 in *Marketing Services* (New York: The Free Press, 1991); C. Grönroos, "People Management: Internal Marketing as a Prerequisite for Successful Customer Management," chap. 14 in *Service Management and Marketing: Managing the Service Profit Logic,* 4th ed. (West Sussex, UK: John Wiley and Sons, 2015).
37. L. L. Berry and A. Parasuraman, "Marketing to Employees," chap. 9 in *Marketing Services* (New York: The Free Press, 1991) p. 153.
38. This section on hiring for service competencies and service inclination draws from

work by B. Schneider and colleagues, specifically B. Schneider and D. Schechter, "Development of a Personnel Selection System for Service Jobs," in *Service Quality: Multidisciplinary and Multinational Perspectives,* ed. S. W. Brown, E. Gummesson, B. Edvardsson, and B. Gustavsson (Lexington, MA: Lexington Books, 1991), pp. 217–236.

39. Delcourt, Gremler, van Riel, and van Birgelen, "Employee Emotional Competence."
40. For an examination of employee interpretations of what "good service" means, see R. Di Mascio, "The Service Models of Frontline Employees," *Journal of Marketing* 74 (July 2010), pp. 63–80.
41. J. Hogan, R. Hogan, and C. M. Busch, "How to Measure Service Orientation," *Journal of Applied Psychology* 69 (1984), pp. 167–173. See also Brown, Mowen, Donavan, and Licata, "The Customer Orientation of Service Workers"; and D. T. Donavan, T. J. Brown, and J. C. Mowen, "Internal Benefits of Service-Worker Customer Orientation: Job Satisfaction, Commitment, and Organizational Citizenship Behaviors," *Journal of Marketing* 68 (January 2004), pp. 128–146.
42. Bowen and Pugh, "Linking Human Resource Management Practices and Customer Outcomes"; and N. Bendapudi and V. Bendapudi, "Creating the Living Brand," *Harvard Business Review* 83 (May 2005), pp. 124–134.
43. For additional information on Southwest Airlines hiring practices, see C. Mitchell, "Selling the Brand Inside," *Harvard Business Review* 80 (January 2002), pp. 99–105 and "How Hires: Taking Fun Seriously," *VoiceGlance* (blog), October 13, 2014, www.voiceglance.com/how-southwest-hires-taking-fun-seriously.
44. UPS website, sustainability.ups.com/media/KeyPerformanceIndicators_WIP.pdf, accessed July 21, 2016.
45. http://www.company-histories.com/Google-Inc-Company-History.html, accessed December 21, 2016.
46. http://money.cnn.com/video/fortune/2010/01/20/f_bctwf_sas.fortune/, accessed January 2011.
47. M. Gunther, "Marriott Family Values," *CNNMoney.com,* May 25, 2007, http://money.cnn.com/2007/05/24/news/companies/pluggedin_gunther_marriott.fortune/index.htm.
48. D. Gremler and K. Gwinner, "Rapport-Building Behaviors Used by Retail Employees," *Journal of Retailing* 84 (September 2008), pp. 308–324.
49. J. L. Levere, "Hotel Chains Try Training with Improve and iPods," *The New York Times,* September 7, 2010, p. B4; J. J. Salopek, "Improvisation: Not Just Funny Business," *Training and Development* 58 (May 2004), pp. 116–118.
50. J. Hempel, "Therapy with Your Latte? It's My Job," *BusinessWeek,* October 24, 2005, p. 16.
51. S. A. Bone and J. C. Mowen, " 'By-the-Book' Decision Making: How Service Employee Desire for Decision Latitude Influences Customer Selection Decisions," *Journal of Service Research* 13 (May 2010), pp. 184–197.
52. J. C. Chebat and P. Kollias, "The Impact of Empowerment on Customer Contact Employees' Roles in Service Organizations," *Journal of Service Research* 3 (August 2000), pp. 66–81; G. A. H. van der Heijden, J. J. L. Schepers, E. J. Nijssen, and A. Ordanini, "Don't Just Fix It, Make It Better! Using Frontline Service Employees to Improve Recovery Performance," *Journal of the Academy of Marketing Science* 41 (September 2013), pp. 515–530.
53. C. Argyris, "Empowerment: The Emperor's New Clothes," *Harvard Business Review* 76 (May–June 1998), pp. 98–105.

54. J. H. Gittell, "Relationships Between Service Providers and Their Impact on Customers," *Journal of Service Research* 4 (May 2002), pp. 299–311.
55. Mayo Clinic website, www.mayo.edu/pmts/mc4200-mc4299/mc4270.pdf, accessed July 21, 2016.
56. A. Sergeant and S. Frenkel, "When Do Customer-Contact Employees Satisfy Customers?" *Journal of Service Research* 3 (August 2000), pp. 18–34.
57. J. Reynoso and B. Moores, "Operationalising the Quality on Internal Support Operations in Service Organisations," in *Advances in Services Marketing and Management,* vol. 6, ed. T. A. Swartz, D. E. Bowen, and S. W. Brown (Greenwich, CT: JAI Press, 1997), pp. 147–170.
58. Schneider and Bowen, *Winning the Service Game,* pp. 230–234.
59. O. Gadiesh and J. L. Gilbert, "Transforming Corner-Office Strategy into Frontline Action," *Harvard Business Review* 79 (May 2001), pp. 73–79.
60. Telephone Interview with Guy Papa, Training Manager, The Sherwin-Williams Company, January 6, 2011.
61. B. Fryer, "High Tech the Old Fashioned Way," *Harvard Business Review* 79 (March 2001), pp. 119–125.
62. L. L. Berry, "The Employee as Customer," *Journal of Retail Banking* 3 (March 1981), pp. 33–40; R. L. Cardy, "Employees as Customers?" *Marketing Management* 10 (2001), pp. 12–13; M. R. Bowers and C. L. Martin, "Trading Places Redux: Employees as Customers, Customers as Employees," *Journal of Services Marketing* 21 (2007), pp. 88–98.
63. computer.howstuffworks.com/googleplex.com, accessed July 21, 2016.
64. J. Mackey, "Putting the Service Profit Chain to Work: How to Earn Your Customer's Loyalty," http://www.franchising.com/articles/how_to_earn_your_customers_loyalty.html, accessed July 21, 2016.
65. N. Bendapudi and R. P. Leone, "Managing Business-to-Business Customer Relationships Following Key Contact Employee Turnover in a Vendor Firm," *Journal of Marketing* 66 (April 2002), pp. 83–101; S. Wang and L. Davis, "Stemming the Tide: Dealing with the Imbalance of Customer Relationship Quality with the Key Contact Employee versus with the Firm," *Journal of Services Marketing* 22 (2008), pp. 533–549.
66. Bendapudi and Leone, "Managing Business-to-Business Customer Relationships"; T. Jones, S. F. Taylor, and H. S. Bansal, "Commitment to a Friend, a Service Provider, and a Service Company—Are They Distinctions Worth Making?" *Journal of the Academy of Marketing Science* 36 (Winter 2008), pp. 473–487.
67. J. R. Katzenbach and J. A. Santamaria, "Firing Up the Front Line," *Harvard Business Review* 77 (May–June 1999), pp. 107–117.
68. Quoted in D. Stauffer, "The Art of Delivering Great Customer Service," *Harvard Management Update* 4 (September 1999), pp. 1–3.

第 12 章

顾客在服务传递中的角色

本章目标

1. 说明顾客在成功的服务传递中的重要性。
2. 列举顾客扮演的多种角色。
3. 解释服务中的顾客参与如何有效地提升满意度、质量、价值与生产力。

| 开篇案例 |　　　　客户作为服务价值的创造者 [1]

　　在当今经济中，客户在服务价值创造中扮演着越来越重要的角色——比以往任何时候都更加重要。他们通过积极参与和定制化服务为自己创造服务价值，并通过自己的持续参与和行动持续享受着服务的使用价值。使用价值是指客户在生活中使用产品和服务所获得的价值，这一价值与供应商无关。当今的企业往往不直接为顾客传递价值，而是为客户提供平台，让客户自行创造价值。客户还可通过在线、电话或当面的直接互动等方式，与服务提供商共同创造价值。通过这些类型的互动，客户和服务提供商将他们的资源整合起来，共同创造独特的价值。

　　这些扩展客户角色在互联网服务和 App 中可能是最明显的，在这种环境中，客户与服务提供商很少有互动，他们主动扮演为自己提供服务价值的角色。服务提供商提供平台，激发客户为自己创造价值的能力，客户很少与公司直接互动。像脸书、优步、爱彼迎、减肥宝（MyFitnessPal）和亚马逊这样的服务提供商只是成功依赖互联网提供服务的几个成功企业代表，客户为自己创造价值，并与提供商和其他客户共同创造价值。

　　成立于 20 世纪 50 年代的全球零售商宜家一直围绕着扩大顾客的作用来制定其战略。宜家的公司总部在瑞典，如今宜家是全球最大的家具零售商，在 28 个国家运营着 300 多家实体店，并且同时在线上运营。宜家因 DIY 的商业模式而闻名，它让客户参与到企业的生产中来，对于家具零售企业，这种方式并不典型。在宜家，顾客从仓库的货架上寻找并挑出想要的产品，然后把它们运回家中，组装并使用。宜家通过这种方式，让顾客创造了自己的价值。这就是顾客是价值的创造者的情形，当家具组装好并在顾客的家中使用的时候，使用价值就产生了。同时，宜家也全面提供线上产品品类、私人设计的工具和设计师的帮助。因此，通过让客户接触到资源和互动的方式，宜家成了价值的传递者。

在商业模式创新中，随着企业开始把顾客当作价值创造者和共创者，而不是价值接受者，像合作、共同生产、价值共创和使用价值诸如此类的名词就越来越常见。尽管这些名词的定义仍然在不断演进，但是毫无疑问的是，创新型服务已经出现了。宜家明白这些道理，并且基于这种理解建立了成功的商业模式。在宜家的例子中，关于个人顾客的共创系统包括找公寓服务、专业设计服务、家用产品服务、家装服务（如绘画、地板、电工）和家装决策等。随着企业越来越理解和承认顾客在价值创造中的多种作用，随之带来的创新商业模式越来越多。当企业将自身与顾客更广泛地结合在一起时，更多的机会就会显露出来。

在本章，我们将讨论顾客在服务传递与合作生产中扮演的多种角色。由于服务的不可分离性，处在服务中的顾客会出现在"工厂"（服务被生产和消费的地方）中，也是顾客与员工以及其他顾客相互作用的场所。例如，在教室或培训地点，学生（顾客）坐在那里和导师或其他学生相互作用。服务生产过程中由于有顾客在场，他们会对成功提供服务和提高自己的满意度产生有利或不利的影响。而在制造业，没有顾客能出现在生产现场，当然也不需要依靠顾客的即时投入来制造产品。正如本章开篇案例那样，服务中的顾客实际上可以自己生产服务，而且在一定程度上对自己的满意度负责。

顾客是服务生产和价值创造的参与者，他们可能使"差距3"增大，也就是说，顾客本身会影响供应商提供的服务是否能符合顾客的特定要求。有时，由于顾客对其角色和在给定条件下应该做什么缺乏理解，因此会增大差距3，这尤其容易出现在顾客第一次面对一种新的服务时。在另一些情况下，顾客可能了解其角色，但是不愿意或不能够完成这些角色。比如在健康俱乐部，一位会员可能理解为了拥有好体形，他必须遵守俱乐部的规则，但如果工作日程、患病或缺少动力使该会员不能达到规定要求，这种服务就会由于顾客的原因而不可能成功。在另一种情境下，顾客可能选择不依照规定的角色行事，因为这么做不会带给顾客多少益处。例如，很多超市的顾客不会选用自动结账，因为他们没有看到快速或方便带来的好处。当顾客受到诸如降价、更大的方便或其他看得见的利益的诱惑时，他们才更有可能完成其角色。

最后，不是由于顾客的行动或不行动，而是由于其他顾客的行为，差距3也可能增大。其他顾客可能是同时接受服务（如飞行中的旅客或教室里的学生）的顾客，也可能是顺次接受服务（如银行顾客排队等待、迪士尼乐园游客等待乘车游览）的顾客，他们都可能影响到服务的效果和效率。

12.1 服务传递中顾客的重要性

在任何服务中都不可避免地有不同程度的顾客参与。服务是典型的生产和消费同时进行的活动。在许多情况下，员工、顾客以及服务环境中的其他人员相互影响，生产出最终的服务产品。由于顾客的参与，他们成为服务组织生产过程中必不可少的因素，他们实际上能控制或增加自己的满意度。[2] 这种顾客参与是符合以服务为主导的市场逻辑的，并印证了顾客可以共同创造价值的观点。[3] 在"战略洞察"中将会论述这种观点的具体运用，以及创新策略。承认顾客的角色也反映了第1章给出的服务营销组合中人的要素的定义：人是所有参与服务传递并影响到顾客感知的角色,包括公司的全体员工、顾客以及服务环境中的"其他顾客"。第 11 章全面讨论了员工在服务传递中的角色,本章的重点是接受服务的顾客和服务环境中"其他顾客"的角色。

⊙ 战略洞察

顾客参与创造:新的战略前沿

咨询师、研究人员、战略家都在激发企业以新的方式审视它们的顾客,他们鼓励把员工看作价值的共同创造者。这种观点超出了以顾客参与理念开发或设计新产品的思想,这比顾客参与服务传递代表了更多的内容。这种观点认为,顾客接受的价值源自于他们与服务提供者、其他顾客通过互动而形成的合作生产体验,它是通过选择和组合企业提供物而生成个人最大价值的"完全体验"。为了在一个特定的领域为自己创造价值,客户通常组合并重新配置资源,加入服务提供商的网络,以获得他们正在寻求的总价值。例如,为了获得学位,学生(高等教育的顾客)把来自学校、贷款提供商和家庭的服务整合在一起。

下面就列举了两种截然不同的案例,有助于更具体、更具战略可行性地理解合作生产的理念。在本章开篇,我们就提及宜家就是允许顾客战略性参与并创造价值的典型例子。

约翰迪尔(John Deere)

约翰迪尔是一家全球性的百年企业,经营范围为知识和资本密集型农用商品,为农场主提供高精密设备仪器、服务、信息以及在线诊断。该企业致力于为农场主提供便捷而高效的生活。他们创新的"体验环境"被广泛应用到帮助农场主实现专业目标等方面。例如,它的一项名为 FarmSight 的科技能使农场主远程监控设备,掌握设备定位和仪器状况。这种远程监控能力是为农场主特别定制的,为农场主全程监控发挥最大效用。约翰迪尔另一个正在试验的领域是其设备传感器技术,可以精确地绘制土壤情况,从而更好地控制农作物的产量。通过大学课程、在线学习、书籍或出版物,约翰迪尔给农场主提供各种学习机会。每位农场主可以决定参与服务的程度,如何应用相关信息,以及是否利用其他的教育机会。约翰迪尔的战略是以顾客为中心,随之带来的是每位农场主的独特体验。约翰迪尔的战略创新范式在于不是单独靠产品或技术革新而是通过顾客体验来合作创造价值。价值源于顾客,而非约翰迪尔。

快门网(Shutterfly, Inc.)

快门网最初是帮客户洗照片的一家公司。如今,它是一家创新的、在线的和云存储的企业,它的愿景是帮助人们分享生活的乐趣,让世界更美好,使命是加强与你生活中最重要的人的联系。快门网在照片分享领域是领军企业,它已经存在许多年了,并拥有过很多品牌,如 Shutterfly、TinyPrints、Wedding Paper Divas、BorrowLenses、MyPublisher、Groovebook。通过这些品牌,快门网扩大了产品与服务范围,包括相片和视频的存储、获奖照片书册、礼物、家庭装饰、贵宾卡、请柬和文具等。它注重创新,通过引进新技术和扩大产品与服务范围让人们更容易分享生活的乐趣。

John Deere 的服务连接着设备、业主、运营商和农业顾问。

例如，通过把自己的照片整合到高级相册、定制化文具、事件公告，和像首饰、瓷砖和台历这样的礼物中，客户可以永葆记忆。客户可以通过快门网设计定制化的生日和结婚公告，并配上相关的文具。通过定制化相册，客户可以成为自己故事的作者，并创造了一种永久保存特殊事件或旅行美好记忆的方法。

尽管快门网能够提供一系列的记忆分享产品，但是客户必须用自己的照片和创意进行组装，才能形成独特的回忆。虽然快门网提供了许多传统意义上的标准化产品（例如，照片台历、照片咖啡杯、照片打印服务），但是客户必须把这些传统产品和创新性服务（例如，相册、旅行日志、个人网站和照片共享与存储平台）结合起来，才能为自己创造独特的价值。快门网已经从相片打印服务商转变为一系列产品、服务和分享回忆与欢乐的解决方案的提供商。客户能够为自己创造价值，也能和快门网共创价值。当客户与别人分享回忆的时候，快门网带给顾客的共创体验和使用价值就得到了认可。

资料来源：C. Gronroos and P. Voima, "Critical Service Logic: Making Sense of Value Creation and Co-Creation," *Journal of the Academy of Marketing Science* 41 (March 2013), pp. 133–150. S. L. Vargo and R. F. Lusch, "Evolving to a New Dominant Logic for Marketing," *Journal of Marketing* 68 (January 2004), pp. 1–17; C. K. Prahalad and V. Ramaswamy, *The Future of Competition: Co-Creating Unique Value with Customers* (Boston, MA: Harvard Business School Press, 2004); M. Sawhney, S. Balasubramanian, and V. V. Krishnan, "Creating Growth with Services," *Sloan Management Review* 45 (Winter 2004), pp. 34–43; www.johndeere.com, accessed August 2016; www.shutterfly.com, accessed August 2016.

12.1.1 接受服务的顾客

由于接受服务的顾客参与了服务传递过程，他会通过自己适当或不适当的、有效或无效的、活跃或不活跃的行为对差距3产生影响。顾客的参与水平或低，或中，或高，在各类服务中是不同的，如表12-1所示。在一些情况下，仅仅要求顾客出现在服务现场（低水平的参与），企业员工将完成全部服务工作。比如交响音乐会，去听交响乐的人只需要到场接受娱乐服务，一旦他们就座，就不需要再做什么了。在另外一些情况下，要求顾客投入，并帮助服务组织完成服务（中等水平的参与）。顾客投入包括信息、精力或者相关材料。例如，注册会计师在准备顾客的纳税申报工作时，要求三种投入：有关纳税历史、婚姻状况、赡养人数；把这些信息按所需格式汇总，诸如收据、过去的纳税申报等相关材料。有时，顾客实际上被卷入了服务的生产中（高水平的参与）。对于这些服务，顾客的参与影响服务的结果。例如，在一个减肥项目中，在教练指导下，客户会积极投入到定制的营养和锻炼计划中。计划的执行主要取决于客户，并最终形成该客户独有的价值。复杂的或者是长期的B2B咨询服务就属于高度参与的服务，顾客必须参与如下活动：识别问题、解决共同的难题、不断沟通、提供设备和工作空间、执行方案等。[4] 这种类型的顾客参与有助于确保最终结果的成功，就如专栏12-1所描述的那样。表12-1提供了几个不同参与水平的例子。客户在各种水平的参与有效性将影响企业的生产力，最终影响服务质量和客户满意度。

表12-1 不同服务中的顾客参与水平

低：服务传递时要求顾客在场	中：完成服务需要顾客投入	高：共同生产服务
商品是标准化的	顾客投入（信息、材料）使标准产品定制化，要求顾客购买	积极的顾客参与，指导定制化服务

(续)

低：服务传递时要求顾客在场	中：完成服务需要顾客投入	高：共同生产服务
服务提供时不考虑顾客的购买	顾客投入是必需的，但是服务企业提供服务	离开顾客的购买和积极参与不能完成服务
付款可能是唯一要求的顾客投入		顾客投入是必需的，并由顾客来共同创造结果
最终消费者举例		
航空旅行	理发	婚姻咨询
汽车旅馆	年度体检	个人培训
快餐厅	全方位服务的餐厅	减肥计划
B2B顾客举例		
统一的清洁服务	创造性的广告代理活动	管理咨询
虫害控制	工资代发	行政管理培训
室内草木维修服务	货物运输	计算机网络安装

资料来源：A. R. Hubbert, "Customer Co-Creation of Service Outcomes: Effects of Locus of Causality Attributions," Doctoral dissertation, Arizona State University, Tempe, AZ, 1995.

◎ 专栏 12-1

B2B 服务中顾客的合作生产

IBM、麦肯锡和埃森哲有何共同之处？这些企业都可归属于知识密集型服务（KIBS），它们为顾客提供了高定制化的价值增值活动（如技术工程、咨询、软件开发、业务流程外包）。为了开发并传递理想的服务解决方案，KIBS 应将顾客作为服务的合作生产者，并与之联合生产和产出。KIBS 供应商需要顾客的精确信息、接近市场和资源的机会、最后期限的合作并避免意外事故的发生。

一家 IT 服务供应商（TechCo）通过对顾客员工的深度访谈和调研，识别出 KIBS 型企业中的一组顾客特性，可以提高顾客参与及最终服务质量。我们把 TechCo 得出的顾客特征总结如下。具备如下特征的顾客将会对他们的项目大有裨益，也会得到较高的产出和满意度。

沟通公开：顾客诚恳地共享相关信息有助于项目成功。

"PharmCo 随时向我们表明应着手哪些工作、什么时候开始、如何跟上进度等。我们第一天什么都没做，只是学会我们要努力完成哪些工作。"

—— TechCo，PharmCo 的顾客

问题共担：顾客做出努力并主动发现解决方案。

"我认为，作为一名消费者，我有责任对他们的产品做出思考，而不仅仅是被动地接受……我经常会问'我们为什么做这个'以及'我们为什么这样做''它是最好的解决方案吗'。"

—— 顾客 GovCo

宽容：顾客以理解和有耐心的态度面对项目中出现的问题。

"我们当然希望一马平川——没有任何路障，没有任何问题……但是，现实并非总是如此。每个人都尽力也不一定能保证不出问题。这是一个过程，有时这一过程会比你预想的稍微远那么一点点。"

——顾客 EduCo

和解：顾客与供应商在想法、方法以及专业判断上乐于和解。

"如果看到非我所愿的东西，我们会联系他们并问他们……如果他们能够解决，他们会简单回答，'哦，我敢打赌，没问题'……如果这些东西真的不重要，他们会说，'也许你根本不用改变，因为诸如这些或那些原因'，然后我就会说'好的，没问题'，然后继续前行。"

——顾客 EduCo

拥护：顾客可以成为企业的倡议者和销售员。

"这个项目很麻烦。我们没有深入研究，项目组也没有我们的人员，我们想说的是：'我并不在乎这是如何出现的，因为老板告诉我需要它。我并不知道它是否棘手，因为从未使用过。'因此，我认为有件事很重要——必须要有人介入项目并清楚我们为何这么做，这种介入应持续进行。"

——顾客 AgCo

介入项目治理：顾客在监视项目进程中扮演积极角色。

"我们将开会并采取下列行动。我们会谈论项目何时完工，决定下次开会时间，确保每个人了解各自的预期。"

——顾客 DonorCo

个人贡献：顾客为项目成功完成尽个人的义务。

"我认为我这么做是正确的——留下并参与其中。但从我个人角度来说这很难，因为我无法从别的事情中抽出空来。如果我不介入，无法达到设想的成功。"

——顾客 CovCo

对于 KIBS 类型的企业而言，最大的挑战就是开发流程、系统以及实践，以保证顾客以上述方式参与其中。研究建议，当 KIBS 企业从下列角度努力时，会产生积极的合作生产行为：①顾客预查（提前慎重检查顾客行为，以确保供应商与顾客的良好匹配）；②顾客培训、教育和社会化（以合作精神使顾客认识到自己身为项目组的一员）；③项目领导和顾客绩效评估（双方都选择合适的项目经理，通过相互关系管理或技术能力来评估）。

这份研究表明了顾客作为合作生产者的重要性及对服务供应商的价值。通过在业务实践上的努力，顾客完全能够表现出高质量的合作行为。

资料来源：L. A. Bettencourt, A. L. Ostrom, S. W. Brown, and R. I. Roundtree, "Client Co-Production in Knowledge-Intensive Business Services," *California Management Review* 44 (Summer 2002), pp. 100–128.

12.1.2 其他顾客

在大多数的服务环境中，你可能和其他顾客同时接受服务，或者和其他顾客顺序接受服务。这两种情况下，其他顾客都在服务现场，他们会影响服务结果。其他顾客可能增加也可能降低顾客满意和服务质量感知。[5]

其他顾客所表现出来的行为方式，如破坏性的行为、引起延误、过度拥挤等，会消极地影响服务体验。在餐厅、饭店、飞机上和其他的环境里，顾客接受服务时紧挨在一起，哭泣的婴儿、抽烟的同伴，以及高声喧哗、不守秩序的群体，都会破坏或减损其他顾客的服务体验。在大学教室和其他教育培训机构，顾客常常抱怨被其他顾客的电脑、电话和其他东西打扰。在另外一些情况下，在满足过分要求的顾客（即使顾客的要求是合理的）的同时，可能会延误为其他顾客服务，这种情况在银行、邮局和零售商店的服务柜台经常发生。过度拥挤或过度使用一种服务也会影响顾客的体验。如 7 月 4 日去参观圣迭戈的海洋世界，和在 2 月中旬的某个星期去参观是两种完全不同的体验。

最后，同时接受服务中的不和谐顾客会产生消极影响，这种情况在多样化的细分顾客群同时接受服务时就有可能发生，如餐厅、大学教室、医院和一些服务性企业。研究人员发现，当顾客不能遵守明确的或暗含的"行为规则"时，彼此之间会产生消极影响。顾客叙述了一些诸如爱管闲事、拥挤、抽烟、喝酒、言语不恭和扰乱秩序等消极行为。另外，其他顾客冷淡、粗鲁、不友好甚至是恶意时，也会导致不满意。[6] 研究表明，顾客的不当行为会传染给别的顾客。[7]

我们可以列举的有关其他顾客会增加同伴顾客满意度的案例也不少。有时，仅仅是其他顾客的出现就会增强顾客的服务体验。比如在比赛现场、电影院和其他一些娱乐地点。在另外一些情况下，其他顾客为服务体验提供了一个积极的空间。顾客之间可以互相帮助，共同达到服务的目标。例如，减肥中心（Weight Watchers）组织的成功主要依赖于小组成员在减肥过程中彼此互相支持。另外，家庭成员在帮助照顾病人和全面康复中也发挥重要作用。一些医院鼓励家人在医院陪伴和帮助病人，把家人变成医疗队伍中的关键成员。[8]

学者的研究也支持其他顾客影响服务产出的观点。金吉姆（Gold's Gym）曾经针对健身房所做的一项研究表明，从其他健身者身上获得过帮助的顾客，会更积极地保持健身房清洁、与他人配合、同情他人，并鼓励别人加入健身队伍。[9] 在对佛罗里达中部旅游胜地的早期研究中发现，顾客在排队等待照相、照顾孩子以及找回丢失的物品时，彼此之间的友好对话提高了顾客的满意度，愉快顾客的在场创造了一种可增强旅游乐趣的娱乐气氛。[10] 一位熟知英国铁路旅行者的人类学家通过上千个小时的田野调查发现，顾客之间的互助主要表现在：①提供服务的相关信息（例如，计划、旅游线路上的观光亮点），来减少旅途中的紧张情绪；②进行愉快的交流，使旅途变得更加轻松；③当遭受不幸或服务失败时充当抱怨的听众。[11]

顾客之间互相帮助的作用在一些网络环境服务中表现得更加明显。比如脸书、领英、易趣、亚马逊、克雷格列表（Craigslist）。顾客们共创服务。网络巨头思科曾讲过，顾客之间相互帮助并不局限于接受顾客服务。顾客之间可以通过相互交流，共同面对一些技术挑战。我们曾在第 7 章中详细探讨了思科如何引导在线顾客，如何进行自我服务补救。

12.2 顾客的角色

本节将详细讨论在服务传递中，顾客所扮演的三种主要角色：顾客作为生产资源，顾客作为质量、满意度和价值的贡献者，顾客作为竞争者。

12.2.1 顾客作为生产资源

服务中的顾客被看作组织的"兼职员工"，是增加组织生产能力的人力资源。[12] 一些管

与他人的互动影响俱乐部会员对服务的满意度。

理专家建议，考虑到顾客作为服务系统的一部分，组织的边界应该扩展。换句话说，如果顾客为服务生产付出了努力、时间或其他资源，他们应该被认为是组织的一部分。

顾客投入和由此产生的服务产品的质量和数量，会影响到组织的生产力。在 B2B 的商业背景下（见专栏 12-1），顾客的贡献从服务质量和数量两方面提高了企业的生产力。[13] 正如前面提到的医院，家属参与到照顾病人中，于是提高了医疗服务产出的质量，也可看作家属成为医院的"兼职雇员"而增加了生产力。[14]

对于生产过程中的顾客投入为组织提出了许多问题。由于顾客投入影响服务产品的质量和数量，一些专家认为，服务传递系统应尽量和顾客投入隔离，以减少顾客给生产带来的不确定性。这种观点把顾客看作不确定性的一个主要来源。这种不确定性主要表现在顾客投入时间的减少、顾客态度和行为的难以控制。合理的建议是，对于任何不要求顾客接触和介入的服务活动，服务生产过程都应远离顾客，顾客和服务系统的接触越少，该系统效率运行的潜能越大。[15] 另外一些专家认为，如果顾客真的被看作部分员工，并依据顾客对生产过程的贡献最大化来设计顾客的参与角色，可以最有效地提供服务。这种情况的逻辑是，如果顾客学会相关服务活动，或者指导他们更有效地完成服务活动，组织的生产能力就能提高。[16] 例如，许多航空自助服务技术的引入，如自助包裹登记、自助购票等技术，能够提供顾客的服务效率，并能空出员工去执行其他任务。通过把顾客作为可替代员工的一种人力资源，企业生产力能够得到提高。[17]

如今，有太多的公司试图把任务转嫁给顾客来提高生产力。尽管公司可以通过把顾客当作合作生产者获得显而易见的生产利润，顾客却不是总是喜欢或接受他们的新角色，特别是当他们认识到这样做是为公司尽可能地节约成本后。如果顾客从合作生产中不能看到清晰的利益（例如，低价格、更快接触、更优秀的质量产出），他们可能会讨厌或是排斥合作生产者的角色，特别是他们意识到这样做只是为公司带来效益时。[18] 同样，员工有时会因顾客的参与而感到沮丧。正如银行业的一项研究所示，顾客参与虽然增强了顾客的体验和价值，但由于打断了员工的正常工作程序，从而给员工带来了压力。[19]

12.2.2 顾客作为质量、满意度和价值的贡献者

顾客在服务传递中扮演的另一个角色是其满意度及最终质量和他们所体验的服务价值的贡献者。换句话说，正如本章开篇所述，顾客是价值的创造者和传递者。顾客或许不关心由于他们的参与提高了组织的生产力，但是他们肯定非常关心自己的需要是否得到满足。有效的顾客参与会提高满足顾客需要的可能性，而且顾客实际上也得到了他们寻找的利益。特别是保健、教育、个人健康和减肥这样的服务，服务的产出高度依赖顾客的参与。

研究显示，学生的积极参与（相对于被动听讲）极大地提高了学习效率（期望的服务产出）。[20] 健康保健也是如此，患者依照开具的处方服用药物，改变个人饮食和其他习惯，这对患者能否重新获得健康（期望的服务产出）很重要。[21] 一些金融和医疗服务机构研究表明，相较于服务提供者而言，由顾客带来的有效产出更能提高服务满意度和品牌忠诚度。[22] 有效的顾客参与对于 B2B 服务商同样重要。例如，运输行业企业发现，许多情况下，由于顾客没有适当地包装物品，导致了破损，或者由于物品需要重新包装而耽搁，从而使顾客对服务产生不满。研究表明，在服务过程中，那些有效完成了属于自己的一部分任务的顾客更容易

对服务感到满意。[23]

　　某一个产业的研究显示，顾客质量感知随着参与水平的增加而提高。特别地，更积极地参与俱乐部活动的顾客比参与较少的顾客服务质量的评分更高。[24]

　　顾客会以多种方式贡献于服务传递中，主要表现在：顾客会提出许多问题，对自己的满意度负责，以及在服务失误时投诉等。考虑一下专栏12-2所展示的服务情景。[25] 不同程度的顾客参与导致了服务质量和顾客满意度的不同结果。负责任的顾客与鼓励顾客成为合作伙伴的供应商，双方共同实现较高的服务质量。在本章，"全球特写"展示了世界最大的家具零售商瑞典的宜家，如何创造性地用一个新角色来吸引顾客。宜家希望让顾客了解，他们的角色不是消费价值而是创造价值。[26]

◎ 专栏 12-2

哪一位顾客（A 或 B）将是最满意的

　　我们针对以下每一种情景都提出一个问题：哪一位（A 或 B）将是最满意的，并且将得到最好的质量和最大的价值？为什么？

情景 1：一家较大的国际饭店

　　客人 A 在办理完登记手续后马上打电话给服务台，报告他的电视是坏的，并且床头灯不亮。两个问题立刻得到解决，饭后工作人员为他换了一台好电视机，修好了床头灯。随后，工作人员送来一盘水果作为补偿。客人 B 在结账离开时，才告诉管理人员他的电视机是坏的，而且他不能在床上看书（因为床头灯坏了）。他的抱怨被正在办理登记手续的客人无意中听到，他们怀疑是否选择了合适的住宿地方。

情景 2：税务代理服务所

　　顾客 A 把缴税所需的信息整理分类，并且提供了所需要的所有文件。顾客 B 带了一个塞满了文件和收据的箱子，其中许多东西和缴税无关。

情景 3：一架从伦敦到纽约的航班

　　旅客 A 带着随身听、阅读材料，穿着暖和的衣服登上了飞机，他还特别提前预订了食物。旅客 B 什么也没带就登上了飞机，当乘务员告知毯子已用完时，他感到恼怒。随后又开始抱怨杂志和餐食，还对飞行中播放的电影表示失望。

情景 4：为改造一栋办公楼进行建筑咨询

　　顾客 A 邀请建筑师会见由管理者、员工和顾客组成的改造和设计委员会，以便为办公楼改造工作打下基础。委员会形成了初始计划，并且对员工和顾客进行了调查。顾客 B 在决定对大楼进行改造的前一个星期邀请了建筑师、两名管理人员组成设计委员会。在办公楼的重新设计方面，对于公司需要什么，员工和顾客需要什么，设计委员会几乎一无所知。

全球特写　　宜家，顾客为自己创造价值

　　瑞典的宜家公司在20世纪50年代就试图将自己从小型家具公司转型为国际最大

的零售家装商。在 2015 年，宜家就已经在超过 28 个国家的 300 家商店创造了 310 亿欧元的营业额。相较于竞争对手来说，宜家设计的产品更简洁、实用，外形更出众且更便宜。

DIY 概念

宜家成功的关键是公司与顾客之间的紧密合作关系。宜家把顾客加入到它的生产系统中："如果顾客同意自行组装产品，公司将承诺提供设计精良的产品并制定低价格。"实际上顾客变成了价值的传递者，通过参与生产、设计、过程传递，他们为自己创造价值。

宜家尝试让顾客参与更简单、有趣和快乐。宜家布置好的样板间模仿生活中的场景使顾客觉得家具很舒适且很想尝试。为了使购物更加简捷，宜家提供了手推车和儿童活动区，同时也为残疾者提供了轮椅。

当顾客进入商店之后，他们可以使用商店地图、测量尺、铅笔和笔记本。一旦顾客选好家具，他们会在宜家的仓库里找到打包好的家具，然后装车。在付款后，顾客自行带走所购商品，如果需要，他们可以租辆车拉走大件商品。因此，顾客自行提供了装车和运输服务。在家中，顾客还扮演着生产的角色，他们要认真按照说明书组装家具。为了适应顾客的不同需求，宜家也有偿提供运输、组装和安装服务。

全球本土化

宜家用不同的语言打印产品目录并且提供详细的网页地址，使其产品的安装与使用指南在全世界任何地方都可获得。另外，宜家还根据不同的市场需求将其产品目录和网页做相应的调整。这也是宜家全球成功扩张的一个重要因素。例如，当宜家第一次进入美国时，管理者就非常清楚美国人喜欢大水杯、大床和大柜子。

中国顾客的储蓄率很高，对价格异常敏感，因此价格在全球市场上是最低的，以此来吸引中国顾客。几元钱的餐垫和一元的冰激凌，并且同样的家具产品要比美国低 50%～60%。在价格变化之间，宜家了解到其"为大众生产的家具"的产品定位让顾客困惑。因为在中国宜家一直被认为是梦寐以求的品牌。宜家迅速调整了战略，定位调整为年轻的中产客户群，以保持品牌地位。这一改变得到了积极的反应，宜家在中国现在已经开了 21 家店。2016 年在北京开的店是除了瑞典的旗舰店外在世界范围内最大的。除了价格多样化外，商店还在布局上符合中国超市的布局方法。由于许多公寓都有阳台，商店也陈列出用于阳台装修的选料。中国的厨房通常都很小，因此宜家展示的厨房用具和家具也都比较小，甚至是宜家最著名的 DIY 组装概念也在某种程度上适应着中国。因为很多顾客都是采用公共交通工具，因而宜家在中国有专门的快递服务。由于中国的安装费用相对低廉，许多顾客选择雇用他人代自己进行家具的组装。为适应中国文化，宜家允许顾客广泛浏览，甚至允许顾客和孩子在陈列的床上打盹。

宜家的成功

宜家的成功来源于它把顾客作为商业系统中的一部分，让顾客扮演新的角色。公司通过对顾客新角色的清晰定义以及使角色扮演变得有趣来使它的战略变得更具灵活性。这是这一战略的精髓。通过这一过程，顾客创造了属于自己的体验，同时实现了自身的满意。宜家持续着财务上的成功和正确的战略。2015 年，公司销售额增长了 11.2%，达到 319 亿欧元，超过历年。到店里购物的人群比 2014 年增长了 21%，达到 19 亿人次。

> 资料来源：http://www.ikea.com, August, 2011; B. Edvardsson and B. Enquist, "The IKEA Saga: How Service Culture Drives Service Strategy," *The Service Industries Journal* 22 (October 2002), pp. 153–186; P. M. Miller, "IKEA with Chinese Characteristics," *The China Business Review* (July/August 2004), pp. 36–38; M. Fong, "IKEA Hits Home in China," *The Wall Street Journal*, March 3, 2006, pp. B1; M. Wei, "In IKEA's China Stores, Loitering is Encouraged," *Bloomberg Businessweek*, October 28, 2010; Anonymous, " Business: The Secret of IKEA's Success," *The Economist*, February 26, 2011, pp. 67–68. V. Chu, "Couching Tiger Tames the Dragon," *Business Today*, July 21, 2013, www.businesstoday.in/story/how-ikea-adapted-its-strategies-to-expand-in-china/1/196322/.html; R. Milne, "Ikea Faces Cultural Challenge as Flat-Pack Empire Expands," *Financial Times*, November 28, 2013, www.ft.com/content /83389238-5819-11e3-82fc-00144feabdc0.

除了通过提高服务质量来增加顾客满意度外，一些顾客无条件地喜欢参与服务传递。这些顾客发现，参与活动具有内在的吸引力。[27] 他们喜欢使用互联网购票，通过自动柜员机和在线网络处理他们所有的银行业务，或在线上宜家购物。喜欢自助的顾客会接受各种情景下的自助服务。

有趣的是，由于顾客参与服务传递，当出现差错时，他们常常责备自己（至少部分责备自己）为什么有关我健康的诊断要花费这么长的时间，为什么我的公司自助食堂的食品服务合同充满错误，为什么我们预订的房间在我们到达时无法使用。如果顾客相信他们要部分地（全部地）为失误负责，对服务供应商的不满意可能会减轻一些。[28] 一系列研究提出了"自助服务偏差"这种意识的存在。也就是说，当实际服务比期望更好时，相对于未参与的顾客，参与的顾客想要因此而获得表扬，对企业的满意度也会降低；然而，当产出不如所期望的时候，选择参与服务的顾客也不会对企业产生更多不满，也许这是因为参与的顾客产生自我责备。[29]

12.2.3　顾客作为竞争者

顾客扮演的最后一个角色是潜在的竞争者。自助服务的顾客被看作企业的资源，或者是"兼职员工"，他们在某些情况下可以部分或全部地为自己提供服务，而不再需要供应商。在这种情况下，顾客就可能成为提供该服务的企业的竞争者。是自己为自己提供服务（内部交换），如照顾孩子、维修住宅、修理汽车，还是让其他人为自己提供这些服务，对顾客来说，是一个普遍的两难选择。[30] 类似地，采用内部交换还是外部交换做决定也是企业会遇到的问题。企业常常选择外部服务资源来完成以下工作，诸如工资发放、数据处理、研究、会计、维修和设备管理等。企业集中于核心业务，把这些基础的支持服务留给具有更多专业知识的人对企业更有利。但作为一种选择，企业也可以决定停止购买外部服务，由企业内部完成这些基础服务。

一个家庭或一家企业是选择自己生产服务，还是通过合同从外部获得，依赖于多个原因。一个内部/外部交换模型表明这类决策依赖于以下因素。[31]

专长能力：如果家庭或企业拥有生产能力和知识，内部生产的可能性就会提高。当然，拥有这一专长也不一定意味着内部服务肯定产生，因为其他一些因素（如可得到的资源和时间）也会影响这一决定（对于企业来说，做出从外部获取服务的决定常常是因为它们意识到，尽管自己拥有这种专业知识，但其他人可以做得更好）。

资源能力：决定内部生产一种服务，家庭或企业必须有所需的资源，包括人、场地、资金和物质材料。如果这些资源不能从内部得到，就可能购买外部服务。

时间能力：在决定内部/外部交换时，时间是一个重要的因素。拥有充足时间的家庭和企业比那些时间受到限制的家庭和企业更可能内部生产服务。

经济回报：经济成本优势/劣势会影响到内部/外部交换的选择。两种选择的实际资金成本是支配这一决定的重要因素。

精神回报：非经济回报对交换决定也具有强烈的潜在影响。精神回报包括自己生产过程中带来的满意、快乐、满足或愉快。

信任：表示家庭或企业对各种不同的交换选择的信心或肯定程度。

控制：家庭或企业对交换过程和交换结果控制的欲望也会影响内部/外部交换的选择。

这一节需要记住的要点是，在许多服务的情景中，顾客能够选择是部分还是完全自己生产服务。因此，除了认识到顾客可以是生产资源与质量和价值的创造者以外，组织也需要认识到顾客可能是潜在竞争者的角色。

12.3 自助服务技术：重在客户参与

自动服务技术（self-service technology，SST）中，服务完全由顾客自行生产，没有任何员工的直接介入或与员工之间的互动。该技术代表了从完全由企业服务到完全由顾客生产服务演化序列中的极端形式。图12-1描述了这一服务演化序列，我们运用布洛克报税公司（H&R Block）报税服务的例子进一步说明。在序列的最右端，税务顾问需要完成从纳税准备到报单提交的所有工作，在序列的另一端，则由顾客完成所有的工作，二者之间是各种级别的顾客参与。不同产业的许多服务传递均可列于从完全由顾客生产服务到完全由企业生产服务的序列上。克里斯丁·格罗鲁斯（Christian Gronroos）和他的同事们把价值创造的这种连续性和多样性称为"价值创造分层"。其中，在企业侧，由企业生产潜在的价值；在客户侧，则由客户独立创造价值，重合部分为二者共创的价值。[32]

图12-1 服务生产序列[34]

以布洛克报税公司（H&R Block）报税准备为例。
1. 顾客浏览 H&R Block 网站，咨询意见，然后准备报税。
2. 顾客浏览 H&R Block 网站，咨询意见，购买 H&R Block 软件，使用软件网上报税。
3. 顾客准备部分文件，并与 H&R Block 顾问见面，在申报前仔细核对。
4. H&R Block 税务顾问见顾客，提供指导，然后顾问使用 H&R Block 软件准备报税。
5. H&R Block 税务顾问面见顾客，在办公室帮助顾客准备报税，为完成整个过程提供指导，由顾客自己申报。
6. H&R Block 税务顾问面见顾客，为顾客准备报税，并提供报税文件复印件。

12.3.1 自助服务新技术的扩散

随着科技的进步，特别是互联网技术的发展，允许企业大范围采用图 12-1 中顾客参与系列最左端的自助服务技术。当企业看到技术带来的潜在的成本优势、效率优势、潜在的销售额的增加和顾客满意度的提高时，这些技术就会扩散。这里列出了一些适合采用顾客自助服务技术的例子：

自动柜员机	网上银行
航空自动检票	在线交通工具登记
自动饭店登记入住/离店结账	在线拍卖
自动汽车出租	在线购买住宅和汽车
自动填写法律索赔	自动投资交易
自动司机驾照检查	在线保险
自动赌博机	包裹跟踪
电子血压仪	网上商店
各种自动售货机	交互声讯电话系统
纳税申报准备软件	远程教育
超市自动扫描设备	

很多时候，企业试图通过将顾客由昂贵的个人服务转移到基于技术的、自动化系统的服务来消减成本。[33] 如果这是引入 SST 的唯一原因，而不考虑顾客在这一过程中获得的收益，SST 就很可能会失败。如果顾客有其他选择，他们就会对自助服务一掠而过。相反，一些企业则更多考虑了顾客需求，顾客总是希望尽可能多地获得信息、服务、可选择的线上服务，当从一家线上企业找不到他们想要的东西时，他们就会选择竞争者的企业。

12.3.2 顾客使用自助服务技术

一些自助服务技术，如自动柜员机、在线订购、航空自动检票等都是非常成功的。这些自助服务由于方便、易于理解和使用而被顾客接受。[3] 同时，企业也通过成本节约和收益增长获得了利益。我们也看到，其他一些自助服务技术则不能较快地为顾客接受，如飞机自助售票、自助扫描服务等。

当顾客从新技术得不到利益，他们没有能力使用它或者不知道应该做些什么时，新技术就会失败。采用新的自助服务技术经常要求顾客改变其传统行为，而许多顾客不愿意做出这些改变。研究发现，"顾客是否准备就绪"是顾客是否试用一种新自助服务的主要决定因素。[36] 顾客是否准备就绪取决于个人动机（它对我意味着什么）、能力（是否有能力使用自助服务技术）和角色清晰（我是否理解该做些什么）的一个组合。有些时候，与传统的人员服务比较，顾客会认为使用该技术没有价值，或者自助服务技术的设计太差，以至于顾客不喜欢它们。[37] 研究表明，当客户没有别的服务渠道而被迫使用 SST 时，他们往往十分消极。此时，让员工提供帮助或支持才会改善客户的看法。[38] 许多研究是为了弄清客户选择或不选择使用 SST 的原因。与之前做的 96 项研究相比，这项研究认为人口特征（如年龄、学历）不是 SST 使用的好指标，而 SST 的易用性才是决定性因素，但这一影响受到人口特征等要素的调节作用，并且受到刚刚讨论过的那些因素影响。他们还发现，SST 的接受程度根据 SST 的类型和文化背景的不同而不同。39

客户自助扫描商品并结账。

12.3.3　成功的自助服务技术

在本书中，我们重点介绍了一些当今市场上最成功的采用自助服务技术的公司：亚马逊（第4章）、思科（第7章）等。它们是成功的，因为它们为顾客提供了明确的利益，与其他方式相比较，它们提供更易于理解的、更简便、可靠的技术。顾客理解其角色，而且它们也有能力采用这些技术，并最终获得合适的收益。

从战略角度讲，当企业转向 SST 这一服务传递方式时，需要回答以下重要问题：40
- 我们的战略是什么？我们希望通过 SST 得到什么（如成本节约、收益增长和竞争优势）？
- SST 为顾客带来的收益是什么？他们知道和理解这些收益吗？
- 如何激励顾客使用 SST？他们理解自己的角色吗？他们有能力实现该角色吗？
- 顾客的"技术准备"如何？41 是否有一些细分顾客群比其他顾客更倾向于使用这种技术？
- 在服务系统和过程的设计中，如何把顾客包含进来，以使他们更愿意接受和使用 SST？
- 为鼓励顾客使用 SST，需要什么方式的顾客培训？需要其他激励吗？
- 当自助服务出现不可避免的失败时，如何补救以重新获取顾客信任？

12.4　增加顾客参与的战略

在服务过程中，顾客的参与会影响到组织的生产能力、组织相对于竞争对手的位置、组织的服务质量和顾客满意度。在下文中，我们将研究图 12-2 列出的服务传递过程中顾客有效参与的战略。顾客参与战略的总目标是提高生产力和顾客满意度，同时降低不可预测的顾客行为产生的不确定性。

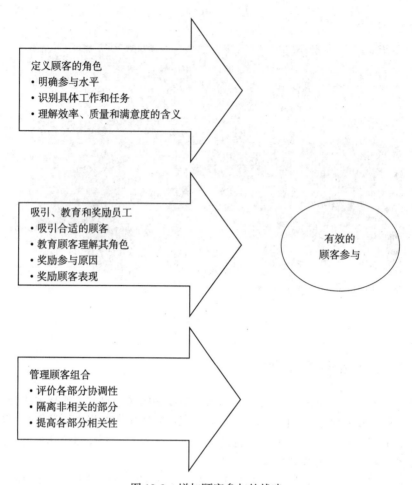

图 12-2　增加顾客参与的战略

资料来源：M. L. Meuter and M. J. Bitner, "Self Service Technologies: Extending Service Frameworks and Identifying Issues for Research," in *Marketing Theory and Applications*, ed. D. Grewal and C. Pechmann (American Marketing Association Winter Educators' Conference, 1998), pp. 12–19.

12.4.1　定义顾客的角色

开发顾客参与战略，组织首先要决定需要哪种类型的顾客参与，顾客能够做什么和期望怎样参与。鉴别目前的顾客参与水平可以作为起点。[42] 顾客的角色可能部分是由服务的特征事先决定的，如表 12-1 所示。可能这种服务仅仅要求顾客在场（如音乐会、航空旅行），也可能要求顾客付出精力或提供信息实现中等水平的参与（如理发、税收准备），还可能要求顾客实际参与服务生产（如健康训练、咨询服务提供物）。有时候，服务可能依赖于顾客互相合作，并达成一致目标，如 eBay、脸书以及很多社交网络服务。

组织应考虑在现有参与水平使得参与结果更有效。比如嘉信理财公司把自己定位于一家顾客高参与个人投资决策的投资咨询公司。公司在高客户参与度和自助服务方面的定位一直保持一致，但客户的实际作用发生了变化，技术进步已经极大地提高了嘉信理财客户在自助服务上发挥的作用。

服务商可以选择提高顾客的参与水平，这对顾客来说意味着服务的重新定位。专家建议,在以下情况下提高顾客参与水平才是有效的,即当服务的生产和供给密不可分时,当通过与顾客的现场接触可以增加市场收益时(如销售延伸、建立忠诚),当顾客可以补充服务劳力和信息时。[43] 当然,当顾客渴望参与并因此可以提高顾客满意度和服务收入时,提高参与水平也是有效的。在医疗保健领域,研究人员和服务商致力于争取顾客在治疗决策时更积极地参与。互联网和其他技术发展有助于顾客为自己的健康和福利承担责任,就像我们在"技术亮点"中描述的那样。

■ 技术亮点　　　　技术促进顾客参与保健服务

技术使许多产业的顾客参与更加便捷化。例如,在教育界,技术允许学生与教授彼此联系、收发电子邮件、跨国讨论、开群聊会议、通过网络来提供课程教材。在房地产业,技术允许购房者在家预览他们想要购买的房屋,而无须通过房产中介来获得相关信息。在高科技产业,企业顾客通常在网上彼此联系,共同解决问题、相互回答问题等。所有这些例子都说明技术(特别是互联网)带给顾客更多的便捷性,并提高了顾客满意度。

没有比医疗保健业更能说明这一点的,它拥有更广泛、高度参与的服务内容。顾客必须参与其中才能完成服务。为了实现最好的医疗效果,病人必须:

- 提供精确的症状信息和健康背景信息。
- 回答细节问题。
- 帮助决定治疗的过程。
- 实施描述的步骤以实现康复。

技术显著地影响着顾客角色的扮演,将信息转变到顾客手中。研究表明,2012年,72%的美国互联网用户,大约87%的成年人在线搜索医疗信息。这数据和每天在网上支付账单、看博客、搜索地址和电话的人数相当。他们搜索有关特定疾病的信息、心理治疗、营养和保持体型、药物以及药物反应,以及医生和医院的信息。许多人为自己搜索信息,超过50%的人为朋友或家庭成员搜索信息。人们希望通过这种方式获得信息,因为它更便捷,而且是匿名的。在美国,人们开始使用手机查询信息。在2012年,31%的手机用户采用这种方式。

成千上万的网站提供与健康相关的信息,有些网站属于医疗机构,如梅奥或CVS Caremark药店。其他完全在线的网站,如WebMD和Everyday Health没有附属于某个医疗机构。许多网站被政府部门资助,如美国卫生部和人类服务网站,国家医学博物馆和国家医学研究院也开发了一个网站。其他网站提供一些特别疾病的医疗方案,如艾滋病、抑郁、厌食、乳腺癌等。还有很多

医院对比网站（www.medicare.gov/hospital compare）可以通过大量的质量和健康诊断评论帮助病人选择最好的医院。

所有这些网上信息都潜在改变着消费者的角色，使其转变为参与疾病诊断、评估质量方案并决定全过程的参与者。在信息的帮助下，病人可以在提问中获得信心，并寻找适当的诊断方案。在许多案例中，他们将问题通过电子邮件（或群聊、留言板、网络邮件清单）传递给医生或其他提供者以获得支持。他们乐于在网上寻找资料，也常常依据这些资料来做决定。然而，尽管线上资料日益重要，但在线网站仍然只是健康专业人员、家庭和朋友的健康信息的补充。

资料来源："Health Fact Sheet," The Pew Internet Project, September 2012, www.pewinternet.org, accessed August 2016; https://medlineplus.gov, accessed August 2016.

一旦明确了参与水平（从顾客和公司的角度），组织就可以更具体地确定顾客应承担的工作是什么，接下来描述可能的角色和任务范围。

1. 帮助自己

在许多情形下，组织会通过顾客的积极参与来提高顾客的参与水平。在这种情况下，顾客成为一种生产资源，完成一些在此之前由员工或其他人完成的服务工作。本章列举的许多例子都是顾客帮助自己的例证（如宜家、嘉信理财）。结果是不仅提高了企业的生产力，而且提高了价值、质量和顾客的满意度。

2. 帮助他人

有时，可以邀请顾客帮助正在接受服务的其他人。一个儿童看护中心可以通过任命"今天之友"帮助新来的孩子适应环境，退休委员会的长期会员常常担任类似的角色来接纳新会员。许多大学特别建立了辅导员项目，让有经验的学生帮助新来者进行调整，并适应学习环境。尽管常常是非正式的，但许多会员组织（如健康俱乐部、教会和社会组织）仍非常依赖现有会员帮助新会员适应，并且使他们感觉到自己是受欢迎的。在一个不同环境下，社交工具和在线游戏网站依赖客户彼此帮助来增强体验。在完成这类角色时，顾客再次为组织实现了生产功能，提高了顾客满意度和保留率。扮演辅导员或促进者对于顾客也有非常积极的影响，并有助于提高他们的忠诚度。

3. 为企业促销

在某些情况下，顾客的工作可能包括销售或促销的成分。顾客在决定试用某一位供应商时，非常依赖于口碑。他们更愿意从实际使用过这些服务的人那里得到推荐，而不仅仅依赖广告。来自朋友、亲戚、同事甚至熟人的积极推荐，可以为积极的服务体验铺平道路。许多企业都在想办法鼓励顾客成为它们的推销员或促销员。在线评论，在脸书发状态，得到推特和其他社交媒体的认可，都是客户推广服务商的常用方式。

4. 个体差异性：不是每个人都想参与

在定义顾客的工作时，记住不是每位顾客都想参与。[44] 一些顾客喜欢自助服务，而另一些顾客宁愿让别人为他们提供服务。为组织提供教育和培训服务的企业会指导一些顾客参与到培训设计中来，但有些顾客却希望将整个培训设计和传递都转交给咨询公司，自己只投入很少的时间和精力。在康复中心，一些患者想要了解大量信息而且想参与其诊断和治疗决定，而另外一些顾客只需要医生告诉他们做什么。现在，所有的顾客服务和购买选择都能通过互联网得到，然而大量的顾客还是更愿意选择由人员提供的、员工接触程度高的服务传递，而不愿意选择自助服务。[45] 例如，研究表明，对人际交往高需求的顾客很少尝试通过互联网和自动电话系统提供自助服务。[46] 由于这些偏好上的差异性，公司应为不同的顾客提供不同的选择。

◎ 专栏 12-3

共同努力：美国公共事业企业和顾客共同节约能源

新的技术允许公共事业企业与顾客直接交流，提供创新工具和信息以减少高耗能消费行为，这不仅会减少造成温室效应的因素，而且会减缓成本的攀升并节约顾客资金。调查表明美国消费者越来越愿意配合减少能源消耗，以阻止气候变暖。新的能源节约工具包括在线统计系统、高科技仪器、可视显示器、仪器控制装置、预付电子产品和创新定价等。

美国公共事业企业尝试了很多方法。比如，在加利福尼亚北部，太平洋电子燃气公司已采用一种在线工具告诉顾客他们每个人对温室效应带来的能源消耗。这个工具可以帮助每个人认识到改变行为对节约能源、减少污染的重要性。北加利福尼亚的 Edison 公司开发了"节电日"项目，当快要到节电日那天，居民会提前得到通知。如果加入该项目的居民每年减少电力消耗 12～15 天，他们就能省下 100 元。在佛罗里达，Power&Light 公司开发一个项目，能够帮助一个小企业计算不同机器的能源消耗。

另外一项新技术是家庭用电监视器，这有助于居民实时监测用电量和用电成本。该设备与用户的电子开关箱连接，能够显示单元传输信息，告诉用户各种用电设备的消耗。早期使用该技术的居民发现当他用电烤箱加热比萨时，用电量显著提高。通过使用烤面包烤箱和微波炉，他可以减少用电量和电费。最后一个例子，DTE Energy 公司开发了一款叫作 Insight 的手机 App，它可以免费帮助用户追踪家庭用电使用情况，并每天生成报告。这款 App 适用电力和天然气的用户，可以帮助他们确认能源消费并按需调整。

这些创新项目都依赖于顾客的接受度和参与度才能改变行为。为了确保成功，这些项目往往需要投资于顾客的教育来改变他们的行为。这样，通过检测能源消耗来降低消耗，把顾客变成公共事业的一分子。其结果是降低了能源企业成本，并减少顾客开支，更重要的是，减少能源消耗能够带给我们更好的空气质量。

资料来源：R. Smith, "Letting the Power Company Control Your AC," *The Wall Street Journal*, July 10, 2007, p. D1+; R. Smith, "New Ways to Monitor Your Energy Use," *The Wall Street Journal*, July 19, 2007, p. D1+; R. Gold, "The Power of Knowledge: With New Monitors, Homeowners Can Keep Track of Their Electricity Use In Real Time," *The Wall Street Journal*, February 28, 2011, p. R7; www.sce.com, 2011; F. Witsil, "DTE App Gives Customers Insight into Power Usage," *Detroit Free Press*, October 24, 2015, http://www.freep.com/story/money/business/michigan/2015/10/24/dte-energy-app-insight/73932382/.

12.4.2 吸引、教育和奖励顾客

一旦顾客的角色定义清楚，服务企业就可以考虑促进这一角色。比如，顾客在某些层面成为组织的"兼职员工"，那么在服务生产和供给中，管理顾客行为的战略在某种程度上就可以仿照第 11 章讨论的针对服务人员的做法。同样，在下列条件下，顾客在服务生产和供给中的行为可以得到促进：①顾客理解其角色以及角色的行为要求；②顾客能够按照要求完

成角色；③按要求完成角色可以得到可观的奖励。[47] 通过这些方法，服务机构可降低由于顾客参与、质量和时机无法预测而产生的内在不确定性。

在某些情况下，客户可能在参与服务生产中感到不堪忍受或者忍受负面感受。例如，长期的负面服务（如治疗慢性疾病）可能就是这种情况。[48] 在其他情况下，客户可能认为他们的角色需要太多的努力，比如一些 DIY 服务。研究表明，突出客户努力价值并为他们提供沟通策略可以弥补负面影响。[49] 正如专栏 12-3 所示，公用事业正在创新其他方法，通过奖励顾客让他们成为员工的一部分。通过保护环境和自然资源，这些措施将为更大的共同利益服务。

1. 吸引合适的顾客

企业在教育顾客之前，首先必须吸引合适的顾客担任那些角色。服务企业应在其广告、人员推销和其他的企业信息资料中清楚地描述期望的顾客角色和相应的责任。顾客通过预知他们的角色和在服务过程中对他们的要求，可以选择是否进入（退出）这种服务关系。自我选择的结果是，提高了顾客对服务质量的感知，为组织降低了不确定性。

例如，一个需要父母每周至少半天现场参与的儿童看护中心，在招收孩子入学前，必须传达那种期望。对一些家庭来说，这种程度的参与水平是不合意的，他们就会放弃进入该中心。为吸引能够完成其角色的顾客，企业必须清楚地描述期望的顾客参与水平。[50]

2. 教育和训练顾客有效地完成其角色

为使顾客能有效地完成他们的角色，需要教育或者"社会化"顾客。通过这个适应化过程，顾客会认同服务组织的价值观，培养特定情形下完成角色所必需的能力，理解对他们的期望和要求，并获得与员工及其他顾客互动的技巧和知识。[51] 顾客教育计划可以采取各种形式，如上门推广活动、提供印刷品、服务环境中的直接提示或标识、向员工或其他顾客学习。

许多服务组织提供"顾客入门推广"计划，在接受服务之前，帮助顾客理解其角色以及他们将从服务互动过程中得到什么。

通过编写写明顾客角色和责任的材料以及顾客手册，可以部分地完成顾客教育。许多医院都设计了患者手册，和员工手册非常相似，用来描述患者去医院时应该做什么，在患者到达医院时会发生什么，以及有关探视时间和付费程序的政策等。手册甚至描述了患者亲属的角色和责任。对于特别复杂的健康治疗情况（如癌症确诊、治疗和康复），患者可能需要"护士导航员"或"协调员"来提供一对一的教育以指导他们通过系统做出决策。[52]

◎ 专栏 12-4

Weight Watchers 新会员的入会教育

当有新会员加入世界最大、最成功的商业减肥机构 Weight Watchers 时，他们会在以下三种培训计划中做出选择：互联网、见面和私人教练。随后会根据相关项目和责任进行彻底的教育。例如，当一个新会员第一次来公司见面时，他会接受项目规划的一步一步详细介绍，包括印有"开始"的手袋、饮食追踪日记、运动计算器以及每周进食指南等。参加会议之前，新会员能在线上找到很多导向信息，这些信息描述了每周见面、面谈内容以及顾客被期待做什么。通过导向、册子和活动，该组织能明确成员的责任，并保证计划内容能够执行。

正式的训练材料通常在服务之前提供。另外一些策略可以用来使顾客在服务过程中继续适应这一过程。在现场，顾客需要两类引导：方位引导（我在哪儿，我怎样从这里到那里）和功能引导（这家机构如何运作，我应该做什么）。[53] 标识、服务设施的陈列、其他引导辅助物都可以帮助顾客回答这些问题，使其更有效地完成自己的角色。引导辅助物也可以采用文字形式，对顾客行为的安全性（航空公司、健康俱乐部）、合适的着装（餐厅、娱乐地点）和噪声水平（饭店、教室、剧院）做出规定。为了让客户放松地享受美食，不被打扰，一家位于洛杉矶的餐厅给予那些进门把手机放在前台的顾客 5% 的价格优惠。虽然是自愿参与，但仍有 40% 的顾客选择参加。[54]

如果顾客不能被有效地组织和培训，那么顾客的不当行为可能给顾客、员工或企业带来消极影响。[55] 例如，在 2016 年上海迪士尼正式开张前，上海市向本地游客出版了一本礼仪手册。官方称在主体公园试营业期间，发现了一些游客的不文明行为，因此制定了六条规则。新手册提醒游客不要乱丢垃圾，禁止喧哗、恶意破坏、插队、损坏地貌和躺在地上等粗野行为。[56]

3. 对顾客的贡献进行奖励

如果顾客因为有效地完成自己的角色而得到回报，他们将更喜欢自己的角色并积极参与。回报顾客的方式可以是提高顾客对服务传递过程的控制、节约顾客时间、节约金钱和精神回报。例如，一些会计师事务所在顾客见面之前会让顾客填写各种表格。如果顾客完成了这些表格，会计师事务所将以减少收费回报顾客。那些没有完成表格的顾客要支付较高的价格。使用自动柜员机自行完成银行服务的顾客也会得到便捷性回报。医疗保健服务中有效完成自己角色的患者将获得更为健康或更快康复的回报。在网上预订机票，乘客也能得到相应的票价折扣，或者一部分现金奖励。

除非服务机构能给予顾客显而易见的利益，否则顾客可能意识不到有效参与带来的好处或回报。换言之，服务机构需要明确阐明能够给予顾客的行为回报和可能利益，就如同对员工解释这类利益一样。组织也应该认识到，同样类型的回报不能激励所有的顾客。一些顾客可能重视获得更多的权利和时间节省，另一些顾客可能重视金钱的回报，还有一些顾客可能追求对服务结果的更大范围的个人控制。

12.4.3 管理顾客组合

在服务的供给和消费过程中，顾客之间常常相互影响，因此服务传递中另一个重要战略目标是对同时接受服务的顾客组合进行有效管理。如果一家餐厅选择在晚餐时间为两类不兼容的顾客提供服务——举行社交聚会的单身大学生和带着小孩需要安静的家庭，就会发现两类顾客很难共处。当然，对这些细分顾客群进行管理，使其互不影响是可能的——可以让他们分区就座，或者在一天的不同时间里招待这两类顾客。在专业体育赛事中给不同类型的顾客服务也是个挑战，比如带着孩子的一家人可能和大声喧哗（有时可能是喝酒或抽烟）的体育爱好者坐在一起。这些人很难和谐地共处一地。类似地，很多大学的高尔夫课程同时教授学生（他们对运行的规则、器械、服装等方面的知识一无所知）和年长者（他们在比赛规则、器械、服装和在比赛中如何尊重对手等方面的知识都比较丰富），这两类人对该项课程抱有不同的目标，同时对知识的理解能力和程度也不同。

对多样的、有时是冲突性的细分顾客群的管理称为兼容性管理，广义的解释是："兼容性管理首先是一个吸引同类顾客进入服务环境的过程，其次是对有形环境以及顾客之间的接触进行主动管理，以此来增加令人满意的接触，减少令人不快的接触。"[57] 兼容性管理对某些服务企业（如健康俱乐部、公共交通和医院）非常重要，对另外一些企业的重要性相对弱一些。相关特征及解释见表 12-2。

表 12-2 相关特征及解释

特征	解释	举例
顾客彼此有身体接触	当顾客之间有身体上的接触时，他们经常彼此注意，受到彼此行为的影响	飞机航班、娱乐、体育活动
顾客之间在语言上相互影响	交谈（或者没有交谈）是相遇的顾客满意或不满意的一个组成因素	全方位服务的餐厅、鸡尾酒会上的休息室、教育场所
顾客从事大量的、不同的活动	同一服务设施在同一时间里支持各种活动，各种活动可能是不一致的	图书馆、度假酒店、健康俱乐部
服务环境吸引异质的顾客组合	许多服务环境，尤其是那些向公众开放的服务环境，会吸引不同的顾客群体	公园、公共交通、开放式的大学
核心服务一致	核心服务可调解和培养顾客之间的一致关系	兄弟会/姐妹会、减肥小组计划、心理健康支持团体
顾客必须经常等待服务	排队等待服务可使人产生厌倦或者焦虑，这种厌倦或压力可能放大或减弱，这取决于顾客之间的一致性	诊所、旅游胜地、餐厅
顾客彼此之间需要分享时间、空间或服务设施	分享空间、时间和其他服务设施在许多服务中非常普遍，但当顾客群对分享感到不适，或彼此之间感到不自在，或由于服务能力的限制，使分享的需求加剧，就会产生问题	高尔夫课程、医院、退休团体、航空公司

资料来源：C. L. Martin, Dr C. A. Pranter, "Compatibility Management: Customer-to-Customer Relationships in Service Environments," *Journal of Services Marketing* 3 (Summer 1989), pp. 5–15.

组织需要依靠各种战略管理多个细分的（有时是相互冲突的）顾客群。一种方法是通过合理的细分化定位战略，最大限度地吸引相似的顾客群。丽思卡尔顿酒店就使用了这种战略，高级旅行者是酒店的主要目标顾客。丽思卡尔顿把这些信息传递给市场，顾客自己选择是否入住该酒店。然而，即使在这种情况下，也存在着潜在的冲突。比如，酒店同时接待大型商务会议、NBA球队和度假者，在这种情况下，常常使用第二种战略：具有一致性特征的顾客被安排在一起，尽可能减少顾客群之间的直接影响。丽思卡尔顿酒店把会议和大型团体使用的区域和度假者使用的区域分开。很多游乐园也面临同样的问题，他们需要对晚上6点以后进园的人给予特殊的价格。这种特殊的价格用来吸引那些价格敏感者，如十来岁的孩子和大学生。带小孩的家庭一般都愿意早上进园，晚上早点出园。于是，不同的价格策略成为分离顾客群的手段。

提高顾客兼容性的另一个战略为制定顾客的"行为规则"，诸如抽烟规定和着装规则。显然，不同服务企业和对这类行为的规则或许是不同的。提高顾客群兼容性的最后一个战略是训练员工观察顾客之间的相互影响，对潜在冲突具有敏感性，也可以培训员工识别机会，在特定的服务环境下促进积极的顾客接触。

小结

本章重点是服务传递中的顾客角色。正在接受服务的顾客和服务环境中的其他顾客，如果不能有效地完成他们的角色，就可能潜在地引起差距3的扩大。顾客可能引起服务传递差距的多个原因如下：顾客对其角色缺乏理解；顾客不愿意或者不能够完成其角色；顾客的良好表现得不到回报；其他顾客的影响；细分市场不兼容。

对服务企业来说，在服务传递过程中管理顾客的挑战是独一无二的。制造商在产品制造过程中可以不关心顾客的参与，但在服务管理中则必须面临该问题。因为他们的顾客常常在服务现场，并且是服务生产的积极合作者。本章讨论和列举了顾客的三种主要角色：组织的生产资源；服务质量和满意的贡献者；在为自己提供服务时，成为组织的竞争者。

通过理解顾客在服务传递中的重要性，识别特定情况下顾客扮演的角色，管理者可以制定战略，以增强顾客参与。本章讨论的战略包括：定义顾客的角色，吸引、教育和奖励顾客，管理顾客组合。通过实施这些战略，顾客对服务传递进行有效的参与，差距3将会因此而缩小。

讨论题

1. 以你的亲身经历为例，讨论成功的服务创造和服务体验传递中顾客的重要性。
2. 为什么顾客的态度和行为会引起差距3？用你自己的例子说明你的看法。
3. 利用表12-1，考虑你所经历过的低、中、高三类顾客参与水平的具体例子，具体说明在每一个例子里作为顾客的你做了什么，以及你是如何介入三种不同的服务形式的。
4. 描述一次特定情况，另一位顾客的行为提高了你的满意度。企业能够做些事情以保证这种情况经常发生吗？企业实际做了什么？其应该如何努力使这种情况成为惯例？
5. 描述一次特定情况，另一位顾客的行为降低了你的满意度。组织能够做些事情来更有效地管理这种情况吗？组织应该怎样做？
6. 讨论顾客作为生产资源的角色，描述一次你扮演该角色的情况。你做了什么？感觉如何？企业帮助你有效地完成你的角色了吗？它是如何做的？
7. 讨论顾客作为服务质量和满意的贡献者角色。描述一次你扮演该角色的情况。你做了什么？感觉如何？企业帮助你有效地完成你的角色了吗？它是如何做的？

8. 讨论顾客作为潜在的竞争者的角色。描述一次你选择自助服务而不是付费服务的情形。你为什么决定自助服务？什么因素会改变你的想法，让你选择付费服务？

练习题

1. 参观一家顾客能够彼此影响的服务企业（如主题公园、娱乐企业、旅游胜地、购物广场、餐厅、航空公司、学校或医院），观察（接触）顾客，记录积极和消极的顾客影响的例子。

2. 采访那些将服务外包的企业/家庭，如法律服务、工资发放、维修、清洁、照顾孩子或照顾家庭宠物。使用本章叙述的内部/外部转换标准，分析这一决定。

3. 考虑一种服务，这种服务的成功需要高水平的顾客参与（如健康俱乐部、减肥、有教育意义的环境、保健和高尔夫课程）。和这类企业的服务人员会谈，找出其中鼓励顾客有效参与的战略。

4. 参观一种服务环境，多类型顾客在同一时间接受服务（如剧院、高尔夫课程、旅游胜地或主题公园），观察（采访管理人员）有效管理这些顾客的战略。如果由你负责，你会做一些不同的事情吗？

5. 访问 iPrint 的网站（www.iPrint.com），比较其印刷服务过程和 Kinko 提供的现场服务。对比每种情景下顾客的角色。

参考文献

1. For more on value creation and cocreation see: C. Gronroos and P. Voima, "Critical Service Logic: Make Sense of Value Creation and Co-Creation," *Journal of the Academy of Marketing Science* 41 (March 2013), pp. 133–150; H. Saarijari, P. K. Kannan, and H. Kuusela, "Value Co-Creation: Theoretical Approaches and Practical Implications," *European Business Review* 25 (January 2013), pp. 6–19.

2. See B. Schneider and D. E. Bowen, *Winning the Service Game* (Boston: Harvard Business School Press, 1995), chap. 4; L. A. Bettencourt, "Customer Voluntary Performance: Customers as Partners in Service Delivery, *Journal of Retailing* 73 (Fall 1997), pp. 383–406; P. K. Mills and J. H. Morris, "Clients as 'Partial' Employees: Role Development in Client Participation," *Academy of Management Review* 11 (1986), pp. 726–735; C. H. Lovelock and R. F. Young, "Look to Customers to Increase Productivity," *Harvard Business Review* 57 (Summer 1979), pp. 9–20; A. R. Rodie and S. S. Kleine, "Customer Participation in Services Production and Delivery," in *Handbook of Services Marketing and Management*, ed. T. A. Swartz and D. Iacobucci (Thousand Oaks, CA: Sage, 2000), pp. 111–126; C. K. Prahalad and V. Ramaswamy, "Co-opting Customer Competence," *Harvard Business Review* 78 (January–February 2000), p. 7; and N. Bendapudi and R. P. Leone, "Psychological Implications of Customer Participation in Co-Production," *Journal of Marketing* 67 (January 2003), pp. 14–28; A. S. Gallan, C. B. Jarvis, S. W. Brown, and M. J. Bitner, "Customer Positivity and Participation in Services: An Empirical Test in a Health Care Context," *Journal of the Academy of Marketing Science* 41 (May 2013), pp. 338–356.

3. S. L. Vargo, and R. F. Lusch, "Evolving to a New Dominant Logic for Marketing," *Journal of Marketing* 68 (January 2004), pp. 1–17; R. F. Lusch, S. L. Vargo, and M O'Brien, "Competing through Service: Insights from Service-Dominant Logic," *Journal of Retailing* 83 (2007), pp. 5–18; Gronroos and Voima,

"Critical Service Logic: Making Sense of Value Creation and Co-Creation"; S. L. Vargo and R. F. Lusch, "Institutions and Axioms: An Extension and Update of Service-Dominant Logic," *Journal of the Academy of Marketing Science* 44 (January 2016), pp. 5–23.

4. L. A. Bettencourt, S. W. Brown, A. L. Ostrom, and R. I. Roundtree, "Client Co-Production in Knowledge-Intensive Business Services," *California Management Review* 44 (Summer 2002), pp. 100–128.

5. See S. J. Grove and R. P. Fisk, "The Impact of Other Customers on Service Experiences: A Critical Incident Examination of 'Getting Along'," *Journal of Retailing* 73 (Spring 1997), pp. 63–85; C. I. Martin and C. A. Pranter, "Compatibility Management: Customer-to-Customer Relationships in Service Environments," *Journal of Services Marketing* 3 (Summer 1989), pp. 5–15; and R. Nicholls, "New Directions for Customer-to-Customer Interaction Research," *Journal of Services Marketing* 24 (2010), pp. 87–97.

6. Grove and Fisk, "The Impact of Other Customers on Service Experiences."

7. T. Schaefers, K. Wittkowski, S. Benoit, and R. Ferraro, "Contagious Effects of Customer Misbehavior in Access-Based Services," *Journal of Service Research* 19 (February 2016), pp 3–21.

8. L. Landro, "ICUs' New Message: Welcome, Families," *The Wall Street Journal,* July 12, 2007, pp. A1+.

9. M. S. Rosenbaum and C. A. Massiah, "When Customers Receive Support from Other Customers," *Journal of Service Research* 9 (February 2007), pp. 257–270.

10. Grove and Fisk, "The Impact of Other Customers on Service Experiences."

11. K. Harris and S. Baron, "Consumer-to-Consumer Conversations in Service Settings," *Journal of Service Research* 6 (February 2004), pp. 287–303.

12. See P. K. Mills, R. B. Chase, and N. Margulies, "Motivating the Client/Employee System as a Service Production Strategy," *Academy of Management Review* 8 (1983), pp. 301–310; D. E. Bowen, "Managing Customers as Human Resources in Service Organizations," *Human Resource Management* 25 (1986), pp. 371–383; and Mills and Morris, "Clients as 'Partial' Employees."

13. Bettencourt, Brown, Ostrom, and Roundtree, "Client Co-Production in Knowledge-Intensive Business Services."

14. Landro, "ICUs' New Message."

15. R. B. Chase, "Where Does the Customer Fit in a Service Operation?" *Harvard Business Review* 56 (November–December 1978), pp. 137–142.

16. Mills, Chase, and Margulies, "Motivating the Client/Employee System."

17. M. Adams, "Tech Takes Bigger Role in Air Services," *USA Today,* July 18, 2001, p. 1.

18. See M. Xue and P. T. Harker, "Customer Efficiency: Concept and Its Impact on E-Business Management," *Journal of Service Research* 4 (May 2002), pp. 253–267; and B. Kiviat, "The End of Customer Service," in "What's Next 2008," *Time Magazine,* March 13, 2008.

19. K. W. Chan, C. K. Yim, and S. S. K. Lam, "Is Customer Participation in Value Creation a Double-Edged Sword? Evidence from Professional Financial Services across Cultures," *Journal of Marketing* 74 (May 2010), pp. 48–64.

20. See D. W. Johnson, R. T. Johnson, and K. A. Smith, *Active Learning: Cooperation in the College Classroom* (Edina, MN: Interaction Book Company, 1991).

21. S. Dellande, M. C. Gilly, and J. L. Graham, "Gaining Compliance and Losing Weight: The Role of the Service Provider in Health Care Services," *Journal of Marketing* 68 (July 2004), pp. 78–91.

22. For research in this area see: S. Auh, S. J. Bell, C. S. McLeod, and E. Shih, "Co-Production and Customer Loyalty in Financial Services," *Journal of Retailing* 83 (2007), pp. 359–370; Gallan, Jarvis, Brown, and Bitner, "Customer Positivity and Participation in Services"; J. R. McColl-Kennedy, S. L. Vargo, T. S. Dagger, J. C. Sweeney, and Y. V. van Kasteren, "Health Care Customer Value Cocreation Practice Styles," *Journal of Service Research* 15 (November 2012), pp. 370–389; J. C. Sweeney, T. S. Danaher, and J. R. McColl-Kennedy, "Customer Effort in Value Cocreation Activities: Improving Quality of Life and Behavioral Intentions of Health Care Customers," *Journal of Service Research* 18 (May 2015), pp. 318–335; M. Mende and J. van Doorne, "Coproduction of Transformative Services as a Pathway to Improved Consumer Well-Being: Findings from a Longitudinal Study on Financial Counseling," *Journal of Service Research* 18 (May 2015), pp. 351–368; M. Mende, M. L. Scott, M. J. Bitner, and A. L. Ostrom, "Activating Consumers for Better Service Coproduction Outcomes Through Eustress: The Interplay of Firm-Assigned Workload, Service Literacy, and Organizational Support," *Journal of Public Policy and Marketing* (forthcoming 2017).

23. S. W. Kelley, S. J. Skinner, and J. H. Donnelly Jr., "Organizational Socialization of Service Customers," *Journal of Business Research* 25 (1992), pp. 197–214.

24. C. Claycomb, C. A. Lengnick-Hall, and L. W. Inks, "The Customer as a Productive Resource: A Pilot Study and Strategic Implications," *Journal of Business Strategies* 18 (Spring 2001), pp. 47–69.

25. Several of the scenarios are adapted from C. Goodwin, "'I Can Do It Myself': Training the Service Consumer to Contribute to Service Productivity," *Journal of Services Marketing* 2 (Fall 1988), pp. 71–78.

26. R. Normann and R. Ramirez, "From Value Chain to Value Constellation: Designing Interactive Strategy," *Harvard Business Review* 71 (July–August 1993), pp. 65–77; www.ikea.com, 2011.

27. J. E. G. Bateson, "The Self-Service Customer—Empirical Findings," in *Emerging Perspectives in Services Marketing,* ed. L. L. Berry, G. L. Shostack, and G. D. Upah (Chicago: American Marketing Association, 1983), pp. 50–53.

28. V. S. Folkes, "Recent Attribution Research in Consumer Behavior: A Review and New Directions," *Journal of Consumer Research* 14 (March 1988), pp. 548–565; M. J. Bitner, "Evaluating Service Encounters: The Effects of Physical Surroundings and Employee Responses," *Journal of Marketing* 54 (April 1990), pp. 69–82.

29. See: Bendapudi and Leone, "Psychological Implications of Customer Participation in Co-Production"; S. Heidenreich, K. Wittkowski, M. Handrich, and T. Falk, "The Dark Side of Customer Co-Creation: Exploring the Consequences of Failed Co-Created Services," *Journal of the Academy of Marketing Science* 43 (2015), pp. 279–296.

30. R. F. Lusch, S. W. Brown, and G. J. Brunswick, "A General Framework for Explaining Internal vs. External Exchange," *Journal of the Academy of Marketing Science* 10 (Spring 1992), pp. 119–134.

31. Ibid.

32. Gronroos and Voima, "Critical Service Logic: Making Sense of Value Creation and Co-Creation."

33. See M. J. Bitner, A. L. Ostrom, and M. L. Meuter, "Implementing Successful Self-Service Technologies," *Academy of Management Executive* 16 (November 2002), pp. 96–109.

34. This figure is adapted from the original source that focused on retail gasoline services: M. L. Meuter and M.J. Bitner, "Self-Service Technologies: Extending

Service Frameworks and Identifying Issues for Research," in *Marketing Theory and Applications,* ed. D. Grewal and C. Pechmann (American Marketing Association Winter Conference, 1998), pp. 12–19.

35. See P. Dabholkar, "Consumer Evaluations of New Technology-Based Self-Service Options: An Investigation of Alternative Models of Service Quality," *International Journal of Research in Marketing* 13 (1996), pp. 29–51; F. Davis, "User Acceptance of Information Technology: System Characteristics, User Perceptions and Behavioral Impact," *International Journal of Man-Machine Studies* 38 (1993), pp. 475–487; L. M. Bobbitt and P. A. Dabholkar, "Integrating Attitudinal Theories to Understand and Predict Use of Technology-Based Self-Service," *International Journal of Service Industry Management* 12 (2001), pp. 423–450; J. M. Curran, M. L. Meuter, and C. F. Surprenant, "Intentions to Use Self-Service Technologies: A Confluence of Multiple Attitudes," *Journal of Service Research* 5 (February 2003), pp. 209–224; and S. Al-Natour and I. Benbasat, "The Adoption and Use of IT Artifacts: A New Interaction-Centric Model for the Study of User-Artifact Relationships," *Journal of the Association for Information Systems* 10 (2009), pp. 661–685.

36. M. L. Meuter, M. J. Bitner, A. L. Ostrom, and S. W. Brown, "Choosing among Alternative Service Delivery Modes: An Investigation of Customer Trial of Self-Service Technologies," *Journal of Marketing* 69 (April 2005), pp. 61–83.

37. M. L. Meuter, A. L. Ostrom, R. I. Roundtree, and M. J. Bitner, "Self-Service Technologies: Understanding Customer Satisfaction with Technology-Based Service Encounters," *Journal of Marketing* 64 (July 2000), pp. 50–64.

38. M. J. Reinders, P. A. Dabholkar, and R. T. Frambach, "Consequences of Forcing Consumers to Use Technology-Based Self-Service," *Journal of Service Research* 11 (November 2008), pp. 107–123.

39. M. Blut, C. Wang, and K. Schoefer, "Factors Influencing the Acceptance of Self-Service Technologies: A Meta-Analysis," *Journal of Service Research* 19 (November 2016), pp. 396–416.

40. Meuter, Bitner, Ostrom, and Brown, "Choosing Among Alternative Service Delivery Modes"; see also Y. Moon and F. X. Frei, "Exploding the Self-Service Myth," *Harvard Business Review* 78 (May–June 2000), pp. 26–27; and Bitner, Ostrom, and Meuter, "Implementing Successful Self-Service Technologies."

41. A. Parasuraman and C. L. Colby, *Techno-Ready Marketing: How and Why Your Customers Adopt Technology* (New York: The Free Press, 2001); A. Parasuraman and C. L. Colby, "An Updated and Streamlined Technology Readiness Index TRI 2.0," *Journal of Service Research* 18 (February 2015), pp. 59–74.

42. R. C. Ford and J. R. McColl-Kennedy, "Organizational Strategies for Filling the Customer Can-Do/Must-Do Gap," *Business Horizons* 58 (August 2015), pp. 459–468.

43. Bowen, "Managing Customers as Human Resources."

44. Bateson, "The Self-Service Customer."

45. J. Light, "With Customer Service, Real Person Trumps Text," *The Wall Street Journal,* April 25, 2011, p. B7.

46. Meuter, Bitner, Ostrom, and Brown, "Choosing among Alternative Service Delivery Modes."

47. Bowen, "Managing Customers as Human Resources"; Schneider and Bowen, *Winning the Service Game,* chap. 4; Meuter, Bitner, Ostrom, and Brown, "Choosing Among Alternative Service Delivery Modes"; Dellande, Gilly, and Graham, "Gaining Compliance and Losing Weight"; Ford and McColl-Kennedy, "Organizational Strategies for Filling the Customer Can-Do/Must-Do Gap."

48. J. Spanjol, A. S. Cui, C. Nakata, L. K. Sharp, S. Y. Crawford, Y. Xiao, and M. B. Watson-Manheim," Co-Production of Prolonged, Complex, and Negative Services: An Examination of Medication Adherence in Chronically Ill Individuals," *Journal of Service Research* 18 (August 2015), pp. 284–302.

49. T. Haumann, P. Gunturkun, L. M. Schons, and J. Wieseke, "Engaging Customers in Coproduction Processes: How Value-Enhancing and Intensity-Reducing Communication Strategies Mitigate the Negative Effects of Coproduction Intensity," *Journal of Marketing* 79 (November 2015), pp. 17–33.

50. S. Moeller, R. Ciuchita, D. Mahr, G. Odekerken-Schroder, and M. Fassnacht, "Uncovering Collaborative Value Creation Patterns and Establishing Corresponding Customer Roles," *Journal of Service Research* 16 (November 2013), pp. 471–487.

51. S. W. Kelley, J. H. Donnelly Jr., and S. J. Skinner, "Customer Participation in Service Production and Delivery," *Journal of Retailing* 66 (Fall 1990), pp. 315–335; Schneider and Bowen, *Winning the Service Game,* chap. 4; L. Guo, E. J. Arnould, T. W. Gruen, and C. Tang, "Socializing to Co-Produce: Pathways to Consumers' Financial Well-Being," *Journal of Service Research* 16 (November 2013), pp. 549–563; B. Dong, K. Sivakumar, K. R. Evans, and S. Zou, "Effect of Customer Participation on Service Outcomes: The Moderating Role of Participation Readiness," *Journal of Service Research* 18 (May 2015), pp. 160–176; Mende, Scott, Bitner, and Ostrom, "Activating Consumers for Better Service Coproduction Outcomes Through Eustress."

52. L. Landro, "When a Doctor Isn't Enough," *The Wall Street Journal,* August 16, 2011, p. D1; T. Salge, C. Breidbach, and D. Antons, "Seamless Service? On the Role and Impact of Service Orchestrators," *Journal of Service Research* 19 (November 2016), pp. 458–476.

53. Bowen, "Managing Customers as Human Resources."

54. H. Hudson, "Eva Restaurant Cellphone Discount Gives Los Angeles Patrons 5 Percent Off For Surrendering Phone," *Huffington Post,* January 3, 2013, http://www.huffingtonpost.com/2013/01/03/eva-restaurant-cellphone-_n_2399274.html, accessed August 6, 2016.

55. Ibid.; see also L. C. Harris and K. L. Reynolds, "The Consequences of Dysfunctional Customer Behavior," *Journal of Service Research* 6 (November 2003), pp. 144–161.

56. E. Yu, "Shanghai Issues Etiquette Guide for Disneyland Visitors," *CNN,* May 25, 2016, http://www.cnn.com/2016/05/25/travel/shanghai-disneyland-etiquette-guide/.

57. Martina and Pranter, "Compatibility Management."

第 13 章

管理需求与能力

本章目标

1. 解释服务能力受限制的根本问题:缺乏库存能力。
2. 阐释时间、劳动力、设备和设施限制在各种需求模式下的影响。
3. 制定库存与需求相匹配的策略:①改变需求以适应库存能力;②使能力有弹性以适应需求。
4. 在服务能力提供定价、市场细分和资金回报的平衡中,证明收益管理战略的优势与风险。
5. 当能力与需求无法一致时,提供管理排队等待的策略。

| 开篇案例 | 怎样在一年 365 天让 600 间房都住满[1]

亚利桑那州科斯茨代尔的凤凰酒店(The Phoenicaian Hotel)是一家高档酒店,位于城市中心,该区域大约有 450 万人口,是美国的第 12 大商业区域。这家酒店通常因为它的优质服务为人称道,在 2004 年美国娱乐杂志对该区域酒店的排名中位居第一,该酒店有 600 间豪华客房、3 个餐厅,还有 7 个美丽的游泳池和宽敞的会议厅。餐厅和会议设施全年 365 天都向顾客提供服务。然而由于需求的变化巨大,从每年 11 月到第二年 4 月中旬的旅游旺季,客房的需求极高,经常超过可利用的客房数量。但是在 5 月中旬到 9 月的夏季里,客房的需求就会大大降低。由于酒店向商务旅行者和商务会议提供服务,所以除了季节性的需求变化以外,还存在每周的需求变化。商务旅行者不在酒店度周末,因此针对酒店这一最重要的细分市场对客房的需求在周末明显降低。

为平衡需求的变化,酒店已经采取了一系列措施。酒店常年加强联系团体业务,主要是商务会议,以补充周四到周日较低的需求。为了增加周末对房间的需求,酒店全年都安排了许多特别的事件、运动、订婚以及度假套餐的方案。在炎热的夏季,酒店邀请凤凰城的当地居民和附近图桑市的居民享受酒店奢华的服务,酒店会采用具有吸引力的价格和"餐厅倒计时"的套餐。顾客入住酒店后,可以享用三餐、下午茶、汉堡包、甜点等,酒店还提供特价的按摩来吸引已入住的顾客。通过鼓励当地居民入住酒店，可以提高酒店在低需求期的利用率，而居民也可以有机会享受其不可能在旅游旺季享受的酒店服务。

大多数市区的酒店面临与凤凰酒店相同的境遇，许多酒店通过在周末向家庭和儿童提供食宿而找到部分解决方法。对许多双职工家庭来说，周末外出是一种很好的放松和休假方式。市区的酒店为这些家庭提供打折客房、儿童主题活动和美味的食物以及令家庭感觉舒适的环境。例如，纽约宫殿酒店是距美国女孩商店最近的酒店，它试图通过为拥有女孩的家庭提供"美国女孩商店方案"来提高周末入住率。这个方案的目标是非商业顾客，女孩能够得到一个与美国女孩娃娃相配套的美国女孩日式床，并可以带回家。

对于斯科茨代尔的凤凰酒店，酒店固定的客房、餐厅、会议设施的能力可能会遇到季节性的、周期性的，甚至每天变化的挑战。酒店产业是面临供需矛盾挑战的典型，事实上其他服务提供者也面临相同的问题。例如，税务会计师和空调维护服务业会面临季节性的需求波动，而某些服务（如通勤火车和餐厅）其客户需求每周甚至每小时都在变化。有些行业，需求是可以预测的，例如税务会计师。但有些行业，如管理或技术咨询等，需求一般很难预测，其波动取决于客户需求和行业周期，进而就会存在公司服务大于需求或服务供给不足的情况。

服务的过度使用或使用不足可以直接导致服务水平产生差距，使提供者不能提供预期水平的服务。例如，当服务的需求超过最大生产能力时，服务质量将由于员工和设施的超负荷使用而降低，甚至一些顾客可能没有机会享受服务就离开了。在低需求的时候，有必要降低价格或者砍掉一些服务项目，也可能改变老顾客的原有习惯，甚至面临无法提供顾客所需要服务的风险。例如，度周末的老顾客和商业团队可能会讨厌那些家庭和孩子们的侵扰，因为其期望的服务特点发生了变化。例如，在游泳池里，游泳的成年人与那些嬉戏的儿童可能会发生冲突。

本章我们将集中研究在能力受限制的服务业中供给与需求相平衡的挑战。当组织不能平衡需求时，服务水准的差距就出现了。本章逐一分析这些问题以及处理这些问题的策略。有效地利用服务能力常常是服务组织取胜的关键因素。

13.1 根本问题：服务缺乏库存能力

导致服务中供需矛盾的根本问题是服务缺乏库存能力。不像制造企业，服务企业不可能在淡季建立库存服务。缺乏库存能力归因于服务的易逝性以及生产与消费的不可分离性。航班上没有销售出去的座位不可能作为库存第二天继续出售，座位在那次航班上的生产能力已经消失了。相似地，律师的可用时间也不能存储到第二天。而且，服务不能从一个地方运输到另一个地方，或由一个人传递给另一个人。因此，斯科茨代尔的凤凰酒店的服务在夏季不可能转移到另一个地方，比如说转移到太平洋海岸，那里是夏季最理想的旅游胜地，对酒店的需求很大。

缺乏库存能力与需求变动结合起来就导致了供需不平衡，如图13-1所示。图13-1中的水平线代表服务能力，曲线代表顾客对服务的需求。在许多服务行业中，能力是固定的，所以在一定时间里可以用水平线表示。然而服务的需求经常变化，如曲线所示。图13-1中最高的水平线代表最大可用能力。例如，在我们前面的例子中，这一水平线就代表斯科茨代尔凤凰酒店的 600 间客房，或代表一个大学足球体育场的大约 7 万个座位。客房和座位的数量任何时刻都保持不变，但对于它们的需求却是变化的。第二条与第三条水平线之间的区域代表最佳能力——从顾客和企业角度来看都是理想的使用状态（本章将在后文讨论最佳能力与最大能力的区别）。图 13-1 中间的部分可划分为 4 种基本情形，代表能力与需求的不同组合。

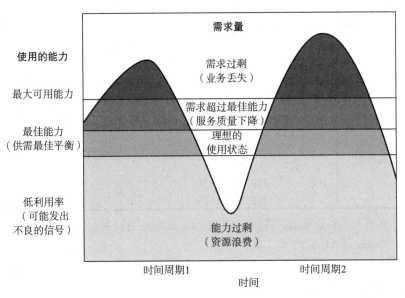

图 13-1　需求相对于服务能力的变化

资料来源：J. Wirtz and C. H. Lovelock, Services Marketing, 8th Edition, 2016, p. 334., World Scientific Publishing Co (Hackensack, NJ).

（1）需求过剩。需求水平超过最大能力，在这种情况下，一些顾客将会离开，由此导致服务机会丢失。对于接受服务的顾客来说，由于顾客过多或员工和设施超负荷运行，质量可能无法达到承诺的水平。

（2）需求超过最佳能力。没有顾客会离开，但是由于过度使用，顾客太多或已经超出员工提供稳定质量的能力，服务质量依然会受到损害。

（3）需求与供给在最佳能力上平衡（理想的使用状态）。员工和设施都处于理想水平，没人过度工作，可以维护设备，顾客可以获得质量相当高的服务而没有额外的等待。

（4）能力过剩。需求低于最佳能力，劳动力、设备和设施等形式的生产资源未得到充分利用，导致生产力低下，利润减少。顾客可以获得质量相当高的服务，因为他们可以充分利用设施，也不必等待，员工也可以随时注意到顾客的需求。但是，如果服务质量依赖于更多顾客的参与，顾客可能会失望，或担心他们选择了一个比较差的服务提供者。[2]

并非所有企业都一直面临供给与需求管理的挑战，问题的严重性将依赖于需求随时间波动的程度以及供给受限制的程度，见表 13-1。[3] 一些类型的组织将面对较大的需求变化（如医院、餐厅等），而其他类型组织的需求仅存在微小变化（如洗衣店及银行等）。一些组织即使需求发生变化，需求高峰也可以得到满足（如供电、天然气和网络服务），而其他组织的需求高峰可能会超出能力（如急诊室、足球场旁边的餐厅和靠近大学的饭店等）。那些需求变动大的企业（表 13-1 中的单元 1 和 4），尤其是那些变动幅度大、需求经常超过能力的企业（单元 4），将在本章找到对其成功有重要作用的问题和策略。那些发现自己处于单元 3 的企业需要扩展能力以适应需求过剩的情况。表 13-1 用以阐明那些行业可能被归为哪一类。实际上，针对任何行业的单独一家企业，由于环境的不同，它可能归属于任何一个单元。

表 13-1 关于服务供应商的需求与能力

供给受约束的程度	需求在一段时间内波动的程度	
	宽	窄
通常不需太大的延迟就能满足需求高峰	1 电力 天然气 匪警和火警 网络服务	2 保险 法律服务 银行服务 洗衣和干洗/理发
需求高峰通常超出能力	4 会计和税务准备 客运 旅店 饭店 医院急诊室	3 与 2 中的服务类似，达到业务基本水平的充足能力

资料来源：C. H. Lovelock, "Classifying Services to Gain Strategic Marketing Insights," *Journal of Marketing* 47 (Summer 1983), p. 17.

13.2 能力限制

对于许多企业来说，如表 13-2 所示，服务能力是固定的。根据服务类型，关键的服务能力固定因素可以是时间、劳动力、设备、设施或这些因素的组合。

表 13-2 能力的限制因素

限制因素服务类型	限制因素服务类型[①]	限制因素服务类型	限制因素服务类型[①]
时间	法律 咨询 会计 医疗	设备	递送服务 电话沟通 网络服务 公共事业 健康俱乐部
劳动力	律师事务所 会计师事务所 咨询公司 健康诊所	设施	饭店 餐厅 医院 航空公司 学校 电影院 教堂

① 这些例子阐述了每种服务类型中最常见的能力限制。实际上，所列的任何服务组织都受多种限制。例如，律师事务所可能同时受劳动力限制（律师太少）和设施限制（没有足够的办公室）。

13.2.1 时间、劳动力、设备以及设施

对许多服务企业来说，根本的限制因素是时间。例如，律师、咨询师、理发师、水管工和心理顾问出售的都是他们的时间。如果服务工作者时间剩余，或他的时间不能被有效利

用，利润将减少；如果存在需求过剩，服务人员就会没有多余时间来提供服务。因此，服务时间是重要的限制因素。

从企业角度来说，由于雇用大量员工，劳动力或员工水平成为根本的能力限制因素。律师事务所、大学里的院系、咨询公司、税务会计师事务所和维修店可能面对的情况是，即使员工已经处于能力的高峰，也不能满足特定时间里的需求。关键是其他大部分时间的实际需求较低，因此雇用新员工的意义不大（在竞争激烈的劳动力市场上也不太可能）。

在一些情况下，设备可能是关键的限制因素，对于陆路或航空运输服务来讲，卡车或飞机可能会使能力受限。在圣诞节期间，UPS、联邦快递和其他运输企业可能面对这一难题。健康俱乐部也面临这一限制，特别是在一天中的某些时间（上班前、午餐时间和下班后）和一年当中的特定月份。对于网络服务提供者来说，宽带、服务器、开关等则是能力的限制因素。

总之，许多企业面临设施的限制。酒店只有一定数量的客房可供使用，航空企业受到座位数量的限制，教育机构受房间数量和教室中座位数量的限制，餐厅的能力受到餐桌和座位的限制。

明确基本的能力限制因素或者限制因素的组合是处理供给与需求问题并制定策略的第一步。

13.2.2　最佳使用能力与最大使用能力

要全面理解能力问题，理解最佳与最大使用能力的区别非常重要。如图13-1所示，最佳和最大能力可能不同。最佳使用能力水平表示资源的有效使用，但没有过度使用，顾客能及时获得高质量服务。而最大使用能力代表服务能力的极限。在足球比赛里最佳与最大能力是相同的，比赛的全部价值是全部座位都销售给顾客，在这种情况下，足球队的利润是最大的。然而，在教育行业则不同，学生并不希望大学教室的每一个座位都被占用，在此情况下，最佳使用能力小于最大使用能力。有些情况下，最大使用能力可能导致顾客过多的等待时间。比如在受欢迎的餐厅里，从顾客满意的角度出发，餐厅的最佳使用能力要小于最大使用能力。

当受限因素是设备或设施时，最大能力是显而易见的。健康俱乐部只有一定数量的举重设备，飞机上只有一定数量的座位，货船上只有一定数量的存货空间。在生产瓶子的工厂里，当超过组装线的最大工作能力时，瓶子就会损坏，系统将会崩溃。因此，超过设备的最大产能带来的后果是严重的。

当限制因素是人的时间或劳动力时，最大能力则很难预测，因为人比设备和设施更灵活。当服务工作者的最大能力已经被超过，结果可能使服务质量降低，顾客不满意，雇员也会筋疲力尽。关键是对于雇员本身来说，甚至自己都没有发现已经达到了最大能力。对于企业来说，识别物质条件的限制，例如空间所产生的最大能力，是相对简单的，但很难知道人的最大能力是什么。这就导致企业经常让员工的工作超过他们的最佳能力，只有在员工辞职或面临健康问题时才能发现这一问题。对咨询公司来说，很容易多签一份合约，压榨员工，使其超出最大能力；或者医疗协会的诊所每天多安排一些预约，超出医生的最大能力。但考虑到质量降低、顾客和雇员的不满意导致的潜在损失，对企业来讲，明确最佳和最大人力限制是非常重要的。

13.3　需求波动规律

为了更好地管理服务行业中需求的变化，有必要明确需求波动规律、其变化原因以及不同细分市场的需求变化。为了对需求进行预测，并明确需求原因，需要回答以下问题。

13.3.1 描绘需求波动规律

为了了解需求波动规律，组织需要描绘随着时间变化的需求量。那些拥有良好信息系统的企业可以非常精确地追踪这一信息，而没有信息系统的企业只能非正式地描述需求模式。每天、每星期、每月的需求水平都需要追踪，如果需求存在季节性变化，那么绘图至少要用到过去一年的数据。在一些服务行业中，比如餐厅或健康中心，一天当中每小时的变化都可能是相关的。有时，需求波动规律非常明显，但在有些情况下，直到描绘出数据图形，波动规律才可能显现出来。

13.3.2 可预计的循环周期

通过观察需求曲线形态，可以发现一些可预计的循环周期，包括每日循环周期（变化按小时发生）、每周循环周期（变化按日发生）、每月循环周期（变化按周或日发生）或每年循环周期（变化按月度或季度发生）。在一些情况下，可预计的规律可能在任何时刻发生，例如餐厅，尤其是季节性的旅游设施，其需求每月、每周、每天、每小时都可能发生变化。同样，对银行服务的需求也是按小时变化（午餐和一天结束的时段需求最大），每周按日变化（一周的最后一天和第一天业务最多），每月按日变化（社会证券支票收到的那一天往往是需求最大的）。

如果能够观察到可预计的循环周期，就应该能够找出其深层次的原因。斯科茨代尔凤凰酒店知道需求循环周期以季节性的变化为基础，每周的变化与工作日有关（商务旅行者不在酒店度周末）；税务会计师事务所可以根据纳税到期日预测需求，可以按季度或年度缴税；针对家庭和儿童的服务，要依据假期和学期的周期性变化；零售业和出租车、饭店、旅行社在假期、每周、每天的特定时间里处于需求高峰。当可预计的需求周期存在时，我们一般都可以找到一个或多个决定因素。[4]

13.3.3 随机的需求变化

有时，需求变化表现为随机的，没有可预计的周期性。即使在这种情况下，依然可以找到原因。例如，每天天气的变化可能影响娱乐、商场或休闲设施。好天气通常会增加对娱乐公园服务的需求，但对电影院产生的是相反影响，因为天气好的时候人们更倾向于待在户外。汽车服务中心发现通常极度不好的天气（很热或者很冷）会增加对他们服务的需求，反之，温和的天气似乎对汽车没有太大的影响。然而，根据天气不可能提前预测很远，仅可以预测一两天的需求。与健康相关的业务也不可能提前预测，意外事故、心脏病以及新生儿的诞生都增加了对医院的需求，但是需求的水平一般不可能提前确定。自然灾害，比如洪水、火灾、飓风会突然发生，增加对诸如保险、电信和健康等服务的需求。战争和恐怖活动，如2015年11月法国巴黎恐怖袭击事件产生对特定服务的即时需求也是不可预测的。

2011年叙利亚战争爆发后，200万的叙利亚难民离开自己的国家来到土耳其。在这些难民中大约有3万在难民营中安顿下来，其他难民由土耳其进入欧洲其他内陆国家。大量难民涌入，使得土耳其的一些服务需求面临突然的增长，如社会保障、住房、教育，特别是医疗。有些受伤的难民继续治疗，有些需要有计划的慢性病治疗方案。同时，因战争引起的心理创伤的恢复，以及为了防止传染病需要注射相关疫苗，都是难民和土耳其面对的问题。由于医疗服务的短缺，很多难民发现接受专业的医疗变得越来越难。卡特里娜飓风导致人们被迫离开新奥尔良，巴吞鲁日的人口成倍增长，许多避难的人现在仍然留在那里。谁也没有想到对服务的需求会以这样的方式增长。[5]

全球特写　　Cemex 创造性地管理无序的服务需求

设想一种业务，顾客的订货是不可预期的，而且一半的顾客订货会发生变动，这种情况经常发生，甚至在最后时刻也会变化，产品从粉碎到传送不超过 90 分钟。这就是混凝土运输业务。以墨西哥州蒙特雷为基地的 Cemex 公司成立于 1906 年，在这一行业中是比较成功的公司。公司已遍及五大洲的 50 个国家，拥有将近 5 万名员工，每年净销售额超过 180 亿美元。

然而，当两位内部顾问几年前检查业务时，他们惊讶于行业的无序规则。恶劣的天气、难以预料的交通、自发的劳动间断、突发的政府检查建筑工地都与顾客改变订单相联系，造成无序和不可控制。同时，Cemex 的 8 000 个等级的混凝土产品由 6 家地区混搅厂制备供应，因此需要高度复杂的管理系统。

历史上，Cemex 曾试图要求顾客不允许更改订单，对非要更改的订单收取罚款。随后公司意识到，不能向客户寻求供需不一致的矛盾。

企业开始寻找新方法开展业务。它向联邦快递、得州 Houseon 911 紧急事件中心寻求灵感。结果发现，服务企业不能控制顾客对服务的需求，而是要调整组织、开发人力资源和技术以灵活地满足顾客随机的需求。联邦快递根本不限制其顾客，也不会向改变订单的顾客罚款，企业应保证在特定时间达到任何地点。这种为顾客服务的能力依靠的是复杂的信息系统，包括卡车需求、装载和传递进度、前台员工和以顾客为中心的文化支持。从 Houston 911 紧急事件中心，Cemex 学习到即使需求随机发生，比如紧急健康需求和一定数量意外事故的发生，也可以辨别需求并且做好计划。联邦快递和 911 紧急事件中心所做的就是调整其能力以适应顾客需求的波动，而不是坚持调整顾客需求配合企业受限制的能力。

联邦快递和 Houston 911 紧急事件中心处理需求波动的方法令 Cemex 团队深受启发，公司决定整合复杂的市场，并站在顾客立场上做事。企业开始启动一个叫作"有活力的同步运营"的项目，不再使卡车像以前那样只允许在指定区域行驶，而是允许它们在城市里转转。卡车配备传送器和接收器，与 GPS 相连，可以定位、辨别方向，而且每辆车的速度都可以监测。司机经过两年的中级教育，能以担保服务为导向，并很好地与顾客打交道。

Cemex 对联邦快递的服务担保留下深刻印象，开始朝着"同一天服务，允许自由、不受限制的订单改变"的目标而努力。公司为保证递送建立了一个政策：如果一批货不能在计划里的 20 分钟内送到，买者可以获得每立方米 20 比索的保证金，这相当于全部成本的 5%。

Cemex 包容了产业的无序，而不是试图改变和调整它。通过使用技术、人力和系统，公司可以使顾客变动的需求与受限制的能力相匹配，企业家成为赢家。Cemex 可以提供"20×20 保证金"，是因为其系统的可靠性已经超过 98%。

当今，公司的焦点集中在顾客上，这一点清楚地写在公司的网站顶头——我们通过倾听顾客声音，了解客户困难，并为客户提供有价值的解决方案，构建和客户的亲密关系也使我们远离竞争。

资料来源：T. Petzinger Jr., "This Promise Is Set in Concrete," *Fast Company*, April 1999, pp. 216–218; T. Petzinger Jr., *The New Pioneers* (New York: Simon & Schuster, 1999), pp. 91–93; updated with company information from the Cemex website, www.cemex.com, accessed June 28, 2016.

13.3.4 各细分市场的需求

如果一个组织对顾客交易有详细的记录，就可以分辨出细分市场的需求变动。[6] 经过分析可以发现，有的细分市场的需求是可以预测的，而有的细分市场的需求却是随机的。例如，对银行而言，商业账户的服务可以预测，而个人账户的服务却是随机的。健康诊所经常发现未预约患者或急诊病人愿意集中在星期一就诊，而在其他工作日，很少有患者需要立即诊断。许多汽车服务中心也有类似的情况，比起一周里的其他日子，星期一早上往往有更多的未预约客户来进行汽车保养和维修。了解到这一规律的存在，诊所和汽车服务中心就可以把预约安排在一周的其他几天（他们可以控制的几天），而把星期一的时间留给当日的未预约者。

13.4 能力与需求的匹配策略

当一个组织清楚地知道能力的限制因素和需求波动时，它就可以很好地制定能力与需求的匹配策略。[7] 为实现这种匹配，一般有两种方法。第一种方法是改变需求以适应现存的供给能力，这表明需求曲线的起伏变化将被平滑以与现有能力相匹配，如图 13-1 所示，以尽可能地与水平的最佳能力线匹配。第二种方法是改变能力以适应需求的波动，这意味着改变能力曲线，如图 13-1 所示，以适应需求的变化。接下来，我们将对每一种基本策略结合例子进行详细讲述。

13.4.1 改变需求以适应能力

在这一策略下，组织将使顾客尽量避开需求超过能力的时间，劝说顾客在需求较低的时候接受服务。该方法对一些顾客是可行的，但并不是对所有顾客奏效。例如，许多商务旅行者不可能改变航班、汽车租赁和酒店服务的时间，而度假者却可以改变旅行的时间。对于企业来讲，针对那些无法改变需求并做出调整的顾客，也就意味着业务的失去。[8]

在需求的低谷，组织将需要吸引更多的顾客，以便更好地使用其服务能力。我们将在下文介绍一系列可以用来改变或提高需求的方法，企业可以使用这些方法或方法的组合。改变需求以适应能力的策略如图 13-2 所示。

（降低峰值时段的服务需求）
- 将繁忙时段告知顾客
- 改变提供服务的时间和地点
- 非高峰期的激励机制
- 为忠诚客户和高需求的顾客提供优先权
- 为服务提供全价——没有折扣

（增加服务需求量与服务能力相匹配）
- 从目前市场细分中增加商机
- 用广告说明高峰时间和使用非高峰服务的益处
- 改变设施使用方式
- 改变服务的供给
- 价格差异

图 13-2 改变需求以适应能力的策略

1. 在高峰时段降低需求

对于服务商来说，匹配服务能力和需求的一个重要方法是在顾客需求达到高峰时段时努力降低需求。

（1）与顾客沟通。一种需求转换的方法是与顾客沟通，使其了解需求的高峰时间，并建议他们选择其他时间获得服务，以避免拥挤或等待。例如，银行和邮局的公告牌可以作为一种提醒，旨在让客户知道繁忙时段和一周中繁忙的日子，尽可能引导顾客改变获得服务时间。预先提醒顾客企业的繁忙时间和可能的等待时间是有效的方法。电话提醒顾客他们需要等待的大概时间。那些不想等待的人可以选择业务量少的时候再回来，或者通过访问企业的网站得到更快速的服务。[9]

（2）改变服务传递的时间和地点。一些企业改变工作日和服务的时间以更好地适应顾客需求。如美国的银行仅仅在工作日上午10点到下午3点的时间里开放，在这段时间里他们的服务就拥有大量的需求。然而，这段时间并不与大多数人愿意到银行处理个人事务的时间完全契合。现在，美国的银行在工作日开业更早，并一直营业到下午6点，而且在星期六也开放，这就很好地平滑了需求模式。现在，许多银行在沃尔玛、Meijer等大卖场和爱佰森、克罗格等超市开设了分支，旨在为顾客提供办理银行业务的多种选择。网上银行也改变了旧有的模式，从分段的时间变为"任何时候、任何地方"的网站。电影院在周末或假期人们的休闲时间扩大排片表，向顾客提供日常电影。

（3）激励非高峰时间的使用。在将高峰时段需求转移的尝试中，一些企业设立激励机制鼓励顾客调整他们的服务时间。在美国中西部的北方地区，泳池承包商提供额外的娱乐设施（如免费的跳板、免费的烘干机和更大的泳池）给那些愿意在淡季（例如9月和10月）前来游泳的客人。有普拉提课程的健身中心在淡季时往往宣传小班授课的好处，增加教练和顾客的沟通，并将课程的时间延长25%以上。

（4）设置优先。当服务的需求很高但能力有限时，服务提供商可以为忠诚客户和高需求客户提供优先权。一家税务公司可能决定先服务它最好的客户，而不是那些初次到来且没有预约的客户。急救中心通常是将病情最严重的排在优先名单的第一个。

（5）收取全价。当企业知道自己的服务处于需求高峰时，其往往对服务收取全价。航班在一年中最忙的时段之一是感恩节假期前后，因此大多数航班优先为那些付了全款的顾客安排座位，并且不允许使用常用的飞行里程换取免费座位。

（6）增加需求匹配能力。服务供给商在能力没有全部使用时应增加需求匹配能力。

（7）培养客户的消费习惯。公司可能很清楚地了解和预测到需求增加的时间段，但消费者可能并不知情。因此，在需求低且价格低的时候，可以通过广告或促销信息告知消费者。例如，电力公司会公布每天电量需求量最少的时段，并建议消费者在此期间洗衣服或使用其他耗电量较大的设备。还可以宣传在峰值和非峰值的不同时间段下，消费者会有不同的服务体验。例如，空调公司在温度还没有特别高的春天，鼓励消费者在服务维修需求量到达峰值之前就提供预约服务，这不仅可以减少等待时间，还可以享受到快速便捷的维修保养。

（8）改变设施使用方式。可以依据一年中的某个季节、一周中的某一天或一年中的某个时段改变服务设施的使用方式。例如，如果拍摄电影或电视需要真实的医疗设施，洛杉矶的一家医院可以为剧组提供设施租赁。电影院会在工作日租给商业组织，在周日早上租给教会组织，因为它们没有自己的活动场地。

（9）改变服务提供的方式。一个类似的方法是改变服务供给的方式。例如，会计师事务所在每年年末到来年的4月15日，集中力量准备纳税申报，这是美国联邦政府规定的纳税期限。在一年中的其他时间里，它们主要进行账目审计和一般的咨询工作。在职业篮球赛季的时候，每场的休息时间会有对特许商摊位食物需求的激增。因为人太多了，很多顾客害怕排长队会错过看比赛，于是就放弃购买。为了解决这种问题，许多体育场的特许商把雇员派到看台之间，把菜单拿给顾客点餐，然后在比赛进行中再将食物送到顾客的座位上。在全球很多城市，麦当劳将食物外卖作为增加服务需求的一种方法。

实施改变服务供给策略时，一定要仔细，因为这些变化需要相关营销组合变量相应变化以形成新的供给，如促销、价格和员工服务策略等。如果没有营销组合变量对供给形成支持，匹配策略不可能成功。即使已经成功了，供给方式的变化也可能使顾客对组织产生迷惑。

2. 价格差异

应对需求的方法是价格打折，该策略依赖于供给与需求的基本经济规律。然而，为保证其有效，该策略要仔细分析需求曲线和顾客对价格的刚性敏感度。例如，商务旅行者比度假者的价格敏感度要低。对于斯科茨代尔凤凰酒店，在低需求的夏季采用降价手段几乎不能提高商务旅行的需求，却吸引了相当数量的家庭旅游者和当地顾客，他们有机会享受豪华奢侈的酒店服务，而不必支付高峰季节的昂贵费用。

过度使用价格差异策略来适应需求，风险可能会很高。一旦顾客习惯于低价格，就会希望在其他时间也获得相同价格的服务。如果与顾客的沟通不清楚，顾客会不理解，并希望在需求高峰时支付同样的价格。过度依赖或者排他使用价格作为匹配需求的策略会对企业形象造成伤害，也可能使企业吸引不想要的细分市场，还会造成高付费的顾客感觉不公平。[10]

13.4.2　改变能力以适应需求

第二种策略方法是改变能力，以达到供给与需求的匹配。基本思想是改变和扩展已有能力，并与顾客需求相匹配（而不是刚才提到的改变需求来适应能力）。在需求的高峰时期，组织将尽可能扩展能力，在需求低谷时期，将努力压缩能力以避免浪费资源。下面的部分将讨论四种改变基本服务资源（时间、劳动力、设备和设施）的策略，如图13-3所示。我们为高峰和低峰期时段改变能力总结了具体的方法。通常，一系列策略可以同时使用。

需求高　　⇔　调节能力　　⇔　需求低

（扩展现存能力）
- 增加人员、设施、设备的工作强度
- 雇用临时工
- 交叉培训员工
- 外包
- 租赁或共享设施或设备

（使资源与需求保持一致）
- 在低需求期安排修整时间
- 维修设备和修复
- 安排休假和开展员工培训
- 改造或移动设施和设备

图13-3　改变能力适应需求的策略

1. 扩展现有能力

现存的能力可以暂时被扩展以适应需求。不增加新的资源的前提下，通过人力、设施和设备工作时间的增长和强度更大，以适应需求。

（1）增加人员、设施、设备的工作强度。可以暂时延长工作时间以满足需求。诊所可以在感冒多发季节延长工作时间，零售店可以在假期购物期间延长营业时间，会计师事务所可以在纳税临近的时候增加咨询预约时间（晚上和周六）。在很多服务行业，在需求峰值的时候，员工经常被要求工作的时间更长。例如，咨询公司一般面临的业务高峰和低谷的波动更加明显。在项目较多的时候，咨询项目的负责人可能同时做几个项目，工作时间会更长。银行、酒店、餐厅和电信公司前台工作的员工在需求高峰时，需要服务更多的顾客。

电影院、餐厅、会议设施和教室有时可以增加桌子、椅子或其他顾客所需的设备。或者如通勤火车一样，通过设置站立车厢满足顾客的需求。同样，电脑、电话线、旅行巴士或维护设备可以在最大能力范围内短期增加工作负荷满足顾客需求。

在使用这些扩展策略时，组织要认清资源的特性，因为过度延长或者永久性使用这些策略会带来潜在的低质量服务。这些策略应该仅持续比较短的时间，以保证设备和设施的维护，以及使超负荷的工作员工能够恢复精力。但有时候很难提前知道设备、设施的工作状态，也不一定清楚人员状态。

（2）雇用临时工。组织的人力资源应该与需求相适应。零售店在假日期间会雇用临时工，税收会计师事务所在纳税期间会招聘辅助人员，旅行社在高峰季节会招聘更多的员工。联合包裹曾为应对感恩节与圣诞节的高峰时段，雇用超过 90 000 名临时工。餐厅经常会让员工在需求高峰时间分时段工作（例如，午餐时来工作，然后离开几小时，到晚餐高峰时段再来上班）。

（3）跨岗培训员工。员工经过跨岗培训，就可以接受不同的任务到需要他们的岗位上去，这样可以提高整个系统的效率，避免某些部门的员工很清闲而有些部门的员工超负荷工作。许多航空公司都会跨岗培训员工，使他们既可以售票又可以从事接待工作，如果有需要还可以帮助搬运行李。在一些快餐店里，在繁忙的时候，员工们专于一项工作（如炸薯条），工作小组大约 10 个人，在低需求的时候，小组可以缩减到 3 人，剩下的人可以从事几种不同的工作。超市也使用这种策略，多数员工可以从事收款、货架管理和货物包装等多项工作。

（4）外包。对于暂时性的服务需求波峰，组织可以选择服务外包。例如，近几年许多企业发现它们没有能力满足自身的技术支持、网页设计及软件相关服务方面的需求。这些企业求助于专业化的企业来外包这些工作作为暂时性的（或者有时长期的）解决方案，而不是设法雇用并培训额外的员工。[11]

（5）租赁或共享设施或设备。对一些组织而言，在需求的高峰时刻可以租用额外的设备和设施。例如，快递服务在假日运输的高峰时期可以租用卡车，而不用购买卡车。有些需求受到限制的组织可以把设施与其他企业共享。比如，一家教堂可以与学校共享设施，学校在星期一到星期五的白天使用设施，教堂在晚上和周末举行活动。一些类似的商业模式是基于需求波动建立起来的，例如，企业可以提供临时的办公室和工作助理给那些不具有持续需求的个人。[12]

2. 调整使用资源

这一策略有时被称为"追逐需求"策略。通过创造性地改变服务资源，组织可以追踪需求曲线，使能力与顾客需求模式相匹配。时间、劳动力、设施、设备再次成为焦点，这一次将改变基本的组合以及调整资源的使用来满足需求，一些具体方法如下。

（1）在低需求期安排修整时间。如果人力、设备、设施在需求高峰时处于最大能力状态，那么必须在非高峰时期安排维修、维护和技术革新。例如，网络银行服务经常在周日早上（4～6点）定期进行软件升级，以使服务中断的影响降低到最小。

（2）维修设备和修复。对于大部分设备和设施，都需要定期维修和维护。这样的翻新计划应安排在低需求时段，例如，大学会在假期期间重新粉刷教室和在停车场画线。

（3）安排休假和开展员工培训。为了确保在公司的需求高峰时期，员工能够全力投入工作，应该在需求低谷时，合理安排员工的休息和培训。有些公司会在需求低谷期让员工休假，酒店一般在淡季的时候让员工休假。实际上，很多酒店员工熟知这些时间，会提前在冬天来临时，申请在滑雪场的酒店工作，然后在夏天的时候，换到海边的度假村工作。通过这些计划，可以确保公司能够在需求峰值时保持最大的服务能力。

（4）改造或移动设施和设备。公司可以调整、移动或创造性地改造现存能力以满足需求的波动。比如饭店可以对房间进行改造，在需求高峰时期将房间拆分，在低需求时期可以将其改造为套房。航空业是使用这种策略的典型，有一种方法称为"需求驱动派遣"。航空公司使用该方法安排航班，根据市场需求的波动安排航班的飞行计划。这种方法以对需求的精确了解以及迅速改变航班座位的能力为依据。波音777客机很灵活，其座位可以在几个小时内被划分为一、二、三等。飞机可以迅速被改造以满足不同细分市场的需求，其本质是改造能力适应需求。另一个策略是在一个新地点提供服务以满足客户的需求，或者把服务送到客户那里。流动训练设施、宠物照料车、接种流感疫苗和献血设施是这种追踪客户的服务的典范。

13.4.3 整合需求与能力的策略

许多企业使用多种组合，把市场需求导向的管理方法和操作能力导向的管理方法相结合。我们在实施最大化利用能力的同时，顾客满意度和利润率都面临着挑战，特别是当服务中包含众多顾客和设施的时候。

13.5 收益率管理：平衡能力利用率、价格、细分市场和财务回报

收益率管理已经发展为一系列方法，其中一些是在能力受限制的服务业中平衡供给与需求的高级方法。使用收益管理模型，可以帮助组织以合理的价格将服务销售给正确的细分市场，同时能力被充分利用，此时就是最佳的平衡状态。收益管理的目的是在有限能力（座位、房间、出租的车辆等）下，产生最好的财务回报。收益管理也被称作"收入管理"，被定义为："以合适的价格，给最适合的顾客分配最佳类型的能力，以获得最大的财务回报。"

收益率管理的应用会涉及很多复杂的数学模型和计算机程序，这种有效的评估方法是特定时期里实际收益与潜在收益的价值比：

$$收益率 = 实际收益 / 潜在收益$$
$$实际收益 = 实际使用能力 \times 实际平均价格$$
$$潜在收益 = 全部能力 \times 最高价格$$

这一等式表明，收益率是价格与实际使用能力的函数。能力限制因素可能是时间、劳动力、设施等。收益本质上反映的是如何利用组织的资源（能力）获得潜在回报的程度。例如，在航空业中，管理者可以通过集中招徕更多的顾客以填充能力来增加收益，或者通过找到乐

于支付更高价格的顾客来满足受限的能力以增加收益。现实中,收益管理专家将同时关注于能力和定价问题来使不同细分市场的收益最大化。

◎ 专栏 13-1

简单的收益计算:以酒店和律师事务所为例

你可以为任何一个能力限制性服务业做基本的收益率计算,假设你知道对于不同的市场细分人群的实际生产能力、平均价格,以及能够达到的最大价格。完美情况下,收益可以接近 1 或者 100%,这里:

收益率 = 实际收益 / 潜在收益

在这里我们描述两个简单例子的收益率计算:一家拥有 200 间客房的酒店和一个有 40 个小时工作时间的律师,目标都是在产能一定的情况下取得最大化收益。

一家拥有 200 间客房的酒店,以每间每晚 200 美元的正常价格出租(潜在收益是 40 000 美元)。

(1)假设酒店以每晚 100 美元的折扣价出租全部房间。收益率是 50%。在这个价格上,酒店能力达到最大化,但是没有得到一个好价格。

(2)如果顾客对价格敏感,在酒店保持正常价格的情况下,只有 40% 的房间可以租出去,在这种情况下,收益率仅为 40%(=200×80/40 000)。在这种情况下,酒店最大化了每间房间的价格,但是收益却比第一种情形下还要低,因为只有很少一部分的房间能以相对高的价格租出。

(3)如果酒店可以在每间客房 200 美元的价格下出租 40% 的客房,而余下的 120 间客房以每间 100 美元的价格出租,回报将是 14 000 美元,收益率将是 70%〔=(200×80+100×120)/40 000〕。

显然,最后的这种算法考虑了价格敏感性和差别定价的市场细分方案,在上述三种选择里将会带来最高收益。

另外一个例子,律师事务所根据其能力决定业务组合以获得高收益。例如,如果一位律师在一周内有 40 小时的潜在工作时间,她为私人有限公司顾客服务的收费标准是每小时 200 美元,那么她每周的最大回报是 8 000 美元。假设她为公众或无利润的顾客服务收费标准是每小时 100 美元。模仿酒店的例子,如果她以每小时 100 美元的价格花时间为公众顾客服务,她每周 40 小时的工作时间都会占满,但其收益率却只有 50%(=100×40/8 000)。如果她为私人有限公司顾客服务,她每周只有 12 小时的工作时间,只能占其全部工作时间的 30%(12 小时),收益率为 30%(=200×12/8 000)。通过结合使用两种策略,这位律师可以用 30% 的时间,以每小时 200 美元的价格为私人有限公司顾客服务,而其余 70% 的时间可以每小时 100 美元的价格为公众顾客提供服务,收益率是 65%〔=(200×12+100×28)/8 000〕。

组合不同的价格敏感性的细分市场,将是最好的总体策略,律师在有限时间里使收益达到了最大化。

13.5.1 应用收益管理系统

为了更好地应用收益管理系统,组织需要了解细分市场过去需求模式的详细数据以及控制当前市场需求的方法。可以用数学模型整理数据,进行临界分析,或使用专家系统确定在特定时间里如何最优分配有限的能力。细分市场的能力分配情况会传达给服务人员，作为销售客房、座位、时间或其他受限资源的目标。但这种分配方法不能一成不变，企业根据每周或每天的最新消息重新进行分配。

最近的研究表明，传统的收益率管理方法在以下场合对服务公司最有效：①企业有相对固定的能力；②存货不宜长期保存；③企业有多种细分市场或消费者，他们往往在不同的时段到达或者预约；④企业的边际销售成本低，边际能力变动成本高；⑤产品往往预先卖出；⑥需求容易波动；⑦到达或者预约较早的顾客比较晚的价格敏感度更高。

当这些条件满足时，收益率管理方法通常能够用来确定这一时期生产和销售的最优服务组合，以及如何定价以创造最高的期望收益。这些标准与航空公司、汽车租赁代理商和许多酒店的情况非常吻合，这些行业都在使用收益管理方法来分配能力。在其他服务业中（娱乐、运动和时尚），愿意付高价的顾客是那些早购买而不是晚购买的顾客。那些想观看一部电影的观众会提早买票占好位置，在这种情况下，对先购买者打折会减少利润。在这种情况下，价格一般是开始时高，如果需要，可以在后来降低价格以充分利用服务能力。

有趣的是，一些航空公司同时采用这两种策略。它们对那些愿意提早买票的度假者提供打折座位，对那些在最后时刻买票、对价格敏感度低且目的地和时间灵活性差的商务旅行者采用高价格。然而，在最后时刻，也许仍会存在讨价还价，毕竟企业是想充分利用能力，否则剩余能力就会被闲置。基于互联网的公司 Priceline.com 提供的在线拍卖服务有意在最后时刻充分利用能力，经常收取极低的费用。[13]

13.5.2　应用收益管理的挑战和风险

收益管理虽然是解决供给与需求匹配问题的理想办法，但它并非没有风险。通过不同的能力分配和不同的定价追求资金回报的最大化，组织将面临如下风险：[14]

（1）丧失竞争焦点。收益管理可能导致企业过度关心利润最大化，忽视提供具有长久竞争优势的服务。

（2）疏远顾客。如果顾客发现自己支付了高价，特别是当他们不了解原因时，就会觉得不公平。一个饭店行业的研究表明，当顾客知道是因为就餐时间或桌子的位置等导致付费的不同，他们普遍觉得是公平的。[15] 在有效的收益管理中，顾客教育很重要。

（3）过度预订。如果顾客因为过度预订（尽管这是有效收益管理所必需的）受到损害（而且得不到有效补偿），他们可能会疏远企业。最近的研究表明，那些经历了收入管理负面结果（如拒绝服务或者降级）的顾客，尤其是高端客户，最终会减少他们与公司的交易数量。[16]

（4）不健全的激励和奖励系统。如果激励结构不合理，员工可能对收益管理不满意。例如，许多经理根据能力利用率或平均价格获得奖赏，毫无疑问，服务收益率才应该是最科学的奖赏依据。

（5）某些组织不适合使用收益管理功能。为有效使用收益管理，组织必须集中预订工作。航空公司、连锁酒店和航运公司具备这种集中的条件，而其他小型组织可能不具备集中预订系统，很难有效实施收益管理。

13.6　排队等待策略：当需求与能力无法一致时

有时，能力与需求不可能匹配，或者匹配成本很高。需求是不可预测的，而服务能力又是固定的（它不能容易地拉升到和需求不可预测的高峰期相匹配的水平）。例如，大多数医疗诊所不会增加额外的设施和医生来对付冬天流感季节的需求高峰期,病人通常不得不等待,有时即使预约了也需要等待,因为服务时间长短具有不确定性。例如,即使病人在医生的办公室已经预约了,但经常还是会有等待,因为一些病人占用了比预期更长时间的服务。[17]

◎ 专栏 13-2

急诊室病人太多:如何管理急诊部门中的能力受限和过量需求

能力和需求问题最鲜明的例子是全美近 5 000 个医院急诊部门(在医学领域偏好使用"急诊部门"这一术语,而不是传统所称的"急诊室")。在一个典型的急诊部门,诊室里都是人,走廊也堵满排队等待的病人,排队等待时间从 15 分钟到 8 或 10 个小时不等。救护车常常调转车头去找其他医院,这被称为"转移"。许多专家称这些问题为医疗系统的危机。急诊部门是医院的前哨,也是病人最常去的地方。为什么急诊部门病人拥挤的问题如此严重?有许多因素在起作用,包括日益高涨的需求和医院能力约束。

日益高涨的需求

急诊部门某种程度上是政府政策的牺牲品。多年来,公共医疗要求人们在紧急情况下拨打 911,这对于很多美国人来说已经习以为常了。但在急诊部门,实际情况可能与我的预想不一样。虽然许多人确实有危及生命的紧急情况需要急诊部门来处理,但也有相当数量的病人来急诊部门看病,因为他们没有医疗保险。2006 年,在美国超过 4 700 万人没有进入保险,急诊部门是他们的唯一选择,而且依照法律,急诊部门必须照顾他们。但是拥挤到急诊部门就医的不仅仅是无保险和有生命危险的病人,还包括有保险的病人,这些病人或者没有及时预约医生,或者认为急诊部门是他们到达病床的最快途径。因此,对于急诊部门的服务需求日益高涨。

能力约束

引起急诊部门过度拥挤的原因不仅仅是需求的增加,还在于关键资源能力的不足。在私人诊所,医生被过度预约,因此不愿意等待的病人转向了急诊部门。急诊部门也缺少足够的专家,这导致等待时间延长。另外一个关键的能力约束是医院的病床数量。过去这些年,由于财务原因,全国关闭了许多医院,可用的病床数量减少。因此,急诊部门的病人经常不能立刻得到病床而不得不等待。另外,护士也是短缺的。在 20 世纪 90 年代,因为更多的毕业生转向更加有吸引力的职业,参加护士项目的入学人数骤减,目前注册护士的平均年龄为 47 岁。许多医院有 20% 的护士缺口。病床可能空着,但排队等待的病人只有在这些病床得到清理之后才可使用。

医院的反应

下面是医院为解决这些复杂问题所做(或者所考虑)的一些事项:

一个局部的方案就是求助于技术来设计病人进入急诊部门的过程,并追踪当下空闲的病床。一些基于互联网的系统被用于为救护车重新选择路径以到达有富余救治能力的医院。另一些系统有助于急诊部门追踪本医院病房的可用性,确切知道病床何时空出、何时进行清洁、何时可用,这与旅店类似。其他一些局部方案包括在病床边安装无线系统并把信息传递到急诊部门的雷达屏幕。这些屏幕能够追踪病人、员工、手推车和设备的位置,使服务传递过程更加高效、迅速。

一些医院对其病人进行划分，并开发了并行的"快速追踪"过程来处理占比30%～50%的不太紧急的病人。该过程与需要更多时间和专业设备的高紧急情形相分离。一些医院设置了小诊台，便于急诊病人自助登记和描述病情，以帮助加速看病的过程。非急诊（急诊指那些遭受枪击或者车祸、伤情严重的患者）的病人使用触摸屏录入他们的名字、年龄和其他个人信息。同时，这样的小诊台还能够显示疾病的清单，可以从比如"疼痛""发烧"或"发冷"中选择。一旦病人的病情进入了系统，它会在屏幕上弹出并让护士看到，那些肩膀疼痛、中风症状和其他潜在的严重问题会被优先诊治。

另外一个创新是让员工在病人排队时进行问询，这样当医生最后见到病人时手头已经有了关于病人的信息。这也让病人感觉在等待期间就已经开始接受服务了。另外一种方法是给病人一个编号以便他们在排队等待时可以做其他事。

增加能力

另外一组局部的方案直接与医院和员工能力相关。一些医院已经开始增加病房和其他设施，如修建加急护理中心以减轻急诊部门的一些压力。但是对于需要进入医院的病人来说，这还不够。护士缺乏是一个最为关键的问题，也很难解决。虽然可以想办法把其他医院的护士吸引过来，甚至大量从国外招聘护士，但是从长期来看，解决方案应该是使护士这一职业在工资、工作环境方面变得更加具有吸引力。

为没有保险的人提供保险

一个主要的政治和社会问题是如何处理美国越来越多的没有保险的人口，这些人的雇主不为其提供医疗保险。如何为这几百万人提供保险一直是几十年来政治争论的一个焦点。在考察医疗服务时，很明显可以看出匹配服务业中供应和需求的两难有其多重的、深层次的原因。对这一问题的解决方案也涉及多个方面，一些可由单个医院来解决，而另外一些需要整个医疗行业才能解决。但是，一些社会问题，是医疗行业不能解决的。然而，所有这些问题每天都在医院急诊部门中出现。

资料来源：L. Landro, " ERs Now Turn to Technology to Help Deal with Overcapacity," *The Wall Street Journal*, July 13, 2001, p. B1; J. Snyder, " Curing the ER," *The Arizona Republic*, December 9, 2001, pp. D1+; N. Shute and M. B. Marcus, CODE BLUE " Crisis in the ER," *US News & World Report*, September 10, 2001, pp. 54–61; U.S. Census Bureau, @ 2008 Nursing Shortage Fact Sheet, @ http://www.aacn.nche.edu /media/pdf/NrsgShortageFS.pdf, accessed December 27, 2010; J. Stengle, " ER Kiosks Let Patients Avoid Long Lines," *Associated Press*, September 13, 2007, http://www.gallup.com/poll/186047/uninsured-rate-third-quarter.aspx, accessed July 12, 2016.

在今天快节奏的社会里，大多数人无法忍耐等待。当人们工作时间更长、个人很少有娱乐时间、家庭成员很难聚在一起时，人们的压力比以往任何时候都大。在这种情况下，顾客会寻找高效的、无须等待的快捷服务。组织若是让顾客等待，将会丧失机会或至少导致顾客不满意。研究表明，对于构建顾客忠诚度来说，针对等待时间的满意度几乎和服务整体满意度一样重要。为有效处理顾客等待问题，组织采用了一系列策略，四个比较普遍的策略将在下面进行说明。[18]

13.6.1 采用运营原理

如果顾客等待很普遍，那么企业就应该首先分析运营过程以消除所有无效率的工作。可以重新设计系统，以便使顾客能够尽快获得服务。[19]

万豪在引入其快速住宿登记时，采用以运营为基础的方式来减少顾客等待。使用信用卡和提前登记的顾客可以不必在接待处等待，服务人员会快速代为顾客登记，并替他们取钥匙。[20]

当排队不可避免时，组织应考虑采用何种排队系统以及怎样设计排队结构。排队结构是指队的数量、地点、空间要求以及它们对顾客行为的影响。[21] 图13-4列出了几种可行的方法。在多队系统中，顾客到达时必须选择排哪个队等待，如果其他队等待时间变短，选择是否要换队。在单队列系统中，排队规则最具公平性是先到先服务，该系统可以从整体上减少顾客等待的平均时间。然而，如果顾客感觉队太长，或许就会离开。图13-4中最后的一种方法是取号排队，这样，顾客到来就能获得一个表明其排队位置的编号。其优点除与单列排队系统相似之外，顾客还可以到处转转、浏览或与其他人交谈。其缺点是顾客必须注意倾听喊号，否则会错过。近期研究表明，排队的长度和等待的感知成本不是唯一影响顾客等候排队可能性的因素。在一系列的试验和专业测试后，研究者认为在顾客后排队的人越多，顾客愿意排队等候服务的可能性就越大。[22]

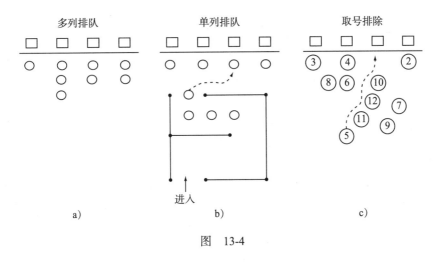

图 13-4

13.6.2 建立预订流程

当排队不可避免时，预订系统可以帮助扩展需求。餐厅、运输公司、电影院、内科医生和其他服务提供者可以使用预订系统来避免等待。Motor Vehicles 的加利福尼亚部门让顾客可以通过网络进行预约，这样就帮助他们减少在办公室等待的时间。[23] 预订系统可以保证顾客到来时获得及时服务。除此之外，预订系统还可以通过转移需求到低需求时段而获得潜在利润。然而预订系统的挑战是如何处理违约问题，因为总会有顾客预订了时间却不能赴约。有些组织处理这类问题的方法是根据过去违约的比率使预约的数量稍稍超过其能力。如果预测准确，超额预订是一种很好的解决办法。而当预测不准确时，顾客就不得不等待，或根本得不到服务，比如当航班超额预订超过其座位数时。在这种情况下，因超额预订得不到服务的顾客必须得到及时补偿。为减少违约现象，一些组织（如酒店、航空公司、会议或电影院等）会在一定时间里，对那些违约或取消预约的顾客收取违约金。[24]

13.6.3 区分不同的等待顾客

为获得服务,并非所有顾客都必须等待相同的时间。根据顾客的优先级,一些组织把顾客分成不同部分,允许一些顾客等待的时间比其他顾客短。虽然最普遍的政策是先到先服务,但服务企业还是可以灵活运用其他规则,其依据是:[25]

(1)顾客的重要性。那些经常光顾的顾客或长期顾客可以获得优先权,提供给他们特殊的排队区域或隔离开的队伍。

(2)工作的紧急程度。可以对那些急需获得服务的顾客先服务,该策略被应用于急救诊所。维护服务(如空调维修)也使用这一策略,那些空调不起作用的顾客与那些打来电话想获得一般维护的顾客相比会先得到服务。

(3)服务交易的时间。用时不长的服务会通过"快速通道"获得优先权,如超市的快速通道。如果服务提供者发现某些顾客需要较长的服务时间,那么这些顾客会被要求单独排队并由专门的服务人员处理。

(4)支付溢价。那些额外支付溢价的顾客(如航班上的头等舱)可以获得优先权,有单独的检票口或快速通道。

13.6.4 使等待变得愉快或至少可以忍耐

当顾客不得不等待时,他们在等待中的满意度会依赖于组织对于等待过程的处理方法。[26]当然,等待时间的长短会影响顾客对服务的感知,但是不是等待的实际时间影响顾客满意度,而是顾客在等待期间的感知影响满意度。等待的类型(例如,正常等待与由于服务延迟而导致的等待)也影响顾客的反应。[27]

1. 与等待中做些事情相比,无所事事的等待感觉时间更长

在顾客无所事事地等待时,他们更容易厌倦,比他们有事情可做时更加注意时间。企业可以为等待的顾客提供一些活动,这些活动最好能为顾客提供利益,或者在一定程度上与服务相关,就能够提高顾客的感知,并且使组织获得利益。[27]例如,在餐厅为等待的顾客提供菜单,在牙医的办公室提供有价值的资料或相关视频。或者在顾客等待时,提供一些娱乐项目。

2. 过程前的等待与过程中的等待相比感觉时间更长

如果等待的时间被那些与服务相关的活动所占用,顾客可能会感觉服务已经开始,甚至会觉得已经不在等待了。[28]这种过程中的活动将使等待时间感觉起来更短,也会使顾客在服务开始时获得更好的准备,而使服务提供者获益。如在等待外科医生的时候获得医学信息,在餐厅等待时阅读菜单,在获得服务前观看与服务有关的影碟,这些活动在教育顾客的同时也会让其缩短感觉到的等待时间。[29]

对餐厅的研究表明,相对于过程后的等待,顾客更抗拒过程前的等待。也就是说,过程前的等待在决定顾客整体满意度上相对更重要。其他研究者也发现,如果由于例行流程缓慢而导致等待,那么过程前的等待会产生最消极的影响。[30]但是,服务失败带来的服务等待比过程前的等待负面影响更大。顾客如何感知服务过程前、过程中及过程后的等待在很大程度上依赖于等待的原因。

3. 焦虑使等待感觉更长

当顾客担心自己已被遗忘或者不知道还要等待多长时间时,就会变得焦虑,并且这种焦虑会增加等待的负面影响。³¹ 焦虑会导致顾客被迫选择多列排队，而他们总会发现自己选择了"错误的队"。为处理顾客等待过程中的焦虑问题，组织可以提供关于等待时间的信息。这就是迪士尼在主题公园里采用的方法，沿着队伍每隔一段距离就给出标记，顾客就会知道从此地起等待时间将有多长。使用单队列策略，也可避免顾客选择了"错误的队列"产生的焦虑。解释并保证没有忘记顾客，通过排除使其焦虑的原因，避免他们焦虑。³²

4. 不确定的等待时间比确定的等待时间感觉更长

当顾客不知道要等待多长时间的时候，焦虑会非常严重。健康中心通过让顾客了解他们什么时候可以获得检查，医生还有多长工作时间来解决这一问题。梅斯特曾提到一个不确定性角色的有趣例子，即"约会综合征"。³³ 那些预约的早到顾客，需要耐心等待到安排的时间。然而，一旦期望的预约时间过去，顾客焦虑就相应增长。在预约时间以前，等待时间是可知的，而预约时间之后，等待时间就不得而知了。

一个对航空业的研究表明，如果等待的不确定性增加，顾客会感到更加生气，而且他们的愤怒会导致更不满意。³⁴ 研究也表明，为顾客提供关于期望的等待时间或者在队列中的相关位置信息，将使顾客获得较为积极的感受，从而不再那么排斥等待，对服务质量也会有更正面的评价。

5. 不能说明原因的等待时间比能说明原因的等待时间感觉更长

当顾客能够理解等待原因时，他们经常有更大的耐心和更少的焦虑，尤其当这种等待合情合理时。提供合理的解释能减少等待的不确定性，至少可以帮助他们了解将被延误的时间预期。一次，家长带着孩子等着看儿科医生，他们被告知医生将会迟到。因为，一个可能有生命危险的孩子刚刚被送到医院，医生选择先集中精力治疗那个孩子。作为父母，谁都希望自己的孩子遇到这种情况也会得到同样的对待，因此等待是可以接受的。这远远好过根本没有任何解释，我们只好自己猜测也许医生还没有从他的晨间高尔夫课程中回来。不知道等待原因的顾客会感到无力，因而容易被激怒。³⁵

6. 不公平的等待时间比公平的等待时间感觉更长

当顾客在等待中发现一些后来者已经获得服务时，这种明显的不公平将使等待时间显得更长，这种情况通常发生在没有明确规则的等待场所。以"先到先服务"的规则来工作的排队系统在对抗感知到的不公平感时会更好，尽管可能要求使用其他的方法来决定谁将会获得下一个服务。例如，在医疗急诊室的情形下，病情最重或者受伤的人会第一个看病。

7. 服务越有价值，顾客愿意等待的时间就越长

那些有潜在需求或等待高价值服务的顾客更愿意忍受长时间的等待，甚至可能期望长时间的等待。比如，等待见一位律师的顾客可能认为15分钟的等待时间是可以接受的，反之在便利店等待同样的时间可能就完全无法接受。在一家超市购买大量货物的顾客与那些只购买少量货物和期望快速结账的顾客相比通常愿意等待更长的时间。

8. 单独等待的时间比团体等待的时间感觉更长

人们在团体中等待，由于团体内的其他成员可以分散其注意力，因此与单独等待相比，他们能够接受等待更长时间。团体等待比单独等待更舒服。³⁶ 在团体等待的情况下，比如在迪士尼或购买音乐会入场券的长队中，顾客彼此之间都是陌生人，但他们开始谈话，等待体验可以变得有乐趣，成为全部服务体验的一部分。

小结

因为服务组织缺少储存产品的能力，所以能力的有效利用对取得成功非常重要。闲置的能力可以表现为未利用的时间、劳动力、设施或设备，意味着利润的减少。当能力是主要的投资时，例如，对于航空业、高级医疗设备或律师以及内科医生等，需要支付高薪水，由于能力不充分利用而造成的损失会更加严重。超负荷使用能力也会带来严重问题，当过度使用能力超过最佳能力的限制时，劳动力、设施和设备会变得疲惫，劳动力可能会退出，设施会遭到损坏，设备会停止运转。从顾客角度来看，服务质量将遭到严重破坏。那些集中于传递服务质量的组织，存在一种天然的驱动力来平衡能力的使用和需求的变化。

在考察这些基本问题的基础上，本章提出一系列使供需相匹配的策略。基本策略包括两方面：需求策略（改变需求以适应能力）和供给策略（使能力有弹性以适应需求）。需求策略在于寻找方法来平滑需求的高峰与低谷，其目的是适应能力的限制；而供给策略是使能力与需求保持一致，有弹性，可以扩展，与需求的高峰、低谷相匹配。组织经常同时采用这些策略，来解决供给与需求的平衡问题。

收益管理是供需管理中的复杂的供给形式，它平衡能力利用率、价格、市场细分和财务回报。收益管理允许组织在月、周、日甚至小时的基础上决定提供服务给谁和服务能力定在什么价格上。

本章的最后一节讨论了需求与供给不可能平衡的情况。在未解决能力利用率问题的情况下，顾客等待将不可避免。有效管理排队系统的策略包括：采用运营原理、建立预订流程、区分不同的等待顾客，使等待变得有趣或至少可以忍耐等。

讨论题

1. 为什么服务组织缺乏储存服务的能力？将汽车制造厂或经销商与汽车维修和维护服务的库存能力进行对比。
2. 讨论图13-1中的四种情形（需求过剩、需求超过最佳能力、理想的使用状态和能力过剩）和篮球比赛中销售座位的情况。每种情形下管理的挑战是什么？
3. 针对服务活动讨论四种一般的限制因素（时间、劳动力、设备和设施），并举例说明（实例或假设）。
4. 最佳使用能力与最大使用能力有何区别？举一个二者相同的例子，再举一个二者不同的例子。
5. 需求波动的地方性餐厅或其他服务组织，其最可能的需求波动规律是什么？这种变化是可以预期的，还是随机的？
6. 描述匹配需求与供给的两种基本策略，至少给出两种类型的例子各一个。
7. 什么是收益管理？讨论应用收益管理策略的风险。
8. 说明下列情况下如何应用收益管理：百老汇剧院、咨询公司及通勤火车。
9. 阐述四种等待策略，并根据自己作为消费者的经验分别举例。

练习题

1. 选择一家地方性的、面临需求波动和具有固定能力的服务组织，会见其营销经理或其他相关人员，并思考如下问题：①能力如何受限制；②需求的波动规律是什么；③组织已经使用的匹配需求与供给的策略是什么。写出这些问题的答案，分析该组织还可以应用哪些策略。
2. 假定你来管理加拿大科罗拉多州某冬季滑雪胜地，①解释需求波动的规律和作为管理者所面对的挑战，需求波动是可以预期的还是随机的；②解释并举例，在需求高峰和低谷期，你将如何使用需求导向的策略和供给导向的策略来平滑需求的高峰和低谷。
3. 选择一家应用排队等待策略的地方性服务组织，为该组织设计等待策略。
4. 访问富国银行的网站（www.wellsfargo.com）。这家银行现在提供哪些网上服务？这些在线服务如何帮助银行管理顾客需求的高峰和低谷？如何使用越来越多的自动柜员机、银行分支机构和其他可选择的传递策略来完善在线策略？

参考文献

1. The Phoenician website, www.thephoenician.com/, accessed July 12, 2016; The Lotte NY Palace website, www.lottenypalace.com/, accessed July 12, 2016.
2. C. Lovelock, "Getting the Most Out of Your Productive Capacity," in *Product Plus* (New York: McGraw-Hill, 1994), chap. 16.
3. C. H. Lovelock, "Classifying Services to Gain Strategic Marketing Insights," *Journal of Marketing* 47 (Summer 1983), pp. 9–20.
4. Portions of this section are based on C. H. Lovelock, "Strategies for Managing Capacity-Constrained Service Organizations," in *Managing Services: Marketing, Operations, and Human Resources,* 2nd ed. (Englewood Cliffs, NJ: Prentice Hall, 1992), pp. 154–168.
5. www.unhcr.org/517a5d589.html, accessed July 12, 2016.
6. M. Arndt, "Knock Knock, It's Your Big Mac," *BusinessWeek,* July 23, 2007, p. 36.
7. UPS Press Release from September 15, 2015, pressroom.ups.com/pressroom/ContentDetailsViewer.page?ConceptType=PressReleases&id=1442320318917-170, accessed June 28, 2016.
8. Lovelock, "Getting the Most Out of Your Productive Capacity."
9. J. M. Feldman, "Matching Planes to Demand," *Air Transport World* 39 (December 2002), pp. 31–33; J. M. Feldman, "IT Systems Start to Converge," *Air Transport World* 37 (September 2000), pp. 78–81.
10. Boeing website, http://www.boeing.com, accessed July 12, 2016.
11. See J. A. Fitzsimmons, M. J. Fitzsimmons, and S. K. Bordoloi, *Service Management: Operations, Strategy, Information Technology,* 8th ed. (New York: McGraw-Hill/Irwin, 2014), pp. 314–320; S. E. Kimes, "Yield Management: A Tool for Capacity-Constrained Service Firms," *Journal of Operations Management* 8 (October 1989), pp. 348–363; S. E. Kimes and R. B. Chase, "The Strategic Levers of Yield Management," *Journal of Service Research* 1 (November 1998), pp. 156–166; and S. E. Kimes, "Revenue Management: A Retrospective," *Cornell Hotel and Restaurant Administration Quarterly* 44 (2003), pp. 131–138.
12. Kimes, "Yield Management."
13. R. Desiraji and S. M. Shugan, "Strategic Service Pricing and Yield Management," *Journal of Marketing* 63 (January 1999), pp. 44–56; Fitzsimmons, Fitzsimmons, and Bordoloi, *Service Management,* chap. 12, p. 345.
14. Kimes, "Yield Management."
15. S. E. Kimes and J. Wirtz, "Has Revenue Management Become Acceptable? Findings from an International Study on the Perceived Fairness of Rate Fences," *Jour-*

nal of Service Research 6 (November 2003), pp. 125–135.

16. F. v. Wangenheim and T. Bayón, "Behavioral Consequences of Overbooking Service Capacity," *Journal of Marketing* 71 (October 2007), pp. 36–47.

17. For research supporting the relationship between longer waits and decreased satisfaction, quality evaluations, and patronage intentions, see S. Taylor, "Waiting for Service: The Relationship between Delays and Evaluations of Service," *Journal of Marketing* 58 (April 1994), pp. 56–69; K. L. Katz, B. M. Larson, and R. C. Larson, "Prescription for the Waiting-in-Line Blues: Entertain, Enlighten, and Engage," *Sloan Management Review* 33 (Winter 1991), pp. 44–53; S. Taylor and J. D. Claxton, "Delays and the Dynamics of Service Evaluations," *Journal of the Academy of Marketing Science* 22 (Summer 1994), pp. 254–264; and D. Grewal, J. Baker, M. Levy, and G. B. Voss, "The Effects of Wait Expectations and Store Atmosphere on Patronage Intentions in Service-Intensive Retail Stores," *Journal of Retailing* 79 (Winter 2003), pp. 259–268; E. G. Miller, B. E. Kahn, and M. F. Luce, "Consumer Wait Management Strategies for Negative Service Events: A Coping Approach," *Journal of Consumer Research* 34 (February 2008), pp. 635–648.

18. F. Bielen and N. Demoulin, "Waiting Time Influence on the Satisfaction-Loyalty Relationship in Services," *Managing Service Quality* 17 (2007), pp. 174–193.

19. R. Henkoff, "Finding, Training, and Keeping the Best Service Workers," *Fortune*, October 3, 1994, pp. 110–122.

20. TSA website, www.tsa.gov/tsa-precheck, accessed on June 29, 2016.

21. Fitzsimmons, Fitzsimmons, and Bordoloi, *Service Management,* chap. 12.

22. R. Zhou and D. Soman, "Looking Back: Exploring the Psychology of Queuing and the Effect of the Number of People Behind," *Journal of Consumer Research* 29 (March 2003), pp. 517–530.

23. Fitzsimmons, Fitzsimmons, and Bordoloi, *Service Management,* chap. 12.

24. Lovelock, "Getting the Most Out of Your Productive Capacity."

25. For example, see the Six Flags website, https://www.sixflags.com/national/flash-pass, accessed June 29, 2016.

26. Accesso website, http://accesso.com/solutions/loqueue/loqueue-qsmart, accessed December 22, 2016.

27. For an excellent review of the literature on customer perceptions of and reactions to various aspects of waiting time, see S. Taylor and G. Fullerton, "Waiting for Services: Perceptions Management of the Wait Experience," in *Handbook of Services Marketing and Management,* ed. T. A. Swartz and D. Iacobucci (Thousand Oaks, CA: Sage, 2000), pp. 171–189.

28. D. A. Maister, "The Psychology of Waiting Lines," in *The Service Encounter,* ed. J. A. Czepiel, M. R. Solomon, and C. F. Surprenant (Lexington, MA: Lexington Books, 1985), pp. 113–123. For an additional study on the psychology of customer waiting, see K. A. McGuire, S. E. Kimes, M. Lynn, M. Pullman, and R. C. Lloyd, "A Framework for Evaluating the Customer Wait Experience," *Journal of Service Management* 21 (2010), pp. 269–290.

29. S. Taylor, "The Effects of Filled Waiting Time and Service Provider Control over the Delay on Evaluations of Service," *Journal of the Academy of Marketing Science* 23 (Summer 1995), pp. 38–48.

30. R. L. Hensley and J. Sulek, "Customer Satisfaction with Waits in Multi-stage Services," *Managing Service Quality* 17 (2007), pp. 152–173.

31. M. K. Hui, M. V. Thakor, and R. Gill, "The Effect of Delay Type and Service Stage on Consumers' Reactions to Waiting," *Journal of Consumer Research*

24 (March 1998), pp. 469–479.
32. Maister, "The Psychology of Waiting Lines."
33. Taylor and Fullerton, "Waiting for Services."
34. M. K. Hui and D. K. Tse, "What to Tell Consumers in Waits of Different Lengths: An Integrative Model of Service Evaluation," *Journal of Marketing* 60 (April 1996), pp. 81–90.
35. C. M. Voorhees, J. Baker, B. L. Bourdeau, E. D. Brocato, and J. J. Cronin Jr., "It Depends: Moderating the Relationships among Perceived Waiting Time, Anger, and Regret," *Journal of Service Research* 12 (November 2009), pp. 138–155.
36. J. Baker and M. Cameron, "The Effects of the Service Environment on Affect and Consumer Perception of Waiting Time: An Integrative Review and Research Propositions," *Journal of the Academy of Marketing Science* 24 (Fall 1996), pp. 338–349.

PART 6

第六篇

管理服务承诺

第14章

整合营销沟通

本章目标

1. 讨论服务传播面临的关键挑战。
2. 介绍整合营销传播的概念。
3. 提出在服务组织中整合营销传播的几种关键方法。
4. 提出应对服务无形性、管理承诺、管理顾客期望、教育顾客和管理内部传播的具体战略。

|开篇案例| 整合营销传播的跨渠道案例

本章主要讨论整合营销传播,这是过去30年来广告研究的主要内容。整合营销传播(IMC)的基础理念是确保所有的创意、媒体、电视、广播和印刷都聚集并传达相同的信息。当数字和社交营销开始出现时,整合营销传播变得更加复杂,因为广告商必须将传统媒体与新媒体相结合,其中的一些因素并非由公司控制而是由消费者控制。行业专家托尼·赖特(Tony Wright)认为:跨渠道营销是营销盈利性最有力的保障。他提到2015年有两个非常著名的整合营销传播的成功案例。其一是西南航空公司的透明化营销活动,其二是耐克为庆祝棒球运动员德瑞克·基特(Derek Jeter)退役所举办的活动,该活动被称为"Nike RE2PECT"。还有一位专家推荐了达美乐比萨的表情营销活动作为另一个成功案例。

1. 西南航空公司的透明化营销

西南航空公司以低廉的价格而著称,但近些年受到越来越大的竞争压力,公司逐渐失去自身定位的价值。为了重新强调公司的价值,西南航空公司利用网络和传统媒体发起了一场称为"机票价格透明化"的活动。该活动还推出了一个微型网站,公开了精神航空(Spirit Airlines)和达美航空(Delta Airlines)等竞争对手收取的潜在费用。网站的互动环节由消费者参加一个小测试"实在的还是伪装的费用",让消费者认识到其他航空公司比西南航空多收取的潜在费用。

网站同时鼓励消费者选择一些事先设置好的词语，来写出自己在其他航空公司受到的不合理的待遇或不愉快的经历。该网站的最后一个特点是作为"收费黑客"帮助客户在乘坐西南航空以外的飞机时将费用降至最低。西南航空公司的活动引起了顾客在脸书和推特等社交媒体上的热议，一些客户还自发地在社交媒体上帮助西南航空推广。[1]

2. 耐克 RE2PECT

纽约的洋基队传奇队员德瑞克·基特计划 2015 年赛季结束后退役。耐克的广告商团队不遗余力地用网络新媒体举办了一场声势浩大的活动。这次活动以"RE2PECT"作为话题标签录制了一个视频，在视频中各行各业的著名纽约客向德瑞克在洋基队获得的成就致敬。耐克公司以整合营销沟通的理念，快速覆盖了电视、杂志和户外广告的最好位置，用来宣传这场活动。

这场活动吸引了超过 4 400 万人参与，并成为脸书、照片墙（Instagram）、推特等社交媒体上的热门话题。如赖特所说，耐克公司的视频引发了众多洋基队粉丝的参与，粉丝自己制作视频并在各大社交媒体网站上分享，让这场活动像病毒一样传播。[2]

3. 达美乐比萨（Domino）利用表情快速点餐

达美乐公司采用的活动是鼓励顾客通过简单的表情推文来订购比萨，达美乐公司早于其他对手开始利用表情符号。这一活动是达美乐公司之前一系列旨在简化订餐程序的营销活动的延续。顾客只需登录 Dominos.com 网站将自己的手机号码添加到他们的个人比萨订购档案中便可使用该项服务。通过这次"使用表情快速点餐"的活动，达美乐有效利用网络新媒体使其品牌跻身于快餐递送行业前列。领英的编辑帕特·洪（Pat Hong）评论道：如果这些小符号代表了我们这个时代的时代精神，那么达美乐公司已经为成为有价值的不动产的表情符号投入了宝贵的股份，即使没能这样做，他们也表明自己已随时做好准备，迎接数字时代的机遇来临。

以上三个案例都展示了服务企业对整合营销沟通战略的创造性使用。数字媒体与传统通信媒体相互融合，传播信息的一致性比以往任何时候都更加重要。你将通过本章的学习了解到服务营销传播的复杂性，因为这一过程还要涉及员工、服务场景和其他一些"实时"互动沟通，这些也需要与广告和促销中的沟通相匹配。[3]

服务质量差的主要原因是公司对服务的承诺和实际提供的服务之间存在差距。客户期望同时受到可控和不可控因素的影响。口碑传播、社交媒体传播、社会舆论、顾客自发形成的媒体、顾客在其他服务公司的体验、顾客的需求，这些都是影响顾客期望值的主要原因，也是公司无法控制的因素。而另外一些因素，如公司的广告、个人销售和销售人员的承诺，都是公司可以控制的。在本章中我们会同时讨论这两种沟通类型，但会更多地关注可控因素，因为这些因素可能是公司能够掌控的。在广告、个人销售和网络宣传或其他方式的宣传中不过分承诺或歪曲信息，与顾客准确、协调和适当地沟通，对于提升服务质量至关重要。

公司关于服务质量的承诺能否兑现取决于员工如何为顾客提供服务，而这些服务质量并不像机器上生产的产品一样，很难标准化，所以会存在公司承诺的服务与实际服务质量的不匹配。通过协调公司内外部的沟通，公司可以降低这种风险。

14.1 营销传播需要协调一致

营销传播已经比过去复杂了很多。过去，顾客只能从有限的来源获得关于产品和服务的信息，通常是大众营销传播来源如电视和报纸等媒介。在有限传播来源的前提下，营销人员不难勾画出统一的品牌形象使其与承诺相一致。然而，如今的消费者会通过各种营销途径，如网站、社交媒体、广告、博客、虚拟社区、邮件、影院广告、电子邮件广告、有针对性的杂志等，接收大量丰富的信息。购买服务的顾客相对于购买产品的顾客还会通过如服务场景、客服部门沟通、日常服务员工的服务接触等交互活动获得更多的传播信息。这些服务交互活动增加了顾客接收信息的种类、数量和复杂度。服务公司无法控制外部信息来源，这对于确保信息的一致性是个重要的挑战。

任何通过多种渠道传播信息的企业都应该注意信息的整合，这样顾客才能得到关于服务供给的统一的信息与承诺。这些渠道不仅包括了直接从企业内部传来的直接信息，还包括那些员工传递给顾客的私人信息。图14-1展示了我们在第11章中提到的营销三角形的扩充版本，阐述了需要服务的顾客是两种类型的营销传播的目标。第一种是外部营销传播，包括传统的营销渠道，如广告、促销和公共关系。第二种是交互营销传播，包括员工通过人员推销、顾客服务交互活动、服务接触交互活动和服务场景（第10章讨论过）来传递信息。服务企业必须保证这些交互信息彼此之间保持一致，且同时与外部传播所表达的信息相一

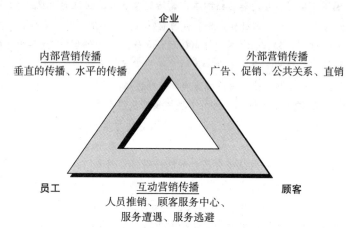

图 14-1　营销传播与服务营销三角

资料来源：M. J. Bitner, "Building Service Relationships: It's All about Promises," *Journal of the Academy of Marketing Science* 23 (1995); and C. Gronroos, *Services Management and Marketing* (Lexington, MA: Lexington Books, 1990).

致。为实现该目的，就必须管理三角形的第三条边——内部营销传播，使企业对员工的信息是准确的、完整的，且与顾客听到或看到的相一致。

无论是B2B还是B2C，营销活动一体化的必要性都是明显的。在B2B的营销关系中，经常会因为服务机构在内部部门之间没有及时沟通而出现问题。例如，一个购买IBM硬件、软件和服务的大商业客户，如果该顾客需要和公司内部不同组织的员工接触，公司可能并没有确保内部各部门协调一致地为顾客提供信息。不仅如此，这些内部组织可能还有自己的促销活动，同时向顾客传播不同的承诺和信息。下面一个例子可以说明服务营销时会发生什么。你是否见过这样一则广告：赛百味（Subway）正推出一款特价三明治，而当你来到赛百味本地的店铺购买时却发现根本没有这款三明治出售？店员是否向你解释了这款三明治缺货的原因？本书作者中的一员在为西海岸一家银行做咨询时，银行的顾客和员工就经常面对类似的情形。银行提供的服务项目复杂多变，其营销沟通也随之频繁变更，但是对银行柜员的新服务项目培训并没有与广告的变化相匹配。结果是，顾客前来体验新账户、价格等服务时，由于员工事先并不知情而造成尴尬局面。

这个例子说明了众多企业的整合营销沟通尚未形成规范的一个主要原因。传播的不同方面时常是由企业的不同部门负责的：销售部门开发并执行销售传播；市场策划部门准备并发布广告；公共关系部门负责宣传；专职部门则负责促销、直销和企业网站；人力资源部门针

对服务交互活动，对前台员工进行培训；当然，还有客服部门负责顾客服务。在企业中由专人制定全面传播策略是极其少见的，常见的是由不同的人负责不同的传播部分，但往往没有将每个人的努力协调在一起。

今天有更多的企业正在应用整合营销沟通（IMC）的概念来整合组织全部的外部传播渠道。正如一位营销管理人员所言：

"通过整合和加强企业形象和传播信息使其保持一致性，整合营销沟通可以帮助企业在市场中建立强势的品牌认同。整合营销沟通意味着企业的全部信息，包括定位、形象以及识别标识等在各种场合都保持一致。这就意味着企业的对外宣传资料与直接邮寄广告所言相同，同时企业所做广告与企业网站的宣传也保持一致。"[4]

在本章，我们提出服务相对于商品而言需要一种更为复杂的整合营销传播。对于有形商品，营销必须协调外部传播渠道；而对服务来讲，必须整合外部传播渠道和交互传播渠道来确保服务承诺的一致性。要达成这一目的，就必须管理内部的传播渠道，以使员工和企业在向顾客传达何种信息方面保持一致。我们将这种更为复杂的整合营销沟通称为整合服务营销传播（ISMC）。这要求与信息传播相关的每个人都清楚地理解企业的营销战略及其对消费者的承诺。

14.2 服务传播的关键挑战

服务沟通与顾客接受或感知到的服务之间的差异能极大地影响顾客对服务质量的评价。导致这种服务传播挑战的因素包括：①服务无形性；②管理服务承诺；③管理顾客期望；④顾客教育；⑤内部营销传播。在本章中，我们将首先描述这些因素带来的挑战，然后详述企业在处理这些问题时的有效策略。

14.2.1 服务无形性

服务是一种行为过程而不是实体，这使它们的本质和效益难以向顾客传达。服务的无形性为市场营销人员和顾客带来了更多的挑战。服务无形性的本质为消费者在购买前后都带来了很多困扰。在购买服务之前，消费者很难理解他们将购买什么，也难以依据服务的名称和类型来判断思考。[5]在服务购买时，消费者经常不能清晰地分辨服务之间的差异。购买后，消费者也难以对服务体验做出评价。

班瓦利·米塔尔（Banwari Mittal）将有关无形性的困难分为五个属性来描述，它们各自影响着服务营销的传播。他认为，服务的无形性涉及无形的存在、抽象性、通用性、非搜索性和不可知性。[6]

（1）无形的存在。服务产品既不是实在的物品，也不占据物理空间。虽然其传递（如捷飞络服务门店）可能会占用空间，但服务本身（汽车维修和更换机油）则不会。这项属性的含义说明展示服务是困难的，但也并非不可能。

（2）抽象性。消费服务的价值如金融安全、娱乐或健康不能通过实体表现，因而难以被消费者想象和理解。例如当企业需要咨询服务时，由于其本身对自己所要实现的具体目标、需要的步骤没有明确的概念和认识，因此往往不知从何开始。

（3）通用性。通用性是指其适用于通用性的事物、人、事件或属性，而特异性是指其适用于特定的对象、人或事件。许多服务或服务承诺的描述过于笼统，一般都是用美妙的经验、卓越的教育、非常满意的顾客这些描述词，这使它们很难区别于竞争对手。

（4）非搜索性。由于服务是一种行为，它往往无法预览或购买前预先查验。如果我们想要寻找一名医生、一个空调维修公司、一位私人教练或其他感兴趣的服务，这不可能像直接在杂货店里货架上寻找商品那么简单。我们必须花费大量的精力，并且找到的结果不一定有用。例如，一名需要水暖工服务的顾客通过在网络上的信息搜索并不能获得足够的信息来区分不同的选择。

（5）不可知性。服务往往是复杂的、多维度的，而且难以预知。当顾客之前没有接触过类似服务、对其不熟悉或者没有相关的知识时，服务对他们来说就很难理解。你可能在第一次购买保险时对此深有感触。

服务无形性的这五个属性让顾客更关注自己购买时的不确定性，证据表明，顾客在购买服务时所认识到的风险越大，他们越积极寻求口碑来指导自己的选择。[7] 口碑对消费者来说是非常有说服力的信息来源，但它却不是服务商能够控制的。

14.2.2　管理服务承诺

当企业服务营销管理失败时，一个严肃的问题就出现了，销售人员的承诺、广告、个人服务会大打折扣。如果企业内部各组织对承诺缺少必要准确的表达，就会出现这种情况。B2B 的销售人员经常在服务产品实际可得之前且并未确定具体上市日期时就开始对服务尤其是新型商业服务进行推销。供需变化使得服务提供的可能性变幻不定，难以预测。许多公司的传统职能结构（通常称为孤岛结构）使得服务承诺和交付的信息难以在企业内部良好沟通。

14.2.3　管理顾客期望

适当而准确地传播服务相关信息是营销和生产运营部门的共同职责。营销部门必须准确反映服务接触中的实际情况，生产运营部门必须提供传播中承诺的服务。例如，当一家管理咨询公司推出一种新业务时，市场和销售部门必须使这种服务看起来比竞争对手的服务更具吸引力。在服务营销过程中，企业不能把服务期望提高到企业可以稳定提供的水平之上。如果广告、个人销售或任何形式的外部传播建立了不切实际的期望，顾客在实际接触中就会感到失望。

许多产品或服务企业也发现，服务承诺只能继续提高而很难向下调整。航空公司取消没有满员的航班，针对飞机餐食收费。信用卡企业在利率高时提供多种增值服务，而在利率低时取消这些服务。医疗保险公司在提高价格的同时减少了服务，病人住院治疗的时间被缩短，诊断程序也相应减少了。在这些情况下，管理顾客期望或许比其他任何时候都更为重要。

14.2.4　顾客教育

服务企业必须培训它们的顾客。如果顾客不清楚服务企业如何提供服务、他们在服务传递中的角色是什么以及如何评价他们以前从未接受过的服务，那么他们就会失望。当顾客失望时，他们往往会归咎于服务企业而不是自己。服务中的一些错误或问题，即使是由顾客造成的，仍旧会导致顾客不满。针对这一原因，企业必须承担培训顾客的责任。

对于信誉资产密集的服务业（即使顾客接受过专家服务，也很难评估其价值），许多顾客仍然不知道判断服务的标准。对于高参与度的服务业，比如长期的医学治疗或者第一次购置住房，顾客也不可能理解和预期服务过程。首次置业者很难理解购买过程中涉及的一系列复杂的服务（如考察、产权服务和保险）和交易过程（如抵押贷款、讨价还价和担保）。高参与度服务业的专职人员和其他服务商经常忘记顾客是服务的每一步过程中都必须培训的新手。他们认为服务开始时的简介或者一本手册以及一系列的说明将会帮助顾客做好准备。然而，只有这些是远远不够的，顾客不满意是因为他们既不理解过程，也不认同从服务中得到的价值。

最后一点，正如第13章中所讨论的，对于需求与供应不能同步的服务，顾客培训是有益的。如果顾客不了解服务需求的波谷和波峰，就会出现服务过载、失败或者服务能力闲置。

14.2.5 内部营销传播

服务企业中的各个职能部门（如营销部门和运营部门）必须互相配合以达到为消费者提供高质量服务的目的。服务广告利用服务承诺吸引顾客，而运营部门是服务的提供者，因此组织各职能部门间经常而有效的沟通（水平传播）至关重要。如果内部沟通很糟糕，服务质量的感知就会面临风险。如果生产运营部门没有参与开发企业的广告和其他服务承诺，直接与顾客接触的员工就可能无法提供符合生产部门描述的服务。

不是所有的服务组织都做广告，但是各部门或职能的协调或整合对提供高质量的服务是必需的。所有的服务组织都需要在销售人员和服务员工之间进行内部沟通。人力资源部门和营销部门的水平沟通也是必要的。为传递优质的顾客服务，企业必须告知和激励员工以使他们提供顾客期望的服务。如果了解顾客期望的市场和销售人员不向实际提供服务的员工传播这些信息，他们就会由于缺少信息影响到提供的服务质量。

为提供优质服务，内部协调的最终形式是各部门和各分支机构在政策和程序上的一致性。如果一个服务组织在同一名号下运营许多分支机构，不管是特许经营的还是企业自营的，顾客都期望获得相同的服务。如果分支机构的管理者在政策和程序上有充分的自由决策权，那么顾客很难在不同分支机构获得相同质量的服务。

14.3 匹配服务承诺与服务传递的五种战略

图14-2展示了应对我们刚刚描述的服务沟通挑战的主要途径。我们的目标是提供的服务要优于承诺或者与承诺内容相符。三角关系的三方都必须这样做。

14.3.1 应对服务无形性

应对服务无形性的方法主要有：①能够清晰地将服务的特性及益处通过广告和其他沟通战略向消费者传递；②激发正向口碑传播。

如果服务企业能认识到服务无形性带来的挑战，它们就可以主动选择有效战略来应对。无论通过哪种方法，我们在这里讨论的每一个单独的策略都集中在使信息变得富有戏剧性和令人难忘的方法上。

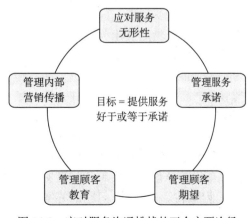

图14-2 应对服务沟通挑战的五个主要途径

（1）使用描述性的语言示范服务经历。许多服务都是体验式的，而借助讲故事这样独具吸引力的方式来传播这类服务非常有效。展示顾客消费该服务的正向真实的体验比描述服务功能属性要更加有效，特别是当这些服务属性自身是无形属性时更是如此。一项研究得出以下结论：对服务相对不熟悉的消费者更喜爱故事类型的广告，而不是罗列服务特征的广告。其中一个例子就是州立农场的营销活动，在这种活动中，农场经纪人只是简单地喊出"州立农场，您的好邻居"，这不足以打动顾客。

（2）生动的信息加工。有效的服务营销传播会使受众产生强烈的感官或清晰的印象，并进而形成清晰的心理画面。运用生动信息的方法之一是激起强烈的情绪，比如恐惧。当提供的服务非常复杂且无形时，特别适合使用生动的信息表达。如联合黑人大学基金会（the United Negro College Fund）有一幅大脑中填满了书的宣传画，生动地呼应了其宣传主题——"无限的潜力"和"成功的机会"。

（3）使用交互形象。交互形象也能为信息带来生动性。[8]形象（定义为一种心理活动，涉及可视的概念或关系）能够强化对服务的名称或实际情况的记忆。交互形象可以整合两个及以上的要素使其统一为一体，从而增强消费者的记忆。一些服务公司有效地将它们的标识或符号与它们所做的事情进行了整合。例如，保诚集团（Prudential）的岩石标志便象征着力量和稳定性。旅行家集团（Travelers Companies Inc.）是一家提供财产意外伤害保险的公司，雨伞象征着保护和保障，恰好能作为保险公司的符号象征。据查证，1870年旅行家集团的广告中首次使用了一把雨伞，而这把红伞于1959年正式成为公司的官方商标。

使用旅行伞作为标识公司的交互形象。

（4）关注有形物品。广告商增强服务沟通效果的另一种方式是展示与服务相关的有形物，如银行的大理石柱或信用金卡。有形物的展示为顾客预测服务本质与质量提供了线索。[9]西埃拉俱乐部（Sierra Club）通过展示孕妇照片，来宣传其服务产品可以帮助顾客尤其是婴儿顾客免于汞污染带来的危害。

（5）品牌图标使服务有形化。在高度竞争的市场中，服务产品广告商如何获得竞争差异化和高品牌认知度呢？在快餐业和保险业，这个问题的答案就是创造一个可以识别的图标以代表企业并

西埃拉俱乐部的广告以有形的方式展示了燃煤电厂汞污染的危害。专注于未出生的宝宝是西埃拉俱乐部传达信息的生动方式。

形成品牌可视性。麦当劳拥有非常经典的服务品牌图标——一个红黄相间的小丑形象——代表了麦当劳品牌和麦当劳叔叔儿童基金会。广告图标对那些提供复杂且不易理解的服务行业更为关键，保险业就是其中之一。美国家庭人寿保险公司（American Family Life Assurance Company，AFLAC），在美国和日本市场经营非强制性的补充保险，该公司面临一个很大的挑战：如何让潜在客户按照所需保险的名称进行咨询。为解决此问题，AFLAC 引入了 AFLAC 鸭，一只戴着扩音器会为客户解答保险相关问题的鸭子，这只鸭子产生了非常好的可视性效果。美国 CNBC 电视台、杰·雷诺今夜脱口秀（The Tonight Show with Jay Leno）和周六夜现场（Saturday Night Live）等节目还对此进行了介绍。GEICO 公司（美国政府员工保险公司）在电视广告中展示了如右下图所示的画面，其中的主角是一只说话带着伦敦腔的蜥蜴，名为盖寇（Gecko）。盖寇强化了 GEICO 有韧性、持续为顾客提供价格低廉的汽车保险的品牌形象。GEICO 公司创造的蜥蜴盖寇在世界广告业界被广泛赞誉，也被投票选为美国最受欢迎的广告形象。

（6）联想、实物展示、文档化和可视化。莱纳德·贝里（Leonard Berry）和德里·克拉克（Terry Clark）提出了有形化的四种战略：联想、实物展示、文档化和可视化。[10] 联想意味着把服务与某个有形的人、地方或物联系起来。实物展示即展示直接或间接作为服务一部分的有形物，如雇员、建筑物或设备。文档化意味着展示客观数据和事实资料。可视化是服务利益或质量在脑海中形成的一幅生动的画面，如表现人们在度假期间玩得很开心。"战略洞察"里展示的是广告商标怎样被有形化地使用。

GEICO 公司的蜥蜴盖寇是它的广告标志。

（7）在传播中突出服务员工。与顾客直接打交道的员工是服务的有形代表，也是服务广告的第二重要受众。[11] 在广告中突出正在工作或解释服务的员工，对于基本受众（顾客）和第二受众（员工）都是有效的，因为这样的广告告诉员工他们是重要的。进而，当那些表现好的员工出现在广告里时，他们就成为其他员工行动的标准和榜样。

在本章前面的部分，我们讨论了无形性使服务营销沟通受到挑战的五个属性。在专栏 14-1 中，米塔尔将为大家讲述一些可以用来克服这些属性的战略方法。通过精心的策划和执行，可以使抽象变得具体、一般变得特殊、不可探寻变得可以探寻、不可知性变得清晰。

其他消费者给出的推荐和建议总是比从公司渠道获得的信息可靠。当消费者在消费之前几乎不能获得信息时——这种情况在服务产品的消费上出现的概率远高于实物产品，因为服务消费的体验属性远高于实物消费——消费者会诉诸其他信息渠道而不是传统的市场渠道。服务广告和促销方式可以产生口头宣传，这种口头宣传将广告投资的宣传效果进行了延伸，也提高了信息的可信度。

（8）使用口碑或病毒营销。口碑营销也叫病毒营销，指的是顾客宣传产品信息并没有由企业支付费用（或者说表面上没有）。有时候，口碑营销非常容易，因为顾客是该项服务的热心粉丝，但更多时候需要企业用服务或产品来培养和打动顾客。红辣椒墨西哥烧烤餐厅（Chipotle Mexican Grill）是一家总部位于丹佛，拥有600家门店的公司，这家公司不做广告，几乎完全依赖于其顾客的口头交流来传播它独特而美味的食物。红辣椒的创始人M. 史蒂芬·埃尔斯（M. Steven Ells）将发放试吃样品（以及让顾客满意）视为为营销战略。例如，当2006年开设曼哈顿连锁经销店时，它发放了6 000份墨西哥玉米煎饼。尽管公司花费了35 000美元，但该战略使公司获得了6 000名对产品感到满意的宣传者。[12]

⊙ 战略洞察

移动广告——数字化未来的关键

沃顿商学院的一位研究人员指出了移动设备的四个显著特点：①它与唯一的用户绑定；②用户几乎总是随身携带着它；③它可以安装支付系统功能，因而可以允许用户即时消费；④它可以进行地理跟踪以及图片和视频拍摄，因而具有高度的互动性。智能手机的广泛普及有众多好处，如应用程序的出现，企业可以利用它来提升消费者忠诚度，也可以利用它在适当的时间和地点为高峰使用客户群推送促销活动信息。

这些特点使移动广告成为未来最强大的顾客沟通方式。此外，移动广告将会以超过任何其他互联网方式的速度增长。预测显示，到2019年投于手机广告的资金将增长至超过650亿美元，手机广告将占据所有数字广告近四分之三的份额。然而，正如你将在本章后面的"技术亮点"中看到的那样，服务企业可能并没有应对这一变化，它们可能既没有在媒体上投入足够的资金，也没有致力于优化广告的效果。服务企业必须认识到缺乏投资和缺乏关于创作成功广告的最佳途径的早期知识这两个事实，才能使移动广告实现前所未有的发展。

正如得克萨斯州A&M大学的一位研究人员最近所描述的那样，为了最大限度地提高移动广告效果，需要回答以下问题：
- 移动广告推广有哪些类型和功能？
- 哪些移动广告推广活动发挥了功用，哪些没有发挥功用？
- 在顾客选购过程中，移动广告推广是如何被利用的？
- 公司管理人员应该如何利用移动广告推广来影响消费者的购物之旅？

这些问题的答案中，有些涉及移动广告的设计问题。这类广告比其他广告要小得多，因此，简单、清晰、干净的网站效果最好。公司专家声称，手机广告应该只占据屏幕的50%，广告内容应该只包含报价和标语，品牌应该把它们的标志放在移动广告页面布局的角落处，广告应该至少使用一种但不多于两种明亮的颜色。

营销研究人员还对移动广告的不同方面进行了研究，帮助我们了解了什么是最佳做法。在优惠券兑换率方面，研究发现，对于预先指定优惠券使用时间的用户来说，手机中餐厅优惠券的兑换率是高的；把产品定位为功利主义或享乐主义（以快乐为特征）会由于广告出现时间的不同而产生实质性的偏差；距商店的距离、交货时间和到期日期对于零食尤其重要；如果移动广告内容在两个不同的地方迎合了消费者想法，则信息是有效的。

在其他主题上的发现是有限且分散的。例如，一项研究发现，乘坐拥挤的地铁列车的乘客比乘坐不拥挤的列车的乘客使用移动设备消费的可能性要高出两倍。另一项研究发现，移动手机广告对于高参与度和实用产品更有效。还有研究发现，与单纯的网络广告或移动广告相比，网络和移动手机广告的组合会触发更多的点击和购买。还有发现指出短信广告催生了品牌认知、更强的品牌态度和直接的行为反应。

需着重指出的是，这项研究只是开始解决理解移动广告是什么、在哪里做以及它如何产生效用的问题。这些研究中的每一项都只是在下一个十年将要建造的知识大厦中的一块砖头。研究显示预计到 2019 年，移动广告将达到 650 亿美元的支出。毕竟，公司只会在其真正有效用时才采用移动广告。作为数字广告的最新渠道，还有很多关于消费者如何对其产生回应以及公司怎么做才能最好地与消费者沟通等内容需要去了解。

资料来源：P. Chamikuttyl, "Wharton Professor David Bell on Brand Building in the Offline and Online World," *Your Story*, September 3, 2013; "Mobile Will Account for 72% of U.S. Digital Ad Spend by 2019," *eMarketer*, March 24, 2015, http://www.emarketer.com/Article/Mobile-Will-Account-72-of-US-Digital-Ad-Spend-by2019/1012258; V. Shankar, "Mobile Marketing: The Way Forward," *Journal of Interactive Marketing* 34 (2016); P. Levy, "Set Your Sites on Mobile," *Marketing News*, April 30, 2010; C. Heine, "Agencies and Cannes Judges Say Less is More for Mobile," *Ad Week*, June 17, 2013; M. Andrews, X. Luo, F. Zheng, and A. Ghose, "Mobile Ad Effectiveness: Hypercontextual Targeting with Crowdedness," *Marketing Science*, April 16, 2015; B. Baker, Z. Fang, and X. Luo, "Hour-by-Hour Sales Impact of Mobile Advertising," accessed at SSRN 2439396; P. Danaher, M. Smith, K. Ranasinghe, and T. Danaher, "Where, When and How Long: Factors that Influence the Redemption of Mobile Phone Coupons," *Journal of Marketing Research* 52 (October, 2015); X. Luo, M. Andrews, F. Zheng, and C. Phang, "Mobile Targeting," *Management Science*, 2014; D. Grewal, Y. Bart, M. Spann, and P. Zubcsek, "Mobile Advertising: A Framework and Research Agenda," *Journal of Interactive Marketing* 34 (2016); M. Andrews, X. Luo, F. Zheng, and A. Ghose, "Mobile Ad Effectiveness: Hypercontextual Targeting with Crowdedness," *Marketing Science*, April 16, 2015; Y. Bart, A. Stephen, and M. Sarvary, "Which Products are Best Suited to Mobile Advertising? A Field Study of Mobile Display Advertising Effects on Consumer Attitudes and Intentions," *Journal of Marketing Research* 51 (2014); A. Ghose, S. Han, and H. Park, "Analyzing the Interdependence between Web and Mobile Advertising: A Randomized Field Experiment," working paper, New York University: Leonard N. Stern School of Business; P. Barsie and C. Strong, "Permission-Based Mobile Advertising," *Journal of Interactive Marketing* (2002).

◎ 专栏 14-1

配合无形性特征的服务广告策略

无形性特征	广告策略	说明
无形的存在	有形代表物	展示那些独特的、象征着高质量的并且引起正面联想的服务的有形成分
抽象性	服务消费情节化	捕获并展示顾客从服务中受益的典型，引发此类事件再现
通用性	系统文档化 绩效文档化 服务绩效情节化	通过列举事实和数字，客观地证明有形系统容量 记录并引用过去的正面绩效统计数据 展示与重要服务属性相关的实际服务交付事件的生动故事
非搜索性	业绩文档化 消费文档化	引用可以被独立查证的服务业绩 获取并展示顾客推荐书
不可知性	服务过程情节化 历史案例情节化	展示逐步解释服务过程的生动的纪录片 展示一个真实的有关企业为一位具体顾客服务的历史案例

（9）充分利用社交媒体。推特、YouTube 和脸书等社交媒体正在成为消费者交流信息的途径。社交媒体的快速发展影响着顾客的购买习惯。2009 年康姆斯克公司（comScore）的一项调查显示，28% 的消费者表明社交媒体会影响他们的假期消费决策。[13] 另一项研究表明，

61%的消费者在购买前会参考网络的评价和排名，26%的消费者有经常在网上发表评论和打分的习惯。[14] 尼尔森（Nielesn）公司调查发现，90%的顾客会倾向于相信其他消费者的推荐，而只有56%的消费者会相信品牌广告。[15] 虽然社交媒体并不受企业控制，但企业可以关注社交媒体并主动去了解消费者的言论和建议。服务公司正在不断开发标准化的方法和先进的技术，用以跟踪、监测和分析品牌线上沟通。尼尔森公司发明的巴兹度量（BuzzMetrics）是一种创新的方法，它通过收集百万线上沟通汇集品牌在线信息以了解：客户如何看待品牌，多少客户在线交流，他们正在讨论哪些问题，客户如何看待市场营销，以及哪些影响口碑传播的方法被消费者接受。通过这些方法和研究，尼尔森公司为购买服务的企业提供行业规范和标准，同时还针对相关问题为顾客提供实时预警。[16]

（10）向有影响力的人提供目标信息。目前已经有科技手段可以帮助企业识别具有在线影响力的人——他们比其他人有更多的社交联络，也因此更具有影响他人的能力。很多研究公司及专家正在开发类似于前文提到的巴兹度量的技术，用以识别谁是品牌信息受众中能使其"病毒"式传播的关键人物。一旦识别为关键人物，公司就会针对这些人进行"培育"——向他们传播服务相关信息，邀请他们参加特别活动，或者鼓励他们了解和传播服务相关的信息。

（11）制作幽默的、有吸引力的或有特点的能引发话题的广告。幽默的广告生动鲜明，并且让人印象深刻。美国政府员工保险公司GEICO多年来创造了很多幽默的服务产品广告。目前的一个营销活动强调了几个不同的内容，其中每一个内容都设置了有趣的背景和特点。例如，为了强调GEICO公司的快速成长，公司制作了一个以实验室为背景的名为"生命形态"的电视广告。该广告讲述了一个装在小塑料盒子里的绿色的小水滴逐渐变大，最后吞没了实验室里的一个科学家的故事。为了突显GEICO公司24小时、7天的无休服务，他们制作了另外一个称为"只为了更多"的电视广告，两个小丑出现在一个小朋友的生日宴上，边给气球打气边讨论着GEICO公司全年无休的服务。美国HBO电视台为了宣传其流媒体视频服务，制作了一则广告名为"在家看电视囧记"的广告，广告中两个年轻人和父母一起观看《权力的游戏》，父母因为不理解复杂的剧情，不断地向年轻人提问题。广告最后提示：下载HBO的App可以安安静静地看电视剧，摆脱父母问题的烦扰。

（12）在广告中塑造满意的顾客形象。以展示真实的顾客之间互相交流服务相关信息为内容的广告特辑是向目标顾客沟通服务价值的可靠方式。

2010年，施乐（Xerox）公司设计了一个这样的广告特辑，赢得了顾客高度的评价和信任。你可以在Youtube上找到这个"2010年施乐商业视频"广告特辑。

（13）管理员工顾客关系，促进口碑传播。研究表明，仅有对服务满意的顾客是不足以促进口碑传播的。当顾客信任某一个特定的员工时，则会产生积极的口碑效应。该研究证明与员工顾客关系相关的三方面因素会影响这种信任的建立：员工和顾客之间的私人关系、员工对顾客的关切程度以及员工对顾客的熟悉程度。[17] 企业可以通过改进服务设计和系统支持、关注员工和顾客等战略方法来加强这些人际关系纽带，以获得顾客对员工的信任。[18] 这类战略方法可以是：精心设计服务环境来提高顾客和员工之间的互动频率，采用支持系统（如客户关系管理软件）来帮助员工掌握顾客的喜好，并赋予员工快速全面纠错的权力等。

14.3.2 管理服务承诺

生产实物产品时，做出承诺和传递承诺的部门可以相互独立地运营。产品可以经过充分设计和生产制造之后再放入市场进行销售。然而对于服务来说,销售和营销部门承诺的是其他部门的员工能提供何种服务。由于员工的服务很难标准化,因此需要更多的协调和对承诺管理。这种协调可以通过"建立一个强大的服务品牌"和"协调公司的所有营销传播"来实现。

1. 创建一个强势的服务品牌

服务品牌专家莱昂纳德·贝瑞(Leonard Berry)认为,品牌创建对于服务企业至关重要。

卓越的品牌可以使顾客更好地想象和理解触摸不到的产品,从而减轻了他们在购买过程中难以预估的财产、社交以及安全的风险。当企业不提供布料让你感触,不提供裤子让你试穿,不提供西瓜、苹果让你仔细挑选,不提供汽车以供试驾的时候,卓越的品牌就成了信任的替代品。[19]

每种产品有自己的品牌,而与产品品牌不同,服务品牌就是服务企业本身。服务品牌创立的焦点在于品牌认知度、品牌含义以及企业权益。诸如联邦快递、迪士尼、星巴克和脸书这类公司都更注重宣传公司本身,而非宣传公司提供的具体服务。为此,品牌创建成为企业整合营销沟通的有效方法。

图 14-3 是贝瑞研发的服务业品牌模型,它展示了建设强势服务品牌的各主要因素相互之间的关系。[20]

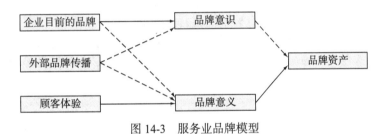

图 14-3 服务业品牌模型

资料来源:L. L. Berry, "Cultivating Service Brand Equity," *Journal of the Academy of Marketing Science* 28 (Winter 2000), pp. 128–137.

"当前品牌"是企业品牌形象的一部分,它由企业控制并通过所有个人和非个人化的渠道传播。企业必须控制和协调广告、品牌名称、网站、员工、设施和所有其他类型的信息传播途径。这些传播出的信息会形成"品牌意识",即顾客对品牌的印象和认知。品牌意识越高、越积极,品牌形象就越强,公司就会获得越大的差异化(或者说是拥有越多的品牌资产)。"顾客体验"即顾客与公司雇员或其他外显元素的接触,是塑造企业品牌的另一重要因素,而且这一因素可能比营销信息具有更强的效果。无论服务广告是否有效和统一,实际经验都会为客户提供品牌内涵。

梅奥诊所作为世界知名服务品牌之一,更注重如何通过患者的亲身体验来培育自身品牌,而不是通过媒体宣传。强大的核心价值观、团队合作意识、医护人员的责任心、对患者的细心照顾、高素质的员工和优良的设备构成了梅奥诊所护理模式,正是这种模式确保了患者体验的高质量,为梅奥诊所的品牌实力提供了保障。即使不借助于媒体营销,梅奥诊所也建立起了很强的认知度。在一份调查中显示,当美国初级决策者被问及如果他们身患疾病并可以选择美国任何一家医疗护理机构就诊他们会选择哪一个时,27% 的回答都是梅奥诊所,这个数值远远超过第二种选择。[21] 其他调查显示,95% 的梅奥诊所的患者会自发地对其他人称赞梅奥诊所。[22]

图 14-3 还展示了建设强势品牌的另外两个因素。其一是不可控的外部品牌传播，如对外口碑沟通与媒体报道，这是企业无法掌控的因素。这些传播信息来自顾客真实的、无偏见的评价，因而更有说服力，但其对于品牌建设可能产生积极或消极的影响。在本章的其他部分，我们会讨论促使口碑传播发挥积极作用的方法。其二是品牌内涵，它是顾客对品牌认知的集合体。品牌内涵虽然很大程度上源于顾客体验，但也受企业当前品牌以及企业外部沟通的影响。

波士顿红袜队是一个将品牌坚定地建立在品牌内涵之上的好例子。这个从 1918 年至 2004 年从没有赢得一个世界大赛冠军的队伍，通过精心的管理和非常成功的营销战略收获了忠实的球迷群体。[23] 该球队的营销战略的各个因素都与为球迷带来有意义的个人和群体体验相关联。第一，球队老板在城市中社区和酒吧集中的中心区域建造体育馆，同时成立了以球队为核心的球迷组织。他们深知将球场选址在城市中心地段才能够招揽更多的人参与这项活动。第二，他们更乐意将着力点放在芬威球场本身而不是放置于某个大牌球星身上，如此一来便能够避免大牌球星爽约离开的损失。与此同时，还为球场建造了一堵有着"绿色怪物"之称的左外场墙，这堵墙后来还成为波士顿民俗风情的一部分。第三，尽管战绩不佳，老板和管理者们还是对外宣传他们是一只屡败屡战的队伍，但凡有远见的铁杆球迷都知道，这样的斗志无疑将推动他们成为一只强队。第四，通过在球赛之余渗入娱乐活动以及向赞助商们灌输以球迷为导向的文化，老板们声称他们会营造一个"友好芬威"。第五，球队出于对球迷们热爱传统的尊重，50 年来，一直使用固定的队服和队标，并一直全身心地投入比赛。这些成功的策略渗透在每一场比赛之中。截至 2011 年 5 月 22 日，红袜队已经连续成功举办了 657 场比赛，保持着大型棒球联盟的最好销售业绩。

2. 协同外部传播

对任何组织而言，一种最重要而又颇具挑战性的品牌资产管理方法是协调所有的为顾客提供信息的外部传播工具，这种管理方法由于近年来新媒体数量的不断增加而变得更加有挑战性。除了一些传统的交流方式，如广告、企业网站、促销、公共关系直接营销和人员推销外，又出现了很多新的媒体方式可为市场营销者所用。诸如社交媒体、数字信号、博客、手机广告、各种形式的互联网广告、利用在电影电视中植入产品等广告模式层出不穷，这些都使得整合传播信息变得越来越困难和复杂。本章的全球特写将以维珍大西洋航空公司的国家化营销战略为例，其中运用到了很多市场营销组合中的要素。

广告是指由可资辨识的广告主，以付费方式，通过各种媒体为公司服务产品所进行的非个人性说服传播活动。主要的广告传播媒体包括电视、广播、报纸、杂志、户外广告牌和互联网。市场营销部门通过付费的形式控制广告创意诉求、传播媒体和时间。目前，互联网广告已经占据了企业广告预算的一大部分（参见技术亮点），应该使其与传统传播媒介同步。非常成功的万事达卡"无价"（Priceless）广告营销活动中列出了三四项有形商品及其价格，并在其上附加了"无价"的关键顾客利益。这个活动是营销整合一体化的优秀案例，它非常灵活地传递品牌信息，使其适应于不同的媒介、不同付费渠道和不同的市场。这一营销活动已在 96 个国家用 47 种语言传播，形成了强大的品牌效应，并获得了金菲奖（Gold Effie）、阿迪奖（Addy）和克雷斯塔奖（Cresta）等业界殊荣。[24]

促销涵盖着诸如优惠券、代金券、折扣等短期刺激行为，它们的功能是刺激顾客的购买和延伸媒体支出效益。包括麦当劳、汉堡王和温迪在内的快餐业使用加价购买人偶等连锁店的产品的方式，使其服务与电影和电视节目连接起来。CKE 餐厅的 Carl's Jr. 为服务广告商和娱乐行业之间的联合促销活动提供了一个成功的典型案例。该餐厅将电视剧集的首映式、大结局和其他电视节目的片段融入到了该公司的广告中,"将媒体支出的效益提升了30%。"[25]

公共关系是指通过公司公众宣传、与新闻媒体维护良好关系和对社区事务的关注来塑造企业的良好形象。大西洋维珍航空公司的创始人理查德·布兰森(Richard Branson)是一位为公司赚取关注的大师。在航空公司创立之初,他说道:"我知道与英国航空公司和其他航空公司竞争的唯一方法就是走出去利用自己来为公司宣传。"[26] 这之后的几年中,他玩着各种宣传特技——创造了乘快艇以最快时间穿过大西洋的纪录,从日本到加拿大乘坐热气球跨越大西洋,他还玩起了各种变装游戏,从空姐的制服到在维珍航班上穿着比基尼,他还拍摄了自己洗澡时的照片等。

直复营销是通过信件、电话、传真、电子邮件和其他一些工具与顾客直接交流并得到回应的营销方式。美国运通(American Express)是个广泛使用直接营销,并确保它与其他传播途径——如员工之间的短信来往等——整合一致的服务公司。其全球广告副总裁表明:

服务品牌并非单纯地由广告创造。实际上,许多品牌资产来自顾客对品牌的直接体验。一家关系营销企业作为公司的合作伙伴,帮助我们管理顾客针对我们服务产品(包括信用卡服务、旅行服务、金融服务和关系服务)的品牌体验,这些体验来源于所有的直接渠道,如电话、互联网和邮寄等。[27]

人员推销是公司销售代表与顾客面对面地销售产品并维护顾客关系的营销方式。在B2B的商业模式中,整合人员推销和广告的一种方法是研发更好的广告宣传材料,以便销售人员向顾客分发。这种方法不仅能向顾客传递整合的信息,而且能使销售人员对企业做出的承诺有更充分的理解。

全球特写　　　　维珍大西洋航空公司

一个以创新、品质和乐趣而享誉全球的品牌——这就是我们维珍一直不懈追求的。
　　　　　　　　　　　　　　　　　　　　　　　　　　——理查德·布兰森

理查德·布兰森因维珍唱片公司而被熟知,他传奇般地签下了滚石乐队(Rolling Stones)、珍妮·杰克逊(Janet Jackson)、人类联盟(The Human League)等。1984年他着手建立维珍大西洋航空公司时,全球为之震惊。他的愿景是打造一个高质量的、物超所值的航空公司,以挑战英国的市场领导者——英国航空。30年后,维珍大西洋航空的航线已覆盖美国、加勒比海、远东、印度、中国和非洲等地区。从初级发展至今,这家航空公司成长得越来越强大。其总部设在盖特威克机场、希思罗机场和曼彻斯特机场,提供从希思罗机场到纽约(纽瓦克和肯尼迪)、洛杉矶、旧金山、华盛顿、波士顿、迈阿密、东京、中国香港、约翰内斯堡、开普敦、上海、德里、拉各斯、迪拜、温哥华、孟买和芝加哥的长途航班服务。

目前的维珍集团举世闻名,总销售额超过200亿美元,这一创新性品牌在29个国家设有200多家公司,旗下运营着音乐零售、图书和软件出版、影音编辑设施、俱乐部、轨道运输和财务咨询等。维珍大西洋航空公司品牌及其营销活动是全球广告传播的成功典型，其整合的设计和主题在世界范围内都具有适用性。维珍大西洋航空公司通用的全球营销元素由其品牌价值、标识和独具特色的飞机组成。公司的品牌价值观——"关心、诚实、价值、娱乐、革新"，被渗透在所有的信息沟通和战略中。维珍关注顾客服务和降低成本，是一家提供独特化服务的航空公司。比如，维珍是首家在每个座位上安装电视屏幕、在头等舱提供按摩和美容服务、在飞机上设有赌场的航空公司。红白色的飞机尾翼形状的标识经常出现在世界各地的广告媒体中，包括电视广告、印刷品广告、杂志广告、价格促销活动、户外广告和出租车车身广告。另一个对外形象就是公司的女飞人，一个把英国国旗作为翅膀飞行的女飞人——描绘在机身上。在喷漆技术上维珍也有独到之处，那种用坚硬的云母制造出的独一无二珍珠般的光芒与机身鲜活的色彩相辉映，勾起了人们对20世纪30年代饱含飞行魅力与浪漫的回忆。如其全球广告中展示的那样，维珍大西洋航空管理其品牌主题，将其依据不同的特定文化进行翻译，以维护其全球形象。在其加勒比的广告中，就采用香蕉这个形象来吸

引观众。尽管广告文本和吸引消费者的方式根据不同的文化背景有所变化，但是维珍大西洋航空公司的标识和公司的主题颜色一直保持不变。

多年来，该航空公司的营销活动获得了众多奖项。近年来赢得的奖项如下：

- 因其最佳的实时数据，获得了"最佳数据故事奖"（2015）。
- 欧洲通往北美洲的主要航空公司（2015）。
- 最佳航空公司团体银奖（2015）。
- 未来旅行体验奖（2014）。
- 旅行变革奖——通过网站投票由消费者评选为最佳航空公司（2014）。
- 成为梦寐以求的奥拉大奖赛的获胜者（最高荣誉）（2013）。
- 最佳休闲旅游网站（2013）。
- 在BIMA奖中被推荐为最佳用户体验网站（2013）。
- 旅游休闲领域最佳数字化应用铜奖（2013）。
- 年度最佳旅行品牌（2012）。
- 年度总冠军奖（2012）。
- 最佳电视广告奖（2012）。
- 最佳新闻宣传活动奖（高等级）（2012）。
- 最佳网站奖（全球贸易网站 VSFlyinghub）（2012）。
- 最佳宣传手册奖——维珍航空的小红书——它是一本飞行俱乐部在线互动的宣传册（2012）。

资料来源：www.virgin-atlantic.com

■ 技术亮点　互联网专家玛丽·米克尔预测什么是公司最需要知道的

备受推崇的互联网分析师玛丽·米克尔（Mary Meeker）是硅谷风险投资公司凯鹏华盈（Kleiner Perkins Caufield & Byers，KPCB）的合伙人，自1995年以来她每年都会发布互联网趋势。她因许多准确的预测而闻名，其中就包括对移动视频和消息类应用程序出现的预测。米克尔于2016年6月1日在加利福尼亚会议上以213张幻灯片的形式发布了她当年的预测。

每年最受关注的统计数据之一就是美国互联网广告的总体增长。她在报告中指出，2014～2015年互联网广告增加了五分之一。大部分的增长来源于脸书和谷歌这两家公司，这两家公司的增长量总和据称占美国互联网广告增长的76%。这两家公司能有针对性地为广告商提供非常具体的用户数据，这是它们最为关键的优势，也是它们能战胜竞争者的原因所在。

虽然米克尔的预测涵盖了很多主题，并以213张幻灯片的形式呈现了纷繁的统计数据，但她今年最引人注目的评论是关于手机、语音和图像的。

移动广告

移动广告在2015年相对于上一年惊人地增长了66%，而桌面广告只增长了5%。米克尔声称，与用在传统媒体如报纸和电视上的广告支出相比，在移动广告方面的支出太低了。如今，消费者用在浏览印刷媒体的时间只有4%，而相比之下他们会花25%的时间在自己的移动设备上以及另外22%用于浏览互联网。尽管如此，美国的公司却在印刷广告方面花费了16%的预算，而在移动广告方面只花费了12%，在移动消费率和移动广告支出之间造成了220亿美元的差距。

米克尔的另一个令人着迷的预测是预测消息类应用程序可能会占据移动设备的主屏幕。80%的手机用户的使用时间都花费在脸书、瓦次普（WhatsApp）和谷歌浏览器（Chrome）这三个应用程序上，同时全球普通移动用户每天平均只访问12个应用程序。随着消息传递从简单的社交逐渐过渡到越来越有表现力的阶段，消息类应用程序占领主屏幕是必然的。

图片搜索

米克尔还预言了文本搜索正在消失，在五年内至少有一半的搜索将通过图像或语音进行。图像的重要性主要归功于用户越来越多地使用智能手机来"叙述故事，分享、传送消息和创意表达"。她预测Z世代（目前1～20岁的人）将因其对图像和视频的使用而闻名。她指出了你可能已经知道的事实：在当前社交网络用户中，脸书、色拉布（Snapchat）和照片墙是千禧一代参与的主要平台。脸书持续占据主导地位，每月使用该平台平均超过1 000分钟的用户年龄在18岁到34岁之间。照片墙和色拉布是仅次之的最受欢迎的网络应用。

每天都有超过100亿的短视频被在线观看，病毒式视频比以往更具影响力。米克尔引用了"楚巴卡妈妈"（Chewbacca mom）的视频作为例证，该视频在线观看次数超过1.5亿，并使科尔士百货公司（Kohl's）成为美国iOS应用程序商店中下载量最大的应用程序，尽管在视频中只提到了科尔士两次。正如楚巴卡妈妈视频所表明的，用户将驱动情境的发展。由于存在如此多的设备，以及内存、计算能力和云存储量呈指数级增长，用户将能够使实况视频与情境信息无缝结合，然后在多个平台上进行注释和传播。

语音搜索

语音搜索目前占谷歌和安卓所有搜索量的五分之一，一部分原因是谷歌的语音识别软件自2013年的校准率低于80%之后，其语词准确率可达90%以上。米克尔认为语音搜索所独占的优势是可以解放双手和视觉。例如，常人每分钟能说150个单词，而每分钟只能打字输入40个单词。据《福布斯》作家凯瑟琳·考克斯基（Kathleen Chaykowski）介绍，"媒体对话交流方面的特性能使电脑基于用户以往搜索的问题及其地理位置等背景为用户提供个性化的体验。"

米克尔预测，当语音识别达到99%的准确率时，人们对这种语音工具的使用率将会从甚少增加至持续使用。基于更进一步的证据，尽管在2015年苹果手机的销售达到峰值，但她预测基于语音的设备［如亚马逊回声（Amazon Echo）］可能即将起飞。

资料来源：Z. Brooke, "Meeker's 2016 Internet Trends Report Describes a Maturing Digital Industry," *American Marketing Association Report*, June 2, 2016; K. Chaykowski, "Five Highlights from Mary Meeker's 2016 Internet Trends Report," *Forbes*, June 1, 2016, http://www.forbes.com/sites/kathleenchaykowski/ 2016/06/01/five-highlights-from-mary-meekers- 2016-internet-trends-report/#36e318097dac; M. Meeker, "2016 Internet Trends," accessed at www.kpcb.com /InternetTrends.

14.3.3 管理顾客期望

对服务将在何时、何地传递给顾客做出准确的承诺，是缩小沟通差距的最重要的方法之一。管理顾客期望的最有效的策略包括：做出切合实际的服务承诺，为顾客提供服务保证，提供选择，提供不同价值等级的服务，提供针对服务效果评价的水平和标准等。

1. 做出切合实际的服务承诺

顾客对服务的期望影响他们对服务质量的评价：期望越高，成为高质量服务的标准就越高。因此，只有当关于服务各个方面的承诺切实可行时，这样的承诺才是合适的。对营销和销售部门来讲，在对服务的可靠性做出承诺以前，了解服务的实际水平是非常重要的（例如，提供到位服务的次数和百分率、发生问题的次数和百分率）。为保证服务质量的传播有效性和恰当性，服务承诺必须精确地反映顾客在服务接触中的实际获得。

服务企业需要记住的最简单但重要的一点是，只对可能实现的事情做出承诺。很多企业希望通过营销传播来创造品牌高质量服务的市场形象，但当实际服务不能达到广告中的承诺时，这种策略就可能适得其反。和我们在下一个部分中讨论的策略一致，所有的服务沟通应该只对切实可行的方面做出承诺，而且不要试图让这些服务言过其实。

2. 为顾客提供服务保证

如第7章所述，服务保证是提供给顾客的关于服务的正式承诺。尽管许多服务都带有隐性的服务满意保证，但明确的服务保证的真正好处（诸如客户选择该公司的服务或保持与公司长期客户关系的可能性增加），只有在客户知道存在确实担保并且相信公司会履行担保义务时才会出现。

3. 提供选择

重新设置期望的一种方法是在服务的各个关键方面为顾客提供选择，如时间和价格方面的选择。例如，每小时收费100美元的心理医生，可以为顾客提供两种选择：一种是以小时计算，每增加1小时收费10美元；不足1小时（如50分钟）时，顾客可以选择以分钟计算就诊费用。在这种情形下，顾客可以依据时间或价格来选择对他们最有利的交易方式。做出选择，巩固了客户对服务的期望。

当时间与质量不可兼得时，这一战略能有效地适用于B2B业务。对时间敏感的顾客经常期望报告、建议或其他书面文件可以快速提交。当顾客要求一家建筑公司在三天内出具一份关于某项目的10页建议书时，该公司可以向顾客提供在三天之内提交两页建议书和在一周的时间里提交 10 页建议书两种选择。顾客意识到截止期限必须延伸，于是选择了后者。在多数 B2B 服务中，速度经常是至关重要的，但它也会威胁绩效。顾客了解到这些时间与绩效之间的关系，并且被要求进行选择时，由于他们对于每种服务选择的期望变得更真实具体，而可能使他们更容易对服务满意。

4. 提供不同价值等级的服务

销售产品的企业通常会依照消费者不同的价值感知提供不同版本的产品。具有不同功能配置的汽车其定价并不是依据其成本，而是依据客户对该产品价值的感知。同样形式的功能捆绑和定价也适用于服务，并且通过这种方式还能带来管理期望的额外收获。

信用卡公司通常会提供不同价值等级的服务。美国运通公司根据服务的类型提供不同等级的信用卡服务：传统的绿卡提供基本的服务项目，金卡会附加很多额外服务，白金卡则附加更多服务。企业为顾客提供不同价值等级的服务的好处是：

（1）这种做法将选择服务水平责任转移至客户方，从而使客户熟悉特定的服务期望。

（2）企业可以更容易分辨出哪些顾客愿意为更高水平服务支付高价格。

精确的设置期望的时机是当顾客做出消费决策的时候，当顾客在服务中的实际要求超过了服务合同约定的水平时，可以提醒顾客遵守合同条款。

5. 提供针对服务效果评价的水平和标准

有时企业可以设立供顾客评估服务的相关标准。以首次购买市场调研服务的企业顾客为例，由于市场调研是一种专家服务，信誉资产要求高，顾客很难判断，而且这种类型服务的有效性因顾客的目标不同而不同。在此情况下，服务商可以主动向顾客传播用以评估服务的标准。服务商如果以可信的方式教育顾客，就会在帮助顾客建立评估系统的过程中占据优势。

例如，考虑市场调研公司 A 向顾客传播了如下评估标准：①低价格代表低质量；②企业的声誉很重要；③面对面的访谈是顾客反馈的最有效方式，可以提供精确的信息。接受这些标准的顾客会使用这些标准去衡量其他的企业。相反，市场调研公司 B 可能首先来教育顾客，告诉他们考虑以下标准（与 A 的标准完全不同）：①拥有良好声誉的市场调研公司收费高是因为公司的声誉而不是调研能力；②电话访谈与面对面访谈一样有效；③价格不代表质量水平。

上述方法可能更适用于服务水平的界定而不是评估标准界定。如果市场调研公司 B 承诺顾客数据分析结果可以在四天内提供，那么该公司就已经为所有其他供应商设定了客户的期望水平。

14.3.4 管理顾客教育

如第 12 章所述，顾客必须恰当地扮演他们的角色才能使服务更有效。如果顾客忘记扮演角色或扮演不恰当，就可能导致失望。出于这种原因，服务企业应积极通过与顾客交流沟通来进行顾客教育。

1. 让顾客了解服务的过程

作者曾经预订了新加坡航空公司的从新加坡返回美国的机票，该航空公司规定去往美国的航班必须提前 24 小时确认，这一信息恰巧被作者遗漏了。当他到达机场准备回家时，发现由于别的乘客提前确认了行程而占据了他预定的座位。这种情况下，由于站在不同的立场上，企业和顾客双方都有相互争辩对错的理由。应由谁来确保顾客在服务中扮演合适的角色呢？

企业可以通过提前让顾客了解服务过程的方法来避免这种情况的发生。它们需要经常性地针对服务的每一步骤向顾客传播相关信息并做出提醒。

管理咨询服务的顾客购买的是服务产出的无形价值，如实现了有效的经营、激励员工和企业文化转型的目标。企业购买这些服务，说明它们自己不知道如何改进以实现上述目标。许多企业顾客也不知道应关注哪些因素来判断企业经营的进展。在管理咨询和其他的复杂服务情境中，高效的服务企业必须提前向顾客传播有关服务过程的信息并帮助顾客搭建理解相关服务的框架。

在咨询服务开始的最初阶段，管理咨询公司为整个服务过程确立分段节点，经常建立贯穿全程的"检查点"，用以评估时间进程，引导顾客为项目的完成建立目标。因为顾客不知道进程是什么样的，所以咨询公司就预先设立目标和标准，以便在检查点进行检验。

2. 使绩效符合标准和期望

很多时候，当服务商提供服务时，甚至是提供有明确要求的服务时，都没能向顾客传播关于服务绩效的信息。当他们没能进一步向顾客传播他们通过服务达到顾客需求的绩效信息时，这种情形将阻碍他们获得服务信用。这种情况一般在下列一种或几种条件下产生：

- 顾客没有能力对服务的有效性进行评价。
- 服务购买的决策人不是使用人。
- 顾客无法观察到服务过程。

顾客不具备评价服务的有效性，通常是因为他没有经验或服务的技术性太强，这种情况下服务商很难通过向顾客讲解具体的服务行为来帮助他们理解，因为这些内容对于消费者来说太过复杂。在这种情况下，服务商可以将具体的服务行为用顾客容易理解的语言或方式表达。一位帮助客户解决事故相关的医疗和经济问题的人身伤害律师，需要用客户可以理解的方式传达相关服务过程信息，以使顾客认识到其尽责完成了相关法律服务。

当服务购买的决策者与使用者不同时，决策者与使用者对服务满意的评判可能存在很大的差异。例如，企业信息技术产品和服务的采购中，决策者（即信息技术部经理或类似位置上的某个人）了解服务承诺并决定采购，但如果使用者没有参与购买过程，他们就可能不了解该项服务的相关承诺，也因此可能会对服务不满。

顾客往往不了解为了提供优质服务，企业在背后都做了哪些努力。多数服务在对消费者产生价值之前，需要有很多无形的过程以支持服务的完成。例如，医生总是需要通过对检查结果的诊断来排除可能的病因。当检查结果是积极的时，医生可能就不会向患者提及这项检验的用意和过程。许多美发店都保证在发型、持久性、颜色处理等方面让顾客满意，然而很少有企业会在营销中传播此类信息，其原因是他们认为顾客知道这一点。当顾客对服务的质量不能确定时，能够向顾客传播服务质量保证信息的商家更容易成为顾客的选择。使顾客了解服务标准或为改进服务所做的努力可以提高顾客对服务质量的感知。

3. 销售后明确期望

当服务销售给顾客后交由运营部门来进行服务时，向运营部门阐明顾客期望有助于使服务传递与顾客期望相一致。销售人员更倾向于在销售服务时提高顾客期望而不是向顾客传递公司实际能提供的服务相关信息，因为这样可以使销售人员从中获取更多的激励和奖赏。解决这一问题的方法就是，在完成服务销售后、提供服务之前，就与顾客沟通并明确真实可行的服务承诺以免在将来使顾客失望。

14.3.5　管理内部营销传播

第五种主要战略是管理企业内部营销沟通以使服务的传递与承诺一致。内部营销沟通可以是垂直的和水平的。垂直沟通既包括从管理层到员工的向下沟通，也包括从员工到管理层的向上沟通。而水平沟通是组织中跨职能边界的沟通。第三种策略是内部品牌策略，其内涵是在公司内部采用不同战略来销售品牌。其他战略还包括建立有效的垂直沟通，协调内勤支持员工与前端服务员工使他们保持一致性，并创建跨职能团队。[28]

1. 建立有效的垂直沟通

企业必须向前端销售员工提供充足的信息、工具和技能，以保障他们成功地进行服务营销。有些技能是通过在第 11 章中讲述的培训等人力资源的培养方式来实现的，还有些是通过向下沟通来实现的。向下沟通的主要方式有企业的宣传册和杂志、企业有限电视网络、E-mail、简报、录影带和内部推广活动以及表彰活动。成功的向下沟通的关键之一是保证员工知晓公司外部营销的全面信息。在外部营销宣传之前，应先让员工了解其内容，以及让他们熟悉公司通过网络、邮寄和直接销售的方法。缺少了这样的垂直沟通，对于顾客和员工都是伤害——顾客无法从员工那里获得与外部营销一致的信息，而员工也不能了解公司在做些什么。在外部营销中广泛传播的服务却缺乏内部传播，在这种情况下面对顾客会使员工感觉不知情、被遗忘和无助。[29]

2. 建立有效的水平沟通

在组织内部各职能部门之间的水平沟通可以促进各部门之间的工作协调以提供高质量的服务。由于各部门的目标、理念、观点和视角不同，这项任务非常艰巨，但其回报却很高。营销与运营部门之间协调可以使营销沟通与实际服务相一致，进而减少顾客期望与实际服务之间的差距。营销和人力部门的协调可以更好地提升员工的能力，促使他们成为优秀的市场营销人员。财务与营销部门的协调有利于公司根据顾客对服务价值的感知来制定价格。在服务企业中，所有的职能部门需要整合起来确保信息的一致性以缩小服务差距。

建立有效水平传播的一个重要的策略是建立市场营销与运营部门之间的沟通渠道。例如，当企业制作描绘服务的广告时，最重要的是广告要准确地反映顾客在实际服务中的经历。吹捧或夸张会损害顾客对服务质量的感知，尤其是当企业始终不能提供与广告描述水平相当的实际服务时。营销人员和服务员工之间的协调与沟通对于为顾客提供满足期望的服务至关重要。

我们本章前面提到利用记录真实的员工工作情景或由员工对服务进行说明来营销，是协调广告创意与实际服务的一个途径。创作这样的广告就需要营销部或广告代理商直接与服务员工接触，这能有效促进水平沟通。服务员工以其他方式参与广告的制作过程也能获得相同的效果，比如为他们播放试验版的广告。

另一个建立有效水平沟通的重要战略是建立销售与运营部门之间的沟通渠道。实现这一目标的方式可以是正规的或非正规的，可以利用如年度计划会议、集体进修、团队会议或研讨会这些活动来明确部门之间针对服务的问题。部门之间可以通过沟通来理解各自的目标、能力和限制。一些企业还会举办"差距研讨会"，让来自不同部门的员工聚在一起一两天，通过互相沟通去理解使销售人员所做的服务承诺与运营人员所提供的服务相匹配的困难。

让服务运营人员参与到向顾客销售服务的过程中，也是一种可以使运营人员更好地理解销售人员的角色的策略。与从销售人员那里得到的二手信息不同，运营人员可以亲身感受到顾客带来的压力和他们的需求。[30]

这样一来往往能得到令人满意的结果，当运营人员意识到自己在满足外部和内部客户方面的角色时，便能更好地为内部客户（销售人员）提供服务。

3. 在企业内部推广品牌

了解企业如何进行营销传播只是内部沟通的一个方面，仅有这一项是远远不够的。顾问科林·米歇尔（Colin Mitchell）认为，面向员工进行品牌营销和传播相关的品牌信息以使其与顾客之间产生强大的联系非常重要。[31]

他提出了品牌生存的三项原则，即选择合适的时机教育和激励员工，连接内部和外部市场，使品牌在员工头脑中的印象更鲜活。选择合适的时机非常重要，因为员工没有能力或不愿意接受太多的变化，为此企业必须选择合适的时机以更好地激发员工对品牌的热情。

连接内外部市场是说员工从管理层获得的信息与公司对顾客的承诺相一致。如果顾客得到的承诺是顾客至上，而员工却被告知节省费用是最重要的，那么员工就会感到困惑。连接内外部市场的最好办法是把顾客和员工同时作为广告的受众。当IBM推出其高度成功的电子商务活动时，它在《华尔街日报》刊登了大幅广告，意图在于涵盖两大受众，公司在随后的工作中获得了众多的支持。

使品牌在员工头脑中的印象更鲜活意味着要在公司与员工之间建立强烈的情感联系。西南航空公司通过允许员工以非正规的方式穿着制服、在地面或客机演示安全指南时即兴发挥、在节日时装扮柜台等方式来让员工体会鲜活的公司品牌形象。而新加坡航空公司则是通过强调其重视礼仪、重视着装、提供安静的氛围和亚洲特色的食物来让员工在脑海中形成公司品牌的鲜活形象。

4. 建立有效的向上沟通

向上沟通对于弥合服务承诺与实际服务的差距也是必要的。在一线服务的员工比组织中的其他人更了解哪些服务承诺可以实现，而哪些又是不切实际的。他们了解什么情况下服务会失败，并且了解失败发生的频率和原因。建立员工与管理层之间的沟通渠道可以积极地预防服务问题的发生，也可以在问题发生时尽可能地缩小其不良影响。

5. 通过互动与评测协调后勤支持人员，使他们与外部顾客保持一致

企业逐渐趋向顾客导向的过程中，一线员工在辨别顾客需求方面的技能将有所改进。当他们对顾客越来越了解、越来越全情投入地为顾客服务时，他们也能通过满意的顾客获得成就感与满足。而后勤人员或技术人员不直接与顾客接触，也就因此错过了这种联结，无法得到与此相关的技能和奖励。

企业可以创建途径实现后勤支持人员与顾客之间的沟通连接。惠好公司（Weyerhaeuser）派专门的员工到顾客的企业做调研以更好地了解其需求。当实际互动不可能或者很难实现时，有些企业会通过在服务现场安装摄像头以真实地记录顾客在采购和消费过程中的需要和要求，并将其展示给后勤支持员工，以便于他们了解一线员工在服务顾客时需要他们提供的支持。

企业可以建立评测系统，通过内勤支持员工在服务价值链上如何服务内部顾客来评价他们的工作。虽然这种方法可以反馈雇员为内部员工提供的服务质量如何，但由于内勤员工仍

然无法看到自己的工作如何为最终顾客带来价值，因此也无法使他们由此得到激励和回报。联邦快递应对这一问题的做法是用测评联结内勤支持员工与顾客。公司通过联邦快递服务质量指数来计算每日在公司范围内失败服务的次数。其后，为了清晰地向内勤支持员工传递服务失败原因的信息，公司设计出关联指标，将失败原因追究到每个内部部门。例如，公司的信息技术部影响了服务质量指数，那么次级关联指标能反馈出这一部门的工作是如何影响服务质量指数的。

6. 创建跨职能团队

另一种提高水平沟通的方法是组建跨职能团队以使各部门的工作相协调，从而更好地满足顾客需求。例如，通信服务团队的营业代表正在改进顾客服务，后勤支持人员（如计算机工程师或培训部职员）就可以加入团队。团队里的各部门员工可以一起研究顾客需求从而设立相应目标，这就是典型的跨职能部门建立直接沟通的方法。

以广告代理公司为例来诠释这种创建跨职能团队的方法会更容易让人理解。广告代理公司中直接与顾客接触的是客户经理（经常被创意部门员工称作"套装"）。在传统的代理公司中，客户经理访问顾客，探明顾客期望，然后与公司内部各部门（设计、文案、制作、交通和媒介购买）沟通来完成项目。在极端情况下，所有职能都是专业化的，并直接从客户经理那里得到指示并完成自己部门分内的工作。跨职能团队的工作方法则是由各个领域的代表与客户经理一起组成团队参与顾客沟通，共同讨论广告项目和方法以满足客户需要。每个小组成员带来各自部门的观点，公开交流。进而，所有的成员都可以了解各个部门的限制和进度。

小结

服务质量与外部沟通之间的差距对于顾客感知的服务质量有很强的影响。本章我们讨论了整合营销传播在缩小这些差距中的作用和必要性。我们使用服务三角描述了外部和交互式沟通，并强调了需要协调所有沟通渠道以提供满足客户期望的服务。我们讨论了有关新媒体应用带来的困难和新的可能。我们还讨论了给服务营销传播带来挑战的几个因素，其中包括服务无形性、管理服务承诺、管理顾客期望、顾客教育和内部营销沟通。我们也相应地提供了用以解决这些服务沟通问题的战略。应对服务无形性的战略包括利用生动的形象、有形的图标，还有最大化地利用口碑营销等。要管理服务承诺，我们提出要建立强势的服务品牌、协调服务承诺、做出切合实际的承诺，以及为顾客提供服务保证书。管理顾客期望的战略包括为顾客提供服务保证、提供不同价值等级的服务等。顾客教育的相关战略包括让顾客了解服务的过程、使绩效符合标准和期望、销售后明确期望等。最后为了管理内部营销传播，我们讨论了有效的垂直传播、水平传播和内部品牌营销。

讨论题

1. 请试列举出一家做到整合营销沟通的服务公司，打开这家公司的网站，找到它发布广告和与顾客沟通的部分。该公司的广告活动是否像开篇案例中的广告系列一样全面和一体化？为什么是或者为什么不是？它的营销活动需要增加什么、改变什么或者删除什么以获得改进？
2. 本章开头讨论的导致差距4的主要原因中，哪一个在企业里最容易解决？哪一个最难解决？为什么？
3. 请回顾整合营销沟通传播的5种战略。这些战略是否都适用于制造型企业？哪些战略在制造企业背景下最为重要？哪些战略在服务企业背景下最为重要？制造企业中的重要战略和服务企业中的有何区别？
4. 你所见过的最有效的互联网广告是哪一个？为什么有效？
5. 假设将你与教授本科的教授互换位置，作为教授你需要削减为该班级学生提供的服务，请运用本章中管理顾客期望部分的理论，在这一背景下针对每一种战略举一个例子。在管理期望中，哪种战略对学生最有效？为什么？
6. 为什么如脸书和Youtube这些社交营销网站对于服务企业如此重要？它们对于制造企业是否重要？
7. 对于如何更好地利用能吸引消费者的媒体，你有什么其他战略建议吗？
8. 除了本书中介绍的4种顾客教育的战略外，你还能提出哪些战略？你愿意从服务企业那里得到哪些类型的顾客教育？举一个你遇到过的获得了企业提供的充足教育的例子？哪些企业没有向你提供足够的教育？

练习题

1. 访问谷歌网站，点击"商业解决方案"。这是谷歌网站介绍可以为其他公司提供哪些类型广告方案的功能区域。同样地，在Youtube网站上也有类似的功能区域，点击"公司信息"，然后点击"广告业务"。浏览这些信息，分析一下这两家公司的优势和弱势。如果你是一个需要打广告的人，你会选择哪家公司，为什么？
2. 请在报纸和杂志上找到5个你认为有效的服务广告。根据本章的标准，说明它们为什么有效。根据列出的标准进行评价，并讨论改进的方法。

参考文献

1. T. Wright, "5 Examples of Print Advertising and Digital Marketing Integration Done Right Digital Advertising," *Search Engine Journal,* December 8, 2015.
2. P. Hong, "The 10 Most Memorable Marketing Campaigns of 2015 & Why They Were Special," October 2015, http://www.linkdex.com/en-us/inked/memorable-marketing-campaigns-2015/.
3. Ibid.
4. P. G. Lindell, "You Need Integrated Attitude to Develop IMC," *Marketing News,* May 26, 1997, p. 5.
5. D. Legg and J. Baker, "Advertising Strategies for Service Firms," in *Add Value to Your Service,* ed. C. Suprenant (Chicago: American Marketing Association, 1987), pp. 163–168.
6. B. Mittal, "The Advertising of Services: Meeting the Challenge of Intangibility," *Journal of Service Research* 2 (August 1999), pp. 98–116.
7. H. S. Bansal and P. A. Voyer, "Word-of-Mouth Processes within a Services Purchase Decision Context," *Journal of Service Research* 3 (November 2000), pp. 166–177.

8. K. L. Alesandri, "Strategies That Influence Memory for Advertising Communications," in *Information Processing Research in Advertising,* ed. R. J. Harris (Hillsdale, NJ: Erlbaum, 1983).
9. L. L. Berry and T. Clark, "Four Ways to Make Services More Tangible," *Business,* October–December 1986, pp. 53–54.
10. www.geico.com; www.Aflac.com; "Who's Your Favorite Advertising Icon?" advertising insert, *New York Times,* September 20, 2004, p. 6.
11. Berry and Clark, "Four Ways to Make Services More Tangible."
12. W. R. George and L. L. Berry, "Guidelines for the Advertising of Services," *Business Horizons,* May–June 1981, pp. 52–56.
13. M. Arndt, "Burrito Buzz—and So Few Ads," *BusinessWeek,* March 12, 2007, pp. 84–85.
14. G. Fulgoni, "No Time to Lose for Online Retailers," comScore Inc. blog, accessed December 7, 2009.
15. "The 90/10 Split," www.emarketer.com, accessed May 28, 2011.
16. Cited in S. Gupta, K. Armstrong and Z. Clayton, "Social Media," *Harvard Business School*, February 15, 2011, from a study by The Nielsen Company, "Trust, Value, and Engagement in Advertising," July 2009, http://blog.nielsen.com/nielsenwire/wp-content/uploads/2009/07/trustinadvertising0709.pdf, accessed January 2010.
17. "VNU Brings Together BuzzMetrics, Intelliseek to Create Nielsen BuzzMetrics Service," www.prnewswire.com, September 25, 2006.
18. D. D. Gremler, K. P. Gwinner, and S. W. Brown, "Generating Positive Word-of-Mouth Communications through Customer-Employee Relationships," *International Journal of Service Industry Management* (January 2001), pp. 44–59.
19. Ibid, pp. 54–56.
20. L. L. Berry, "Cultivating Service Brand Equity," *Journal of the Academy of Marketing Science* 28 (Winter 2000), pp. 128–137.
21. The figure and definitions contained in this section are all from Berry, "Cultivating Service Brand Equity."
22. L. L. Berry and K. D. Seltman, "Building a Strong Brand: Lessons from Mayo Clinic," *Business Horizons* 50 (2007), pp.199–209.
23. Ibid., p. 201.
24. G. Rifkin, "How the Red Sox Touch All the Branding Bases," strategy + business.com, accessed April 2007.
25. www.mastercardinternational.com2011.
26. Alice Z. Cuneo, "Sue Johenning," *Advertising Age,* September 27, 2004.
27. P. Denoyelle and J. Larreche, "Virgin Atlantic Airways—Ten Years Later," INSEAD Case, 1995.
28. D. E. Bell and D. M. Leavitt, "Bronner Slosberg Humphrey," *Harvard Business School Case 9-598-136,* 1998, p. 5.
29. L. L. Berry, V. A. Zeithaml, and A. Parasuraman, "Quality Counts in Services, Too," *Business Horizons,* May–June 1985, pp. 44–52.
30. V. A. Zeithaml, A. Parasuraman, and L. L. Berry, *Delivering Quality Service: Balancing Customer Perceptions and Expectations* (New York: The Free Press, 1990), p. 120.
31. C. Mitchell, "Selling the Brand Inside," *Harvard Business Review* 80 (January 2002), pp. 5–11.

第15章 服务的定价

本章目标

1. 讨论从顾客感知角度来讲,服务价格区别于产品价格的三个主要方面。
2. 从企业的角度明确服务定价区别于产品定价的主要方面。
3. 阐述价值对顾客意味着什么,以及价格在价值中所担当的角色。
4. 描述企业用于服务定价的策略。
5. 列举定价策略的有关实例。

开篇案例 | 航空公司获利颇丰,但是费用繁多令旅客困惑

2015年是美国航空业数十年来利润最为丰厚的一年,税后利润256亿美元。究其缘由,部分是因为燃油价格降低以及竞争减弱,但更主要是因为调整了对旅客的各种收费。2013年,几大主要航空公司仅从额外旅客收费中便总共创收了315亿美元。依据昔日传统的票价计算方法,旅客可以轻而易举地计算出机票价格并与其他航空公司的票价加以比较。过去的航行费用为基础费用加上税费,因而很容易计算出最终价格。但是今非昔比,面对各种各样名目繁多的服务费,旅客可能困惑不已。例如,机票改签费、机位选择费、座位加价、提前登机费、飞行食品及饮料费等。

更为糟糕的是,航空公司对不同服务收取额外费用——或者是针对同样的服务,各公司收费不同——使得不同航空公司之间难以进行比较。如"航空收费指南大全"所示,下列九种服务费用,各航空公司不尽相同:行李(随身行李、一次或二次托运行李、额外行李、超重及超大行李)、机票改签、机票预订(电话预订、柜台预订)、无陪同的未成年人、宠物、机位选择、加价座位、飞行食品及饮料、毯子、靠枕等。"旅客指南"不断更新,除非旅客恰好阅读过,否则将耗时良久才能找到并比较相关费用,而其中许多费用只有办理登机或在飞行中才能获知。例如,机位选择费不尽相同。许多航班上的旅客可以加付额外费用购买额外里程。有些航班收取位置选择费用(如靠近机舱前部),还有些航班提供座位前后空间加大额外收费。如果想在商务舱登机之后提早登机,额外收取的费用也不

尽相同。针对宠物、飞行食品及饮料的价格也是多种多样，消费者完全无从知晓，除非自己清楚如何查询，而多数消费者是毫不知情的。

西南航空公司因其不收取行李费而与众不同，其口号就是"行李免费飞行"。这一价格优势奠定了西南航空公司的廉价地位并且获得旅客赞誉。另一种情况是，精神航空同样作为一家廉价航空公司，但却因为是全美第一家收取随身行李费的公司而名声不佳。边疆航空公司（Frontier Airline）和忠实航空公司（Allegiant Airline）同样收取随身行李费，同样拥有极为复杂的计价方式。两家公司都有较低的基础航班价，对追求廉价的消费者具有吸引力，但是仍需具体计算方能确定各家航班包括各种服务费在内的最终费用。事实上，精神航空公司的网上行李费计算器可以帮助旅客提前计算出行李托运费用。

对个人服务收取费用是美国航空公司一项相对比较新的政策。但是对于都柏林的廉价航空公司瑞安航空公司（Ryanair Airline）而言，这项政策一直是常规做法。该公司针对"额外"服务收费，例如行李费及网上值机费。从消费者角度看，可以称得上是吝啬航班了（饮水价格与美国航班上的啤酒价格相当）或者称其为收费服务航班（甚至网上预订也收费）。虽说票价低廉，但是其他项目接续收费。事实上，其航班曾一度对使用轮椅也收取34美元费用。需要付费的不仅仅是旅客，其航班乘务人员也需要自己购买制服和钢笔。瑞安控股公司的首席执行官直言其观点："想乘坐豪华航班？请另谋他处！"[1]

一位权威定价专家称，大多数服务组织运用一种"天真的、过于简单的定价方法，不考虑潜在的需求变化，不考虑供给会扩大的比率，不考虑现有的替代品的价格，不考虑价格和数量间的关系，也不考虑未来出现替代品的可能性。"[2]是什么使得服务的定价比产品的定价困难得多呢？在服务领域中什么是好的定价方法呢？

本章围绕顾客对服务定价和产品定价评估时的三点主要不同展开：

（1）顾客通常对服务持有不准确或有限的参考价格。
（2）货币价格不是与所服务顾客相关的唯一价格。
（3）对服务来说，价格是质量的关键信号。

这三点不同会对企业制定和管理服务价格的战略产生深远的影响。

本章还要探讨常用的定价方法，包括①成本导向定价法，②竞争导向定价法，③需求导向定价法。需求导向定价法的一个重要方面是感知价值，对此，服务提供商必须明白，以使服务的价格与所提供的服务以及顾客的期望保持相符。因此，我们还描述了顾客如何界定价值以及围绕价值来探讨定价策略。

15.1 顾客服务价格区别于产品价格的三个主要方面

在顾客决定选择服务时，价格起到什么作用？相比于其他因素及服务特点来说，价格对吸引潜在顾客有多重要？服务企业必须理解价格是如何起作用的，但首先必须理解顾客如何感受价格以及价格变化。以下三部分将讲述顾客感知服务的方法，而每一种方法对有效定价都是关键的。

15.1.1 顾客对服务价格的认知

顾客在何种程度上用价格作为标准选择服务呢？顾客对于服务的成本了解多少？回答这些问题之前，请先根据专栏15-1进行一下自测，你能给其中所列出的每一项服务添上一个价格吗？如果你可以根据记忆回答这些问题，你就具备内在的服务参考价格。参考价格即记忆中关于某种产品或服务的价格点，这会由以下几个价格组成：上一次所付的价格、经常支付的价格或顾客对所有类似服务所支付的平均价格。[3]

◎ 专栏 15-1
你对服务价格知道多少

1. 下列服务在你的城市的价格为多少？
牙科检查（ ）
一般体检（ ）
向酒后驾车者提供法律援助（ ）
牙齿矫正（ ）
清理房间一小时（ ）
万豪酒店的住房（ ）
理发（ ）
油费和润滑油价格（ ）

2. 如果需要重新补牙，你会选择下列中的哪一个？
（1）牙医 A——收费 75 美元，距你家 15 英里，预约等候期为 3 周，候诊时间为 1.5 小时。
（2）牙医 B——收费 100 美元，距你家 15 英里，预约等候期为 1 周，候诊时间为 0.5 小时。
（3）牙医 C——收费 150 美元，距你办公室 3 英里，预约等候期为 1 周，不需候诊。
（4）牙医 D——收费 225 美元，距你办公室 3 英里，预约等候期为 1 周，不需候诊。

如果想要了解自己对于服务的参考价格准确度如何，你可以将其与自己所在城市同类服务的实际价格进行比较。如果你同许多顾客一样，你会感到自己对服务价格知识很不确定，自己记忆中对服务的参考价格不如像对商品的参考价格一样准确。产生差别的原因有许多。

1. 服务的异质性限制了对其的了解

由于服务不是从工厂的组装线上生产出来的，因此服务企业在所提供的服务形式上具有很大的灵活性。企业可以想方设法提供无限的不同组合及变化，从而导致复杂烦琐的定价机制。想想看，在购买人寿保险时寻找可比报价有多么困难。由于种类繁多（如终身保险对定期保险）、特色多样（不同的减扣赔偿条款）、顾客情况的不同（年龄、健康风险、吸烟或不吸烟），几乎没有哪家保险公司经营特色完全相同而且价格相同的业务。只有内行的顾客，也就是有足够的保险知识，完全明晰不同保险公司所提供的被保险人对赔款方式的选择权的顾客，才可能找到直接可比的价格。一些保险公司，例如美国前进保险，它们的策略就是向顾客提供竞争对手可供比较的保险价格以供参考。

你如何解答有关体检价格的问题呢？如果同大多数顾客一样，你可能在提出参考价格前需要更多的信息。你也许想知道医生将做何种检查，有没有 X 光及其他诊断测试，要花多长时间，每项检查的目的何在。如果体检仅仅是为了在健康表格或婚检证上签个字，医生会简单地询问病史，听心率，查血压。但是如果体检是为了检测某种慢性病，如糖尿病或高血压，医生就会做更全面的检查。这里要说明的是服务在不同的服务提供者间通常存在着很大程度上的不同。

2. 服务商不愿评估价格

导致顾客对服务缺乏准确参考价格的另一个原因是，许多服务商不能或不愿提前对价格进行评估。看看大多数的医疗或法律服务，很少有医疗或法律服务机构愿意或能够预先估价。基本原因是，直到在对病人完全诊断后或对顾客的情况全部了解后，或者直到服务提供过程（如医院的一次手术）展开后，他们才知道究竟有哪些服务实际包含在其中。大多数医院主张它们的消费清单不应事前被病人获得，并争取使其保持不公开。[4]在 B2B 的情况中，甲方企业对复杂的服务，如咨询或建造，会获得投标或估价，但是此种估价通常不会被用户最终采纳。因此，这些用户经常在预先不知道服务的最后价格的情况下进行交易。

3. 个人顾客的需求不同

导致参考价格不准确的另一个因素是用户的需求不同。一些发型设计师根据顾客头发的长短、发型以及是否需要做头发护理及造型制定不同价格，因此你如果询问某个朋友某位发型设计师修剪头发的价格是多少，答案很可能是同一位发型设计师针对你的头发也有不同的价格。同样，像饭店客房这样简单服务的价格区别也很大：根据客房的大小、一年中时间的不同、客房空置率的情况以及散客和团体顾客的比率，价格随之变化。上述两例讲的是非常简单的服务，现在考虑一下牙医做的牙齿矫正或律师所提供的法律援助这类特殊服务的购买交易，顾客对诸如此类的服务需求上的差别将大大影响服务定价。

4. 价格信息在服务中难以收集

顾客对服务缺乏准确的参考价格还有一个原因是，顾客对其需要大量搜集的信息不知所措。对于大多数产品，零售店按种类陈列，以便顾客比较不同品牌、不同包装及尺寸产品的价格。但是，服务提供商很少会以类似的方式陈列服务。如果顾客希望比较价格（如干洗价格），他们必须开车光顾每个单独的店铺，或者打电话、上网查询每个店铺的价格。即使是针对最基本的服务，以上信息收集工作对于消费者来说也是压倒性的任务，正如我们在 15.1 节中所阐明的那样。

当服务更加专业化，对它们的定价也更加困难。看看你是否具有这些服务商提供的特殊服务的参考价格：婚礼顾问、健身教练、家庭安防系统。我们认为，你的参考价格——如果你能够有一些的话，会比专栏 15-1 测试中的服务参考价格更不可靠，更不准确。据研究估计，全套婚礼策划服务费用为：美国南部地区 2 000～3 000 美元，大都市 3 500～10 000 美元。婚礼咨询协会称在东北地区咨询服务费平均为 3 636 美元，在南部地区为 2 635 美元，全国平均费用为 3 262 美元。业界最为知名的培训机构夏尔巴总裁培训（Sherpa Executive Coaching）就培训费用对会员进行定期调查。机构报告说，按照总裁的水平及培训技能的类型，费用从每小时 200 元到 3 500 美元不等。另外，高水平技能及总裁团队培训费用为每小时 500～725 美元。近期夏尔巴培训机构的一项针对美国及加拿大 500 人的行为及领导力培训的调查显示，大多数全方位全技能培训的花费在每小时 220 美元到 340 美元之间。至于家庭安防系统，购置费用涉及多项因素：家庭面积、安装及监控费用、摄像机、窗户报警器、二氧化碳报警器、供应商级别等。因此，美国消费者点评网站 Angie's List 断言称，无法估量准确费用。[5]

顾客对服务常有不准确的参考价格这一事实具有几个重要的管理含义。促销定价（如代金券或特殊定价）对服务的意义要比对产品的意义小，因为产品有价格基准尺度，而服务却没有。也许这就是为什么价格在服务广告中没有像在产品广告中那样占主要位置。如果促销定价（如美容院里50美元的永久性优惠价）是顾客在广告中唯一能看到的，它也会引发问题，因为这一价格会成为顾客的价格基准，这样，正常的价格75美元也显得贵了。

缺乏准确的参照价格还表明，对于那些顾客尚未形成购买习惯的服务，在广告中标明实际价格可以减少不确定性和避免顾客对这些服务形成过高的预期价格。例如，某个市场调研公司的广告中标出了做一项简单调研的价格（如10 000美元），这对于那些不熟悉调研成本的企业客户来说是有意义的，可以由此猜测花费。企业在广告中标出价格，从而为广告受众提供一个价格基准，可以消除顾客对高价格的恐惧。

5. 价格是不可见的

对顾客参考价格的一个要求是价格可见度——价格不能是隐藏的或含蓄的。许多服务，尤其是金融服务，大多数顾客只知道回报率，而不知道他们以基金和保险费形式支付的成本。在证券及终身保险领域，顾客被告知各项费用。尽管如此，在证书、终身保险及年金保险（需后期费用）方面，价格是不可见的。顾客极少知道他们是怎样被收费或者他们在为什么支付费用。信用卡费用是以消费者消费为基础来评估定价的，但当顾客知道他们的利率时，经常会惊讶于他们支付给金融机构的费用。债务了结及其他金融行为（如短期偿还和由于延期还款而使利率激增）都不会影响它们的费用，直到信用卡用户购买产品。

基于上述原因，许多顾客直到接受了某种具体的服务后才知道价格。当然在紧急情况下，诸如事故或疾病，顾客必须在根本不考虑花费的条件下做出购买决定。而且如果购买之前顾客不了解费用，那么此费用就不能像在购买商品时那样被当作一个关键的衡量标准。

15.1.2 非货币成本的作用

经济学家长期以来认识到在顾客购买产品或服务时，货币价格不是他们付出的唯一成本。因此，需求不仅仅是货币价格的函数，它还受到其他成本的影响。非货币成本表明顾客购买及使用服务时可感知到付出的其他代价。时间成本、搜寻成本及心理成本常常成为是否购买或再次购买某种服务的评估因素，而且有时会比货币价格成为更为重要的考量因素。顾客会花钱支付这些其他的成本。

1. 时间成本

大多数服务要求顾客的直接参与，因此顾客要花时间：不仅仅有提供服务时顾客参与的时间，还有顾客等候的时间。考虑一下去参加健身、看医生或穿过拥挤的人群去听音乐会或去看棒球比赛时所付出的时间。为了得到这些服务，你不仅要支付金钱，还要花费时间。时间在多方面成为接受服务的代价。首先，由于服务商无法完全控制顾客的数量或为每位顾客提供服务所花的时间，顾客很可能要花时间等待接受服务。美国医疗协会称，内科的平均候诊时间为24分钟。[6] 等候服务的时间几乎总比等候购物的时间长，而且更难预料。其次，顾客通常要提前预约服务，并花时间等候（在价格测试中，牙医A要求提前3周预约，而牙医D则只需要1周）。几乎我们每个人都曾花费时间等待接受服务。

2. 搜寻成本

搜寻成本指花在从众多服务中，确定及选择你所需服务上的努力。服务搜寻成本比花在实体商品上的高。服务的价格极少在服务场所的货架上陈列出来，以供顾客像在超市购物一样考察，因此这些价格常常是在顾客决定了接受此项服务之后才为其所知。例如，在价格测试中，你对一小时整理房间的费用估计如何？作为学生，你不大可能经常有房间清理消费，而且你大概从未在任何零售店里看到过一小时价格为多少。另一个增加搜寻成本的因素是，服务场所一般只提供某项服务的一个"品牌"（保险或金融服务中介例外），因此，顾客必须到几个不同的企业以了解卖方的信息。一些服务（如旅游和酒店）的价格通过互联网对比会变得方便一些，这也减少了搜索费用。比如轨道网和城市旅行网为顾客提供了大多数航班（西南航空是个显著的例外，其不参与预订服务）、许多宾馆和汽车出租公司的搜索。

3. 便利成本

还有服务的便利（也许更准确地讲是不便利）成本。如果顾客必须经过一段路途才能获得服务，他们就要花费用，一旦行程困难，花费就会增高，尤其是对上了年纪的人来讲。此外，如果服务时间同顾客的时间碰不上，顾客就必须按照服务企业的日程来安排自己的日程。而且，如果顾客得付出辛苦和时间做准备以接受服务（比如，为了准备喷杀虫剂，将橱柜里的食物搬走），那么顾客就将付出额外的代价。

4. 精神成本

通常，最为痛苦的非货币成本是接受一些服务时所付出的精神成本。担心弄不明白（保险业务），担心（申请银行贷款时）被拒绝，担心结果（包括医疗治疗或者手术），所有这些担心构成精神成本，这是当顾客购买及使用服务时所经历的牺牲。新的服务，即便是积极的改变，也会被顾客列入购买服务的精神成本。当食品杂货店提供自助结账台，从而避免顾客排长队时，仍有一些顾客觉得自助结账台操作复杂，使他们感到困惑。还有一些顾客当使用自助结账台时不能快速通行而十分尴尬。

5. 减少非货币成本

对产生代价的这些其他来源进行管理的意义引人注目。首先，企业可以通过减少时间及其他成本来增加服务的货币价格。例如，服务市场营销人员通过将服务穿插于其他活动中（如便利店在销售货物的同时卖邮票以及供应咖啡），可以降低顾客对时间和便利成本的感知。其次，顾客或许愿意花钱避免其他成本。许多顾客愿意为送货上门服务多花钱，包括送餐、运送卧室家具，而不愿意自己前往。最成功的当属亚马逊，顾客可以在网上购买几乎所有商品，并享有免费送货，这便是一种解决方法。一些顾客还花一些额外费用，以便得到入住旅馆及结账时快捷的服务，例如，加入赫兹一等俱乐部。或者有些人想要减少在专业公司等候的时间，比如在所谓的经理人员预约中，交了额外费用后，繁忙的经理人员会在早上早来，你就不必等候。或者有些人想要避免自己做某项工作，比如，按每加仑1～1.5倍的价钱买汽油，就可以不必在退还租借的汽车前给汽车加油。如果时间或其他成本对某项服务很重要，企业的广告可以着重强调这些节约而不是货币上的节约。

许多其他的服务是为了节省时间，这样，实际上是让顾客可以"买"时间。家庭清洁服务、整理草坪、照看小孩儿、个人帮购服务、网上银行、刷油漆和地毯清洁，所有这些都意味着使顾客获得可支配时间，而且可以以此作为卖点有效地进行营销。可使顾客买到时间的服务对于忙碌的顾客很可能更具有货币价值。

15.1.3 价格作为服务质量的指标

定价中一个有趣的方面是，买方很可能将价格作为衡量服务成本及其质量的双重指标——价格会立即成为一个吸引人的变量或令人退却的因素。[7] 顾客把价格作为质量指标取决于几个因素，其一是价格是他们可以得到的其他信息之一。当有关服务质量的线索容易得到，当品牌名称表明了某家企业的声誉，或广告水平传达了企业的品牌信念，顾客情愿用这些线索而不是价格。然而，其他情况下，如当质量很难查明或当一类服务的质量或价格变化很大时，顾客会相信价格是质量最好的指标。许多这样的受限条件代表了顾客购买服务时所面对的实际情况。另一个促使顾客依赖价格作为质量指标的原因是购买服务时相关的风险。[8] 在风险大的情境下，许多服务中包含信誉服务，如医学治疗或管理咨询，顾客会将价格看作质量的替代物。

因为顾客依靠价格作为质量的线索，并且价格对质量有了预期，所以服务价格必须小心制定。除了要能支付成本或与竞争者抗衡外，价格的制定必须要去传达适当的质量信号。定价过低，会导致对服务质量不准确的推断；定价过高，会使顾客形成在服务过程中企业难以达到的过高期望。

15.2 服务定价的方法

我们不想重复你在营销管理课上已经学到的定价知识，本章所要强调的是，服务的价格与定价从顾客的角度和从企业的角度看是不同的。我们就如下三个常用定价方法讨论这些区别：①成本导向定价法，②竞争导向定价法，③需求导向定价法。如图15-1所示，这些方法与制定产品价格的原则相同，但在服务中必须修改。图15-1显示这三种方法相互关联，因为企业在定价时需要在一定程度上考虑其中的每一种。下面的几节将描述一般情况下每一种定价方法的基本原则，以及讨论此方法用于服务定价时的挑战。图15-1简述了上述挑战。

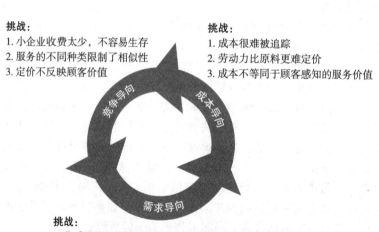

图15-1 三种基本市场定价原则以及该原则面临的挑战

15.2.1 成本导向定价法

成本导向定价法中，企业根据原材料和劳动力花销，加上间接成本和利润，以确定价格。此方法广泛运用于公共事业、承包业、批发及广告业中。成本定价法的基本公式是：

价格 = 直接成本 + 间接成本 + 边际利润

直接成本包含与服务有关的材料和劳动力，间接成本是固定成本的一部分，边际利润是总成本(即直接成本+间接成本)的某个百分比。

1. 服务成本导向定价法中的特殊问题

将成本导向定价法用于服务有何独特之处？首先，服务业的成本很难追溯或计算，特别是在企业提供多样化服务的情况下。[9] 试想，银行要精确确定出纳员花在开支票、储蓄以及短期资金市场账户等上的时间以决定收取多少服务费，那会多么困难。其次，影响成本的主要因素是员工的时间成本而不是材料，而人所花的时间的价值，尤其是非专业人员的时间价值是难以计算或估计的。成本导向定价法的主要困难之一在于定义购买一项服务的单位。这样，每单位的价格——这个在制造业产品定价中很好理解的概念，在服务产品中成为一个模糊的概念。因此，许多服务是以输入单位而不是以可以计量的输出单位出售。例如，大多数专业性服务(如咨询、技术、建筑、心理治疗以及辅导)是以小时计量出售的。

另一个难点是服务的真实成本或许低于提供给顾客的服务的价值。本书一位作者家乡的裁缝改短一件价值350美元的女士上衣和一条价值14美元的短裤同样收取10美元。裁缝的标准是两项工作需要同样的时间。她所忽略的是顾客愿意为这昂贵的上衣出更高的价格，而且对于这样的差别会更高兴。与之相反的是，10美元对于改短这样一条短裤来说太贵了。

2. 用于服务业的成本导向定价法策略举例

成本加成定价法，即在计算出的各组成部分的成本上相加得出。制造业产品定价中，这一方法很简单；而在服务业中，由于成本的确认很困难，这种定价方法变得复杂了。此方法典型的应用是在需要提前估算成本的行业，如建筑业、工程业。建筑业或工程中，顾客根据所需服务的类型招标。运用对服务内容成本(包括原材料，如石料、木材)、劳动力(包括专业人员和非熟练工)及利润的了解，企业估算出完成服务所需的价格并报给顾客，而且说明可能会发生的其他费用——支出超出预计成本的费用，因为大项目服务提供过程中，一些规格可能会改变。

服务费是针对专业人员采用的定价策略，表示提供服务所用时间的成本。咨询人员、心理医师、会计及律师，还有其他专业人员，以小时收取服务费。几乎所有心理学家和社会工作者都有向顾客每小时收费的固定标准，而且大多数以小时增量计算。

20世纪早期，律师大都根据实际所提供的服务向顾客收费，而不计所花的时间。后来，到了20世纪70年代，律师事务所开始以小时计费，部分原因是这样的计费方法为顾客提供了可计量单位，为企业提供了内部预算方式。此方法最为困难的一点是专业人员服务时间的量化过程十分繁杂漫长。律师和会计师必须记录下花在每位顾客上的时间，经常是以10分钟为单位。因此，这个方法受到批评，因为它不能提高效率，而且有时忽略了律师的专长(那些非常有经验的律师在给定的时间内可以比新手多完成许多工作，而这样的计算方式不能将其反映出来)。顾客也怕在付法律费用时出现假账，于是开始审计工作。尽管存在种种顾虑，但是以小时计费统治着此行业，行业总收入的大多数是这样计算的。[10]

⊙ 战略洞察

航空公司价格变动所提供的战略机会

本章开头阐述了各航空公司价格多样化现象。事实正是如此，各大航空公司不再沿袭基价外加航空税的定价做法，而是利用多种服务费上的差异形成相互竞争。这种价格多样性使各航空公司在众多竞争者中自身得以定位，创造出更多收益和更高利润。例如，请参照www.smartertravel.com/blogs/today-in-travel/airline-fees-the-ultimate-guide,html?Id=2623262，本网页提供多家航空公司的价格差异。正如不断更新的两份指南所示，忠实、边疆、精神等航空公司能够因其拥有最低的基价，从而在市场中占据最佳价格优势。然而，由于针对几乎所有项目加收额外费用（包括饮用水、酒以及呼叫服务等），这些航空公司仍然能够获利。另一方面，西南航空公司是美国唯一不加收随身行李费、一次或二次行李托运费的公司，这一战略令其在众多竞争者中脱颖而出。一些大型航空公司，如美国航空、达美航空、联合航空等，经常举办旅客优惠活动，对老顾客提供提前登机、红毯礼遇以及机场俱乐部会员等回报。

资料来源：Smarter Travel accessed and continually updated at www.smartertravel.com/blogs/today-in-travel/airline-fees-the -ultimate-guide.html?id=2623262。

15.2.2 竞争导向定价法

竞争导向定价法注重行业内其他企业的收费情况。竞争导向定价法并不总是意味着与其他企业收取相同的费用，而是将其他企业的价格作为本企业定价的依据。此方法主要用在以下两种情况：①所提供的服务标准化，如干洗业；②寡头垄断，即只有少数大型的服务提供商，如汽车租赁业。服务提供中出现的困难时常使服务的竞争导向定价法不像在商品定价中那样容易。

1. 服务业竞争导向定价法中存在的特殊挑战

竞争导向定价被广泛应用于产品定价，但对于服务企业却很难。小企业会发现它们很难像大企业那样，收取同样的费用，并能够创造出足够高的利润来维持生意。许多夫妻店，如干洗店、小卖铺、税收会计及其他服务商，不能以连锁店那样低廉的价格提供服务。

此外，在提供者内部不同类型组合的服务让这一方式更复杂。例如，银行提供了许多彼此不同的账户和服务，试图决定给个人账户的一个有竞争力的银行价格，且在特点和费用上都不同——那些价格能否创造足够的利润——是很困难的。只有那些银行提供的非常标准化的服务，诸如 ATM 机附加费能够使银行从竞争性价格中受益。在 2007 年，美国银行因其对非该行顾客使用 ATM 机取款的收费提高到每次 3 美元而成为头版新闻。其他银行（如花旗、切斯、沃科米尔和威尔斯法利）都没有立即跟涨，但却声明它们正评估它们的竞争者在定价上的行为。[11]

2. 竞争导向定价法在服务业中的实例

价格信号出现在卖主高度集中的市场。这类市场里任何一家企业定出的任何价格都会被其他竞争者比较模仿，而不会给任何一个低成本卖主以显著的优势。航空业是服务业中价格信号的例证。一旦哪个竞争者降低航线的价格，其他竞争者几乎立即效仿降价。

浮动定价就是采用市场上最为普遍的价格。汽车租赁业定价正是一例（同时也是价格信号的一个例子，因为汽车租赁市场是由少数大公司控制的）。多年来，赫兹这家公司制定的价格一直被其他竞争者所跟随。当赫兹开始一项新定价计划时，即"免收里程费，直到永远"，其他汽车租赁企业效仿此策略，但不得不提高其他变量，如基本租金、汽车大小及型号、以日或周计的租金以及降低费用以继续获利。不同地区的市场，甚至不同城市的价格取决于当地现行的租金，顾客经常在同一州内相邻的城市支付不同的租金。本章"全球特写"列举了一些在实践中的实例，以说明定价方法在不同国家有所不同。

全球特写　　　　　世界上的独特定价法

小费

最近，康奈尔大学的一项研究揭示了有关付小费的一个有趣的事实：付小费的习俗在人们重视地位身份的国家比不重视地位身份的国家要普遍。迈克尔·里恩（Michael Lynn）发现，在人们不太注重认可和尊重的国家，只有很少的提供服务的从业人员接到过小费。"付小费其实是一种炫耀性消费。在这个国家我们付给许多人小费，因为我们看重地位。美国人看重认可和尊重，而我们在付给提供服务的从业人员小费时则得到了这些。"

衡量不同国家在付小费方面的差异的一个方法是不同国家收到小费的服务业数量。美国以35个不同的职业排在首位。其他重视认可和尊重的国家得到小费的行业也很多，包括西班牙（29）、加拿大（25）、印度（25）和意大利（24）。相反，丹麦和瑞典得到小费的职业不到10个，反映出这些国家对认可和尊重的重视程度不高。给小费的行为在很多国家完全不会发生，包括马来西亚、日本、阿曼、新西兰、萨摩亚、新加坡、韩国、泰国、阿联酋和越南。

玛格兰斯（Magellan's）是一家通过零售商店和一个网站销售旅游产品的公司，它在一本旅游指南中提供了一些常识性的各地区给小费攻略：

- 在亚太地区，给小费会被认为是一种侮辱。
- 在欧洲，许多旅馆和饭店会加收服务费，这使额外的小费成为不必要。
- 在中东和非洲，给小费虽不被认为是一种侮辱，但也不必要。
- 在中南美洲，大多数饭店和旅馆都会加收服务费，额外的小费也不必要。

无定价

伦敦的一家叫作"Just Around the Corner"的餐厅在成功经营了很长一段时间后关闭了。这家餐厅曾经执行的是非同寻常的需求导向型定价策略：它让顾客自己觉得这顿饭值多少钱就付多少。这项政策自1985年开始执行以来一直相当成功，大多数顾客支付的餐费比饭店最初想要的定价高。据饭店创始人说，这是全球首家不定菜价的法式餐馆——你可以按自己的意愿为饭菜付费。他认为食客会欣赏他超高的厨艺与精美的展示，事实证明他是对的。饭店创始人迈克尔·瓦塞斯（Michael Vasos）称："这家餐厅赚到的钱比我其他四家公司中的任何一家都要多。"他认为顾客的慷慨大方是餐厅定价策略取得成功的原因。但是也有其他人认为英国人普遍害怕尴尬，这令他们不会支付得太少。

其他一些饭店纷纷效仿这种"想付多少付多少"的做法，例如德国的Perlin Forum、奥地利的Der Wiener Deewan、爱尔兰的Seva Cafe、印度的Indus Valley and Lentil as Anything、日本的Annalakshmi。实际上，这些饭店都是让顾客量力而为，或者在厨房或餐厅帮忙。

世界各地还有其他一些有趣的定价方法。在俄罗斯和乌克兰的Tsiferblat餐厅，顾客按照他们在店里逗留的时间付费，而不是按吃了多少付费。更为独特的是奥地利的两家餐馆 Japan Grillhaus 和 Wafu，顾客盘中剩餐是要被罚款的。在西班牙的 EI Tintero II，主菜通过竞价获得。

> 资料来源：Tim Murphy and Condé Nast Traveler editors, "Etiquette 101: Your Guide to Tipping around the World," http://www.cntraveler.com/stories/2008-11-11/etiquette-101-tipping-guide; "Study Examines Tipping," Hotel and Motel Management, March 17, 1997, p. 14; "Just Around the Corner," accessed June 19, 2016 at http://www.whichtable.com/JustAroundtheCorner-restaurant.asp; "Unusual International Restaurant Practices," accessed June 19, 2016 at http://restoran.us/trivia/unusual.htm.

15.2.3 需求导向定价法

以上讲述的两种定价法是以企业及其竞争者而不是以顾客为导向的，没有一种考虑到顾客可能缺少参考价格，可能对非货币价格较敏感，而且可能以价格为基准来判断质量。在企业的定价决策中，应当对所有这些因素做出考虑。第三个主要的定价法——需求导向定价法，即定价与顾客的价值感受相一致：价格的制定以顾客会为接受的服务支付多少为导向。

1. 服务业中需求导向定价法的特殊挑战

服务与产品在需求导向定价法上的一个主要区别是在计算顾客的感知价值时必须考虑非货币成本和利益。当服务需要花费时间、带来不便以及增加心理和搜索成本时，货币价格必须要做相应的调整给予补偿。而当服务节省时间及搜索成本时，顾客会愿意支付较高的货币价格。关键是确定所涉及的每个非货币因素对顾客的价值。

服务与产品在需求导向定价法上的另一个区别是顾客对服务成本的信息知之甚少，这使货币价格的作用在初次选择服务时不像在购买产品时那么显著。

2. 感知价值的四种含义

企业给服务定价的最恰当方法之一是基于顾客对服务的感知价值来确定价格。服务业市场营销人员需要提出的问题有以下几个：顾客如何看待价值的含义？如何将价值用美元来量化，以便可以为我们的服务确定恰当的价格？价值的含义在顾客之间以及在服务之间是类似的吗？价值感知如何能够被影响？若要完全了解需求导向定价法，我们必须彻底弄明白价值对顾客到底意味着什么。

这项工作并非易事。顾客讨论价值时，他们将这个词用于许多不同情况，而且谈到无数的属性或成分。价值由什么组成这一问题，即使在一个单一的服务类型中，也显现出高度的个性和特质性。顾客以四种方法定义价值，如图 15-2 所示。[12]

让我们仔细看一看以上每一种定义。

（1）价值就是低廉的价格。

一些顾客将价值等同于低廉的价格，表明在其价值感知中，所要付出的实际货币是最为重要的，以下这些顾客的评论很具代表性。

针对干洗业："价值就是最低的价格。"

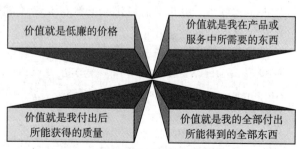

图 15-2 四种顾客定义的价值

针对地毯蒸汽清洗："价值就是价格——那个促销价。"
针对一家快餐店："我可以使用代金券时感到这种服务就是价值。"
针对航空旅游业："价值就是打折了的机票。"[13]

（2）价值就是我在产品或服务中所需要的东西。

与关注付出的金钱不同，一些顾客将从服务或产品中所得到的利益看作最重要的价值因素。在这个价值定义中，价格的重要性远远低于能满足顾客需要的质量或特色。例如，在电话业，顾客特别重视系统的可靠性，而且非常愿意为电话线的安全性和保密性花钱。这些顾客是如此描述这一价值定义的。

针对工商管理硕士（MBA）学位："价值就是我所能得到的最好的教育。"
针对医疗服务："价值就是高质量。"
针对社交俱乐部："价值就是能使我在朋友和家人面前看起来很棒。"
针对摇滚乐或乡村音乐会："价值就是最好的表演。"
针对蜜月用的宾馆房间："价值在于一间带热浴缸的豪华房间。"

（3）价值就是我付出后所能获得的质量。

其他顾客将价值看作其付出的金钱和所获得的服务质量间的交易。

针对度假的旅馆："价值就是价格第一，质量第二。"
针对商务旅行的旅馆："价值就是获得高品质品牌提供最低价格的服务。"
针对计算机服务合同："价值等同于质量。不，价值是经受得住的质量。"

（4）价值就是我的全部付出所能得到的全部东西。

最后，一些顾客描述价值时考虑的既有其所有付出的因素（金钱、时间和努力），又有其得到的所有利益。

针对家政服务："价值是我能以这一价格清理多少间房间。"
针对发型师："价值是我为了得到这样的发型所付出的成本及时间。"
针对经理人教育："价值就是在尽可能短的时间内获得良好的教育。"

顾客对价值的这四种表达可以包含在一个全面的定义中，该定义与经济学中有关效用的概念是一致的：感受价值是顾客基于其得到和付出的而对服务效用总体做出的评价。但所获得的收益因顾客而异（例如，一些可能需要数量，一些需要质量，还有的需要便利），所付出的也是如此（例如，一些顾客只关心所付出的金钱，一些则关心所付出的时间和努力）。顾客会根据感受价值做出购买决定，并不是只想降低价格。这些定义是确认服务定价必需因素的第一步。

3.将感知价值与服务定价相结合

正是购买者对总体价值的感受促使其愿意以一定的价格购买某项服务。针对提供的服务，为了使顾客能够将价值感知转化为合适的价格，市场营销人员必须回答这样几个问题：这项服务提供什么利益？每项利益的重要性是什么？在服务中获得某种利益对顾客有何价值？服务在什么价位会被潜在购买者从经济上接受？顾客在什么情况下会购买服务？

企业必须做的最重要的一件事情——而且通常是非常困难的事情——是评价企业对服务顾客的价值。[14] 由于个人喜好不同，对服务所具有的知识不同，购买力及支付能力不同，顾客对价值的感受可能会不同。此种定价法中，顾客认为值多少，而不是其支付的多少，构成了定价的基础。因此，其效力仅在于精确确定市场对服务价值多少的感受。

当服务是面向零售终端用户时，服务商往往会做出这样的决策：他们并不会向每位用户提供完全符合他所看重的各项性能之组合。然而，他们会努力找出一种或多种性能组合以满足细分市场。同时，在面向大客户，例如B2B客户或巨大而且利润丰厚的零售客户时，服务企业则值得为其提供不同服务组合。

"技术亮点"中展示了一个需求导向定价法的有趣例证。

服务市场营销人员，最复杂也最难的任务之一就是全球范围的定价。如果服务市场营销人员根据感受价值定价，而同时感受价值距他们愿意支付的价格在不同国家之间有差距（就像他们经常做的一样），那么服务市场营销人员会提供基本相同的服务，但是在不同国家采用不同的价格。

■ 技术亮点　动态定价：互联网使得价格能够基于供求关系进行调整

你在网上购买飞机票时，是否曾经遇到过这样的情况：你发现了一张低价票，但你并没有马上购买，然而在4小时后同一张票其价格已经上涨了100美元。这就是动态定价在发挥作用——根据所提供产品或服务的供求状况迅速变更价格的能力。以购买飞机票为例，出现这种现象的可能性是其他的旅行者已经以最初的低价格购买了机票，减少了航空公司的库存，从而使航空公司打赌顾客会以更高的价格购买余票。

动态定价，也称为实时定价，是一种为产品或服务设定价格的十分灵活的方式。其目的是帮助在因特网上销售产品或服务的公司，依据影响市场需求的诸多因素及时调整价格。价格变化由定价程序加以控制，即由软件代理收集数据，然后利用算法，根据规则调整价格。这些规则涉及消费者所处的位置、时间、日期、需求水平及竞争者定价。

这种定价方式通常结合竞价及其他在线竞购方式，被典型应用于供给链末端，用于清除剩余存货或服务能力不足的产品，就像处理航班余位一样。动态定价使公司能够处理供给过剩或停产产品并从中获取巨大收益，而过去它们通常将其转嫁给中间商。

拍卖：eBay和1 500个竞争对手

网上拍卖代表了动态定价，因为顾客按照自己的意愿付费，并且为了得到心仪的商品互相竞价。1995年，网上拍卖始于eBay，但是现在有1 500个网站提供面对面的个人网上交易。市场主导者eBay每天提供上千种物品的拍卖，2015年报道的收入是235亿美元。eBay主要是顾客与顾客之间进行交易，uBid为制造商直接向消费者出售产品提供了一个寄售的场所。uBid成立于1997年，其提供给消费者和企业的制造商的产品价格低于批发商。大多数uBid拍卖以1美元开始，允许市场动态地决定价格。

反向拍卖：hotwire.com和priceline.com

反向拍卖允许买主看标底，但是不区分买主还是卖主。只有在卖主决定接受出价时，卖主的品牌或身份才会公开。买主的一个优势是他们不必猜测价格就能得到产品或服务，而在别处，与之相同的产品或服务即使大打折扣后仍然以没有多大变化的价格出售。劣势是当买主看到卖主的等级时，他们并不能确定卖主是谁以及服务成果是什么。买主不得不以牺牲其对服务消费过程中某些方面的控制为代价来购买服务。例如，在priceline.com，买主不是总能得到他们心仪的航班日期。

集体购买：日本乐天集团

集体购买网集合了对卖主的需求。网站提供长途通信和移动通信、汽车和定期人寿保险以及房屋抵押等的团购价格。这种动态定价形式所蕴含的概念是想要买东西的人越多，每个人所需要支付的价格就越低。一般来说，卖主基于买主的数量来调整所售产品的价格。例如，有 0～10 位买主时，每位买主所需支付的价格为 100 美元；有 10～20 位买主时，每位买主所需支付的价格为 95 美元。口碑在这里很关键，极为有趣的是，买主被鼓励将自己的亲友招募进来，以便为整个机体取得更便宜的价格。卖主在产品或价格信息的右侧设置一条图标"邀请你的朋友"来激励这种行为。这种动态定价形式的优点是，价格随着出价购买的人数的增加而下降，并且买主在购买时，就掌握了确切的产品及其规格。

以动态的价格吃饭

在餐饮行业，灵活的、动态的价格是指在一天不同的时间改变菜单上的价格，以此来吸引那些不在高峰期吃饭的人，比如下午 2～6 点或者晚上较晚的时间。饭店使用打折手段，比如减少总价的 15% 或 30%，在不忙的时候吸引客流。特别的是，饭店使用"吃饭总计"（dining aggregator）这个网站，在一个地段收集和定位提供动态价格的所有饭店信息。举个例子，Upromise.com 提供了上万家饭店的打折信息，其搜索库可以显示平均的主菜价格、折扣的有效日期以及饭店的类型。其他同类型网站包括 Restaurant.com 和 DealGator，它包含了 Groupon 和 LivingSocial 等其余上百家打折企业，网站支持按区域检索以及按关键字检索。

资料来源：https://finance.yahoo.com/quote/ebay/financials?ltr=1; M. Rouse, "Dynamic Pricing," 2015, accessed at http://whatis.techtarget.com/definition/dynamic-pricing; A. Sekar, "Five Websites that Save 10% or More on Dining Out," *NerdWallet*, September 16, 2013, https://www.nerdwallet.com/blog/shopping/restaurant-deals-5-websites-save-10-dining/; S. Toto, "Buy.com Gets Acquired By Japanese E-Commerce Giant Rakuten For $250 Million," *TechCrunch*, May 20, 2010, https://techcrunch.com/2010/05/20/buy-com-gets-acquired-by-japanese-e-commerce-giant-rakuten-for-250-million; T. Demos, "Exactly What is a Dutch Auction?" Wall Street Journal, July 21, 2012.

15.3 与四种价值定义相关的定价策略

在本节我们将讲述服务定价方法，特别适合上述四种价值定义中的每一种。专栏 15-2 列出了定价的研究方法。

15.3.1 顾客认为"价值就是低廉的价格"时的定价策略

当货币价格对顾客是最重要的价格决定因素时，企业重点关注价格。这并不意味着质量水平和服务本质特征是不重要的，而只是此时货币价格最重要。以这种价值定义制定服务价格时，市场营销人员必须清楚顾客在此情境下对目标服务价格了解的程度，他们如何理解价格差异，以及价格为多少时，顾客会明显感到有损失。当服务商也知道所提供服务的相对价格、过去价格变化的频率以及可接受的服务价格范围时，以上这几个问题最好弄清楚。在顾客将价值定义为低廉时，一些特定的定价方式（包括折扣、尾数定价、同步定价及渗透定价等）是恰当的，如图 15-3 所示。

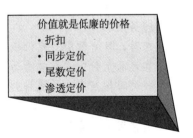

图 15-3　顾客认为"价值就是低廉的价格"时的定价策略

◎ 专栏 15-2

以服务定价模块和服务队列为顾客感知价值定价

服务比产品更难定价的一个原因就在于相对于单位产品来说，单位服务变数高且难以识别。单位产品（汽车、牛仔裤、牛奶、微波炉等）都很好定义。单位服务则不然，因为它通常是作为一个整体并包含许多组成部分来出售的。以信息服务为例，它以分钟计费，包括网页、文件（如在线音乐）、搜寻（如寻找和购买杂志）等。你的医疗服务以上门时间和频率、做检查、拍照、拍 X 射线等来计费。有线电视以月（基本费、HBO 或 Showtime 等频道的额外费等）、装置类别（DVR、远程控制、数字移动盒）或不同的单位（按场付费的电影）计费。服务定价模块就是一种用来为复杂服务定价的方法。

正如本章所写的，以顾客感知来为服务定价十分困难。近年来，有两种常用的定价方法，即服务定价模块和服务队列。

服务定价模块

服务定价模块包括识别供应商的基本和增值服务，分块定价。为建立模块，企业首先要识别出服务的全部范围，以及哪些顾客愿意付费。为建立服务定价模块，企业需要：

- 为每一项不同的服务定价。
- 能够以简单可行的标准将价格和服务匹配。
- 最小化交叉服务以避免顾客为同一服务重复付费。

服务定价模块发展的一大领域是出版物的定价。例如，《华尔街日报》《体育画报》《纽约时报》等。它们将数字化、纸质和手机订阅结合起来。这些出版物在试图确认数字化、网络、平板电脑和手机模式的顾客感知价值。过去几年里，出版物只针对纸质订阅收费而对数字化内容免费赠送，因此这些定价模式代表了现在定价的主要变化趋势。出版商认识到今天的消费者更注重数字化内容而非纸质内容，从而根据这一新的价值感知进行定价。这一变化表明，出版商在从只注重纸质订阅到注重纸质—数字组合模式的转变过程中付出了更大的努力。然而，传媒公司仍在努力维持纸质订阅人数，因为广告商在纸质广告上的花费远高于数字广告费用。

理想的情况是，在服务定价模块体系中，每一个要素的价格组成都是根据消费者对该服务的价值感知确定的。消费者可以单独选择某些服务要素，也可以组合选择服务要素。目前，出版业服务定价模块体系的逐步形成仍面临困难。那就是，各出版公司均有各自不同的方式，令消费者陷入选择困惑。

服务捆绑

有时，良好的服务定价模块也会变得过于烦琐，企业定价需要更为简洁的方式。服务捆绑，在产品定价中通常被称为版本化，应用于不同细分顾客的价格点和价值组合。例如，有线电视公司按照服务构成排列出经常捆绑一起的服务。当顾客购买这些捆绑服务时，将会比各自购买享受一定的折扣。

通常而言，服务捆绑能够帮助顾客从企业迅速找到满足自己需求的服务组合，并且从企业提供的报价中找到愿意购买的项目。顾客从任一捆绑中都会感到获利，因为每一项捆绑都在单独购买的基础上有折扣。企业也会从中获利，因为相对于顾客单项购买而言，捆绑能够销售出更多的服务。顾客随时可要求增加服务，例如对于有线电视，在基础服务的低报价基础上，增值服务捆绑包括 HBO、Showtime 以及高尔夫频道等较高价格的服务。最高价格的服务捆绑，包括了所有频道，并包含 DVRs。

定价模块和服务捆绑在满足顾客需求的基础上，最大化企业销售额，但对任一顾客而言，并没有增加特殊服务项。

资料来源：Elizabeth Wasserman, "How to Price Business Services," *Inc.* Magazine, accessed online at www.inc.com/guides/price-your-services.html, June 15, 2016. R. Docters, M. Reopel, J. Sun, and S. Tanny, "Capturing the Unique Value of Services: Why Pricing of Services Is Different," *Journal of Business Strategy* 25, no. 2 (2004), pp. 23–28; R. Adams, "Many Formats, One Price: More Publications Begin Bundling Their Digital, Print, and Mobile Subscriptions," *The Wall Street Journal*, May 16, 2011, p. B4.

1. 打折

服务商以打折或减价的方式提醒对价格敏感的顾客，他们在获得价值。Groupon，LivingSocial，Angir's List这些网络公司通过电子邮件、脸书、推特向顾客每日推送打折信息。在打折券售完前，顾客可以下单购买。网络公司收取销售打折券大约50%的收益。

2. 尾数定价

尾数定价是正好在整数价格之下制定一个带有零头的价格，以使顾客感到他们获得了较低的价格。例如，干洗店店主们将洗一件衬衣的价格定为2.98美元而不是3.00美元，健身俱乐部所定的每月费用为33.90美元而不是34美元，剪发价格定在9.50美元而不是10.00美元。尾数定价暗示了折扣和廉价，而且会吸引那些认为价值就意味着低价格的顾客。

3. 同步定价

同步定价是利用顾客对价格的敏感度来用价格管理对某种服务的需求。某种服务，如纳税准备、旅客交通、长途电话、旅馆以及剧院，既有在需求高峰时供给紧张的时候，也有不同时期出现的需求波动。对于上述及其他一些行业的企业而言，按时间制定能带来利润的价格很困难。然而，定价可以在稳定需求以及使需求和供给同步发展上起作用。时间、地点、数量及诱因差异等，都被服务性企业有效地运用，正如在第13章所讲的那样。

地点差异用于顾客对地点敏感的服务。音乐会的前排，观看橄榄球赛时位于50码线上的位置，观看网球或篮球比赛时位于场馆中央的位置，旅游胜地的酒店里的海景房，所有这些都代表着对顾客有意义的地点差异，因此值较高的价。

时间差异意味着取决于服务消费时间的价格变化。晚间11点以后的电话服务、周末的病房、淡季的健身温泉等，都是反映服务淡季的时间差异。通过为低峰时间段制定较低的价格，服务企业可以稳定需求并增加收入。

数量差异通常是批量购买时给予的减价。这种定价方法使得企业可以预测将来对其服务的需求。购买日光浴沙龙或美容优惠套券、过桥费定量证或广播电视广告时段组合的顾客，都是通过预购未来服务享受价格优惠。服务企业给机票、旅馆及汽车租赁打折是经营中数量折扣的例证。通过提供低价服务，服务商将未来的买卖紧紧锁定。

差别诱因是给予新顾客或现有顾客较低的价格，以鼓励其成为固定顾客或高频顾客。一些专业人员（如律师、牙医、电蚀医师甚至内科医生）一开始往往提供免费咨询，通常是为了消除顾客对服务价格高昂的恐惧或半信半疑的心理。还有些企业通过在淡季为常客提供折扣或奖励来刺激购买。职业球员现在也利用差别定价作为刺激，吸引那些不能为观看体育比赛支付高价格的顾客。菲尼克斯太阳队（The Phoenix Suns）声称："你应该为每一个钱包进行定价。"改动票的价格，通过把好的位置提高26%，把一般的位置降低31%，增加500张10美元的门票。结果是平均价格提高了6%（是由那些好位置的拥有者支付的），但是比赛有了更高的上座率，因为这样做可以为那些不同细分市场上的球迷提供位置。[15]

4. 渗透定价

渗透定价是指新的服务以低价导入市场，以刺激试用或广泛使用的一种战略。此战略适用于以下情况：①服务销售量对价格很敏感，即使在早期的产品导入阶段；②可以通过批量形成单位成本节约；③服务在引入后很快会面临强劲的潜在竞争威胁；④没有任何一类顾客愿意支付高价购买服务。[16] 这种服务定价方式会在企业产品引入期结束后选择"正常"提高价格时导致问题的出现。必须小心，不要选择会使顾客感到正常价格是不可接受的低价进行渗透。

15.3.2 顾客认为"价值就是我在产品或服务中所需要的东西"时的定价策略

当顾客首先考虑的是从服务组成里得到的东西，货币价格不是主要的考虑因素时，采用这种定价策略。越期望拥有被提供的服务，服务的价值越高，市场营销者能设定的价格也就越高。图15-4显示了恰当的定价策略。

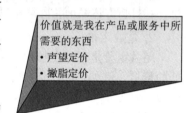

图15-4 顾客认为"价值就是我在产品或服务中所需要的东西"时的定价策略

1. 声望定价

声望定价是提供高质量或高档次服务的企业采用的一种特殊的需求导向定价形式。某些服务（餐馆、健身俱乐部、航空公司及旅店）对经营中提供的奢侈品索要高价。例如，对于渴望放纵的宾馆客人，许多连锁店提供了高端娱乐设施，以大幅提高它们的价格。丽思卡尔顿为高价住房的顾客提供三明治和沙拉等免费午餐。[17] 一些运用这一方法的服务企业的顾客可能确实看中高价，因为其代表着声望或高质量。其他顾客喜欢购买高价产品是由于可能满足他们在座位或食宿上的偏好，并获得其他特殊利益。实际上，声望定价中需求或许会随着价格提高而增长，因为较昂贵的服务在表现质量和声望方面更具价值。

2. 撇脂定价

撇脂定价是以高价推出新服务。这是当服务相对以往的服务有很大改进时的有效方法。这种情况下，许多顾客更关心的是获得服务而非服务的成本，使得服务商能够在最愿意支付高价格的顾客身上得到更多的利润。与抗衰老有关的服务，如肉毒杆菌注射和新型激光吸脂在刚被引进时价格都很高。因此，它们吸引的顾客都愿意为在短期获取这些服务而支付更多费用，而不是等到稍后价格下降之时。

15.3.3 顾客认为"价值就是我付出后所能获得的质量"时的定价策略

一些顾客首要考虑的是质量和货币价格。营销人员的任务是理解质量对顾客（或顾客细分市场）意味着什么，然后将质量水平与价格水平相匹配。有效的策略如图15-5所示。

1. 超值定价

这个广泛使用的概念本意是"付出少，获得多"，在此表示将广受欢迎的几种服务组合在一起，而后使其定价低于分别购买每种服务的总价格。Taco Bell公司以推出0.59美元的"超值菜单"而率先使用了超值定价方法。在连锁店销售额两年增长50%，达到24亿美元后，麦当劳和汉堡王采用了超值定价的做法。Taco Bell的超值菜单从此重新组合，以不到1

美元的价格特别推荐原味的墨西哥煎玉米卷和面卷饼（这些是连锁店比较容易并迅速制作的食品）。正如在本篇开篇时提到的，西南航空公司在其航空服务中也推出超值定价：以低价提供一组深受欢迎的特色服务，如起飞间隔缩短、友好诙谐的员工以及准时到达等。该航空公司一贯以低价提供最基本的服务。

图 15-5　顾客认为"价值就是我付出后所能获得的质量"时的定价策略

2. 市场细分定价

在市场细分定价中，即使对于不同的顾客群体而言，提供服务的成本可能并没有差异，但服务营销人员会根据不同顾客群体所感受到的不同服务水平向其收取不同的价格。这种定价是基于这样的假设：不同的细分市场有不同的需求价格弹性，并且对质量水平的要求也不同。

一些服务营销人员按顾客类别定价，根据是他们意识到一些群体感到很难支付服务商建议的价格。位于大学校区的健身俱乐部，认识到学生这部分顾客支付全价的能力有限，常常向其提供学生会籍。学生会籍在拥有较低价格的同时，也会减少学生会员的使用时数，尤其是在健身设施使用的高峰时间段。相同的思路也适用于"老年"会籍，这些成员支付全价的能力更低且愿意在白天时间光顾俱乐部，而此时大多数付全价的会员都在工作。

由于认识到不是所有的细分市场都希望以最低的价格取得基本的服务水准，因此企业还通过变换服务形式来应用市场细分方式。当它们能够识别出特定顾客群所热衷的服务组合时，会对这一组合收取较高的价格。企业可以按价格和服务对不同顾客群体的吸引程度来配置服务组合。例如饭店，以基本价格提供标准房间，在标准间基础上增加舒适品和设施以吸引愿意为门厅、按摩浴缸、Wi-Fi、加床及会客区而支付更多的顾客。

15.3.4　顾客认为"价值就是我的全部付出所能得到的全部东西"时的定价策略

一些顾客定义价值不仅包括他们获得的利益，还包括为了这项服务他们投入的时间、成本和努力。图 15-6 列出了价值定义时描述的定价策略。

1. 价格结构

由于许多顾客不具有准确的服务参考价格，服务营销人员比产品营销人员更可能合理组织有关价格信息，以便顾客查看解读这些信息。顾客自然会寻找价格基准以及所熟悉的服务以判断眼前的服务。如果接受价格基准，他们就会赞成价格和服务的组合。Groupon，LivingSocial 以及其他网上优惠商城使顾客可以获知服务的实际价值，以及这些服务存在的折扣。当顾客在 Groupon 网上购买该服务时，价格结构策略使他们了解其所接受服务的价值。

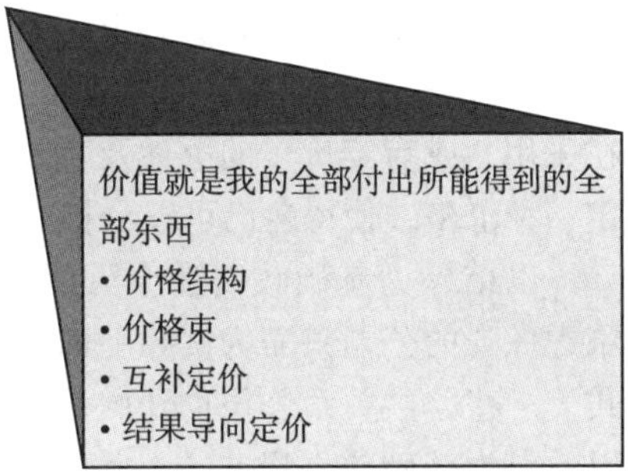

图 15-6　顾客认为"价值就是我的全部付出所能得到的全部东西"时的定价策略

价值就是我的全部付出所能得到的全部东西
- 价格结构
- 价格束
- 互补定价
- 结果导向定价

2. 价格束

一些服务在与其他服务结合在一起时会被更有效地购买，其他服务则与其支持的产品一起出售（如延伸的售后服务保证、培训以及加急送货等）。当顾客发现一组相互关联的服务中的价值时，价格束是恰当的策略。服务成组而非单独地进行定价和销售，它对顾客及服务企业双方均有好处。顾客发现价格束简化了购买和支付流程，企业发现此方法刺激了对企业服务的需求，因此总体经营在增加了净收入的同时也实现了成本经济。[18] 价格束还使得顾客比其单独购买每项服务时付出总额少，而这一点对价值感知亦有贡献。

价格束的有效性取决于服务企业对顾客或细分市场所感知的价值束的理解，以及顾客对这些服务需求的互补性。有效性还取决于从企业角度对服务正确的选择。

3. 互补定价

高度相关联的多种服务可用互补定价法进行平衡。这种定价法包括三种相关的策略——俘获定价、双部定价和为招揽顾客而削本出售。[19] 俘获定价中，企业提供一种基本服务或产品，而后提供继续使用该服务所需的配件或外围服务。这种情况下，企业可以将基本服务的一部分价格转移到外围服务中去。例如，有线服务通常把初装费降得很低，而后以收取足够多的外围服务费来弥补收入的损失。对服务企业来说，此策略常称为双部定价，因为服务价格被分为固定费用和可变的使用费（电话服务、健身俱乐部以及如租赁等商业服务中也是如此）。为招揽顾客而削本出售常用于零售店，将熟悉的服务以较大幅度的特价推出来吸引顾客光顾，然后展示必须支付更高的价格才能享有的其他服务。例如，洗衣店为男衬衫的洗涤提供一个特别低的价格以吸引顾客在其他服务上支付正常价格的费用。

4. 结果导向定价

服务业中，结果非常重要但不确定性很高，与价值最为相关的方面是服务的结果。例如，在个人伤害的法律诉讼中，顾客看重其接受服务后最终的解决结果。对于税务会计，顾客看重的是节省成本。对于贸易学校，学生最看重的是毕业时能有一个工作。对于好莱坞明星，制作公司看重高收入。上述及其他情况中，恰当的价值导向定价策略是根据服务的结果定价。

结果导向定价最常见的形式是"或有定价"。或有定价是个人伤害事故和某些消费者案件中收取费用的主要方法。在这种方法中，律师在案件受理结果出来之后才收取费用，其顾客是按所取得款项的一定比例支付给他们的。因此，只有当顾客得到满意的结果时，律师才有报酬。从顾客角度讲，这种定价部分上是合理的，因为大多数这些案件的顾客不熟悉律师事务所，甚至可能对其感到惧怕。他们最大的恐惧是一件案子要花费高昂的费用，并且可能要拖上几年才能解决。通过使用"或有定价"，顾客可以确保在他们得到结果之前不交费。在采用"或有定价"的上述及其他情况下，服务的经济价值在服务之前难以确定，服务商制定一种价格，使得自己可以分担向买主交付服务价值的风险和回报。

以结果为基础收费在今天的网上"点击付费"广告产业中已被清楚验证。购买谷歌和雅虎广告的公司只需为实际上回应它们广告的使用者付费，而不是购买有预计观众的媒体形式。一些公共关系公司也开始从通过为它们客户实现媒体曝光来收取定额费用的方式转变成以效果为基础的收费方式。例如，点击付费是一家传统公关公司的分公司，其收费建立在每一个细化的结果上，如在一个小市场报纸上的一次提及或刊登付 750 美元。

服务定价的佣金方式之所以引人注目，是由于当代理的费用最高时代理商可获得最高的报酬。似乎代理们都有一个基本的动机去避免向顾客收取最低的代理费。

小结

本章开始讨论了顾客对服务和商品定价的评估中三种主要的区别：①顾客通常持有对服务的不准确或有限的价格参考；②价格是服务质量的关键指标；③对服务的顾客来说，货币价格不是唯一的相关价格。这三点不同会对企业用于制定和管理服务价格的战略产生深远的影响。本章接下来还探讨了常用的定价方法，包括：①成本导向定价法；②竞争导向定价法；③需求导向定价法。讨论的中心是这些方法中特别的难点以及实践中出现的服务定价技巧。

最后，本章定义了顾客价值感知，提出了与每种顾客定义相匹配的适当定价策略。图15-7概括了这些定义和策略。四种价值定义包括：①价值就是低廉的价格；②价值就是我在产品或服务中所需要的东西；③价值就是我付出后所获得的质量；④价值就是我的全部付出所能得到的全部东西。

图15-7 服务定价策略总结

讨论题

1. 定价方法（成本导向定价法、竞争导向定价法、需求导向定价法）中，哪个对顾客最公平？为什么？
2. 能够在服务定价中同时使用三种方法吗？如果答案是肯定的，请描述一种这样定价的服务。
3. 你对哪种消费者服务具有参考价格？是什么使得这些服务区别于其他那些你缺乏参考价格的服务？
4. 列举三种你购买的服务，其中价格是质量的信号。你相信定价高和定价低的服务之间存在确实的差异吗？为什么？
5. 描述以下服务中的非货币成本：取得购车贷款、加入健身俱乐部、有过敏症并治疗、参加经理人员教育课程及做牙齿矫正。
6. 考虑四种顾客价值定义中每种的具体定价策略。其中哪种策略能够为其他价值定义所采用？

练习题

1. 列举五种你没有参考价格的服务。将你自己放在其中两种服务的提供者位置上，并制定定价策略。一定要描述你认为顾客会有哪种价值定义以及哪种策略会适合所下的定义。
2. 在下周，找出三种服务的价目表（如从餐馆、干洗店或美发厅去找）。确定每种的定价导向及使用的策略。每种的有效度如何？
3. 设想你是一家新建的私立大学的所有者，并且可以准备一个对学生具有吸引力的价值/价格组合。描述你的方法。它与现有的组合有什么区别？

参考文献

1. "Ultimate Guide to Airline Fees," *Smarter Travel,* www.smartertravel.com/blog/today-in-travel/airline-fees-the-ultimate-guide.html?id=2623262, accessed July 2016; B. Jansen, "Airlines to Report Blowout Profits Amid Low Gas Prices, Higher Fees," *USA Today,* January 12, 2016, p. B1; R. Seaney, "Airline Fees Make Comparison Shopping a Nightmare," *USA Today,* June 14, 2016, http://www.usatoday.com/story/travel/columnist/seaney/2016/06/14/airline-fees/85827430/; T. Wu, "Why Airlines Want to Make You Suffer," *The New Yorker,* December 26, 2014; S. McCartney, "Airlines Go Back to Boarding School to Move Fliers onto Planes Faster," *The Wall Street Journal,* July 21, 2011, p. D1.
2. K. Monroe, "The Pricing of Services," *Handbook of Services Marketing,* ed. C. A. Congram and M. L. Friedman (New York: AMACOM, 1989), pp. 20–31.
3. Ibid.
4. W. Woellert, "How Much Is That Brain Scan?" *BusinessWeek,* November 8, 2004, p. 94.
5. K. Santana, *Wedding Planner's Handbook,* self-published book available online at http://www.theweddingplannerbook.com/wedding-planners-handbook, 2015; http://www.bridges-ec.com/faqs/a2-what-are-the-usual-fees-for-executive-coaching-/; G. Kelly, "How Much Does it Cost to Install a Home Security System?" *Angie's List,* October 14, 2015, https://www.angieslist.com/articles/how-much-does-it-cost-install-home-security-system.htm.
6. E. Cohen, "Would Your Doctor Pay for Wasted Time?" www.cnn.com, accessed August 13, 2011.
7. Monroe, "The Pricing of Services."
8. V. A. Zeithaml, "The Acquisition, Meaning, and Use of Price Information by Consumers of Professional Services," in *Marketing Theory: Philosophy of Science Perspectives,* ed. R. Bush and S. Hunt (Chicago: American Marketing Association, 1982), pp. 237–241.
9. C. H. Lovelock, "Understanding Costs and Developing Pricing Strategies," *Services Marketing* (New York: Prentice Hall, 1991), pp. 236–246.
10. A. Stevens, "Firms Try More Lucrative Ways of Charging for Legal Services," *The Wall Street Journal,* November 25, 1994, pp. B1ff.
11. K. Chu, "Bank of America Raises ATM Surcharge," *USA Today* September 13, 2007, p. 2A.
12. V. A. Zeithaml, "Consumer Perceptions of Price, Quality, and Value: A Means-End Model and Synthesis of Evidence," *Journal of Marketing* 52 (July 1988), pp. 2–22.
13. All comments from these four sections are based on those from Zeithaml, "Consumer Perceptions," pp. 13–14.
14. B. Donan, "Set Price Metrics Parallel to Value Proposition," *Marketing News,* April 1, 2007, p. 6.
15. G. Boeck, "Teams Woo Fans with Cheaper Seats," *USA Today,* August 31, 2004, p. 3C.
16. Monroe, "The Pricing of Services."
17. B. DeLollis, "Hotels Take Pampering to Next Level on Club Floors," *USA Today,* June 19, 2007, p. 3B.
18. Monroe, "The Pricing of Services."
19. G. J. Tellis, "Beyond the Many Faces of Price: An Integration of Pricing Strategies," *Journal of Marketing* 50 (October 1986), pp. 146–160.

PART 7

第七篇

服务和回报

第 16 章

服务的财务及经济意义

本章目标

1. 阐述服务对利润的直接作用。
2. 思考服务对吸引新顾客的作用。
3. 评估服务在保留顾客中的作用。
4. 讨论关于整体服务质量、顾客保留和获利能力的关键服务驱动因素是什么。
5. 讨论绩效平衡计分卡,它能从战略视角而不仅仅是财务视角对企业进行绩效评估。

开篇案例

关于服务,最为关键的问题之一是它对公司的财务及经济回报产生的影响。想要回答这一问题,需要确定如何衡量服务并真正理解与之相关的概念,以便我们核估广为熟知的财务指标,如营业收入、利润、增长量等。在本书的第 4 章与第 5 章已经讨论了一些,本章将讨论其他一些指标。各公司花费大量的时间与金钱测量满意度、客户忠诚度以及本书前面提到的净推荐值等指标,试图弄清它们与财务状况的关系。遗憾的是,这些服务方面的计量指标与财务指标的相关度并不大。

一项更有前景的衡量指标是 Timothy Keiningham 和 Lerzan Aksoy 以及他们的同事所构想的"钱包分享"(share of wallet)。钱包分享是指一个企业为某一顾客所提供的产品和服务在该顾客同类产品和服务消费总支出中所占的百分比。客户可能对企业服务感到满意并推荐给其他人,但是如果他们同样喜欢(或更喜欢)竞争对手的产品或服务,则企业的销售额会下降。单纯通过改变来增加满意度可能不一定会有效。这并不意味着传统的衡量指标失去价值,但是这些衡量指标本身并不能让企业明白如何去击败竞争对手。研究人员针对 17 000 名客户开展了一项历时两年的纵观研究,考察了 9 个国家十几家企业的销售额情况。通过询问各种不同问题,包括满意度及忠诚度记录,研究人员发现一个漂亮的相关系数。[1]"钱包分享"可以根据客户分配在同类服务中某项服务的份额等级加以预测。其推理公式十分简单，前所未见，他们将其命名为"钱包分享法"。纵观各企业情况可以看出，钱包分享法与财务结果的相关程度远远高于已有服务与财务指标的相关程度。此外，其适用于所有国家及企业研究对象。

$$钱包分享 = 1 - \frac{等级}{品牌数量+1} \times \frac{2}{品牌数量}$$

其中，等级＝相比同类产品的其他品牌，顾客对某一品牌的相对定位。

品牌数量＝顾客所使用的同一类产品或服务的所有品牌数量。

钱包分享法兼顾顾客所使用的一系列品牌的等级要素与品牌数量。企业的一项服务是客户的首选还是次选？客户接受同类服务的数量是多少？了解这两个数值能够帮助企业准确预测顾客钱包份额。本衡量指标的独特之处在于，满意度与服务质量的激励因素可能是相似的，改变这些因素并非一定能够提升企业相对于竞争对手的地位。但是，关于"钱包分享"激励因素的情况并非如此，因为这些因素预示着：在使用的所有同类服务（包括竞争对手的服务）中，客户选择某项服务的份额数量。这表明，如果企业提升其等级，其客户份额会增加。那么，企业如何做到这一点？

（1）按照钱包分享法确定客户在每个企业竞争对手上的分配额。

（2）确认有多少客户使用企业竞争对手的产品或服务。

（3）计算客户为企业竞争对手贡献的营业额。

（4）将提升客户份额的举措进行优先排序，对竞争对策进行费用评估并权衡这些费用与潜在财务回报的比重。[2]

关于钱包分享法，现存评估指标并未设计的方面包括：

（1）如果不考虑竞争因素，企业经理无法评估企业。

（2）等级因素。

（3）平价困难。

（4）客户使用的品牌越多，各家企业的潜力越小。

几乎所有的企业都渴望能有某些依据和方法，来确定、监督新的服务投资的收益回报。现在，仍有许多管理人员把服务和服务质量看作一种成本，而没有看到它们可以带来利润。其部分原因是我们很难确定服务和经济效益之间的关系。判断服务对经济效益的作用类似于对广告与销售额关系的研究。服务质量的最终结果就像广告的最终结果一样，是逐步积累起来的。因此，在投资后，二者的关系不会即刻或者很快显现出来。正如广告一样，服务质量是同时影响利润的许多因素之一，其他因素还包括价格、广告、效率和形象。况且服务上的投入本身并不能确保预期的结果，因为还要考虑到企业的策略和执行方式。

然而，近年来，许多研究人员和企业管理人员已试图了解服务和利润的关系，并找到了可靠的证据加以证实。举个例子，近期研究检查了收益扩展带来的相对利益和质量上回报的成本减小。这个研究提出了管理者要面对的一个普遍的战略困境，是通过提高效率，降低成本，还是通过改善顾客服务、顾客满意度和顾客保留度来创造收益。[3] 使用管理者的报告和关于企业利润及股票回报率的二手数据，分析研究质量的高回报是否产生于成本减少、收益扩张或者是两种方法的结合。结果表明，主要采用收益扩张的企业表现比较好，质量回报也比那些不管是采用成本减少还是同时采用成本减少和收益扩张的企业要高。[4]

管理人员还意识到，服务与利润的关系既非直接，亦非简单。服务质量影响着企业中许多经济要素，其中有些经济要素通过一些非传统意义上的营销领域内的变量影响利润。例如，传统的全面质量管理方法以降低成本或提高生产力来表现其财务作用。这些变量关系仅仅在运用市场调查来确定顾客关注和认可的服务改善时，才涉及有关营销的操作问题。

最近，又有许多其他证据可以用来确定服务和盈利性的关系。本章总的目的在于对近来的证据进行综述，并确定服务与利润的关系。依据本章目标，相应地将本章分为六节。每一节，我们均对所给证据进行评定，并确定迄今为止所有有关这些课题的内容。本章利用概念性框架进行组织，将课题下的所有可变因素联系了起来。

16.1 服务和盈利性：直接关系

图 16-1 所示为本章的中心问题：服务怎样影响利润？管理人员对该问题产生兴趣是在 20 世纪 80 年代晚期，当时，服务质量是以一种关键的竞争战略方式出现的。在诸如联邦快递、迪士尼等领先的服务性企业里，管理人员愿意相信直觉，相信更好的服务会提高财务收益。在没有任何正式财务收益文件的情况下，企业投入各种资源改进服务，并且这种信念的飞跃为其带来了丰厚的回报。20 世纪 90 年代，以服

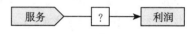

图 16-1　服务和利润的直接关系

务作为竞争优势并获取利润的战略已被诸如通用电气和 IBM 等具有前瞻性的制造业公司和信息技术公司采纳。然而，其他公司的管理人员对投资于服务仍持保守态度，他们在等待质量能保证财务状况稳固的确实证据出现。

最早的证据来自美国通用会计事务所（GAO）的研究，GAO 的研究者发现，具有杰出质量的企业在市场份额、每位员工的销量、销售收益率以及资产收益率上均有获益。根据 22 家入围和获奖企业的反馈，在企业获奖（入围）的年份中，所测量的 40 个财务变量中，有 34 个显示出积极的业绩改善，仅有 6 个显示为消极或中性。[5]

以后的几年中，更多深入研究得出的证据显示了服务对盈利性有积极的作用。一项研究显示出投诉受理系统的积极的财务效应。[6] 另一项研究发现了病人的满意度和医院回报率存在显著的正向关系。[7] 某研究将财务绩效的定义延伸至包含股票收益之后发现，在广告支出和投资回报率的关系保持不变的同时，顾客对质量的感知和股票收益之间有显著的正向关系。

越来越多的研究显示了顾客满意度、服务质量和企业绩效之间的关系。专栏 16-1 验证了顾客满意度、服务质量和企业绩效之间的关系。这些信息验证了顾客满意度和服务质量对营业收入的积极作用。

20 多年的研究表明，客户满意度激励企业收入、股票价格、股票收益及市场附加值。许多客户满意度与财务业绩相关度研究是通过美国消费者满意度指数（ACSI）进行的。该指数是密歇根大学和美国质量协会共同提出的，在全美范围内对客户满意度进行测量（0～100 分量表）的一项经济指标（参见 www.theacsi.org）。[8] 针对 ACSI 的测量结果与企业财务业绩相互关系的研究一致表明，提升客户满意度对企业财务业绩具有十分积极重要的作用。例如，一项针对《财富》500 强 40 种行业领域中 200 家企业的综合研究表明，ACSI 指数每 1% 的变化与 1.016% 的股票收益变化相关联。这是根据托宾的 Q 比率测定的（托宾 Q 比率是公司市场价值对其资产重置成本的比率）。这些公司每提升 1% 的客户满意度将会带来大约 2.75 亿美元的产值增长。[9] 同样，一项类似研究发现，ACSI 每增长 1% 会带来下一年度 0.55 亿美元的净营业现金流，减少 4% 的现金流变动。[10] 支持这一结论的还有一项研究，ACSI 每

提高1%会带来2.4亿美元的市值增长。[11]在一项利用一家全国性连锁酒店的近8 000名客户数据所做的研究中,研究人员发现服务质量投资回报率是44.6%。[12]上述研究一致表明,客户满意度对公司业绩具有重大而积极的影响。然而正如本章开头所提到的,上述研究中具有统计学意义的关联并非总是能够转化成有实际意义的关联,因为即使统计上有关联,现实中的相关性有时不一定很强。

尽管从广度层面,关于顾客满意度、服务质量和企业绩效整体关系等普遍问题已经建立起来,但关注一些其他特殊要素间的关系问题也许更有意义。例如,服务质量在获取顾客中起到了什么作用?服务质量对公司维护老顾客又有何贡献?

◎ 专栏 16-1

顾客满意度、服务质量、企业绩效

最近发表的一些文章回顾了两个世纪以来有关顾客满意度、服务质量和企业绩效的研究,得到了一些重要的发现。一些研究表明,服务质量对财务绩效有显著作用。另有研究认为服务质量是顾客满意度的驱动因素,因此关注于整体满意度对企业绩效的作用。正如第4章所讨论的,顾客满意度是一个比服务质量更宽泛的概念,但是服务质量几乎已成为所有行业中顾客满意度最重要的驱动因素。因此,在本章中同时关注了这两个概念与绩效的关联性。由于在回顾中检索了那么多的研究文献,在本专栏中只能提到其中的一部分。

文献回顾中用到了一系列企业绩效的指标:利润、股价、托宾的Q比率(公司市场价值对其资产重置成本的比率)、资产收益率(ROA)、投资收益率(ROI)、异常收益和现金流等。作者的结论如下。

结论一:顾客满意度对企业绩效有显著正相关作用

许多研究表明,顾客满意度与企业盈利性有着密切的关系。例如,Anderson、Fornell和Mazvancheryl通过对《财富》500强中涉及40个行业的200家企业进行权威研究,发现美国顾客满意度指数ACSI(0～100分量表)每提高1个百分点,托宾的Q比率测定的股东价值将会提高1.016个百分点。这就说明,提高1个百分点的顾客满意度,将会为这些企业带来大约2.75亿美元的价值。Gruca和Rego的研究得到了相似的结论,ACSI每提高1个百分点,将会为企业在下一年度带来0.55亿美元的净营业现金流,减少4个百分点的现金流变动。

有一项关于服务行业的研究,数据来自于全国旅店业的8 000名顾客,研究者发现服务质量(如整洁)的投资收益率接近45%。另一项研究表明,顾客满意度每提高1分(7分量表),资产收益率提高0.59%。对1981～1991年68个行业的106家企业数据的研究发现,顾客服务的增长将导致累计异常收益率平均提高0.46%,或是0.71亿美元市场价值。

由此可见,这些研究表明,顾客满意度与企业绩效显著正相关。他们还进一步粗略估算了相关程度:美国满意度指数提高1个百分点,将会为企业带来2.4亿～2.75亿美元的价值。总之,这些结论为企业安排资金提高顾客满意度提供了有力的决策依据。

结论二:顾客满意度和企业绩效的关系是非对称的

非同步意味着相同程度的顾客满意度增减并不会为企业绩效带来相同的影响。例如Anderson和Mittal的一项研究发现,顾客满意度提高1%,投资收益率增加2.37%;而顾客满意度下降1%,投资收益率却下降5.08%(如下图所示)。Nayyar的一项研究发现,积极的顾客服务将会带来0.46%的年综合增长率,而消极的顾客服务将会导致0.22%的年综合降低率。Anderson和Mittal的另一项研究发现,顾客满意度对投资收益率减小带来的影响,是对其增加带来的影响的 2 倍。与之相反，Nayyar 研究发现顾客服务对年综合增长率的负面新闻影响仅为正面新闻影响的一半。

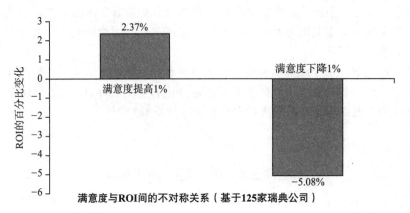

满意度与ROI间的不对称关系（基于125家瑞典公司）

资料来源：E. Anderson and V. Mittal, "Strengthening the Satisfaction-Profit Chain," *Journal of Service Research* 3 (2000), pp. 107–120.

结论三：顾客满意度与盈利性的关系存在着行业和企业差异

不同的行业之间，顾客满意度、服务质量和盈利性之间关系的强度并不一致。Ittner 和 Larcker 的一项研究发现，在服务业该关系的强度要高于耐用品和非耐用品制造业。美国顾客满意度指数对耐用品和非耐用品制造业的市场价值有着积极但不明显的影响，对运输业、公益事业和通信业却有着积极明显的影响。Anderson 的另一项研究发现，在顾客满意度和生产率的关系上，服务业比制造业更为折中，顾客满意度和生产率提高 1%，制造业的投资收益率提高 0.365%，而服务业的投资收益率提高 0.22%。

除了上述研究外，Anderson 等人在近期的研究中发现，顾客满意度每变化 1%，平均为股东价值（托宾的 Q 比率）带来 1.016% 的变化，变动范围从百货店的 2.8% 到折扣店的 −0.3%。Anderson 和 Mittal 的研究发现，行业特性解释了 35% 的现金流增长和 54% 的现金流变动。他们还发现，顾客满意度对现金流的影响在低介入度、程序化和高频率产品行业中最为明显（如啤酒和快餐行业）。

尽管本专栏对众多的以往文献进行了总结，但企业想了解的远不仅于此。这些关于顾客满意度、服务质量和企业绩效关系的相关信息有助于他们了解，对顾客满意度和服务质量的投资颇有裨益。由此得到的启发是，这种投资物有所值，不投资的企业将会遭受到损失。

资料来源：S. Gupta and V. Zeithaml, " Customer Metrics and Their Impact on Financial Performance," *Marketing Science* 25 (November– December 2006), pp. 718–739; E. Anderson, C. Fornell, and S. Mazvancheryl, " Customer Satisfaction and Shareholder Value," *Journal of Marketing* 68 (2004), pp. 172–185; C. Ittner and D. Larcker, " Are Non-Financial Measures Leading Indicators of Financial Performance? An Analysis of Customer Satisfaction," *Journal of Accounting Research* 36, no. 3, (1998), pp. 1–35; R. Rust, A. Zahorik, and T. Keiningham, " Return on Quality (ROQ): Making Service Quality Financially Accountable," *Journal of Marketing* 59 (1995) pp. 58–70; T. S. Gruca and L. L. Rego, " Customer Satisfaction, Cash Flow and Shareholder Value," *Journal of Marketing* 69 (2005), pp. 115–130; E. Anderson and V. Mittal, " Strengthening the Satisfaction- Profit Chain," *Journal of Service Research* 3 (2000), pp. 107–120; P. Nayyar, " Stock Market Reactions to Customer Service Changes," *Strategic Management Journal* 16, no. 1 (1995), pp. 39–53.

16.2 服务的进取性营销作用：吸引更多更好的顾客

高服务质量能帮助企业通过进取性的市场营销吸引更多更好的顾客。[13] 进取性营销，如图 16-2 所示，包括市场份额、声誉和溢价利益等。若服务优良，企业会赢得积极的声誉，并通过声誉赢得更高的市场份额以及较竞争者索取更高服务价格的能力。一项对多家企业所做的多年度研究已证实这些利益，这项研究称为市场营销战略的利润影响（PIMS）。PIMS 调研表明，提供优质服务的企业可获得超常的市场份额增长，并且服务

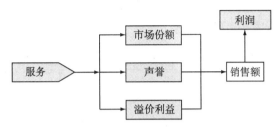

图 16-2　服务的进取性营销对利润的影响

质量影响利润是通过降低了的成本和较少的返工，还有通过增长的市场份额和高价格。[14] 研究发现，在相关服务质量上位居前五的企业，其价格水平平均比其竞争者高出 8%。[15]

为说明服务对市场份额的影响，一组研究人员提出了他们的解释：满意的顾客传播积极的口碑来吸引新顾客，进而提高市场份额。他们称，做广告去宣传出色的服务而没有相应的质量为此做保证，市场份额就不会增加。[16]

16.3 服务的防御性营销作用：保留顾客

保留企业现有顾客的方法叫作防御性市场营销。[17] 研究人员及咨询公司在过去 20 年中，就已经对现有顾客的财务影响进行了定性和定量分析。顾客的背弃对企业来讲代价很高，因为必须开发新顾客代替失去的顾客，这种替代是以高成本为代价的。获得新顾客很昂贵，除了涉及启动运营费用外，还有广告、促销和销售成本。新顾客通常在最初一段时间不能带来利润。如保险业，保险公司通常在保持顾客关系第 3 年或第 4 年后才能弥补销售成本。获得其他企业的顾客的成本是高昂的。

总之，顾客与企业保持的关系越长久，这种关系为组织带来的利润就越多。

如果服务适当，顾客带来的利润会逐年增加。该模式在许多行业中都是相同的：企业保持一位顾客的时间越长，赚到的钱就越多。[18]

例如，某项研究利用一家财务服务公司的内部记录对这一问题进行了考证。研究人员检测服务利润链框架（参见第 11 章）考察顾客满意度、服务质量与客户份额之间的联系，对客户保持及客户盈利性数据进行评估。值得注意的是，客户份额的水平不同，产生的客户盈利的能力等级也不相同。随着时间的变化，客户份额与盈利能力的关系也随之变化。对服务质量与盈利能力关系的更为复杂的分析为本章随后的讨论做了铺垫，那就是：这种关系有时并非是简单而直接的关系。

一项关于流失客户的研究考察了防御性市场的服务效果。与以往研究不同的是，考察防御性效果的传统方法对于涉足新型服务类别的市场或许并不恰当，因为这些方法未能解释影响未来客户获取的社会效果（例如，口碑营销与模仿营销）。研究表明，流失客户对公司盈利能力的影响取决于：①客户是否转向竞争对手公司或者完全停止使用某项服务；②对客户何时停止使用某项服务，以往研究中往往忽视了其中的差别因素。结果显示，客户流失值在整个产品周期内是如何变化的，同时说明了早期客户的流失比起晚期客户的流失对公司而言损失要大得多。[19]

企业通过保留顾客赚钱有四种途径，如图 16-3 所示：更低的成本、购买量、溢价利益和口碑传播。本节将对此提供许多研究证据。

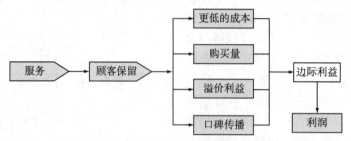

图 16-3　服务的防御性营销对利润的影响

16.3.1　更低的成本

吸引一位新顾客的成本是保留一位现有顾客成本的 5 倍。研究这些关系的咨询人员断言，顾客背弃比市场份额、规模、单位成本和许多其他通常与竞争优势相关的因素对企业利润的影响都要大。[20] 他们还称，在有些行业，企业通过多保持仅仅 5% 的顾客就可以增加 25%～85% 的利润。

下列是有关服务质量在降低成本中作用的实例：

- "我们的最佳质量日就是我们的经营成本最低日。"（弗雷德·史密斯，联邦快递的创始者、主席）
- "我们第一次没有把事情做好的成本占营业收入的 25%～30%。"（戴维·克利池奥，惠普公司地区质量经理）[21]
- 专长于顾客保留方面研究的咨询公司 Bain&Company 估计在人寿保险业务中，每年多保留 5% 的顾客可使公司每笔保险业务成本降低 18%。

一些研究同样证实了服务方面高质量低成本的可行性。例如，一项历时 3 年的针对 1 135 家特许经营假日酒店的研究关注的就是服务质量与经营业绩的关系。研究目的在于弄清服务质量、经营业绩与企业成本的关系问题。存在缺陷的酒店——在外观、客房及沐浴间等方面至少存在某一种缺陷——与各方面均没有缺陷的酒店相比，每间空房每日的营业额大约少 2.8 美元。这说明酒店可以在对财务回报产生最大影响的几个方面提高服务标准，从而使酒店更加盈利。

16.3.2　购买量

对企业服务满意的顾客会在这家企业上增加花费或增加使用其他服务项目。例如，一位对经纪人服务感到满意的顾客在资金允许的情况下会愿意做更多投资。同理，满意某家银行服务的顾客可能会到同一家银行开户，并到这家银行贷款。

16.3.3　溢价利益

实际上，行业中大多数服务质量的领先者都索取高于其竞争者的价格：联邦快递隔夜送达的业务比美国邮政服务公司收费高，赫兹汽车租赁公司比 Avis 汽车公司的要价高，而在丽思卡尔顿酒店住宿要比住在凯悦饭店贵得多。因此，提供更高质量的服务为他们带来了更高的要价。

16.3.4 口碑传播

因为人们认为口碑传播比其他信息来源更可靠,所以最佳的服务推广方式还是来自于那些提倡使用这家企业服务的顾客。口碑传播为企业带来新顾客,而企业可以就新顾客带来的收益及其节省的促销成本度量这种宣传的财务价值。实际上,研究人员已经开发出顾客终身价值模型,针对不同细分市场的顾客,量化口碑传播的货币价值,又叫作推荐价值。[22] 如专栏 16-2 所述,现在许多企业将口碑的优良程度作为衡量顾客忠诚度的主要标准。

◎ **专栏 16-2**

口碑传播和顾客评价:净推荐值

有众多不同的顾客评价方式用来预测企业的财务绩效,如顾客满意度、服务质量、忠诚度、保留度等。其中一种虽有争议但在近年来日渐流行,那就是净推荐值(net promoter score,NPS)。这一评价方式由顾客忠诚专家弗雷德里克·莱希赫尔德基于口碑传播理论提出。相比于其他评价方式,它对增长指数和财务绩效的预测最佳。

这一评价方式只基于一个调查问题:你是否愿意向朋友和同事推荐我们的企业?为得到净推荐值,企业仅需询问顾客推荐本企业的可能性(10 分法),得到类似"贬低者"(低于 6 分)或"推荐者"(9 分或者 10 分)的结果。

世界上许多知名企业的管理者都对莱希赫尔德的净推荐值评价方法表示赞同,认为它是"衡量企业成长能力值得信赖的唯一指标"。这一评价方式在通用电气、美国运通、微软、财捷(Intuit)以及前进保险(Progressive Corporation)等企业都广泛应用。净推荐值的流行部分要归功于该方式的简洁可行。对于高层管理者而言,仅用一个数字来聚焦顾客评价简直妙不可言。而且这一评价源自于顾客的直觉反应,如果顾客因喜欢这家企业或其服务而推荐给他人,可想而知绝不仅仅是因为满意那么简单。因此,净推荐值成为众多企业的"神奇数字"。

企业如何来衡量净推荐值

许多企业被评为"贬低者",其净推荐值得分仅有 5%~10%。更有甚者,许多企业的净推荐值为负,意味着它们经常招致批评。尽管如此,仍有一些企业成绩斐然,如下表所示。

行业	公司	NPS	行业	公司	NPS
中介与投资	Vanguard	59%	线上购物	亚马逊	71%
银行	USAA	75%	线上旅游	猫途鹰(爱彼迎)	50%(38%)
信用卡	美国运通	52%	航空业	美国捷蓝航空	75%
保险业	USAA	75%	软件业	特波税务软件	52%
食品杂货业	Trader Joe's	62%	共享汽车	优步	37%
百货公司	美国好市多连锁	72%	电视娱乐业	网飞公司	50%

资料来源:Satmetrix 2015 Net Promoter Study of US Consumers.

争议:净推荐值是优秀、合适还是完美

尽管管理者们对净推荐值倍加推崇,但研究人员和研究顾客忠诚度方面的学者对这一评价方式是优秀的、合适的还是完美的仍存在质疑。例如,一位研究人员质疑说,相对于减少顾客流失、通过交叉销售和分类购买以增加顾客数量等其他因素,口碑传播是否已成为企业成长的最重要因素？更戏剧的是，采取行动提升口碑传播是否比获取新的盈利性顾客更为重要？

另一个值得关心的问题是，在各种产品和服务的情境下，何种程度的口碑传播是一个理想的状态。顾客对某些产品和服务感受强烈，使得他们乐于与别人沟通分享。服务（如餐饮、旅游、休闲）、时尚和新奇电子产品都是顾客乐于推荐的产品。但是，大多数产品和服务并不能引起足够的兴趣，以使得顾客津津乐道。

从实际出发，一个重要问题就是，如同温度计显示体温信号一样，净推荐值为企业提供了是否健康的信号。但它并不能诊断出问题所在，更不能提供解决的方法。从可操作的角度而言，评价指标应该还包括其他的问题（正如本书第5章谈到的），以识别顾客是如何期望并感知企业提供的服务的。

过去两年，Satmetrix（负责评价NPS的公司）新增了一些问题，例如"货币的价值"等。然而这类基本问题仍然是缺乏诊断性的。近期，其他研究人员对莱希赫尔德的发现进行了测验。在最近的重要研究中，顾客忠诚专家团队搜集了近两三年21家企业和15 500名受访者的信息来计算净推荐值。他们本以为结论将与莱希赫尔德的发现一致，但事实并非如此。而且，将结论与美国顾客满意度指数相比较时，该团队发现净推荐值并不比其他评价方式高明。这一独立研究唯一证明了的是，口碑传播与企业成长有着极强的关系，但并不能证明是直接的因果关系。

底线

顾客忠诚专家蒂莫西·凯宁汉姆不赞同净推荐值及其他任何神奇的数字："没有放之四海而皆准的普适理论。如果有的话，每个人都将照做。"

资料来源：F. Reichheld and R. Markey, " The Ultimate Question 2.0: How Net Promoter Companies Thrive in a Customer Driven World," *Harvard Business School Press*, 2011; D. Grisaffe, " Guru Misses the Mark with ' One Number ' Fallacy, " www.netpromter.com, accessed 2011; www.creatingloyalty.com/story.cfm?article_id=656, accessed September 2007; T. Keiningham, B. Cooil, T. Andreassen, and L. Aksoy, " A Longitudinal Examination of Net Promoter and Firm Revenue Growth, " *Journal of Marketing* (July 2007), pp. 39–51; http:// blog.satmetrix.com/2015-consumer-nps-benchmarks-study-part -iii-entertainment-telecom, accessed July 19, 2016; N. Morgan, L. L. Rego, " The Value of Different Customer Satisfaction and Loyalty Metrics in Predicting Business Performance, " *Marketing Science*, May–June 2008.

一项研究关于公司如何积极利用推荐营销活动而发挥口碑的作用，并扩大被推荐人数量，争取新客户。这项研究运用某种方法计算净推荐值，即利用客户过去的推荐行为去评估客户净推荐值（CRV）。通过研究发现了基于客户终身价值（CLV）与客户净推荐值的争取最有潜力客户的最为有效的方法。他们发现公司可以利用CLV和CRV数值获得利润最大化，这充分显示出口碑的价值。[23]

口碑传播对于体验依赖型服务（即客户必须亲自体验服务才能确定服务质量）和信任依赖型服务（即客户即便接受了某种服务也未必能判断其服务质量）尤为重要。[24]

关于防御性营销仍存在各种问题，其中一些如图16-3所示。尽管研究历时长久，但研究人员与企业务必持续致力于研究这些问题以便更加全面了解服务对防御性营销产生的影响。

◎ **专栏 16-3**

有关防御性市场营销,管理者需要思考的几个问题

服务企业的管理者刚刚开始理解本章讨论的这些问题。对于本章有关服务质量与盈利性关系的每个部分,专栏 16-4 列出了管理者和研究人员最希望知道的问题。为使读者了解管理者提出的具体问题,这里列举有关防御性市场营销的问题。

(1)什么是忠诚的顾客?顾客忠诚度可视作顾客的感受方式或行为方式。对于一些产品和服务,可以为忠诚的顾客下一个简单的定义:顾客只要持续使用一种产品或服务就是忠诚的。如洗衣机或长途电话服务,顾客如果持续使用就视作忠诚。对其他产品和服务,定义顾客忠诚度较为复杂。如对餐厅来讲,忠诚度的定义是什么?一直在那家餐厅就餐?在那里就餐的次数比在其他餐厅多?在固定的期间至少到那里就餐一次?这些问题显示出企业管理者对越来越流行的概念——"钱包分享"非常感兴趣。"钱包分享"是指顾客在特定的服务类别中用于某个服务商的花费比例。另一个定义忠诚度的方法是根据顾客对商品的归属感或支持度。可以注意到一些企业有"支持者",这些顾客对该企业非常关心,以至于他们与企业一直保持联系,提出改进建议,并不断向他人宣传企业的优势。这是否是定义忠诚度的最佳方法呢?

(2)服务在防御性市场营销中的作用如何?价格适当的高质量产品是保持顾客的重要因素,但这两个市场营销变量都可以被模仿。服务在保持顾客中即使不是首要角色,至少也扮演着一个重要角色。提供始终如一的良好服务其难度远胜于模仿,因此,这很可能是巩固与顾客关系的力量。服务在防御性市场营销中到底有多重要?服务与其他顾客保持策略(如价格)相比较,有效性如何?至今,尚无任何研究结合全部或大多数因素考察其在保持顾客中相对的重要性。

(3)需要什么样的服务供应水平来保持顾客?对服务质量投入多大才足以保持顾客?对此问题已有初步的研究成果,但尚需证实。例如,一位咨询顾问提出,当满意度高过某个阈值时,再次购买的忠诚度会迅速攀升。而当满意度低于另一个阈值时,顾客忠诚度同样会迅速下降。在这两个阈值之间,他认为忠诚度的变化是相当平稳的。本书第 3 章所讨论的有关材料,提供了一个不同的理论,其顾客容忍域界定了企业满足顾客期望的范围。这一理论认为,企业服务质量即使处于顾客容忍域内,甚至已达到要求的服务水平,仍然应该继续改进服务。该假设意味着顾客容忍域和顾客保持之间为一个向上倾斜(而并非平稳)的关系。

(4)服务的哪些方面对顾客保持最为重要?大多数企业意识到服务是多面的,并且希望识别得以保留顾客的特定的服务供应要素。

(5)如何确定有背离倾向的顾客?企业发现很难制定和执行一些策略,以有效确定转向其他企业的顾客。必须开发出能够区分、评估及保留(如果保留对企业极有好处)那些潜在离弃顾客的管理系统。一位作家兼顾问建议企业注意三种顾客,他们可能发生转变:①撤销账户并将业务转移给竞争者的顾客;②将部分业务转到其他企业的顾客;③实际购买量在增长,但其在本企业的购买量占总花费的比例较小的顾客。以上三种中的第一种很容易确定,而第三种则最难以确定。其他易出问题的顾客包括有不良服务体验的顾客、新顾客和处于高度市场竞争中的企业的顾客。开发针对这些顾客的早期预警系统对企业来讲非常重要。

资料来源:V. A. Zeithaml, "Service Quality, Profitability and the Economic Worth of Customers," *Journal of the Academy of Marketing Science*, January 2000.

16.4 顾客服务质量感知与购买意愿

在本书的第 4 章，我们强调了顾客满意、服务质量和购买增加之间的关联性，在这里我们再更多地提供一些支持这种关联的研究和经验性证据。施乐公司的研究人员在公司早年对顾客满意度的调查研究中，提出了对满意度和购买意愿关系的重要发现。起初，公司致力于让顾客满意，有些顾客在一个 5 分制的满意度打分中给分为 4 或 5 分。通过对数据的认真研究，发现给施乐公司打 5 分的顾客表示会再次购买施乐设备的可能性比打 4 分的顾客多 6 倍。由于这种关系在销售额和回报率方面具有显著的潜在优势，从而鼓励公司重点关注打 5 分的顾客，而不是同时关注打 4 分和打 5 分的顾客。[25] 最新研究成果显示，"顶层"顾客的满意度打分非常重要，如图 16-4 所示。TARP 公司对全球范围内 8 000 名顾客进行了 10 项研究，得到了类似结论。那些"非常满意"的顾客（他们是满意顾客中的顶层）中有 96% 的人表示，他们"肯定将继续购买"该公司的产品。那些"比较满意"的顾客，这一数字仅为 52%。"一般至非常不满意"的顾客仅有 7% 表示一定会重购。[26]

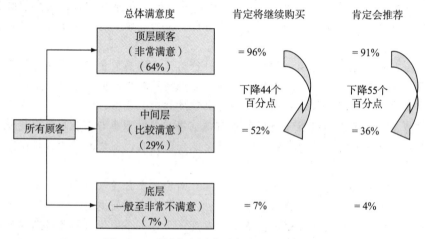

图 16-4　顶层客户再购买意愿以及推荐意愿

证据还显示，顾客满意度和服务质量感知会影响顾客以其他积极方式行动的意愿——表扬公司、偏爱这家公司、增加其购买量或乐意支付溢价。图 16-5 显示了这种关系。大多数早期的证据仅注重购买意愿方面的整体利益，而没有扩展这种关系，或考察行为意愿的特定种类。另一项研究运用来自瑞典的顾客满意度指数的数据发现，几乎所有的产品类别中，明确的再次购买意愿与明确的满意度之间有很强的联系。[27]

近来研究发现，服务质量与更多具体的行为意愿有关。在一项对大学生的研究中发现，大学生服务质量和其他对大学而言具有战略重要性的行为意愿间有很强的联系，具体表现包括说学校的好话、打算为班级毕业庆祝活动捐款以及将学校介绍给企业老板作为选聘员工的地方。[28] 另一项全面的研究考察了一组 13 个可能由感知的服务质量所产生的具体行为意愿。总体行为意愿程度与顾客对服务质量的感知紧密相关（例如，积极评价该公司，保持对公司的忠诚，购买更多该公司的产品）。[29] 个别企业也就服务质量对特定行为意愿的影响做了监测。丰田公司发现，对于有过积极销售体验的人来说，打算再次购买丰田汽车的意愿从 37% 提高到 45%；对有过积极服务体验的人来说，从 37% 提高到 79%；对两种体验都有者，则从 37% 提高到 91%。[30]

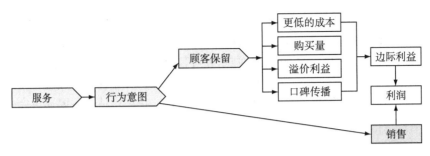

图 16-5 服务质量影响顾客的表现

◎ 专栏 16-4

服务质量及顾客的经济价值：我们还需要了解更多

主题	关键问题
服务质量和盈利性：直接关系	1. 需要开发什么方法以使我们了解个别企业服务质量对利润的影响 2. 需要什么评估方法以持续、有效并可靠地检验服务质量与盈利性的关系 3. 服务质量和盈利性的关系因不同行业、国家、企业或由于其他可变因素而不同吗？这对投资服务质量有何启发 4. 服务质量和盈利性关系的调节因素是什么 5. 要对盈利性产生影响，什么是理想的服务投资水平
服务质量的进取性作用	1. 要使服务质量对企业声誉具有进取性作用，理想的服务质量投资水平是什么 2. 要起到进取性作用，广告投入和服务质量本身的投入哪个更为有效 3. 企业能够以什么方式向顾客显示服务的高质量以获得进取性效果
服务的防御性作用	1. 何为忠诚的顾客 2. 服务在防御性市场营销中的作用是什么 3. 服务与其他顾客保留策略（如价格）相比，有效性如何 4. 保留顾客需要怎样的服务供应水平 5. 怎样量化评估保留下来的顾客的口碑传播 6. 服务的哪些方面对顾客保留最为重要 7. 如何确定有背离倾向的顾客并予以挽留
服务质量感知	1. 在服务中，顾客购买意愿与初次购买行为的关系如何 2. 在服务中心，行为意愿和再次购买的关系如何 3. 服务质量和行为的关联程度在不同的质量水平会发生变化吗
确定服务质量、顾客保留度及利润的关键驱动因素	1. 怎样的服务接触过程最直接影响对服务质量的感知 2. 每种服务接触中，服务质量、顾客保留及利润的关键驱动因素是什么 3. 如何投资能影响服务质量、购买、顾客保留和利润 4. 服务质量中的关键驱动因素与行为意愿、顾客保留和利润的关键驱动因素相同吗

16.5 服务质量、顾客保留及利润的关键驱动因素

理解总体服务质量和获利能力间的关系非常重要，但也许对管理者更有用的是确定与获利能力联系最为密切的具体的服务质量驱动因素，如图 16-6 所示。这将有助于企业理解应改变服务质量的哪些方面去影响这一关系，进一步理解如何进行资源分配。

该问题的大多数证据来自于对服务的各个特定方面（诸如移情性、可靠性、保证性等）

的考察，而考察是针对整体服务质量、顾客满意度和购买意愿的，而并非考察财务上的结果，如顾客保留或盈利能力。服务具有多面性，包含多个顾客感知维度，如可靠性、响应性和移情性，并且源于企业众多的战略，如技术和过程的改进等。在探究服务维度与总体服务质量或顾客满意度相关重要性的研究中，大量实证发现确认可靠性最为关键，而其他证据也显示出定制化和其他因素的重要性。这些维度和服务特征在许多情况下要通过完全不同的内部战略来表现，资源就必须分配到最需要的方面。[31]

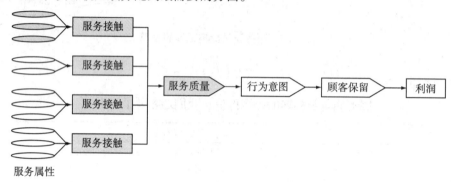

图 16-6　服务质量、顾客保留及利润的关键驱动因素

有些企业和研究人员观察了服务接受过程对总体服务质量或顾客满意度的影响以及服务接受过程中具体行为的影响。万豪酒店做了广泛的顾客调查，以判断哪些服务因素对顾客的忠诚度最具影响。他们发现，最重要的五个因素中的四个是在与顾客接触的最初 10 分钟内起作用的，即在顾客刚刚到达、登记入住和进入酒店房间时。其他公司也发现服务开始时发生的错误或问题特别致命，因为初期的失误会导致随后的服务接触中有更大的风险发生不满意。IBM 发现在销售中与顾客打交道最为关键，主要是由于与销售人员的接触可建立顾客对随后其他服务接触的期望。

另一种看待此问题的方法，主要根据经营和管理文献，其研究了组织内部服务项目的效率和管理方法对财务指标（如盈利能力）的影响。"战略洞察"中描述了一种新的以顾客为中心的度量方法。

⊙ 战略洞察

顾客权益和营销回报：与企业以顾客为中心的观点相匹配的衡量标准

尽管营销理念自 20 世纪 60 年代起就阐明了以顾客为中心的观点，但营销理论和实践是逐渐体现顾客中心化的。例如，就在最近，营销界减少了其对短期交易关系的关注，同时增加了对长期顾客关系的关注。这主要源于世界主导经济的本质正在变化，经历了一次显著的，从商品经济向服务经济的转变，这反映了长达一个世纪的趋势。

由于服务常常倾向于以更多的关系为基础，经济社会的这一结构性转变导致对关系的更多关注。这种以顾客为中心的观点开始反映在驱动营销管理的概念和衡量标准中，包括顾客价值观和顾客的评价。例如，品牌权益的概念是一个典型的以产品为中心的概念，但它正在被顾客权益这一以顾客为中心的概念所挑战，顾客权益可以定义为企业所有顾客的折现生命周期价值的总和。

换句话说，通过计算企业顾客生命周期价值的总和来获取顾客权益。在涉及顾客关系的迅速变化的动态行业中，产品常常更换，但是顾客却保留下来。这表明，对于许多企业而言，顾客和顾客权益比品牌和品牌权益更重要，尽管目前的管理实践及衡量标准还未完全反映这一变迁。从以产品为中心到以顾客为中心思考问题，暗示着随之而来的从产品导向理论向顾客导向理论的转变。

在战略计划中使用顾客权益

考虑一下典型的营销经理或以营销为导向的 CEO 所面对的问题。我该怎样管理品牌？顾客对于服务及服务质量方面的变化有何反应？应该涨价吗？强化同现有顾客关系的最好方式是什么？我该把主要精力放在哪些方面？判断顾客生命周期价值或顾客权益是第一步，但更重要的步骤是应用生命周期价值作为评估手段，评估、检验想法和策略。在一个极其基础的层面上，建立顾客关系的策略会对五项指标产生影响：保持率、顾客推荐、增加的销售额、降低的直接成本以及降低的营销成本。

基于顾客权益能够帮助企业管理人员回答这些问题，拉斯特、泽丝曼尔以及雷蒙发明了一种方法。在此背景下，顾客权益是一种解决营销和企业策略问题的新方法，这种方法最终将顾客置于组织的中心。更重要的是，这是增加顾客价值的策略。他们识别顾客权益的驱动因素——价值权益、品牌权益及关系权益，并说明这些驱动因素是如何独立地以及协同起作用来增加顾客权益。服务策略对于价值权益和关系权益均很重要。上述驱动因素的每一种都蕴含着企业所能采取的具体的、一针见血的行动（"杠杆"），采取这些行动可以扩大企业的总体顾客权益。顾客权益模型见下图。

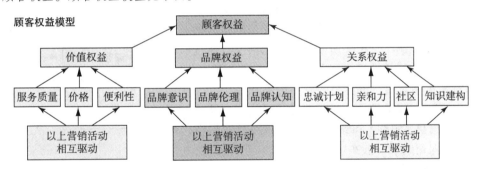

顾客权益为何重要

对大多数企业而言，顾客权益肯定是企业长期价值的最重要决定因素。尽管顾客权益不能为企业的整体价值负责（例如，考虑一下有形资产、知识产权及研发能力等），但是企业现有顾客为未来收入与利润提供了最可靠的来源，也提供了营销策略的焦点。

尽管看起来顾客权益是取得长期成功的关键，但是了解怎样增加和管理顾客权益要复杂得多。增加顾客权益至关重要，能够做好这一点，就能形成显著的竞争优势。

使用顾客权益计算营销回报

在本章的开头，我们说明了关于一种叫作质量回报的方法，它帮助企业理解该企业能从质量投资的什么方面得到最大的效果。这种方法一种更普遍的提法是营销回报，它能够让企业看清整个竞争营销战略选择，以及在计划的财务回报的基础上的权衡。这种方法不仅允许企业检查财务回报的服务影响，还可以比较服务和品牌、价格的变动和所有其他的市场战略的影响。使用顾客权益模型，企业能分析最大影响的驱动因素，比较竞争者和自己的驱动因素的绩效，比较改善这些驱动带来的投资的回报。这个计划能评估投资营销的回报，在顾客感知有明显改变的情况下，该计划可以对质量回报、广告回报、忠诚计划回报，甚至是企业员工的回报等方面进行评估。这种方式能使企业把营销努力集中在能产生更大收益的一些战略创新上。

资料来源：R. Rust, K. Lemon, and V. Zeithaml, "Return on Marketing: Using Customer Equity to Focus Marketing Strategy," *Journal of Marketing* 68 (January 2004), p. 109; R. Rust, V. Zeithaml, and K. Lemon, *Driving Customer Equity* (New York: The Free Press, 2000).

16.6 有效而非财务的绩效评估

在对 60 家企业的研究和对 297 位高级主管的调查中发现，许多企业不能识别和实践正确的无财务评估。[32] 一个例子是，调查对银行的满意度，只是从顾客进入银行开始（所有顾客，包括电话银行和 ATM 顾客）。有个做法是，一些分行的经理提供免费的食物和饮料，希望以此提高顾客对服务的评分。通过作者的研究发现，企业犯了四个主要错误：

（1）没有把评估和战略联系起来。企业能够简单地识别上百种无财务的评估，但是它们也有必要使用分析去识别战略中最重要的驱动。成功的组织使用有价值的驱动匹配以及展示了驱动和战略成功之间因果关系的工具。图 16-7 展示了所开发的原因模型，通过一个成功的快餐连锁店来理解股东价值的关键驱动。被识别的要素在右边，最重要的主导内容在左边，一连串的内容从头到尾显示的是企业战略（如选择和员工）和中间结果（如员工和顾客满意度）——能导致财务结果（如保留利润和股东价值）的关系。研究发现，不到 30% 被调查的企业使用这个原因模型方法。

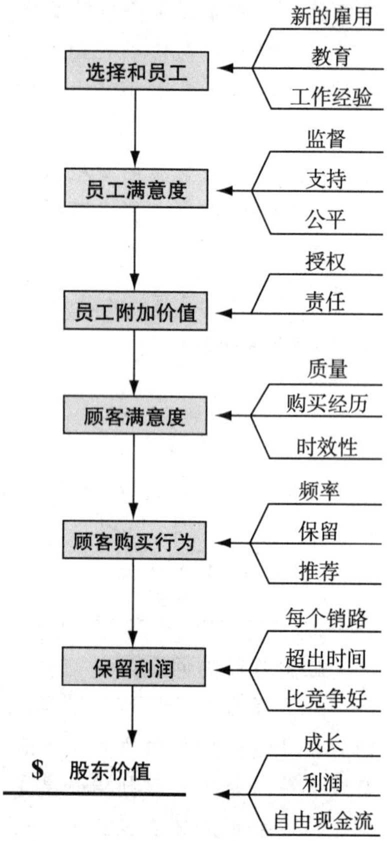

（2）没有证实联系。在研究中只有 21% 的企业证实无财务评估可带来财务绩效。相反，许多企业决定在每一个类型里要评估什么，以及决定不评估哪些类型。许多管理者相信这个关系是显而易见的，而不是通过分析得到的。本章中的战略洞察展示了一种企业创造这种类型联系的方法。总的来说，企业把这些数据集中起来，并检查这些类型间的关系是至关重要的。

图 16-7 此衡量方式是最重要的：快餐连锁店的因果关系模型展示出批判型驱动者的表现以及引领股东价值的概念

（3）没有设置正确的绩效目标。企业有时在设置改善目标上定位太高。定位于 100% 的顾客满意度也许是个期望目标，但是许多企业花费了太多资源，只得到满意度上的一点小的改善。研究发现一个定位于 100% 顾客满意度的电信公司是在浪费资源，因为有 100% 满意度的顾客不会比那些有 80% 满意度的顾客花钱多。[33]

（4）错误的测量。企业有必要使用确定可靠的数据。组织不能通过一两种简单的测量来分析复杂的现象，也不能使用没有一致性的方法测量一样的概念，如顾客满意度。企业可能会遇到的另一个问题是试图使用定量的测度对诸如领导和革新的定性结果进行评估。

创造平衡计分卡本身不能改善绩效。企业将不会获得技术带来的利益（例如平衡计分卡），除非它们注重以上四点。

■ 技术亮点　　通过技术让支出更有效，让服务更完善

除了通过创收增加公司总收入，全球企业也在努力通过提高生产力、优化过程、革新系统等方式来提高账面利润。有效增加账面利润的方法包括：减少服务体系中的无用环节，将服务行为标准化，通过让客户履行更多的服务来改变服务边界，用技术替代人工联系与工人劳动。技术问题贯穿在全书的讨论中。本章重点讨论令服务更有效、更赚钱的技术手段。

机器人驱动的店铺设计

传统零售店的冷冻奶酪运输是一件成本颇高的事情，外加大量的间接费用。因此，需要开发节约成本、客户化定制的奶酪店。首先需要确定奶酪的购买数量，其次是店铺装修问题。不过，你或许还不了解奶酪业最新的自动化技术：机器人驱动的店铺设计。艾伦·琼斯是机器人化冰激凌店铺设计概念的CEO。他说自动化奶酪市场的商业潜力驱使他辞去化学公司的职位，去开创机器人自动服务奶酪企业。

机器人店铺设计是在一个旋转平台上，借助机器手臂完成配料、填杯、添加冰激凌装饰、递给客户产品等过程。触屏式用户界面帮助客户选择定制化产品，根据尺寸大小，价格在3到6美元之间。

截至本书创作时，公司在全球仅有37家机器人店铺，目前包括新加坡、巴西、土耳其、澳大利亚、迪拜和阿联酋，同时计划在沙特和墨西哥设店。

机器人店的竞争对手是自动化冷冻奶酪店。该店可以让客户生产完全个人化产品，可以安装在便利店、机场、学校甚至公司办公室内。客户可以利用机器方便地选择大小与样式。有九种不同风味的顶层装饰可供选择。客户支付的过程中，机器就在按客户要求制作。整个过程方便、高效，比传统店铺节能90%。

机器人护士路易斯

再入院病人是造成医院高支出的原因之一，每年高达440万美元，而这些原本是可以避免的。再次入院主要是病人不遵守医疗及家庭护理的医嘱造成的。比例最高的包括：心脏病（19.9%）、心衰（24.7%）、肺炎（18.3%）及循环系统紊乱（10.4%）。一项最新的技术是利用一名叫作路易斯的虚拟护士，确保病人清楚了解出院后的注意事项及家庭护理。装载笔记本电脑的路易斯来到病人床边，演示出院须知的内容，同时也出示纸质材料。病人可以通过触屏不断提问。根据一项2008年的研究，路易斯帮助减少病人再入院30%。此外，虚拟自动出院须知系统用时30分钟，节省了人工护理的时间。

资料来源：L. Landro, "Don't Come Back, Hospitals Say," *The Wall Street Journal*, June 7, 2011; Agency for Healthcare Research and Quality 2011, hospitalcompare.gov, accessed August 2011; N. Gagliordi, " Robot-Powered Kiosks Seek Yogurt Domination, " *Kiosk Marketplace*, February 26, 2014, http://www.kioskmarketplace.com/articles/robot-powered-kiosks-seek-frozen-yogurt-domination/; K. Pendrell, " This Machine Creates Custom Yogurt Creations on Demand," *Trend Hunter*, March 11, 2016, http://www.trendhunter.com/trends/automated-frozen-yogurt.

全球特写　　　　　全球范围内顾客满意度测量

美国顾客满意度指数（ACSI）是 1994 年由密歇根大学和位于威斯康星州密尔沃基的美国质量学会以及位于密歇根州安阿伯市的 CFI 集团的研究人员联合开发的。1989 年瑞典最初执行的一种模式被称为瑞典客户满意度指数（SCSB），ACSI 是在此基础上创建的。ACSI LLC 和 CFI 集团主席克拉斯·福内尔创建了此模式和方法，分为瑞典和美国两个版本。

美国顾客满意度指数很快在世界范围内广泛应用。参与 ACSI 国际认证（也称为国际 CSI^{SM}）的研发机构包括研发团队、质量联盟和高等院校。欧洲 13 国（使用扩展绩效满意度指数）、亚洲、南美洲及中东地区，均根据国际 CSI^{SM} 制定了各自的国民经济顾客满意度指数。

据 ACSI 网站显示，印度尼西亚是亚洲最近获得认证的国家，于 2011 年秋季发布了第一套评估指标。多米尼加共和国于 2010 年颁布了全国第一套顾客满意度指数（INSAC），并计划于未来几年增添更多的行业领域。英国的 NCSI-UK（英国顾客满意度指数）开始于 2007 年，对 16 个行业进行评估，涵盖了英国国民经济的广泛领域。

其他采用 ACSI 的国家包括土耳其、墨西哥、韩国、瑞典、哥伦比亚、巴巴多斯和新加坡。新加坡顾客满意度指数（CSISG）于 2008 年颁布。新加坡管理大学优质服务研究所主任说：ACSI 实际上自 1994 年以来就成为美国经济顾客满意度的标准衡量体系，按照同一套可靠的、备受推崇的方法研发出来的 CSISG 同样完善了以往的各种评估方式，对诸如 GDP 等经济产出数量进行评估，更为全面地呈现新加坡经济状况。

其他一些国家也在评价基于 ACSI 模型的执行情况。如果这一趋势持续发展的话，则或许有可能按照同一方法创建一套国际顾客满意度评估体系，为各国满意度指数提供比较参照。尽管得出准确结论为时尚早，因为多数经济体尚未使用这一普遍方法评估顾客满意度，但是，新近的一项研究揭示了一些有趣的评估满意度的决定性因素：

- 自我表达型社会比多重价值观社会顾客满意度高。
- 教育程度、贸易自由度、商业自由度等对顾客满意度产生正效应。
- 人均国内生产总值对顾客满意度产生负效应。

资料来源：www.theacsi.org/index.php?option=com_content &view=article&id=219&Item=278; F. V. Morgeson III, S. Mithas, T. L. Keiningham, and L. Aksoy," An Investigation of the Cross-National Determinants of Customer Satisfaction," *Journal of the Academy of Marketing Science* 39 (April 2011), pp. 198–215.

小结

本章应用一个概念性框架将五个课题中的所有可变因素联系起来：①服务与盈利性之间的直接关系；②服务质量具有进取性作用，获得新顾客的能力；③服务质量具有防御性作用，保持现有顾客的能力；④服务质量和购买意愿之间的关系；⑤服务质量、顾客保留和利润的关键驱动因素。研究人员对服务质量、获利能力和顾客的经济价值等做了研究调查,并取得了相当可观的进展,但还存在许多未解答的问题,而这些问题可以帮助管理者做出精明的服务质量投资决策。本章还讨论了忠诚度的评价方法,包括流行的净推荐值,以及利用顾客资产模型来评价市场回报。本章结尾讨论了用绩效平衡计分卡方法评估企业绩效,这为评估公司绩效的所有方面提供了一种战略方法。

讨论题

1. 为什么对于管理人员来说,理解服务改进和企业利润之间的关系很困难?
2. 什么是 ROSQ 模型?对于美国企业而言,其意义重大之处是什么?
3. 直到今天,仍有许多企业认为服务是成本,不能带来收入。为什么他们持有这种观点?你怎样反驳这种观点?
4. 进取性营销和防御性营销的区别是什么?服务怎样影响每一种营销方式?
5. 防御性营销的主要利润来源是什么?
6. 进取性营销的主要利润来源是什么?
7. 绩效平衡计分卡将怎样帮助我们理解和证明本章中的一些重要内容?本章从不同侧面讨论了服务质量与利润之间的关系,绩效平衡计分卡能够阐明其中哪一方面?

练习题

1. 通过互联网访问净推荐值的官方网站。点击相关链接了解其他研究者对此评价方式的观点,分析其中的优缺点。如果你是一位首席执行官,你会用这个"唯一你需要的数字"来预测企业成长吗?为什么?
2. 参观当地的一家企业,并看看它知道哪些对企业财务绩效有关键作用的因素。这家企业的主要服务驱动因素是什么?企业知道这些因素与利润有关吗?
3. 选择一个你熟悉的服务行业(如快餐业)或者一家企业(如麦当劳),从顾客和员工角度分别创建一个平衡计分卡模型。描述可以用来获得绩效的经营、顾客、财务和学习等方面的措施。

参考文献

1. Sources for the Chapter Opener: R. T. Rust, A. J. Zahorik, and T. L. Keiningham, *Return on Quality* (Chicago: Probus, 1994); R. T. Rust, C. Moorman, and P. R. Dickson, "Getting Return on Quality: Revenue Expansion, Cost Reduction, or Both," *Journal of Marketing* 66 (October 2002), pp. 7–24 ; R. T. Rust and T. S. Chung, "Marketing Models of Service and Relationships," *Marketing Science* 25 (November–December 2006), pp. 560–580; T. L. Keiningham, L. Aksoy, A. Buoye, and B. Cooil, "Customer Loyalty Isn't Enough. Grow Your Share of Wallet," *Harvard Business Review,* October 2011; T. Keiningham, L. Aksoy, L. Williams, and A. Buoye, *The Wallet Allocation Rule* (Hoboken, NJ: Wiley, 2015).
2. Ibid., p. 31.
3. R. T. Rust, C. Moorman, and P. R. Dickson, "Getting Return on Quality: Revenue Expansion, Cost Reduction, or Both?" *Journal of Marketing* 66 (October 2002), pp. 7–24.

4. Ibid.
5. *Management Practice, U.S. Companies Improve Performance through Quality Efforts,* Report No. GAO/NSIAD-91-190 (Washington, DC: U.S. General Accounting Office, 1992).
6. R. Rust, B. Subramanian, and M. Wells, "Making Complaints a Management Tool," *Marketing Management* 3 (1993), pp. 40–45. R. Rust, Roland, C. Moorman, and G. Bhalla, "Rethinking Marketing," *Harvard Business Review,* January-February 2010; R. Rust, V. Zeithaml, and K. Lemon, "Customer-Centered Brand Management," *Harvard Business Review,* September 2004; S. Gupta and D. Lehmann, *Managing Customers as Investments,* Wharton School Publishing, 2005.
7. E. Nelson, R. T. Rust, A. Zahorik, R. L. Rose, P. Batalden, and B. Siemanski, "Do Patient Perceptions of Quality Relate to Hospital Financial Performance?" *Journal of Healthcare Marketing* 12 (December 1992), pp. 1–13.
8. www.theacsi.org, website for the American Customer Satisfaction Index, University of Michigan, Ann Arbor, Michigan.
9. E. Anderson, C. Fornell, and S. Mazvancheryl, "Customer Satisfaction and Shareholder Value," *Journal of Marketing* 68 (October 2004), pp. 172–185.
10. T. S. Gruca and L. L. Rego, "Customer Satisfaction, Cash Flow and Shareholder Value," *Journal of Marketing* 69 (July 2005), pp. 115–130.
11. C. Ittner and D. Larcker, "Are Non-Financial Measures Leading Indicators of Financial Performance? An Analysis of Customer Satisfaction," *Journal of Accounting Research* 36 (1998), pp. 1–35.
12. R. Rust, A. Zahorik, and T. Keiningham, "Return on Quality (ROQ): Making Service Quality Financially Accountable," *Journal of Marketing* 59 (April 1995), pp. 58–70.
13. C. Fornell and B. Wernerfelt, "Defensive Marketing Strategy by Customer Complaint Management: A Theoretical Analysis," *Journal of Marketing Research* 24 (November 1987), pp. 337–346; see also C. Fornell and B. Wernerfelt, "A Model for Customer Complaint Management," *Marketing Science* 7 (Summer 1988), pp. 271–286.
14. B. Gale, "Monitoring Customer Satisfaction and Market-Perceived Quality," *American Marketing Association Worth Repeating Series,* no. 922CS01 (Chicago: American Marketing Association, 1992).
15. Ibid.
16. R. E. Kordupleski, R. T. Rust, and A. J. Zahorik, "Why Improving Quality Doesn't Improve Quality (or Whatever Happened to Marketing?)," *California Management Review* 35 (Spring 1993), pp. 82–95.
17. Fornell and Wernerfelt, "Defensive Marketing Strategy by Customer Complaint Management"; Fornell and Wernerfelt, "A Model for Customer Complaint Management."
18. F. Reichheld and E. Sasser, "Zero Defections: Quality Comes to Services," *Harvard Business Review* 68 (September–October 1990), p. 106.
19. J. Hogan, K. Lemon, and B. Libai, "What Is the True Value of a Lost Customer?" *Journal of Service Research* 5, 2003.
20. Ibid., p. 105.
21. D. F. Colicchio, regional quality manager, Hewlett-Packard Company, personal communication.
22. V. Kumar, J. A. Petersen, and R. P. Leone, "How Valuable Is Word of Mouth?" *Harvard Business Review* 85 (October 2007), pp. 139–146.

23. V. Kumar, J. A. Petersen, and R. P. Leone, "Driving Profitability by Encouraging Customer Referrals: Who, When, and How," *Journal of Marketing,* September 2010.
24. R. Hallowell, "Word-of-Mouth Referral," *Harvard Business School Module Note,* 2002.
25. J. L. Heskett, W. E. Sasser Jr., and L. A. Schlesinger, *The Service Profit Chain* (New York: The Free Press, 1997).
26. Information provided by TARP Worldwide Inc., August 2007.
27. E. W. Anderson and M. Sullivan, "The Antecedents and Consequences of Customer Satisfaction for Firms," *Marketing Science* 12 (Spring 1992), pp. 125–143.
28. W. Boulding, R. Staelin, A. Kalra, and V. A. Zeithaml, "Conceptualizing and Testing a Dynamic Process Model of Service Quality," report no. 92–121, Marketing Science Institute, 1992.
29. V. A. Zeithaml, L. L. Berry, and A. Parasuraman, "The Behavioral Consequences of Service Quality," *Journal of Marketing* 60 (April 1996), pp. 31–46.
30. J. P. McLaughlin, "Ensuring Customer Satisfaction Is a Strategic Issue, Not Just an Operational One," presentation at the AIC Customer Satisfaction Measurement Conference, Chicago, December 6–7, 1993.
31. Paul, Michael, Thorsten Hennig-Thurau, Dwayne D. Gremler, Kevin P. Gwinner, and Caroline Wietz (2009), "Toward a Theory of Repeated Purchase Drivers for Consumer Services," *Journal of the Academy of Marketing Science,* 37 (2), 215–237.
32. The material in this section comes from C. D. Ittner and D. F. Larcker, "Coming Up Short on Nonfinancial Performance Measurement," *Harvard Business Review* 81 (November 2003), pp. 88–95.
33. Ibid., p. 92.

营销教材译丛系列

课程名称	书号	书名、作者及出版时间	定价
网络营销	即将出版	网络营销：战略、实施与实践（第4版）（查菲）（2014年）	65
销售管理	978-7-111-32794-3	现代销售学：创造客户价值（第11版）（曼宁）（2011年）	45
市场调研与预测	978-7-111-36422-1	当代市场调研（第8版）（麦克丹尼尔）（2011年）	78
国际市场营销学	978-7-111-38840-1	国际市场营销学（第15版）（凯特奥拉）（2012年）	69
国际市场营销学	978-7-111-29888-5	国际市场营销学（第3版）（拉斯库）（2010年）	45
服务营销学	978-7-111-44625-5	服务营销（第7版）（洛夫洛克）（2013年）	79